DE PARIS
LE PRE AV CLERS
Icy est le vray pourtraict naturel de la ville, cité, vniuersité & Faubourgz de Paris, ou sont iustement figurées toutes les Rues & Ruelles correspondãtes l'vne à l'autre, ainsi qui sont de present situées, qui sont en nõbre deux cens quatre vingtz & sept. Pareillement sont figurées toutes les Eglises, & Monasteres, qui sont en nombre cent quatre. Aussy sont figurez tous les Colleges, qui sont en nõbre quarante neuf. Et pour congnoistre icelles Rues, Ruelles, Eglises, Monasteres & Colleges, vous trouuerrez leurs noms escriptz à chũn sur son propre endroict. Cõme plus amplement vous pouez voir cy dessus.
A Paris, par Oliuier Truschet, & Germain Hoyau, demourans en la Rue de Montorgueil, au Chef sainct Denys.
FAVO NI

U0829399

方尖碑

OBELISK

探知新视界

巴黎传

法兰西的缩影

BIOGRAPHY
OF
A CITY

PARIS

[英国]
科林·琼斯
著

董小川
译

译林出版社

图书在版编目（CIP）数据

巴黎传：法兰西的缩影 /（英）科林·琼斯
(Colin Jones)著；董小川译. 一南京：译林出版社，
2021.11(2024.6重印)
书名原文：Paris: Biography of a City
ISBN 978-7-5447-8656-0

Ⅰ.①巴… Ⅱ.①科… ②董… Ⅲ.①巴黎－地方史
Ⅳ.①K565.9

中国版本图书馆 CIP 数据核字（2021）第 188512 号

Paris: Biography of a City by Colin Jones
Copyright © 2004 by Colin Jones
This edition arranged with Felicity Byran Associates Ltd.
through Andrew Nurnberg Associates International Limited
Simplified Chinese edition copyright © 2021 by Yilin Press, Ltd
All rights reserved.

著作权合同登记号 图字：10-2020-482 号

巴黎传：法兰西的缩影 ［英国］科林·琼斯／著 董小川／译

责任编辑 王 蕾
特约编辑 荆文翰
装帧设计 韦 枫
特约设计 过晓涛 梁荣智
校 对 孙玉兰
责任印制 董 虎

原文出版 Penguin Books, 2004
出版发行 译林出版社
地 址 南京市湖南路 1 号 A 楼
邮 箱 yilin@yilin.com
网 址 www.yilin.com
市场热线 025-86633278
排 版 南京展望文化发展有限公司
印 刷 南京爱德印刷有限公司
开 本 652 毫米 ×960 毫米 1/16
印 张 42.25
插 页 20
版 次 2021 年 11 月第 1 版
印 次 2024 年 6 月第 3 次印刷
书 号 ISBN 978-7-5447-8656-0
定 价 128.00 元

版权所有 · 侵权必究
译林版图书若有印装错误可向出版社调换。质量热线：025-83658316

拉斯蒂涅从拉雪兹神父公墓俯视着这个嗡嗡作响的蜂房，似乎想吸尽其中的蜂蜜，同时喊出了这样一句豪言壮语：“好，现在咱们来较量一番吧！”

——巴尔扎克，《高老头》

面对着巴黎城市规划的奥斯曼，发出了拉斯蒂涅的呐喊：“现在咱们来较量一番吧！”

——本雅明，《拱廊计划》

你不能像拉斯蒂涅那样说：“巴黎，现在咱们来较量一番吧！”，但总可以说：“巴黎，咱们要一直较量下去！”

——拉图尔和埃尔芒，《巴黎，看不见的城市》

拉斯蒂涅从拉雪兹神父公墓的高处向这座城市宣称：“现在咱们来较量一番吧！”而我却对巴黎说：你真可爱！

——罗兰·巴特，《恋人絮语》

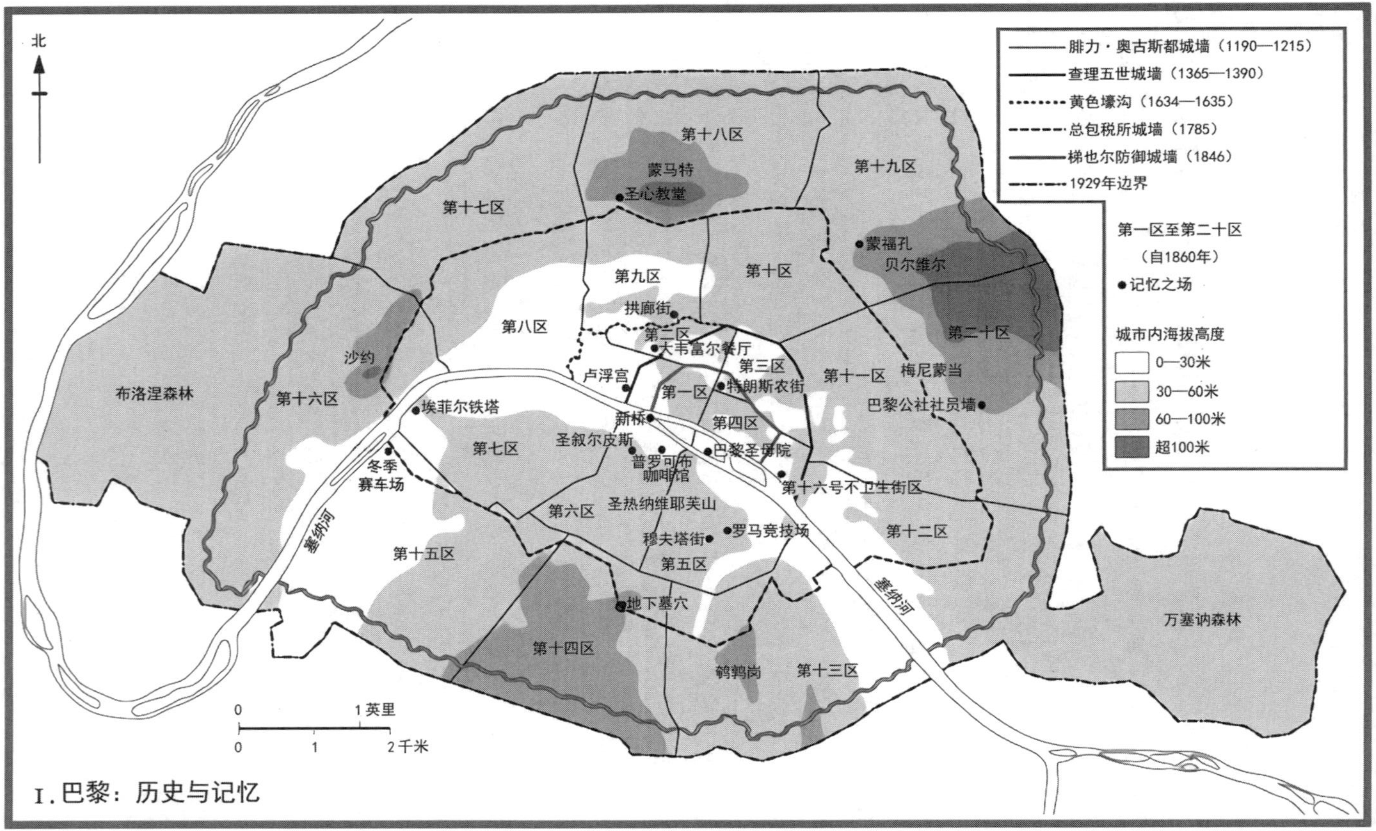
北
腓力·奥古斯都城墙（1190—1215）
查理五世城墙（1365—1390）
黄色壕沟（1634—1635）
总包税所城墙（1785）
梯也尔防御城墙（1846）
1929年边界
第一区至第二十区
（自1860年）
记忆之场
城市内海拔高度
0—30米
30—60米
60—100米
超100米
第十八区
蒙马特
圣心教堂
第十七区
第十九区
蒙福孔
贝尔维尔
第九区
第十区
拱廊街
第二十区
第八区
第二区
大韦富尔餐厅
第三区
沙约
卢浮宫
第十一区
梅尼蒙当
第一区
特朗斯农街
布洛涅森林
第十六区
埃菲尔铁塔
巴黎公社社员墙
新桥
第四区
第七区
圣叙尔皮斯
巴黎圣母院
普罗可布
咖啡馆
冬季
赛车场
第十六号不卫生街区
第六区
圣热纳维耶芙山
罗马竞技场
第十二区
塞纳河
穆夫塔街
第十五区
第五区
地下墓穴
万塞讷森林
第十四区
鹌鹑岗
第十三区
0
1英里
0
1
2千米

I. 巴黎：历史与记忆

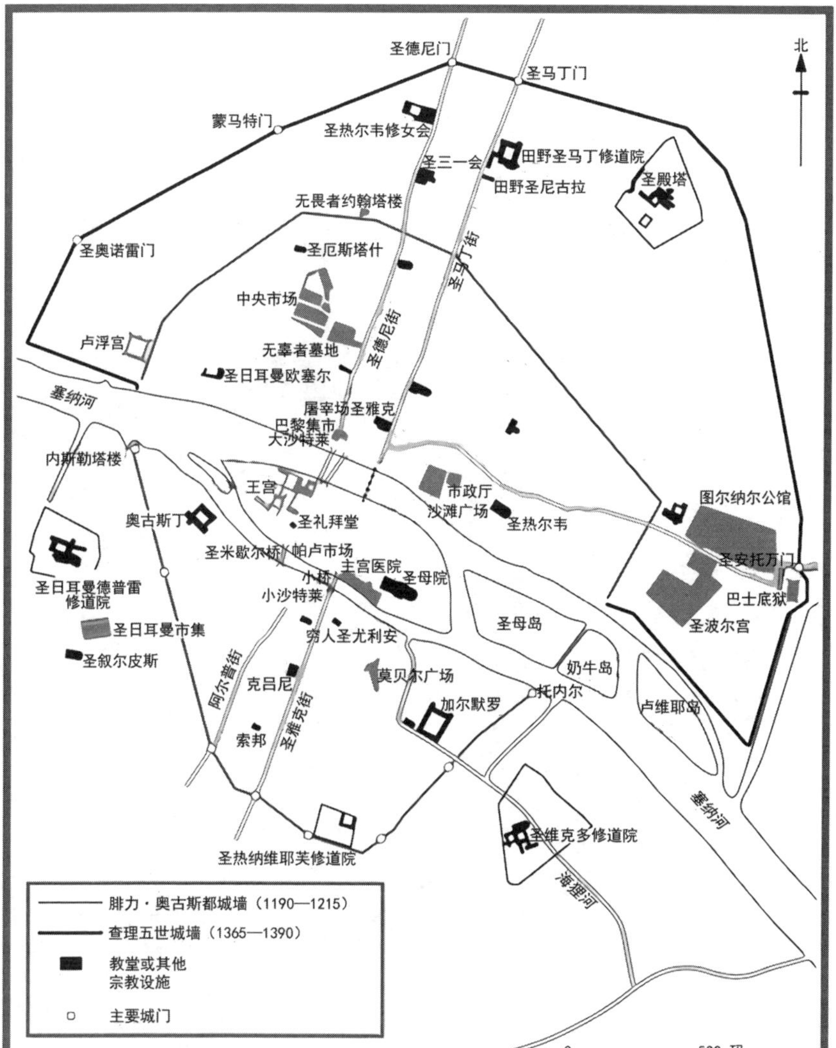
圣德尼门
圣马丁门
北
蒙马特门
圣热尔韦修女会
圣三一会
田野圣马丁修道院
田野圣尼古拉
圣殿塔
无畏者约翰塔楼
圣奥诺雷门
圣厄斯塔什
圣马丁街
中央市场
圣德尼街
卢浮宫
无辜者墓地
圣日耳曼欧塞尔
塞纳河
屠宰场圣雅克
巴黎集市
大沙特莱
内斯勒塔楼
王宫
市政厅
沙滩广场
图尔纳尔公馆
奥古斯丁
圣礼拜堂
圣热尔韦
圣米歇尔桥
帕卢市场
圣安托万门
主宫医院
圣母院
圣日耳曼德普雷
修道院
小桥
小沙特莱
巴士底狱
圣母岛
圣波尔宫
圣日耳曼市集
穷人圣尤利安
圣叙尔皮斯
阿尔普街
奶牛岛
莫贝尔广场
克吕尼
托内尔
加尔默罗
卢维耶岛
圣雅克街
索邦
塞纳河
圣维克多修道院
圣热纳维耶芙修道院
海狸河
腓力·奥古斯都城墙（1190—1215）
查理五世城墙（1365—1390）
教堂或其他
宗教设施
主要城门
0
500 码
0
500 米
圣马塞尔镇

2.中世纪的巴黎

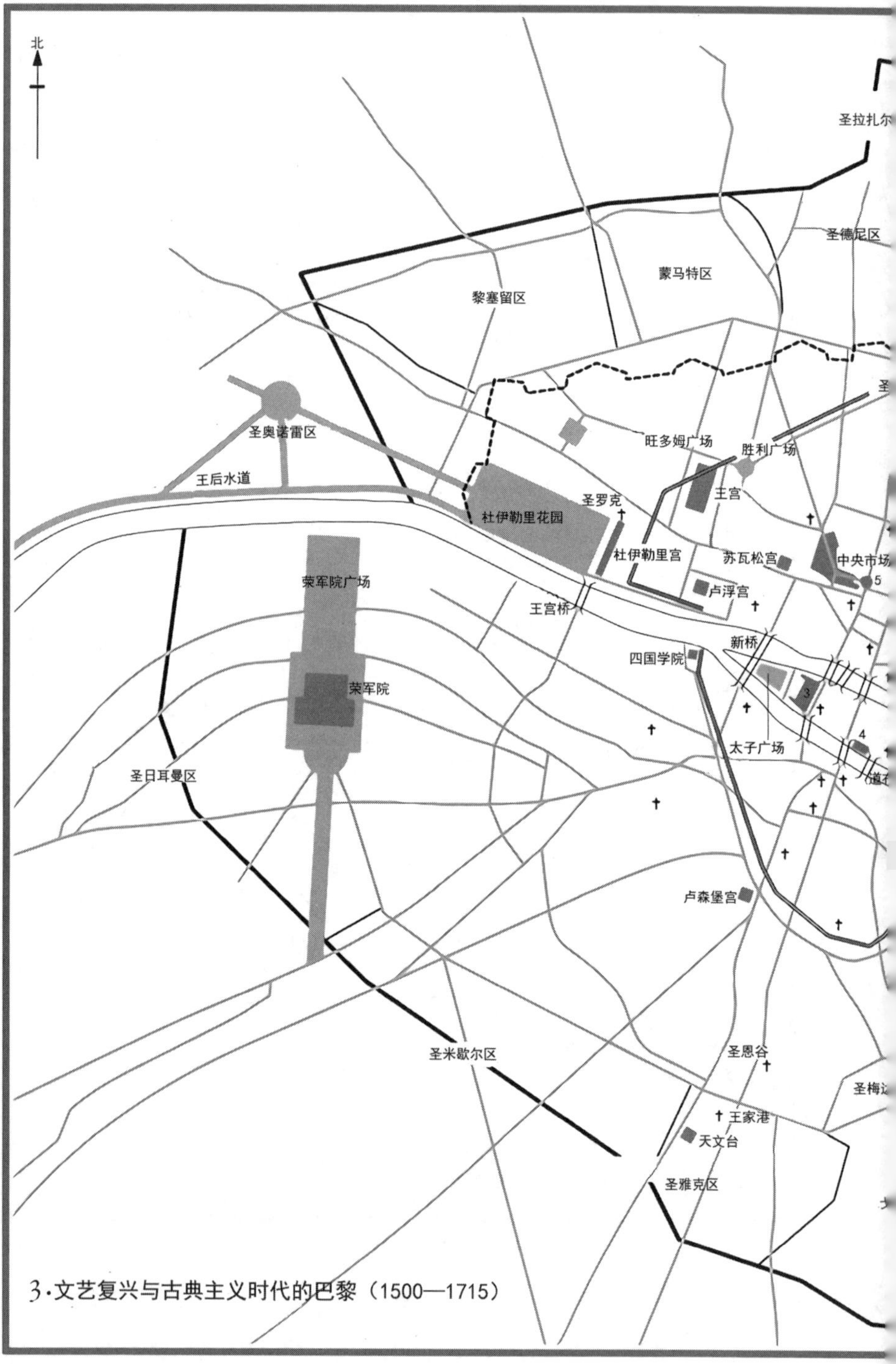

3·文艺复兴与古典主义时代的巴黎（1500—1715）

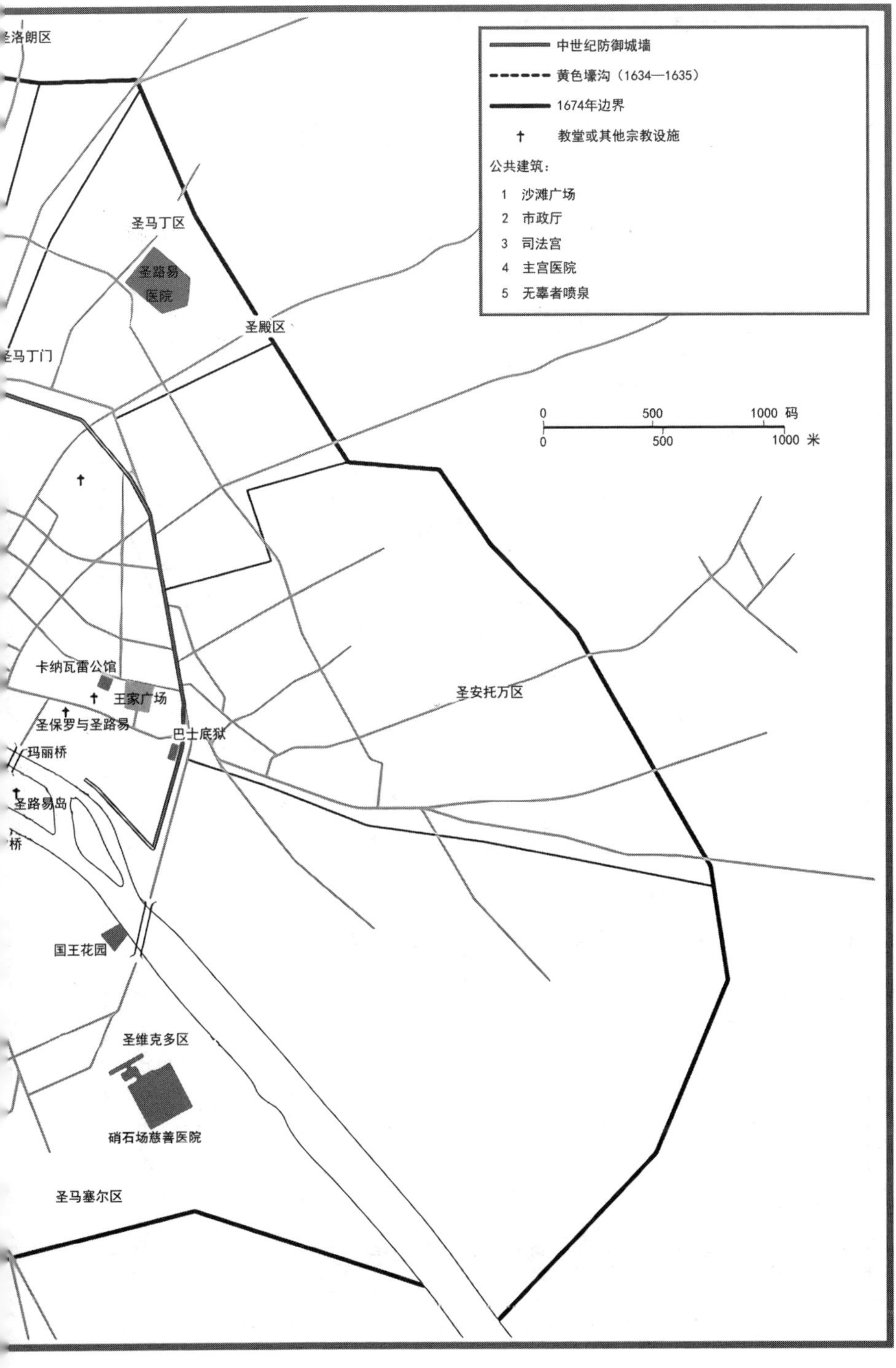

中世纪防御城墙
黄色壕沟（1634—1635）
1674年边界
教堂或其他宗教设施
公共建筑：
1 沙滩广场
2 市政厅
3 司法宫
4 主宫医院
5 无辜者喷泉
0 500 1000 码
0 500 1000 米
洛朗区
圣马丁区
圣路易医院
圣殿区
马丁门
卡纳瓦雷公馆
王家广场
圣保罗与圣路易
巴士底狱
玛丽桥
圣路易岛
桥
圣安托万区
国王花园
圣维克多区
硝石场慈善医院
圣马塞尔区

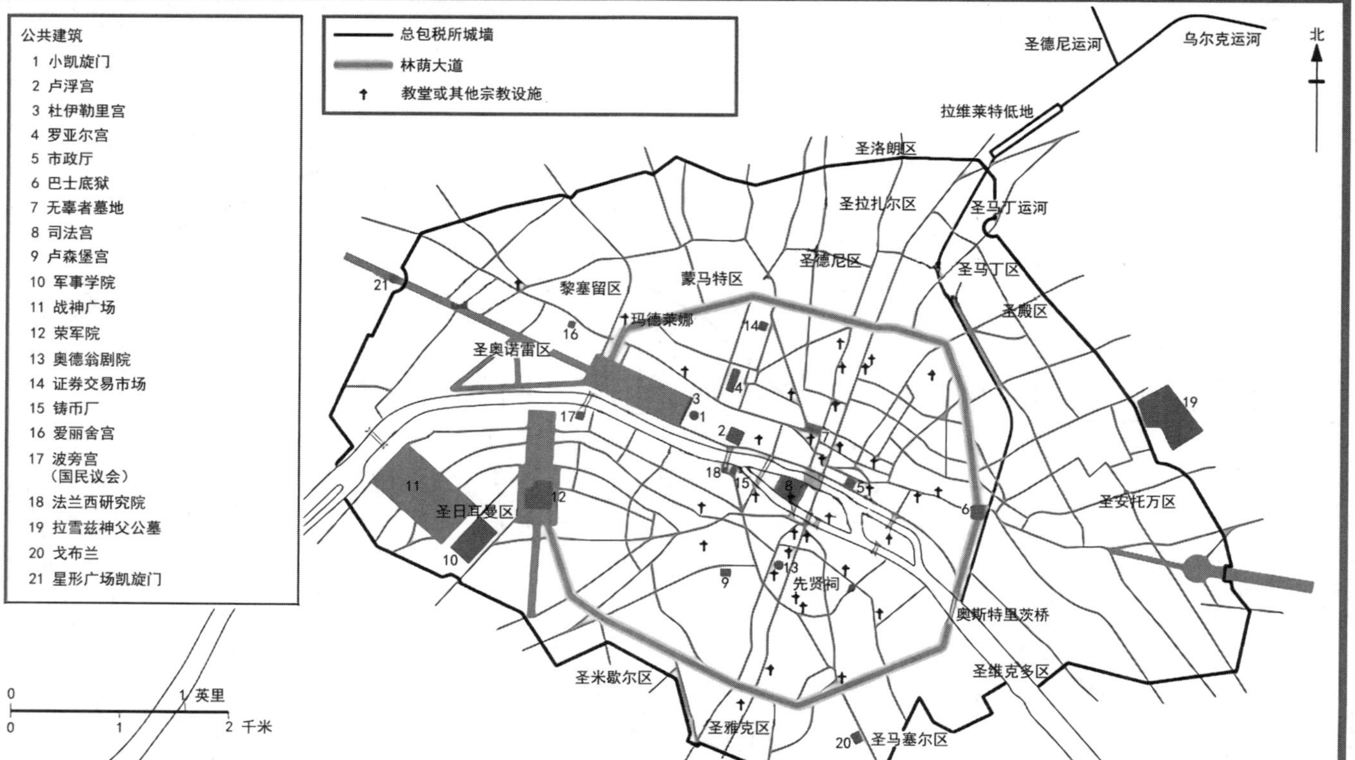

4·路易十四到拿破仑时代的巴黎（1715—1815）

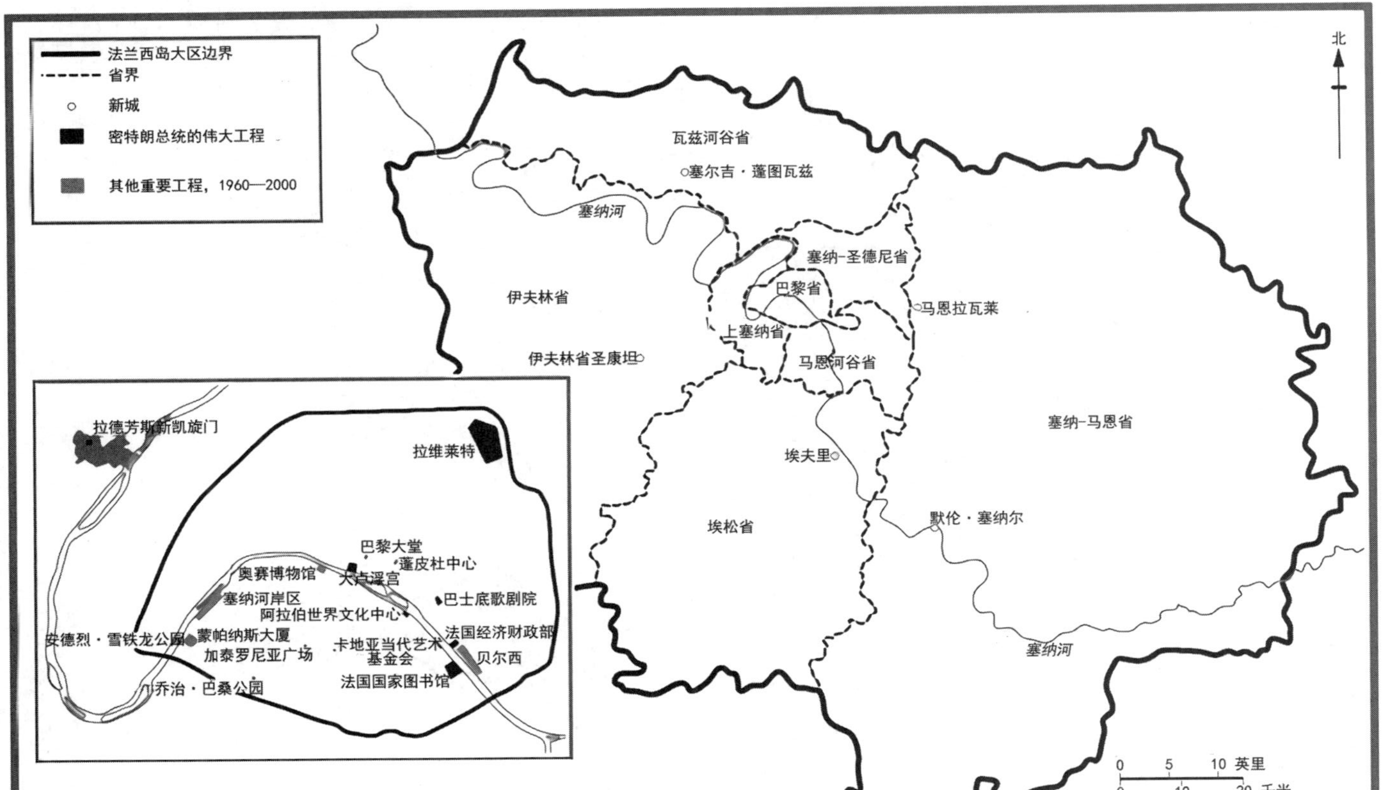

5·巴黎都市圈与“伟大工程”

6. 19世纪巴黎的现代化

北
教堂
1 圣奥古斯丁
2 圣三一
3 玛德莱娜
4 赎罪礼拜堂
5 洛雷特圣母院
6 圣樊尚・德・保罗
7 圣心
8 圣母领报
9 圣礼圣德尼
10 屠宰场圣雅克
11 圣母院
12 圣日耳曼德普雷
13 先贤祠
14 圣克洛蒂尔德
其他主要建筑
15 王宫
16 国家图书馆
17 老佛爷百货公司
18 巴黎春天百货公司
19 乐蓬马歇百货公司
20 司法宫
21 警察总署
22 主宫医院
23 卢森堡公园
24 索邦学院
夏佩尔
八区
拉维莱特
第十九区
环城铁道
北站
肖蒙山丘公园
第十区
东站
贝尔维尔
共和国广场
第二十区
第三区
拉雪兹神父公墓
伏尔泰大道
朝努瓦大道
沙特莱广场
市政厅
沙罗纳
第十一区
第四区
巴士底广场
亨利四世大道
民族广场
第五区
第十二区
里昂站
多梅尼勒大道
奥斯特里茨站
贝尔西
万塞讷森林
第十三区
托比亚克街

目 录

引言
一部难以尽述的巴黎史？

任何人与巴黎都不是初见，而是一再重逢。

——爱德蒙多·德·亚米契斯（1878）

一部难以尽述的巴黎史

1975 年 10 月的连续三天，先锋派作家乔治·珀雷克记录了巴黎某一广场每天二十四小时内发生的平凡琐事。最后，他出版了一本名为《揭示巴黎某处的一切》的书。[1] 在该书中，珀雷克解释说，他选择现在巴黎第六区的圣叙尔皮斯广场作为他的实验地点。这个广场拥有现代城市的各种设施：一个市政厅，一个税务局，一个警察局，三家咖啡馆（其中一家还是烟草店），一个电影院，一座著名的历史悠久的教堂，一家出版社，一个殡仪馆，一家旅行社，一个汽车站，一家裁缝店，一家旅馆，一个喷泉，一个报亭，一个出售宗教用品的商店，一个停车场，一家美容店——“以及许许多多其他建筑”。然而，珀雷克要撇开他所见到的一切，去追求“除了流逝的时光、过往的行人、来去的车辆和飘动的白云，在什么都没有发生的时候到底还发生了什么”。

珀雷克的记述将近六十页，内容简要、精确而又信息丰富：

> 三个孩子被送去上学。另有一辆苹果绿的双排座汽车驶过。
>
> 一群白鸽围绕广场飞翔。
>
> 一辆 96 路公共汽车驶过，在圣叙尔皮斯广场站停下，热纳维耶芙·塞罗下了车，走上卡内特街，我喊她并敲着咖啡馆的窗户，她回过头来说了声“你好”。
>
> 一辆 70 路公共汽车驶过。
>
> 教堂的钟声停了。
>
> 一个小女孩正在吃半块蛋糕。
>
> 一个男人叼着烟斗，背着一个黑袋子。
>
> 一辆 70 路公共汽车驶过。
>
> 一辆 63 路公共汽车驶过。
>
> 现在是下午 2 时 5 分。

这段经历的结语是这样的：

> 四个儿童。一条狗。一缕阳光。96 路公共汽车。现在是 2 时。[2]

珀雷克试图穷尽巴黎某个地方的一切，所以他记载了不到一天的时间里巴黎的圣叙尔皮斯广场发生的故事，并使之成为一本小书。

现在，让我们透过珀雷克的棱镜考察一下历史学家们面临的任务：他们写的应该是一部巴黎全史，而不是该市某一个广场的瞬间。

圣叙尔皮斯广场，欧仁·阿特热摄于 1926 年

历史通常被定义为一门记录过去发生之事的学科，而不仅仅是流逝的时光、过往的行人、来去的车辆、飘动的白云等。在巴黎历史上确实曾经发生过无数的事情，因此，在撰写巴黎历史的时候，我们的历史学家们试图写出比珀雷克的记述更多的东西，因为他只是想知道在巴黎的某一个地方“在什么都没有发生的时候到底还发生了什么”。而我们却发现，与我们的主题相关的事实浩如烟海（我以珀雷克的方式列在下面）：[3]

广场：670 个

大小街道：5975 条

高速公路长度：5959 千米

市政建筑：318 座

喷泉：536 个

有纪念意义的公共建筑：40000 个

商店：62546 家

公共汽车：4364 辆

公共汽车线路：275 条

公共汽车站（包括郊区）：1754 个

出租车：14900 辆

交通信号灯：10800 处

咖啡馆：2050 家

理发店：2845 家

美容店：67 家

殡葬品店：157 家

鸽子：60000 只

狗：200000 条

公共厕所：498 处

可通行的隧道长度：300 千米

巴黎市内的常住人口：210 万

私人房屋：110 万座

巴黎的历史：2000 年以上（不包括史前时代）

曾经住在巴黎或路过巴黎并留下自己故事的人：不计其数

从这些略显虚幻的统计数字——包括广场、街道、建筑、公共汽车、鸽子、狗、人等——之中，人们很可能会得出这样一个结论：写一部巴黎全史是不可能的，起码按照珀雷克的方法是这样。但是，那种“穷尽”的方法并不是唯一的历史写作方法。确实，人们永远不可能穷尽像巴黎这样历史悠久、内容丰富、情况复杂的城市的历史，但无论如何人们都知道这一点。任何历史写作都有遗漏，因此，即使巴黎的历史内容浩如烟海，对它进行写作也是可能的，而且我们已经见到了写出来的几乎不计其数的巴黎历史著作。正如一本巴黎早期观光者指南的作者皮加尼奥尔·德·拉福斯在 1765 年所写的那样：“如果一个人看到不计其数的巴黎历史著作就认为再也没有什么可以写的了，那就大错特错了。”[4]（我曾经把“历史”和“巴黎”两个关键词输入计算机，想确认在法国国家图书馆到底有多少关于巴黎历史的书，结果发现那台可怜的计算机无法完成。）但是，即使那难以计数的历史著作也无法向人们描述巴黎历史的全貌——事实上，珀雷克的微观历史研究方法的重点是强调，“穷尽”历史是根本不可能的，即使限定在某一天、某一地也是不可能的。

因此，巴黎的历史可能太过丰富和多样，不可能被一部单一的叙事作品所囊括。但我要试图在本书中完成它。在这个引言中，与其说我给出了我所收录和排除的内容，不如说我给出了自己做出选择的标准。我之所以这样做，正是受乔治·珀雷克的启发，寻求写一部“难以尽述的”巴黎史。

回忆和神话

1732 年，普尔尼茨男爵这样写道：“人们曾经对巴黎有过许多描述，人们也曾经听过许多有关巴黎的言论，多数人是在亲自造访巴黎以前就知道巴黎什么样了。”[5]意大利作家、巴黎旅游者爱德蒙多·德·亚米契斯在19世纪晚期曾赞同道：“任何人与巴黎都不是初见，而是一再重逢。”[6]正如这些评论所表明的，在过去，与巴黎有约往往带有一种企盼。对亚米契斯来说，这种企盼来自他对法国文学作品的广泛阅读。正如巴尔扎克所言，“巴黎有成千上万部小说”，[7]这就是说，亚米契斯在参观巴黎圣母院或城市下水道时，不可能不想到维克多·雨果；在参观卢森堡公园或拉丁区时，不可能没有从米尔热的《波希米亚生活场景》中生发的既视感；在拉雪兹神父公墓时，不可能不想到巴尔扎克的《人间喜剧》；在走上巴黎的码头和桥梁时，不可能不想起波德莱尔的诗歌。

文化期待会妨碍巴黎“初体验”的想法绝不是19世纪末的观点。康斯坦丁·波索夫斯基曾经认为：“一个人可能在死前从没有到过巴黎，但他一定会觉得它熟悉，因为他会在梦中和想象中见过它。”[8]中世纪的旅行者们也有这种印象，当他们第一次接近巴黎的时候，许多人感到就像到了耶路撒冷或巴比伦，还有人感觉就像到了所多玛和蛾摩拉。而对20世纪和21世纪的旅行者来说，更多的则是文化收获，因为他们得到的是巴黎无限的文化影响，包括印象派画家、超现实主义诗人、存在主义哲学家、犯罪小说作家、经典电影制片人、城市摄影师、旅游明信片以及巴黎的其他历史。

亚米契斯强调的概念是，对城市的体验是由文化期望折射而出的，这无疑也适用于其他城市和历史遗址。如果对巴黎来说情况似乎向来如此，也许比其他地方更甚，那么这部分是因为长期以来巴黎所具有的神秘色彩。历史学家们已经使我们习惯于接受这样的思想：在

19 世纪，巴黎就已经被神化为一座现代城市。该城市在 19 世纪 50 至 60 年代被拿破仑三世和奥斯曼男爵彻底地重新设计时就已经成为其他城市在几代人时间里所追求的样板——现在来到巴黎时，我们仍然身处当年改造的后果之中。[9] 但是，巴黎的历史甚至在奥斯曼出生以前很久就已经被神化了。例如，有一个产生于 8 世纪的故事说，在特洛伊被希腊人占领后，一群特洛伊难民流亡至此建立了巴黎。至少从中世纪开始，巴黎就已经神话般地现代化了。按照中世纪的传统主题，巴黎是“智慧”的特殊产品；按照后文艺复兴时代的概念，巴黎是新罗马；按照启蒙运动和法国大革命的概念，巴黎引领了文明的发展。这三个例子都早于 19 世纪奥斯曼改造的“现代”巴黎神话。巴黎创造了许多关于它自己的神话，这一事实也是其神话的一部分。

如果巴黎一直是现代的，那么它也一直是历史的。珀雷克记述的持续不断的“流逝的时光、过往的行人、来去的车辆和飘动的白云”并没有包括大多数熟悉巴黎的最普通的个人在实际进入圣叙尔皮斯广场以前可能就已经知道的事情，即耸立在这个广场上的是这座城市最有趣、历史最悠久的教堂之一。以皮埃尔·诺拉为首的一批有影响力的历史学家近年来提出了一个“记忆之场”（lieu de mémoire）的概念，这座教堂就是其突出例证之一。[10] 按照这一概念，诺拉认为，一个机构或者一个地点（不一定是一座建筑），只要是法国人民的历史意识聚焦其上且随着时间的推移得到集体记忆的渐进式沉淀的，都是记忆之场。值得注意的是，诺拉及其同事提出的不计其数的“记忆之场”主要是巴黎的建筑、事件或机构，包括：先贤祠、雨果的墓葬、1931 年殖民地博览会、巴黎公社社员墙、卢浮宫、巴黎群雕、法兰西学术院、法兰西公学院、波旁宫、巴黎圣母院、圣心教堂、埃菲尔铁塔等。因此，很容易得出结论，巴黎本身就是一个巨大的“记忆之场”，不仅对巴黎人来说，甚至不仅对法国人来说，都是如此。当我们拓宽视野，考虑这座城市无与伦比的博物馆和画廊时，情况就更加令人信服了，这些博物馆和画廊自 19 世纪以来一直是西方艺术文化的宝库。

如果说文化的记忆确实储存或印记在城市的建筑环境中，那么就必须知道，环境是有人居住的。总而言之，如果不顾巴黎人来谈巴黎史，无论如何都是难以令人接受的。一座城市既是一个地理位置又是一个社会，这个概念如同希腊一样古老。这个概念是建立在两个前提之上的：第一，一座城市的历史就是个人与时间的相互关系的历史；第二，一座城市的历史还是生态与社会并存的历史。在这一点上，我们能够接受珀雷克观点的合理部分，一个亲眼所见的场所，包括我们见到的个人（过往的行人）以及物体、自然（飘动的白云）和制造品（来去的车辆），共同组成了历史。珀雷克的微观研究还从另一个角度帮助了我们：它表明，那些微不足道的事件在那个广场的历史上具有多么重要的地位和价值。例如，96 路公共汽车的通过是该广场历史的组成部分，同时汽车通过的这个地点也是 96 路公共汽车历史中的一部分。同样，自由出现在该广场的任何个人，从另一个角度来说，都是该广场作为一个地点或交通人流中的一员。巴黎的历史是一部叙事，关于一个被叫作巴黎的地方，以及那些生活于其中，或者像珀雷克 96 路公交车上的乘客一样，只是路过的人。

珀雷克的实验还提醒我们，他所记载的那些出现在圣叙尔皮斯广场上的人似乎没有形成一个同质化的社会，仅仅是形成了一个由许多个人组成的临时群体，我们只要稍微留心那些一闪即逝的故事就会发现：那些人居住地点不同，目标不同，意向不同，命运也不同。对于珀雷克来说，没有典型的圣叙尔皮斯人。这一点告诉我们，在写巴黎历史的时候，不要假定有一种“典型的巴黎人”存在，不要编造故事，也就是不要想象巴黎社会的思想、行为或反应都是协调一致的，因为那将与历史事实大相径庭。

没有典型的巴黎人

在一座城市的居民中，权力和社会地位的分配从来都不是平均的。具有决定地位的权力精英集团可以用某种方式号令整个社会，也可以拥有特殊的城市权利。例如，在卢特提亚，上述权利属于罗马公民；在 19 世纪的巴黎，上述权利属于资产阶级。当然，如果不考虑罗马时代的土著人口或奴隶，不考虑资产阶级占有统治地位时期的无产阶级，就会成为一个不负责任的历史学家。事实上，这些群体构成了城市人口的很大一部分，对城市的历史做出了有力的贡献。同样的道理，在所谓“典型的巴黎人”中，从来都是既有贵族，也有奴仆；既有资本家，也有工人；既有资产阶级，也有无产阶级；既有男人，也有女人。

从另外一个角度来看，“典型的巴黎人”也是一个神话。居住在巴黎的“他”或者“她”几乎可以肯定出生在巴黎以外地区，或者是巴黎以外人口的后代。在巴黎历史上，纯粹土生土长的巴黎人是少数。直到 19 世纪后期，如同大多数其他大城市一样，巴黎人口的死亡率依然超过出生率，这意味着城市人口的增长主要依靠外来人口的迁入。在任何时候，巴黎人口的二分之一到四分之三都不是巴黎人。

虽然一个多世纪以来巴黎人口死亡率和出生率的情况已经发生了变化，但其他一些因素，如巴黎的文化吸引力、巴黎在教育和职业发展中的重要性、巴黎作为雇主的作用等，现在造成了如同以前一样的结果，我们可以说巴黎人是“典型的外来者”。

普遍的事实也适用于特殊的个体。对巴黎历史产生影响的重要历史人物往往都不是在巴黎出生的。例如，尤利乌斯·恺撒就出生在罗马。巴黎的主保圣人圣热纳维耶芙很可能是日耳曼血统，当然，克洛维也是如此。腓力·奥古斯都出生在戈内斯。弗朗索瓦一世出生在科尼亚克。亨利四世出生在波城。路易十四出生在圣日耳曼昂莱。路易十五和路易十六都出生在凡尔赛。罗伯斯庇尔和丹东都出生在外省。拿破仑来自地中海上的科西嘉岛，该岛直到1768年（他出生的前一年）还都属于热那亚。奥斯曼确实出生在巴黎，但他是在阿尔萨斯长大的，所以操着一口德国口音的法语。埃菲尔是勃艮第人。土鲁斯-劳特累克出生在阿尔比。乔治·克列孟梭出生在旺代。弗朗索瓦·密特朗出生在夏朗德。维克多·雨果出生在贝桑松。乔治·西默农，《梅格雷探长》的作者，是比利时人。艾迪特·皮雅芙和雅克·希拉克都是在巴黎出生的，他们是巴黎的骄傲，但类似他们的巴黎人可谓凤毛麟角。

如果说外来者在巴黎历史上总是扮演重要角色，那么巴黎人则总是说他们自己的同胞是如何在自己的历史上像局外人那样行事。例如，雷蒙·格诺在小说《扎齐坐地铁》（1959年出版，随后便被路易·马勒改编成电影）中描写了一个小女孩周末去巴黎旅行的冒险故事，有些类似《爱丽丝梦游仙境》和但丁《神曲·地狱篇》的结合（也似乎是在向詹姆斯·乔伊斯的《尤利西斯》致敬）。如同爱丽丝一样，扎齐感觉自己难以找到方向。事实上，她遇到的巴黎人对他们所居住于其中的城市的景观特征没有清晰的认识。他们只知道埃菲尔铁塔，但总是把先贤祠的圆顶误认为荣军院，或者圣心教堂、里昂火车站甚至勒伊的兵营。他们还把圣礼拜堂与商业法庭混淆在一起。[11]作为巴黎生活方式的近距离观察者，博学的格诺在这里为我们提供了所有巴黎历史学家都无可否认的巴黎历史特征：过去的大多数巴黎人——但这可能是城市居民中的一个相当普遍的特征——对于自己所在的城市的特点和发展轨迹并不十分了解，仿佛他们忘记了或者从未意识到他们身处其中的"记忆之场"的意义。过去的巴黎人并不像皮埃尔·诺拉和他的学派想让我们相信的那样是笛卡儿式的。

这种类似于记忆缺失的倾向或许是由于"典型的巴黎人"的局外人身份，这一点也与许多巴黎城市居民极其狭窄的眼界密切相关。直到不久以前，塞纳河左右两岸的一些居民还以自己从来没有去过对岸而感到自豪。19 世纪和 20 世纪的观察家们注意到，巴黎贝尔维尔区的居民，甚至郊区圣安托万区的居民在谈到"到巴黎去"的时候，也不过是去了巴士底广场并在塞纳河西岸走一走而已。巴黎附近的许多乡村居民也具有这种地方主义心态，这在珀雷克所描写的圣叙尔皮斯广场上是非常突出的。许多持有自己家乡认同观念的外来移民或许也有同样的思想。随便找一个巴黎人，你总会发现他是一个骄傲的奥弗涅人、布列塔尼人或者突尼斯人。

如果我们相信巴黎那些编年史家、古董学家或历史学家的说法，那么巴黎人在时间上对巴黎的看法如同他们空间上对巴黎的看法一样糊里糊涂。例如，直到 18 世纪，他们还认为巴黎拉丁区的罗马浴池和西岱岛上的沙特莱监狱都是由恺撒建造的。这种错误的说法分别流行了两百和九百年。当巴黎的建筑商在 14 世纪从腓力·奥古斯都城墙取石头来修建巴黎新的防御城墙的时候，他们宣称是要防御撒拉森人，其实撒拉森人甚至从来没有接近过巴黎。这种情况不仅在古代是这样，现代也是这样。让-保罗·克莱贝尔在 1952 年出版的《奇特的巴黎》一书中十分惊讶地指出："不计其数的著作——好的著作——描述巴黎的古代和现代，但是巴黎人对自己的城市一无所知，不屑一顾，或者总是限定自己的眼界，对描写塞纳河的码头的诗歌发表一些（通常是完全相同的）思想和评论。"[12] 因此，巴黎的历史当然是关于记忆的，但正如扎齐提示我们的那样，它也是关于遗忘的。

权力、反抗和情感

我们拥有的关于巴黎城市历史的第一份一手资料是由罗马皇帝尤利安的经历提供的。尤利安在 358 年和 360—361 年间曾经居住在一个叫卢特提亚的小镇，这是巴黎的罗马名字。尤利安的记载从"可爱的（或甜蜜的）卢特提亚"开始，接着他赞扬了那里生机勃勃的景象，包括气候和甜美的葡萄酒。[13] 在过去几百年间，罗马和伦敦都曾得到不少赞誉，但也有许多失望和不满。在 20 世纪，大概只有纽约在很大程度上是这样。如果让人们选择，人们可能会满足于看到那不勒斯然后死去，但你甚至不需要亲眼见到巴黎。因为，正如亚米契斯所说的那样，人们已经通过想象看到了它，很可能已经开始爱上了它。

与任何其他城市，甚至其他世界历史名城相比，情感似乎与巴黎的历史认同更加不可分割。尤利安的描述仅仅是对巴黎无数赞誉中的第一部分。尽管历史上对城市的评论往往是褒贬合一的，特别是那些喜爱田园风光的人，但总体来说，对这座城市的赞誉超过失望。多数人评价巴黎是效仿神圣罗马帝国皇帝查理五世的说法的，他在1540年访问巴黎后宣称：“巴黎是一个世界。”他认为，这个世界既能弘扬美德，也能包容罪恶。[14]拉伯雷认为，对死亡来说巴黎是个坏地方，但对生活来说巴黎是个好地方。蒙田“喜欢巴黎温柔的瑕疵及其一切”。伏尔泰认为，巴黎“一半是黄金，一半是垃圾”。歌德说巴黎是“这个世界的头脑”。巴尔扎克认识到，许多人认为巴黎是一个“极大的奇迹”，一个惊人的“运动、机器和思想集合体”。乔治·桑则赞扬巴黎无可比拟的“空气、环境和声音”。雨果说巴黎是“文明的焦点”。英国游客马修·阿诺德认为，巴黎“自由、快乐和幸福的生活”是“人类感观的家园”。[15]

诗人夏尔·波德莱尔则遗憾这座城市不能被封存在肉冻之中。“啊，老巴黎已经不复存在，一座城市的外形比人心的变化还要快。”[16]波德莱尔的这句话成为巴黎怀旧的格言，但他并没有发明这种怀旧本身。巴黎怀旧思想的历史就像巴黎的历史一样悠久，这一点不仅在尤利安皇帝的著作中有所展现，在其他历史论著中也有阐发，我们已经在中世纪吉耶贝尔·梅斯的《巴黎城市描绘》中找到了最早的证据之一，它来自15世纪初期。在他年轻的时候，巴黎似乎曾“鲜花盛开”（啊！还能是什么时候呢？）。[17]对“可爱的巴黎”的怀念在20世纪已经形成了一个文学旅游产业，请读一读海明威、凯鲁亚克、斯坦因还有米勒等人的著作就明白了。

各个时代的人们对这座城市的情感溢于言表，我们也不要忽略这样一个事实：巴黎也是一个无数强者想要留下不可磨灭痕迹的地方。尤利安毕竟是一个军事首领，后来做了罗马皇帝，而巴黎在古典时代晚期的发展主要归功于其面对边境蛮族的战略地位。法兰克人也寻求使巴黎打上自己政权的烙印，他们的做法几乎被所有的后继者所效仿，当然，维希政权除外。几乎没有一个有记载的强有力的统治者或政府首脑不想使自己政权的势力影响巴黎，特别是通过那些壮丽辉煌的纪念性建筑来留下自己的印记。

作为权力影响的一个结果，巴黎现在还遗留着以往各种统治的痕迹：例如，中世纪以及反宗教改革时期留下来的圣母院和其他各种教会建筑物；卢浮宫以及不同君主的宫殿；亨利四世、路易十三和路易十四时期的各种王家广场；路易十五时期的协和广场、军事学院和先贤祠；拿破仑一世时期的那些帝国建筑；路易-菲利普时期的拱廊和过道；拿破仑三世和奥斯曼时期的林荫大道和火车站；第三共和国初期的埃菲尔铁塔和圣心教堂；更多的是现代建筑，如蓬皮杜、密特朗和希拉克在第五共和国时期的各种伟大工程。可以列出的建筑不计其数。

虽然许多巴黎的纪念性建筑和城市的发展是同步进行的，或者说那些不同历史时代的建筑风格各异，但整体而言，它们使巴黎具有惊人的一致和可理解的城市形象。甚至在 19 世纪 50 至 60 年代奥斯曼在巴黎大兴土木以前，巴黎宽敞的林荫大道就给该城留下了发展交通事业的潜力，这样的交通系统既有利于集体流动，也为个人休闲留下了时间和空间。与欧洲许多其他城市不同，巴黎没有遭受现代重大战争的破坏以及由此引发的一系列问题的影响。巴黎从市中心开始向外放射性地展开，即使是最普通的游客也能体会到这一点。罗马时期的卢特提亚或多或少被限定为巴黎的中心地区。中世纪的城市大部分属于现代巴黎的第一区至第六区。文艺复兴和现代早期的城市范围扩大到现在的巴黎第八区至第十一区。从 19 世纪 60 年代起，工业化的步伐迈进了巴黎所有的二十个区。在 20 世纪大部分时间里，巴黎主要向郊区发展。

但是，如果说巴黎是一个彰显权力的杰出场所，那么它也是一座既有街垒，又有林荫大道和纪念性建筑的城市，它在反抗的同时也在宣示权威。根据官方的惯常说法，巴黎人充满了快乐，无忧无虑且顺从。有人称巴黎人的这种顺从是“令人满意的顺从”，这个说法可以追溯到中世纪，直到 1789 年攻占巴士底狱前几个月，官方人士还在不断重复它，包括巴黎作家路易–塞巴斯蒂安·梅西耶。事实上，历史记载表明，过去的巴黎社会经历的更多的是动乱而不是什么顺从和快乐。百年战争，宗教战争，投石党运动，1793 年至 1794 年的恐怖政策，1830 年、1848 年、1851 年、1871 年革命的日日夜夜，所有这些历史事件给巴黎带来的确实并不都是快乐的生活，还有许多杀戮和灾难。街垒——在今天看来，它既是一种象征性的也是一种军事性的抵抗形式——就是人们愤怒的直接表现，这种形式在 1968 年“五月事件”中被大量使用。巴黎人的这种令人崇敬的反抗史可以追溯到五百年前。集体暴力就像情感和怀旧一样敲打着巴黎人的心。

巴黎人在城市中对权力和当局的反抗可以采取也曾经采取过许多种形式。有时，他们选择冲上街垒，但在另外一些时候，他们却宁愿选择“弱者的武器”[18] 进行反抗。例如，轻微的犯罪行为，拒绝拒绝接受城市自己的“记忆之场”（正如格诺所言，甚至忘记了他们自己是谁），训练有素的“我不在乎”，耸耸肩，扬扬眉。很多作者，特别是自从路易–塞巴斯蒂安·梅西耶和夏尔·波德莱尔时代以来的作者，都强调了在一个被权力和权威改造过的城市里行走在街道上的，也就是说对刻印在城市中的权力标志保持着内在流离感和距离感的个人之间的微妙张力。波德莱尔对“漫游者”——警觉的城市漫步者——的丰富描述就是建立在此基础之上的。[19] 德国批评理论家瓦尔特·本雅明的著作对任何巴黎城市历史学家都是一座宝库，他一生都致力于这种思想的研究。更为重要的是，像亨利·列斐伏尔这样的城市社会学家、米歇尔·德·塞尔托这样的激进情境主义者和后结构主义者，都把自己分析的重点集中在个人抵制城市预定的、强加的意义以及个人创造自己意义的能力上。[20] 权威的强加与参与抵抗的各种表达之间——权力与仁爱之间、社群与个人主义之间——的碰撞在巴黎历史上多次反复出现，任何人都不需要接受专业训练就会承认这一点。事实上，人们可以跟随珀雷克在巴黎那些疯狂的徒步旅行中的任何一次（例如，可以沿着以字母 P 开头的街道从巴黎中央市场的圣厄斯塔什教堂走到马莱的圣保罗教堂），或者读一读西默农的《梅格雷探长》，看他如何解决棘手案件，也可以从人类学家马克·奥热的角度考虑一下地铁的意义（他把地铁作为在某种意义上颂扬祖先崇拜的证据），还可以去读一读理查德·科布 20 世纪中叶在巴黎闲逛时的疯狂想象，以了解这个习俗。[21]

时间和空间：读者指南

20 世纪 90 年代初，考古学家们对位于现在巴黎第十二区的一个叫贝尔西的地方进行了考察，发现了可追溯至公元前 5000 年与公元前 4000 年之间的史前独木舟，然后，各家报纸纷纷自豪地宣布：巴黎历史向前延伸了两三千年。但是，史前时代的贝尔西在何种意义上是巴黎的一部分？当时甚至巴黎本身都根本不存在，何谈贝尔西呢？贝尔西是在 1859 年至 1860 年间被纳入巴黎的，如果说贝尔西从来就不被承认是现在巴黎第十二区的一部分倒是真的，巴黎人也从来没有认为那里是属于自己的。只是在 20 世纪 90 年代，这个地区才正式成为城市化的一部分，被纳入巴黎社区。

贝尔西难题（巴黎的 / 非巴黎的）迫使我们采用一个与绝大多数研究巴黎的历史学家一样的方法，我在本书中也采纳了这种做法，那就是非常宽泛地使用巴黎这个概念，同时不顾轻微但可察觉的时代错误。例如，罗马的卢特提亚占地仅 8 公顷，这个地方几乎全部在今天巴黎第五区的范围之内。但是在写巴黎历史的时候，我还是把当代巴黎（第二次世界大战以来）10500 公顷范围内的一切都包括在内，自 20 世纪 60 年代以来，这些都为环城大道所包围着。

因此，我描写巴黎时会在地理、历史、时空错乱中穿梭，这或许会令人不适。这种做法可以使我们避免过分认为，只有那些在历史上某一特定时间正式划归到巴黎版图的地方的历史才是巴黎的历史，如果那样做，我们对于蒙马特就只能把 19 世纪合并到巴黎以后的时代写进巴黎历史了，这显然是不合适的。这么写有助于突出巴黎在历史上是如何扩展的。但这只能是想象，尽管这种想象可能是善意的、不可避免的。所以，本着同样的精神，在本书写作中，我用 1860 年以来才实行的巴黎行政区系统为不同时段的巴黎历史确认地理位置，这是一种不考虑其时间性的简捷方便的方式。当然，这种写法会有问题，例如，如果说巴黎圣母院在中世纪就位于巴黎第四区就是荒谬的了。但是，反过来说，这确实有助于读者通过地理来理解城市的历史——反之亦然。

我选择了按照时间顺序来讲述巴黎的故事。从本书各个章节的顺序可以看出，我对巴黎历史的叙述是从开端一直写到未来。但是，我也寻求更多的表达方式，运用不同的手段，包括在每一章中利用一些不是按照时间顺序的描写段落，以求达到对以往的回顾或对未来的展望的特写目标。这种特写可以使某个人、某机构或者某个纪念碑的历史跳出章节的框架，正如一些法国历史学家所说的那样，追求一种跨时代的效果。[22] 例如，埃菲尔铁塔的修建应该包括在第九章的时间范围内，但读者在阅读此书过程中就会发现，本书从头到尾多次提到它，埃菲尔铁塔的故事不仅为 19 世纪末的巴黎历史增辉，而且为 20 世纪和 21 世纪的巴黎历史添彩。再比如，第三章中有关蒙福孔特色的描写突出了蒙福孔这个中世纪放绞架的广场在巴黎很多时代的特殊形象，但是话题转到了奥斯曼和拿破仑三世时期在那里建设“新瑞士风格”的肖蒙山丘公园（20 世纪早期的超现实主义作家对它进行了诗意的运用）。还有在第十一章中对冬季赛车场的描写，那里曾经创造了许多世界自行车赛的纪录，但是，在 1943 年犹太人被驱逐以前，那里曾经被用来安置犹太人，这就不能不使我考虑从墨洛温王朝到第五共和国时期巴黎犹太人的地位问题。在第六章中通过对女裁缝罗丝·贝尔坦的考察，我们可以看到 18 世纪巴黎消费主义的出现，同时也可以思考巴黎作为 19 世纪和 20 世纪世界时装之都的全盛景象。

本书中的那些特殊字体段落描写了巴黎那些从令人难忘的到被人遗忘的、从伟大的到卑微的各种现象，其范围从埃菲尔铁塔、卢浮宫到普罗可布咖啡馆、大韦富尔餐厅或者公共小便池，都包括在内。在某种意义上说，这些现象可能被认为是“记忆之场”，但是请记住：本书将尽最大可能集中描述那些被忘记的历史，有时是那些被人们故意忘记的历史，使它们像人们记忆中的和还在纪念的历史一样活灵活现。例如，第一章中描写的罗马竞技场就是巴黎伟大的非纪念性建筑之一，那里现在更多的是作为操场而不是历史遗址或观光胜地，因为巴黎人不认为那里值得注意，那里不够宏伟，在那里看不到巴黎历史神圣的景象。第二章中描写的腓力·奥古斯都城墙可能会被记住，事实上，从中世纪开始，它在构建巴黎的地形和记忆方面就非常重要，但是它在地面上几乎是看不到的。第五章中描写的“圣迹区”被认为是 17 世纪有组织的乞讨者的巢穴，尽管路易十四的警察当局非常明确地对这些人采取了严厉的手段，但那里可能根本没有作为明确的地理空间存在过。

上面的叙述可能与按照时间顺序的写法不符，但我想要用这种方法使本书对那复杂的叙述成为一个整体。我并不是想用这种方式或者另一种方式来穷尽巴黎史的写作，正如珀雷克曾经想要对圣叙尔皮斯广场彻底研究而又归于失败一样。我无法写的巴黎历史内容不可避免地会多于我能够写的内容，但正如珀雷克所写的圣叙尔皮斯广场一样，我期望尽管有许多疏漏，本书仍能够引起人们的兴趣，赢得一个《米其林指南》那样的推荐：值得一读。

1

巴黎-卢特提亚

（最早的时代—约 1000）

公元 358 年和 360—361 年的冬天逗留于卢特提亚的罗马皇帝尤利安曾经这样写道：

> 可爱的卢特提亚是巴黎人民的首都。它是塞纳河上的一个小岛，周围有护城城墙，一些木桥将它与河的两岸连接在一起。塞纳河很少泛滥或干枯，通常，不论是冬天还是夏天，河水都一样深浅。河水很少涨落，可以饮用。因为居民都住在岛上，他们必须从河里取水。那里的冬天也相当温和，这很可能是由于距离不超过 900 斯塔德的海洋的温暖，可能是海面上的微风吹到了这里……这里生长着一种很好的葡萄，一些人还种植一些无花果树，在冬天把它们覆盖起来……以抵御寒风的侵袭。[1]

这是我们能够了解到的对这座后来被叫作巴黎的城市历史最早、最长的文字描写。这种描写成为巴黎历史写作的一种方式：情感写作。值得注意的是，作者是一位掌权者。

显然，在历史的这个阶段，巴黎叫作卢特提亚。尤利乌斯·恺撒在公元前 1 世纪征服了现代法国的大部分地区，将其置于罗马的统治之下，恺撒也成为第一个把巴黎命名为卢特提亚的人（其他人称其为卢卡特西亚），以此来指称“巴黎（Parisii）部落的城市”。[2] 从中世纪到现代的编年史学家花费了大量的笔墨探索卢特提亚这个概念的来源。富有幻想色彩的是，有人把它与希腊语中的白色（leucos）联系在一起。究其原因，“或者是因为那里的居民面部白净，或者是因为那里的房屋外部是用白石灰粉刷的”，17 世纪古文物学家安托万·德·蒙罗亚尔学究式地解释道。也可能像拉伯雷那更具有恶作剧色彩的想法，这是对“那座城市里妇女白净的腿”[3] 的致敬。还有人将这个名字追溯到《荷马史诗》，据说当地的人都崇拜水手和水路的保护女神，她叫琉科忒亚。不那么神秘的是，有的学者将这个概念与凯尔特语中的 luco 或 lugo 联系在一起，意即“沼泽”；还有学者将其与拉丁语中的 lutum 联系在一起，意即“湿地”。我想，把卢特提亚与湿地联系在一起可能是最合适的。

从词源学来看，“湿地”突出了巴黎的一个引人注目的特点，形容了巴黎早年的地理特征。尽管罗马皇帝尤利安对巴黎的描写是田园风格的，但是塞纳河在巴黎的地理位置中确实扮演了重要的角色。当今塞纳河最宽的地方大约 200 米，而在当时塞纳河某些河段的宽度超过 500 米。冬季恶劣的气候使当地并不像尤利安所说的那样温和，寒冷的冬季经常使河流结冰，使桥梁面临被毁坏的危险，由此带来的食品供应的匮乏使巴黎面临饥饿的威胁。塞纳河不是很深，在它的两岸有广阔的沼泽地和湿地。河的左岸有一条叫海狸河的支流进入塞纳河，位置可能在今天巴黎第五区的奥斯特里茨火车站附近。在遥远的

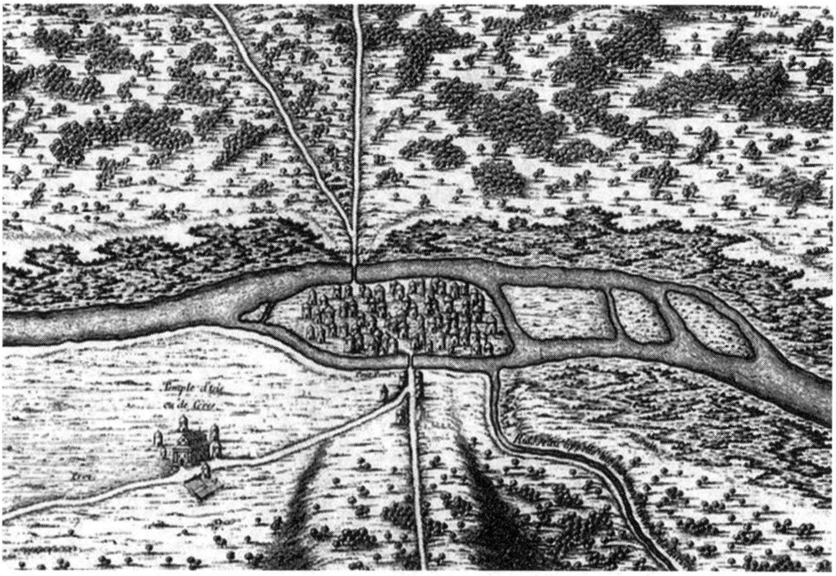

卢特提亚，或高卢人统治下的巴黎。1705 年地图，根据尤利乌斯·恺撒和斯特拉波的描述绘制

过去，塞纳河的右岸有一段较低洼的地带使塞纳河水向北流向山丘地区的梅尼蒙当、贝尔维尔、蒙马特和沙约。但在公元前 30000 年左右那里就已经干枯了，塞纳河的河道改为现今的模样。但是，那里成为后来河水泛滥成灾的地方。在最好的情况下，塞纳河右岸的沼泽地带成为巴黎自卫的防范手段；在最坏的情况下，暴雨可以使已经不存在的河道重新激流滚滚。编年史学家图尔的格列高利曾经回忆公元 582 年发生的洪水中在今巴黎第十区圣洛朗教堂附近一艘船失事的历史。旧河道在 1910 年大洪水期间也曾经恢复过，当时的音乐爱好者甚至可以划着船去歌剧院。

因此，土地、水和泥沼与巴黎城市历史的关联比起现代来说更具戏剧性。地理学家曾经有这样一句格言："巴黎是塞纳河的礼物。"如果说这句话有其道理，那只能说塞纳河给巴黎带来的既有机遇也有麻烦，这条河必须得到控制和掌握。这一点很明显，例如，西岱岛就是一个证据。它是塞纳河上的主要岛屿。恺撒曾经认为，西岱岛就是当地部落群体居住的主要地区。巴黎的地貌和历史都是围绕它展开的。该岛曾比现在低大约 6 米，所以洪水也频繁发生。事实上，该岛是塞纳河上众多岛屿中最重要的一个，面积曾经只有 7 至 8 公顷，而现在则有 17 公顷。在该岛的西边有三个小岛，位置就在今天的新桥后边。在中世纪，那里的河道淤塞，形成了岛的顶端。在该岛的东边有四个小岛，其中之一成为西岱岛的组成部分，两个在 17 世纪的时候被改造成后来的圣路易岛，剩余的那个叫作卢维耶的岛将会与右岸连接在一起，最迟在 1843 年形成了现在巴黎第四区的莫兰大道。这样复杂的地貌定会导致在塞纳河上航行的困难，因此才有必要使用浅水拖船。

巴黎城所在的巴黎盆地的基本特征在上一个冰河时代就已经形成了。当时，犀牛在市政厅广场坐落的那个地方漫步，猛犸在贝尔维尔的大百货商店附近吃草。这个宽广地区的一个突出特征是形成了许多可以航行的、流动缓慢的水系，包括马恩河、埃松河、卢万河、约讷河和奥布河，这些河流都成为塞纳河的支流，塞纳河则越过今天的鲁昂西部流入遥远的大海。这样，塞纳河流域就沟通了从西部英吉利海峡到东部阿尔萨斯、德国和瑞士的广大区域，把法国北部、东部和中心地区都联系在一起了。

在大巴黎地区出现的最早人类可以追溯到大约 70 万年前。但是这个地区最令人印象深刻的古人类遗迹是 1991 年至 1992 年在今巴黎第十二区的贝尔西发掘中发现的一些人工制品。贝尔西在西岱岛上游约 12 公里处，在这里发现文物有力地证明了当时水对该城市是多么重要。幸运但不无遗憾的是，这些发现物被巴黎湿地保存了几千年。贝尔西的发现不仅证明了大约公元前 5000 年石器时代晚期的历史，而且证明了河流在早期社会和后来者的生活中的核心地位。在这次发掘中发现的几艘独木舟是很值得骄傲的。这些独木舟长度超过 5 米，是在公元前 4500 年左右制造的。独木舟表明，这里的早期社会是以狩猎—采集为导向的，他们依靠猎取鹿、野猪、野牛和熊等陆上动物和鱼、海狸、水鸟、龟等水里动物过活。尽管当时这些居民已经定居，但还保持着捕猎的生活习俗。他们更愿意放牧而不是耕种，把生产谷物、饲养猪牛结合起来，并继续追求狩猎活动。甚至到了恺撒进入该地区的时候，这里的许多群体还保持着刀耕火种的耕作方式，在依然十分茂密的森林中，不断在空地之间迁徙。

从青铜器时代（公元前 1800 年—公元前 750 年）开始，巴黎便成为当地陆路交通的中心，同时还是主要水系的核心地带。这个时期比较宽阔的塞纳河成为巴黎人生活中更加难以逾越的障碍，因此西岱岛周围岛屿群的存在使这里具有长距离贸易和交换的物流价值，也使这里的人们比在任何其他地方都更容易跨越塞纳河。我们不能屈服于地理环境决定论，因为来自英吉利海峡、佛兰德和比利时的那些以陆地贸易为主的商人如果愿意绕过巴黎到它的北部去，或者跨越马恩河逆流去德国西部和意大利，都是可能的。当时的南北贸易通道就在现今塞纳河左岸的圣雅克街（今巴黎第五区至第十四区）和右岸的圣马丁街（今第三区至第四区）。这足以证明巴黎在当时长距离贸易中的重要地位，特别是对南部和西南部更是如此。需要特别指出的是，来自英国（尤其是来自康沃尔）的锡在贸易中具有特殊的意义，因为当时南部和东部处在青铜器时代的社会都特别需要用锡来加工铜产品和维持铜储备。城市中心的地位和在贸易中扮演的重要角色使各地的人都到巴黎来，结果带来了文化和种族的混合，这也是巴黎的一个长期历史特征：在罗马征服以前，巴黎已经是一个大熔炉了。

在青铜器时代之后的铁器时代，可能有大群的新来者在这里定居，他们被欧洲中部和东部发生的广泛而无序的人口迁徙冲刷到这里，他们是凯尔特人或高卢人的祖先，后来被恺撒打败并征服。这些部落群体中有一支叫作“巴黎”（Parisii 或 Quarisii）的人群，在定居前曾远航至约克郡，但是该群体的大部分都定居在巴黎周边地区及塞纳河与马恩河的交汇处。凯尔特人的铁制武器表明他们是好战民族，他们居住的地方往往是容易防守的要塞，常常利用河流或其他天然屏障进行自卫。例如，马恩河河谷的圣莫代福塞就非常隐蔽地坐落于马恩河的一个弯道里。西岱岛，我们可以说，那就是恺撒描绘的巴黎人的城堡。[4]

恺撒对巴黎的兴趣远不止于它的地形。这个时期的罗马共和国正在对外扩张，现代法国的全境都在罗马的统治之下。在法国南部的地中海沿岸，一个当时被叫作纳尔邦高卢的地方连接着意大利半岛和伊比利亚半岛，在公元前 121 年也归于罗马的统治之下。恺撒在公元前 58 年至 51 年进行的高卢战争既是为了保护罗马在这个南部省份的影响，也是为了扩大罗马的主权，以对抗凯尔特高卢人及其骚动的日耳曼邻居。被恺撒称为“长发高卢”的地方从今比利时、荷兰和德国西部一直延伸到大西洋，他把这里与据信更加稳定、文明和罗马化的纳尔邦高卢进行了对比。

公元前50年代，罗马军队的突击目标实际上针对的不是巴黎人，而是其他更强悍的部落，如居住在中央高原的阿维尔尼人，还有巴黎人的邻居、奥尔良周围的卡努特人和以桑斯为中心的塞农人。最初，巴黎人试图不卷入冲突。公元前53年，恺撒召集卢特提亚地区所有部落参加高卢大会，他们曾经给予充分的合作。但是到了下一年，巴黎人改变了立场。于是，恺撒派他的得力助手拉贝努斯率领军队去进攻巴黎人。拉贝努斯略施小计，包括在夜间派废弃的小船运送军队渡过塞纳河，迫使巴黎人在他们的指挥官卡穆罗格努斯带领下要么从格勒纳勒（今巴黎第十五区），要么从奥特尤尔（今巴黎第十六区）逃到西岱岛的西部，并将他们彻底击溃。逃过这一劫难的巴黎人来到南方，加入了由阿维尔尼人维钦托利率领的抵抗队伍。根据恺撒的记载，大约八千名巴黎人参加了公元前52年的阿莱西亚战役。在那场战斗中，高卢指挥官维钦托利被迫投降，他手下的军队又被打得落花流水。

后来，卢特提亚从这个时期罗马的打击下恢复过来，最初被卡穆罗格努斯破坏的西岱岛也得到新生。战争灾难过后，“长发高卢”地区被分为三个省，以里昂为首府。坐落在北部省份比利时高卢内的卢特提亚由于罗马帝国的建立而受到影响。在卢特提亚被征服前的几十年间，巴黎人曾经铸造过一种很好的金币，这说明当时那里的商业和贸易很繁荣。罗马的征服使当地货币的价值明显下降，这也标志着那里经济的衰退。

考古发现表明，在城市建设上，真正按照罗马模式建立起来的城市出现得非常缓慢。卢特提亚很可能曾经有一个罗马人喜爱的古典格调的网格状街道规划，中轴线，即南北向的中央大道的地位，被赋予了当时已有的、如今在圣雅克街一线的公路。然而，要在这个框架内填充建筑物还需要更长的时间。虽然现今巴黎第四区的市政厅广场那里本可以建一个港口，但是右岸那里的住宅很少。西岱岛上的主要建筑是4世纪建造的尤利安皇帝住过的长方形柱廊大厅。塞纳河左岸，即现在巴黎第五区，几乎就是整个罗马卢特提亚，人们的居住地区东起现代巴黎的穆夫塔街，西至今第六区的沃吉拉尔街，从塞纳河岸边沼泽地带的圣日耳曼大道一直到圣热纳维耶芙山的边缘。在现今先贤祠附近有一个柱廊式建筑，兼有举行公共集会和宗教仪式的双重功能。那里还有两个剧场，其中一个就是19世纪晚期重新发现的巨大的圆形露天竞技场。还有三个公共浴池，尤其值得注意的是在现今的圣米歇尔大道上依然可见的那些废墟。在巴黎城市边缘地带有三个墓地，其中一个在通往西南现在的沃吉拉尔街的路上；另一个在现在巴黎第六区的圣雅克街通往田野圣母院的方向；第三个更晚一些，在现在巴黎第十三区的戈布兰交叉路口的东南方向。从兰吉地区到城南与海狸河相连的水渠用以满足人们的各种需要，给人以深刻印象。拿破仑三世在第二帝国时期的供水系统也是按照同一路线建立的。尤利安皇帝曾经盛赞这里的水质。当时，这座城市的水都是用管道直接供应到居民住宅的，当时地中海沿岸城市的居民住宅区都有一种独特的中央供暖系统。

一、罗马竞技场

罗马竞技场，或者叫作卢特提亚圆形露天竞技场，就坐落在现在巴黎第五区蒙日街的尽头，那里是一个“记忆之场”，但是巴黎人曾一再把它忘记。巴黎考古学家泰奥多尔·瓦奎尔在1869年至1870年间对这个遗址进行了考察。他提醒巴黎人注意，这是一个被遗忘了一千多年的历史遗迹。这个竞技场是在公元200年前后建立的，是法国的罗马竞技场中规模最大者之一，它可以容纳一万五千多名观众，这个数字几乎相当于当时该市可能人口的两倍。这个竞技场的观众席面向西方，可以使观众在欣赏斗兽、角斗或水上运动的同时享受海狸河河谷午后优美的风光。随着罗马政权的垮台，这个竞技场也走向衰落。到了4世纪，基督徒开始在这里举行葬礼。原先竞技场的建筑石料后来被用来修建墓碑或其他建筑物。12世纪英国的一个旅行者说，巴黎有“一座巨大的竞技场废墟”，但这座废墟可能因腓力·奥古斯都城墙的修建（1190—1215）而变得更小了。一个中世纪的地名“竞技场地”（dos des arènes）暴露了这座竞技场的所在地，但即使是这个名字也几乎被遗忘了。其遗址上逐渐形成了一个高约二十米的土丘。

1869年，奥斯曼男爵改造巴黎的工程开工后，一支建筑工程队推倒了市中心工人住宅区那些肮脏破旧的房屋，人们在那里有了许多惊人的发现。第二帝国时期，许多新建筑都引出了重要的考古发现，例如巴黎保护工作的无名英雄之一瓦奎尔在苏福洛街附近发现了一个古代公共集会场地和好几个剧场以及街道系统的遗迹。然而，奥斯曼及其助手要建设的是现代巴黎，他们考虑的是巴黎的未来而不是巴黎的过去。所以，虽然当时对是否应该保留这个遗迹的问题存在公开的论争，但奥斯曼作为塞纳区行政长官的最后几项举措之一便是下令将该遗迹摧毁，代之以一个公共马车站——这是一个非常典型的奥斯曼式胜利。

1883 年至 1885 年间，沿着蒙日街的进一步建筑工程开始后，人们在从前的一座修道院下面发现了罗马竞技场的另一半废墟。这一发现使公开辩论更加激烈。在雨果写了一封公开信表示支持后，主张保留废墟的人才取得了胜利。雨果激动地谴责说："是的，巴黎是一座未来城市，但无法否认它曾经是一座历史城市，这个竞技场就是巴黎这座伟大城市的历史标志，它是巴黎独特的纪念性建筑，巴黎的行政部门要是毁掉这个竞技场就等于毁掉了巴黎自己。我们不惜任何代价也要保留它！"

结果，这个遗址被保留了，遗址的挖掘工作在继续，人们期待在那里有重大的不朽成果。

对于巴黎那场保护历史遗址的运动来说，这一重大胜利并没有产生人们期望的那样震撼的影响。因为竞技场遗址虽然很大，但实际上遗址及其建筑废墟上并没有什么重要的历史遗物。考古学家们期待着能够找到与尼姆和阿尔勒的竞技场相媲美的纪念物，但他们发现的无非是一个由大大小小的石头组成的两米多高的石堆而已。一名城市官员激动地说："要保留这个竞技场，必须首先说明这个竞技场确实存在，但是考古发掘的事实证明恰恰相反，作为一处历史遗迹，这里已经不剩什么东西了。"这并不是巴黎当局所想象的巴黎历史的重要纪念地。那场保护历史遗址运动就这样失败了，巴黎罗马竞技场的修复工作进展得自然相当缓慢。直到 1917 年至 1918 年，考古学家卡皮坦才最后确定该遗址将作为一个公园对外开放，那便是后来的卡皮坦广场。所谓的

“修复”在很大程度上是新造——法兰西第三共和国风格的罗马迪士尼乐园。

今天，这个竞技场完全被忘记了，这在它的历史上是第二次。在巴黎属于罗马人的时候，它也没有提高这座城市在罗马的地位。到这里来参观旅游的人很少，除非夏季音乐会时设立起专门的座位。在多数时间里，到竞技场这个地方来的是一些父母和孩子们，当地的小伙子们在那里踢足球，有时可以听到附近幼儿园孩子们的吵闹声。竞技场已成为当地的社交场所和街区记忆。在一座官方的“记忆之场”有时被夸大的城市里，这并不见得是坏事。

尽管罗马人在巴黎留下了一定影响，但是这种影响来得很慢，直到尤利安短暂地将它纳入罗马帝国统治下以前，卢特提亚在整个罗马统治时期从来都只是一个二流城市。罗马人允许现有的部落体制在整个高卢继续存在，但是巴黎人的六十多个部落群体从来没有形成由“长发高卢”组成的城邦。卢特提亚仅仅是广阔的比利时高卢省中的一座首府城市。巴黎当时并不具有重要的战略地位。例如，巴黎距离罗马帝国的长城很远，该长城是用来防御来自日耳曼部落跨过莱茵河和多瑙河的侵犯、保卫罗马帝国的西北边疆的。甚至到了 4 世纪，当高卢的三个部分由一个更小的组织所取代的时候，在国家管理的角度上，卢特提亚也没有取得核心的地位，而附近的桑斯却成为第四里昂区的首府。

作为一座城市，卢特提亚的功能主要是行政的，而不是社会的、经济的和文化的。当时，该城市的居民人数最多不超过 8000 人，与

巴黎的罗马竞技场

当时纳尔邦高卢的纳尔邦和尼姆以及里昂、欧坦、兰斯、特里尔相比，人数还是很少，这些城市的居民都在2万至3万之间，而当时的罗马已经拥有75万人口。卢特提亚的面积也只有50多公顷，而兰斯为600公顷，特里尔为285公顷，欧坦也有200公顷，甚至前罗马时代高卢的阿莱西亚城堡也有97公顷的面积。卢特提亚钱币的命运以及建筑环境的罗马化进展缓慢的事实，表明城市经济从被征服的创伤中恢复得十分缓慢。在北部高卢，卢特提亚是少有的几个可以用当地的石头来兴建的罗马城市之一。西岱岛方圆五公里内蕴藏的石灰岩（用作石料）和石膏（用作灰泥）一直到现代都在为建筑提供原材料（最后一个石灰岩采石场在1939年关闭），十几个世纪以来留下了许多巨大的地下洞穴。卢特提亚的绝大多数建筑物是在2世纪甚至3世纪建立的，石头、石膏和瓦块逐渐取代了抹灰篱笆墙和茅草，但是后者从未完全消失。虽然在卢特提亚的黄金时代既有建筑业，也有陶器生产和金属加工，并导致郊区出现了制造业，但是卢特提亚没有真正成为生产中心，而是专门从事起运输业。罗马帝国修建连接首府里昂与英格兰的道路的决定也对当地经济造成了影响，这条路经过桑斯、桑利斯和博韦，却将巴黎完全排除在外。

1711年在巴黎圣母院周围出土的“船工石柱”是一个不同寻常的考古学发现。该石柱是2世纪初建造的。这根石柱的存在说明，尽管存在上述那么多问题，但是巴黎的经济已经开始恢复了。这根石柱大约有5米高，收藏于现在巴黎第五区的克吕尼博物馆，那里还有罗马浴池的遗迹。石柱上表现了罗马诸神，包括玛尔斯、维纳斯、墨丘利、福尔图娜、卡斯托尔和波吕克斯、伏尔甘，他们愉快地与高卢诸神待在一起。石柱上用相当糟糕的拉丁文描述：“在提比略·恺撒·奥古斯都的统治下，船工们集体出资竖立了这座纪念碑，献给最伟大、最仁慈的朱庇特神。”这根石柱表明了高卢—罗马宗教的融合，但也说明了船工们的社会地位和经济能力。在罗马人到来之前，船工组织便已存在，似乎也推动了2世纪初的经济发展。

当地的产品被运往远方。在城市周边的三个墓地外发现了大块的罗马式农田，这些农田由奴隶耕种，使卢特提亚犹如一座花园城市。例如，在沙约和蒙马特也有大规模的农田，还有供奉从玛尔斯到墨丘利等诸神的庙宇。在今天巴黎的环城大道之外还可以发现更多的居民区，包括克利希、让蒂伊、博比尼、伊夫里和圣德尼。卢特提亚的农村特征在3至4世纪得到扩大，随着罗马统治的动摇而走向衰落并最后消失。从2世纪晚期开始，来自罗马帝国长城之外的蛮族入侵使高卢各地面临危险，最早在162年和174年，这里已经有了被袭击的危险，但真正的危险在3世纪晚期才开始成为全境的问题。日耳曼的阿拉曼人和法兰克人在275年的袭击给60座高卢城市造成了损失，卢特提亚也包括在内。公元300年稍晚一些时候，巴黎西岱岛和公共集会场地周边的防御成为问题，人们开始从那些难以防守的建筑物上取石头来加固这些区域。越来越多的人开始埋藏钱币和其他贵重物品，这表明蛮族威胁带来的心理冲击很大。

二、一个巴黎儿童

> 这是我们所知的最早的巴黎人面孔（见第36页），它已经有将近两千年的历史了。这是一张意外形成的死亡面具，1878年在今巴黎第五区皮埃尔-尼科莱街发掘出来，几乎与照片一样清晰而又饱满。考古学家欧仁·图卢兹在这里的罗马墓地从事发掘工作已有一段时间。有一天，他发现了一具大约1世纪或2世纪的粗糙石棺，他小心地撬开了石棺的盖子，里面是一个幼童的尸体，孩子很小，大约也就12至15个月大，尸体旁边放着精美的玻璃奶瓶。考古学家注意到，“孩子的头被一层相当厚的黏固剂覆盖，在小心地揭开它后我们惊奇地发现，黏固剂已经形成了一张死亡面具，因此，我们得到了一张18个世纪以后还完整保存着的孩子的脸。可能因为这具石棺是封闭的，石棺上的黏固剂粘

成一块并落在孩子脸上，留下了一张完整的面具”。

当时，死者下葬要么直接埋入土里，要么把尸体放在木制棺材里埋葬，而且死个孩子不仅在卢特提亚，在巴黎的大部分历史上都是很平常的一件事情。所以，可以断定，这个孩子至少在死后得到了特殊的对待，他是这块墓地中仅有的埋葬在石棺中的三个人之一。毫不奇怪，从中世纪以来，巴黎最大的墓地可能就要数为纪念被希律王杀害的“圣婴”而建立的墓地。巴黎的这个墓地在1786年关闭之前，葬有大约200万名过世的巴黎人，其中很大一部分是儿童。统计数据表明，直到18世纪末、19世纪初，巴黎的儿童死亡率还都很高，有四分之一或三分之一的儿童未满周岁便夭折了。

无辜儿童的大量死亡因一系列的社会问题而加剧。从中世纪晚期开始，巴黎的资产阶级、商店老板以及工场的工匠都喜欢把自己的孩子送到乡下去，由那里的奶妈喂养，在农村的儿童死亡率要比在巴黎家里大得多。另外，许多人把儿童遗弃在巴黎，无论是在城内还是城外。从16世纪开始，巴黎就有了弃婴医院，其中1640年由圣樊尚·德·保罗建立的“弃儿医院”最为有名。遗憾的是，这种挽救弃婴的机构反而使弃婴的数量增加。到法国大革命时期，在巴黎每年有大约8000名儿童被遗弃，在这些弃儿被遗弃的过程中或被收养的头三个月内，死亡率高达90%。就像欧仁·图卢兹发掘出来的弃儿尸体一样，当时交由人抚养的婴儿死亡率是最高的，直到19世纪这种情况才有所改善。

儿童贫困与儿童死亡一样是一个大问题。从16世纪开始，儿童乞丐就是一个不断出现的社会问题，有关虐待儿童的恐怖故事也层出不穷。1445年，一个母亲被处决，因为她为了让自己的女儿将来成为沿街乞讨的道具而将她的眼睛弄瞎。在有关流浪汉的文学作品中，瘸腿者或有其他残疾的人的故事十分普遍。儿童往往成为传言和城市谣言的对象。从16世纪开始，例如，在1529年、1663年、1675年、1720年、1741年和1750年，有关儿童被绑架的传言曾多次使巴黎人陷入恐慌。1750年，有人传言那些被绑架的儿童都被杀死了，他们的血被拿去给得了麻风病的路易十五洗澡。

从18世纪晚期开始，儿童乞丐又演变为街头顽童，他们人数众多，常常闹事。巴黎精英阶层开始担忧和关心起巴黎流浪儿童带来的问题。在1572年的圣巴托罗缪惨案中，正是一群流浪儿童肢解并阉割了海军上将科利尼的尸体。在1789年大革命前，对波旁王朝最严重的攻击就是以儿童弹弓游戏命名的投石党运动（1648—1653）。在19世纪早期，巴黎的一名警官宣称，投石党的后代没有一点悔改的迹象，"谁都知道巴黎那些街头儿童总是聚集在一起大放厥词，在暴乱中又首先从街垒中捡来石头第一个开始攻击"。亚历克西·德·托克维尔也赞同地说："通常确实是巴黎街头的那些顽童首先开始造反并以此为乐，就像学校的学生在度假一样。"巴黎儿童因此既是暴力的实施者，也是牺牲品。但是，雨果在其1862年发表的伟大小说《悲惨世界》中以同情的语气描述了巴黎街头流浪儿童的代表形象格夫罗舍，使人们注意到正是可恶的社会环境造成了那些孩子的不良行为。格夫罗舍在街垒上死去了，但在死前已经拨动了雨果小说读者的心弦。

尽管有那么多对外来入侵的担忧，但是比起法国北部的其他城市来说，那些入侵对巴黎的影响似乎相对较小，因此，问题还没有严重到使巴黎人不敢在防御地区之外建造房屋的程度。尽管规模不大，但在罗马帝国统治下的巴黎，城市网络还是基本上保持完整，遭到的侵犯可能仅仅来自杂草和荨麻。此外，卢特提亚也逐渐发展出了后世的重要战略地位。在罗马防御长城无懈可击的时候，罗马军队能够在靠近日耳曼的特里尔等城市戍守边疆，但是一旦长城防守失败，驻守在卢特提亚等城市的罗马军队就会因为距离太远而不会成为入侵者的首要打击目标，而罗马的军队则可以利用良好的陆路和水路交通系统快速运动到任何事发地区。同时，还可以通过康布雷、博斯和普瓦图为罗马军队运送粮草。据尤利安皇帝记载，很可能在普罗布斯皇帝（276—282 年在位）下令取消在意大利以外任何罗马统治区栽种葡萄的古老禁令以前，这个地区就有了自己的葡

儿童面部石膏模型

萄酒产品。在塞纳河左岸有一座卢特提亚兵营，地处通往意大利的道路东南。城市里还驻有一支舰队，可以运送军队到塞纳河沿岸的所有地区，以便平息那里发生的混乱。这座城市由此发展成为一座卫戍城，也因此为巴黎人的船工提供了良机，那里的航运业自然持续繁荣。

上述情况证明，在 3 世纪 50 年代晚期，罗马将军尤利安被派到高卢去抵御日耳曼人入侵的时候把自己的司令部设在这里，正是出于一种战略考虑。他在西岱岛建立的长方形廊柱大厅在这个时期更显得重要，因为该城的港口就在西岱岛上。360 年，发生了一件卢特提亚历史上具有重要意义的事件：罗马军队拥戴尤利安为皇帝。当时，罗马军队面临着被派到东部前线与伊利里亚人作战的威胁，如果被派去作战，他们将不得不“衣不遮体、食不果腹”地与家人分离。[5] 于是军队发生了反叛。叛军在欢呼声中将并不情愿的尤利安举到一面步兵盾牌上，举行了一个既像日耳曼风格，又像罗马传统的仪式，但是没有皇冠，戴在尤利安头上的只有一个旗手标志。三年以后尤利安皇帝就去世了，但是在 365 年至 366 年间，他的继承者之一瓦仑提尼安一世也是在这里领导了反对蛮族的战斗，从而使卢特提亚的帝国风貌更加浓厚。

那么，我们现在是不是可以把这座城市叫作巴黎了？人们以自己部落的名称命名自己最初的城市是很普遍的现象。所以，到 4 世纪早期，这座“巴黎人的城市”就已经被叫作巴黎了，到 4 世纪末期，名称的变化彻底完成。在罗马统治时期，卢特提亚一直不失其铁器时代晚期的高卢特色。如同在高卢其他地方一样，罗马人很大程度上允许巴黎人实行自己过去的政治形式，当地的贵族阶级也基本上没有变化，航运业几乎可以肯定也是早在罗马人到来之前就已经存在了。巴黎–卢特提亚一直是坐落在荒野中的一个前哨阵地。尤利安皇帝自己的家庭来自一个遥远的多瑙河部落，用他自己的话说，那是一个“粗俗的、丑陋的、在其决定中毫无可取的长远打算的群体”。他坦率地承认自己与巴黎地区的凯尔特人有相似之处，将自己在巴黎人及其同类中的角色描绘为“就像是与野兽打交道并被纠缠住的猎手”。[6]虽然罗马人认为他们使这座微不足道的（但也是可爱的，一如尤利安所说）半野蛮城市文明化了，卢特提亚还是不能放弃自己在前罗马时代形成的传统。事实上，这一点在4世纪的时候表现得更加突出。

4世纪50年代末至60年代初的尤利安皇帝和瓦仑提尼安皇帝都成功地将日耳曼部落——主要是阿拉曼人和法兰克人——阻挡在罗马长城之外。4世纪末，军事指挥权从巴黎转移至特里尔，这表明长城地区的安全性提高了。但是，“罗马盛世”的残影只是一种错觉，因为在5世纪，罗马的权力便完全崩溃了。建立在罗马和君士坦丁堡基础之上的双重帝国在其西部没有能够重整军事力量。410年，罗马人受到西哥特人的袭击，罗马帝国东西部之间的分裂明确载入史册。甚至早在406年，罗马西北部前线的防御就已经像气球一样被刺破了，大批日耳曼入侵者从罗马长城蜂拥而入，结束了整个高卢地区的罗马行省体系。勃艮第人定居在法国东部，阿拉曼人定居在阿尔萨斯，苏维汇人和汪达尔人定居在西班牙，西哥特人则跨过意大利进入法国南部，在图卢兹地区建立了一个王国，416年，罗马当局被迫承认了这个王国。在法国北部和东北部地区，法兰克人具有统治地位。

在松散的法兰克人部落联盟中，有一支萨利克法兰克人最为突出。他们的家族史可以追溯到神话中的墨洛温，据说墨洛温是一个信仰异教的海怪的儿子。这支法兰克人将罗马帝国在这个地区的最后代表，军事指挥官埃提乌斯（425—454年在位）、埃伊杜斯（454—464年在位）和西阿卢斯（464—486年在位）团团包围。在463年至464年间，这支法兰克人围攻巴黎并杀死了埃伊杜斯。在5世纪80年代晚期，他们又在苏瓦松杀死了西阿卢斯。西阿卢斯的死亡和476年西罗马帝国皇帝的去世标志着罗马帝国的统治在西方的终结。在本身失去了罗马卢特提亚的古老价值以后，巴黎得到了新的身份，宗教在其中扮演了重要角色。当时，基督教已经传入巴黎，并从此长期铭刻在这座城市的外表上。根据后来的教会传统，巴黎的第一个基督教教区是由圣德尼建立的。人们普遍认为，他就是《新约》中提到的圣保罗的门徒亚略巴古的丢尼修。这一传统基于对二者的混淆。巴黎的圣德尼很可能是3世纪末期被派往该地区的一个传教士，但他只能暗中偷偷地传教，因为当时的罗马政权认为，基督教的一神论主张是对罗马宗教的威胁。例如，罗马皇帝德西乌斯（249—251年在位）和瓦勒良（253—260年在位）都曾经发布迫害基督教徒的敕令。德尼可能是在272年被处死的，他死后的神奇故事成为他被封圣的依据。据说，德尼在蒙马特的山坡上被斩首后，自己拾起自己的头颅，带着它来到埋葬他的墓地，后来这里修建起圣德尼修道院。313年，罗马皇帝君士坦丁发布米兰敕令，宣布基督教为罗马的国教，从此基督教徒的命运发生了根本的改变。虽然迫害基督教徒的现象还时有发生，例如，卢特提亚的尤利安皇帝就是一个反基督教的军事首领，但到5世纪初期，基督教就安全了。从此以后，异教徒和异端才是被迫害的对象。

在5世纪，一个叫热纳维耶芙的年轻女基督徒成为巴黎抵抗蛮族侵扰的象征，她几乎立刻就被封为圣热纳维耶芙。根据《热纳维耶芙圣徒传》的作者回忆，在451年，当巴黎受到阿提拉和匈人威胁的时候，当巴黎的长者们建议巴黎人全体大逃亡的时候，热纳维耶芙组织人们进行了抵抗。她的名声成为基督徒在面临蛮族异教徒威胁时的精神依托。结果，阿提拉的军队从巴黎附近撤退，既而在特鲁瓦和沙隆附近被埃提乌斯击溃。后来，热纳维耶芙在463年至464年间与由希尔德里克率领的法兰克军队进行了谈判，在5世纪70年代法兰克人围困巴黎的时候，她还把粮食从特鲁瓦运送到巴黎，从而缓解了巴黎发生的饥荒。后来，希尔德里克的儿子克洛维打败了罗马军队，西阿卢斯战死以后，抵抗难以为继。克洛维开始建立起强大的法兰克帝国，征服了曾经被称为“长发高卢”的多数地方。

三、圣热纳维耶芙

将塞纳河左岸与圣路易岛连接在一起的托内尔桥旁矗立着巴黎主保圣人圣热纳维耶芙（422—502）的雕像，作者是经验丰富、声名远扬的雕塑家保罗·兰多夫斯基（1875—1961）。雕像建于1928年，西向东方，雕像放置的地方是中世纪巴黎防御城墙的最东侧，这种安排是想唤起人们对巴黎早期坎坷岁月的回忆。公元451年，阿提拉和匈人从东面进攻了巴黎，他们遇到热纳维耶芙召集的巴黎人的顽强抵抗；圣热纳维耶芙曾经与之谈判的法兰克军事首领在6世纪70至80年代的进犯也来自东面。

将巴黎主保圣人雕像安放于此有违曾在索姆河战斗过的雕塑家本人的意愿，他认为将该雕像朝向巴黎圣母院西面放置更能体现和平精神，但是共和国的政治家们坚持此举，他们认为对巴黎城构成威胁的因素来自东方，1870年至1871年普法战争中巴黎遭到围困的时候敌人也来自东方。1914年，在马恩河战役爆发前曾经有过一系列的代祷活动，而马恩河战役的结果确实使巴黎免遭德国人的侵略。1940年，法国与德国的“假战”变得日益突出，人们曾抬着主保圣人的圣体在巴黎游行示威，可是这次她似乎并未昭显灵光，巴黎城在此之后不得不忍受纳粹德国长达四年的占领。

将兰多夫斯基雕刻的圣热纳维耶芙雕像朝东安放的做法并不是要展现巴黎人一种长久以来的仇德心理。事实上，具有嘲讽意味的是，主保圣人的名字竟然源于日耳曼语，她的父母甚至可能是归化的法兰克人。在一千多年的时间里，她在人们心目中是一位能在各种天灾人祸降临时大显神威的圣徒。她尤其可以为身患热病或全身瘫痪的人送去慰藉。人文主义者伊拉斯谟称，1497年他在巴黎求学时，圣女曾将患三日疟的他从死神手中抢夺回来。圣热纳维耶芙对群体乞求也认真负责。据记载，885年北欧海盗围攻巴黎城时，人们将她的圣体置于防御城墙上以求保护，但是北欧海盗这次是由西面进犯巴黎的。

从中世纪起，每年的1月3日，她的圣髑盒就会被庄严地搬出圣热纳维耶芙大教堂（法兰克国王克洛维 512 年将她的圣体安放在此教堂，因为圣女曾经教化并使他皈依了基督教）。这天，游行队伍会抬着圣髑盒环绕圣热纳维耶芙山一周，接着走向山下的巴黎圣母院，然后按照原路返回。在 17 世纪末路易十四将宫廷迁至凡尔赛之前，只要是住在巴黎的法国国王都会亲自参加这个游行。在任何灾难降临的时候，人们都会抬着圣髑盒游行，仅在纷争不断的 16 世纪就至少有 44 次。那些游行发生的背景包括发生了瘟疫和洪水，国王反对胡格诺派的军事行动，国王重病，特别是发生食物短缺和饥荒。据说，在饥荒到来时热纳维耶芙曾经将特鲁瓦地区出产的粮食从水路运来拯救巴黎人的安危。她的声望更多地是源于她在赈济灾民方面的作用，而非培养人的仇德情绪。

警官尼古拉·德·拉马雷在 1738 年写道，对圣热纳维耶芙的狂热崇拜“几乎与君主制度一样古老陈旧”。他有如预言家般灵验。在日渐世俗化的启蒙时代，人们确实很少乞求圣女来保护他们的寝食安全。在整个 18 世纪，人们只有两次抬出她的圣体。法国大革命期间，在处死路易十六以及随后的恐怖时期，圣体在圣像破坏运动中被随意移动。最后，盛装圣体的金质圣髑盒被送入铸币厂熔化掉了。《箴言报》评价道：“这一切都是那么平静，没有发生任何奇迹。”

在 19 世纪，热纳维耶芙再次作为民族精神的象征重返法国人民的心中（奇怪的是，她竟然同时成为警察和空中小姐的主保圣人）。尽管她的圣体于 18 世纪 90 年代已经遗失，但是人们后来又为她重塑了一个圣髑盒，里面装有从原来的石棺上取来的一块石头。目前，该圣髑盒安放在圣埃蒂安教堂里；人们希望圣女发挥作用的时期——饥荒和恐德时期——将一去不复返。

热纳维耶芙很可能在墨洛温王朝基督教化进程中起到了很大作用。异教徒希尔德贝特曾十分畏惧她的神圣，因为很可能正是她的影响使克洛维于498年率3000名法兰克士兵皈依了基督教。克洛维王朝从481年一直持续到511年。克洛维和他的妻子克洛蒂尔德开创了对热纳维耶芙的崇拜，建立了圣徒大教堂（这对夫妇后来就葬在这座教堂）。从9世纪开始，这座教堂变成了圣热纳维耶芙山上的圣热纳维耶芙教堂。克洛维皈依了基督教，这使他能够以信仰捍卫者的身份对抗同时期已信仰了雅利安异教的西哥特人，并在507年的武耶战役中击败了他们。克洛维也因此宣称自己是罗马皇权的继承者。508年，在图尔举行的一个仪式上，克洛维接受了君士坦丁堡东罗马帝国皇帝阿纳斯塔修斯一世赐予他的执政官头衔。通过罗马皇帝尤利安和瓦仑提尼安，卢特提亚成为一座帝国之城；又经过热纳维耶芙，巴黎成为一座基督教信仰之城。这正是克洛维希望通过努力获得罗马的合法性所得到的结局。图尔的格列高利曾经这样描述道："他穿上紫色长袍，披上象征军事权威的披风，将王冠戴在头上。从那一天开始，他就是罗马的执政官，或者叫奥古斯都，然后，他启程向他选定的首都巴黎进发。"[7]

尽管这都是一些表面现象，但是法兰克人能同时接受罗马人的披风和基督教的光环并无令人吃惊之处，因为他们早已经接受了罗马帝国晚期的许多价值观念。在克洛维之前很久，法兰克人就不断地越过罗马长城进入罗马境内，可见这道长城远比罗马人自己说的更容易越

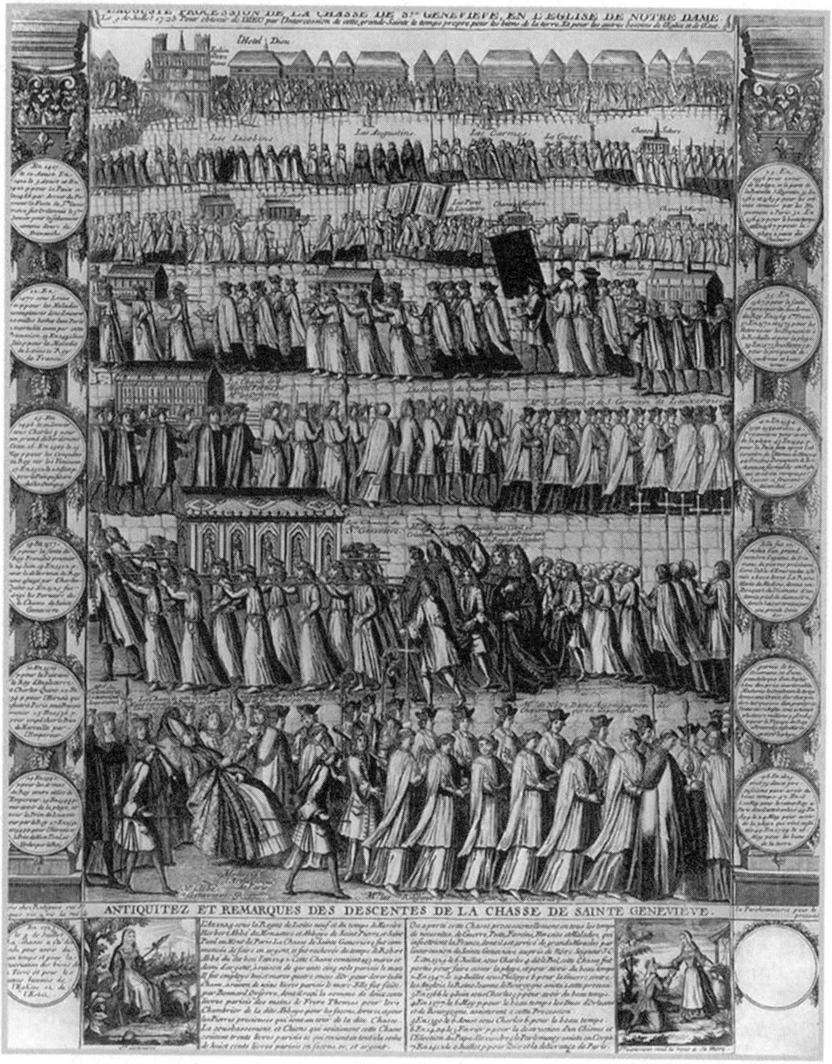

1725 年的圣热纳维耶芙圣体游行

过。从 2 世纪开始，罗马军队大量征募那些归顺的日耳曼人入伍与此也有很大的关联，尤其是在巴黎成为一座有驻军的城市之后。例如，在巴黎城东南的高卢罗马人墓地里有一块墓碑，属于一个名叫乌萨纽斯的来自日耳曼麦纳皮部族的罗马军团士兵，这个部落就生活在莱茵河的河口，这个人的例子具有一定的代表性。法兰克人曾多次作为罗马人的契约盟友戍守边疆，将其他蛮族人挡在疆土之外，例如克洛维的父亲希尔德里克就曾在 451 年与埃提乌斯一起对抗阿提拉。他临终之前还坚持要用法兰克的一把飞斧和罗马将军的一枚徽章作为陪葬品一起下葬。这一时期的巴黎可能如同早期一样拥有种族和文化上的混杂性，这种混合也包括日尔曼的元素。360 年，罗马军团曾用盾牌抬起尤利安以示对皇帝的欢迎，这种日耳曼人的仪式在罗马却鲜为人知。甚至热纳维耶芙，这个用来捍卫罗马精神的基督徒的偶像，身体里也可能流淌着日耳曼人的血液。

墨洛温法兰克人，这些昔日的蛮族入侵者，已经成为帝国和基督教的守护者，他们是我们了解到的最罗马化的所谓蛮族人。6 世纪希腊编年史家米里纳的阿加修斯这样评述道：

> 法兰克人并不像其他蛮族人那样具有游牧民族的特征，除了相似的契约、婚姻及信仰习俗外，他们的政府体制、行政系统和法律条例都多多少少地具有罗马模式的特点。事实上他们都是基督徒，信奉最严格的正统教义。他们的城池也拥有与我们一样的地方行政官和神父，也像我们一样庆祝节日。这个野蛮民族给我的印象是：他们同我们一样知书达理，一样文明，只不过他们衣着不雅，语言特别。对于蛮族来说，这已经是相

当文明和开化了。[8]

融合之所以这么容易，是因为法兰克人的数量并不多。正是他们构成了克洛维新王朝的统治阶层，但是考古研究发现，他们并未显著地改变巴黎城及周边地区大多数人的物质文化（他们更多地居住在东方）。同样具有重要意义的是，巴黎地区并未有日耳曼地名流传下来，有的只是拉丁语和高卢语地名。

可能经过通婚和与高卢罗马的精英们政治结盟，法兰克人才毫无痛楚地与当地人交融起来，皈依基督教表明他们已经拥有了生活在罗马帝国的地位（从 313 年开始，基督教已经成为帝国的信仰），但这也是对从 3 世纪晚期开始基督教化的当地土著民族的一种安慰。此外，法兰克人还全盘接受了既有的教区框架和教会等级制度，保留了罗马税收制度，接受先前存在的法律条文，作为罗马人和教士们的语言的拉丁语也变成了墨洛温王朝的官方语言，包括法兰克习惯法在内的所有官方文件均以拉丁文书写。法兰克人与教会修好。兰斯主教雷米在克洛维掌权伊始写给他的信中说："你应当服从你的主教，遵从他们的劝导，如果你与他们保持良好关系，你的王权就会稳如磐石。"[9]克洛维及其继任者多半都很谨慎地遵循这一教导。

克洛维将巴黎选作首都算是一条妙计，他要调和现有的权力结构，也要摄取罗马精神和基督教教义的全部内涵。如果没有一座罗马式城池的存在，难以想象一个人可以以罗马承袭者的形象称王。巴黎可以作为首都的首要因素是尤利安皇帝曾经在那里加冕为帝，同时它还处处留有昔日罗马帝国辉煌的痕迹。克洛维及其后嗣均蓄长发，这可能是一种魔力的象征，他们都将基督教上帝选民的光环、对罗马帝国的崇拜以及墨洛温王朝传统的神圣地位结合在一起，作为从墨洛温伊始世代继往开来的结果。在蓄长发的国王们铸造的硬币上，有罗慕路斯和雷穆斯的形象，他们是罗马帝国的缔造者。墨洛温诸王曾经派外交使者前往君士坦丁堡，在建筑上都坚持科林斯柱式建筑风格。希尔德里克（561—584 年在位）用拉丁语六韵步诗行创作诗歌，据说 577 年还在巴黎的老竞技场组织了罗马竞技活动。

作为罗马帝国和基督教的捍卫者，墨洛温王朝的地位通过权力政治的复杂性、混乱性和血腥性展现出来。图尔的格列高利在《法兰克史》一书中对此向读者进行了描述。一方面，法兰克王国靠军事征服从 6 世纪初壮大起来：先是征服了阿基坦的西哥特人，然后使普罗旺斯王国的东哥特人处在墨洛温王朝的控制之下，接着是法兰西东部的勃艮第人，在日耳曼和意大利也不断进行侵略扩张；另一方面，每位国王死后，王朝的土地会被再次划分。例如，511 年克洛维去世时，他的四个儿子共同继承了他的领土，希尔德贝特（511—558 年在位）成为“巴黎之王”，而他的三个兄弟则分别拥有了以奥尔良、兰斯和苏瓦松为中心的各自的王国。血腥谋杀和暗害是维护墨洛温王朝政治文化在晚期得以继续的两个支柱，死亡和缺少子嗣也可以防止权力的继续分裂。即便如此，从克洛维时期到 8 世纪中期，墨洛温家族的王权每四年中只有一年没有更换统治者。巴黎独特的象征意义在于它未遭到统治者们的瓜分，它始终拥有法兰克各领地首府之地位，是一个可以商讨解决各种共同事务的地点。但是，在墨洛温王朝的权力政治中，巴黎已成为一个很有用的谈判筹码，从 6 世纪晚期开始，墨洛温王朝的历代国王越来越多地仅仅巡回于自己的领地上，但是很少住在首府。

可能由于它作为首府的象征性地位，巴黎逐渐发展成召开教务会议的地点，其中包括360年在此召开的一次声讨阿里乌斯派异端的大会。但是到了后来，宗教会议开始在这里定期举行，如552年、561年、573年、577年和614年的会议。同时，巴黎这座城市也是墨洛温王朝君主选择的入葬地。例如，克洛维和克洛蒂尔德就都葬在了巴黎圣热纳维耶芙教堂的圣祠里。另外，在543年，克洛维的儿子希尔德贝特将圣樊尚的遗体从萨拉戈萨带回巴黎，安放在左岸的一个圣祠里，这里后来发展为圣日耳曼德普雷教堂。希尔德贝特在558年去世后也被葬于此，在629年以前，他的所有继任者也都埋葬在这里。在圣德尼修道院里，也修建了一块王家墓地。该修道院因圣德尼的坟墓而得名。5世纪50年代，圣热纳维耶芙曾经在此地修建过一所圣祠。许多墨洛温王朝的达官要人都为自己选择了这里的墓地。在为数不多的几位单独统治墨洛温领土的国王中，达戈贝尔特一世（629—638年在位）也做出了同样选择，这标志着一直延续到法国大革命时期的王家葬礼传统从此开始了。

在6世纪，君主和贵族阶级都大兴土木，建造宗教设施，因此，教会兴盛起来，教堂的分布也随之发生变化。385年，图尔的圣马丁在去城北的途中救治了一名麻风病人，因此，人们在现在巴黎第三区，即塞纳河右岸居民区的北侧建起了田野圣马丁教堂。而圣马塞尔则与巴黎东南侧的发展有直接关系。传说他曾在某块墓地的边缘打败了一条龙。后来他自己就被葬在这里，也就使得今天的戈布兰十字路口附近原来用于埋葬士兵的地方变成了基督徒墓地。墨洛温王朝资助修建了一座宏大的天主教堂，用来纪念圣埃蒂安，该教堂被建在西岱岛上，距离12世纪兴建巴黎圣母院的地方不远。到8世纪，墨洛温王朝在西岱岛又建造了六座教堂，在左岸地区也建造了十几座教堂。这些教堂被建在离主要道路很近的地方，例如，圣塞味利教堂和田野圣母院在圣雅克街附近，穷人圣尤利安教堂、圣梅达尔教堂和圣马塞尔教堂则位于通向意大利的公路旁。

另一个重要的发展就是塞纳河右岸重要居民区的出现。它们围绕山丘建成，由于19世纪奥斯曼男爵曾平整那里的土地，现在山丘已不复存在了。[10] 这一时期许多教堂在此兴起，如现在巴黎第一区的圣日耳曼欧塞尔教堂，第四区的圣梅里教堂、圣热尔韦教堂，另外还有六座教堂在这里兴建，包括现在巴黎第四区的屠宰场圣雅克教堂等，都在今天仍在使用的一个港口附近。湿气弥漫的右岸沼泽地后面还有现在巴黎第十区的田野圣马丁和圣洛朗教堂，再往北去，就在殉难山上原来作为异教神庙宇的地方，那里是圣德尼殉难之处，现在建起了一座教堂，墨丘利山也因此更名为蒙马特山（意即"殉难"山）。总之，对于巴黎这样一座人口并不比罗马时代多的城市来说，这可谓一个了不起的教堂阵容。

在巴黎的政治经济作用日渐萎缩的同时，教会机构却在逐渐膨胀。尽管到6世纪叙利亚和犹太商人仍在巴黎出没，足以证明历史悠久的贸易模式仍在延续，但是赠品、贡品和战利品逐渐成为更具有地方特征的经济形式，它统治了法兰克领土及周边地区。城镇已经不再像罗马帝国时期那样是贸易与交换的中枢，城市文明逐渐被一种以乡村为基础的文明所取代。法兰克人的政治力量也在逐渐衰败，后来的多数统治者已经不再重视向南征服，而将他们的权力集中在卢瓦尔河与莱茵河之间。在这个地区，出现了活跃的两极：一个是奥斯特拉西亚地区，即从默兹河到莱茵河的法国东部和德国西部；另一个是纽斯特里亚地区，即从默兹河到卢瓦尔河的法国中西部地区，包括巴黎在内。

纽斯特里亚地区的国王们越来越喜爱巡游生活的方式。尽管他们的财富主要集中在巴黎，但他们更愿意住在克利希的王宫而不是城里，除希尔佩里克二世 717 年在巴黎短暂停留外，没有记载证明 8 世纪上半叶有哪位国王去过巴黎。此外，墨洛温王朝的权力正在由于自己身边崛起的一种新生力量，即所谓“宫相”的冲击而变得孱弱。编年史家艾因哈德后来描述了财富和权力如何慢慢落入这些宫相的手中，他们负责保障王权过渡时期国家的安全及王朝日常账目，他们行使最高当局的权力，俨然一副统治者的权威形象。而国王除了享有头衔，满足地蓄着长发，手捻胡须地坐在王位上之外，已经没有任何权力了。[11]

679 年，居住在奥斯特拉西亚的“宫相”，出生在埃斯塔勒的阿努夫家族，即后来的加洛林家族的丕平二世结束了墨洛温王朝对法兰克王国在奥斯特拉西亚的统治。687 年，他迫使纽斯特里亚人接受他及他的子嗣做该地区的宫相。此后，他和他的后任继续把权力中心置于奥斯特拉西亚，这就使巴黎更加远离了这些真正当权者的居所。所以，墨洛温王朝的历代国王们虽然仍享有名义上的神圣地位，但只是王朝的门面而已，早已经没有实权。最后，奥斯特拉西亚的矮子丕平三世觉得，继续保留那些国王带来的麻烦远远超出他们存在的价值，所以在 751 年废黜了他们。

754 年，教皇在圣德尼为丕平加冕，丕平遂成为法兰克国王。

768 年他死后就葬在了圣德尼。但是，巴黎从这个时候开始似乎正淡出王朝的政治生活。丕平的儿子查理曼漠然对待将政府建在巴黎的想法，而是在亚琛建造了自己的行宫，此地更靠近他建立的宏伟帝国的中心，从比利牛斯山脉到波罗的海，从大西洋沿岸到意大利的大部分疆土，再到匈牙利平原，均属于当时查理曼帝国的领土。加洛林王朝与墨洛温王朝一样寻求建立神圣的权力根基，但是没有想到把统治中心建在巴黎。他们继承了先辈铁锤查理的精神，732 年，铁锤查理曾在普瓦捷战役中击败阿拉伯军队，所以他们也开始为信仰而积极以武力传教，特别是在日耳曼地区。教皇在很大程度上承认了他们的这种精神，所以在 800 年圣诞节那天，教皇为查理曼加冕，封他为罗马人的皇帝。但是巴黎并未得到许可来分享这一新荣耀，由于加洛林王朝的统治机器主要设在亚琛，皇帝主要从奥斯特拉西亚的家族而不是纽斯特里亚的家族中选取官员，尽管 825 年、829 年、846 年、849 年和 853 年的宗教大会在巴黎召开，由加洛林王朝兴起的文艺复兴运动还是将巴黎略过了。与此相关的文化宗教活动，如古代拉丁文手稿的收集和誊写，音乐谱号的改进，法律条例的编辑成典，艺术领域的成就，都是以亚琛为中心进行的。在那场复兴运动中，科尔比、拉昂、梅斯和兰斯的修道院也异常活跃，但是除了圣日耳曼德普雷教堂外，巴黎地区并没有参与进来。

巴黎似乎远离加洛林王权的中心区域。这种边缘地位被城市面对新一轮蛮族侵犯时表现出的软弱无能所证实。这次来犯的是斯堪的纳维亚的北欧海盗，也被称为维京人。8 世纪晚期，这些异教徒海盗已在英格兰南部和法兰西大西洋沿岸进行了大面积劫掠和侵袭。但从 9 世纪 40 年代开始，他们不断地沿塞纳河向上航行围攻巴黎。从9世纪50年代起，他们甚至在法兰西过冬以扩大他们的进攻范围。

在此期间，加洛林帝国经历了早在墨洛温王朝时期就存在的政治上的分崩离析。根据843年的《凡尔登协约》，虔诚者路易皇帝的儿子们瓜分了法兰克领土。帝号留给了洛泰尔一世，同时他领有从北海到亚得里亚海的一个狭长地带（洛泰林加地区）；日耳曼人路易取得了东法兰克的日耳曼王国；秃头查理（838—877年在位）统治西法兰克，一直到9世纪70年代。在这一事件中，后者开始显现出对巴黎宝贵的些许兴趣，他在领地内不断迁移自己的王宫，并意欲定居于贡比涅。他对付北欧海盗的计谋——确切地说是无谋——就是用赔款达成停战协议，后来逐渐发展为不断交纳的保护费体制。9世纪60年代，查理下令沿河设置障碍以阻挡海盗的袭击。870年，西法兰克的所有城市都修复了护城体系。这一时期，巴黎在845年、856年至857年、861年、865年至866年和869年被多次洗劫过，左岸所有教堂均被烧毁。大多数居民蜂拥逃至西岱岛，期望利用河水的保护存活下来。4世纪末建立的用以抵御法兰克人的城墙经历了五百年后已难以抵挡任何外敌。从9世纪80年代起，西岱岛上依据巴黎伯爵厄德（882—898年在位）的命令建起了新的防御体系。

885年至886年，巴黎的敌人再次来犯，编年史家阿博是那年冬天北欧海盗围攻巴黎的目击者。他们乘坐的“七百艘大船及众多的小船”密密麻麻地在河口排开，使得两里格以内都看不见河水。[12] 巴黎人拒绝交付保护费，这使暂时在城西被毁的圣日耳曼欧塞尔教堂的残垣断壁间宿营的海盗暴怒不已。巴黎人坚信右岸距今沙特莱广场很近的大桥的屏障作用，认为船只无法通过此桥继续向下流挺进。接下来的战斗多半是在此桥及连接左岸的小桥附近展开的，小桥的塌陷使一部分海盗逆流而上，继续劫掠，另一部分人则留下来继续围攻。酣战之际，厄德带兵前来增援：当巴黎人望到落日的余晖中蒙马特山上“士兵们的头盔和盾牌熠熠的光芒时”，士气顿增百倍。[13] 西法兰克王胖子查理（884—887 年在位）到来后与海盗缔结了撤兵协约。此后海盗又分别于 887 年和 889 年两次来犯，但是西岱岛加固的防御城墙有效地阻止了他们的劫掠及继续向上游的挺进。厄德也组织巴黎人给了侵略者们一记漂亮的回击。

后人认为阿博的编年史有些浮夸，带有一点过度的宗教热情。他强调了巴黎的戈兹兰主教在 885 年至 886 年保卫城市过程中组织民众的热情以及圣热纳维耶芙圣体的保护魔力。他也大肆夸耀了厄德在抗击异教徒海盗战斗中的作用，甚至故意将他与圣热纳维耶芙在抵御异教蛮族入侵时的旗帜性作用相提并论。

巴黎人的确将他们的安危更多地寄托在他们的伯爵而非当时的国王或罗马人的皇帝身上，这一事实显现出当时西欧政治变革的特征。加洛林王朝的所有领土正在经历着权力的分裂。王朝希望通过授权来控制帝国的离心趋势，但在现任者死后帝国可以收回职务。到 9 世纪晚期，情况有所变化，各领主开始承袭自己的职位，这样一来便使各领地完全独立了。他们制定法律，征收税款，征召兵员，提供军事保护，因此获得了当地民众的拥戴。有些地方领主开始自称公爵，甚至称王。例如，从 910 年开始，普罗旺斯的路易就自封为王，并开始建立宫廷，组织起一批忠诚的追随者，而皇帝只能无助旁观。

在巴黎地区，拥有这种“次王朝”霸权地位的是罗贝尔家族，这个家族后来建立了卡佩王朝。强者罗贝尔是纽斯特里亚侯爵，亦即巴黎在 885 年遭到围困时期的英雄厄德的父亲，在 9 世纪早期撕毁了与西法兰克王室订立的权力协定，在法兰西北部建立起自己的权力集团。巴黎解围之后，已承袭了巴黎伯爵爵位的罗贝尔的儿子厄德声誉鹊起。892 年，胖子查理去世，阿博记述道："令非常爱戴厄德的法兰克人欢呼雀跃的是，厄德获得了国王头衔及王国的权力，他接过了节杖，戴上了王冠。"[14] 这位新国王精力充沛，刻苦勤勉，他将巴黎伯爵爵位传给他的弟弟，使自己得以全身心治理王国。898 年，厄德在病榻上敦促几位领主接受纯朴的查理做西法兰克及加洛林王朝的新国王。这种做法表明了王朝权力在分裂，国王已经感知了他的家族对巴黎爵位的兴趣超过对西法兰克王位的兴趣。

然而巴黎本身——阿博称它为"诸城中的女王"[15]——在 10 世纪时却破烂不堪。阿博写道，由于北欧海盗的多年劫掠，"葡萄园主和农夫们像葡萄和土地那样生活在死亡的边缘"。[16] 不断的侵袭摧毁了大量的城市建筑，特别是在左岸地区，那个地方后来只得转为农用。城市化程度较低的右岸地区遭到的破坏程度较轻，可能因为围绕屠宰场圣雅克教堂、圣梅里教堂和圣热尔韦教堂而建的防御城墙起到了保护作用。虽然城市的早期发展史主要与左岸地区有关，但在北欧海盗入侵以后的岁月里，右岸地区的发展超过了左岸地区，这一点从第二章可见一斑。仍然生活在心悸之中的巴黎人更乐于将坚固的西岱岛看成城市的心脏，但居民的数量有所减少且趋于贫困。

在 10 世纪的大部分时间里，巴黎除了作为罗贝尔（卡佩）家族名义上的首府以外，本身并没有什么意义。922 年至 923 年，厄德的兄弟罗贝尔被拥立为王，他还未有任何建树就去世了。他的儿子伟大的于格在 936 年王位空缺的情况下，负责将"海外归来者"路易从英格兰接回来继承王位。加洛林王朝统治时期，罗贝尔家族的实力日渐强大。943年，路易任命于格为“法兰西公爵”。后者拥有法兰西岛和塞纳河与卢瓦尔河之间，包括安茹、曼恩、奥尔良和图尔在内的大部分领土。王朝权力不断受到领地内横行不羁的小贵族的冲击，同时还要设法对付那些在城市周围拥有大量地产、权力不断膨胀的巴黎主教和宗教界要人。在这场政治争斗中，巴黎城本身好像一个不相关的局外人。伯爵们靠合纵连横而不是与某个单一地方的力量联系起来稳固自己的势力，这期间加洛林王朝则将拉昂作为他们的首都。

978年，巴黎再次成为争夺的焦点，这一年奥托二世皇帝组织了一次对巴黎的惩罚性攻击。他站在蒙马特山的高地上轻蔑地眺望全城，但就在他准备实行全面围攻的时候，帝国的政治需求却将他召回东部，好像再次证明了巴黎的象征作用，它仿佛有上帝的庇护，不由得让人联想到451年的热纳维耶芙和885年的厄德。987年，西法兰克的诸侯拥立强者罗贝尔的曾孙于格·卡佩为王，人们并不指望他能有多大的权力，也不指望这能带来巴黎命运的改变。

只有时间可以告诉我们罗贝尔/卡佩王朝的权力在浩渺的历史长河中究竟预示着什么。卢特提亚以及它的墨洛温—加洛林王朝的继任者们对巴黎贡献甚少。巴黎从12世纪开始的非凡命运将使它这段卑微的开端变得微不足道、不值一提。12世纪起，有关巴黎起源的神话开始传扬开来：巴黎是特洛伊被劫掠时一些幸存者的安身之所。鉴于卢特提亚的三等行省地位，拥有与特洛伊的渊源比拥有与罗马的渊源更为可取。幸存的早期的大规模建筑——今圣米歇尔大道旁的浴场——被认为是尤利乌斯·恺撒或皇帝尤利安的王宫，却落入破败、被人遗忘的境地。巴黎人仍不知晓他们自己的早期历史，古罗马广场、竞技场以及公墓被拆毁，用作以后建筑的石料，或者被瓦砾盖住，它们确实幸存了下来，但直到 19 和 20 世纪才被考古学家发现。到了公元后第二个千年，当谈到巴黎历史时，巴黎人更乐于寻找与神话而非记忆的联系。

2

“诸城中的女王”

（约 1000—约 1300）

> 巴黎坐落在一个怡人河谷的中心，被周围长满谷物与葡萄的坡地簇拥着。塞纳河，这条来自东方的澎湃河流，从欢快地从城中流过，用两只手臂抱住一座岛，它是全城的头颅、心脏和精髓。令其他城市羡慕的两个郊区分别向右侧和左侧延伸，石桥将展开的两翼与岛连接在一起。大桥朝北，向着英吉利海；小桥朝南，面向卢瓦尔河。第一个郊区占地面积大，富裕，充满生气，满目皆是船只，到处都是商人，是经济中心。小桥属于那些辩士，他们一边走一边讨论严肃的话题。[1]

这是年轻作家巴佐什的居伊在 1175 年对巴黎的理想化描述，正如阿博笔下的“诸城中的女王”一样，[2] 表明了这座城市变化的主要特征。卡佩王朝早期，巴黎曾将自己改造成由三部分组成的城市，各部分之间靠给人留下深刻印象的石桥联系起来。巴黎以西岱岛为中心向外伸展开来，西岱岛是王权（王宫）和教权（天主教堂）的所在地。右岸地区是商业贸易中心。遭到北欧海盗严重劫掠的左岸逐渐发展成为文化教育中心。

规模的变化使本来处于中等规模的三流城市巴黎在历史上首次一跃成为无与伦比的城市之一。这一时期发生了巴黎历史上前所未有的最大变化：1100 年，它在地图上还仅仅是一个小圆点，但到了 12 世纪末，它已经成为基督教世界最大的城市，成为杰出的文化和思想中心。同时，它的经济也在迅速兴起，法兰西岛与香槟、佛兰德、托斯卡纳一起成为当时欧洲最富裕、生产力发展最快的地区。从那时起，不论在主观上还是客观上，巴黎都已经成为全法兰西的首都。巴黎的兴起的确与 987 年在逆境中建立起来的卡佩王朝有关。巴黎城的发展历程反映出卡佩王朝的成功，正因为卡佩王朝国王们的艰辛努力，才逐渐将直接归属于自己的领土扩大到覆盖整个法兰西封建王国的大部分区域，并使自己跻身欧洲强国之列。

巴黎将证明自己是卡佩王冠上一根重要的翎毛，不过王朝花了很长时间才对它产生好感。部分原因在于它很少拥有值得产生好感的资本。北欧海盗的劫掠夺走了它大部分可动财富，给城市堡垒以外的地方造成无数破坏。1100 年尚存的房屋和公共设施大部分是加洛林王朝甚至是墨洛温王朝晚期的作品。在过去的几个世纪里，城市的古老建筑因要为加固西岱岛提供石料而被不断拆毁，而卢特提亚的著名场所已渐渐淡出巴黎人的记忆。竞技场变成了墓地，圣热纳维耶芙山上的古罗马集会广场到了 13 世纪还被人们当作撒拉森人的建筑或一幢闹鬼古堡的遗址。公元 1000 年前后，左岸地区的许多教堂仍是片片废墟，右岸地区绕山丘与圣梅里教堂和圣热尔韦教堂（即现在巴黎的第四区）修筑的土木防御城墙还只是初见端倪，进展缓慢。1100 年巴黎的人口可能只有 3000 人，不过到了 1300 年，其人口已经有大约20万。

起初巴黎似乎并不具有值得新王朝引以为荣的资本，当然，早期在位者也未对它产生丝毫的感情。于格·卡佩在努瓦永加冕为王，然后选择奥尔良作为他儿子虔诚者罗贝尔二世（996—1031年在位）的统治中心。罗贝尔修缮了西岱岛王宫，也为巴黎教堂的重建捐了款。他的继任者亨利一世（1031—1060年在位）帮助修复了圣热纳维耶芙教堂神父会礼堂和修道院。然而，早期的卡佩王朝国王好像并无一人经常光顾巴黎，他们都选择住在奥尔良。王朝的领土散布在法兰西岛的各处，这也促使统治者不断在拉昂、桑斯、默伦和埃唐普以及巴黎和奥尔良之间变换住所。

三月，出自《贝里公爵的豪华时祷书》

另一个考虑与该城的权力模式有关。卡佩王朝认为，巴黎伯爵这个位置构成了对自身权力的潜在威胁，所以国王们撤掉了这一职位。但圣热尔韦是默朗伯爵拥有的封建世袭土地，甚至到1111年，伯爵还利用国王不在的时机，偷袭西岱岛，毁掉了大量石桥，劫掠了不少王宫财宝。巴黎主教也是当地不可小视的权威人物，他在城里拥有的土地可能与国王一样多，而他的领地管辖权比国王的还要大。与其他宗教机构一样，主教团还享有法兰西岛和其他地区许多村庄的权利和财产，卡佩王朝的国王们努力想将主教置于自己的控制之下，但往往很不成功。1094年，腓力一世（1060—1108年在位）闹出一件奇闻，他任命自己情妇的二十八岁的兄弟为主教，由于这件事和其他冒犯教会的行为，他被开除教籍，直到1104年他与教廷的冲突结束时才恢复。

巴黎教会与王权的关系变得越发敏感，因为卡佩王朝意识到教会机构在重构城市人口、促进城市繁荣方面越来越重要的地位，这在左岸地区尤为突出。圣日耳曼德普雷修道院周围地区逐渐产生了一批依附的农奴，他们可以为修士们提供各种农产品及服务，这又吸引新的居民到来，他们通过建农庄或商店以偿还每年的租费、年贡。到13世纪末，修道院赋予小镇以自治权。1211年，现在巴黎第六区的圣叙尔皮斯教堂就是为了满足日渐增加的人口精神方面的需求而建造的。同时期，另外两座教区教堂，圣亚特斯安德烈教堂和圣科姆教堂，[3]也拔地而起。除了种植谷物，修道院的所属农民还在土地上种植葡萄，用巴佐什的居伊的话来说，谷物与耕作女神刻瑞斯和酒神巴克斯也施惠于圣热纳维耶芙的教士们拥有的土地（这些土地在今天的圣米歇尔路附近，与圣日耳曼德普雷地域接壤），葡萄藤沿山坡顺势而下，蜿蜒延伸直至塞纳河边。

右岸地区的人口增长和经济发展模式与左岸地区大体相同。现在巴黎第三区田野圣马丁修道院教堂附近田野圣尼古拉教堂的建立表明了它在吸引居民方面的成就。修道院的南侧区域人口更加稠密，流浪汉、游吟诗人和妓女们住在具有讽刺意味的“美丽城镇”（博堡）内，它与圣梅里教堂和圣奥波蒂纳神父会礼堂相邻。稍向西南一些是蒂堡，这是以一位著名的商人命名的布业街，它成为一个重要的纺织工业区的核心地带。[4] 再往西是在圣日耳曼欧塞尔教堂周围建起的新兴城镇，由 9 世纪 80 年代因抗击北欧海盗入侵修造的一个要塞发展而来。[5] 东北部是圣殿骑士团的广阔地产，其总部是一座塔楼式城堡建筑，位于今天第三区的圣殿广场处。绕码头发展起来的沙滩镇位于今天的市政厅广场，它向圣热尔韦方向延伸，12 世纪中期，默朗的伯爵们曾在这里被赶出他们的封地。继续向前是圣德尼修道院教堂；圣拉扎尔修道院兼麻风病院就在圣德尼的路边，它建于 12 世纪 20 年代，是拉维莱特社区的中心；然后是 1134 年建于蒙马特山上的圣皮埃尔修道院。这些宗教机构促进了人口的稳定，服务于城市的经济利益，如圣日耳曼德普雷教堂负责组织持续两周的集市。1120 年，兰蒂特集市交由圣德尼修道院管理。1137 年，一个新集市被批准由圣拉扎尔麻风病院负责。这些都加强了巴黎的市场功能，有助于区域与城市的有机融合。

这些宗教机构从广泛的农业和商业活动中获得的财富通常被用于支持手工业的发展，尤其是高端手工业。教会是建筑师、雕塑家、彩色玻璃制造者、珠宝匠、金匠、手稿图案绘制者的资助人，在这些工艺方面，巴黎扬名世界。也是由于教堂的赞助，巴黎赢得了教育中心的美名。尽管巴黎很早以前就拥有一所有些名气的教会学校，圣日耳曼德普雷和圣热纳维耶芙有着坚实的教育传统，但巴黎在这方面也只能说是与法兰西北部其他教会中心齐名而已，如拉昂、奥尔良和兰斯。教堂和教会将颁发教授神学与教规的许可证视为赚钱来源，为此，大批教士来到左岸地区的圣热纳维耶芙辖区内定居下来。小桥附近的区域——现在的圣雅克街靠近巴黎圣母院的地方——成为学生们聆听教师进行学术辩论的地方，因为是在露天，所以给人“一种露天剧场的感觉”。[6] 秸秆街这个名字让人联想起大量教士们坐在秸秆捆上享受令人振奋的思想氛围的景象。有领袖魅力的彼得·阿伯拉尔的到来使左岸地区熠熠生辉，他的光辉使他的导师尚波的纪尧姆黯然失色，尽管后者曾经在这里如日中天，但 1108 年，他还是带着耻辱和羞愧离开了小桥区，在圣热纳维耶芙以东曾经的荒地上建起了圣维克多修道院。该修道院得到了王朝的支持，并凭借自己的实力发展成为一个有权威的学术中心。1147 年，圣维克多修道院的修士被委以重任，改革精神上日益变得堕落的圣热纳维耶芙社区。经过改革，该社区发展成为进一步学习的样板。

到 12 世纪中期，巴黎像一块磁铁一样吸引着年轻的教士们来此求学。巴佐什的居伊想象中的小桥绿荫下师生来回踱步，谈论着一些严肃问题的情景得到英格兰教士索尔兹伯里的约翰的证实，12 世纪 40 年代他来巴黎求学，将左岸描述成雅各的梯子，有天使飞上飞下。他说：“我在那里看到了丰盛的食物，快乐的人们，对教士的无上崇拜，整座教堂的宏伟庄严，哲学生们面对的各种各样的任务。”[7] 学生群体各色人等荟萃，他们来自不同国家、不同种族。他们的需求在日后被称为“拉丁区”的地方得到满足，因为那里有众多的羊皮纸制造商、书籍装订商、手稿图案绘制者、抄写员等服务人员在工作，一些客栈、酒馆、澡堂、食品店和烘烤店等服务行业也发展起来。[8]

教会培养的学术、宗教、商业和农业方面的活力很符合王朝统治者的利益。众多的君主，包括路易六世（1108—1137 年在位）、路易七世（1137—1180 年在位）、腓力二世（1180—1223 年在位，即“腓力·奥古斯都”）和路易九世（1223—1270 年在位，即“圣路易”）开始选择巴黎作为他们的主要住地，他们都把教会作为培养王权意识的工具。教士们专门负责将王朝观念神圣化，这一点早在墨洛温王朝和加洛林王朝时期就被推崇至极。卡佩王朝强调了自己与之前王朝的联系。甚至在于格·卡佩执政时期，虔诚者罗贝尔因其治疗顽疾淋巴结核病的神力而闻名于世，据说得了那种病的人经过国王抚摸后就可以痊愈，那种病也从此被叫作“国王病”。国王触摸他人的做法被他的继任者承袭，在某种程度上变成一种官方仪式，突显卡佩家族的神奇魔力。加冕之后的新国王要做的第一件事几乎就是举行一场国王触摸仪式。

圣德尼修道院院长、本笃会修士絮热在扩大王族神力的宣传上起到了至关重要的作用，他巧妙地将自己修道院的发展与王族的雄心联系起来。王族的声望不断攀升应该感谢巴黎圣德尼的导向作用。尽管从 9 世纪起，法兰西的国王都在兰斯加冕，但从 639 年达戈贝尔特时期起，国王都葬于圣德尼，这座修道院教堂因此成为一座王家墓地。路易六世将自己及父亲的王冠都存放在该修道院，那里同时还有一些其他的神圣王权象征物，如查理曼的王冠，这些都提高了该修道院的声望。人们对卡佩王朝宗教使命的感知还在于它在十字军东征过程中从塞尔柱人手里夺回圣城起到的主要作用。1095 年在克莱蒙的一次宗教大会上，教皇发动了第一次十字军东征，而 1270 年的最后一次东

法国大革命期间，亚历山大·勒努瓦反对毁坏圣德尼教堂中的国王陵墓，皮埃尔·J. 拉方丹绘

征是由法兰西国王圣路易发起的。在十字军东征期间，一半以上的法兰西贵族、三任法国国王参与其中。十字军东征队伍中的法兰西人数量如此之众，使塞尔柱人将十字军中的士兵都称为“法国人”。

一、圣德尼

人们往往会说，巴黎的历史和圣德尼的历史是命运安排的一对孪生子。但这不是说二者的规模十分相似，例如，二者的人口比例差距就很大，今天圣德尼约有10万居民，而巴黎城拥有200万以上人口。人口的差别始终是它们历史发展的一个特点。尽管如此，圣德尼以两种迥然不同的方式在巴黎的历史发展中发挥了关键作用。

在中世纪，圣德尼是卡佩王朝的守护神，因为卡佩王朝的首都就在附近的巴黎。圣德尼被认为是巴黎的第一位主教圣德尼生活和工作的地方。5世纪晚期，巴黎为主保圣人圣热纳维耶芙在这里建造了一座教堂，增添了此地的神圣色彩，使这处朝圣地更加神圣。它是后来建成的一座修道院的基础。拿破仑将它变成一座宗座圣殿，1966年它又被改建为一座主教座堂。在12世纪，絮热院长加强了巴黎与圣德尼的联系。他加强了修道院作为王家墓地的作用（始于7世纪）；将它确定为君主神圣权力象征物的安放地；将哥特式建筑风格发展为王朝的一种标志；曾在法兰西政体发展最重要的时期做过路易六世、路易七世的大臣和摄政；掌管过负责培养历史学家的学校，后者以一种歌颂王朝和圣德尼自身的方式书写了从所知的特洛伊起源直至那时的法兰西历史。

巴黎和圣德尼的联系如此紧密，以至于武功歌中称法兰西统治者为“圣德尼之王”。修道院的财富源于王家的馈赠，更源于君主赐予的特权，从负责城南平原一带的兰蒂特集市管理中，圣德尼获益匪浅。

13世纪，王家墓地被彻底翻新，以便将它变为更适宜参观、会给人们留下深刻印象的法兰西国王圣陵。朝圣者以及去巴黎的游客成群结队地前往圣德尼，加强了它作为国王统治的宣传机构的作用。从此以后，那里的王家陵墓变得更为华丽。例如，16世纪早期，路易十二和弗朗索瓦一世为刻意突出他们是文艺复兴时期的国王，下令将自己的陵墓建为意大利风格；一个世纪以后或者更近一些时候，波旁家族更倾向于严肃的格调，这表明法国君主的死亡观念发生了变化。

除了象征意义之外，作为王朝圣地，圣德尼是永远无法与巴黎相比拟的。卡佩王朝的首都巴黎因与圣德尼咫尺之遥而受益颇多。某个国王在准备进入巴黎市区的时候，城市的长老们总会在圣德尼列队等待，而且他死后的遗体在被送往王家墓地的途中也会有相同的仪式。虽然圣德尼在1436年遭到了英格兰的洗劫，但是圣女贞德曾经为保卫这里而战斗，后来亨利四世也是在这里的修道院拒绝接受新教信仰的。1540年，神圣罗马帝国皇帝查理五世来到巴黎时，人们将他带到圣德尼，在那里他参观了许多统治者的陵墓，以及包括所罗门王的金杯、维吉尔的镜子、圣女贞德的宝剑、查理曼的棋、罗兰的象牙号角以及世界上最大的独角兽号角在内的许多奇珍异宝。1793年至1794年的法国大革命时期，许多圣物被闯入修道院进行劫掠的离经叛道的造反者所毁坏。那一时期，圣德尼在法兰西境内的首席神圣地位几乎荡然无存。

19世纪，欧仁·埃马纽埃尔·维奥莱-勒-杜克恢复了基督教堂早先哥特式的宏伟特色，但在圣德尼与巴黎关系史上的第二阶段，该教堂已不是受人瞩目之地。的确，从19世纪晚期至20世纪，这座冷寂的建筑与周围飞速发展的一切相比显得格格不入。巴黎人将重工业发展到巴黎的二十个区之外后，圣德尼变成了郊区中一座名副其实的无产阶级公社。铁路外加运河系统可以快速地为重工业企业供应原料，运走制成品。

特别是在内战期间，这座城市扮演了“红色地带”左翼分子事业支持者的角色，那个著名的红色地带是社会主义者（特别是共产主义者）寻求自治的地区。所以，那里成为巴黎资产阶级心目中对手集聚的郊区，时刻需要小心控制。尽管那里的左翼行动得到了很好的控制，但是20世纪60年代以来该地区的去工业化大大缓解了它的好斗性，也驱散了“红色圣德尼”的神话。法兰西体育馆的建成以及一项广泛的城市改造计划赋予了它新的身份地位。

1147年，当路易六世动身进行第二次十字军东征的时候，他推举絮热为他不在期间的摄政，并一直持续到1149年。絮热住在现今巴黎第三区和第四区之间的圣马丁街附近，他认为这是“便于”治理王国的最佳选择地。[9]巴黎—圣德尼轴心在另一方面显现得也很突出，那就是教堂的建筑风格涉及卡佩王朝的声誉，即后来以哥特式而闻名的风格。正是絮热院长在12世纪30年代重建时将这一风格的尖顶、拱形结构、肋拱等关键因素集聚在圣德尼修道院上。始建于12世纪60年代的巴黎圣母院就在西岱岛上，那里原来是圣埃蒂安教堂的所在地，巴黎圣母院大教堂将哥特式风格推至极致，甚至将其变成一种标志。哥特风格不久便被法国北部各地所接受，此后的一个世纪，整个欧洲都受此风格影响。哥特风格不仅为卡佩王朝带来了国际声誉，还改变了巴黎的容颜，当地的教堂纷纷效仿这一风格，如现在巴黎第五区的穷人圣尤利安教堂、现在巴黎第三区的田野圣马丁教堂和1247年圣路易修建在西岱岛上的圣礼拜堂，该教堂是存放耶稣受难时头戴的荆棘冠圣物的地方。哥特风格同时还进入民事建筑领域，今天的巴黎裁判所附属监狱是王家司法宫的一部分，曾由路易六世、路易七世大规模改建。

巴黎—圣德尼轴心因王朝在国内外取得的军事胜利而增色。英国的金雀花王朝曾是法兰西历史上的一个军事进攻目标，该王朝在11世纪末、12世纪初建立了囊括从加来到比利牛斯山脉的法国西部的庞大统治区域。继1111年路易六世在巴黎受到默朗伯爵的侮辱之后，1119年在布莱莫尔与英王亨利一世的战斗中失败并丢失王家标志和战马是他的又一次耻辱。但是在1124年，面对从东面进犯的德意志皇帝，路易六世在率领军队前去抵御德意志军队入侵之前，先骑马去了圣德尼教堂，以领授一面象征着查理曼帝国标志的旗帜。从此，从圣德尼领授这面具有象征意义旗帜的做法成为国王军事行动前的一种仪式。

路易六世、路易七世和腓力·奥古斯都意欲将卡佩王朝建设成中世纪欧洲强国所做的军事努力不仅包括抗击外敌，还包括将王朝的封建附庸（包括英格兰国王）控制在王权之下。在路易六世统治初期，一个人仅仅围绕法兰西岛的大路走一圈就遭遇抢劫，甚至遇到比遭抢劫更糟糕的事情，是司空见惯的。因此，路易六世将严酷与计谋融为一体，在法兰西岛卡佩王权的基础之上建立了安全保障体系和王族权威，以对付那些好战的土匪、爵爷和城堡主。他和他的继任者不断在法兰西扩大王家领地。在这一过程中，1214 年的布汶战役是值得夸耀的事迹之一。在那场战役中，腓力·奥古斯都高举那面神旗击垮了由英格兰国王、神圣罗马帝国皇帝和众多反叛贵族联盟组成的军队。金雀花王朝在法兰西的势力不断缩小，而卡佩王朝的势力不断扩大。编年史家威廉·布雷东记载了布汶战役后国王和他的军队凯旋，巴黎人和学生“用盛宴、赞美诗和歌声”来庆祝这一时刻的欢腾场面。还有一百多个从战场上俘获的重要战俘被关押在巴黎。人们通过这件事情很难判断“到底是国王更爱他的臣民，还是人民更爱他们的国王”。[10]

通过将巴黎人和卡佩王朝的胜利联系起来，该王朝似乎已将自己牢牢地与它选择的首都结合在一起。将近半个世纪的时间里，腓力·奥古斯都在巴黎出席过 75 次不同活动，陪同的家庭成员约有 500 人。巴黎举行的各种王朝庆典也日益增多。巴黎圣母院成为王族的教区教堂，国王就在那里做弥撒。1215 年，国王在此教堂举行结婚大典，1219 年又在此教堂接待了来访的教皇。腓力·奥古斯都不仅在城里的老王宫下榻，也不时到圣日耳曼德普雷修道院和圣殿修道院以及卢浮宫和万塞讷的要塞居住。尽管法国的国王历来有巡回的传统——这一特点一直贯穿整个中世纪及近代早期——王族的权威却已稳固地扎根于王国的首都。事实上，“首都”或者叫“王国之首”[11] 这个词就是从这个时期开始使用的。到 14 世纪初期，“巴黎，如同曾经的罗马一样，是我们共同的祖国”[12] 这一观点已经出现了。

腓力·奥古斯都故意将巴黎与罗马做比较，是想借此支持王朝宣称的所谓“自由王权”的主张。他要把自己的首都与自己的权力紧密地联系在一起，就像罗马与奥古斯都的关系一样，这也是他为自己取名奥古斯都的原因。罗马和帝国的主题在王朝宣传中日益显现。它与另外一个古老的主题交织在一起：特洛伊失陷之后的幸存者的后代建造了巴黎。一些人认为，巴黎城市的缔造者是特洛伊国王普里阿摩斯的儿子帕里斯。另外一些人认为，法兰克这一民族是一支特洛伊迁居群体的后裔。

因此，腓力·奥古斯都及其继承者们都努力使首都配得上如此杰出的起源。巴黎成为国家管理体制的胚胎和王家的驻地。从路易六世时代以来，王家印章就一直存放在巴黎。当国王不在巴黎的时候，国家文件的签署就以加盖印章来代替国王签字。1194 年，国王在弗雷特瓦勒战役中丢失了王家档案，因此决定今后的所有外交文件都永久性地存放在西岱岛上的王宫里。王家财政部门也在巴黎，圣殿骑士团中的绝大多数人都是公认的财政专家。王家法院和 13 世纪下半期开始就是王国高等法院的巴黎高等法院在西岱岛共同承担宫廷的诉讼事宜。现在，法律以国王的名义从巴黎发出，而且已经不再仅仅是国王个人作为统治者来实施法律了。

腓力·奥古斯都要以最惹人注目、最有影响力的方式帮助巴黎行使自身作为王朝首都的天职，以便提高巴黎在人们心中的地位，因此他下令在城周围建起一座护城墙。左岸地区的腓力·奥古斯都城墙是 1200 年至 1215 年间修建的，右岸地区部分是 1190 年至 1209 年间修建的。商人阶层捐资修建了右岸的城墙，而河南岸的扩展部分全部由王家出资修建，造价要低一些。尽管拉伯雷“母牛的一个屁”[13] 就可

杜尔哥所绘地图（1738）局部，图中可见圣母院

以把整座围墙震倒之词有些夸张，但可以看出左岸地区的围墙作为长期军事防御城墙的有效性是值得怀疑的。它有5000米长，基座3米宽，6至8米高，共有71座塔楼，每隔6至8米就有一座。塞纳河及一些小溪引来的水形成了右岸城墙的护城河，而左岸的城墙无水可用来防护。城墙有12扇可以重兵把守的大门。据编年史家记载，[14]由于国王忍受不了从他窗前流过的废水和巴黎人走过时留下的脚上的泥巴，他下令将各条通道铺上了石子。在城墙西面能够眺望到塞纳河，在面对盎格鲁-诺曼底属地的方向建起了卢浮宫要塞，其中央塔楼高达30米。卢浮宫要塞的建成使西岱岛上原有的防御城墙被放弃。毫无疑问，腓力和他的继任者加强了王宫[15]和要塞的防御系统，从要塞上可以俯瞰连接右岸地区和西岱岛的大桥及小桥。

二、腓力·奥古斯都城墙

尽管当时被视为世界奇观，但1190年至1213年间修建的腓力·奥古斯都古城墙已所剩无几。现在巴黎第五区圣热纳维耶芙山克洛维街露出的一小块城墙早已成为旅游景点，但是最壮观的部分最近才刚被发掘出来。

城墙从未真正发挥过军事作用。随着时间的流逝，城墙逐渐被不断扩大的城市包围起来，事实上已经不见踪影。左岸的城墙在数百年间发挥了作用，但14世纪晚期查理五世城墙的建造使原来的右岸城墙基本废弃，变成塞纳河北面的多余物。大门陆续被拆除，城墙的残余部分与后来建起的建筑物连成一片，进而变成封存的记忆，只是偶尔才会被人想起。1946年，在对现在巴黎第四区圣保罗花园街的一个破旧、拥挤的地区进行拆除和保护工作过程中，发现了长约百米左右的城墙。从20世纪90年代开始，人们对现在巴黎第二区的埃蒂安·马歇尔街无畏者约翰塔下的防御城墙进行了复原和重现工作。

尽管它未发挥过重大军事作用，腓力·奥古斯都城墙在巴黎的历史长河中却扮演了十分重要的角色。它向欧洲其他君主们宣告了国王誓将首都变成其权力体系的一个关键部分的决心。在某种程度上，王朝通过下令出资建造城墙，将他的王宫和卢浮宫置于城墙西边的办法，将君主政体一同修入城墙之中。因为法兰西的主要军事威胁来自西部的英格兰，这也是王朝要做巴黎人的保护者的一种表现。

此外，建造城墙可以限制城市向外扩展，鼓励城墙内不发达地区的相互合作。一些农业用地和荒地，例如右岸巴黎中央市场附近的尚波地区，以及左岸一些边缘地区，不仅在巴黎遭到围困时可以为城内提供足够的食物储备，在和平时期还可以成为城市居民改善居住环境的空地。今天右岸城墙内的街道是13世纪末规划的，只有少部分是19世纪奥斯曼时期添加的。例如，巴黎中央市场周围的格状街道模式就源于那一时期。在市场大厅以南的浴室街、富尔·德拉库图主教街、普罗维尔斯街和托内勒尔街均以65米的等距离分布，而巴黎中央市场以东的街道，包括蒙德托街、坎康普瓦街和奥布里·布歇街也呈小格子形状。这些街道很可能是以大致相同的面积一小块一小块低价出售的，这些地方至今仍在当地的居民和商业用房中占有很大比例。这种现象变得愈发重要，因为城市区划结构也是这一时期开始确立的，以适应市内空间的变化。这种划分将保持不变，直到17世纪。

在城墙以外没有排水沟工程或护墙工程，但事实上城墙的走向不仅确定了城墙内的街道路线，也确定了城墙外的街道特点。这一点在左岸更为明显。沿14世纪开凿的沟渠就可以追寻到城墙的轨迹。人们可以从东至西几乎不间断地找出沿城墙展开的街道的轨迹：现在巴黎第五区的圣贝尔纳排水沟街从塞纳河起一直通向圣维克多排水沟街（今勒穆瓦纳红衣主教街），向西拐又穿过圣雅克排水沟街，一直通向现在巴黎第六区的王子先生街，然后又通往内斯勒排水沟街（今马扎然街），最后在内斯勒塔楼回到塞纳河畔，这座塔楼是一座气势磅礴的封建建筑，坐落于卢浮宫的对面，如同后者一样，是抵御西部来敌的军事防御设施。

右岸街道的连续性就不是这般明显了，但也受到这方面的影响。例如，通向今天第一区让-雅克·卢梭街北面的各街道的走向与城墙的曲线走向平行。现在巴黎第二区格兰尼尔·圣拉扎尔街和第三区的米歇尔伯爵街情况也是如此。尽管现今腓力·奥古斯都城墙已几乎不可见，但它已深深印入人们的记忆之中，并对巴黎地貌和城市记忆的形成产生了深远的影响。

腓力·奥古斯都城墙是权力的象征，它使巴黎成为当时西欧最重防御、最醒目的军事要塞。其意义并不仅限于国际权力政治，选择巴黎作为王室的首都也意味着国王的伙伴和受庇护者会急切想在城里确定自己的地位。他们纷纷效仿主子，在此建起自己宏大的住所。从12世纪中期开始，来巴黎观光的王公贵族们就在教士草地扎营，这片空地从圣日耳曼德普雷教堂向东展开，曾因学生们在此玩撞柱游戏、溜冰、布道、幽会情人、秘密决斗而闻名。[16]宫廷高官在巴黎，尤其是在靠近卢浮宫的圣日耳曼欧塞尔地区建起永久居所。例如，圣路易的兄弟普瓦捷的阿方斯在奥斯蒂里克街（现在巴黎第一区的祈祷街）建起了私人宫殿。这种做法很快影响到佩里戈尔伯爵和阿朗松伯爵。通过絜热的示范，宗教团体和人士也看到了在巴黎安家的好处。主教们的居所主要建在左岸。

有证据表明，腓力·奥古斯都积极鼓励城市发展，尤其在左岸，例如，王室曾自掏腰包补偿城墙建设造成的损失。不过，国王给予右岸城墙建设的优先权表明了他对城北商业区的钟爱超过了城南大学和葡萄种植园。腓力国王沿袭了先辈资助右岸贸易行业的做法。1137 年路易六世去世前，这位先王曾与当时的主教合伙在圣日耳曼欧塞尔北部的空地上建起公共市场，后者在这一区域有财产利益。在这个不久被命名为巴黎中央市场的地方，奥古斯都命人修建了两个大仓库，一个供粮食商人使用，另一个供其他食品销售商使用。巴黎中央市场的成功并不意味着城里其他区域商业活动的消亡，相反，巴黎与其他地区的商业和产品供应的联系异常紧密，使得垄断无法产生。例如，城内其他重要市场还有圣日耳曼德普雷市场、西岱岛中心的帕卢市场、沙滩码头后面的巴黎集市和博多耶广场市场等。[17]巴黎的牲畜市场设在圣奥诺雷街上。不过没有一家市场可以享受到巴黎中央市场所享受的特权。1181 年，国王将圣拉扎尔集市迁到此处，借此为全体修士提供包括可以在圣洛朗日（即 8 月 10 日）开办集会在内的补偿。国王还在 1285 年购买并转让了圣日耳曼德普雷市场。腓力·奥古斯都还下令建起一堵将巴黎中央市场与无辜者墓地隔开的城墙。[18]13 世纪还建起其他市场大厅（供裁缝、布商、皮匠等使用），补充了巴黎商业活动场所的数量和种类。

腓力·奥古斯都城墙及其大门的位置不仅勾勒出城区的轮廓，还使城市内部人口流动、人际交往和思想沟通按照有益于王权的方式构成。这堵墙似乎被有意如此设计，以便将主要的宗教机构划归出去，并通过将它们的区域分成内区、外区来削弱它们的力量。右岸的圣殿、田野圣马丁修道院和左岸的圣日耳曼德普雷修道院就是恰当的例子。圣殿骑士们修建了一堵有雉堞的城墙，上面有至少 17 座塔楼，包括贮藏王家财宝的恺撒塔在内。

将宗教机构排除在城外的做法与城墙内连续不断的对教权的攻击相得益彰。987 年，所有城市市场都受控于主教团体，国王们无机会插手。路易六世与主教就巴黎中央市场地区达成的协议是一种划时代的转变：主教宣布放弃他在这一地区的许多领主权和财产权以换取新市场的部分利益。1222 年，腓力·奥古斯都与主教签订了和平协议，以令各方满意的形式，永久性地解决了主教教会、分教会和国王之间的关系问题。教会保留少许的权利，但可以得到王权更多的认可。从此王权没有了势均力敌的对手。圣路易对他的儿子提出建议："要以仁慈和关爱治理城市，因为它们的势力和财产的存在……你的属民、外藩人尤其是贵族们，都将惧怕做出任何有悖于你的利益的行为。"[19] 在全法兰西，国王利用城镇与那些强大的封建领主抗衡。在这个过程中，国王努力将巴黎从一个与教权竞争激烈的场所转变成无任何竞争的王家城市。

在合作的基础上，王权对领地和财产权利问题的解决在当时是非常合理的举措，因为西欧的经济正在腾飞，土地拥有者有巨大的利润。商业的飞速发展是建立在巴黎市区及周边地区的农业生产发展和制造业兴起的基础之上的。沿腓力·奥古斯都城墙前行无须很远，你就可以领略到一个飞速发展的经济所需的各种因素的风光。附近有浓密的林地，如巴黎和蒙马特山之间就有这样一块林地，东部的万塞讷以及西部的布洛涅正逐渐发展成为专业木材场。快速扩展的城市需求促进了土地的拓殖，因此也形成了新的居民区，原有的村庄向城墙外和20世纪的环城路的边缘内发展，这方面值得一提的是在被称为“马莱”区的商品蔬菜种植的开始。

当时的马莱区并不包括17世纪以后的马莱地区，即现在巴黎的第三区和第四区。中世纪的马莱杂乱地绕右岸城墙北部边缘分布，呈圆弧形，从东部巴士底狱附近的河畔一直延伸至西部的沙约。[20] 1153年至1154年，国王授权圣奥波蒂纳的教士开垦西面原本主要是荒地或牧场的地方。他们将西部变成可耕种的土地，以塞纳河古河道作为灌溉渠道。横跨引水渠的小桥允许农夫们将城里人食用的蔬菜运到城里，那里也因此被叫作“蔬菜桥街”，位置在现在的巴黎第三区。这一发展给圣奥波蒂纳带来无尽的财富，因此激励更多的教士纷纷效仿。例如，主教开始以同样的方式改造他在城西主教城拥有的大片土地。[21] 城墙以内的东北部区域出现了许多长条形地块，分别由圣殿骑士团、田野圣马丁修道院、圣热尔韦教堂和圣凯瑟琳女修道院开发，这些地块一直延伸到现在巴黎第三区北部的博多耶广场，[22] 这些开发区周围的市镇规模也很可观。13世纪早期，圣殿新城的人口约为600人。而在同一时期，圣日耳曼德普雷的纳税户可达121户（约700—800人），他们与修道院的关系“就像甲壳类动物黏附在岩石上一样”。[23] 一个世纪内，纳税户数量翻了一番。巴黎的北部区域——包括现在巴黎第八区的主教城、第九区的谷仓渡和第十一区的考蒂尔，以及再往远些第十六区的沙约、第十八区的克利尼昂库尔、第十九区的拉维莱特和第十九区至第二十区的普瓦特隆维尔（很快将更名为贝尔维尔）。那些地方原来只有一些零星的农户，后来均发展成为富裕的村庄。

葡萄和谷物一直种到了巴黎城墙附近，尤其是在巴黎城南，反映出全法兰西岛的农业生产模式。城东南部发展起更为多样性的经济模式。1148 年，圣维克多修道院将塞纳河支流海狸河的河水引入自己的地产之内。[24] 海狸河附近圣马塞尔修道院周围，今天的戈布兰十字路口，靠近高卢罗马人公墓的地方，兴起了一个小市镇，周围还坐落着一些教堂，包括圣马丁教堂、圣伊莱尔教堂和圣伊波利特教堂。[25] 海狸河附近的河岸吸引了葡萄种植户、屠户、制革工和印染工。位于现在巴黎第十三区的克鲁尔巴布街上的羊毛作坊一直开到 19 世纪。石灰岩开采也是本地区的一个特点，采石厂就开在今天巴黎的第十三区、第十四区、第十五区形成的圆弧形区域内。中世纪巴黎使用的大量石灰岩都出自此处。

城市需求的数量和特点也促进了长期贸易的发展。右岸几乎以一种军事管理模式运营，蒙马特城门每天都会收到从诺曼海岸运来的鲜鱼，它们随后会被运往巴黎中央市场。中央市场附近的另一扇城门方便了巴黎人与圣德尼镇以外的朗迪特平原地区人的交往。一年一度专门经销香辛料、葡萄酒、布料和马匹的集市逐渐发展成为大规模的经营活动，甚至抢了香槟地区不少城市的生意，之后的财富和声誉的维持靠的就是这些买卖。

由于街道狭窄曲折，没有有效的街道保洁手段，又过度地依赖数量不多的城市桥梁，巴黎城内的交通极不畅通，混乱无章。例如，西面的圣奥诺雷街未与东面的圣安托万街衔接上就断了。同样，圣雅克街从南面通向小桥，可是你要到达常年拥挤、连接圣德尼的大桥之前，不得不经由同样拥挤的西岱岛。在不拥堵的地方，巴黎的交通还很危险：1131 年，路易六世的儿子兼王位继承人被一头失控的猪撞翻马下而身亡——这是巴黎交通事故史上第一例意外事故。河道运输尤其对长途和重物运输来说是更为可靠的运输手段。巴黎城内桥梁质量低劣，使得城内货物的直接传送困难重重。一般来说，水道运输很少受到公共设施匮乏的影响。沙滩码头已经建成，同时还有不少其他登陆处和安全港口。一位作家热情洋溢地说道："塞纳河为巴黎带来全世界无尽的财富……希腊、格林纳达、拉罗谢尔、加斯科涅及勃艮第的葡萄酒……还有大量的小麦、黑麦、豌豆、干草、木炭和木材。"[26] 上游运来了众多的诺曼底产品——苹果、苹果酒、鲜鱼和腌鱼、食盐、干草、木材——和一些从大西岸海岸运来的商品等。下游运来的商品包括勃艮第的葡萄酒、博斯的谷物、布里奶酪及大多数巴黎人餐桌上常见的食物。甚至有法国以南远至热那亚、佛罗伦萨和地中海地区运来的商品，以及北部佛兰德、德意志和波罗的海诸国运来的商品。

在这种商业的勃勃生机中，起关键作用的经济团体是水路商人行会。这种行会与罗马的"航海者团体"一样重要，[27] 因此他们的行动得到历代国王的承认和支持。1121 年，行会首次被提及。1170 年，路易七世确认了作为"巴黎市民的水路商人行会"的特权，其中包括通过河道运输商品进入巴黎的垄断权，水路商人卡特尔（当时叫"商业公会"，即"汉萨"）更有管理和监督的自由。国王下令禁止在沙滩广场周围的港口区建造任何房屋，鼓励在此投资兴建港口设施。商人行会的权威在1190年腓力·奥古斯都率十字军出发东征之际得到了充分的肯定。临行前，他授权母亲和巴黎主教共理朝政，但是授予"六位正直可敬的"巴黎商人监督治理国家的权力，这六位巴黎人都是水路商人行会的权威领导人士。他们被委派每年三次查核巴黎及全国各官员呈送的账目。国王利用城镇来与封建领主权力相抗衡，没有比这更清楚的例子了。

腓力·奥古斯都东征返回巴黎之后，继续善待水路商人行会。例如1220年，他授予他们在巴黎监督、管理计量的权力，标准计量器被设置在大桥附近的一座凸起的建筑里，商人们在此进行交易，不准确或有毛病的计量器将在建筑物外的广场上被焚烧掉。随着特权范围的不断扩大，财富积累越来越雄厚，水路商人集团逐渐被看成市政委员会的代言人。13世纪初期，他们开始使用一种带有一艘船的简单图章。当时的"巴黎市长"由商人担任，可以竞价获得。市长在沙特莱要塞办公，享有司法、监督、管理和军事权力，不过水路商人行会越来越强烈地反对他的权威。1260年至1265年间，圣路易承认地方政府的存在，巴黎市长正式成为国家官员。埃蒂安·布瓦洛是第一个担任此职的人，任期从1261年至1270年，他与已经成为市政委员会委员的水路商人集团共同享有地方治理权力。水路商人行会从商人中选出自己的商人市长。在一个多世纪的岁月里，国王已经逐渐认可了全法兰西各市政府的权力，但是他不愿在巴黎做出同样的认可，因为国王不想放松他对巴黎的控制，也不愿意使从巴黎获得的经济收入受到限制。据估计，13世纪90年代，巴黎的贡献占国王年收入的14%。水路商人行会实质上就是城市委员会，商人市长即巴黎市长，他们的图章也成为巴黎市的市徽。

在承认水路商人行会拥有法律权力的同时，国家还把道德与法律责任向其他商业和手工业行会扩大。国王赞同这种做法，因为他可以以各种税收的名义获得收益，他也尊重这些机构行使自我监控功能，并认为这种法律依据优于封建附庸制的权力形式。到12世纪末，联合起来的行业多达一百多种，形成了形形色色的行会。有些行会规模极小，主要对本行业实行质量监控，如锻金行会只有六名锻金工。经济的飞速发展刺激了分工协作，因此以毡、棉布、鲜花以及孔雀羽毛为材料的帽子行业形成了几个不同的行会，人数较少的女性从业者也会加入其中。另一方面，像纺织工、面包工和修鞋匠等行业的数百名工人又未形成可以依属的行业组织。不同贸易组织之间存在等级差别——例如宗教塑像制造商傲慢地称他们的产品是“教堂、贵族和其他富人使用的”。[28] 这并不能完全反映技艺的等级：当时最有权威的行业组织是屠夫行会，他们早在1134年就结成了行会。他们享有在自己店铺以外的地方雇用帮手的权力，而当时的规定是商人和工匠只能在自己的经营场所工作。

钱币兑换商在当时极为重要。大多数钱币兑换商是意大利人，虽然从1141年开始他们一般被统称为伦巴第人。因为他们需要在连接西岱岛与右岸的大桥上交易，所以人们也把这座桥称为兑换桥。他们多半住在右岸（现在巴黎的第一区至第四区）的伦巴第人街，其他有组织的行业也以同样的方式在巴黎城市地图上留下自己的印记——他们的街名成为工业和店铺特色的向导。这种向导有时也会出错。例如，虽然在蒂堡有许多纺织工，但是1296年的赋税登记表上表明他们无一人居住在蒂堡南部的布业街。不过财政文件表明许多皮货商住在皮货街上，修鞋匠住在西岱岛补鞋街上，头盔制作商住在大桥北侧的头盔制造街上。

并不是所有的工人行会，甚至一些有集体意识需要共同合作的行会，都获得了完全合法的地位。对于住在靠近塞纳河岸洗衣妇街上的洗衣女工来说情况就是如此。更为不体面行业的人也有自己的聚居区。在圣马丁街旁边的杂耍街上（今天第四区的蓬皮杜中心附近），确实住着许多杂耍艺人，而无赖街、酒杯口街上住着什么样的居民也是一目了然的。妓女们——她们曾要求和其他行业一样为巴黎圣母院募捐一扇窗子，不过被主教拒绝了——通常住在“妓女缪斯街”和“妓女胡同”。1270 年，圣路易试图将有执照的妓女限制在全城的一小部分街道上。[29] 有趣的是，大多数妓女所在街道在西岱岛上或右岸地区，学生只得穿过塞纳河到对岸去偷欢。

各行业在当地本行业产品的生产和销售上享有垄断权以及其他一些特权。石匠郑重地宣称他们的权利是 8 世纪铁锤查理赋予他们的。每个行业均通过学徒制进行行业培训。与每个作坊里的熟练工和候补工一样，学徒的人数通常是固定的，目的是保持价格的稳定性，并使生意能够一代代平稳地流传下去。竞争的压力通过一种虔诚、友好、慷慨大方的相互帮助得到有效缓解，这主要得益于与各个行业相关的联谊活动。例如屠夫行会就与右岸的屠宰场圣雅克教堂联合起来，他们的经济活动场所离这座教堂不远，他们的社会生活可以在这里得到有效开展。

具有经济活力的首都城市的各行各业就这样结合为一体，既扩大了国家的收入和利益，又巩固了中小生产者、工匠和店主的地位，增加了他们的收益，再次证明了王权利用合作关系增强自身在首都城市的权威的有效性。这种现象在中世纪巴黎的另一利益群体——大学——中也可见一斑。

起初，卡佩王朝曾担心大学给他们带来的麻烦会多于收益。12世纪的特点之一是无休止的动荡，躁动的都市师生团体成为当地行政管理的一大难点。腓力·奥古斯都甚至曾一度考虑要解散教师团，将他们驱逐出巴黎，许多教会人士也认为这个世俗的左岸社会不合他们的胃口。克莱尔沃的圣贝尔纳曾经劝告渴求知识的年轻教士说："离开这个奢侈的环境去拯救灵魂吧……你在广博的世界会学到比书本上多得多的知识！"塞勒的彼得将巴黎这座城市描绘成一个"堕落的罗网，罪恶的陷阱，地狱的毒箭，使纯真的心灵迷失了方向"。[30]维特里的雅克描述说，许多教士与妓女同居一舍。他粗略地描述了在巴黎学习的各国学生的主要罪孽，例如，诺曼人"自负，喜欢吹嘘"，布列塔尼人"反复无常，缺乏恒心"，英格兰人是"酒鬼"，荷兰人"软得像黄油，惯于懒惰"，罗马人"喜欢暴力，乐于煽动叛乱，满口污言秽语"，日耳曼人"生活放荡，伤风败俗"。[31]

但是，到了12世纪晚期，尽管一些教会人士仍坚持对这个难以驾驭的群体心存疑虑，王朝却持有一种积极的态度。可能因为巴黎的一些毕业生已经进入王权的初具规模的行政管理机构，使得国王有机会亲自了解到圣热纳维耶芙山的学校确实传授了某些技能给学生。巴黎学术界拥有的国际声望也一定引起了王朝对自我吹嘘的宣传的兴趣，并极力对外炫耀巴黎城市本身"学术中心"的形象，认为世界的学术中心曾经从古埃及传至雅典，从雅典传至罗马，现在又从罗马传到了巴黎。尽管学生和教师团体的确给当地治安构成了威胁，但他们的存在又代表了城市需求的一个重要部分。如果当时没有他们以及相应兴起的服务性行业——从餐饮住宿到手稿抄写和装饰——的存在，左岸就会变得赤贫。大多数法兰西学生出身贫寒，但是巴黎的荣光也吸引了许多出手阔绰的外国富家子弟的到来。

不过，王朝对大学的官方认可还是在一桩公共事件发生之后的事情。1200 年左岸的一家小酒店里发生了一场学生暴力纠纷，致使五名学生死亡，学生威胁说如果冤情得不到昭雪，他们就要退学，离开巴黎。腓力·奥古斯都将学生置于主教的裁定令状之下，而未使他们成为沙特莱要塞法庭的世俗司法裁决对象。这种将教士权力标准应用到大学生身上的做法，使学生和他们的神职教师共同构成一个直接受控于教皇而非国家的团体。这样做的结果是使大学师生不再与巴黎主教直接发生关系，这是因为当时腓力正在忙于剪除主教的羽翼。几年以后，教皇在往来的信件中称这些师生形成了一个“社团”。“大学”这一术语不久也开始使用了。[32] 至于这个团体是如何在 13 世纪早期提升了自身的地位、扩大了自身的特权的，我们不得而知。1215 年，教皇的官方使节库尔松的罗贝尔（他本人即为巴黎的教师）颁布了一些法令，确认了他们已经拥有的权利并赋予他们更多的特权，但是他们的社会地位仍很脆弱。1229 年在圣马塞尔镇的一次学生骚乱之中，一名学生被杀，无论是主教还是圣路易的母亲，当时的摄政王太后卡斯蒂利亚的布兰卡，都未予以任何补偿调解，于是学生团体威胁要一同离开巴黎。他们果真践行了自己的恐吓，在 1231 年接到教皇的强制性命令后才返回巴黎。

结束此事件的 1231 年教皇敕令进一步确认了 1215 年法令，承认大学是“科学的源泉……教会荣誉的根基，信念的坚实后盾，基督教战士的精神武器”。[33] 大学提出的脱离主教及其委派的校长的管制进而自治的要求得到支持，教学大纲、教学模式和考试体系也得到批准。尽管原则上主教委任的校长仍留有颁发教师执照的权力，但现实中这种权力已掌握在教师手中。在文科学院获得硕士学位后，学生们可以继续学习神学、医学和教会法典（基于帝国先例而非教会惯例的罗马法在1219年被禁止教授）。13世纪60年代，这些学院机构得到加强，但在1219年它们的存在即已显现出来，每个学院允许有自己的领导人，即学监。1221年颁发了学校用印。同一时期，学生团体被分成四个民族团体，但这种民族团体与学生的国籍并没有必然联系。例如，“法兰西民族团体”成员包括来自法兰西岛、南法、意大利和希腊的所有学生，“诺曼民族团体”成员包括从诺曼底和布列塔尼半岛来的学生，“皮卡德民族团体”成员包括从佛兰德及大多数法兰西北部地区来的学生，而“英格兰民族团体”成员最复杂，包括从不列颠群岛、低地国家、斯堪的纳维亚国家、日耳曼中部地区、匈牙利和斯拉夫国家来的学生。每个民族团体由一位学监负责管理，这四位学监可以竞选学校校长。民族团体为学生的精神和世俗交往及互助提供了组织形式，也为解决争端提供很好的解决途径。当时，学生与以往一样好冲动。在1280年的一场冲突中，英格兰民族团体将皮卡德民族团体住地的房屋毁掉，杀死几人，将剩余者赶出城外。

因此，学校的管理机构将学生置于主教控制之外，他们得到的是教皇和王权的庇护。二百多年里，教皇和国王的支持很少动摇。学校面对的最大危机源于13世纪50年代，涉及托钵修会的作用问题。在13世纪，许多宗教机构得以建立，既丰富了巴黎的精神世界，又使巴黎的建筑业熠熠生辉，因为他们得到了慷慨的捐助。1250年，奥古斯丁修会来到巴黎，在奥古斯丁河堤定居下来，接着是1257年的加尔都西修会信徒、1259年的加尔默罗修会信徒。托钵修会信徒也来到了巴黎。例如，1207 年圣方济各会、1217 年本笃会到来。这两个修会在 1229 年至 1231 年的学校暴乱中扮演了罢学、罢工者的角色而引起学校的愤怒。与托钵修士的斗争也有信条方面的因素。托钵修士的敌对者将他们描绘成千禧年异教信仰的认同者。13 世纪 50 年代早期，学校限制每个修道院只可拥有一个教师席位，而当时教士担任大学教师是很普遍的事，由此引起了一场风波。教皇和国王均支持各宗教修会的权利，因此校方只得撤回声明，并接受了两个著名的修士、后来的圣人波拿文德拉和托马斯·阿奎那做教师。

宗教修会在大学内部赢得的权威声望由于学院制的出现而受到冲击，这进一步证明了大学机构的日臻成熟。旨在将托钵僧们排除在外的新型学院在 13 世纪中期快速兴起，这在很大程度上改善了托钵修士所能提供的办学条件。大多数学府拥有了值得夸耀的学生宿舍，不过，1257 年由王家神父罗贝尔·德·索邦创办、圣路易斥巨资资助的索邦神学院却独具匠心，并为创办和经营大学提供了样板。索邦神学院不仅为学生提供住宿，还提供学费，使得学生们的学术发展得到比以往更好的指导。学生们还享用巴黎最好的图书馆。新型学院如雨后春笋迅速崛起，学生群体迅速壮大。到 1300 年，巴黎学生人数大约为 3000 名。学院通常为某一地区专门而设。1268 年创建的阿尔古学院招收了 40 名诺曼学者。1292 年由博韦主教创建的肖莱学院只招收博韦和亚眠主教管区的学生。斯卡拉学院建于 13 世纪 90 年代，招收瑞典学生。13 世纪末、14 世纪初还建起许多重要的学院，包括 1302 年创建的招收 120 名法兰西北部学生的勒穆瓦纳红衣主教学院。1304 年创建的纳瓦拉学院和 1309 年创建的巴耶学院得到了众多捐助。

三、罗贝尔·德·索邦

人们在很多情况下会认为，如果某个机构誉满全球，它的缔造者也一定会名扬五洲，其实不然。罗贝尔·德·索邦创办索邦神学院的例子尤其如此。索邦神学院可能是世界上最著名、最具历史意义的高等学府，但它的创始人却是13世纪一位身份卑微、学识浅陋、不被人尊敬的教士——罗贝尔·德·索邦。

1201年，索邦出生于法国东部，成为康布雷主教之前在巴黎求学，当时个人极度贫困。索邦因虔诚而引起了路易九世（圣路易）的注意并任命他为自己的教会神父，继而成为他的忏悔神父。他利用职位之便创建了教士社区，为学习神学的贫困学生免费上课。1250年，圣路易东征，国王的母亲、摄政太后卡斯蒂利亚的布兰卡将一幢原属于奥尔良公爵的房屋以及邻近的、位于泰尔默宫前面酒杯口街上的马厩赠予了他。1253年，为16名穷学者创建的索邦神学院在此落成。圣路易进一步资助这所学院并任命索邦为该校的负责人，索邦在这个职位上一直干到1274年去世。虽然与其他学院一样，索邦神学院也对中世纪的职业行会和其他一些机构进行法律和文化方面的教育和培训，但是该学院的定位与以往创办的众多学院有所不同，其他学院只授予较低的文科学位，而索邦神学院主要授予学生高级神学学位。

索邦尤其钟情于道德规范和伦理是非方面的探究，这一点也明确地反映在索邦神学院的专业领域上。从中世纪开始，这些问题都是由欧洲众多的教皇和统治者来回答的。索邦神学院的神学家们的杰出之处在于他们是学校神学系的代表，而在教义问题上，他们则代表整个学校。中世纪后期，它的国际声望因整个法兰西乃至整个欧洲学府数量的激增而有所减损，也因为它与百年战争中失败的勃艮第家族关系过密和世界印刷时代的到来而受到影响。它的机构自治权越来越弱，更多地被置于王权的庇护之下。

在17世纪以前，索邦神学院坐落在酒杯口街（现在巴黎第五区的索邦街）上几座零散分布的房屋建筑中。1625年，路易十三的红衣主教，同时也是索邦神学院院长的黎塞留开始一项加强和建设项目。现今学校的庭院和礼拜堂于1636年开始修建，到17世纪40年代完工。

曾在16至17世纪反宗教改革的运动中起到关键作用的索邦神学院在更为理性的18世纪显得黯然失色。启蒙运动时期的哲学家讥讽它那无用的知识体系，从而为1792年至1794年间的恐怖时代关闭索邦神学院（以及所有大学）做了准备。当1806年拿破仑再次开放索邦神学院时，它已经很好地顺应了大革命后的教育形势，其行政名称改为巴黎大学。1885年至1901年间的扩建工程使巴黎大学变得气势恢宏。

在20世纪上半叶的大部分时间里，50%以上的法国学生的学习生活与巴黎大学有关。20世纪50至60年代，学生人数的激增使大学不堪重负。1968年的“五月事件”后，情况发生了戏剧性的变化，巴黎大学成为学生抗议活动的主要舞台之一。1968年事件之后的协议使巴黎大学分裂成小型的更易操作的机构，更多的研究工作移交给了各科研院所，致使巴黎大学的机构作用减弱。在巴黎大学第一、三、四校区就读的75000名学生只占巴黎地区在校大学生人数的三分之一左右，不到全法国在校大学生人数的5%。

罗贝尔·德·索邦对大学生的期望很友好、崇高，但又过于超脱。他认为："傍晚漫步在塞纳河畔的学者不应当沉湎于运动，而应当思考所学的功课，不断温习才对。"后来的学生违背了他的这一良好愿望。整个中世纪和文艺复兴时期，学生们都以放荡不羁、乐于煽动暴乱而闻名。用"拉伯雷式"一词形容他们再恰当不过了，事实上，弗朗索瓦·拉伯雷曾对学生生活进行过细致的观察，他的作品受到索邦神学院两次正式谴责。19世纪早期，学生就已经形成积极参与街头暴乱的传统，1968年，该传统被再次继承。

大学的出现凸显了教师和学生群体中产生的学术能量，教皇格列高利九世称之为"智慧的源泉"。使巴黎大学享誉全球的原因之一是它的管理规章制度，这种制度既与国王管理监控的重点相吻合，也与教皇倡导的教义的严格和精神的正统相一致。像托钵修士的斗争一样，学院既是学生培养生存技能的机构，也是讲究纪律性的场所。巴黎学者曾经是广泛推广宗教正统信仰的代理人。1205年，参加十字军东征的佛兰德的鲍德温国王请求教皇从巴黎派神学家去君士坦丁堡宣扬真正的信仰。1217年，教皇洪诺留三世要求巴黎神学家到朗格多克去教化当地人皈依基督教，在镇压这一地区的阿尔比派过程中，他们将充当信仰战斗的排头兵。此外，13世纪的大学还亲眼见证了犹太学校基础设施遭到袭击甚至毁灭的整个过程。

1323年，修士费吕罗引经据典地证明"巴黎"（Parisius）一词源于“天堂”（paradisus）。不过天堂也不是处处阳光普照的，即使在巴黎的历史长河中辉煌灿烂的时代也有其黑暗的一面。随着14世纪历史的不断演进，那些黯淡的因素、那些不公正之处逐渐显露出来。12世纪以来巴黎城极其活跃的表现得益于各方势力的协同发展，包括周围地区飞速发展的农业，由行业内部新技术培训机制引领的善于创新、积极进取的商业，统领文化领域的大学，西欧最强大的国家的政治支持等。从14世纪初开始，这些因素在一定程度上萎缩了，这座城市也因此遭受劫难，并且是可怕的劫难。

3

漂泊的城市

（约 1300—约 1480）

如同 14 世纪初一篇颂词中描绘的那样，巴黎是“所有城市的母亲和女主人”。[1] 巴黎在过去的两个世纪中获得的优越地位在 14 世纪又得到进一步的提升，它是当时基督教世界最大的城市：1328 年的人口统计户数为 61098，这表明其人口总数已经超过了 20 万甚至 25 万。当时法兰西没有哪一座城市人口达到 5 万以上，欧洲的其他几个可有一比的城市，佛罗伦萨、热那亚、威尼斯等，也只勉强达到 6 位数。除佛兰德之外，欧洲任何其他地区的人口密度都没有法兰西岛的大。城墙内积聚的财富与城市的规模一样巨大，这里不仅荟萃了各种行业，也聚焦了西方最多、最富裕的消费者。巴黎在学术上也居于当时欧洲的首位。大学的声望名扬全欧洲，因此任何自称拥有学识的人如果未曾在巴黎学习过都会为此感到羞愧。巴黎拥有的这一切与其同卡佩王朝的密切联系休戚相关。从政治上看，巴黎是一个从 987 年的卑微地位开始逐渐跻身最具活力的西欧强国的首都。这座城市建筑物众多，纪念性建筑林立，从城墙开始一直延伸至西岱岛上的王宫，所有那些纪念性建筑都折射出法兰西王国高大的国际形象。

到了腓力二世（1270—1285 年在位），尤其是美男子腓力四世（1285—1314 年在位）统治时期，人们并没有发现王权衰微，也没有感觉到曾使巴黎走向繁荣的关键因素——王朝对这个首都城市的支持——的减少。从 1302 年开始，拥有来自教士、贵族和市民阶层代表的三级会议作为全民代表会议定期在巴黎召开，它似乎是增强而非削弱了王权。然而，没过多少年，法兰西全境，尤其是巴黎的政治稳定就走到了尽头。君主与首都之间曾经相互支持的关系变得急剧紧张。除偶有一些宁静之外，15 世纪末之前的岁月是巴黎历史上最黑暗的时刻。正如 15 世纪初的诗人厄斯塔什·德尚描述的那样：

> 铁的时代，混乱的岁月，青铜色的天空，
> 荒芜的田野，不毛之地，
> 不幸的人们，充满了痛苦。[2]

卡佩王朝的幸事在于代代有子嗣，从于格·卡佩到美男子腓力共十一代，每代都有无可争议的男性王位继承人。可是从腓力开始，卡佩家族就不再那么幸运了。腓力有三个儿子——路易十世（1314—1316 年在位），腓力五世（1316—1322 年在位）和查理四世（1322—1328 年在位）。三位王子都曾登基做过国王，但均过早去世，身后未留下继承人。1328 年，王位传给腓力四世的侄子*瓦卢瓦*的腓力（即腓力六世，1328—1350 年在位），但自他登上王位宝座起，其王位的合法性一直遭到质疑。英国国王爱德华三世是美男子腓力的外孙，尽管他在 1329 年向他的*瓦卢瓦*表兄表示了敬意，但不久他就提出继承法

圣女贞德指挥巴黎围城战，1429 年 9 月。出自《查理七世的守卫》，15 世纪法国手稿

国王位的要求。因为王位继承权问题，英、法两国从 1337 年开始了旷日持久的战争，史称“百年战争”（1337—1453）。但是，战争既是一种病症，也是那个时期更为广泛的病症的原因。

巴黎在 14 至 15 世纪的麻烦不仅源于王位争夺的问题，还与国王大部分时间不住在巴黎、不关心巴黎的发展有关。腓力六世对西岱宫进行了改造，但是选择住在万塞讷由原先狩猎时使用的住处改造成的城堡兼夏宫。约翰二世（1350—1364 年在位）只在西岱岛住过几年。他的继任者查理五世（1364—1380 年在位）更喜欢住在守卫森严的卢浮宫，并在东面现在巴黎第四区的圣安托万街以外的圣保罗建起一片宫殿群，附有广阔的果园、花园和不久即极负盛名的野生动物园。查理六世（1380—1422 年在位）在大部分执政的时间里住在巴黎，但从 1392 年开始长期受到精神错乱的困扰。由于贵族集团运用手段谋得了权力，他实际上成了傀儡。从 1422 年起，国王们除路过时会小住之外，根本不在巴黎定居，他们更青睐卢瓦尔河谷中的宫殿。更为严重的是，从 1420 年到 1435 年，法兰西王国被分裂成南、北两部分，除巴黎以外的北部由英格兰国王手下的总督统治，南部由瓦卢瓦的王位觊觎者查理七世统治（1422—1461 年在位）。

王朝本身甚至城墙、城门及桥梁的变化都在向我们讲述 14 世纪和 15 世纪早期这座城市命运的变迁。1190 年至 1215 年，腓力·奥古斯都修建的城墙未起到任何军事防御作用，事实上，它在和平时期却起到了阻碍发展的作用。相反，14 世纪中期，为抵御外敌侵略，人们只好又修建一堵城墙以更好地抵御外来进攻。在接下来的一个世纪里，这堵墙遭受众多的考验。法军在 1356 年的普瓦捷战役中惨败于英军之后，市政当局马上着手该城墙的修建工作。在 14 世纪 90 年代，查理五世城墙已大部修好，但直到 15 世纪早期，王室监督下的城墙才完全竣工，它长约 5000 米，围城方圆近 439 公顷，而腓力·奥古斯都城墙围城约 272 公顷。围城内的新区域均在右岸，此时有五分之四的巴黎人住在这里。

新的防御城墙反映出，人们深刻地认识到，要更好地保护自己，以抵御更复杂的攻城技术。新的右岸城墙的突出特点是它的深度。又深又宽的沟渠、高高的堤岸确保这个防御系统在最完整的状态下可以达到 100 米的纵深。为了给护城河提供水源，东部沼泽的水被抽干，并且修筑了水闸，修建了更为结实的新城门。从 1370 年起，东面还修建起与西面的卢浮宫遥遥相对的一座巨大要塞——巴士底狱，它在巴黎后来的历史上扮演了极为重要的角色。

查理五世城墙也反映出中世纪最后阶段城市扩张的规模和范围。众多的耕地也被圈入城墙内，圈起来的区域还包括原来置于腓力·奥古斯都城墙以外的临时的经济和社会扩展区域，它们均位于右岸。左岸老城墙外的一些经济发展区，如圣日耳曼德普雷、圣维克多和圣马塞尔，并未划入查理五世城墙内，因此面对危险时显得愈发脆弱。右岸城墙以内的区域包括圣安托万街沿线的园地，如圣殿、圣凯瑟琳和田野圣马丁教堂的园地，巴黎中央市场向外扩展的地域，包括卢浮宫在内的圣奥诺雷街沿线房屋等，这更加推动了城市的发展。例如圣殿区在腓力·奥古斯都时期的发展限于墙内，现今它已扩展到圣殿街和老圣殿街以外的十几条街道，在布拉克街和普利斯街以北形成了整齐划一的地块。在 14 世纪晚期，贵族奥利维耶·德·克利松带有塔楼的宫殿点缀了该地区的建筑，带来了不同的社会氛围。[3]

查理五世城墙这一伟大军事工事更为久远的影响在于作为社会和行政生活框架“街区”的出现。查理五世城墙的修建使街区的数量增至 16 个。每个街区有一个街区长，街区长在更小的五十人长和十人长的帮助下负责城市管理和城门的守卫工作。这种区域框架与 1420 年以来为监控和税收估价而形成的区域是重叠的，尽管在地理上并不总是相匹配。内城街区的新型基础从此形成。

具有讽刺意味的是，到 1450 年，查理五世城墙内的人口只相当于 14 世纪 50 年代前就已经完工的腓力·奥古斯都城墙内人口的一半，而腓力·奥古斯都城墙却只有查理五世城墙的一半那么长。也就是说，从 14 世纪 20 年代到 15 世纪 20 年代这 100 年间，巴黎人口下降了 50% 以上，当时的人口可能只有 8 万到 10 万之间。尽管在这之后有所增加，但到了1500年，人口仍只有15万左右。这堵城墙的另一个讽刺特征是，城门数量的增加并未促进流动或交往。鉴于城市经常陷入危险之中，许多城门长期用砖堵死，使得当时的出入口少于腓力·奥古斯都城墙的城门数量。巴黎事实上已经把自己与外界隔离开来。

因此，城墙和城门的状况说明当时巴黎城正在变得多么保守和内向。桥梁的发展也说明了这一点。巴黎的桥梁在历史上从未达到一个经济中心所需要的桥梁的功效，现在则变得更为糟糕。那些桥梁似乎阻碍而非方便了经济交往：上游运来的货物被卸在卢浮宫附近的圣日耳曼码头，然后由陆路运至沙滩码头，再装船运至下游，反之亦然。可见，如果没有那些桥梁，上游来的货物就用不着这样折腾了。1296年，一座新大桥建起，那就是兑换桥，该桥在秃头查理老堰桥附近将西岱岛与右岸连接起来。[4]1393年的洪水将西岱岛的小桥冲毁，否则在下一个世纪里巴黎人可能会无休止地对它进行维护。1407年至1408年间，兑换桥、小桥和位于现在巴黎第五区阿尔普街尽头的建于1378年的圣米歇尔桥均被彻底冲垮。同样的命运也降临到横跨塞纳河的米布雷木桥上。它是一条木质通道，是圣马丁街的延伸部分。1413年，米布雷木桥被重新修复并改名为圣母桥，遗憾的是，它的建造投入太少，因而不很坚固，15世纪的大部分时间里都面临着坍塌的危险，并在1499年被完全冲毁。

这些严峻的问题与14世纪早期开始欧洲经济发展变得迟缓的大背景密切相关。1314年至1316年间的歉收引起巴黎粮食价格的急剧上涨。据当地一位编年史家记载，“谷物严重短缺，平民百姓为此负担沉重，深受压迫”。[5]法兰西全境的灾荒说明人口的快速增长超过了经济的承受总量，当然，价格的不断攀升也可能与巴黎商人囤积粮食的投机行为有关。1323 年、1328 年、1334 年和 1340 年至 1341 年间，巴黎人口的死亡率明显上升，当时的气候状况可能也在不断恶化：自然灾害似乎比以往任何时候都更频繁地降临人间，再加上一些社会问题，真可谓天灾人祸俱来。洪水对巴黎人的生活来说几乎是家常便饭：1196 年的一场洪水使腓力 · 奥古斯都惊恐万分，他迅速逃离西岱岛，到圣热纳维耶芙山上寻求庇护。1281 年和 1296 年至 1297 年间洪水几次泛滥，不过与 14 世纪相比次数明显少得多。1407 年的寒冬百年不遇，大块的冰漂浮在塞纳河上，墨水都冻在了羽毛笔上。[6]1432 年的洪水致使巴黎城的经济生活处于停滞状态长达一个半月之久。从 15 世纪 20 年代开始，夜间狼群出来觅食，撕咬在蒙福孔绞刑架上被处决的犯人的尸体。仅 1439 年，防御土墙北侧的市场就有不下 12 人被狼咬死。[7]

一、蒙福孔

> 漫步肖蒙山丘公园，感受着瑞士风情带来的感官享受，不知不觉人们便来到旧巴黎最狰狞、最臭名远扬的地方，中世纪安放绞刑架之处——蒙福孔。圣路易（1223—1270 年在位）将它建起以象征王家司法机构的权威。查理四世（1322—1328 年在位）将它制度化，并将绞刑架更换成精致的石头结构，有 16 根柱子，每根 10 米高，可以随时将数十名处决罪犯的尸体吊起来。绞刑架本身是用来处死犯人的器具，但是同时它可以用来将巴黎其他众多地方处死的犯人的尸体都放在这里曝尸示众。尸体有时被吊上两三年甚至更长时间，最后被乌鸦或者饿狼蚕食殆尽。那是多

么令人作呕的一幕，多么令人惊恐万分的场面。蒙福孔发出的恶臭在圣殿区就可以闻到。未被食尽的尸体被放下后，便被扔进绞刑架下面的大坑里。

这座不寻常的历史遗址坐落于通往莫城的路旁一个土丘上，周围是空旷的原野，几英里以外便可看到它。它的名声不仅在于它的可视性，还在于曾有几位大人物的命运也在此终结，包括王家大臣甚至宠臣和巴黎市长。例如，后来胡格诺派领导人科利尼被肢解的尸体就是在此示众的。国王查理九世在圣巴托罗缪大屠杀事件之后曾到过此地观看绞刑架上科利尼已开始腐烂的尸体，据说他对用手捂嘴的侍从们低声咕哝道："敌人的尸体闻起来总不会太坏。"

但是，蒙福孔的全盛时期到16世纪就已过去。1627年取消死刑后，附近建起一座小型绞架，用于仪式或展示的目的，而非处死犯人。18世纪早期的城市地图仅显示出蒙福孔曾闻名一时的石柱的残余部分。然而，它以其他方式存在下去——都是些不太光彩的角色——使得它的恶名一代代流传。它曾经是巴黎最大的垃圾场之一，在17世纪它又成了屠宰被淘汰的老马的场地，有时这里屠宰的老马多达15000匹。老马的残骸养活了一系列小贸易行业：粪便粉供应了园丁，皮供应了制革工，马鬃供应了制刷工，生蛆的内脏卖给了钓鱼者等。同时它们也养肥了无数只老鼠，24小时内，那些如狼似虎的老鼠就能将马尸的肉全部啃光。斗牛和其他斗兽活动就在附近的斗兽广场，即现在的法比安上校广场进行，更增添了该地区阴暗、令人窒息的气氛。另外，该地是巴黎城石膏、灰泥的产地，无限制的开采使周围的区域犹如月

17 世纪巴黎地图细节，图的左侧可以看到蒙福孔

球表面般千疮百孔。地下还密密麻麻地布满了洞穴和通道，据说那里是强盗、乞丐的老巢。

正是由于拿破仑三世和奥斯曼男爵将该地选作城东少有的几块最重要的绿地来发展，蒙福孔的历史面貌才得以改变。奥斯曼将伤痕累累的区域摇身变为景致如画的公园，并运来大量石块来增强这座新公园山峦起伏的威武形象。公园花了三年时间建成，于1867年博览会开幕之际向游人开放。不过这座肖蒙山丘公园的命运却急转直下，1871年它成为巴黎公社社员的避难所，直到政府军从蒙马特山上发起猛烈攻击才将反叛者清除。到了20世纪20年代，在超现实主义诗人心灵的感召下，本地区在人们心目中根深蒂固的狰狞面目才渐渐消失。路易·阿拉贡将这座公园盛赞为“一座富有传奇色彩的天堂”，“一个梦想的乐园”，至此，巴黎人的记忆轨迹被彻底改变。

连续数个气候恶劣的冬天，传染病肆虐。1348年腺鼠疫的暴发（五百多年前曾发生过一次）使得情况更为糟糕。1348年至1352年的黑死病使法兰西人口减少了30%至40%，巴黎有大约5万人丧生。疫情过后初期，巴黎人口恢复很快，但是在14世纪60年代，以及随后的1374年和1400年，新一轮的流行病使人口增长处于停滞状态。在1348年至1480年期间，至少有36年发生过瘟疫，几乎是每四年一次。同时发生的其他流行病更是雪上加霜，如1414年的腮腺炎、1418年的猩红热、1433年和1438年的天花等。

贫穷和营养不良使人们抵御这些疾病的能力下降，穷人受灾最重。此外，城市慈善部门在应付这些日益恶化的社会问题时已无能力进一步扩大基础设施。关于这个问题，有必要回顾一下历史。中世纪的经济繁荣曾引发由教会倡导的慈善捐助热潮。根据圣路易的旨意，主宫医院被扩建成每天能容纳600名穷人的医院。这座医院与圣母院毗邻，由一群富于献身精神的圣奥古斯丁会修女担任医务人员。其他一些小型的慈善机构，如圣德尼街上的圣凯瑟琳济贫院、隶属穷人圣尤力安教堂的慈善收容所也为穷人提供慷慨细心的照顾。其他一些机构的功能更为具体：1202年由两位市民出资修建的圣三一会济贫院为穷人提供庇护所；另一位有钱人埃蒂安·奥德里出资建起了专为贫困的寡妇提供资助的机构；国王圣路易责令建起了可以同时为300名盲人提供照顾的巴黎盲人院，[8]中世纪巴黎还修有麻风病院。为市民安全起见，这些机构通常修在城墙外足够远的地方，但又不超出可以向市民提供救助的距离。巴黎的主要慈善机构圣拉扎尔济贫院就修在蒙马特。左岸现在乐蓬马歇百货公司所在的地方，邻近圣日耳曼德普雷，曾有一所小规模的慈善机构。

基金会和慈善机构的建立一直延续到1300年以后，但是作用和影响很小，尤其在灾荒连连的困难时期。新的机构规模有限，而一些旧机构的作用又无法充分施展。巴黎盲人院住不满300个盲人，而麻风病患者的减少使麻风病院住院人数也大幅减少。与此同时，1300年前曾促使城市财富激增的王权统治此时却因连年征战似乎只在加剧巴黎民众的社会问题。13世纪国王开始实行侵略的外交政策和奢华的生活方式，这需要经济运营良好时期的王家领地收入作为保障。到14世纪早期，经济急剧滑坡，一些附加税变成常规税，人民生活苦不堪言。巴黎受这种税收变化的影响更大：王朝将它视为产奶的母牛。国王常常干预巴黎事务，目的是将它的财政置于自己的控制之下。1306

年币值的重新调整引发了城里的一场暴乱。源于社会下层的暴民在深受尊敬的商人埃蒂安·巴尔贝特的地产上聚众游行，后者曾命令他的佃户以新币值向他支付。因恐惧这次币值调整会影响到生活质量，暴民们洗劫了这位富商并将他的房子付之一炬，随后他们向美男子腓力正在就餐的圣殿进发，以取得王家的支持。国王先是敷衍他们，随后以残酷的手段镇压了这次暴乱，将 28 名暴民的尸体吊在绞刑架上示众。

巴尔贝特事件预示着社会紧张局势的来临。14 世纪早期的编年史家曾经将巴黎人描绘成“举止温文尔雅，态度谦和，心地善良”[9]——但百年战争爆发后接踵发生的事情令人很难相信这种说法，国家因为要筹集那场战争的款项而加大了年征税额，百姓不满政府的做法，随着法国连战连败，百姓更加怨声载道。1346 年英国在克雷西战役中获胜后，英国的先头部队迅速向巴黎挺进，放火烧毁了圣克卢和吕埃，巴黎人被迫仓促进行城市防御城墙的维修。普瓦捷战役的失利使 1356 年的国家局势更为严峻。国王约翰二世被英军俘虏，后被赎回。英国军队包围了巴黎，致使城北靠近芒特和默朗的地方遭到严重破坏。就像编年史家韦内特的让描绘的那样，“敌人在烧毁、蹂躏我们的家园”。[10] 靠近城墙而建的房屋被全部拆毁，为的是使防御城墙更加牢固，有人甚至要烧毁整个圣日耳曼德普雷镇，避免它成为敌人的堡垒。从远处村庄拥来无数的逃难者，巴黎的粮食供应越发紧张。

从上面的例子可以看出，战争时期巴黎遭受的破坏不完全是由战争本身引起的。大群风纪涣散的士兵和无法无天的抢劫者趁火打劫，对当地百姓、家畜和商品强征所谓的“赎金”，给那些依靠土地为生的农村人口带来难以想象的灾难。士兵还扰乱了贸易渠道，引发人口的流动和主要生活必需品价格的不断攀升，导致民不聊生。14 世纪 60 年代中期，对巴黎城的破坏有源于英国军队的，也有源于溃散的、不受法律约束的法国士兵以及国王的封臣统领的封地军队的。值得一提的是约翰二世的女婿恶人查理，作为纳瓦拉国王和埃夫勒伯爵，他为一己私利浑水摸鱼。1358 年底，巴黎地区约有 60 座城堡被盎格鲁—纳瓦拉军队占领，在巴黎城内就可以望见远处军队放起的熊熊大火。

约翰国王在 1356 年到 1360 年间遭囚禁，这引起众多大权在握的贵族们的权力之争。王太子，即国王的儿子和继承人查理（执政后被称为查理五世）对此煞费苦心地进行遏制。这种权力斗争又由于作为政治力量的法国市镇的兴起而变得愈发错综复杂，在这方面，巴黎是最为突出的。1355 年，在寻求全国对新税法的支持而召开的三级会议上，巴黎代表将自己推向前台，提出进行包括铲除贪官在内的财政改革议案。改革者们对圣路易统治时期充满怀念，认为那个时代的税收是合理的，而且是可以负担得起的。当时，国家财政充盈，国家官员都是道德楷模。巴黎人的改革事业是由出身名门的前市政长官，1354 年就任商人市长一职的埃蒂安·马塞尔策划的。1356 年至 1358 年，这位神秘人物将领导一场严重损害王朝与其首都之间关系的政变。

马塞尔充分利用了国王在普瓦捷战役惨败之后的尴尬处境，迫使王太子政府做出一系列让步。靠在巴黎的知名度和在法国北部市镇中的影响，他促使一个由他提出的反腐败议案在全国实行，同时还发动了巴黎工场工人的罢工，避免了不受欢迎的货币贬值的发生。他几乎说动了王太子定期参加三级会议，但由于三级会议被理解成限制国王权力的会议，因此他没有成功。不过马塞尔的影响因他自己犯下的一系列判断上的失误而被渐渐消除。1358 年 2 月他领导了一次反对国王战争行为的示威活动，游行队伍攻击了西岱岛上的王宫并在王太子的眼皮底下杀害了香槟元帅和诺曼底元帅。这次谋杀使马塞尔突然陷入极其被动的局面，削弱了他的政治权威。他当场羞辱浑身溅满鲜血地站在惨死的元帅尸体旁的王太子，这使他错上加错。王太子被迫戴上马塞尔为他制作的红蓝风帽，而马塞尔自己却戴上王家盔帽。接下来王太子接受了商人市长的改革方案，并将他吸纳入政府部门，不过这种联盟是勉强的，因此注定是短暂的。之后查理游历北方城市，目的是煽动反对巴黎及其过于强大的领导人的情绪。

对马塞尔的行为，巴黎人褒贬不一。他派军队参加了发生在巴黎以北乡村、被称为雅克雷起义的反领主农民暴动，巴黎人对此有批评，有赞扬。与王太子的矛盾随时都可能引发战争，未能争取到其他城镇的支持令马塞尔担忧。马塞尔只得求助于恶人查理，不过巴黎人对不属同类的纳瓦拉军队心存的疑虑大于对王太子的疑虑。为聚集援兵，这位商人市长只得带领一支巴黎军队去圣克卢城驱逐英军，但这些城市居民在半路就遭到了屠杀。马塞尔现在只得通过允许有许多英籍士兵在内的恶人查理的军队进入巴黎城来增强巴黎的防御力量。这一举措触发了 1358 年 7 月 31 日反马塞尔的暴乱，暴乱中，这位商人市长被暗杀。

查理王太子现在被宣布为摄政王，巧施宽恕计谋赢得了巴黎市民的拥戴。他将对暴民的惩治降到最低限度。首都和它的国王达到了相互爱戴、相互尊重的程度。市政当局的徽章图案被更换掉，象征王权的鸢尾花饰被置于航船上方。一段时间过后，“乘风破浪，永不沉没”（Flucant nec mergitur）的格言被加入图案中，可谓是对这段动荡历史的恰当表达。这座新近变得驯服起来的城市为赎回约翰国王立下了汗马功劳，然后又开始修造极为需要的防御城墙。约翰国王在 1364 年去世，此后继位的查理五世甚至下决心在巴黎住下来，当然，他最后选择住在城外圣波尔豪华的建筑群而不是西岱岛王宫，因为那里给他带来了太多的厄运。圣波尔的后面高耸着威严的新巴士底狱要塞，它戒备森严，既可防御外敌也可抵住内患。圣波尔建起小型栈桥，必要时国王既可从水路逃向下游的凡尔赛宫，也可逃向上游的卢浮宫。查理再也不是可以由巴黎民众左右的国王了，无论巴黎人后期如何努力，埃蒂安·马塞尔事件都严重地影响了国王与首都的关系。

14 世纪末，与英格兰的冲突阵地从巴黎盆地转移到其他地区，因此，大批需要巴黎提供给养的士兵从战场上撤走，靠巴黎养活的大多数劫持者也离开了，巴黎的经济得到一定的恢复。尽管人口数量的下降使领主的收入减少了一半，但是巴黎的许多经济部门都得到了快速复苏，而且有望恢复得更好。文化活力也逐渐显露出来。宫廷官员开始钟情于古典文化，克里斯蒂娜·德·皮桑则重塑了典雅爱情的惯例。厄斯塔什·德尚的专长是轻微的色情描写，他后来哀叹时局艰难，但此时却热衷于这座城市和它的多重乐趣，对巴黎的美好生活有着独到的眼光。[11] 在所谓的“现代奉献运动”中也开始显现出对精神复兴的追求，这一运动强调个人化的虔诚。

情况不久即变得更糟。巴黎人也从埃蒂安·马塞尔事件中学到了新的抗议手段。1380 年查理五世去世后，十一岁的查理六世成为国王，这使巴黎重新长期处于动荡之中，对外冲突也不断发生，这种局面一直持续到下一世纪。但 1380 年的三级会议反映了民众的一种普遍呼声：他们要求彻底停止王家税收，这就意味着国王今后只能靠王家领地收入一项过活。1382 年 3 月，王家税官开始在巴黎征收新的间接税，这引发了一场民众的造反事件，冲在前面的是各行业组织的

查理五世进入巴黎，出自《圣德尼编年史》，15 世纪法国手稿

叛乱者，他们从市政厅拿出用来防御城市的铅锤向税官和放债人砸去（多数为犹太人和伦巴第人）。同时其他城市也发生了税务叛乱，这使“铅锤党”的威胁愈发严峻。

此时摄政政府由查理六世的几位叔叔共同掌管，分别是安茹公爵、勃艮第公爵和波旁公爵。税务叛乱的失败使摄政政府获得在政治上进一步遏制巴黎的机遇。巴黎开始实行戒严令。在随后的几周里，近百位参与了铅锤党动乱事件的名人遭到处决。1383 年 1 月，市政长官职务被撤销，商人市长与王权职位“巴黎行政长官”合并为一职。此外，政府还终结了行业协会的法律独立性，因为它们曾经是铅锤党运动的主要力量。

这一反对巴黎自治精神与行动的专横举措并未持续太久，因为当时的政治环境并不允许政府对任何事施行强制性的措施。1388 年，查理六世结束了与叔叔们的尖锐矛盾，但到 1392 年，这位年轻的国王已显现出他精神错乱的症状，这种伴其余生（至 1422 年去世）的疾病使他远离了权力斗争。因此王权放松了对 1383 年的城市法规的执行，例如，1389 年商人让·茹弗内尔被授予“商人市长监护人”的称号，他利用手中的权力杠杆保护贸易利益。

现在高层政治博弈开始在勃艮第集团与国王的弟弟奥尔良的路易及其追随者之间展开（1410 年后，后者将被称为阿马尼亚克党）。国王好像夹在中间的棋子，巴黎则变成争夺最高权力的战场，巴黎人忽而偏向这方，忽而偏向另一方。奥尔良和查理六世的王后巴伐里亚的伊萨博在此地不受欢迎，因此从 1405 年开始勃艮第的新公爵无畏者约翰轻而易举地在巴黎巩固了自己的权力。1407 年，他雇杀手铲除了奥尔良的路易，当时后者正从巴比特街和老圣殿街交汇处的伊萨博王后寓所离开。杀手“用斧枪猛击王子，王子的脑浆当场溅落路面”。[12]至此，再也不允许巴黎在政治上持观望态度了。

在近三十年的时间里，国家权力政治围绕着本身就长期分裂的巴黎而左右摇摆。巴黎发现，要代表国家利益而不是宗派利益远非易事。巴黎民众开始厌倦宗派斗争给他们带来的恶果，因为在即将到来的不到半个世纪的时间里，军阀将三次兵临城下（1406 年、1432 年、1437 年），将有四次宗派战争（1410 年、1423 年、1429 年、1435 年至 1436 年）和两次英国大入侵（1437 年、1441 年）。城墙内将发生一次次令人作呕的流血事件——就像奥尔良的路易的余党们叫嚣的那样，他们现在追随的是代替路易成为宗派领袖的阿马尼亚克伯爵，奥尔良年轻的继承人的岳父贝尔纳。一位不知名的巴黎商人曾对 1406 年至 1449 年间这座城市的经历进行了剖析：十五年的劫掠，八年的各种传染病，八年严冬，四次洪水，一次干旱，四次高赋税，四次虫灾，七次货币价值调整，外加二十年的高物价。他用这样的笔锋评价他生活的时代：“有权力的人相互仇恨，中等地位的人被赋税压倒，穷人难以维持生计。”[13]15 世纪的编年史家记录了巴黎各种游行的令人意想不到的数字：仅 1412 年就超过五十次，多数发生在 6、7 月。这些集体团结的时刻是一块礼仪性的遮羞布，可以掩盖住这个社会的严重分歧和动荡。

二、圣母院广场

很难确定巴黎的市中心在哪里。早期的巴黎坐落在西岱岛上和左岸地区。不过在 19 世纪，巴黎最有活力的区域从东面移走，许多人认为巴黎的中心可能是歌剧院附近的林荫大道，也有人认为市中心是沙特莱要塞，因为那里处于东西南北相互交叉的十字路口，19世纪对巴黎进行改造的奥斯曼及其追随者也正是在那里大做文章的。而且，沙特莱—中央市场地铁站和快速城郊车站每天数百万的客流似乎也证实了这一看法。不过，几个世纪以来，巴黎的所有道路都是从巴黎圣母院西侧广场开始计算距离的，这个广场就是圣母院广场。

“广场”（Parvis）源于“天堂”（paradisus）一词，尽管目前的圣母院广场丝毫没有名字原来表达的诗情画意。后来人们在广场上栽种了许多花草树木，努力美化它，但是它那灰褐的色调、被风侵袭的空地使圣母院广场除教堂外毫无美感可言。尽管19世纪50—60年代经奥斯曼近乎于破坏的“完善”工程之后的圣母院广场面积较以前大了六倍，但小得多的原广场早在古典时代晚期的城市生活中就已经扮演了很重要的角色。

圣母院广场拥有神圣的美名。建于6世纪早期的圣埃蒂安教堂先于巴黎圣母院而建造，与圣母院的长方形廊柱大厅很相近，该大厅于12世纪被改建成现今的大教堂。巴黎圣母院四周聚集着许多小教堂，不过那些小教堂最后被启蒙运动改革家和法国革命者所摧毁，其中，圣让勒朗洗礼堂毁于1748年，圣母院慈善教堂和圣克里斯托夫教堂毁于1747年，圣德尼小隐修院和圣兰德里教堂毁于1790年至1791年。圣母院是巴黎庆典活动的中心场所，经常有团体游行在此附近举行。

在圣母院广场圣洁的气氛中还混杂着其他的气息。岛中心的一角是戈拉蒂尼街，那里是通过圣路易批准而合法存在的著名的妓女集中地。这个集肉欲与神圣于一体的地方一定曾经取悦了拉伯雷，因为他笔下《巨人传》中的巨人曾在圣母院的塔楼里避难。据说，这个巨人如此巨大，他从塔上向下撒尿，浇死了260418个人，还不包括妇女和儿童。圣母院本身也不比周围的巴黎人更为超脱于对肉欲的沉溺。托马斯·普拉特，一位16世纪晚期来自瑞士的医学院学生这样写道："大教堂是纵情声色的地点。"从1748年起常有淫逸的产物（弃婴）被遗弃在广场上新建的孤儿院的外面。教堂西门外有一些监狱，主教有权将侵犯领地权的人禁闭于此。西门外也是罪大恶极的犯人们接受公开羞辱的地方，之后他们将被押往市政厅外的沙滩广场，在那里被活活烧死或被车裂。

与教堂毗邻、靠近河岸的一侧是巴黎的中心医院主宫医院的所在地，这所医院之所以被称为"主宫医院"，主要是因为传统上巴黎圣母院的主教被认为是医疗事业的源泉和解救病残的长者。该医院的历史可以追溯到7世纪，是在中世纪杂乱无序的状态下逐渐发展起来的。到17世纪，医院已经在左岸的两座桥梁和老鼠街（现在第五区科尔贝官街）之间的一块土地上固定下来。在17世纪，它继续扮演着巴黎人庇护所的角色，大约有三分之一的居民在该医院去世。也正是从那时开始，它得到了"疾病牢笼"的恶名。直到19世纪，该医院才被恢复了名誉。1789年革命时期，医院承认有四分之一的病人因在医院内传染的疾病而死亡。将三名甚至更多的病人安排在一张病床上的做法不可能有助于健康的恢复。之后这所医院被搬到广场另一侧的新址，这才使恶名得以消除。即使这样，主宫医院在公众心目中仍然是一个冷冰冰的没有生气的地方。

圣母院广场不仅是集宗教虔诚、穷困、疾病、青少年犯罪和其他犯罪于一身的大熔炉，它同时也是著名的骗术中心。1664年，古文物学家弗朗索瓦·考勒泰写道：“主宫医院前面矗立着一尊据说是阿斯克勒庇俄斯的塑像，古人称其为‘医神’。”巴黎人有捉弄首次来巴黎的外省人的恶习，他们会让外省人到圣母院广场去找“格雷先生商店”，当外省人发现并没有该商店存在时，就会被双手反拧带回广场，被迫在三米高的塑像下用力地蹭鼻子，而该塑像就在教堂大门附近。

这尊难以捉摸的塑像除了“医神”和“格雷先生”这些身份外，还拥有其他一些身份：墨丘利神或者一位前巴黎主教和墨洛温王朝的权威人士，甚至有人说那是从圣埃蒂安教堂移至此的一尊耶稣塑像。这尊塑像也是一个界标，自古以来它就被国王的公路管理系统用来测量公路的距离。1748年，塑像兼里程碑被移走，为新建的孤儿院腾出位置，不过它曾矗立过的地方——离西门约三十米——仍然是巴黎的中心，在某种意义上也是法国的中心。

无畏者约翰承认对奥尔良的路易的死亡负有责任，这引发了公众的愤怒，因此他逃离了巴黎，但是第二年他又转回来，有一群教会神父跟着他。他辩解道，这次暗杀是正当的诛杀暴君行为。他力求通过建立以勃艮第为中心的权力基础来使自己渡过难关。作为可见的权力象征，他在暗杀者留下血腥足印的阿图瓦公馆建起一座高耸的城堡寓所，它坐落于右岸原腓力·奥古斯都城墙旧址上，与左岸卢浮宫的城堡防御主塔及支持阿马尼亚克的贝里公爵拥有的内斯勒塔楼一样雄伟。[14]城堡的最高处是可以使约翰高枕无忧的寝室。加固的塔楼设有雉堞，有通道可以通向防御土墙，因此公爵的军队可以在城内快速转移。但事实上，它很可能难以抵挡围攻，因为它的设计者考虑更多的是如何让人联想到它坚不可摧，而不是如何实现这一点。

塔楼实际上是使巴黎成为勃艮第大本营的计划关键的一张牌。无畏者约翰想尽办法使城市最有影响力的各传统群体成为勃艮第事业的支持者。例如，原来一直远离政治宗教斗争的大学被逐渐拉向公爵一边，成为勃艮第的辩护人。约翰还将各行业1383年失去的权力归还给他们，赋予水路商人行会以新的生机，甚至在1412年恢复了商人市长之职。这些经济利益集团轻而易举地被召集到勃艮第事业的麾下，因为公爵的广袤领地不仅包括勃艮第本身（巴黎葡萄酒的主要供应源），而且包括荷兰：佛兰德的城市是巴黎商业和制造业的纽带，而布鲁日是北欧的金融中心。约翰将从博纳带回来的大桶大桶葡萄酒作为礼物送给他的支持者。他的另一政治手腕就是将富有的屠夫行会拉拢为自己的亲信，使他们成为行会工人中的贵族，由屠夫控制的2000名武装人员构成了公爵的贴身保镖。1412年，他们与英国并肩作战，在圣德尼和圣克卢出色地打败了阿马尼亚克的围攻者。

不过，无畏者约翰发现想置巴黎于秩序和法律约束之下绝非易事，而且难度越来越大。1413年4月至5月，由屠夫兼皮商克洛德·卡博什领导了一系列反政府事件，其中包括对年轻的王太子路易所在的圣波尔寓所的攻击。他接着在大街小巷上，在巴黎监狱里，到处疯狂追踪可能支持阿马尼亚克的人。后来卡博什和他的屠夫武装力量领导了更多的恐怖暴力事件，杀死了几百个人，惹恼了爵爷们和巴黎名人，他们联合起来镇压了卡博什团伙。约翰因未能有效制止卡博

骚乱的士兵在巴黎抢劫一所房子，出自《法兰西编年史》，14 世纪末

什的暴力行为而失去了在巴黎的声望。1413 年秋天，他再次逃离巴黎，权力落入阿马尼亚克支持者的手中。

在随后五年的统治中，阿马尼亚克派表现得比勃艮第派更加无能，1418 年巴黎人再次张开双臂欢迎无畏者约翰的归来。普遍认为阿马尼亚克派处境的恶化与法国军队在 1415 年 10 月阿金库尔战役中惨败于英格兰长弓手以及王太子路易去世有直接关系。在巴黎，继勃艮第恐慌之后，接踵而来的是阿马尼亚克恐慌，这一点连阿马尼亚克的贝尔纳本人都坦然地承认了（巴黎市民认为他“比尼禄更加残暴”），[15] 因此巴黎人又将忠诚献给了勃艮第派。1418 年 5 月 28 日至 29 日的夜里，反阿马尼亚克派的巴黎人在圣日耳曼打开城门迎进勃艮第士兵，他们高呼着“和平！和平”，迫使敌人逃走。在接下来的十四天时间里，勃艮第军队进行了大屠杀，阿马尼亚克伯爵本人、各级主教、爵爷和高官尽遭杀戮。无畏者约翰发现自己又被动地与巴黎社会最残暴、最嗜杀的分子结成同盟，这些人现在由死刑行刑人卡普吕什领导。据报道，“大多数受害者是没有多少地产的民众”。[16]公爵想尽办法将这些嗜杀成性的人置于资产阶级集团的控制之下，但1419年11月他本人也遭伏击身亡，杀死他的是阿马尼亚克的人，新王太子查理的随从。[17]

新的勃艮第公爵好人腓力三世决定与英格兰联盟以寻求报复，得到许多巴黎人的支持。巴黎的市民认为：

> 并不是从克洛维时代开始法兰西就变得满目凄凉、四分五裂的……王太子一心想把他父亲的国家推向战火、刀光，英格兰人带给我们的和撒拉森人带给我们的是一样的东西——灾难。与其让王太子及其所谓的阿马尼亚克追随者抓住，还不如让英格兰人抓住。[18]

1420年5月21日，在圣母院举行的一个仪式上，查理六世在《特鲁瓦条约》上签了字。该条约宣布英格兰国王亨利五世为法兰西摄政王及王位合法继承人。作为政治联盟的保证，他娶了查理六世的女儿为妻。商人市长和大学认可了这份条约。1420年12月1日，两位国王和好人腓力公爵在一片欢呼声中走进巴黎。英格兰驻军被分别安置到卢浮宫、万塞讷和巴士底狱，后来这支军队由约翰·法斯塔夫（莎士比亚在其后来的文学作品中几次描绘了这个人物）指挥。虽然亨利五世在1422年8月去世，但几个月后查理六世的去世使英格兰的亨利六世登上了法国王位，他是刚满一岁的婴儿。瓦卢瓦的太子仍然觊觎着王位。

由卡佩王朝建立起来、在欧洲拥有“强大”美名的首都巴黎就这样沦为英格兰的封地。城市现在由亨利六世的叔叔，摄政王贝德福德公爵掌管，他将查理五世在圣波尔公馆北侧马莱建起的托内尔公馆变为自己的寓所。英格兰国王和勃艮第同盟似乎都未对巴黎显示出多大兴趣。腓力公爵只对它进行过总计不到六个月的短期巡视，1429 年他拒绝了担任摄政王的邀请，而将注意力集中于将他的勃艮第—佛兰德建设成为欧洲强国的事业上来。1431 年，亨利六世在巴黎圣母院登基，成为法国国王，但他在巴黎仅仅居住了不到一个月的时间。

巴黎人似乎并未忘记那位觊觎王位的查理七世，当时他已经回到微不足道的布尔日市，在那里等待着恰当时机的到来。在被英国人占领的大多数时间里，只有 100 名左右英国人在巴黎，因此“英格兰”的巴黎实际上是由巴黎人治理的。1424 年，贝德福德在韦尔讷伊与“布尔日王”的军队作战时大获全胜，因此当他和妻子回城时受到自罗马时代以来前所未有的欢迎。在圣母院，公爵“受到了上帝般的招待”，人们唱起赞美诗，钟、小号和风琴齐鸣。[19] 事实上，甚至在后来查理七世因为受到圣女贞德的鼓舞而重振雄风的时候，巴黎人也没有被如此打动。1429 年，这位“奥尔良少女”组织了向圣奥诺雷城门的进攻，但遭到强烈抵抗并被射中，射中她的是一名法兰西弓箭手而非英格兰人。许多巴黎人将这位少女视为女巫，并担心查理七世攻破城池之后会发动一场血腥屠杀。

巴黎人曾经渴望英格兰—勃艮第“融洽”地结束内战，他们也曾经期望遭到勃艮第—阿马尼亚克重创后的经济可以得到恢复，但他们沮丧地发现，黑暗的尽头并未出现一线光明。内战仍在继续。在 1410 年到 1420 年间，物价上涨了六倍，而且丝毫没有下降的迹象。英格兰—勃艮第统治使情况更加恶化。物资供应困难重重，劫匪当道，这就意味着几乎每一种商品出售时都要有一份甚至更多的赎金加到售价上来。到15世纪20年代早期，半数以上的居民逃离家园，致使巴黎所有经济指数大幅下降。人口的锐减使城市房地产市场极度萧条，房租下降了90%，许多依赖繁荣的本地市场的商人由于市场需求的极度萎缩而走向破产。税收仍居高不下，这首先是因为英格兰—勃艮第派需要长期维护一支庞大的驻军以便能够面对布尔日王不定期对巴黎主要物资供应地（东南部和东部）发动的突然袭击。巴黎人认为他们的血已经被英格兰榨干，即使事实上英格兰人的财富正在资助英格兰—勃艮第政府。

勃艮第公爵在新政权中的作用很微弱，因此在民众心目中，巴黎似乎更多地是属于英格兰政府而不是英格兰—勃艮第联合政府，这更加剧了人们心中的愤恨。英格兰人并未注意到宪法礼仪的细节，仍以征服者而非同盟者自居。如果考虑到两年前查理在兰斯包括涂圣油在内的加冕仪式的庄重、威严，1431年亨利六世在圣母院的加冕仪式就显得极其寒酸了，此外，英格兰小国王的随员在加冕式后有许多失态的行为。加冕之后的庆祝宴会实在是一个大闹剧而非有秩序的正式社交场合。“修鞋匠、芥末商、洗涤工、酒馆伙计、建筑工人”与城里最有威望的社团成员抢食物吃。见不到慷慨优雅的举止，宴会上的食物匮乏，而且许多都是加热的剩菜。可见，亨利的指导教师还没有掌握要领：要成为法兰西国王就应当成为对巴黎慷慨布施的资助人。[20]

英格兰王权未能赢得巴黎民众的好感，这就意味着在1435年贝德福德去世后查理七世再次赢得阵地，巴黎人就会乐于回到法兰西国王的统领之下。查理七世允诺大赦巴黎人，因此城里支持法兰西的民众开始起来反抗政府，将英格兰人逼进巴士底狱。随后叛乱者打开圣雅克城门迎进王家军队，被打败的英格兰人获准返回自己的家乡。尽管又过了十年多，无休止的战争才停息，但是到了 1436 年，巴黎至少重新回到了法兰西的怀抱，这使首都与国王之间关系的修复成为可能。

1437 年，查理七世骑马进入巴黎城，“他和他的随从”均全副武装以备不测。[21] 他对巴黎人仁慈有加，对全城大赦，禁止劫掠或绑架。但是伤口不可能瞬间愈合，王朝无奈忍受着巴黎人的疑虑和愤恨。英格兰的占领再次证实，由于埃蒂安·马塞尔事件和铅锤党事件，城市与国王之间的特殊关系已经荡然无存。查理七世和他的继任者路易十一（1461—1483 年在位）、查理八世（1483—1498 年在位）和路易十二（1498—1515 年在位）几乎未在巴黎逗留过，他们更青睐建于卢瓦尔河谷的豪华宫殿。路易十一甚至考虑要将首都迁往图尔。1450 年的王家文书证实了巴黎较复杂的地方政府选举体制，但是现今这已经由王权厚颜无耻地操纵。1460 年查理八世安排自己的心腹，巴黎高等法院行政长官亨利·德·利弗尔做商人市长。其任期被路易十一延长至 1465 年，此后 1466 年和 1474 年至 1484 年，他又再次被委以此任。

在与勃艮第进行政治斗争的过程中，巴黎人有了证明自己忠心的机会。例如在 1465 年所谓的公共福利同盟斗争中，局势曾一度对查理七世的继承人路易十一不利，另外还有布列塔尼人和勃艮第人在巴黎城外围城，在克利尼昂库尔、蒙鲁日、让蒂伊和伊夫里烧杀抢夺。但是巴黎人这次拒绝为围攻的爵爷们打开城门（里面还有未来的勃艮第公爵秃头查理）。“全城上下（通过此事）为自己赢得了极大的荣誉，”一位编年史家这样评述道，“因为他们捍卫了国王及自己的荣誉，并显现出与国王的团结及对他的顺从。”[22] 他们在 15 世纪 70 年代显示出同样的忠心，为勃艮第的崩溃尽了自己的力量。

经历了数十年的斗争和分裂，托马斯·巴赞神父在 15 世纪 40 年代这样写道：“巴黎再次开始呼吸，又重现良好的社会氛围。”[23] 城市经济发生了根本性的转变，曾作为腓力·奥古斯都和路易九世时代社会精英的水路商人再次成为仅次于最富有、最有权势的贵族的上流社会成员。14 世纪初，为了模仿贵族的骑士精神，他们举行比武比赛，重现特洛伊战争场面——最好的培养乡土情怀的方式。[24] 这些极度自信的新贵们认为自己和贵族同样优秀，却被经济的不测事件狠狠打击，尤其是王朝长期未能在巴黎区域内维护法律和秩序。他们在掠夺或敲诈中失去了许多船只，也无法对闯入的鲁昂商人展现自己的特权。为了安全起见，许多商人干脆迁到其他地方居住。

如果说运输行业由于巴黎地区法制体系的崩溃而遭受巨大损失的话，那么中世纪最有活力的制造行业——纺织业——也发生了极大的下滑。1300 年大约有 360 名纺织工人纳税，而到了 1421 年，列入课税清单的仅有 2 名工人。[25] 不能说是工业的集约化引发了工人数量的减少；相反，所有工匠必须在自家作坊进行生产活动的规定使得在低地国家及意大利北部盛行的工场集约化生产在巴黎无法实行。巴黎的金融与其商业竞争对手相比也处于不断扩大的劣势中：过去在巴黎金融服务领域始终居于领先地位的伦巴第人越来越成为替罪羔羊。1291 年和 1347 年，腓力·奥古斯都和腓力六世两次将他们驱逐，尽管他们很快又重操旧业，国王也未能够保护他们免受如同犹太人那样的仇外思想的迫害。当时，伦巴第人和犹太人都是铅锤党复仇事件的攻击对象。到 1450 年，许多伦巴第人离开了巴黎。在没有离开的人中，许多伦巴第金融家选择离卢瓦尔河畔的王宫较近的地方居住，而其他住在兑换桥地区的伦巴第人只能生存在玩具制造商和帽商的夹缝之中。

巴黎纺织业的崩溃也与生产技术的落后有关。到 14 世纪，最畅销的布料一般都需要经过光面精整处理，但是巴黎师傅拒绝接受这种技术进步。愿意在这方面进行革新的只有圣马塞尔的纺织商人，他们从意大利人那里学到许多新的印染技术。巴黎东郊台伯格村老纺织业中心一带甚至出现了去工业化的趋势。圣马塞尔工场带来的激烈竞争和贵族资金的流入使得许多纺织品商人破产。许多上流社会人士为更加靠近圣波尔和托内尔的王宫，开始在这一地区建寓所。

巴黎的布匹加工业、印染业和丝绸工业相对来说比纺织工业成功。它们的产品顺应了巴黎人对奢侈品和半奢侈品的一贯需求。但即使在这些行业中，由于王宫和政治精英的搬迁所导致的生产力下降之势也无以挽回。国王离开城区住到卢瓦尔河谷的宫殿之中，这引发了政界要人的搬迁热潮。以无畏者约翰的居所为代表的象征权力的塔形建筑已经成为过去。在他之后没有一位勃艮第公爵住在城里。1475 年桑斯的主教们在右岸建起一座寓所，1485 年本笃会在左岸古罗马公共浴场遗址处建起一座不寻常的房舍。[26] 但这只是一些特例。1400 年在巴黎拥有临时住所的主教们中，到 1500 年有四分之三的人将这些住所弃之不用。早在 1438 年，巴黎市民就预见般地抱怨道："国王和封建领主们都不再光顾巴黎，他们到巴黎的时间甚至比去耶路撒冷的时间还少。"[27] 巴黎的制造商已经过于习惯地为当地富人们提供商品需求并以此安逸度日，因此不善于在巴黎以外的地方寻找产品市场，就连巴黎中央市场的状况也很窘迫，其国际地位也在不断下降。

14、15 世纪政治、经济的混乱状态使社会环境一片黯然。1300

年就已经出现了令人发指的迫害事件，而国王对此却持支持态度。例如，1307 年，美男子腓力大肆抨击圣殿骑士团，因为该骑士团是国王的司库，而国王觊觎那里的财富。1314 年，经过严刑拷打，圣殿骑士团领袖被当作异端烧死在西岱岛西端的火刑柱上。伦巴第人是另外一个因为金融优势而遭迫害的团体。犹太人也未逃出此劫：美男子腓力 1306 年将他们驱逐，随后又召回，但 1394 年他们又一次被逐出巴黎和法兰西王国。这些人是王室的，同时也是民众的不满情绪的受害者。1320 年法兰西境内的犹太人被指控犯有向水井投毒的罪名，1321 年又遭到同样罪名的指控（尽管当时主要的攻击对象是另一伙替罪羔羊：麻风病人）。在黑死病暴发之后的 1348 年至 1349 年，历史又一次重演。14 世纪末，巫术成为人们日益关注的焦点：1398 年索邦神学院宣布 28 种魔法和巫术为异端，随后主要在西南部开始进行第一次对女巫的大规模扫荡。1431 年，圣女贞德也因犯有妖言惑众罪而遭审判。巴黎生活中这种令人窒息的紧张空气在流浪汉、四处漂泊的劳工、乞丐和妓女之中弥漫，迫害他们的浪潮时时席卷而来，因为巴黎民众认为这些人对公共秩序构成极大的威胁。随后，迫害运动演变成更为系统化的行为。1473 年，巴黎高等法院命令各地治安官共同行动扫荡当地的“土匪和流浪汉”。

当时巴黎社会从上至下也都处于动荡之中。1467 年路易十一在圣安托万门外举行了隆重的阅兵式，将所有达到服兵役年龄的巴黎男人召集起来。编年史家让·德·卢瓦耶记录了这一壮观场面：

> 巴黎高等法院的各种旗帜、财会法庭的各种旗帜、王家金库的旗帜、税务官员的旗帜、铸币厂官员的旗帜、沙特莱要塞的旗

帜、市政厅官员的旗帜迎风飘扬，旗帜下面汇集的武士比各行业旗帜下的人还多。[28]

这段描述揭示了15世纪晚期无法呈现在人们眼前的巴黎真相。由于前一世纪社会的动荡不安，巴黎正从一个主要的经济、政治中心转变为一座行政堡垒，这种转变强有力地冲击了城市的面貌和社会等级制度。国王们对变化发展趋势的影响是决定性的，1500年以前，他们就已经开始出售圣波尔的大片地宅：平民百姓和王亲国戚们乐于观赏的动物园的最后一批狮子死于1487年。[29] 许多迁走的主教将自己的巴黎住宅转给学校，其他一些教士和贵族的房屋由巴黎财政、金融管理行业内的富裕名流接手。到15世纪末期，奥尔良的路易曾经拥有的波克埃皮克公馆、阿马尼亚克伯爵和贝里公爵以前的住所阿马尼亚克公馆以及克利松公馆全都被政府财政官员所接手。[30]

由于经济动荡不安，商人在贸易和制造业以外寻求更为安全的投资领域就不足为奇了。1453年将英格兰人驱逐出国门之后，王国重新统一起来，意味着国家需要一部强有力的行政、法律和金融管理机器。尽管国家某些事务管理权力越来越多地被分化——例如，到1500年，法兰西拥有六个高级法院、五个财会法庭和六个辅助法庭——不过与这种变化相比，国家事务总量的增加显得更为重要。在经历了宗教政治斗争引发的社会动荡之后，王家政府部门对富人来说充满诱惑，他们认为这些部门是贸易和制造业以外的第三行业，进入王家政府部门不仅是社会地位的提升，同时也是在从事经济投资。即使王家雇员有时薪水得不到及时支付，但是这些薪水也比贸易和制造业投资的回报要稳定和可靠。市政当局也需要大量雇员：仅商人市长就雇用了大约 250 人（包括 2 名负责洋葱和核桃包装绳质量的检查员）。[31] 在 1438 年可以确定背景的 281 个最富有的个人中，103 人是政府官员、法律界和金融界人士。到 15 世纪末，这一比例甚至更高。还有一种日渐明晰的趋势早在 14 世纪就已显露出来。例如，埃蒂安·马塞尔在费里埃拉拥有一处小型的乡间别墅——上流社会人物希望通过购买乡间休闲别墅效仿旧日贵族的生活方式，借此提升自身的社会地位。

国家的发展、社会精英的变迁也影响到了巴黎大学。查理五世将巴黎大学称为他“自己的长女”。15 世纪早期，校长让·热尔松称赞巴黎大学为“知识的母亲，科学的统治者，真理的领路人……普照基督教世界的太阳”。[32] 学校医学院有关黑死病的报告享誉世界，后来集中到索邦神学院的 14 世纪的神学家们不断受到国王及学院的赞助人历任教皇对各种重大教义问题的咨询。1309 年，作为美男子腓力强权政治的结果，教廷迁至阿维尼翁。直至 1378 年，法兰西都在控制着教皇，而教皇在这一过程中始终向索邦神学院寻求教义上的指导。但是在 1378 年，分裂发生了：天主教世界出现了两个对立的教皇，一个在阿维尼翁，另一个在罗马。法兰西支持阿维尼翁教廷。这一行为致使法兰西与许多始终派学生来巴黎学习的国家关系疏远了，留学生自然少了许多。

巴黎大学已经失去了往日璀璨的光环。尽管它在 1414 年至 1417 年康斯坦茨会议结束分裂的努力中起到了关键作用，它的国际声誉却已经江河日下，而且在整个 15 世纪中继续走向低谷。受战争的影响，在校的英格兰学生日渐减少，到 15 世纪末，学校的“英格兰民族团体”里几乎全部都是日耳曼人。问题很简单，在这样一座摇摆于勃艮第和阿马尼亚克派之间的城市学习，毫无安全保障可言，因此，学校似乎也仅对法兰西北部及勃艮第疆土尚存吸引力。市民与大学师生之间的冲突也因为这种趋势而加剧了。例如，诗人弗朗索瓦·维庸放荡不羁，他在1452年还是一学生的时候，在一次争斗中杀死了一名平民，但是没有受到任何惩罚，之后他又参与了其他一些斗殴事件。这一情况表明，当时学生犯罪的现象是多么普遍，这种犯罪也是市民与大学师生关系紧张的根本原因。在15世纪中期的一次冲突后，巴黎市民们愤怒地喊道："杀死他们！杀死他们！他们人数太多了！"[33]

三、弗朗索瓦·维庸

弗朗索瓦·蒙科比耶，人们称他为维庸，是中世纪晚期法兰西最有成就的诗人。他自诩为巴黎人，但这可能不符合事实，因为他的家族来自南部的波旁奈依。但当时祖籍不是巴黎却自称为巴黎人的人不在少数。15世纪20年代，在勃艮第家族与阿马尼亚克集团之间的斗争发生之后，巴黎人口下降到不足10万，而到了15世纪40—50年代，巴黎人口大幅回升，维庸便是众多的"新"巴黎人之一。

在15世纪头几十年的政治危机以后，巴黎正在不断进行社会和政治秩序的重建工作。为此国王将乞丐、社会边缘人物和罪犯逐出城外，同时也收回了一部分大学机构自治权。学校也在整治校园，重树声誉。例如，1444年，索邦神学院谴责狂欢节时期学生们的放荡不羁，称该节为"蠢人的狂欢节"。维庸的行为也许没有超过他的许多学生前辈，但他成了整治城市和学校秩序运动中的出头鸟。

出身贫寒的维庸15世纪40年代在巴黎上大学，并于1452年获文科硕士学位。一年以后，百年战争结束。当时巴黎学生的生活处于失控状态。1455年，有人亲眼看见一些学生（维庸很可能就在其中）将右岸的一块有名的巨大古界碑搬到圣热纳维耶芙山上。作为终身学生的维庸还参与了一系列违反法律的斗殴事件。1455年，他在争执中杀死一名教士并逃离巴黎。朋友们为他提供了事发时不在现场的假证，然而他刚返回巴黎就又卷入有组织地盗窃纳瓦拉学院的事件中，他只得再次逃离，以躲避追查。此后他似乎以旅行者的身份在路上游荡了几年，到1461年，他因在奥尔良境内的默恩–卢瓦（在那里他可能受到了法庭的拷问）犯下了某种罪行而被捕入狱。国王路易十一赦免了他，只将他作为纳瓦拉学院的共犯处置，罚以重金，维庸得以重回巴黎。到那时为止，维庸作为罪犯的名声已经广为世人所知。就在同年，即1461年，他再次因参与酒店斗殴而被捕，法庭判处他死刑。他似乎正是国家和学校要严厉处罚的对象，但他再次得到赦免，改判为逐出巴黎十年。维庸于1463年离开巴黎，从此以后，他就湮没在浩渺的大千世界里，再也无人见到他的踪影。

16世纪，拉伯雷在讲述维庸的生平时说道，维庸1463年离开巴黎后在外省定居下来，但后人认为这纯属杜撰。维庸死后才成为著名诗人，1489年一位巴黎书商出版了他的诗集，1533年国王弗朗索瓦一世命诗人克莱芒·马罗将维庸的全部诗作整理出版。但是他的诗歌并不符合古典作品的一整套准则，因此从16世纪早期到1742年，他的作品再没有被出版过，但自此以后，尤其是19世纪晚期像于斯曼这样的唯美主义作家、埃兹拉·庞德这样的现代主义作家、皮埃尔·马科奥尔朗这样的超现实主义作家对他放荡、反叛、初具波希米亚人雏型的生活推崇至极。

维庸的诗作着力反映社会边缘群体的生活：既刻画了这些人酗酒作乐、玩弄女性、偷窃、打架斗殴的一面，又生动地再现了他们生活的贫寒、疾苦。他的诗凝练、复杂、艰涩，大量使用讽喻文体，引文多无以追踪，诡异含糊令人不得其解。他的诗歌不仅赞美生的活力，也触及死的话题。维庸有两首关于死亡的诗最为著名：一首是在去往蒙福孔执行绞刑的途中构思出的一首悼亡诗；另一首是他最著名的诗篇之一，名为“自白”，是一篇虚拟的遗嘱。在诗中，他假意将自己的财产分给他人，把心送给他不贞的情妇，结满蜘蛛网的窗框送给穷人，剪下来的头发送给理发师。他的诗作也透露出他对旧日的悲伤和怀念：诗句“到哪里可以找到去年冬日的雪”已经成为怀旧的人时常引用的一句名言。单这一点就足以表明他是纯粹的巴黎人。

巴黎大学的衰败在很大程度上与西欧新的学术中心的出现相关。1200年，巴黎大学是全欧洲仅有的三所高等学府之一，另两所是博洛尼亚大学和牛津大学。到1500年，仅法兰西境内就拥有十多所大学，有些大学严重削弱了巴黎大学至高无上的地位，如著名的蒙彼利埃医学院和奥尔良民法学院（巴黎大学甚至未开设民法专业）。巴黎大学教师对英格兰人1424年在卡昂、1441年在波尔多开办学校愤怒不已，认为这是对巴黎学术权威地位的无端挑衅。

欧洲各地高等学府数量的大幅增加降低了圣热纳维耶芙山的国际

吸引力，这个时期严重干扰了法兰西政治的宗派斗争也使巴黎大学不可能发展起来。在埃蒂安·马塞尔事件中，巴黎大学校长禁止学生佩戴党派徽章，意欲将学校置于党派斗争的旋涡之外。但是，在那些与亲勃艮第自治政府结成同盟的公爵们的极力劝说下，学者们终于投降了。学校教师为美男子腓力血腥残杀奥尔良的路易的行为歌功颂德，说这一行为捍卫了公共利益。1420 年以后，巴黎大学不但是温和的与顺从的，有时候还作为盎格鲁—勃艮第政权的支持者而拍其马屁。例如，他们甘愿充当圣女贞德的起诉人，将她送上火刑柱。

由于在阿马尼亚克—勃艮第斗争中下错了赌注，巴黎大学无力在查理七世成为无异议的统治者之后及时调整政治方向。在百年战争后法兰西的政治背景下，巴黎大学犹如挣扎在泥潭之中，与众多机构一起渴望得到政府的特殊照应，但它最终发现今天的国家政权远比从前苛刻得多。从 14 世纪早期开始，学者们发现他们的特权正一步步地受到削弱，面对他们的抱怨，统治者的回答斩钉截铁："你们不值得让我花费心血。"路易十一的直接告白表明他对学者们的轻蔑之情（他对这些人未能参加 1461 年他的入城仪式而耿耿于怀）。[34] 复苏的国家政体曾有过两项最重大的革新举措：一是在 1439 年宣布，国王可以根据自己的意愿收税，而按照以前的规定，新税必须事先在三级会议上审议通过才能征收；二是 1440 年国家建立了一支常备军。巴黎大学认为这两项协议践踏了它的自由权力。它的受教皇制度庇护的特殊身份被慢慢削弱，逐渐成为国家政体的一种机构。在整个世纪的历史进程中，这一点越来越突显出来。1437 年，国家中止了学校的赋税豁免权；1470 年，路易十一强迫所有来自勃艮第领地的学生宣誓效忠王权，结果导致大批学生退学；1475 年，学生被国王派上战场；

1445年，学生的司法独立权也被中止，历史上他们首次被置于高等法院的权威之下。尽管事实证明当时要恢复大学的思想自由是不可能的，但1452年学校管理条例的一项严厉改革却是在故意伤害罪问题上倒行逆施。1498年至1499年，学校甚至失去了罢课的权利，教师要求获得与教士一样的权益也受到进一步限制。像维庸这样的学生仅仅得到警方的有限宽恕，其终身学生的地位也逐渐与流浪汉没有什么区别了。

大学不再为社会提供学术和教育保障，它不再得到教皇的庇护，国际地位也日渐下降，而且越来越多地受到法兰西王权法律体制的束缚。在这种背景下，一种新型的社会组织——印刷出版业脱颖而出，它取代了大学的优越地位，成为学术和研究中心。1470年，索邦神学院的两位学者从德意志吸引来一些印刷工人。从15世纪中期开始，德意志人约翰·古登堡及其竞争者就已经成功地使用活字印刷出版作品了。市场对书籍的需求量很大，读者的人数增加了十倍。新的印刷工艺并不局限于学校组织结构内部，它的革命对传媒业的影响不久将显现出来，并将作为不可磨灭的历史印记载入16世纪巴黎的史册。

4

巴黎的重生与改革

（约 1480—1594）

1528 年 3 月 15 日，国王弗朗索瓦一世庄严地对巴黎市政委员会宣告："从今以后，我将在大部分时间里住在巴黎这座美好的城市及其周边地区。鉴于卢浮宫是最合适的住处，特下此令对这座城市进行修缮。"[1]

事情并未像预期的那样顺利，直到将近二十年后的 1546 年，即弗朗索瓦一世去世并传位给其子亨利二世（1547—1559 年在位）的前一年，他才将卢浮宫的修缮工作付诸实施。停留在巴黎期间，他有时住在城内圣安托万门附近的老托内尔宫，有时住在城外枫丹白露或圣日耳曼昂莱的寓所，有时住在布洛涅森林里的乡间别墅。从长远来看，他的宣言起到了拉近国王与首都之间关系的作用，使巴黎在中世纪迎来了其黄金时期，同时也宣告了长达一个世纪的瓦卢瓦王朝在卢瓦尔河周围的统治时代结束了。路易十一（1461—1483 年在位）曾希望将首都迁往图尔，查理八世（1483—1498 年在位）和路易十二（1498—1515 年在位）则只是偶尔光顾巴黎。1496 年，在与巴黎市政委员会就用税收支付意大利战争花销一事争执之后，查理八世发誓将永远不再踏上这片土地。弗朗索瓦早期也更乐于住在尚博尔以及卢瓦尔河畔的其他寓所里。

一、卢浮宫

20世纪80年代早期，法兰西第五共和国总统弗朗索瓦·密特朗启动了“大卢浮宫”修缮扩建计划，包括在卢浮宫正门入口处修建玻璃和钢架结构金字塔的方案，其设计者为著名美籍华裔建筑师贝聿铭。不少公众对此持强烈反对意见，认为它亵渎了这座历史遗址。然而，倘若说卢浮宫是西方文明亘古不变的象征，那么事实上这座宫殿发展史上最为显著的特点之一就是它犹如一块软蜡任人揉捏，法国历史上几乎所有的权威人士都试图以各种方法将他们的影响和个性魅力在卢浮宫展现出来。卢浮宫是权力的象征，但是它的表现形式比想象的要丰富多彩。

从中世纪晚期开始，卢浮宫多变的特点就已经表现出来：据说，它的名字“Louvre”即是“l’oeuvre”（作品或建筑地）的讹误，表明这座宫殿将总是处于改造过程中，永不停息。卢浮宫的名字还有其他一些诠释。当然，有些是凭空臆造的，其中包括：凯尔特语“levrez”意为“麻风病院”，暗示着（未经证实的）麻风病院的存在；拉丁语“rubrum”（红色，讹传为lubrum），让人联想到附近瓦窑生产的瓦片的颜色；拉丁语“luparia”，意为“狼出没的地方”；法兰克语“lure”，意为“密切注意”；盎格鲁-撒克逊语“leouar”，意为“城堡”。

也许最后两种含义与腓力·奥古斯都塑造的卢浮宫的形象

最为合拍：城市防御体系中一座宏伟的塔楼。从塔楼可以瞭望到远处进犯的敌人。远远望去，自然产生敬畏之感。14 世纪中期，查理五世建造新城墙之后，卢浮宫的防御功能不但没有减弱，反而有所增强。20 世纪末的考古发掘再现了这座中世纪城堡的宏大规模，查理五世城堡的遗迹可以在卢浮宫下面的购物中心看到。

在百年战争中，法国国王都不在卢浮宫居住，它成了武器仓库和监狱。尽管如此，老卢浮宫仍然拥有传奇式的声誉。17 世纪古文物学家亨利·索瓦尔认为："世界历史上没有哪座塔楼被如此传诵。"16 世纪 20 年代后期弗朗索瓦一世继承王位后，做了一件令人震惊的事情：他下令拆毁了这座宫殿，在原来城堡的基础上重新建造了一座具有文艺复兴风格的宫殿。这座宫殿是王家荣誉的明证，有许多重大国家庆典在此举行。但是，这座官方建筑长期处在一种未完工状态。16 世纪 70 年代，威尼斯大使馆秘书记载道："如果这座宫殿被修建完工，它将是世界上最美丽的宫殿之一。"卢浮宫的未完成促使凯瑟琳·德·美第奇下令在宫殿西侧建造了杜伊勒里宫，它要朴素得多，但也不失美丽和壮观。凯瑟琳和继任的亨利四世建造了一个大长廊，将两座宫殿沿河岸连接起来，从那时起，两座宫殿即确立了分工：杜伊勒里宫为执政国王的寝宫，卢浮宫为国家权力的象征。但几个世纪以来，几乎没有君主能够忍受，或者说被其反对者容许长时间住在杜伊勒里宫。

卢浮宫象征国王至高无上的地位，这一点被亨利四世、路易十三尤其是路易十四推至极致。16 世纪 40 年代，在科尔贝的指导下，建筑师皮埃尔·莱斯科和雕刻家让·古戎将王宫的一面扩建成一个正方形庭院。科尔贝巧舌如簧，说服当时著名的意大利巴洛克派大师洛伦佐·贝尼尼来巴黎负责宫殿东面的设计工作。但由于意见分歧，贝尼尼不久隐退，由克洛德·佩罗领导的反对派为长廊设计了更具古典风格的建筑方案。

佩罗负责修造的长廊富丽堂皇，是卢浮宫的门面。路易十四迁往凡尔赛宫的决定使得卢浮宫经费紧张，致使佩罗的修缮计划未能如期完成。亨利四世曾允许艺术家和工匠住在宫内，科尔贝领导的王家学者也被安置在这里。但宫殿此时遭到冷落，因此成群的边缘人物也在此定居下来，正方形庭院里到处都是他们搭建的简易小屋。

1806年拿破仑将这些人赶出卢浮宫，将它修缮一新，使它更具政府官邸的外表特征。正是拿破仑三世将卢浮宫的修缮作为自己城市现代化项目中的一部分，才使得卢浮宫以现在的面貌展现在我们面前。特别是在正方形庭院的西侧，他修建了另一个庭院——骑兵竞技场庭院，并将连接卢浮宫和杜伊勒里宫之间的区域打开做公共露天广场。这就必须拆除从一开始就存在、隔开两座宫殿、肮脏且臭名昭著的出租房街区。1871年巴黎公社社员引火烧毁了杜伊勒里宫，却造成意外效果，使得卢浮宫西面直接通向杜伊勒里花园，通向香榭丽舍大街。正是第三共和国不再重建杜伊勒里宫的决定为卢浮宫创造了最伟大的政治前景。

如果说卢浮宫呈现给世人的是在腓力·奥古斯都时代粗略的军事政权的象征，是从文艺复兴到第二帝国时期王家庆祝活动的中心，那么它日益形成的另一声望则是：其收藏品和建筑本身已经使它成为一个文化殿堂。1737年巴黎艺术展在此举行，1793年第一共和国通过在此成立共和国博物馆奠定了它的未来，现今它是世界上最伟大的艺术馆之一。悬挂在卢浮宫宫墙上的艺术珍品同巴黎城一样对西方艺术的发展产生了深远的影响。

20 世纪 80 年代密特朗的“大卢浮宫”计划是他总统任期中“伟大工程”计划的组成部分。这一计划启发了国民对卢浮宫历史传统的回忆。各展览大厅经过彻底修缮变得更加适合观赏，将北侧财政部办公室迁往他处使展品的陈列空间更大。华人设计师贝聿铭的玻璃金字塔的新颖之处在于它可以将卢浮宫的外部反射出来，这愈发加强了人们对周围历史建筑的印象。然而，“伟大工程”设计委员会却另有打算。他们要使密特朗总统如同腓力·奥古斯都一样在法国历史上一流的“记忆之场”中具有高瞻远瞩的政治嗅觉和眼光。

1528 年宣言在某种程度上是国王写给巴黎的一封感谢信。尽管查理八世不悦，但巴黎已经而且仍将继续为瓦卢瓦战争提供重要的经济资助——该战争发生在 1494 年至 1559 年的意大利战争期间，尽管这些战事的战场远在意大利半岛，却使法兰西成为统治德意志和西班牙的哈布斯堡皇族的敌人。中世纪使双方获益匪浅的王权—首都之间的关系，在经历了两个世纪的动摇之后终于恢复正常，尽管在前进的道路上仍不时会有碰撞。

在这段重来的蜜月里，国王定期与城市元老聚会，商议国家大事。1522 年，巴黎市政府贷款计划作为国家贷款体系开始实施，[2] 目的是利用巴黎城市信贷促进全国的经济发展。1525 年，当弗朗索瓦在帕维亚战役中惨败并先后被囚禁在意大利和西班牙时，巴黎坚定地站在他一边。1526 年，当哈布斯堡神圣罗马帝国皇帝查理五世（同时也

西岱岛上天主教联盟的游行，弗朗索瓦·比内尔绘

是西班牙国王）要求用他的儿子交换弗朗索瓦的时候，巴黎表现出它的慷慨大方。因此，1528 年宣言加强了王权与首都之间日益发展的契约关系。

国王与巴黎城市之间的这种新的契约关系有两个象征物：一座新王宫和一座新市政厅。旧有的卢浮宫巨大防御主塔被拆毁，建筑师皮耶尔·莱斯科负责重建工作。他建成的卢浮宫西南角后来被修成正方形庭院。老卢浮宫主门对着塞纳河，现在被移至东面，使王宫直接面向城市。卢浮宫的周围形成王宫建筑群。弗朗索瓦买下附近的纳维尔宫送给他母亲萨伏伊的路易丝。16 世纪 60 年代，亨利二世的遗孀凯瑟琳·德·美第奇接手了宫殿及其周围的建筑物，她责成建筑师菲利贝尔·德·奥姆为她建造一座新宫殿——杜伊勒里宫，后来其花园因幽深的曲径和人工洞室而世界闻名。16 世纪 70 年代，她迁居另一座豪华住处，即靠近巴黎中央市场的苏瓦松宫。该宫殿位于现在的巴黎第一区，其遗址上建立的天文塔就在商业交易市场附近。

在王宫发展历程中体现的古典建筑风格，例如，莱斯科责成让·克卢埃为卢浮宫的正面提供的精妙绝伦的雕像，也反映在弗朗索瓦 1529 年责令修建的市政厅上。从埃蒂安·马塞尔时代起，市政府就在沙滩广场（现在巴黎第四区的市政厅广场）上的所谓“柱厅”办公，那座新建筑就在广场对面，即现今政府大厦（市政厅）的位置（后者是原大厦的复制品，1871 年原大厦遭巴黎公社社员焚毁之后重建）。市政厅于 1532 年开始动工，持续几十年才得以完成。它由意大利建筑师博卡多尔设计，古科林斯式的大柱子和壁龛雕塑使它拥有极强的意大利建筑风格，并与法兰西传统的斜屋顶形成鲜明的对比。

卢浮宫和市政厅金碧辉煌，符合弗朗索瓦对文艺复兴时代王朝的理解。像当时欧洲其他统治者一样，法兰西瓦卢瓦王朝的国王们越来越追求外在的东西装点自己的声望，如仪式、建筑物和王室活动等。如同其他统治者一样，他们希望通过发现古迹为其文化活动提供依据。从 14 世纪开始，人文主义作为一场思想自由运动的主导思想，即从古典时代寻求最真实的主题思想，并以此作为追求知识的路径，很快席卷整个欧洲，尤其是意大利。但是法国经历了一个错误的开端。14 世纪晚期和 15 世纪早期，纳瓦拉学院和王家档案馆是研究古典文化的中心，追求一种更为个性化的观念，即所谓的“现代笃信”。但是，从 15 世纪 40 年代开始的百年战争使这方面的发展成为泡影，只是到了15世纪末，巴黎的知识分子才再次投身到更广泛的欧洲文化运动中来。从1494年起，意大利半岛的军事行动使王朝及其政治英才有机会直接接触到文艺复兴文化及其赖以存在的古典文明。

触发欧洲甚至法兰西人文主义发展的关键因素是印刷业的发展。从15世纪60年代开始，德意志印刷出版的书籍在巴黎即可买到，1470年正是因为新印刷技术可以让世人读到更多的古典文献，才使索邦神学院的两位学者下决心邀请德意志工人到巴黎创办全国第一家印刷中心。15世纪80年代，巴黎在书籍出版方面排名全欧洲第七位。1500年，排名仅次于威尼斯。在整个16世纪，巴黎是全欧洲最多产的印刷中心，印刷出版约25000种书目，而威尼斯只有15000种。16世纪早期，巴黎拥有102家印刷厂，大部分坐落在左岸，特别是圣雅克街一带，在那条街道的80座房屋中曾经发现有160家印刷店。起初，宗教书籍是出版物的主要内容，范围从托马斯·阿康皮斯的《基督再现》等典型的现代笃信宗教作品、有关彼岸世界的手册到重要的神学著作等无所不有。但不久，更多种类的书籍即被出版发行。15世纪90年代出版的主要书籍包括古典作品、亚瑟王和他的圆桌武士们的传奇故事、维庸的诗歌、伦理道德方面的书籍、王家庆祝活动介绍，甚至还有查理八世参加意大利战争的战况报道等。到16世纪30年代，城市地图开始出现，对于宣传巴黎自身起到了重要作用。

人文主义者对古典时代的景仰与国王以一种合作的新精神对巴黎城市再认识的愿望和谐一致。弗朗索瓦一世深受人文主义思想影响，对意大利怀有深厚的感情（他曾邀请莱昂纳多·达·芬奇和著名金匠本维努托·切利尼为他工作）。目睹了意大利文艺复兴城市的城区建设，他下决心要将巴黎改造成一座新罗马——事实上比罗马还要更胜一筹，灵感出自对城市历史的兴趣，突出它的特洛伊城起源。一些作家甚至宣称巴黎可以追溯到大洪水以前诺亚的儿子雅弗的时代。1532年吉勒·科罗泽对历史渊源的追寻似乎要更可信一些：巴黎创建于大洪水之后的一千年左右——比特洛伊城年长70岁，比所谓“永恒之城罗马”还要年长498岁。[3]这些富于幻想的家谱更多的是政界人士而非历史学家的研究成果。

瓦卢瓦王朝对城市建设新思想贡献的一个早期文化标志是建起了一座桥梁以代替圣母桥，因为圣母桥在1499年遭暴风雨袭击而坍塌。新桥建于1504年至1512年间，石头结构，由意大利人弗拉·乔康多设计。像其他巴黎市内的桥梁一样，桥上建有房屋，但不同的是建在上面的68间房屋为同一造型，完全对称，有生活区、商店和拱廊。桥的两端各有一个对称的巨大石拱，更具古典色彩。因为当时人们追求一种开阔视野的时尚，所以该桥的视觉空间受到赞赏。西岱岛上的犹太人街（现今的西岱街）被加宽取直。1530年，老圣马丁街上的腓力·奥古斯都城墙的“假门”被拆除。城市在美好、有益、建设和装饰等方面的这些追求使从左岸圣塞味利教堂到查理五世城墙圣马丁门之间形成了一道笔直的风景线，这种变化极富感染力。1533年，政府下令拆除右岸所有的腓力·奥古斯都城墙大门，目的是使街道更加笔直，更加畅通。[4]

将巴黎对外开放，目的是更好地展示王家权威。尤其从14世纪开始，国王在入城时通常举行正规仪式，这已经成为惯例。最重要的是在入城仪式之后还要举行加冕仪式，此时全城人都要向国王致敬，同时国王要宣布对城市特权的认可。入城仪式中还有一些其他庆祝活动。活动当天会有外国人参加，有专门的出版物介绍游行的顺序、参加者和走过的各个纪念性建筑等。从15世纪晚期开始，人们将入城仪式称为凯旋仪式，这种称呼反映出当时日益增强的国王意识和古罗马精神，国王入城时需要经过的凯旋门建筑进一步增强了这种变化趋势。从1531年开始，游行路线被更改，意欲让国王的浩荡队伍通过拥有富丽石拱的圣母桥。桥上房屋的上层窗户均租给市议员，可以在游行当天当作他们和客人的大看台。

罗马思想影响着庆祝活动的内容。游行的沿途曾上演耶稣受难复活剧，从1549年起，巴黎高等法院宣布禁止上演这种剧，将其称为"愚蠢而无意义的仪式"，[5]取而代之的是更具神话色彩、更含有讽喻意义的活人造型或戏剧表演。尽管入城仪式内容具有讽喻色彩，但这些意义深远的仪式在巴黎城市历史上的重要性，即使巴黎最有学问的人也难以理解。例如，如果看到五匹身上带有"和平、友爱、理智、快乐、安全"字样的马走过的时候，人们就会联系到巴黎，因为五个词的首字母拼在一起即为"Paris"。但在路易十一的入城仪式上，没有人能够弄清楚游行队伍中三位上身赤裸的妇女寓意何在。一名困惑的观众评论说，她们"胸脯挺拔，皮肤白皙，身体健硕（而且赏心悦目）"，[6]也许这本身就是寓意。

16世纪早期的市容改善工作超越了城墙、城门和桥梁的范围。左、右岸的码头得到了修复、加高，以减少洪灾的风险。从16世纪20年代末开始，巴黎的主要道路都铺上了路面。供水系统得到格外关注。到1500年，全城拥有17座公共喷泉，之后又添加了一些，并将它们装饰一新，后建起的喷泉中最有名的是无辜者墓地附近的无辜者喷泉，这座喷泉位于1549年亨利二世入城仪式的途中，用让·古戎雕刻的女神塑像进行了装饰。城市规划中看似平常实则重要的方面是使房屋正面整齐划一，并拆除城市主要道路上的障碍物。1554 年和 1560 年的市政法令禁止房屋屋檐伸出来，目的是增加街道日光照射。不断有指令要求各家各户夜晚将蜡烛靠近窗户安放，以增加街道夜晚的光亮，减少危险。1506 年，开始征收所谓的“泥税”，用于清洁街道和垃圾处理等。

国王在市容改善、城市住房发展和新居民区建设上发挥了重要作用。这主要是通过“地皮分割”的方式实现的，即将土地分成小块区域，并使新建的房屋都面向街道。依据 1516 年和 1543 年的法令，15 世纪晚期以来就已经存在的老圣波尔公馆的残余部分以及城市其他王家属地都被拿到房地产市场上出售。1559 年，亨利二世在一次比武中离奇死亡，他的遗孀在 16 世纪 60 年代打算将托内尔公馆也处理掉。如果说这些被出卖的房地产的价格很低，那主要是因为城东区的住房供应由于早期的“地皮分割”已趋饱和，也因为这一区域空气污浊，城市排水沟就在附近。16 世纪 40 年代，圣凯瑟琳修道院决定出售本修道院拥有的大片土地以筹集资金，这使原有的商品菜园用地转变为主要的住房用地，居民主要是受王宫迁移吸引而搬入巴黎的富裕户。这种用地转变很快即告完成。吉勒·科罗泽 1550 年说道，“长条菜园已让位给住宅建筑”，到了 1561 年这块地段上“皆是宽阔笔直的街道和豪华住宅”，[7] 成为现今马莱的中心地带。正是在这段时期，一些意大利风格的建筑在此处拔地而起，其中包括利格奈里公馆（即塞维涅公馆，现在的卡纳瓦雷博物馆）、拉莫瓦农公馆（即现在的巴黎历史图书馆），以及多农公馆（即现在的寇尼亚克伊博物馆）。1561 年，老圣殿街上的原炮台堡垒用地经分段改造后也吸引了许多富商来此建造住宅。[8]

国王修缮卢浮宫的举措表明周围的街区和通向巴黎中央市场的地段也已经开始对富裕的建设商产生吸引力。弗朗索瓦一世和无畏者约翰分别弃之不用的旧佛兰德公馆，即现在的勃艮第公馆和阿图瓦公馆，均为房地产业的进一步发展提供了新的空间。[9]16 世纪 50 年代，亨利二世亲自监督了巴黎中央市场的重建工程，简化并改进了街道系统，以吸引更多的住户来此居住。当地社区圣厄斯塔什教堂（亦被称为“巴黎中央市场大教堂”）从 1532 年开始被大规模改造。

大量的扩建、改造工程集中在城墙外的郊区进行。1471 年，路易十一在巴士底狱以外的圣安托万区定居下来，田野圣安托万女修道院的保护使木器和家具工厂的生意兴隆起来。他们既可以免受城区法令的限制，又可以受益于木材码头和仓库。其他郊区也迅速发展起来。城市西部卢浮宫和杜伊勒里宫的存在推动了圣奥诺雷街的发展：圣罗克教堂的建起证实了附近街区的生命力。[10] 圣德尼城门外一个旧垃圾场上盖起了住房，扩大成为一个地区，被称为格拉瓦新城地区。1563 年，这个区域内建起了圣母领报教堂（现在属于第二区）。[11]

国王的影响在左岸地区相对小一些，西面现在属于巴黎第六区的内斯勒塔楼和圣安德烈艺术馆街附近塞纳河一带的市容小有改善，东面从第五区的托内尔码头到圣维克多街的贝尔纳丹学院的地产被分割售出。由于发展已经超越原来的防御城墙，这个地段形成长条状，仅在城内发展已不可能。轮渡渡口的开通使得建筑卢浮宫和杜伊勒里宫的石材可以从沃吉拉尔运来，这样一来，远离城市中心、现在巴黎第七区的新轮渡街周围的地区也得到较快发展。1539 年，关闭了一个世纪之久的比西门重新开通，西面又建起一座新门，即内斯勒门，缓解了城市交通，同时还吸引了富裕名流和政府官员来此定居或避暑。每年春季举行的圣日耳曼集市深受王公贵族和平民百姓的喜爱，也极大地增强了该地区的活力，1511 年这里成为固定的商业区后更是如此。在郊区圣雅克区以东，特别是穆夫塔街附近，也有不少分割地段。到 16 世纪早期，从穆夫塔街以外到郊区的圣维克多区以及现今的植物园的区域内形成了名为圣勒内新城的地区。

王宫建在巴黎对城市经济的发展起到促进作用，正因为如此，城里对奢侈品的需求量才大幅增长。从中世纪开始，出于社会和经济原因，国王实行了节俭立法，力求限制个人奢侈品的消费。在此后的岁月中，节俭立法又数次实施，如 1517 年、1547 年、1549 年和 1567 年。尽管如此，巴黎人仍不时将这些法律抛之脑后，沉湎于享乐之中。巴黎不再是布匹生产中心：城里的布商更倾向于从布尔日、博韦和诺曼底进口布匹，再染色和印花。布匹生意异常兴隆，因为旧时一人只拥有一件长袍的习惯已被上流社会对服饰的变化、剪裁、颜色的时尚追求所取代。印染工、缝纫女工、刺绣工、裁缝甚至二手服装贸易应运而生，出现十几家专门经营制帽用的羽毛的店铺，其数量完全可以与卖羽毛笔的店铺相媲美。[12] 海狸河的水质因适合于印染而远近闻名，郊区的圣马塞尔区的印染贸易又分化出制毯业，王朝因戈布兰挂毯声名远扬，从弗朗索瓦一世在枫丹白露创办了一家挂毯工场，亨利二世在圣德尼街的圣三一会济贫院旁建起另一家挂毯工场就可见一斑。

二、海狸河

巴黎的历史与塞纳河的历史紧密相连，使得其他水道的作用根本不被人提及：巴黎盆地内的河流纵横交错，如乌尔克运河、圣德尼运河和圣马丁运河，它们将巴黎市区与周边一大片地区连接起来，19 世纪巴黎工业的繁荣发展得益于这些运河的存在。在巴黎发展史上起了重要作用的河流中，有一条叫作海狸河，其名字源于河里有许多海狸，那些海狸早在罗马人到来之前就生活在该水域。应该说，海狸河一直是巴黎拥有的河流中最不起眼的河，事实上到了 20 世纪后半期，海狸河已经变成了一条看不见的河流，河床已经被铺成路面，有些地段则成为洪水暴发时的水道。

海狸河的源头在凡尔赛地区，从城南穿过今天夏勒蒂体育场附近的环城路进入城区，然后从鹌鹑岗一直向北延伸，穿过布朗基大道，沿着克鲁尔巴布街的边缘向前流淌。确实，勒内加尔公园的杨树因海狸河地下水的浇灌而生长得翠绿、茂盛。穿过现在属于巴黎第五区穆夫塔街上的特里普（三层）大桥，这条河原本在如今的奥斯特里茨火车站处流入塞纳河，不过在 1148 年，圣维克多修道院的修士将河流改道，使它流过他们的菜园，并为他们的磨坊提供了动力，这次改道使海狸河在进入塞纳河之前穿过圣母院部分区域，沿着现今的海狸河街流淌。查理五世城墙建成后，这条河的水道进一步改变。

除圣维克多修道院修士外，其他人也注意到海狸河水的工业用途。15 世纪起，圣马塞尔区的印染、制革以及淀粉工人开始使用海狸河水。住在那里的屠户也向河里倾倒垃圾。正因如此，那里的河水才变得臭味难闻。但是，河水的污染并没有影响有人在附近建立啤酒厂。对于河水臭气熏天的原因，拉伯雷发明了一种解释。他说，那一定有数千条狗在向河里撒尿。17 世纪诗人小克洛德有过类似的评价，他说海狸河的“河水更像泥浆、黑炭或墨水”，海狸河与其说是一条河，不如说是猪的便盆。

然而，在15世纪，正是清澈的河水吸引佛兰德印染工人来此定居。这是一种依赖于河水的职业。1666年，当路易十四的财政大臣让·巴蒂斯特·科尔贝从印染工让·戈布兰同行的承袭者手中买下印染工场，并创办了戈布兰王家制造场时，这一点得到进一步证实。戈布兰王家制造场始终专门生产戈布兰双面挂毯，同时还生产地毯和家具。因此，在过去的数世纪中，海狸河成为塞纳河左岸就业的主要和持续来源。1860年，该河河水为城内的一百多家工厂或作坊提供生活用水和动力，包括24家制革厂、21家熟皮工厂、9家皮具店、8家洗衣房、4家印染厂和3家啤酒厂。到马维尔拍摄照片的时候，海狸河看上去完全是一块纯粹的工业场地。

除了下游水域的河水被用于工业用途外，海狸河还因其在巴黎附近乡村地区形成的回水湾而闻名。在现今巴黎第十四区的奥古斯特·布朗基大道以外的地方，河水分成几道小溪，冬天会结冰，可以为巴黎人提供溜冰场所，因此被称为“冰川地区”，同时形成了可以供应市区的制冰业，这也是那里得到这一名称的原因之一。上游会聚集众多洗衣妇，她们将巴黎洗衣店的衣服搓洗干净并晾晒出去。18世纪晚期，卢梭常在此处采集野生植物，葡萄收获期刚过，他回忆道：“农民们在做冬天的农活之前不会回到田野上来，此时这里明媚而又葱绿，尽管不那么生机勃勃，甚至可以说是死气沉沉，但农村仍然给人以一种超脱的感觉。”浪漫主义作家塞南库尔也作过类似的评价：“那是一个林荫最多、最感惬意、最说得过去的地方，虽然不能用‘漂亮’二字来形容，但是相当美好，到处郁郁葱葱，鸟语花香。”19世纪后期，唯美主义者于斯曼也称赞说：“海狸河是一条非同寻常的河流，那里是巴黎各种垃圾的出口，是巴黎人日常生活中所能到达的最后一块世外桃源。”

但是，巴黎市区快速发展的结果不仅使那里的田园风光渐渐黯淡，也使海狸河最后隐退。从19世纪40年代开始，巴黎人付出艰辛的努力以疏通河道，降低污染程度。尽管这些治理工作有所中断，但是到了1910年，整个河道都已经在石头和水泥路面下方了，一些工厂仍然可以继续抽取和利用河水，但是海狸河已经不得复存在。

19世纪海狸河畔的制革厂，夏尔·马维尔摄

王室希望通过炫耀来展示自己的财富，而巴黎奢侈品行业恰好可以满足国王的这种需求。巴黎的金匠早就远近闻名：1506 年纯正标记的引入促使巴黎师傅设计了王朝自己的徽章——鸢尾花饰。据估计，16 世纪晚期的金匠多达 300 人左右，而早期金匠的人数有可能比这还要多。[13] 对宝石、象牙、琉璃、装饰金属和钟表制造工匠的需求量也很大。两百多个网球场的存在证明了休闲行业的兴隆。

经济快速增长的事实再次证明了巴黎作为欧洲最大城市的地位，这与国王将王宫迁回巴黎有直接关系。到 15 世纪晚期，巴黎人口重新达到黑死病暴发前的水平。1560 年，巴黎人口激增到从未有过的程度——约 30 万，也就是说，平均每 50 名法国人中就有一名巴黎人。

瓦卢瓦王朝积极促进了城市发展和经济增长。不过后任统治者们发现，想置这些丰富的发展变化于一座古典文艺复兴城市的框架下，并处理好城市动态中接踵发生的社会问题，难度很大。1548 年，亨利二世禁止在郊区建新房，这表明他对城市发展速度和发展方向的关注。尽管此法令一经颁布即被推翻，但它说明了郊区大幅扩展引发的一些忧虑，郊区需要得到保护，但是代价很大。16 世纪上半叶，由于在 1512 年和 1523 年连续两次败给英格兰人和神圣罗马帝国皇帝，城市经历了几次军事入侵。1536 年，查理五世皇帝来到圣康坦和佩隆恩，1544 年到达蒂耶里堡，1552 年到达梅斯。城市防御体系逐渐显现出匮乏状况，集中体现在右岸防御城墙的问题上。因为尽管左岸的迅速发展使南部防御系统异常脆弱，但人们通常认为北部和东部边界才是外敌侵入的可能途径。右岸的扩建规模也很大。16 世纪 30 年代开始，巴黎不断遭遇外敌入侵的危险，因此 1512 年、1523 年和 16 世纪 20 年代中期进行的防御城墙加固工作显得愈发紧迫。16 世纪 60 年代早期，巴黎开始挖掘一系列护城河，将左岸的郊区围在城内，同时右岸仍在尝试继续扩建，意欲将杜伊勒里宫囊括其中。

除了安全考虑使王朝创建更为开放的文艺复兴城市的理念遭到挫败之外，1548 年的郊区建设法也令人忧虑。在巴黎各个郊区内，贸易法规不很严格，许多人跑到郊区去从事生产活动，因此抑制了巴黎城区内工匠的发展。郊区过多的人口会给城市生活必需品供应带来额外负担，而郊区居民要缴纳的税还比城里人少。此外，郊区是刑事犯、不遵纪守法的人、病人出没的地方。城区的治安状况也令人担忧。1518 年，一伙罪犯烧毁了巴黎中央市场的断头台并杀死了行刑官。1534 年，另一犯罪团伙从卢浮宫盗走了王座。

尽管巴黎给人一种追求奢华的印象，但一系列经济发展进程既造就了受益者，同时也带来了不少受害者。在 16 世纪，多半行业实际工资水平下降，部分原因是不断增加的人口和快速增加的工人数量。王家军队的复员军人和开小差的士兵对社会构成极大威胁，他们无法融入工人行列中去。各种社会状况有利于犯罪现象的滋生。16 世纪 50 年代末到 60 年代初，政府下大力气培训首都的警察队伍，以使他们能够履行更广泛的职责。

文艺复兴式的开放城市的计划引发了比王朝预料到的更多的治安问题。乞丐、流浪汉和其他不受社会欢迎的人越来越被政府当作引发骚动、造成污染、传播疾病和犯罪的群体来看待。1496 年查理八世下令将流氓、骗子和无赖统统用远洋大船送走。从 16 世纪 20 年代开始，对这类人的驱逐行为愈演愈烈。对乞丐和流浪汉的这种强硬态度也被用来对待妓女。1518 年，西岱岛上的格拉蒂尼街区的古老妓院被关闭。1561 年，国王下诏宣布全法兰西境内的妓院经营均为非法。在巴黎，由于天主教视出入妓院者为行为不端，城里的妓院行当早已经萎缩了。

有一段时间，巴黎逐渐开始关注慈善事业，这方面以前主要是教会的事。1505 年，政府委派专人负责原来由教会掌管的主宫医院。16 世纪 30 年代，政府颁布了许多涉及公共救助方面的法令，将救济穷人视为城市管理工作的一部分内容。孤儿和弃婴是政府关注的另一群体。1535 年，主宫医院开始提供一项名为“红色婴孩”的特殊服务项目；1541 年，圣灵医院也开始实施这项计划；到 1545 年，名为“蓝色婴孩”的服务项目在圣德尼路上的圣三一会济贫院开展。1544 年，政府组建了贫民局，开始征收贫困税，救济只发给那些值得救济的人；对身体强健的失业人员则安排他们工作，参与政府公共建设项目；对那些不在救济范围内的穷人，不问缘由，悉数给予严厉惩罚。

对社会边缘人员带来的压力问题的关心与控制疾病传播的考虑直接相关。腺鼠疫仍噩梦般地接连发生，社会各界一致努力试图控制这种疾病，尽管还不清楚是否能减少该病对人口数量的影响。1496 年至 1497 年，城外的居民区开始对患病者执行隔离，1506 年，这种做法扩展到一种新的传染病——梅毒。1519 年开始对鼠疫病人尝试这种新的控制和治疗方法。圣日耳曼德普雷教堂以外区域专门用作隔离区。1531 年至 1533 年，巴黎市政委员会采取大量措施，并与国王和医疗机构进行协调，以做好疫病防治工作。为减少市民与危险群体的接触，政府下令关闭公共浴池、妓院和戏院，并将乞丐、流浪汉驱逐到城外（他们可能将疾病带去了其他地方，但那就是其他地方的问题了）。

打击犯罪、控制疾病、救助穷人，旨在追求重塑城市空间和重建古典模式的这些努力并没有收到持久性效果，即使临时效果也不显著。最重要的是，在 16 世纪上半期，政府为显示自己王权和声望的文艺复兴光环黯然失色，王朝投入意大利战争上的时间和金钱过多，使美化市区的投入相对较少。另一个同样未尽如人意的表现是，弗朗索瓦一世最后并未死在巴黎而是死在朗布依埃，亨利二世弥留之时确实身在巴黎，但是在老托内尔公馆，而非装饰一新的卢浮宫。

在 16 世纪大部分时间里，面对人口增长的失控局面，社会控制显得极为无力，乌托邦式的城市复兴理想因遭遇未曾预见的社会和人

1576 年的巴黎地图

口发展问题而告幻灭。国王的追求似乎远远超越同时代普通人的品位：由国王发起的意大利式文艺复兴运动在建筑上的见证物，包括圣日耳曼欧塞尔教堂、圣厄斯塔什教堂和圣埃蒂安教堂等高度精美华丽的哥特式教堂，至今看上去仍金碧辉煌，堪称人间珍品。[14] 然而巴黎的总体风貌并无多大改变，仍以中世纪特色为主，就好像在一块中世纪的地毯上镶上了一些文艺复兴的珠宝一样。

如果说巴黎在当时仍具有不凡的国际影响的话，那是因为它的城市规模而非建筑上的特色或者文化上的再生。到 16 世纪 60 年代，巴黎人口达到 30 万，在法兰西众多的城市中，甚至在整个欧洲都名列前茅。祖上流传下来的传统力量胜过新文化冲击的影响，如同亨利二世所说的那样，“巴黎仍然是一座污泥遍地、臭气熏天的城市”。[15] 王宫迁至更为开阔的城西，其原因之一就是圣波尔和托内尔公馆里的露天排水沟，即沿着今天巴黎第四区的蒂雷纳街而流淌的“大阴沟”严重污染，即使鱼游到沟里也会迅即死亡。[16]1556 年，西班牙贵族加斯帕·德·维加路过巴黎时曾经专程去游览卢浮宫。他写信对西班牙国王腓力二世说：“在那样一座偌大的城市中，该宫殿显得并不突出，我根本没有见到任何值得称赞的建筑，城市本身除规模外并无任何可取之处！”[17]

不过，从 16 世纪 60 年代开始，正是城市的规模和社会活力使巴黎以一种不同的方式经受住了时间的考验。当时，王朝在城市规划、文化复兴方面的雄图大志让位于为争取生存而进行的斗争。1559 年，亨利二世英年早逝，从此引发一系列的政治动荡。亨利十五岁的儿子弗朗索瓦二世只做了一年国王（1559—1560 年在位），而他的弟弟查理五世（1560—1574 年在位）继位后不久即患上周期发作的疾病。他们在位时一直受到母亲凯瑟琳·德·美第奇摄政王太后的控制，这种情况一直延续到凯瑟琳的第三个儿子亨利三世（1574—1589 年在位）。亨利三世死后无子嗣，依据王位继承法，王位毫无争议地应传给旁系波旁家族的亨利，即当时的纳瓦拉国王。但纳瓦拉的亨利是新教徒，这就给后来的法国王位继承问题留下悬念。伴随着 1517 年德意志发生马丁·路德宗教改革，法兰西新教徒与天主教徒之间的宗教争端也愈演愈烈。1560 年以后，宗教的分裂与王朝的斗争交织在一起，对法兰西的稳定、巴黎的声誉和繁荣构成致命打击。

新教改革的影响很快席卷整个法兰西，巴黎尤为如此。随着路德与天主教当局之间冲突的升级，他对教会的批判也愈发严厉。必须承认，路德精神与当时法国人文主义者传扬的人文思潮和谐一致，路德追求的“因信称义”思想正是人文主义者倡导的现代笃信理念。人文主义学者对拉丁文、希腊文和希伯来文文献的研究早已集中在古籍圣典和宗教著作的方向上来，这些发展促进了新思想运动，并与改革教会的呼声息息相关。例如，在 1484 年法国的三级会议上，法国教会遭到严厉指责，会议代表敦促教会实施宗教改革。

要求教会进行彻底改革的呼声已经引起法国宗教界的注意。例如，1503 年至 1519 年的巴黎主教埃蒂安·蓬歇曾积极推行修道院改革，整治教士中的犯罪现象，他甚至付出巨大努力避免索邦神学院公开谴责伊拉斯谟和勒费弗尔·德·戴塔普勒的基督教人文主义思想，这种思想已经很接近路德的主张。勒费弗尔·德·戴塔普勒的学生纪尧姆·布里松内是圣日耳曼德普雷修道院的院长，1516 年当选为莫城主教，上任伊始即开始实行改革。尽管当时索邦神学院并未在改革浪潮中起到积极作用，但其他一些学院接受了路德新思想，并成为西欧新教思想的温床。值得一提的是纳瓦拉学院和蒙泰居学院。例如，在蒙泰居学院，由佛兰德神父让·斯坦东克创立的严格修身法曾使年轻的伊拉斯谟相信：大学老师和上帝一样值得敬畏。一名到过该学院的荷兰游客这样写道："学院与其说是一座学府，不如说是一座监狱。"[18] 在枢机主教勒穆瓦纳学院，德意志学生是路德的衷心追随者，当时他的著作的印刷本已广为传阅。是古登堡产下了至关重要的一枚"改革思想之蛋"，马丁·路德只需要将它孵出来就可以了。

1534 年，巴黎发生了所谓的"布告事件"，抨击罗马天主教信仰的印刷品贴满了巴黎的大街小巷，市民对宗教信仰之争就是通过那些印刷品有了广泛的了解的。但是宗教冲突早就如火如荼了。早在 1521 年，索邦神学院就已经发起攻击，斥责路德和勒费弗尔·德·戴塔普勒的一些基督教人文主义作品。两年后，一名路德派教士被烧死在巴黎的火刑柱上（一同烧掉的还有路德的大量书籍）。16 世纪 20 年代，先后又有几人因此被处死。1528 年，西西里国王街路边的圣母玛利亚雕像遭人亵渎，引发天主教徒的强烈抗议，他们参加了由弗朗索瓦一世亲自组织的游行活动，后者"不戴冠冕，手持火把"。[19]

16 世纪 20 至 30 年代，尽管双方有过激烈甚至有时是血腥的较量，天主教徒却并未大获全胜。弗朗索瓦一世的文化观使其对基督教人文主义持某种容忍态度。1517 年他创办了国王学院，即现今的法兰西学院，后来又赐给该校希腊语、拉丁语、希伯来语甚至一些东方语言教授席位。国王的妹妹昂古莱姆的玛格丽特是一位有造诣的诗人和人文主义事业的支持者，与布里松内领导下的莫城人文主义者有密切联系。她曾保护过勒费弗尔·德·戴塔普勒的一名学生路易·德贝尔甘（暂时地，因为他在 1527 年被处死），后者曾将路德的作品译成法文。1527年，玛格丽特与纳瓦拉国王亨利·阿尔贝成婚，但仍继续住在巴黎。1533年，她委派自己的忏悔神父热拉尔·鲁塞尔主持一次被认为是宣扬新教思想的大斋节布道。同年，大学校长尼古拉·科普以及一位来自努瓦永的名叫让·加尔文的年轻律师共同撰写了一份具有新教思想的形象演说词："他们（指天主教徒）只得跳过屋顶来逃避巴黎新教徒的大型聚会。"后来两个人逃往日内瓦，那里成为法国新教教会的精神家园。

布告事件使天平向天主教一方倾斜，1528年发生的圣像破坏运动激起了天主教徒的行动。据说，竟然有一封恐吓布告贴在了通向国王卧室的门上，这令国王暴怒不已，他下令追捕新教嫌疑犯。国王弗朗索瓦宣布，那些信仰异教的人即使是自己的孩子，他也会将他们送上火刑柱。1535年，他组织了一次忏悔游行。当六名涉嫌参与布告事件的巴黎人被处决的时候，矛盾达到白热化的程度。"反路德派"的大网越张越大。曾由昂古莱姆的玛格丽特资助出书的安托万·奥热罗于1534年1月被烧死在火刑柱上。1535年1月，第一个印刷布告的人被处死，接着是女教师玛丽·拉卡泰勒，原因是她用法语向她的学生宣讲《圣经》福音，并在星期五吃肉。从1544年起，索邦神学院列出一份禁书清单。1538年被封为王家印刷商的罗贝尔·埃蒂安在1551年以宗教避难者的身份逃往日内瓦。如果说弗朗索瓦一世在1547年去世前越来越不能宽恕新教徒的话，那么他的继任者亨利二世则表现得对新教徒坚决不能容忍。1547年他在卢浮宫设立了一间火刑房，在三年的时间里先后举行了500次审判，被处以火刑的人达38名。

更为严重的是，路德派越来越走向加尔文主义。以日内瓦为根据地的法学家让·加尔文于1536年发表了他著名的《基督教制度》，论述了改进路德教义并建立在信徒基本社区基础之上的一种新型教会组织机构。16世纪50年代，巴黎有四个加尔文秘密教会，用一位追随者的话讲，他们寻求在敌人内部工作，"就像使徒传布福音时代的教会一样"。[20]从1560年开始，像加尔文信徒所称的那样，"胡格诺派"的改宗劝说工作很是奏效，尤其是在大学生、印刷业人员和宫廷管理人员（包括巴黎高等法院）之中。法国的加尔文信教徒自称为"胡格诺派"的原因是多方面的，而且是神秘的。当局禁止胡格诺派教徒当众布道，不过他们的宣讲一直在秘密进行，在左岸牧师草地的小酒店里、防范较松的穆夫塔街上、圣梅达尔这样的郊区地带、波宾科特的农舍里等。皈依吸引了越来越多的人参与。1559年在巴黎召开的一次全国宗教会议聚集了来自72所教堂的代表参会，到1561年全国共有教区1200个，信徒人数至少达100万。

胡格诺派教徒的勇敢行为得到了16世纪50年代皈依新教的社会和政界精英的支持。1558年对圣雅克街胡格诺派教徒的聚集场合的突袭暴露了与会的许多社会名流。来自上层的支持者有纳瓦拉女王胡安娜·达尔布雷（昂古莱姆的玛格丽特的女儿），她的丈夫安托万·德·波旁是瓦卢瓦家族的旁系主要代表，他的兄弟孔代亲王以及勇猛的加斯帕尔·德·科利尼，后者是退役老兵及法兰西海军上将。科利尼和孔代，连同天主教首席法官米歇尔·德·洛皮塔尔，是查理九世的母亲凯瑟琳·德·美第奇的摄政委员会的主要人物。但是，直到1561年底，双方的代表会议也未能找到和解的基础。由于一系列事件的发生，局面变得越来越严峻。从1561年开始，圣梅达尔教区发生了许多新教徒和天主教徒相互施暴及焚烧房屋的事件。1562年又发生了一场暴力事件，天主教徒吉斯公爵袭击了香槟的瓦西的一个新教集会，造成数十人的死亡。在这种背景下，国王法律对胡格诺派的一些让步对天主教“公牛”犹如一块红布一样具有刺激性。

事实上，是“瓦西屠杀”事件而非圣梅达尔“暴行”引发了宗教战争。在宗教改革运动的前几十年，巴黎曾先后是人文主义、路德派和加尔文主义运动的核心。但在宗教斗争的过程中，它的核心作用越来越减弱。1562 年到 1598 年间曾有过八次宗教战争，战争间隙是片刻的休战以及徒劳的希冀治愈宗教分裂带来的创伤的努力。这些战争的战场是整个国家，是信念与信念的争斗，是政治王朝与政治王朝的争夺。聚集在比利牛斯山一带的纳瓦拉小王国的波旁家族已经成为胡格诺派事业的拥护者，与此同时，曾在法兰西北部及东部的大片领土活动的强大的吉斯家族仍强硬地坚持天主教事业，只有蒙莫朗西家族（包括科利尼）在两派之间摇摆。想保持宗教派别平衡的凯瑟琳·德·美第奇则竭力避免国王成为宗教战争的俘虏。她的犹豫立场使两派都不满意。

在这种情况下，1563 年摄政王太后自誉为“巴黎城市母亲”的行为完全是一个徒劳的政治姿态。由于巴黎现在坚定地站在天主教一边，用战争解决问题的有效性很值得怀疑。1572 年一起重要事件的发生彻底抹杀了巴黎在胡格诺派事业发展进程中的中枢作用。该事件就是“圣巴托罗缪大屠杀”，它给巴黎市及法兰西宗教史和政治史留下严重的创伤。在过去的十年里，胡格诺派代表了法兰西境内一支强大的军事、政治力量。许多城市，尤其是南部、西南部城市，公开申明支持胡格诺派的事业，一些强权人物，如孔代和科利尼，为该派信徒提供了保护和军事支持。对于王国来说，要解决宗教争端似乎并不存在任何军事出路，因为很难保证战场上军队士兵的数量，更不用说保证他们的忠诚。凯瑟琳发现，要解决瞬息万变的派别之争是根本不可能的。在 1567 年的圣德尼战役中，巴黎的义勇军组织有效抗击了胡格诺派教徒的进攻，但是人员损失惨重，加重了巴黎天主教徒的痛苦。为缓和宗教派别斗争，摄政王太后安排查理九世的妹妹瓦卢瓦的玛格丽特与胡安娜的儿子纳瓦拉的亨利结婚，而纳瓦拉的亨利是胡格诺派的领袖。1572 年 8 月，他们在巴黎圣母院举行了婚礼。

政治局势急转直下，历史学家一直对后来发生的一系列事件到底由谁来负责的问题争执不休。最初，天主教领袖们态度强硬，决意要尽可能多地杀死他们的敌人，这些杰出人物中有海军上将科利尼，他似乎在摄政委员会中赢得了绝大多数成员的支持。阴谋家们可能认为婚礼庆典上会有众多胡格诺派领导人物到场，也可能因为他们害怕这些人要伺机发动政变，但是事实如何已经不重要了。8 月 22 日密谋暗杀科利尼的计划遭到挫败，但这进一步激发了天主教阴谋家们的野心，当然他们得到了年轻的查理九世（尤其是他母亲）的暗中支持。1572 年 8 月 24 日圣巴托罗缪日这一天，邻近卢浮宫的圣日耳曼欧塞尔教堂响起黎明前的第一声钟声，那是对全城胡格诺派教徒展开大屠杀的信号，天主教徒开始有计划地屠杀全城胡格诺派教徒。纳瓦拉的亨利和年轻的孔代亲王被赦免，但是被当作讨价还价的筹码，并确认他们马上会皈依天主教。科利尼被推出窗外，尸体遭到践踏："一些小孩子将他的头割去，身体被分割成数百块。"[22]

"屠杀胡格诺派教徒的行动从星期日持续到星期一。"一名天主教编年史家以一种令人战栗的满不在乎的口气这样告诉世人。[23] 暴行似乎已被国王合法化："把他们全部杀光，国王命令杀死他们。"

吉斯就是这样下的命令。[24] 曾有一段时间，事态近乎失控，因为天主教平民还乘乱劫掠袭击了许多天主教富人。一名受惊的德意志目击者说道："不论谁有敌人，只要喊他为胡格诺派教徒，都可以将他碎尸万段。"[25]

塞纳河里尸体成堆，河水已经被染成了红色。一句小曲这样唱道："不用乘船就可以将巴黎发生的事情告诉新教徒掌握的鲁昂。"[26] 半宵禁迟续了几周时间，到 8 月 27 日傍晚，遭屠杀的胡格诺派教徒达 1500 至 2000 人，以现在的计算数字应当更高。

"圣巴托罗缪日"对于新教事业来说是一个巨大的损失，因为那场大屠杀使他们失去了那么多的政治领袖，加上由巴黎屠杀引发的外省 8000 到 10000 名胡格诺派教徒遭残杀的事实，足以构成欧洲宗教改革斗争中最为残暴的屠杀事件。巴黎天主教徒似乎引以为荣：国泰民安了，人民在欢呼"国王万岁！"，就好像这一切都应当受到赞誉。[27] 巴黎城内的胡格诺派被彻底消灭了，巴黎已经从两个宗教激烈斗争的战场蜕变成狂热的啦啦队，在为天主教事业尤其是吉斯家族呐喊助威。

1572 年以后，宗教战争的战事转入法兰西南部和西部，停战时有发生，因为新国王亨利三世（1574—1589 年在位）认为维持一支赢得双方尊重的军队代价太大。1576 年，亨利召集的三级会议上出现了一种希望政局稳定、倡导保持宗教宽容的呼声，但是天主教徒和胡格诺派教徒都缺乏这种思想准备。有人建议在靠近荷兰"联合省"的南部边境上为胡格诺派教徒建立一个新的国家。但是天主教反对派对此不愿做出丝毫让步。而且从 1584 年起，胡格诺派维持法兰西统一的信念被这一事实所坚定：亨利三世的弟弟安茹公爵去世，这样作为波旁家族成员的纳瓦拉的亨利（他母亲嫁给了波旁的安托万）即成为王位的合法继承人。普遍认为亨利三世身有缺陷，尽管已想尽各种办法，但不太可能生下一位继承人来。

1584年以后，政治赌注越来越高，它们也与巴黎直接相关，巴黎不希望国王是一个新教徒，事实上这种可能性也极小。一位巴黎高等法院官员对吉斯家族的一名成员说："巴黎是您礼帽上的第一枝花。如果您失去了它，我们就会失去其他城市的信任。"[28] 面对纳瓦拉的亨利可能继位的事实，吉斯家族的杰出人物，"刀疤"吉斯公爵亨利[29]以及他的弟弟马耶纳，与西班牙国王的代表在茹安维尔签署了一份协约，后者许诺一定要保持天主教的永恒存在。"神圣联盟"是一份意欲坚持法兰西国家的统一和贯彻天主教教义的国际条约，对于纳瓦拉的亨利，在某种程度上甚至对于亨利三世本人都是不小的打击。

三、亨利三世

"噢，忘恩负义的城市！我对你的爱胜过我对妻子的爱！"亨利三世的这段伤心告白并不完全是对巴黎的一种恭维，因为他违心地与自己不喜欢的人结了婚，不久即弃她而去，一生中再也没有与她生活在一起，他的情人的名单可以列出一长串，有男性，有女性。不过无论我们怎样评价他，一个不争的事实就是，亨利三世是最爱巴黎的法国君主之一，但是没有得到巴黎对他的爱。他在卢浮宫长大，并对它持有深厚的感情。亨利认真学习过巴黎历史，对它的学术和文化氛围推崇至极，闲暇时喜欢在大街小巷里闲逛，所以他也是一个有贡献的"漫游者"，他在最繁忙的街区欣赏那里的喧闹和社交活动，作为一个痴迷者参与各种社会活动。例如，每年春天的圣日耳曼大集，他喜欢一种叫作“比尔包开”* 的游戏，因此发明了一种巴黎人十分喜爱的儿童游戏，叫作“杯球”。他的工作从建筑新桥开始，该大桥是连接巴黎塞纳河左右两岸的重要通道，而该桥的建设则是由其继任者亨利四世来完成的。

亨利认真地承担起文艺复兴君主的作用。他以音乐、宫廷假面舞会、节日和一个迅速夭折了的王家学院来丰富文化生活。但是，得到最大利益的是他偏爱的廷臣和亲信。亨利强调的文艺复兴风格的宫廷娱乐活动切断了他与巴黎人民的联系，他对宫廷礼仪的重视也是如此，他所推崇的礼仪后来成为路易十四时代盛行的宫廷礼仪的雏形。他拒绝说明为什么在他统治时期不实行当时城市礼节中人们喜爱的仪式。他喜欢漂亮的服装、珠宝、耳环、面部美容品以及其他一些进口于意大利的巴黎人民不喜欢的昂贵奢侈品。由于国王特别依赖意大利的金融家，巴黎人民更加对外国人感到厌恶。

巴黎人民责怪亨利对正统信仰不虔诚。他这个文艺复兴时期的小国王同时又是一个坚定的反改革的统治者。他很可能在圣巴托罗缪惨案中起了关键作用。作为一个虔诚的天主教徒，他却把新的宗教虔敬形式实施到巴黎城市中，尤其是效仿意大利米兰的圣嘉禄·鲍荣茂的集体忏悔。他竭力主张法国的教会采取特伦托

---

* 一种接球玩具，把用长细绳系在一根小棒上的小球向上抛，然后用小棒的尖端或棒顶的盘子接住。

会议的反改革法令。他有时会突然从一个享乐者变成一个十分严厉的人，尽管他知道这样做会更加惹恼巴黎人民。1583 年以后，在巴黎这座以漫游者而闻名的城市中，竟然发展到在没有保护的情况下就不能在街头闲逛的程度。1588 年，他逃出了这座暴乱的城市以求生存，正如当时英国的一位叫罗伯特·达林顿的绅士后来所说的那样："亨利由于逃得仓促，慌忙中只穿了上衣、裤子和一只鞋。"

作为一个充满宗教暴力的社会的统治者，亨利面临着一种十分严重的困难处境：他不仅无法掌控国家政府机构，而且面临着严重的经济问题。从本质上说，他不适合处理那种 16 世纪 80 年代形成的需要细心对待的政治平衡问题。他宣称："我爱巴黎，我非常爱巴黎。"而巴黎对亨利却抱有相反的情感。早在 1589 年他死之前，小报联盟掀起的浪潮就破坏了他的名誉，而这件事情就发生在他所热爱的巴黎。虽然保王的巴黎高等法院以破坏国王名誉的罪名绞死了律师勒布雷东，但是法国民众还是跑去亲吻那摇摆在绞刑架上的尸体的脚。到 1589 年，巴黎的教士们纷纷要求处死"暴君"，并公开祷告，恳求上帝判处亨利死刑。当亨利真的死后，在他所心爱的首都巴黎响起了一片欢呼声。

亨利的生活方式，特别是他随意的性行为，最令巴黎人厌烦，也令几代刻板固执的历史学家们震惊。当时，同性恋被认为是一种反常，也被认为是一种邪恶。事实上，人们普遍认为亨利是这样一个家伙：他允许自己的对手随意指责自己，他是一个异性服装癖、伪君子、魔鬼信徒、邪恶的魔法师、杀人犯等。法国历史上很少有受到如此彻底责难的统治者。

尽管亨利三世很喜爱巴黎，但是他在这座城市中越来越不得人心。他在两性关系问题上的胆大妄为使虔诚的巴黎人民失望。日益高涨的不满情绪集中在宫廷的奢侈无度问题上，宫廷就是政府身上的一条寄生虫。当时的税收很高，国家对贫困者的补贴也不能定期发放，职权的滥用造成公职人员普遍腐败而失去道德的准绳。不能指望王室司法部门来解决问题，因为这不仅费用昂贵，而且效率低，不公正。王室求助于意大利的金融家的做法也潜在地助长了巴黎人的仇外心理。自从 1572 年的大屠杀致使胡格诺派在巴黎根绝以后，绝大多数巴黎人支持以吉斯派为代表的“极端”天主教，并发现亨利三世对他的胡格诺派臣民的宽容态度越来越令人难以容忍。尽管国王被迫于 1585 年与吉斯派联合，接受天主教联盟，允许吉斯的支持者在各个省城建立自己的组织，但其结果是鼓励了极端分子对自己的反对。

在巴黎市内，宗教狂热根深蒂固。媒体广泛报道那些令人震惊的奇迹和潜在的灾难，奇怪的光、飞腾的龙、云中打斗的人等怪现象到处传诵。有人断言，巴黎城内有大约三万个巫婆，她们被一个国王掌控着。[30] 在圣巴托罗缪大屠杀之后，无辜者墓地旁边一棵死了的山楂树突然开花。人们认为，这是上帝对前一天发生的事情认可的表现，因而纷纷到这棵树下进行朝圣活动。于是，一种游行的狂热席卷着这座城市。在 16 世纪 80 年代初，曾经有一些农民认为当时流行的瘟疫是上帝发怒的表现，于是他们举行“白色游行”以求“平息上帝的恼怒并保护那些贫苦人免受瘟疫的传染”。[31] 对所有参加巴黎列队游行的人来说，白天的时间真是太短了，于是他们在半夜里叫醒教区神父，让他来领导穿着睡衣的队伍在街上游行，不过由于某些意外怀孕，这一行动不久被叫停。游行通常是由宗教社团来领导的，这种古代社会的精神交往形式曾经在反宗教改革中再现，并被证实是宗教活动的重要组织形式。事实上，亨利三世曾经亲自参与宗教忏悔社团活动，并在隐蔽了自己真正身份的前提下做了有益的工作。极端主义的宣传把巴黎誉为新耶路撒冷。那种试图把巴黎作为新罗马式的文艺复兴城市的理想显得十分遥远。

在这种情况下，米歇尔·德·蒙田在其作品中对圣巴托罗缪大屠杀的描写简直就是对巴黎这座城市辛酸的悼词。在人道和宽容的心绪之下，蒙田的言辞中布满了怀乡之情：

> 无论我多么反对法国，我依然热爱巴黎。从我还是个孩子的时候起，我的心就在巴黎……我见到的美好城市越多，我心目中的巴黎就越美。我爱巴黎，仅爱它一个。我爱它的一切，甚至爱它那细微的瑕疵。我是这座伟大城市的一员，巴黎始终都是法国的荣耀，全世界最崇高的地方之一。愿上帝为巴黎驱逐一切灾难。[32]

这确实是一种对巴黎的虔诚期望，这种期望越来越以巴黎作为“基督教世界的核心和堡垒”，[33]严格地说应该是天主教国家的顶梁柱。从16世纪80年代中后期开始，天主教事业被交给了一个秘密组织委员会，那个委员会以“十六”的名字而著称。所谓“十六”是指巴黎全市十六个居民区都支持它。这些拥有坚强的后盾、坚实的资产阶级背景的人结成一个联盟，不断扩大对下层社会的影响。该组织出版恶毒的宣传单，揭露所谓胡格诺派的暴行和目标，使印刷厂加班加点地工作。皮埃尔·德·埃图瓦尔称之为“暴乱之源”，是一种在“讨论、答辩、备忘和辩解”中生存的政治组织。[34] 该联盟还与教区神父相勾结，那些神父在布道中以炼狱之火的语言攻击国王和纳瓦拉的亨利。该联盟传教士的激情给威尼斯驻巴黎大使留下了深刻的印象。他惊讶地记录道：“他们说，我们只要三四个小时，甚至吐口痰的工夫，就可以创造一个惊人的奇迹。”[35]

1588 年 5 月，民望颇高的吉斯家族公开表示不服从国王，于是，亨利三世试图以武力进攻首都，派遣王家雇用的瑞士军队进入所有街区。但其结果是引发了民众暴动，街上布满了路障，街垒也修建起来，在巴黎历史上第一次发生了禁止军队流动、不许违法分子采取任何行动的重要事件。瑞士兵被大批杀害。龟缩在卢浮宫的亨利意识到，游戏已经结束了，该是逃离这座城市的时候了，而且事实证明他是永远地离开了，剩下来的就是联盟事业的成功了。从此，巴黎开始了无国王状态。1589 年，纳瓦拉的亨利成为法国国王，是为亨利四世。1594 年，亨利四世来到巴黎，无国王状态方才结束。

从巴黎人民支持吉斯家族的思想就可以明显地看出，他们既反对亨利三世，也不支持亨利四世。1588 年 12 月，亨利三世给这种思想以巨大的打击。国王巧施妙计逃出巴黎，由此取得了巴黎高等法院的支持，并且建立起遍布法国的反联盟组织。在 1588 年 12 月的三级会议期间，他将吉斯公爵和他的兄弟吉斯红衣主教召入他所居住的布卢瓦城堡中秘密杀掉。据说，亨利三世当时曾用脚踩着自己对手的尸体说道：“巴黎的国王死了。”后来他对自己的母亲说：“是我杀死了公爵，因为我不想做奴隶，也不想当俘虏，我想当国王，现在我又当上国王了。”[36]

这次暗杀事件在巴黎引起了一场反君主恐慌，“男女老幼失声痛哭”。[37] 联盟宣布，纳瓦拉的亨利的叔叔，极端天主教红衣主教查理·德·波旁为合法继承人。从法律程序来说，此举是值得探讨的，因为这样做至少是暂时将亨利三世置于新教阵营中了。1589 年夏季，他与纳瓦拉的亨利一起向巴黎进发。问题很清楚：要在整个法国重新建立政治权威，就必须遏制首都巴黎的疯狂独立。

巴黎既是潜在的受害者，又是主要的战利品，宗教战争行将结束。无论如何，政客们寻求支持呼声的机会至少暂时没有了。1589 年 8 月 2 日，亨利三世被暗杀。凶手是修道士雅克·克莱芒，他在巴黎受到了极其热烈的欢迎，被看成上帝派来的神奇使者。但重要的是，垂死的君主承认纳瓦拉的亨利是他的王位继承人——这是一个大手笔，胡格诺派的宣传竭力利用了这一点。

亨利四世用了近十年时间去稳定政治制度和确立宗教和平。这些年里，他花费很多时间在全国进行活动，其中军事行动的成功是最重要的部分。亨利把成功地取得巴黎看成继承王位的基本证明。但是巴黎并不那么容易得到。巴黎人民很难友好地对待胡格诺派的“王位觊觎者”，尤其是亨利四世前不久还站在野猪似的亨利三世那边围攻他们。纳瓦拉的亨利决定付诸武力。他在诺曼底召集新部队并再度围攻巴黎。他在阿奎兹战役中击败了马耶纳，夺取了圣德尼，占领了附近的所有村庄，并击溃了巴黎近郊的防御，所到之处均遭大肆破坏。他实际上已经站在了圣日耳曼德普雷修道院的塔楼上俯视巴黎这座敌对的城市，但是他的大炮在那里无法摧毁腓力·奥古斯都城墙，他不得不承认武力难以征服巴黎，不得不停止围攻这座居住着“不驯服、不懂礼节、没有规矩、缺乏理性的民众的城市”。[38]

1590 年的围攻给巴黎造成了局势的紧张。在失去吉斯家族领导人的情况下，巴黎人民建立了四十人委员会，这是一个由当地名人组成的战争内阁，包括三名主教和七个高级贵族，任命吉斯的弟弟马耶纳公爵作为军事首领。作为联盟的狂热支持者，教区教士举行了大规模的街头游行以鼓舞士气，但是结果无济于事。由于干旱，塞纳河水位持续下降，城内食物短缺，居民们不得不将城墙内的各种活着的动物捕来充饥，从吃马，到吃猫、狗和老鼠。一个意大利人目睹了巴黎遭受围攻的惨景。他说："我亲眼所见，由于买不起木头进行烹饪，一些人竟然把活狗撕着吃。"另一个目击者说："还有一些人在自己家里吃猫。"[39] 在那个物资极其缺乏的条件下，3 万多人死亡，再加上逃走者（最初亨利是允许出逃的），巴黎的人口从 30 万减少到 20 万。最初仅仅是被抑制的厌倦战争的呼声现在可以听到了，人们高喊着"面包与和平"。

当帕尔马公爵带领的西班牙军队来到巴黎附近，并迫使亨利四世撤退后，围攻才得以解除。联盟领导人还在发号施令，实行一个更为恐怖的精神复兴计划。不论在哪里，只要是反对他们的，都被认为是政治阴谋。在 1591 年 11 月的一次事件中，他们甚至判定巴黎高等法院的官员已经投敌。处死议员的做法震惊了资产阶级，也遭到马耶纳公爵的强烈反对。但是，因为是要惩罚联盟的极端分子，他只能精神高度紧张地看着。作为王位觊觎者、联盟的积极拥护者，步履蹒跚的查理十世，即红衣主教查理·德·波旁，使联盟雪上加霜，由于王朝已经没有王位继承人可以选择，而西班牙国王又对法国王位越来越感兴趣，人们开始担心巴黎会成为西班牙的傀儡。无论如何要有一个权宜之计，而联盟却处于严重的内讧之中。更为严重的是，在表面忠诚于极端统治的形势下，一场和平运动正在酝酿。

1592 年 3 月，联盟内部矛盾明显扩大，因为马耶纳已经开始与亨利四世进行谈判。纳瓦拉的亨利公开放弃新教信仰的事很快大白于天下。1593 年 7 月，纳瓦拉的亨利皈依天主教，仪式在圣德尼举行。他选择此地作为公开皈依的场所是因为圣德尼与王朝密切相关。要估量一个人宗教信仰的程度是很难做到的，特别是在某种冲突的压力之下更是如此，这种冲突的压力来自三十多年的信仰斗争。然而，他对巴黎的著名评价是，“一个有价值的地方”，这话或许听起来没有说的那么动听。

1594 年 3 月 22 日，亨利进入巴黎。由于怀疑有军事反抗，他采取了谨慎的策略，但是并没有人声称要进行军事反抗。巴黎人现在似乎对他更加顺从，事实上他们都感到高兴。他很好地扮演了一个天主教国王的角色来表明自己的善意。他直奔巴黎圣母院去听取民众的意见，在濯足节洗脚，接触“国王病”，炫耀地参加复活节圣餐。通过有计划地利用最具有历史性和天主教特色的君主制仪式和礼节，他要使这个国家分裂的身体重新变得完整。

为了赢得巴黎人民的支持，新国王极力炫耀自己的宽宏大量。他向巴黎人发出的第一个声明就是要表示，王室已经忘记了过去的一切，这在宗教战争期间已经不是第一次了。但这次他是要说：“作为国王，陛下希望全体国民同心协力，特别是资产阶级和巴黎市民，允许他们友好、和谐地相处，希望过去的苦难不再重演。”[40]

亨利取得法国首都意味着他结束宗教战争只是时间问题了。通过 1598 年《南特敕令》的颁布，他重建了宽容的宗教多元化统治，以证明自己的长久打算。尽管没有人反抗自己，但是亨利一想到新王朝会不会失去首都的问题就不寒而栗。他意识到他过去曾经使巴黎人民受尽苦难，所以现在应该给他们以补偿。亨利四世的统治证明，这次巴黎的重生要比文艺复兴时期更有意义。他和他的继承人所进行的改革则更加证明了这一统治比宗教改革更为持久，在令人震惊的圣巴托罗缪大屠杀事件的映衬之下尤其如此。巴黎的未来一定是新罗马，而不是新耶路撒冷。

5

伟大的世纪，巨大的衰落

（1594—1715）

纳瓦拉的亨利四世（1589—1610 年在位）在宗教战争中为自己的事业取得了巴黎，而这座城市的状态非常糟糕。在亨利和他的继承者路易十三（1610—1643 年在位）的统治下，巴黎再次焕发生机，人口明显上升，尤其是在 1650 年以前更为突出：在 1589 年至 1590 年围困结束以后，人口迅速恢复，到 1600 年，巴黎城市人口很可能已经达到 1560 年的 30 万的水准；到 1680 年，巴黎人口已经达到 50 万。城市的面积增长更快，至少在这个期间扩大了一倍。众多高质量的新建筑拔地而起，给巴黎中心增添了无穷魅力。巴黎的繁荣与王朝对首都的承诺密切相关，如今很可能再一次出现这种情景。在“太阳王”路易十四（1643—1715 年在位）的庇护下，首都的科学、思想、文学和艺术都达到前所未有的繁荣。所谓“伟大的世纪”还表现在法国国家不可思议的成长和壮大。例如，在 1560 年至 1640 年间，王家政府官员的数量翻了一番，国家领土扩大，疆域稳固。

从 17 世纪 60 年代开始到 1683 年去世，让·巴蒂斯特·科尔贝一直是路易十四的首相。他继承前代国王的遗志，明确表示要把巴黎打造成文艺复兴式的理想城市，以重建王朝的辉煌。到了 17 世纪最后二十五年，各个方面似乎连成了一个整体，使巴黎成为新罗马，一座新的永恒之城，正如 1643 年的一位旅行作家所说，就像意大利的大都市一样，巴黎“没有被自己的废墟所掩埋”，恰恰相反，“那里有众多的市民、高超的建筑、雄伟的教堂和教会建筑”。[1] 随着它政治力量的加强、文化魅力的增长和国际知名度的扩大，正如路易十四时代伟大的军事工程师沃邦所说：“巴黎是王国真正的心脏，全体法国人共同的母亲，是法兰西的缩影。”1669 年，法学家尤利安·布罗多也同样赞扬巴黎是“法国的法国，王国的首都，国家的中心，法律的根源，全体法国人的祖国，全世界所有民族的顶梁柱”。[2]

但是，伟大的路易——这是巴黎人 1672 年送给路易十四的绰号——不过是一种奉承而已。最初，在科尔贝思想的引导下，人们认为，法国首都城市的荣耀会增加国家本身及其王朝的光辉，但后来国王放弃了巴黎，而是选择了一个新的地方，那就是凡尔赛宫。尽管这一时期巴黎的文化光芒四射，但从 17 世纪 80 年代起，在拥有王宫的凡尔赛城面前，巴黎黯然失色，太阳王一生的时间都是在凡尔赛的宫殿里度过的。如果说在 1697 年巴黎作为国家的高等仆人而存在，那时的巴黎还是“世界上最重要的城市”，那么凡尔赛则是“世界上首屈一指、最伟大的和最宏伟的城市”。[3] 此后，巴黎又一次黯然失色，那就是在作为欧洲最大的城市五百年以后，巴黎在规模上就要被伦敦赶上和超过了。

如果说 17 世纪末巴黎的最后挣扎如同波旁王朝的政治衰败一样，那么一开始并不是这样。事实上，亨利四世对他的首都城市做出了几乎是无条件的承诺。在宗教战争的最后阶段，巴黎在王朝统治的合法性和坚固性上表现出来的重要性就已经十分明了。亨利自封为巴黎的统治者，这使他的努力成为国家复苏的关键。在复述 1528 年弗朗索瓦一世震撼寰宇的言论中，亨利四世表明了自己的主张，他要“住在巴黎并度过自己的时光，要使巴黎美丽动人，尽可能对巴黎进行装饰，完善巴黎的各种设施”（顺便说一句，如同弗朗索瓦一样，这种承诺只能听不能信，因为亨利四世的大量时间是在法兰西岛的乡下寓所里度过的）。[4] 雄心勃勃的新国王亨利着力塑造巴黎城，使它能够与其长辈的时代相媲美，这既是为了国家，也是为了王朝。在他死的那年，有一本小册子这样写道：“从亨利四世成为巴黎的主人那一刻起，除了随时随地都会看到建筑工人在工作以外，我们就什么也看不到了。”[5] 他那客观的建设和重建努力由他的儿子路易十三继往开来。路易十三及其继承者路易十四登上王位时均为孩童，他们的摄政——路易十三时期的玛丽·德·美第奇，路易十四时期的奥地利的安娜——对于维护王权的延续发挥了重要的作用。在这种情况下发挥重要作用的还有从 1624 年至 1642 年担任红衣主教的黎塞留，以及从 1642 年至 1661 年担任红衣主教的马扎然。

追随弗朗索瓦一世的步伐，亨利四世极力想使卢浮宫成为自己权力的中心。1594 年，新国王刚进巴黎就开始对卢浮宫重新整修，并且建造了一个约四分之一英里的长廊，将卢浮宫与凯瑟琳·德·美第奇建造的杜伊勒里宫连接在一起。这个长廊变成了奢华的艺术家和工匠的工作室，但也成为政治危机时的一条很好的逃跑通道。长廊的美丽从新桥上就可以看见。这座大桥始建于 1578 年的亨利三世时代，经由西岱岛的尖端将巴黎的左岸和右岸地区连接在一起。1588 年，在巴黎宗教战争达到白热化程度的时候，大桥的建设工作曾一度停止，但是亨利在征服了巴黎之后立即让建造者回来工作。1603 年，国王敏捷地跳过即将完工的大桥，其他试图模仿他的人掉到了塞纳河中。到 1606 年，这座大桥完全建成投入使用。

一、新桥

新桥是旧制度下的埃菲尔铁塔。它在雕刻品、绘画、短篇诗作和城市风光作品中已经得到不断的再现，而且是最早一批被呈现在全景照片中的巴黎纪念性建筑，照片也进一步提高了它的知名度。它的轮廓和位置尽人皆知。如埃菲尔铁塔一样，一看到它，人们就想起了巴黎，事实上它就是巴黎。

1991 年，电影制作人莱昂·卡拉克斯的电影《新桥恋人》引起了一场骚动。为了拍摄这部电影，他在艾克斯-普罗旺斯附近的白垩沟完全按照新桥的原样另造了一座桥。但是很多人都没有注意到这一点。随着岁月的流逝，最初的新桥已经被多次重建，可以说现今的新桥早已经不是原来的大桥了。亨利三世和亨利四世建造的这座"新桥"，到了 21 世纪，已经没有一块石头还留在原来的位置，尽管桥上的一些装饰品被放进了巴黎的各个博物馆里。原来大桥上所有的怪物装饰，即那些作为滴水嘴的张嘴怪兽，在 19 世纪 50 年代都被更换了，甚至亨利四世的青铜雕像也是复刻的，1614 年建造的那座雕塑在 1792 年被革命军熔化用来铸造大炮了，现在人们看到的是 1818 年重铸的。但是，无论如何二者还是很相似的，在其保护者和电影制作人看来，至少到近期，巴黎人是认可这个建筑，至少是认可它的外形的。

1606年新桥建成之际，如同1889年埃菲尔铁塔落成的时候一样，向人们展现了非同寻常的面貌。新桥长278米，宽28米，是巴黎最长的桥梁。这座桥上没有用来对外出售的房屋，这在巴黎建桥史上是第一次。这座桥是王室和巴黎人民共同建造的，因为国王赞助建桥的钱不是来源于出售桥上房屋，而是来自居民的税收。对于巴黎人来说，要经过这座没有房屋的大桥似乎是一次冒险。正如劳伦斯·斯特恩所说，桥上的“即兴的来风”常常会把帽子和假发吹到河里。大桥两侧各有一条人行道，这在巴黎也是首次出现。在每个半月形空间都建立了商店，给人的感觉那里好像是一个散步场所，也很像是一个露天市场。在桥上有一个叫作撒马利亚的抽水装置，那是巴黎第一个把水从河里抽上来的抽水机，建造于1608年，用一座名为“好撒马利亚人”的雕像进行了装饰，它使这座桥由于人多而变得很有名，又由于有名而人越来越多。在17世纪早期，一个德意志参观者记载了一句巴黎谚语对大桥的描绘：“每时每刻在桥上都可以看见马车、白马、教士、妓女。”此外，总体上看，这座桥代表了一种恰当的政治隐喻：在1594年前由于政治和宗教纠纷把两代人相互分离，而现在则由一个新的交通设施将巴黎人和谐地联系在一起。

新桥凭借几代人的想象力，作为权力和政府、争论和享乐的地方，巩固了自己的地位。它在卢浮宫附近给国王提供了一个正面观看水上仪式、焰火、节目的看台，而亨利四世和他的马的雕像则成为世俗王权主义的集中体现。从卢浮宫到巴黎的司法宫或者巴黎圣母院，通常都要经过这座桥。有时，巴黎人民为这座王家桥梁官方色彩的逝去而欢呼雀跃。正是在这里，玛丽·德·美第奇的顾问、令人憎恨的孔奇尼的尸体遭到亵渎，暴乱者的吐沫雨点般地落在尸体上；正是在这里，投石党人在1648年至1652年间的反叛达到巅峰；正是在这里，人民在1789年革命来临之际焚烧王家大臣们的模拟像；大革命中恐怖时期运送行将被处死的贵族的囚车也正是经过这里前往右岸的断头台的。

在更为普通的情况下，新桥为过往行人提供了一个热闹非凡的好去处。桥上各种买卖应有尽有，招揽生意的商贩叫卖声五花八门，“巴黎的叫卖”后来成为一种长期流行的文学和艺术形式。小商小贩中间夹杂着三教九流各式人物，摆旧书摊的、卖小册子的、扒手、特技表演者、给狗剪毛的、街头表演者、卖花的、出租雨伞的，甚至还有正在休假的军官。另外，这座桥还以“庸医集合地”而闻名。在17世纪90年代，一个意大利来访者曾经这样记录道：“拔牙镶牙者、配眼镜者、专治疑难病症者、保证能让你返老还童者、面部美容者以及安装假腿者等等，各种流动庸医无奇不有。”值得一提的是，这座桥上的拔牙者格外引人注目，那些拔牙者早在投石党运动前就已经在这里活动了。从18世纪10年代到50年代，在民间很有影响的“伟大的托马斯”在亨利四世雕像旁边摆摊营业，他在那里为两代巴黎人拔过牙，令人赞叹不已。

1788年，路易-塞巴斯蒂安·梅西耶在他的《巴黎风光》中宣称，新桥是“巴黎城市的心脏：巴黎人活动的中心”。然而，也正是从那时开始，这座大桥的声誉逐渐丧失。18世纪70年代，在大桥上摆摊受到禁止，尽管后来在桥上建立了许多安静、固定的店铺，但这些店铺也在19世纪50年代被迁走了。1813

年，撒马利亚雕像被拆除。19世纪50年代以后，奥斯曼对巴黎城市的改造和机动车的流行，使这座大桥的历史特征完全消失了。此后，人们在大桥上能听到的"巴黎的叫卖"也仅仅是路过行人的抱怨声。1985年，表演艺术家克里斯托决定，像在商品上打商标一样对新桥进行"包装"，以使新桥回到巴黎人的注意之中，只可惜没有实现。今天，在我们意识到这座桥在巴黎人生活中的传奇色彩的时候，或许我们仅仅是看懂了它，但是无法真正感觉到它。

亨利的先祖弗朗索瓦一世曾经按照文艺复兴的城市理念建了一座具有领先地位的新桥，以重塑巴黎的光辉形象。与弗朗索瓦不同，亨利则通过对这个在很大程度上还带有中世纪色彩城市的改造，真正达到了预期效果。他心目中所想的是王家广场这个概念应该如何真正得以实现。罗马和意大利北部城市所建的典型的广场都是很好的模式，由国王提出图案和街道设计，由私人投资进行建设。亨利亲自构想并推动了至少三座这样的广场。其中，最富有野心的计划是建立一座当时最先进的广场，但这一计划伴随着亨利在1610年被暗杀而夭折，这就是法兰西广场，位于现在巴黎第三区，即城市的东北部，亨利计划把这里作为政府办公地和大使馆所在地。那里仅有少部分用法国省份命名的几条街道幸存下来，其中主要有现在巴黎第三区的布列塔尼街、诺曼底街、普瓦图街以及圣东日街。[6]

亨利的另外两座王家广场对城市规划造成了巨大的影响，一座是马莱区的王家广场，另一座是西岱岛上的太子广场。在亨利的规划中，建立王家广场（革命中被改名为孚日广场）的目的是打算用马莱

从太子广场入口处看到的新桥，可见四国学院、马拉凯码头和卢浮宫，约 1699 年

区的老托内尔公馆框架建立一个丝织工业基地，他希望能与意大利相抗衡并促进本国经济的发展。然而，计划的飞速实施远远超出了仅仅建立一个工业基地的意图，该广场成为一个由贵族统治的城市广场，根本没有什么工人的空间。亨利许诺自己要居住在巴黎，其目的是要把上层贵族阶级吸引到首都来居住以便掌握在自己的监控之下，他不希望看到那些人在外省窥视王朝，发动宗教骚乱。这就是他决定“现在扩大巴黎的规模比以前任何时候都更为重要，因为必须满足爵爷、士绅和其他随行官员居住的需要”。[7]这个工程是一个合资开发项目。

亨利的个人投资主要在广场南部的国王阁，余下的三面又细分成小块，他和他的首相苏利强行摊派给了上层政治人物，并要求所有的住宅都要按照国王阁的模式，用白石和红砖来建造。古老的佩剑贵族和新兴的穿袍贵族不久都争相购买。令人印象深刻的这个重大项目的王家揭幕仪式于1612年在广场中心举行，由亨利的继承者路易十三主持，这个仪式如同一场狂欢，热闹非凡。1639年，首相黎塞留在广场的中心为路易十三竖立了一座雕像。

到这时，巴黎城市建设规划进入了一个新的发展阶段。例如，在广场的正西方，老城区的排水沟已经铺设完毕，随后，纳维圣路易街改名为蒂雷纳街，那是一个极其时尚的街区，也是最著名人物居住的场所。蒂雷纳街经由圣热尔韦教堂和圣殿区，然后继续向前到达周围的一些地区。此外，亨利还要求所有建筑都要规规矩矩，沿街排列成一条直线，其中有一些建筑已经有几百年的历史了。这就是现存马莱区的房屋与当今孚日广场的建筑如此和谐的原因。此外，如同别的地方一样，木架结构的建筑是被禁止的，其主要目的是要保持建筑物的高度尽量一致。

17世纪初期还建立了一个新岛，名为圣路易岛，它成为马莱外远离岸边的一个去处。从1614年，由克里斯托弗·玛丽牵头的一伙商人提出了一个想法，建立一座大桥把西岱岛港湾的两个半遗弃的岛连在一起，从而形成一个整体，一个是天主教会拥有的圣母岛，另一个是稍小一点的奶牛岛。在王室的帮助下，他们巧妙地避开了天主教会的反对，充分利用那块土地和建筑，形成了一个岛屿网络，其中，1614年至1635年修建的玛丽大桥把奶牛岛与右岸马莱一侧连接在一起；1620年兴建的托内尔桥沿着奶牛岛一线继续与左岸相连接，同时，一座小木桥将新岛与西岱岛的东端连接起来。玛丽理事会计划把房屋建筑面对河水以招揽生意，使那些有钱加入此项工程的人们入住后能有一个极好的视觉，而那些比较简陋的住宅则计划建在新岛的中心部位，从 1622 年起，那里开始建立一座新教堂，名为圣路易岛教堂。该岛屿的存在和快速发展也帮助左岸托内尔码头后面那些处女地的开发，继续往东在 1633 年建立了一座花园。从 1640 年开始，这座国王花园，即现在的植物园，对公众开放，并成为巴黎人喜爱的休闲景点。

在现在的巴黎第一区，亨利兴建的太子广场发展很快，那里提供的社会技艺和装饰服务使城市公共设施成为一个整体。该广场坐落在西岱岛西部顶端，刚好就在新桥的后面，1608 年设计完成。太子广场不是贵族们追逐的目标，而是金融家和商人的理想去处。因为贵族们的兴趣在王家广场，而金融家和商人们看重的是太子广场靠近城市主贸易区的地理位置。尽管与王家广场相比较来说，太子广场残留的原始建筑物不多，但从那里人们仍然可以领悟到那个三角地带封闭独特的思想。大桥和岛屿周围的那些河岸都被重新铺设以体现独特风貌，亨利四世的骑马雕像最后被安放在新桥的中心位置，那里紧挨着太子广场的顶端。该雕像是 1604 年由一个意大利雕刻家完成的，但由于从意大利运回来的过程中船只在地中海出事，直到 1614 年才由亨利的遗孀主持了落成典礼。

在亨利四世以前，还没有一个统治者用这种方式把自己的雕像安放在首都。雕像的姿势与意大利北部城市国家权威性的文艺复兴理念相吻合，但同样值得注意的是，雕像完全体现了波旁家族统治者相信巴黎人民对本王朝的支持，而早期的统治者之所以不敢把自己的雕像放在公共场所正是由于担心被人损坏。亨利也使左岸的新桥和太子广场成为左岸与卢浮宫相连地区快速发展的跳板。位于现在巴黎第六区的太子街宽阔的新街道与左岸的新桥相连。尽管亨利使新街与房屋相匹配的计划终成泡影，但是新街计划的确刺激了那里的发展：一些新街横穿太子广场，沿街到处都是新建的房屋。[8]

太子街的创立也使近郊圣日耳曼区距离巴黎城市中心更近。英国的一个名叫罗伯特·达林顿的参观者认为，圣日耳曼区的规模与剑桥大体相当，但事实上圣日耳曼区的人口很可能比剑桥还要多出两万人。[9]但到路易十四统治后期为止，那里作为马莱的商业区还具有相当程度的农村感觉，但是这个地方注定会成为人们欣赏的永久居住地。两座王宫对圣日耳曼区的成功也发挥了重要作用。一座是在1607年以后由玛戈王后建造的分散住宅区（玛戈王后是亨利四世的第一任妻子，二人在1572年圣巴托罗缪惨案前结婚，但她长时间被抛弃在一边）。那块住宅区位于从大学手中买来的牧师草地中，面对卢浮宫。1615年玛戈王后去世，这笔地产就留给了路易十三，路易十三允许拆除那里原来的房屋，重新发展房地产业。那里的街道建设计划在现今巴黎第二区的学院街的南部展开，即后来著名的波旁街，现在叫里尔街和凡尔纽街，这两条街道与学院街平行，为建筑豪华的私人住宅或专业旅馆提供了空间。

如果说玛戈王后的开发推动了近郊圣日耳曼区向塞纳河发展，那么亨利四世的遗孀玛丽·德·美第奇的宫殿则推动该区向圣热纳维耶芙山方向扩展。那座宫殿就是卢森堡宫，由于玛丽并没有在那里住很长时间，该宫殿还是以它原来所有者的名字命名的。这座宫殿自1612年开始建造，17世纪20年代完成，刻意模仿佛罗伦萨的小王宫样式，卢森堡宫宽敞的花园成为巴黎人民喜爱的散步场所，这就是人们喜爱光顾的现在巴黎第六区的波波里花园。约翰·埃弗兰在 1644 年认为，“这个花园十分优美，魅力无穷”。[10]

从长远来看，近郊圣日耳曼区的扩展是以马莱为代价的。虽然发展不仅仅在马莱和圣路易岛，但很明显，整个城市中心逐渐而又清晰地向西转移，这一点在右岸更为明显。卢浮宫作为王室住宅的新角色使它的四周到处都是贵族建筑，包括查理五世老城墙内外。尤其是近郊圣奥诺雷区，就在圣奥诺雷街的尽头，新建筑拔地而起。早在宗教战争的时候，为了把新发展的区域围在城区以内，就已经将查理五世城墙向西部和西北部延伸了。亨利四世建立的长廊将卢浮宫与凯瑟琳·德·美第奇的杜伊勒里宫沿着河岸连在一起，更加体现了这种扩展趋势。玛丽·德·美第奇在这里建立了一个舒适的散步场所和王后水道，该水道延伸到沙约以外（凯瑟琳·德·美第奇曾经在那里建造了一座宫殿），一直到达布洛涅森林。首相黎塞留建造他自己的新宅也有助于这种扩展。那座新宅就建在卢浮宫北边不远的地方。主教宫或者叫罗亚尔宫，正如自 1643 年以来人们就已经十分清楚地看到的那样，是一个绿树成荫的优美的花园建筑。由此处再往北，黎塞留的继承者马扎然也建了一座宫殿——马扎然宫。这座宫殿就是现在的国家图书馆黎塞留分馆。

首相黎塞留和马扎然都认为，对于他们住宅坐落的这个快速发展的区域需要提供军事防御。这种考虑有两个方面的安排：第一，对近郊房屋建设的延伸采取严厉手段，包括 16 世纪的各种法令，以及 1627 年、1634 年、1638 年和 1644 年的法令，都是要打击这种发展；第二，延长城市的防御区。在 17 世纪 30 年代，新的防御堡垒沿着 16 世纪晚期就已经存在的线路继续从现在巴黎第二区的圣德尼门向西建造，接着又转向西南方，使防御范围扩大了 84 公顷。这个面积几乎是右岸防御地区的三分之一，使整个城市的防务面积达到 567 公顷。因为从开始挖掘时就露出了地下的黄土，所以防御壕沟向来被称为“黄色壕沟”，这一防御壕沟一直延伸到塞纳河边的 17 世纪 60 年代建立的杜伊勒里花园。该花园的残余部分仍然是杜伊勒里花园的西半部分，面对当今第一区的协和广场。这样一来，该区域就形成了一个防御圈，除了杜伊勒里花园，圣奥诺雷区和蒙马特区北部的大部分也都在范围之内。南北向的黎塞留街为开辟新的发展空间提供了框架，黎塞留街与东西向的小田野街相交叉，小田野街是与圣奥诺雷街平行的一条街道，但是该街没有像它的名字那样具有田园气息，因为在那里还有一个巨大的垃圾堆，人们叫它“巴斯垃圾场”。该垃圾场在 17 世纪 30 年代达到一定程度，这才开辟了现在巴黎的第一区和第二区的圣安娜街。在接下来的几十年时间里，由于黎塞留的投资建设，整个地区的发展很快。该地区吸引了法国的许多金融精英，例如，路易的财政总监科尔贝就是到那里居住的人之一。

这样一来，在那里建立私人宫殿的行为达到高潮，不仅在黎塞留区，在其他一些受人青睐的邻近地区，如马莱区、圣路易岛和近郊圣日耳曼区，也到达了发展的黄金时代。不论是老宫廷成员或贵族家庭，还是来自金融、司法和波旁家族管理层的官员，他们的住宅都比 16 世纪其前辈的住宅更宽敞、更高大。外国参观者常常称它们为“宫殿”而非“住宅”，并对那些住宅里丰富的文化生活印象深刻。这些住宅外表装饰极其漂亮，内部装修十分豪华。坐落在圣路易岛东端的兰伯特·德·托里尼公馆就是一个典型的例证。该宫殿由勒沃设计建筑，随后由厄斯塔什·勒叙尔和夏尔·勒布伦进行装饰，它的最初拥有者是一个成功的残忍金融家，巴黎历史学家亨利·索维尔说他是一个“财富小人”，因为他的财产都是靠“巧取豪夺、敲诈勒索得来的”。[11] 新宫殿中的贵族生活方式不仅在老贵族家庭中流行，也向新的财政精英群体扩展。

二、塞维涅夫人

1677年，著名书信作家玛丽·德·拉比坦–尚塔尔，即塞维涅夫人（1627—1696）以激动的心情给她的女儿写信说，她打算买下一所住宅并与她们共同住在那里。她在信中写道：“这是一件大好事，我们将有美丽的庭院、可爱的花园和友好的邻居。”这处住宅就是坐落在现在巴黎第三区和第四区之间塞维涅路的卡纳瓦雷公馆，如今它已成为巴黎历史博物馆，塞维涅夫人在那里度过了自己人生的最后二十年时光。巴黎历史博物馆选择的位置很好，因为卡纳瓦雷公馆在巴黎文化生活的历史上不论哪个时期都是马莱的珍品之一，更为重要的是，塞维涅夫人大量的书信都是在那里完成的。

亨利四世在马莱建造王家广场（现在叫孚日广场），极大地刺激了那里建筑业的发展，并使之达到全盛时期。诗人斯卡隆以这样的歌谣赞美了该广场上的每一处房屋：

内部奢侈，外部豪华，
饰品无数，绘画无价，
亭阁稀有，誉满天下。

这样的评论也适用于王家广场上其他众多的宫殿，这些宫殿增添了马莱特有的风采。国王曾经试图使王家广场成为一个文化黏合剂，将难以驾驭的社会精英团结在一起，出生在该广场一处住宅里的塞维涅夫人也从这个好位置受益匪浅。作为一个金融家与一个古老贵族之女间不和谐婚姻的女儿，塞维涅夫人不仅进入了宫廷，还成为当地街区的一个活跃市民。尽管她的足迹踏遍了法国的山山水水，但她始终都是马莱的一名居民，事实上，她在巴黎的成年时光都是在这里度过的。她的地位和品格使她远离某些文化行为，按照这样的分析，她不可能去戏院这样的下层地界，同时，勇敢的怀疑论者梅森（有一段时间与笛卡儿和伽桑迪交好）、圣阿芒、西哈诺·德·贝热哈克和其他一些人也步其后尘。然而，如果说她没有去过任何巴黎的戏院，那么她肯定读过那些剧本，并在宫廷中看过剧本的演出。她“痴迷”于拉辛的朋友高乃依的剧作。据说她曾经宣称，她对高乃依的剧本就像着迷于咖啡一样，喝咖啡是一会儿一杯，读剧本是一会儿一本。同时，她还欣赏莫里哀喜剧中的道德说教。拉封丹的一个寓言就是描写塞维涅夫人的女儿的，塞维涅夫人把帕斯卡的直觉主义原则作为自己的生活准则。在生活中，她还与作家斯卡隆交好，与其妻子的关系也不错，斯卡隆逝世后，其夫人以德·曼特农夫人名义成为路易十四的情妇。塞维涅夫人的友人还包括诗人布瓦洛和瓦图、词典编辑者梅内热、詹森派神学家阿尔诺、作曲家吕里等当时著名的巨匠。

塞维涅夫人生活的马莱是当时法国文化发展的中心。许多艺术家（如维尼翁、拉伊尔等）和建筑师（如芒萨尔·阿杜安、利布莱尔·布里扬等）都住在这里装饰非凡的崭新建筑里。当地的剧院也大受欢迎，一班演员在勃艮第剧院——17世纪晚期形成的法兰西喜剧团体的核心——开始在贝托德路演出（在当今蓬皮杜中心的对面）。那里还举行各种沙龙，进行一些文化问题的探讨和思想问题的辩论。在方石街的一座建筑里，即当今的巴黎历史图书馆，拉穆瓦尼翁举办了一个沙龙，拉辛派的作家们、布瓦洛、拉罗什福科和物理学家居伊·帕坦等都参加了。

伟大的传记作家圣西门回忆塞维涅夫人时说她是一枝“永不凋谢的紫罗兰”，她是“多么可爱、多么优秀的伴侣”。对塞维涅夫人的这种描述丝毫没有夸大其词。她热情支持当地那些为马莱争得骄傲的才女。在17世纪初期朗布耶夫人举办沙龙之后，斯屈代里小姐也在圣殿旧街举办了沙龙，而在托内尔街则聚集着尼农·德朗克洛那样的交际花，正是她勾引了塞维涅夫人的丈夫并导致他在决斗中死去，二十年之后又勾引了她的儿子。塞维涅夫人也是拉法耶特夫人的一名支持者，她在1678年发表的《克列芙王妃》是法语语言文学中最早的一部小说。

我们今天阅读塞维涅夫人的书信不仅仅是要了解她的智慧和活泼的写作风格（尽管她的作品被其后裔作了谨小慎微的删改），我们还要洞察她为我们提供的马莱那至高无上的文化地位，当然，这一地位不久就被近郊圣日耳曼区所取代。另外，她的书信还记载了她了如指掌的乡村闲话，真可谓举世无双，其中包括这样的细节：谁嫁给了谁，谁破了产，岁月的流逝，宠物的命运，王家广场上的决斗（至少她曾经亲临其境），她的写作素材包罗万象。萦绕在她心中的一个突出问题是她自己和她心爱的女儿的健康问题。据记载，她曾经建议她女儿采取避孕措施。在她的信件中提到过六十名医务人员，从缺德的内科医生到莫里哀讽刺的不折不扣的街头庸医，无所不有。其中还有各种当时流行的民间治疗方式，从维希矿泉水到咖啡、巧克力、奎宁，以及各种可以想象的清洁方式，塞维涅夫人就是以这样的多种方式给古老的马莱带来了新的生活的。

在 17 世纪上半期，法国国家与私人资本是混合在一起的，这才使亨利四世的王家广场和主要的城市住宅得以发展，也同时使这一时期的教会建筑十分兴旺。1598 年，亨利四世以《南特敕令》结束了宗教战争，并给予胡格诺派在法国的信仰自由，他自己也以身作则，从天主教和胡格诺派两派中选出他的顾问。法国的许多城市都允许新教徒进行自己的祈祷活动，但是，由于天主教信仰历史悠久，巴黎是不允许新教徒进行祈祷活动的。尽管在巴黎有两三万名胡格诺派信徒，他们绝大多数都住在位于牧师草地的学院街，在那里受到法律的保护，但他们还是不得不到附近的沙朗东去做礼拜，从巴黎坐船很快就能到达那里。

然而，尽管新教徒在巴黎得以存在，但是加尔文把巴黎变成新教改革堡垒的愿望完全没有实现。事实上，在 17 世纪，伴随着 1545 年至 1563 年特伦特国际教会会议确立的信条原则，这座城市就已经成为反改革的风暴中心。根据该会议的决议，1622 年巴黎主教被提升为大主教。至少在公众祈祷方面，巴黎已经成为一个单一教派的城市，就宗教体系来说，巴黎已经不是一个信仰多样化的城市。在宗教战争的那几十年时间里，全法国仅建成了一座天主教教堂，现在情况则发生了根本改变：仅在巴黎一座城市，17 世纪就有上百座教堂得以建立或者修缮。有些教堂完全是新建的。例如，建立于 1629 年至 1740 年间的现在巴黎第二区的维克多圣母院和建立于 1630 年至 1685 年间的现在巴黎第五区的圣雅克高地教堂，都是为新增长的人口而创立的新教区教堂。由于宗教纠纷而陷入困境的宗教建筑活动重新开启。例如，圣梅里教堂、圣热尔韦教堂、圣日耳曼德普雷教堂、圣叙尔皮斯教堂、圣厄斯塔什教堂和圣埃蒂安教堂等，都开始了重新修建工作。从建筑方面来说，尤其引人注目的是现在巴黎第一区圣奥诺雷街的圣罗克教堂和第四区圣安托万街的圣路易及圣保罗基督教堂，该教堂是 1627 年至 1641 年间建立的，现在叫圣保罗教堂。这两座教堂都具有典型的“耶稣会风格”，建筑物正面有三根古典圆柱。这些建筑物的规模和其他很多教堂一样过于庞大，因此存在很多问题而难以完成，例如，在 1646 年开始重新修建的圣叙尔皮斯教堂直到 1788 年法国大革命前才修缮完毕。

为了满足蜂拥而起的教会建筑的经济需求，神职人员定期举行大型捐赠活动。在整个 16 世纪，新的宗教用建筑十分不足，但从 1600 年至 1660 年间，就建立了六十多座新教堂，到 1700 年，又建了三十多座，而在 1700 年至 1750 年间，仅建立了十座新教堂。这些新建的教堂绝大多数在左岸地区。正如一个参观者所记载的那样，在宗教战争之后，巴黎郊区的大部分地方被“毁坏并彻底荒芜”，[12] 但是到了和平时期，那些靠近城市中心的廉价土地基本上都被教堂的建筑者所获得。新的教堂中有三分之二以上是为妇女建造的。宗教机构有一整套精神使命，包括神秘的忏悔祈祷。例如，在现在巴黎第五区圣雅克街的田野圣母教堂，就有巴布·阿卡里 1603 年引入的天主教托钵修道士的这种活动。而在另一个极端，各种宗教社团则献身于实际生活，特别是慈善机构和教育事业，他们追求的是“现世”，而不是修道院围墙内的苦行，其中一个最明显的例子就是特伦特式的虔敬行为，这是指特伦特会议所同意的礼拜和信条改革，以及修道院活动的复兴等。其中，最著名的女性社团是由圣樊尚·德·保罗和圣路易·德·马里亚克 1633 年建立的“慈善之女”，其修女院位于现在巴黎第五区的圣德尼街。

有些新建的修道院十分简朴。例如，作为詹森派信条精神发源地的王港修道院，17 世纪 30 年代起，那里的奥古斯丁虔敬活动又发展起来，而且相当朴实无华。然而，就在巴黎城市的最南端，距离这里不远就有一座豪华的圣恩谷修道院。从 1624 年起，王后奥地利的安娜买下一块地方并为该修道院修建了一座小礼拜堂，这主要是为那些保佑她能生个儿子的人从事祈祷活动修建的。结果，安娜王后真的在 1638 年生下了路易十四，当时她已经将近四十岁。小礼拜堂顶部呈穹形，这实际上是意大利风格，出生在意大利的红衣主教马扎然极力主张建立这种巴洛克式的建筑。其他穹形顶部的建筑还有黎塞留在 1642 年修建的索邦小礼拜堂、1641 年在马莱建立的圣路易及圣保罗教堂、1670 年建立的荣军院和硝石场医院以及 1688 年建立的法兰西学院。[13] 巴黎的天际线无法磨灭地转变成意大利式与哥特式的混合体。

这种炫耀奢侈的宗教建筑追求使巴黎成为“天主教化的”空间，在很大程度上完全是要敌视胡格诺教派，如同与这种发展紧密相连的政府一样，这是人们心知肚明的。在法国，执行彻底改革天主教会的特伦特会议敕令的进程由于宗教战争而延缓下来，但在世纪之交后，随着天主教复兴活动的膨胀和神圣君主政治的重新立足，天主教虔敬

1615 年 4 月 5 日至 7 日，在王家广场上为路易十三和奥地利的安娜举行婚礼所进行的竞技表演

活动也再次开始。后特伦特会议时代的教会和世俗精英似乎放弃了公开对胡格诺派采取暴力行为。在宗教战争中为同盟宗派活动充当精神先锋的那些社团现在转而追求慈善、教育和更稳妥的虔敬目的。1614 年，黎塞留在三级会议上诚恳地说，现在宗教皈依已经不再使用暴力，而是通过“自己树立样板，通过教育和祈祷者们，这是我们希望的唯一武器”。[14] 这是恰当的观点，四年前亨利四世遭到一个狂热信徒让·弗朗索瓦·拉瓦亚克暗杀就是宗教战争的遗产。然而，黎塞留的评论也被证明不再使用暴力的说法是夸张的。1685 年废除《南特敕令》以后，全法国对胡格诺派的宽容都结束了，伴随而来的当然是

公开的暴力行为和赤裸裸的侵犯活动，这种活动在外省比在首都更为突出。当然，总体来说，天主教会的主要目的在于自身改革，并更多地呼吁那些世俗人士保持善意。天主教会对自己的敌人和世人提供了情感和心理上的冲击。不论是从内部还是外部，教堂和修道院都扮演了改宗的代理人角色。在各个教堂内部，都以丰富的绘画、雕塑、着色的玻璃制品进行装饰，管风琴音乐和宗教赞美诗异常兴盛，前所未有。在16世纪80年代，具有浓厚职业和礼仪色彩的文化还十分流行，尽管现在末世论的因素已经减少，但是巴黎作为新耶路撒冷的概念还不会退出历史舞台。特伦特会议以后的天主教会也没有放弃在信条差别问题上与新教的斗争，包括神职人员训练的彻底改革。当时，出现了一些新的神学研讨会，其中最著名的是1611年圣奥诺雷街的祈祷会，1625年圣德尼街的圣樊尚·德·保罗遣使会，1642年的圣叙尔皮斯会。这样，天主教的布道活动进入一个黄金时代。

宗教出版物也受到极大关注，从最著名的神学论著到最基本的宗教信条和普及作品，无所不包。波旁王朝虔诚地忠于教会。事实上，路易十三和奥地利的安娜本身都是忠实地按照特伦特会议原则行事的统治者。然而，宗教和思想讨论的空间被天主教联盟规定的范围严格限制，统治者不希望神父成为自己的政治对手。亨利四世完成了由其前辈瓦卢瓦公爵开始的对大学的教化，大学的处境十分糟糕，由于宗教战争，大学的数量迅速减少。黎塞留通过成为索邦神学院的圣职人员而使神学控制具有双保险。当然，他也参与了该神学院建筑的整修。红衣主教黎塞留当权期间，于1631年创办了法国第一份报纸《法兰西公报》，主编为泰奥弗拉斯特·勒诺多，但同时，他也加强了审查制度。《法兰西公报》只报喜不报忧，内容完全在政府的操纵之下。黎塞留还使用王家拘捕令逮捕那些政治和思想上的对手，使巴士底狱要塞因为拘押不同政见者而声名狼藉，该要塞的恶名直到 1789 年 7 月 14 日被起义的群众攻占才告结束。

法国的历任首相都秉承前任的衣钵，继续极力使巴黎市政委员会成为王权的附庸。自 1415 年起，巴黎市政委员会有两个办事机构：一个叫小办事处，负责办理城市的常规事务，其成员包括商人市长和四个选举产生的委员会委员以及三个拿薪水的官员；另一个叫大办事处，负责讨论重大问题，成员是在小办事处基础上再加二十四位城市名流。百年战争后，法国国王开始限制巴黎市政机关的发言权。后来，弗朗索瓦一世和亨利二世都确定，没有国王的批准，任何市政选举都无效，这两个干涉选举的做法后来都延续了下去。到了 16 世纪末，除了高级职位可以选举之外，其他职位都必须通过自己的影响、相互间的合作、贪污贿赂等手段来获得。宗教战争期间，巴黎市政委员会在很大程度上失去了权威，一些宗教笃信者集团竟然公然蔑视市政委员会的主张。从长远来看，巴黎市政委员会还发现，原来巴黎曾经拥有的对沙特莱要塞的权力现在也失去了。巴黎的商人市长必须由有头衔的贵族来担当，因此，他作为巴黎市长的权限扩大并成为王权的代理人。关于巴黎的军事问题，在亨利四世及其以前的时代，一般都是归王室家族成员或其他贵族所控制，而这些人基本上不管市政机关本身的想法。

如果商人市长能够按照国王的意愿行事，那么他还可以行使自己的权力。例如，弗朗索瓦・米龙从 1604 年到 1606 年能够作为巴黎市长，就是一个实例。米龙是沙特莱要塞长官的儿子，曾经在巴黎高等法院工作，从1596年起其本人又成为沙特莱要塞长官，正是得到亨利四世本人的举荐他才成为巴黎市长。据说，国王在一次评论中提出，巴黎城市事务缺乏管理人才。他说："我知道米龙干得很好，不是贪官，与其他官员相比较，他也很少讨价还价。"[15]米龙和他的后继者弗朗索瓦·桑甘（1606年至1612年为巴黎市长）成为亨利四世想使巴黎恢复活力的有效工具。他们承认巴黎的财政在宗教战争中受到伤害，所以他们打算在国王的支持下一方面解决国家的财政困难，另一方面要以文艺复兴精神重塑巴黎。

不论从社会角度还是政治角度来看，巴黎市政委员会都在发生变化。在一定程度上，这反映出城市精英正在脱离商业和制造业。[16]某些措施证实并加剧了这种趋势。1563年巴黎商业法庭的建立减少了巴黎市政委员会在贸易方面的权限，这种权限本来属于水路商人行会。1615年的法令规定，在四个巴黎市政委员会的委员中，至少要有两个是商人，但是这一点几乎没有人重视。1554年又规定，禁止"机械艺术"行业的成员进入市政委员会，这又使一些人不得不退出该委员会。结果，该委员会成员都变成忠于国王的穿袍贵族，而不再是独立的商人，而那些穿袍贵族通常对自己的贵族身份津津乐道。1577年，国王决定允许贵族作为巴黎市长和市政委员会委员，而这些人的父辈就是市政委员会委员。1614年，巴黎市政委员会中的大部分委员同时又是巴黎高等法院或其他权威法院的成员，这些位置都是花钱买来的。官位买卖之风自上而下愈演愈烈。1633年，买卖国家行政官员职位的腐败行为扩散到下一级官员，巴黎各种区级管理人员的官位也开始被买卖。

国王驯服了巴黎市政委员会，改变了巴黎的城市风貌，控制了那里的思想和精神氛围，社会和宗教界的精英们似乎都已经被国王驯服了。但是事实远非如此。宗教信仰仍然各异，这证明宗教很难控制。尽管大多数天主教徒拒绝天主教联盟鼓吹的暴力行为，但仍有许多天主教好战分子，他们被称为“笃信徒”，呼吁采取比亨利四世更为激烈的反对新教徒的行动。在他们的影响下，17世纪20年代，路易十二和摄政王太后玛丽·德·美第奇为了减少法国北部和西部胡格诺教派的军事自治权而采取了特殊手段。那些天主教笃信者还严厉地批评了波旁王朝开始实行的对外政策，这一政策就是要通过与新教国家结成战略伙伴来反对法国长期的敌人哈布斯堡王朝。他们认为，这是在考虑基督教世界和谐之前先考虑自己国家利益的表现。

更为重要的是，在波旁王朝的国家建设规划使法国社会处于紧张状态的情况下，笃信徒的批评具有更大的政治危胁性。最初，法国并没有公开卷入三十年战争，只是秘密地支持哈布斯堡家族神圣罗马帝国的德意志对手。但是，1635年法国参战，这就意味着，法国与奥地利的冲突将一直延续到1648年；与西班牙和哈布斯堡家族的冲突将延续到1659年。军队人数的急剧增加意味着战争的花费不断上升，政府不得不采取措施，通过提高税收、巨额借款以及财政上的其他谋略手段来筹集更多的款项，还采取国家对实际商品和服务少付金额的办法减少支出。一旦发生歉收或出现鼠疫疫情，人们就会面临政府采取的上述措施。从1620年到1650年，每年都会发生至少一次各种形式的抗议斗争。农民起义、市民暴动、贵族密谋，在法国各地时有发生。1648年至1653年，群众的反抗斗争在投石党运动期间达到高峰：一桌由农民造反、城市叛乱、贵族阴谋、宪法混乱构成的内战大餐摆在政府面前。

巴黎面临的困扰还不仅仅这些。1617 年，由年轻的路易十三领导的反对他的母亲及其首席顾问孔奇尼的密谋发生了，国王下令谋杀了孔奇尼并秘密埋在圣日耳曼欧塞尔教堂。对孔奇尼的税务政策不满的巴黎暴民挖掘出其尸体，用车运到新桥，将其砍碎并当众烧毁，景象惨不忍睹。在接下来的几年中，巴黎处于平静状态，但是 1636 年再次发生混乱。先是来自尼德兰的西班牙军队在科尔比战役中击败法国，接着一批部队到达瓦兹河，进而威胁巴黎。当时，来自法国北部和东北部的惊恐难民纷纷到巴黎寻求避难，与此同时，巴黎本地的恐慌人群纷纷南逃，各种逃难的马车堵塞了道路。当所有人都手足无措的时候，红衣主教黎塞留和路易十三国王保持镇定，并向巴黎人民表现出泰然自若的姿态，以使他们自愿参战去击退西班牙人。

到了 17 世纪 40 年代，黎塞留的继任者马扎然采取了一系列瞄准巴黎人钱袋子的措施，使他们对王室的忠诚发生动摇。在国家财政极度困难的情况下，马扎然决定让比大部分法兰西臣民更加富有的巴黎人为战争事业做出奉献。1644 年，他颁布了《图瓦塞法令》；1646 年，他又颁布了《关税法令》，厚颜无耻地向那些居住在防御城墙以内的巴黎人民榨取钱财。1647 年，他又从同样目的出发颁布了《赎罪法令》，该法令完全不顾国王赋予的贵族特权，下令所有居住在王宫地区的居民一律购买自己对未来的所谓责任。1648 年 1 月，另一个敛财措施出台，目标主要对准了巴黎高等法院中的那些富有的官员。

显而易见的是，巴黎城内对这种财政政策的反抗不是由市政委员会领导的，而是由巴黎高等法院领导的。市政委员会的独立性受到极大侵害，这就给政治领域留出了很大空间，巴黎高等法院太热衷于占有这一空间却因此而没有得到。尽管事实上是所有的行政官员而不是选举的官员贪污腐败，但巴黎高等法院是最高法律部门而不是某一个法律机构，所以完全有能力把自己塑造成一个具有重要代表作用的角色。从 15 世纪起，巴黎高等法院就显示出作为城市居民整体利益保护者的能力，而不仅仅关注食品供应和价格上涨的问题。巴黎高等法院拥有登记所有王家法规的职责，这使它成为王家法律的看护人，如果哪项与传统不符，巴黎高等法院有延缓甚至阻止该项法律生效的权力。从 1614 年起，三级会议作为法国全国性代表会议基本不再召开，在整个 16 世纪也仅仅召开了大约五次，这使巴黎高等法院的作用扩大了许多。卢浮宫作为王室住宅的建立使位于西岱岛上的古老王宫成为多余，因此那里成为巴黎高等法院的所在地，巴黎高等法院也因为在这里办公而可以大肆渲染自己如何重要。

对于关乎他们自己和巴黎人民切身利益的一系列财政立法问题，巴黎高等法院显得信心十足。1648 年 3 月，巴黎高等法院中那些腐败的政府官员，而不是经由选举产生的巴黎市政委员会委员，带头组织了一场运动，要求解散国家的军事和财政机构，中止王朝军事扩张的权限。以奥地利的安娜和红衣主教马扎然为首的摄政委员会立即做出反应，逮捕了他们认定的为首官员，这一做法使他们向引发革命又迈进了一步，以巴黎小孩玩的弹弓命名的投石党运动就此开始。

街上出现街垒以后，破坏巴黎法律和秩序的事情行将出现，而且这仅仅是一个开始。在完全把市政委员会排除在外的几次谈判中，摄政王太后似乎赞同了反叛者提出的计划。然而，她和国王在 1649 年 1 月逃出巴黎，然后利用孔代亲王包围巴黎并试图以武力迫使投石党人就范。这种情形使人回想起亨利四世 1589 年至 1590 年围攻巴黎的历史画面。枢机主教莱兹（后来成为其叔叔巴黎大主教的副手）以及其

1648 年 8 月 26 日，街垒日

他一些人的回忆录构成了一幅贵族叛乱的历史画卷，使人形象地追忆到百年战争中使用的各式武器和天主教同盟在街头阅兵时闪闪发光的帽徽。[17] 然而，宗教分裂已经不再是当年的问题，因为不论保王主义者还是反叛者都是天主教徒，胡格诺派已经低下了头。

尽管通过摄政与反叛贵族之间签订了一个调解协议而解除了对巴黎的围攻，但是形势每况愈下，尤其是反西班牙的战争仍在持续。在接下来的几年中，发生了无休无止、变化莫测的事件。第一件事就是巴黎的税务争论已经成为一个全国性冲突。问题的复杂性在于王公贵族的私利与国家事务纠葛在一起，在自己享受荣华富贵的同时，那些王公贵族还试图利用王权衰微的时机削弱黎塞留开始推动的中央集权。引人注目的是那些人脉广阔、相当知名的贵族妇女，如内穆尔女公爵，她们与她们的男性伙伴一样激情四射，就像爱情故事或高乃依戏剧中的英雄角色一样，上演了一幕史诗般的历史剧目。有一段时间，投石党人采取宗教战争中王公贵族的策略，利用外省的代理人在那里组织自己的私人军队。还有一段时间，他们寻求与巴黎高等法院建立政治联盟。此外，包括莱兹、孔代和路易十四的叔叔奥尔良公爵等在内的投石党人还雇用一些文人撰写煽动性的小册子以煽动巴黎市民，这就是当时的“反马扎然宣传品”。许多投石党人期望政府能给他们一笔数量可观的钱，然后他们就可以退出叛乱，但在17世纪40年代末和50年代初那样的困难条件下，国家根本没有足够的经济实力这样做。

对于历史学家来说，要理解如此复杂的历史问题并不是一件容易的事情，甚至对许多同时代的人来说也是如此。例如，在1652年，许多来自巴黎周围乡村的农民欢迎孔代亲王和他的军队，印象中只记得他是为国王服务的，但事实上那时他已经成为投石党反叛者的重要成员。在变化多样、时断时续的历史事件发生和发展的过程中，似乎每个人都在接受时间的考验。马扎然被以多种理由流放，乱党继续公开侮辱他和奥地利的安娜，通常是通过言语污秽的“反马扎然宣传品”。年轻的路易十四不得不忍受叛乱军队每晚检查他的卧室，以证实他没有逃跑。

尽管在法国历史上投石党运动并不十分重要，但是那场叛乱对于巴黎及其周围乡村的居民来说是一场巨大的灾难。当时发生了两次对巴黎的围攻，一次在1649年，另一次在1652年，每次都导致物价飞涨，民不聊生。巴黎的人口死亡率在1651年和1653年增长了两倍。巴黎周围地区的人们甚至面临更为糟糕的形势，因为他们遭受着王室和投石党两方面军队中那些违法乱纪分子的抢劫和掠夺，由此导致巴黎周边地区的饥荒和死亡率都超过市内。詹森派修女昂热利克·阿诺尔德写道："我们像鸡一样被杀害。"[18]她详细记载了发生在城门外的屠杀和暴行。据一位巴黎行政官员说："由于疾病、饥饿和劫难，巴黎周边农村的居民已经死掉了三分之二。"[19]要在经济和人口方面恢复元气，巴黎的下几代人还要在多方面努力。

这些事变使巴黎市政府陷入困境。在王室官员要么逃走要么无法履行职责的情况下，市政机关也没有抓住机遇成为巴黎人民的保护者。孔代、莱兹和始终犹豫不决的奥尔良公爵等靠不住的贵族投石党人将巴黎高等法院作为工具，因此后者也无能为力。1652 年春季，巴黎市政府的彻底失败完全暴露出来。由于巴黎官方拒绝为投石党和王室双方的军队打开城门，孔代和他的投石党军队聚集在圣安托万门外的城墙边，这使他们面临被蒂雷纳率领的王室军队消灭的危险。在紧急情况下，蒙庞西埃女公爵（即奥尔良公爵的女儿）亲自上城墙指挥，以猛烈的炮火挽救了士兵们的生命。这位女公爵是路易十四潜在的婚配对象之一，甚至在年轻国王的舞会中也在摆弄火炮，而这位年轻的国王正在位于现在巴黎第十一区的沙罗纳山丘上注视着那场战事。尽管国王得以幸免，但就像马扎然所说的那样，她"杀了自己的丈夫"。[20]她终身未婚。救援的炮火使巴黎向孔代的军队敞开了大门。

但是巴黎人民对自己的行为即刻后悔了，因为数日之后的 7 月 4 日，孔代的军队制造了"市政厅大屠杀"，他们在那里杀害了二十多个城市显贵，并准备与巴黎高等法院中的极端成员一起接管城市政府。然而，这种夺权行为，如同在 16 世纪 90 年代天主教联盟清洗巴黎高等法院时一样，使他们失去了巴黎的支持。结果，当年的那场和平运动再次出现了。

投石党人内部也矛盾重重，而且既缺少军队，也缺乏必要的管理机构和继续战争的财政支持。结果，孔代逃亡西班牙。1652 年 10 月 21 日，巴黎人高兴但是带有一点忧虑地向年轻的国王路易十四打开城门。尽管还很年轻，但国王照例定居在卢浮宫，他提出赦免巴黎，但是所有的投石党领袖都被处罚。马扎然从流放地返回并执掌政府，该政府并没有改变以往的政策：与西班牙的战争仍在继续；高额税收，货币不稳，这种财政政策使那种政治局面维持了十年。巴黎高等法院试图参与一些重大事件的处理，但王室对反对派的意见不屑一顾，最终，本来只有立法权的巴黎高等法院转而去对抗国王法令。

然而，尽管问题不断出现，从 1652 年至 1653 年，政府还是重新执政了。但是，城市政府的自治权已经被永久剥夺，只有忠于国王的人能够成为政府官员，要想担任巴黎市长就必须进行可鄙的献媚活动。1653 年 7 月 4 日，在市政厅大屠杀的第一个周年纪念日，国王下令为巴黎人民燃放焰火并举行宴会。这些活动的核心是安放国王路易十四自己的雕像，位置就在市政厅外，雕像“半人半神，手中握有一枝闪电箭头，一只脚踩着象征着动荡的火焰，另一只脚踏着镶有巴黎城市纹章的一艘底朝上的船”。[21] 该雕像在此安放了几十年。与 1594 年亨利四世的那种既往不咎完全不同，路易十四对曾经发生过的政治事件记忆犹新。

接下来是一个不稳定的时期，国王似乎置早年那些怨恨于不顾，开始热爱巴黎和巴黎人民。1661 年，马扎然去世，年轻的路易十四决定不再任命首相，而由自己亲政。1661 年，巴黎鼎鼎有名的医生居伊·帕坦在记录中写道：“这里的每一个人都希望国王在统治中依法行事，使他的人民幸福安康，国王曾经说过，他要像奥古斯都统治罗马那样统治巴黎。”[22]

富于幻想是路易十四和科尔贝共有的情感色彩。从马扎然去世到1683年他自己去世，科尔贝一直是国王路易十四的财政总监。这种情感色彩有多种表现形式，包括史书、颂文、绘画和艺术品等。尽管从15世纪以来人们就对文艺复兴的理想抱有极大的热情，但对于如何把这些理想变成现实则争论颇多。路易十四和科尔贝的贡献在于，他们寻求通过王家科学院来建立和完善文艺复兴的那些理想，因为王家科学院既是品位的典范，又是统治规范的源泉。法国的王家科学院是黎塞留在1635年建立的，后来又增加了绘画和雕刻学院（1648年建）、自然科学学院（1661年建）、碑铭与美文学学院（1663年建）和建筑学院（1671年建）。在这些学院的引领下，路易和科尔贝开始了一场前所未有的复兴古典文化的建筑热潮。

弗朗索瓦一世把巴黎塑造成一个新罗马的愿望基本上没有付诸实施，亨利四世在这方面的努力也仅仅是城市的公用事业和装饰，与之不同的是，路易十四和科尔贝的计划注重建筑物的雄伟与不朽。他们特别强调公共建筑，那些公共建筑可以给评论者留下极其深刻的印象，因此，他们细心考虑以何种方式将那些建筑置于城市之中以求改变城市风貌。建筑学院在提出一种更相似的、法国风格的古典主义形式中充当了重要角色，这种形式对大多数简朴的建筑形式产生了深远的影响。1665年，路易十四召贝尼尼，杰出的意大利雕刻家和建筑家，来给庄严的卢浮宫设计一个君主要求的新的正面。最终，国王拒绝了贝尼尼设计的模式，而采用了由夏尔·佩罗和路易·勒沃设计的更为古典式、法兰西式的模式，但在构想上同样壮观。卢浮宫和杜伊勒里宫的内部被彻底修缮，有一段时间，三千个石匠和六百个木匠在那里辛勤地工作。园林设计师安德烈·勒诺特尔对杜伊勒里花园进行了重新设计。河对岸位于查理五世老城墙边缘的内斯勒塔楼被拆除了，那个位置及周围地区建立了四国学院。马扎然曾经捐款来建立这所学院。[23]勒沃是这座建筑的建筑师，这就是现在的法兰西研究院。该建筑拥有穹形顶部，它把新桥以西的整个城市风光象征着王权的深刻印象展现在人们面前。

路易十四和科尔贝所喜爱的那种纪念性建筑被看作巴黎整齐划一发展愿景的组成部分，对在传统上塑造城市风貌的杂乱无章的建筑模式产生了巨大的影响。人们所喜爱的那些上面没有房屋建筑的桥梁，如新桥，提高了城市居民的河流意识。随着王家桥取代了轮渡街的老渡口，这种情况更加明显。王家桥是在17世纪30年代由企业家勒巴尔比耶用木材建造的，17世纪80年代又由国王出资用石头重建。从这里到新桥，两侧高大建筑林立，一侧是卢浮宫和杜伊勒里宫，另一侧是法兰西学院，成为一种公共的露天剧场，人们在这里燃放焰火，举行各种水上竞赛活动。

这种城市高大建筑的其他例子是建在城市北部的两个意义重大的凯旋门：一个矗立在圣德尼街的尽头，是为纪念1667年至1668年“荷兰遗产战争”的胜利而修建的；另一个在圣马丁街，是为庆祝1678年弗朗什–孔泰并入法国而建立。公共喷泉也以一个更有纪念意义的风格重新装饰。1608年在新桥上建造的撒马利亚抽水机是一个著名的纪念物，1676年在圣母桥上又建了相同的抽水机。另外一个重要建筑是天文台，该天文台是由佩罗设计、1676年由路易十四在卢森堡公园南部建立的科学观测台。天文学家乔瓦尼·加西尼更喜欢位于城市外面比较开阔的位置，因为在那里的建筑上观察视角更为宽广，所以他不理解国王及其大臣所掌握的专制权力的新观察视角到底是什么。

天文台和新凯旋门位于防御城墙的外面，但是防御城墙早已不复存在了。1670 年，路易十四命令清除所有的防御建筑，并用成排的树组成的“林荫大道”取而代之。尽管在 1674 年他在这个建筑区之外建造了一道仅仅几千米长的城墙，但这只是一条没有军事作用的石界。

使巴黎成为一个开放的城市，足见法国在军事实力上是多么自信。这是因为，由军事工程师、法国要塞专家塞巴斯蒂安·勒普雷斯特尔·德·沃邦在法国边境地区建造、由要塞和堡垒构成的不可攻破的网络，即所谓“铁腰带”，已经在遥远的边疆对法国形成了有效的防护。另外，宗教战争和投石党叛乱的教训是，防御城墙只能在反对而不是保护国王时起作用。人们希望，防御城墙的拆除能够加强巴黎人民对王朝的喜爱，这样一来他们的安全也就完全依赖于王朝的保护了。

防御城墙“林荫大道化”——准确地说应该是 19 世纪的“大林荫大道”化——在右岸地区迅速完成。防御城墙的拆除具有新的价值，当然，前提是能够保证城市可以得到充分防御，这样一来，防御城墙的拆除就具有相当的国际意义，因为巴黎的例子必将为欧洲其他国家做出榜样。尽管老腓力·奥古斯都城墙的大门在 1673 年和 1683 年间被拆除，但林荫大道的修建直到 18 世纪末才在左岸完成。可以想象，在拆除的防御城墙范围内大约有一百米的空间，那里完全可以用来作为人行通道，为城市和周围乡村提供美好的景象。因此，路易十四对巴黎的纪念碑式改造为休闲者提供了美好的去处。

国王从事的其他方面的建设也证明，路易十四对巴黎的建设是把观测空间与城市纪念碑式的建筑结合在一起的。从现今巴黎第八区沙约的王后水道西部到杜伊勒里宫西南，展现了大体相同的城市景观。1670 年，勒诺特尔在那里建造了一条“大水道”，该水道穿过杜伊勒里宫花园中心，就在现今香榭丽舍大街一线上。在左岸地区，给人印象更为深刻的空间利用是 1670 年建造的位于现今巴黎第七区的荣军院。在城区与近郊圣日耳曼区相交会的地带形成了一个街道网，包括学院街、圣多米尼克街和格勒纳勒街等许多街道，并建有造型优美的房屋。荣军院的服务机构给那个地区带来了新的生活和住宅区，甚至向西延伸，将格勒纳勒和从前的养兔场一带也包括在内。与此同时，从此向南，又修建了一条壮观的林荫大道式的街道——“布雷特伊大道”。为了保持原始的淳朴风格，城市北部不准修建任何形式的建筑。

路易十四及其宣传家大肆宣传荣军院是一个充满道德关怀的地方，是国王对那些曾经为国家英勇奋战的战士们的馈赠。更具有现实意义的是，荣军院不仅为军人服务，而且为警察服务。在巴黎这个基本上没有防御城墙的城市，警察的重要性是十分明显的。在法国北部和东部，三十年战争而导致大量难民涌入巴黎等城市，投石党运动等社会问题也加剧了贫困。在这些情况下，复员军人和逃兵成为扰乱公共秩序和犯罪行为的重要来源，这种情况从百年战争开始时就已经发生。

将那些老兵安置在荣军院的部分原因，至少是为防止他们以劫掠平民为生。修建巴黎总医院的目的与此大体相同。特伦特会议以后的那些笃信徒，例如圣礼团，都是赞同这种做法的。将那些值得救济的乞丐、流浪者和并不严重的罪犯安置在多用途的贫民院，不仅使他们得到临时救助，而且从精神教育的长远角度来看，也是促使那些误入歧途的人改邪归正的需要。政治经济学家也呼吁，应该尽量为贫民阶级安排工作，这样至少可以减轻国家的负担。把那些贫困者和社会边缘人士集中到一起的另一个也许意义更加深远的原因是，那些人往往是传染病患者，这种病直接威胁社会精英的健康。1606 年至 1611 年，亨利四世建造了圣路易医院，位于现在巴黎第五区，目的就是为巴黎北部和贝尔维尔乡村的瘟疫受害者服务。在 1618 年至 1636 年间巴黎发生一种名为腹股沟淋巴结炎的地方瘟疫的时候，这座医院被长期用来治疗这种疾病。如果流行病人不多，该医院或者治疗皮肤病，或者干脆关门。尽管在 1650 年至 1700 年间平均每五年关闭四年，但腹股沟淋巴结炎疾病还是得到了与从前一样的治疗。巴黎总医院在安置那些可能传播疾病者方面具有相当大的优势。当然，荣军院也是一样，因为梅毒和皮肤病等地方病在军队中也有流传。

1656 年建立巴黎总医院的结果超出了计划者的初衷，带来了一个比较棘手而又复杂的问题，那就是使许多类似圣樊尚·德·保罗那样的具有慈悲思想的笃信者不再关心这个问题。他们曾经建立了收容无家可归者，特别是弃婴、孤儿、老年人、虚弱的人、残疾人、精神患者，或者是约束各种罪犯，尤其是卖淫者和道德罪犯的类似巴黎总医院那样的机构。在那些建筑物中，有两个规模最大，一个是由利布莱尔·布里扬设计为女孩和妇女服务的圆顶小礼拜堂，叫作拉萨尔佩特里埃里（硝石场）医院；另一个是为男人和男孩服务的，叫作毕塞特尔医院。硝石场医院建立在老火药仓库旁边，位于遥远的圣维克多郊区，因为那里为生产火药开采硝石，因此该医院用这个名字来命名。本以为那里距城市中心较远，不会影响城市发展，但事实上正是那些破旧房屋的不良名誉使巴黎几十年间没有向这个地区发展。毕塞特尔医院建造在城市以南几千米外的一个被遗弃的庄园。17 世纪 60 年代，意大利的一位参观者曾经这样形容该机构，那是一所“流氓窝，道德败坏，争吵不休”。[24] 到 1663 年，巴黎总医院里只能容纳大约 5000 名贫民，绝大部分贫民要么在毕塞特尔医院，要么在硝石场医院。到 1770 年，这两所医院的贫民数量已经成倍增长。

除了治疗麻风病患者的医院外，其他医院也逐渐在城市中心建立起来，那些医疗机构的慈善思想可见一斑。例如，紧挨着巴黎圣母院的主宫医院就是其中历史悠久的一个。对于那个伟大世纪的人来说，贫穷和疾病的到来既无法预见，也无法想象。当时的绝大多数医院，包括荣军院、圣路易医院、硝石场医院、毕塞特尔医院以及近郊圣安托万区的弃婴医院，全都在城墙以外。在左岸，市内确有一些小医疗机构，但在右岸围墙之内则完全没有这样的机构。如同远离贫穷的策略一样，疾病也被巴黎拒之门外。防止疾病流行的关键手段是设立“防疫线”，在 1666 年至 1668 年间，它们成功地防止了瘟疫从诺曼底顺流而下进入巴黎。在经历了对鼠疫担惊受怕的三百年时光后，巴黎人在完全不了解何为瘟疫的情况下与它说再见了。

政府的社会防治政策与拆除老城城墙并建立一个“开放”城市的战略如出一辙。城市的开放意味着对城市最有威胁的人正在被排除在城市以外。城市的治安政策也证实了这一点。在 17 世纪初，巴黎是一个非常危险的地方。在 1643 年一年中，就至少有 372 个人在城市中被谋杀。在 1644 年 6 月 6 日那一天中就有 14 人被暗杀，从 17 世纪20年代起，王室被决斗活动搞得焦头烂额，但是那种情杀行为有增无减。有组织的犯罪活动甚嚣尘上，乞丐和罪犯成群结队地聚集在城内那些正常人无法光顾的地区，那里便形成了所谓的“圣迹区”。由于存在许多市政权力无法控制的“真空地带”，还有领主们享有的一些司法权力，特别是属于主教、大教堂神父和某些修道院的权力，这都在鼓励而不是阻止违法行为的发生。

三、圣迹区

> 17世纪的巴黎人面临着严重的道德恐慌。乞丐和罪犯们组成带有军事性质的组织，在善良的巴黎人所固有的轻信与诚实氛围中得以生存。那些难以琢磨的人居住在城市中土地法不能执行的地方，并在那里为所欲为。17世纪末，巴黎历史学家亨利·索维尔声称曾经造访了城市中那些最著名的“自由区”——圣迹区，该地区靠近女修道院，现今巴黎第二区的列奥米尔街、达米埃塔街和铁匠铺街一带。他记录道：“那里是一个相当大的广场，一个臭气熏天、泥泞不堪、乱七八糟、没有修缮的死胡同，是巴黎最破旧、最肮脏的街区之一，到了那里就像是到了另一个世界。”那里是职业小偷、公路抢劫犯、卖淫女和乞讨者的老巢。所谓“奇迹”是指那些乞讨者把自己装扮成盲人、残疾、跛子或者疼痛难忍的样子，在经过一天的违法乞讨活动之后回到家中，“他们便脱掉装扮，清洗干净，瞬间变成健康而又愉快的人，所谓奇迹荡然无存”。
>
> 这个不寻常的圣迹区具有行会和社团的某些特色，如乞讨者

有他们自己的规矩、仪式、行动路线、培训程序和忠诚标准。圣迹区还模仿波旁王朝的王室宫殿，那里的居住者有他们自己的国王，即所谓“大王”。索维尔说：“他们有自己的法律、三级会议，甚至只有他们自己才听得懂的语言。”所不同的是，法国历代国王都强调自己权力的神圣性，而在圣迹区，“所有的人都放荡不羁，无法无天，没有洗礼仪式，没有婚姻，也没有人懂得什么是神圣”。更为惊人的是，那里有些人竟然是吉卜赛人。

然而，圣迹区的所有故事基本上都鲜有事实依据，但却被有产阶级当成自我安慰的神话。不论警察和司法记录还是当时的城市地图，都无法证实在乞讨、卖淫和犯罪的世界里有如此规模的组织。因此，有关圣迹区的故事本身就是对正统文化的思想反叛，但是这种反正统文化的思想鼓励巴黎人在对穷人施仁慈的时候要小心谨慎，因为很可能会帮助了坏人和罪犯。这种想法也给路易十四在巴黎实施更严厉的社会控制措施提供了理由，因为投石党已经证实巴黎的骚乱需要治理。1656年至1670年巴黎总医院的建立是从消灭街头乞讨和关闭犯罪避难所的想法中得到的启示，因为该医院集贫民院和监狱于一身，那些贫民和违法乱纪者就是在那里受到限制的。1667年，路易十四设立新的警务官员警察总监。作为警察总监的尼古拉·德·拉雷尼上任第一件事就是在圣迹区实行大搜捕，清理了那里的居民，使那一地区恢复法纪。17世纪晚期修建的一条笔直街道从圣迹区穿过，在1789年大革命期间女修道院遭到破坏，在第二帝国时期奥斯曼建设巴黎的规划再一次使那里得到发展，圣迹区的最后痕迹消失了。

有关城市贫穷和乞讨问题的反正统文化思想引发了维克

多·雨果的浪漫主义思想，他在1831年的小说《巴黎圣母院》中吸收了索维尔等作家的描写手法，像他们那样描述了自己笔下的吉卜赛人艾丝梅拉达、卡西莫多以及其他一些人物。雨果和其他一些赞同雨果的人反映了当时上层阶级对巴黎城市工人阶级组织的担忧。当然，这并不是说在雨果生活的时代巴黎没有路易十四时代那样的贫困和有组织的犯罪。恰恰相反，如同17世纪中期一样，19世纪初也是城市移民大规模出现的时期，所存在的社会控制结构处在相当高的压力之下。圣迹区的故事是个神话，它使更多的资产阶级对社会治安忧心忡忡。不幸的是，这种神话后来再次出现。例如，在20世纪末巴黎对移民团体的描述中，类似的故事层出不穷。圣迹区是一个真正的街头组织。更为重要的是，它是资产阶级虚构的产物，因此，它阴郁的意识形态内涵不应被夸大。

1665年，巴黎的高级警察官员，沙特莱要塞司法总监雅克·塔迪厄和他的妻子在家中被杀，而要找到一个能够替代他的人是根本不可能的事。这说明治安问题已经到了非解决不可的程度。1666年，一个高级别的政府委员会开始审查首都的治安问题，警察队伍得到改革和扩充。更重要的是，路易十四在1667年设立警察总监一职，这是一个拥有更大权力的新职位，负责全巴黎的治安工作，尼古拉·德拉雷尼为首任，他在这个职位上一干就是三十年，直到1697年。他的继任者阿尔让松侯爵担任此职将近二十年。这两人将近半世纪的任期使该职位的工作十分有成效，成为巴黎人生活之中绝对关键的因素。1667年设立警察总监的法令赋予他们的权限是“清除可能引起巴黎城市混乱的所有因素，多多益善”。[25]在治安这个问题上，科尔贝吸取了罗马帝国的经验教训。他提出：“首先要防止巴黎城市发展得太大，历史上那些最大的古典城市最终都是自毁长城，因为那些大城市很难确保城市秩序井然，也难以做到各个方面都得到良好的管理。”[26]

1674 年，巴黎城内的非王室领主特权被取消，这意味着警察的权力开始扩展到所有城区。当然，也保留了少数“自由”地区。例如，马莱的圣殿管辖区就没有警察机关驻扎，那里的作家们也就可以不受官方新闻检查的困扰。但是，有这种自由的地区不仅数量很少，而且这些地区还经常有警察密探在活动。因为沿街乞讨的乞丐和扰乱治安的罪犯都被送到了巴黎总医院，据说圣迹区已经不复存在。从 17 世纪 80 年代起，随着年龄的增长，路易十四变得更加谨慎，更加笃信宗教，政府对卖淫和性变态的整治措施也更为严厉。

尽管警察总监的权力对社会治安具有相当的抑制力，但他的工作还是有一定的积极性，甚至有一些慈善特色。例如，对救济和援助穷人的关心，尤其是在发生饥荒和传染病的时期，表现得更为突出。警察总监采取了更为有效的街区清理、道路铺设和拓宽计划。马车是巴黎城市交通中一种比较晚才出现的方式。从前，巴黎人要么步行，要么骑马或者骡子。在亨利四世统治时期以前，巴黎人还根本不知道使用马车做交通工具。有一次，亨利四世以“我的妻子在用马车”为由逃避去见他的首相。[27]具有讽刺性的是，亨利本人就是在一次塞车中被杀死在他的马车上的。到 17 世纪中期为止，据说巴黎已经有三百辆马车，并有一个盈利性的马车出租公司。到 18 世纪初期，巴黎的马车数量已经超过一万辆。作为警察行动的一个结果，巴黎街头的照明设施也相当不错，许多外国参观者对此多有评论。因为火焰照明带来了失火的危险，1700年以后，巴黎引进了一种荷兰消防泵，这是一种技术先进的灭火装置。

在制造业方面，国王和他的警察总监也同心协力。从亨利四世开始，波旁王朝的统治者都十分关注巴黎丝绸工业的发展，一种后来被称为“重商主义”的思想开始流行，从而刺激了法国奢侈品的生产并减少了对进口的依赖。科尔贝在这方面尤为积极，巴黎成为他最有效的试验地之一。在近郊圣马塞尔区的戈布兰，位于当今巴黎第十三区，建立了一个大型国家工场，该工场在国王的首席画师夏尔·勒布伦的艺术指导下，专门生产王宫所需商品，如挂毯、雕塑、各种花式的铁制品、精致家具以及其他一些类似商品。位于巴黎第十六区沙约的总医院有一个叫作萨伏纳的地毯房，那里专门制造地毯。在近郊圣安东区的罗伊，位于当今巴黎的第十二区，还建立了一个制镜工厂。

尼古拉·德·拉雷尼负责制定劳动法规。他制定的劳动法规不仅在国有工场实行，而且在全巴黎所有工场都有效。政府花费相当多的努力去镇压被称为手工业行会的秘密工人协会。16世纪的王家立法规定，所有的工匠和店主都必须加入合法的组织或行会。1673年，科尔贝对该法规进行了改革，并责成尼古拉·德·拉雷尼在巴黎实施。尽管国王本身也曾经怀疑这一法规能否得到实施，但在接下来的二十多年中，巴黎的合法行会在数量上还是增长了一倍。严格限制工人加入行会的问题由警察负责监督执行，从思想意识上来说，这是符合控制下层人民的策略的。政府的控制政策在城区管理方面也得以实施。1680年和1702年，巴黎进行了两次城市区域改革。新的管理系统取代了原来地方资产阶级固有的、难以管理的体制，原来的管理体制是从上至下由沙特莱要塞实行监护，新的体制则是由警察总监派人对各个地区进行监管。

王家几十年的努力就是要实现路易十四和科尔贝的美妙幻想，即完成他们计划的纪念碑式建筑，使巴黎无愧于“新罗马”的概念。但是，到了17世纪70年代初期，两个人都发现自己的目标并没有达到。科尔贝承认，路易十四厌恶在投石党叛乱时期锻造出来的巴黎人，这是他无法改变的。当住在卢浮宫的时候，国王对枫丹白露、圣日耳曼区的昂莱以及巴黎范围内的其他住宅从来没有忘记。路易十四最喜爱的地方是凡尔赛，而对其父亲路易十三来说，那里充其量是一个狩猎时的别墅。有一次，科尔贝对国王有感而发：“噢，多么悲惨，我们最伟大和最正直的国王……定将在凡尔赛遭到审判！”[28] 历史事实证明，这一幕真的在法国大革命时期出现了。

在17世纪60至70年代，人们对路易十四在欧洲事务中的作用评价很高。但是他发现，巴黎人不仅不赏识他的努力，而且对此大肆批评，在国王扩大自己国际荣耀的过程中，巴黎人不愿意发挥任何促进作用。例如，在1661年亲政以后，路易十四首先罢免了财政总监尼古拉·富凯，并以贪污罪对他进行审判，接替他的是冷漠无情但十分务实的科尔贝。然而，审判的时间越长，巴黎人就越支持富凯而反对科尔贝。巴黎人民对前财政总监受到如此对待十分反感。如果说路易十四鄙视巴黎人民，那么他同时也藐视巴黎市政委员会，不信任巴黎高等法院。他罢免了自己的同谋莱兹的巴黎大主教职务，以同情之心任用了投石党低级教士。当时，法国的许多神父被詹森派教徒的苦行思想所吸引，路易也从来没有忘记那正是投石党运动期间莱兹所率领军队的思想。路易十四在17世纪80年代对王家港的詹森派修道院采取了强硬措施，这引起了该教会、巴黎高等法院和广大市民的批评。1685年，路易十四取消《南特敕令》，本期望能取得这座天主教城市的喝彩，但是没有得到一致好评。针对新教的各种非法暴力行径，包括毁坏胡格诺派在沙朗通的圣殿、以武力对付不同宗教信仰者，甚至引起了某些笃信宗教者的关注。

当时，宗教热情已经开始抑制不守规矩的和拉伯雷式的街区文化，而这种文化向来是巴黎人引以为豪的。剧作家莫里哀在他1664年发表的《伪君子》中讽刺了笃信的偏见，特别是从17世纪80年代起，当路易转向炫耀笃信的时候，莫里哀却反其道而行之。此外，新桥协会和投石党分子的煽动使国王与他的密友开始疏远。过去，法国的统治者历来是每年一度的圣日耳曼区集市的热心游客。集市热闹非凡，人潮涌动。一个德意志参观者记录说，集市上无奇不有：长胡须的女子、没有手用脚写字的人、狮子、骆驼、长有两个头的海豚、水族馆、长有五只脚的母牛、洋娃娃表演、壮士举起大炮、走钢丝等等，真可谓应有尽有，[29]但是国王已经不再光顾这个集市了。他现在偏爱宫廷文化，包括化装舞会、戏剧、芭蕾舞（而且成了一个出色的芭蕾舞演员）、音乐会等。这种由亨利三世开拓的宫廷娱乐活动只有王家人士才能参加，而普通百姓则鲜有机会光顾。

1666年，路易十四的母亲奥地利的安娜在卢浮宫逝世，国王独居凡尔赛宫，认为“在那里我才是我自己”，[30]而且这种特殊的感觉越来越强烈。路易十四近两年没有回到卢浮宫，此后也只在那里待过两个月。1670年2月10日，路易十四在一个雨夜离开了卢浮宫——而且将被证明是永远离开了，在接下来的44年里，直到逝世，路易十四回到巴黎不超过24次，而且从没有在那里过夜。法国政府也转移到了凡尔赛宫，他开始在那里投入越来越多的资金。从1683年起，

尤利安在巴黎被拥立为罗马皇帝

巴黎圣母院的圣德尼雕像

巴黎主保圣人圣热纳维耶芙

率军与北欧海盗激战的巴黎伯爵厄德

圣德尼修道院中的路易十六和玛丽·安托瓦内特雕像

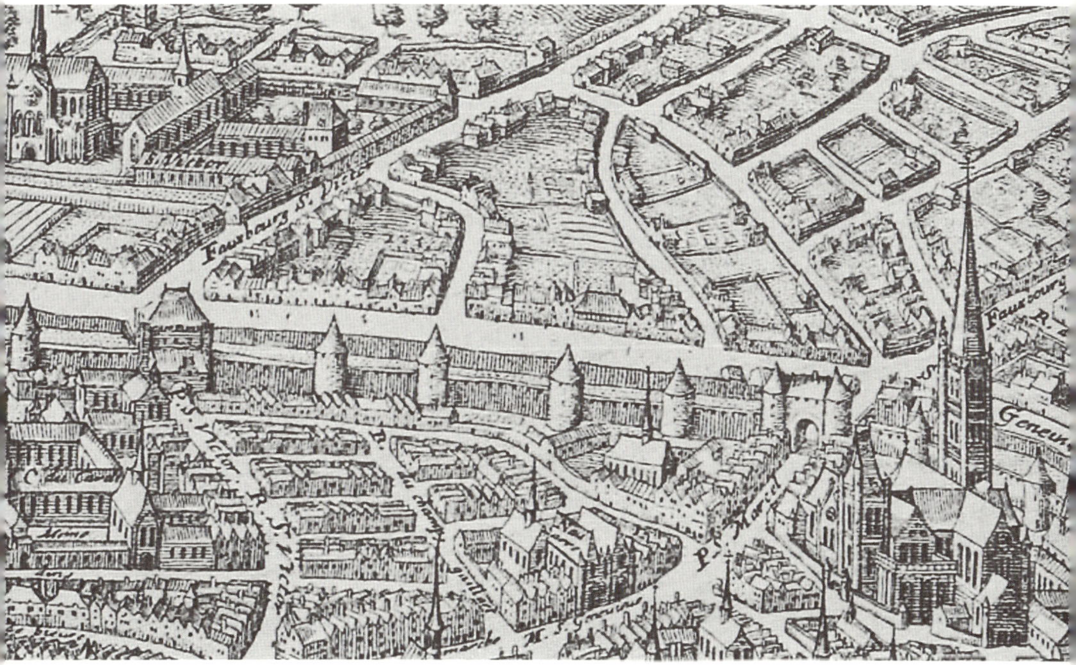

腓力·奥古斯都城墙

索邦神学院

蒙福孔的绞刑架

埃蒂安·马塞尔与王太子查理

主宫医院一间病房内，医务人员正在护理病患

英王亨利六世在巴黎圣母院加冕

中世纪巴黎大学的研讨会

15 世纪时的卢浮宫

法王弗朗索瓦一世与神圣罗马帝国皇帝查理五世一起进入巴黎

15 世纪时的印刷作坊

圣巴托罗缪之夜

亨利四世在巴黎街头遇刺

新桥上的亨利四世雕像

1652年，投石党军队与王室军队在圣安托万门附近激战

1706年，路易十四驾临荣军院

古斯塔夫·多雷笔下的圣迹区

先贤祠，1795 年

1787 年，在巴黎沙龙中举办的画展

巴黎罗亚尔宫中的风月场所

讽刺罗丝·贝尔坦设计的浮夸发型的漫画

总包税所城墙上的关卡

1790 年，在战神广场举行的联盟节仪式

1792 年 8 月 10 日，巴黎起义者攻打杜伊勒里宫

朗巴勒亲王妃是玛丽·安托瓦内特的挚友和近侍，1792 年九月屠杀期间，她被杀死在巴黎街头

19 世纪初，损毁的索邦教堂

1810 年，拿破仑的军队通过骑兵竞技场凯旋门，背景为杜伊勒里宫

巴黎地下墓穴

凡尔赛宫成为波旁王朝的永久驻地。在相当长一段时间里，准备都很不充分：他的外交大臣在 1672 年不得不在一个动物园里过夜。在 1683 年以后，问题甚至更加明显，大臣们被迫来到凡尔赛居住，但是他们的办公室和档案室却在离凡尔赛三小时路程的巴黎。

1683 年，与路易十四共同蕴酿巴黎美妙幻想的科尔贝去世，把巴黎建立成一个非凡之处的愿景也随之而去。事实上，在路易十四将宫廷迁到凡尔赛以前很久，他的心就已经离开了巴黎。在他统治期间，路易十四曾经在巴黎花费了大量资金从事建设，总数达 2000 万利弗尔，仅修缮卢浮宫和杜伊勒里宫就用去了其中的一半，修建戈布兰工场和荣军院也没少花钱，但是所有这些钱加在一起也不及修建凡尔赛宫所花费用的十分之一。尽管王室对东面紧挨着卢浮宫的佩罗特宫进行了巨额投资，但一直到 18 世纪该建筑还没有封顶，使用也就无从说起。巴黎确实面临着被这个新宫廷城市超越的危险。路易十四仍在问他的大臣："巴黎人在说什么？"然而，当下人们普遍关心的是巴黎本身的命运，正如拉布吕耶尔所说，巴黎正在变成"宫廷的再版"。[31] 在路易十四统治的最后几十年间，巴黎一直面临王室离开所带来的问题。

巴黎曾经被路易十四这个罗马式的统治者所重塑，但是现在却不得不接受到处都只有其形象的处境。宫廷报纸、政府控制的其他报纸以及王家宣传品都对国王歌功颂德。路易十四的形象还以雕像的形式展现在巴黎人面前，特别是在胜利广场和旺多姆广场更为明显。这两个广场本来就是要设计成展现王朝传统的地方，如同亨利四世建在右岸西部的王家广场一样。位于当今巴黎第一区的胜利广场就在黎塞留街以东，是由弗朗索瓦·芒萨尔设计的，旁边就是老练的廷臣拉弗亚德公爵下令兴建的路易十四塑像。1687 年，那里的建筑刚刚结束，国王就参观了自己的塑像。位于当今巴黎第一区的旺多姆广场上也有一座类似的路易十四塑像。旺多姆广场上的房屋建筑与王家广场上的房屋样式相同，但其中蕴含着更加优美和精致的色彩，而亨利四世当时更喜欢古老而又具有田园风格的建筑。如同胜利广场一样，在旺多姆广场一带居住的是法国最富有的金融家，国王正是依靠这些人才能够进行对外战争的。

尽管路易十四在各个方面都是巴黎的主宰，但他甚至不愿出席旺多姆广场的落成仪式，而是派奥尔良公爵派去代替自己。事实上，相对于王室形象的荣耀来说，胜利广场和旺多姆广场对随后出现的那些具有古典色彩的平民住宅更重要。1700 年以后，路易十四最后几次光顾巴黎都与荣军院相关。但是，如果说他对军人健康问题格外关照，那么他对平民百姓的生活幸福与否则漠不关心。与平民百姓的居住条件相比，这些王家广场面积宽广，气势宏伟。1698 年，英国来访者马丁·利斯特评论说："那些宫殿和修道院已经吞噬了百姓住宅，使平民百姓几乎无容身之地。"[32]

从 17 世纪 80 年代起，几乎是连年不断的战争使法国财政空虚，政府不得不增加税收，紧缩财政。1693 年至 1694 年间，法国出现了近代早期最严重的人口大量死亡的危机，1709 年至 1710 年间，这种危机再次出现。问题是由气候引起的。当时，由于恶劣气候而导致的农作物歉收席卷欧洲，口粮几乎断绝。在 1693 年至 1694 年间，十分之一以上的法国人被饿死。巴黎的一名目击者说："在巴黎，每天死亡的人数都在 1400 至 1500 人之间，有些人死在主宫医院，有些死在街头。"[33]1709 年至 1710 年间的死亡人数没有披露，但可以肯定也十分严重。当时，巴黎寒冷的冬季时间延长，寒冬过后又发生河水泛滥，严酷的条件导致巴黎人口急剧下降，估计巴黎人口减少了五分之一，从 50 万下降到 40 万。

尽管法国政府为应对这一灾难做了一些努力，但是并不能阻止政府在灾难面前无能为力所引起的广泛不满。1709 年，在要求为贫苦群众提供生计的人数急剧攀升的情况下，巴黎的抱怨发展成为暴动。尽管当时的警察总监阿尔让松为减轻灾难做出了积极努力，但为了防止遭到暴民的攻击，巴黎警察总监办公楼不得不派兵把守，时有卫兵开枪并打死了一些巴黎人。

19 世纪作家古斯塔夫·福楼拜带有讽刺口吻地说："开枪是使巴黎保持沉默的唯一手段。"[34] 对于路易十四时代以来的巴黎历史来说，这样的评论是完全可以理解的。在巴黎的历史上，国王与巴黎人民对峙的事司空见惯，但是这次不同以往，因为这次是国王要控制巴黎，要使自己成为巴黎的主宰，这是一种政治谋略。反对派发动的公开暴力事件并不少见，但现在既然国王将国家的政治中心迁到凡尔赛，政府就不得不通过遏制、约束、限制、监督甚至最终诉诸武力等手段来控制巴黎人民。国王也曾经试图通过清除防御城墙的办法使巴黎人民更加依赖他，但是最终并没有实现。随着国王对巴黎的疏远，以及打消了建立一座新罗马城的想法，看起来，巴黎人民只能自己创造历史了。

6

启蒙时代无国王状态的首都

（1715—1789）

早在 1683 年，巴黎就已经失去了它作为王室驻地的地位。1715 年路易十四去世后，年方五岁的路易十五继位，将驻地从凡尔赛迁回到巴黎市内的杜伊勒里宫，他的叔叔、摄政奥尔良公爵则住到了罗亚尔宫。然而，年幼的国王被他伟大祖父的神圣光环弄得眼花缭乱，因此他再也不像孩童那样处理问题了，1722 年，他将宫廷迁回凡尔赛，波旁王朝从此就在那里扎了根。路易十五的孙子和继位者路易十六也没有想把宫廷迁回巴黎。尽管 1789 年他曾住在巴黎城内，但那是在叛乱者的长矛和刺刀威迫下不得已而为之，那段经历我们留到后面再说。[1]在本章，我们所关注的是，巴黎围绕王国首都地位建立起的历史身份，当国王住在城内时享有的美好时光，以及如何应对国王不在时的情况。

路易十五和路易十六都不认为巴黎是自己的家。在公共场合，他们感到很尴尬，他们缺乏亨利四世或路易十四那种巧妙的无动于衷的神情。1744 年，住在梅斯的路易十五突患重病，在这种情况下，巴黎人民送给他们的国王一个绰号："受人爱戴的路易"。然而，这种情感既不深刻也不持久。1749 年发生了一起儿童绑架案，据说这是宫廷

1789 年 7 月 14 日，巴士底狱的风暴

官员利欲熏心所致，由此引发了一场暴乱。在经历了“失踪的孩子”事件之后，路易自己也很悲哀地说，他已经变成了巴黎人眼中“令人讨厌的路易”。[2] 于是，他下令修建一条专门的道路，以便他能绕过首都往返于圣德尼和凡尔赛之间。此后，他再没有在巴黎过夜，没有在巴黎行使过国王的特权，不在巴黎圣母院或圣礼拜堂面对民众，甚至在卢浮宫也很少见到他的身影。路易十六也没有改变这种做法。事实上，1770 年 5 月，当时还是王太子的路易十六与奥地利的玛丽·安托瓦内特举行结婚盛典的那个晚上，在杜伊勒里宫附近的街道上发生了可怕的混乱事件，一百多人被挤死，这一不幸从一开始就预示了国王与巴黎人民糟糕的关系。

1770 年 5 月 30 日，路易十六结婚时的人群恐慌

人们把王室与巴黎的疏远和对首都继续发展的担忧联系在一起。从路易十四和科尔贝开始，法国政府就担心巴黎很可能重演古代城市因规模过大而衰落的悲剧。正如治安理论家德·拉马雷所说，“城市因其规模而死”。[3] 由于人们纷纷搬到郊区，城市中心犹如淤泥堵塞般死气沉沉，没有生气并缺乏有效的管理，巴黎城面临被废弃的危险。1727 年，居住在凡尔赛并很少关心巴黎的路易十五开始对巴黎的发展表现出极大的关注，他正式采取路易十四 1674 年发布的命令，禁止在郊区建设新的街道。

但是在 18 世纪，巴黎的发展既没有因为王室的离去而受损，也没有因为政府的禁令而停滞。事实上，18 世纪的巴黎作为一个无国王的首都城市，是其城市历史上最有影响力和最有活力的时期之一，它的人口从路易十四晚年的 50 万左右上升到 1789 年的 65 万，甚至超过了这个数字；它的贸易和制造业蒸蒸日上；它作为消费中心的角色越来越明显；它的知识水准不断提高。巴黎成为欧洲强调理性的启蒙运动的中心。城市的文化机构如雨后春笋般地发展起来，欧洲其他国家不仅羡慕，而且开始仿效。马里沃在1734年写道："巴黎就是世界的中心，地球的其他部分都不过是它的郊野"。[4] 然而在上个世纪，拉布吕耶尔曾嘲笑这座城市是凡尔赛的翻版，[5] 但是现在这种说法已经颠倒过来。到了18世纪80年代，戏剧家兼城市评论家的路易·塞巴斯蒂安·梅西埃在描写巴黎与凡尔赛的关系时认为，凡尔赛犹如"围绕旋风的一颗卫星"。[6] 游览巴黎的国内外游客也认为，要亲眼看看法国宫廷，应该是在巴黎而不是在凡尔赛。正像梅西埃所宣称的那样，巴黎"吸引了全世界的目光"。夏尔·德·佩松内尔在1782年也同意"巴黎是宇宙的缩影，是一个巨大的、无形的城市，一个充满着奇迹、美丽、邪恶和荒唐的地方"。[7]

早期的巴黎旅游指南论著都曾强调它所拥有的古迹和考古遗址。热尔曼·布里斯的《巴黎城市新描述》一书在当时备受欢迎，多次再版。[8] 然而，该书所要强调的重点已经与从前不同，它强调的是城市的现在而不是它的过去，强调现实胜过历史，强调商店地址而不是过去那一长串纪念碑的名字。巴黎的伟大在于它是什么而不在于它曾经怎样。人们越来越关心巴黎具有活力的社会和文化生活到底达到什么程度，以一种并非传统守旧的方式将这座城市展现在人们面前。布里斯的《巴黎城市新描述》率先使用了一幅巴黎地图。事实上，在过去的一个世纪里，公开出版的巴黎城市地图就有一百多幅，远远多于以前。那些地图将1702年的巴黎分成20个行政区，而不是从前的西岱岛、左岸、右岸这样三个部分，而且当时的地图、年历、指南都被制成口袋本，以方便游客使用。

巴黎的面孔正在发生细微的变化，传统上王室权威的视觉表达有所减弱。迄今为止，路易十四拆除防御城墙比王室军事力量的炫耀更为重要。法国周边坚不可摧的防御堡垒的建立使巴黎人民获益匪浅，在投石党运动和 1792 年之间，巴黎基本上没有遭到入侵。如同沙特莱要塞一样，查理五世时代的巴士底狱成为一座监狱。在旧制度被推翻后，两座建筑均遭破坏。巴士底狱在 1789 年 7 月 14 日被攻占后的几个星期里被毁掉，沙特莱要塞在 1802 年至 1810 年间被毁掉，这当然都是时代的错误，同时还有很多建筑物从巴黎人的视野中消失。在一个开放的城市里，它们的存在是不合时宜的。但也有例外，[9] 在反宗教改革的高峰时期，波旁王朝神圣王权得到认可，那些天主教建筑作为手段之一被保留下来。尽管不十分明显，那些宗教建筑逐渐世俗化和唯物主义化了。在那里，一些宗教仪式程序现在变成了世俗娱乐活动的开端。1786 年，英国参观者格拉多克女士对这种把宗教和世俗娱乐混在一起的做法感到吃惊，例如，在圣叙尔皮斯教堂外面，数以百计的神父参加的宗教游行竟然变成了街头表演，“一只猴子坐在一头骆驼身上，一个小丑边唱边跳，并向观众做着各种滑稽的动作”，同时还有一些其他娱乐活动。[10]

当国王不在首都的情况下，王室给巴黎的权限始终处在变化之中，但无论如何，路易十五和路易十六绝不是对巴黎撒手不管，毕竟巴黎提供全国税收的六分之一。尽管巴黎在事实上没有国王居住，但还是认真地接受王权的权威和王室的命令，按照规定向王室纳税。欢迎外国大使和政府官员的仪式在巴黎的街上和凡尔赛宫中特殊装点的房间里举行。在这种场合，国王往往对巴黎赞不绝口。当国王不在巴黎时，那些王室血亲们，如奥尔良公爵、路易十五的表兄弟孔代亲王，也参加这样的庆典活动。巴黎高等法院重新获得了指责王室敕令的权力，并开始强调其作为巴黎人民乃至全国人民利益的捍卫者和代表者的职责，这很可能是一种不祥之兆。地方法官也卷入与路易十五的频繁的政治冲突之中，最为突出的表现是在 18 世纪 20 年代后期和 30 年代初期以及 18 世纪 50 年代，主要是围绕财政问题和法国教会内部的詹森派运动问题发生的。国王和巴黎高等法院都向巴黎人显示友好姿态，争相表现谁更爱护、更关心巴黎人民。

事实上，国王赞同的城市代表形式也发生了重大变化。统治者不再强调国王是服从上帝命令的武士和上帝在人世间的代表的传统说法，而是强调国王是仁慈的父亲，热心于为他的臣民造福，希望得到人民的热爱、尊重和感激，而不是恐惧和敬畏。因此，就个人而言，君主与巴黎没有任何关联，但他们从来没有放弃按照王朝的形象塑造巴黎的愿望。

1752 年，路易十五建立军事学院，这明显是一个新的变化。军事学院的建立表明，国王将巴黎与王家关注的另一个群体——军事贵族——联系在一起。如同建立荣军院和硝石场医院一样，军事学院体现了王朝仁慈的形象。军事学院与荣军院和硝石场医院一样，都坐落在建筑稀少的塞纳河左岸，因为 1674 年和 1724 年王室对这块土地的使用进行了限制。该建筑由金融家巴里·迪韦里威和路易十五的情妇蓬巴杜侯爵夫人策划，其目的是给那些破落的乡绅提供职业培训场所。直到 1789 年大革命以前的学院历史一波三折：本来，该建筑计划由王室投资建设，但是从没有兑现，因此多年以后方才完成。但是，军事学院的建立为巴黎市区向西南扩展和许多人涌入圣日耳曼地区发挥了重要作用。由于军事学院和荣军院的存在，位于这两个机构中间的一个名为格罗斯·塞留的小渔村繁荣起来。

在军事学院和荣军院附近，一条条宽阔的、绿树成荫的街道建立起来，后来逐渐发展成为巴黎那些著名的林荫大道。在军事学院外边，有一块本来是菜地的地方建立了战神广场，用来进行阅兵和军事演练，这一建设使那里进一步发展。由于塞纳河的一个小分支流经此地，使这个地带得到延伸，从前的天鹅岛也被包括其中，这就把战神广场与塞纳河连接起来。在这个位置，后来又建了埃菲尔铁塔。许多人有机会并真正聚集到这里，参加军事演习、赛马和其他一些公共活动。

战神广场的建立反映了国王继续重塑巴黎这座城市的愿望，同时也表明，国王更加关注如何通过那些公共活动来自我推销和宣传自己的慈善形象。后来的一些小工程和积极行动也体现了这一政策。例如：作为一种姿态，路易十六下令将杜伊勒里花园对公众开放，就像罗亚尔宫花园和卢森堡公园一样。国王还计划将现今巴黎第六区圣叙尔皮斯和圣日耳曼欧塞尔教堂前面的广场（即现在的卢浮宫广场）进行扩建，以便给人民提供一些集会的场所。那些公共广场，例如著名的王家广场，已经成为缔结和平条约、宣战、王室大事等大型公共庆祝活动的场地。塞纳河沿岸的港口也被重新设计，以便使更多的人能在公共节日里观看水上娱乐节目。例如，1739 年，为了庆祝国王的长女与西班牙王子的婚礼，在塞纳河上举行了水上比武竞赛，尽管没有王室成员来观看比赛，但场面还是十分壮观。

新古典主义建筑风格更加显示了王家的高贵。在政府部门，对复古风格的追求要归因于马里尼侯爵，他是蓬巴杜夫人的弟弟。在 18 世纪 50 年代，他参观了意大利。返回法国后，马里尼成为王室建筑的负责人，主持艺术和城市建设委员会的工作长达二十年。18世纪70年代的王家铸币厂就是他在这个位置上工作的成果之一。该建筑是在他的指导下，由建筑师雅克-德尼·安托万设计建造的，位于塞纳河边一个很显眼的高地上，[11]基本上是一个略加改造的希腊神殿风格的建筑。还有两个例子，一个是外科学院，位于现在巴黎第六区的医学院街，该建筑在国王的资助下由雅克·高迪斯负责兴建；另一个是位于现在巴黎第八区的玛德莱娜教堂，该教堂于1764年由贡斯当·伊乌里开始建造。王室还介入了另一座仿希腊神殿风格的建筑新法兰西剧院，即现在巴黎第六区的奥德翁剧场周边的扩展工程。1773年，路易十五从孔代亲王手中购得这块土地。但是工程一直进展很慢。路易十五死后，路易十六将此工程交给他的弟弟普罗旺斯伯爵负责，伯爵就住在附近的卢森堡宫。这个位置以剧院为中心，四周的街道呈放射状展开，这样做是为了开发剧院前面的广场。更受欢迎的是位于现在巴黎第一区的谷物市场，该建筑兴建于18世纪60年代，具有罗马风格，与位于凯瑟琳·德·美第奇的苏瓦松宫位置上的竞技场平行。[12]

王家复古建筑的最大成果和杰作是位于现在巴黎第五区的圣热纳维耶芙教堂。1744年，住在梅斯的路易十五重病初愈，发誓要重修残破的圣热纳维耶芙修道院。该修道院是存放巴黎主保圣人圣热纳维耶芙遗骨的地方，那里也安放着克洛维和墨洛温王朝其他统治者的遗体。新教堂由雅克·热尔曼·苏夫洛设计，他曾经是当年马里尼意大利文化之旅的随行者之一。

该教堂的奠基仪式在1764年举行，1773年完工。后来，它成为存放法国历史伟人遗骨的地方，改名为先贤祠。再后来，极少数伟大女性的遗体也存放在那里。特别需要指出的是，尽管那里记载着法兰西王国的历史，但是历代国王和王后的遗体并没有在这个具有纪念意义的地方安放，这正是1789年那场大革命的结果。为了使先贤祠交通便利，特地修建了现在巴黎第五区的索夫罗特街，该街道直通卢森堡公园。尽管新街道仅仅延伸到圣雅克街，但是投入了大量的人力和物力。

现有城市结构中城市发展的复杂性对另一个重要王家工程的选址产生了影响，那就是路易十五宫，该宫殿是一个将君主家长制、壮观的纪念性和希腊-罗马风格融为一体的建筑。为了纪念路易十五在1740年至1748年奥地利王位继承战争中的胜利，城市管理部门提出要修建新的王室广场的计划。一些建筑师和工程技术人员就建筑的位置和设计方法展开了讨论。一百多个申请人参与到该建筑的位置选择和设计之中，提出了一系列广泛的富有想象力的建筑位置，包括西岱岛、市政厅广场，甚至有人荒唐至极地提议巴士底狱。所有这些待选的建筑位置绝大多数都将使市中心更加宽广，使巴黎中心地带交通更加便利。然而，由于政治、经济和管理方面的困难，那些设计思路未被采纳。最后，国王提出了一个比较可行的选择方案，他捐赠出位于巴黎西部、杜伊勒里花园末端的一块祖传土地。比起17世纪的孚日广场和旺多姆广场等王家广场来说，新建的路易十五广场（即现在巴黎第一区的协和广场）为巴黎的城市更新所提供的空间要小得多。本来，该广场可以直通香榭丽舍大街，那里是人们的娱乐场所，林荫大道一直延伸到纳伊的新桥。然而，由于护城河将它与香榭丽舍大街分开，广场被视为城市的外部边界，所以直通计划未能实现。有一名作家曾经这样描写该广场：“坐落于城边的广场花园似锦，绿树成荫，装饰典雅，成为一个舒适的乡村休闲地。”[13] 由埃德梅·布沙东精心设计的路易十五骑马塑像矗立在广场中央（在大革命期间被毁掉），这个王权建筑具有一种深刻的含义：它表示国王对改进城市状况十分关注。18 世纪 80 年代修建的路易十六大桥（即现在的协和大桥）将右岸的圣奥诺雷区和左岸的圣日耳曼区连接在一起，为巴黎城市的发展提供了契机。

事实上，在 18 世纪，圣奥诺雷区和圣日耳曼区是巴黎最时尚的地区，远远超过了时髦一时的马莱——现在人们越来越感到那里已经是过往烟云。尽管王室大部分时间都是在凡尔赛宫，但是这两个地区的繁荣表明，法兰西王国最有权势和最富有的人也接受了巴黎人民的生活方式。出入宫廷当然是贵族地位的重要象征，但他们不久就发现王室生活是那么枯燥无味。那些曾经在凡尔赛宫出席国王仪式的贵族宠臣现在也离开凡尔赛转到了巴黎，路易十五和路易十六对他们也无能为力。如同富有的穿袍贵族和金融家一样，佩剑贵族也在巴黎建立了私人官邸。穿袍贵族和金融家是当时在法律和行政部门工作的新兴阶级，而佩剑贵族是因军功获得爵位的旧式贵族。当时各个有产阶级之间相互通婚并在文化生活中共享利益，加之居住地比较靠近，使各界精英涌向巴黎成为一种趋势，而这两个近郊区为不同出身而又追求相同生活方式的社会精英提供了相互结合的平台。

事实上，政府组织机构基本都在巴黎，这对于财富精英聚集首都也至关重要。在 18 世纪 60 年代以前，法国的陆军部、海军部和外交部还没有迁到凡尔赛，即使此后这些机构迁到凡尔赛，但是财政部及其下属机构仍然留在巴黎。再者，巴黎仍然是国家司法和财政体系的中心。在精英阶层内部，控制巴黎高等法院的穿袍贵族有坚固的根基，像财政部门的官员一样，他们喜欢巴黎而不是凡尔赛。负责间接税征收工作的农业部门官员的办公室就设在现在巴黎第一区的让-雅克·卢梭街，位于圣厄斯塔什教堂和旺多姆广场之间。但是，圣日耳曼区是旧贵族常去之地。在 1789 年，十分之九的农业部官员住在圣奥诺雷街及其附近。这一地区后来发展成巴黎的金融区，股票交易市场就在附近。另外，它也是一个文化机构云集的地区，那些金融界的精英以城市文化基调的设定者自居。

1733 年的一份记录这样写道："只有圣日耳曼区和圣奥诺雷区是适合杰出人物居住的地方，这两个地区的新住宅增加得如此之快，装点得如此豪华，有些简直可以说是宫殿了。"[14] 这两个地区空气清新，可以修建花园，社会治安良好。左岸圣日耳曼区的那些与塞纳河平行的街道是发展的明显标志，依次可见的是波旁街、里尔街、德沃纳尔街、学院街以及南部稍远一点现在巴黎第六区至第七区的圣多米尼克街和格勒纳勒街。所有这些街道都保持着明显的 18 世纪街区建设的风格。在 18 世纪后期，时尚的圣日耳曼区开始向圣叙尔皮斯和奥德翁剧场地区发展。

1715 年，国王住在杜伊勒里宫，奥尔良公爵住在罗亚尔宫，结果吸引了众多的政治精英们来到附近的圣奥诺雷区居住。当时，在法国财政部任职的苏格兰投机商约翰·劳曾提出一个大量发行纸币来刺激商业繁荣的建议，尽管这个臭名昭著的"系统"在 1721 年可耻地破产，但是它开启了这一地区的主要建筑热潮。随着 1739 年至 1767 年运河工程和大排水沟工程的完成，这一建筑热潮顺利发展，[15] 大排水沟延伸到北部，与巴黎的各条林荫大道平行，不仅排除了这里的臭气和疾病传染源，而且使这里的工作环境更加惬意。更多的人开始在圣奥诺雷街南面建造屋舍，从他们门前的花园出发，可以直接来到香榭丽舍大街。例如，1718 年至 1722 年建造的埃夫里克斯公馆在 18 世纪 40 年代成为国王情妇蓬巴杜夫人的寓所，她在圣奥诺雷街开了一家奢侈的商店，在她的店里可以看到当时最好的丝绸、家具和服饰。埃夫里克斯公馆后来被重新命名为爱丽舍宫。1871 年以后，该宫殿成为法兰西共和国总统官邸。从现在巴黎第九区的昂坦马路到黎塞留街的西北地区是附近另一个受欢迎的地区。在摄政时期，曾经作为草场、奶制品厂、市场花园的这个地区一夜之间竟变成了金融家等富有阶级的美丽住宅区。

在 18 世纪 20 年代晚期，昂坦马路地区的发展一度滞后。但是，它从 60 至 70 年代起开始振兴，带动巴黎兴起了一个又一个商业性建筑热潮，其中大多数建筑在西部富人区内。那些身居高位又深得国王宠爱的人支持城市的这种发展，因此尽管 1724 年曾经颁布了建筑限制条例，但建筑活动还是我行我素。正如人们所看到的那样，领导奥德翁剧场地区建筑发展的不是别人，正是路易十六的兄弟普罗旺斯伯爵。[16] 同样，普罗旺斯伯爵的弟弟阿图瓦伯爵在纳税墙外沿着圣奥诺雷区修建了鲁尔街区，位于现在巴黎的第八区，那里曾经是路易十三建立的王家苗圃。[17] 权贵带头从事建筑活动的趋势还有一个突出例证，是试图通过开发其黎塞留街居住地附近的公园而敛财的破产大臣舒瓦瑟尔公爵：他在这里为喜剧院剧团建立了驻地，同时又在现在巴黎第二区一带兴建新的房产。[18] 同样，路易十六的财政总监雅克·内克尔和农业部的让·约瑟夫·德·拉博尔德也都在时尚的昂坦马路地区投资商业性的建筑。在昂坦马路以东现在巴黎第九区的普瓦索尼尔区，大约在同一时期也出现了类似行为，在女修道院和圣拉扎尔修道院原有的土地上，修建了一些高级的商业性建筑。

事实上，在19世纪后期，教会地产在建筑业繁荣中扮演了重要角色。许多教会的房屋，例如女修道院和圣拉扎尔修道院，都拥有宽敞的公园和空地，这种情况甚至可以追溯到反宗教改革时代，甚至此前时期。但是，自18世纪以来，由于财政管理的混乱、社会慈善捐助的下降和宗教信仰的低迷，那些地产不得不被出卖。但是，王家明令禁止出卖教会地产，于是，教会地产交易又以租赁的方式出现了，这种方法可以使他们避开禁止教会地产自由买卖的法令。在右岸，斐扬修道院为了偿还债务，将圣奥诺雷街一带的地产对外出租了99年。在马莱，原来圣殿骑士团所属的马耳他修道院地产由建筑商开发，这块面积广大的地产位于现在巴黎的第三区至第十一区之间。与此同时，原属于田野圣安托万修道院地产的阿利格尔集市及其周围地区被分割出来，地点位于现在巴黎的第十二区。在左岸地区，圣日耳曼德普雷修道院开发了雅各布街地区，与此同时，加尔默罗修道院开发了从沃吉拉尔街一直到里加德街的广阔地区。

如果一位21世纪的来访者到位于马莱地区即现在巴黎第三区的寇尼亚克伊博物馆参观，他将会有一种满足感，即便有时会觉得这座新潮的建筑内部装饰过于浮夸，而该博物馆呈现出来的正是路易十五和路易十六喜爱的法国住宅装饰艺术黄金时代的特点。从摄政时代后期开始，科尔贝和路易十四喜爱的刻板的古典艺术形式让位于洛可可艺术风格。“洛可可”这一概念在17世纪后期刚刚出现，代表了优美的不对称形式和明快的装饰艺术，通常以享乐主义和色情艺术的女性形象表现出来，如仙女、异教徒女神和女牧人等。洛可可艺术适应了金融贵族的物质享乐需要，事实上，也渐渐地影响了王室乃至整个法国甚至整个欧洲。洛可可艺术得到蓬巴杜夫人的欣赏。在她兄弟马里尼的帮助下，蓬巴杜夫人大规模地购买和兜售洛可可艺术装饰风格的建筑，这种风格在巴黎地区的王室成员住宅以及其他上层人物的私人住宅中得到了普遍体现。例如，蓬巴杜夫人自己最喜欢的位于贝尔维尤的乡村住宅就是如此。尽管18世纪50年代到60年代出现在建筑业中的新古典主义形式偏离了洛可可艺术风格和主题，但是希腊-罗马基调的和更高雅、更具道德化色彩的装饰艺术的渗透并没有影响法国房屋装修艺术的质量，也没有影响艺术的视觉效果。

至少从理论上来说，思想作品和艺术作品的标准是在17世纪由王家科学院的各个分科学院制定的。[19]但是，在18世纪，法国出现了许多新的团体并得到蓬勃发展，它们对思想和艺术领域里的王家权威文化机构提出了挑战。富有精英美丽的大厦特别为政府管辖之外的文化艺术机构提供了场所。那些拥有贵族气派的府邸经常存放着艺术收藏品，自然历史陈列室中的钱币和奖牌收藏品以及图书馆对所有文雅之士和博学的知识分子开放。一些住宅举办沙龙，来自社会、文学和艺术界的精英在那里会聚一堂，定期讨论当前国事，有时也开展其他文化活动，如音乐、诗歌、剧本朗诵等。在大多数沙龙里，男人是主体，尽管沙龙通常由女人来主持，但是她们仅仅掌管会议的进程。大多数沙龙都在坐落于时尚地区精心挑选的私人会馆里举行。例如，位于圣奥诺雷街的唐森夫人府邸、迪德方夫人府邸、若弗兰夫人府邸，位于旺多姆广场附近米林斯街的奥尔巴克男爵府邸，位于昂坦马路地区的芮克夫人府邸，位于圣多米尼克街的朱丽·德·莱斯皮纳斯府邸等等。

那些自称为启蒙和理性哲学家的作者和新闻工作者是这种沙龙的

常客。伏尔泰、孟德斯鸠、狄德罗、达朗贝尔、格林等哲学家在那里高谈阔论，对国家事务评头品足，并参加更理性化的社会组织。外国人看到了这些哲学家的文化影响，并认识到典型的巴黎人的习惯。一个坦诚的英国参观者写道，他们“不仅进入上流社会，而且冒险参与上流社会的生活，你看看他们，服饰各异，热心吃喝，还有人在现代礼服上体现奥维德式的爱情艺术”。[20] 比起王家科学院的学术活动，沙龙的常客来自更广泛的阶层，尽管如此，还是那些有机会拜访国家上层人物的哲学家们对参加沙龙更加积极，他们期望在那里参与振奋人心的理性主义讨论，接受温文尔雅的行为礼节。

沙龙里的那些常客不仅仅表达出反对绝对君主制控制文化机构的观点，也越来越多地表示要体现公众意愿的理性观点。艺术鉴赏的标准不应该来自高高在上的王室及其控制下的那些管理机构，甚至巴黎最高法院也没有这个权力，这个决定权应该来自社会底层，来自有教养的阶级内部。同时，这一标准应该在巴黎的另一个文化重镇，即巴黎艺术沙龙里得到发展。[21] 从 18 世纪 30 年代后期起，以往每年一度在卢浮宫内举办的新油画展览改为在沙龙举行，后来又改为每两年举行一次，为艺术家们提供了一个更有影响的阵地。这些艺术展带来了微妙的改变，也极受欢迎，例如，1781 年的展览有 3 万人参观。沙龙威望的不断上升并不是由于国王认可了它的存在，而是广大民众公开承认沙龙的重要。1747 年，艺术评论家拉封・德・圣耶恩曾经说过：“只有通过那坚定的、没有被操纵的民众的嘴，我们才能听到真实的话。”[22]

在文化机构地位的问题上，公众意见是最权威的，因为这种意见没有在王权的控制之下。文化和思想追求在城市资产阶级中引起了广泛的共鸣。在文化哲人的引导下，法国的资产阶级越来越相信自己的决断。例如，18 世纪 20 年代在巴黎建立的共济会就是巴黎人自己说了算。尽管他们之中有些人是排外主义者，但是参加共济会的人来自社会各界，上自贵族，下至徒工和店员，都愿意与商人、政府官员和学者们交往。他们举行秘密仪式，暗中从事慈善活动。在法国旧制度的末期，巴黎大约有 100 个共济会的分支机构，成员大约占巴黎成年男性人口的 5%，其中绝大多数是商业和职业资产阶级成员。

共济会的分支机构通常设在热诚而又秘密的社会改革主义者经常集会的咖啡馆里，因此，巴黎的咖啡馆不仅是人们喝咖啡的地方，而且是秘密的集会场所。也正是在这里，形成了尤其受资产阶级欢迎的争辩论坛。在摄政时期，巴黎街头大约有 400 家咖啡馆，到了 18 世纪末，这一数字增长了三至四倍，咖啡馆的普遍特色就是那里都有各种报纸。事实上，了解新闻已经成为新兴资产阶级社会生活的重要组成部分。20 世纪初期，新发行的书籍增加了三倍，这些新书往往是在神学标题下写一些人们喜闻乐见的历史、旅游和文学的内容，特别是在 18 世纪后半期，期刊开始在社会上发行，这是更为重要的发展。虽然政府审查部门限制报刊登载民众事务和政治话题的报道，但是对各种新闻和观点的需求与日俱增。1777 年，巴黎的第一份日报《巴黎日报》诞生了，到 18 世纪 80 年代，它的日售量就已达到 1 万份，其中很大一部分销量得益于巴黎的咖啡馆文化。

一、普罗可布咖啡馆

拉尔夫·沃尔多·爱默生曾经说过，巴黎“是一座咖啡加谈话的城市”，而且二者是不能分开的，这是巴黎最大的特色。如果真的是这样，那么巴黎要感谢弗朗西斯科·普罗可布·卡尔特里。弗朗西斯科·普罗可布是一个来自西西里的移民。一般认为，正是他在巴黎创建了第一家咖啡馆。如果说从 17 世纪 40 年代开始咖啡豆偶尔在巴黎出现，那么正是弗朗西斯科·普罗可布在 1672 年的圣日耳曼集市上推广了这种新饮品，并于 1686 年在圣日耳曼渠道街（现在巴黎第六区的古剧院街）开设了自己的咖啡馆。普罗可布的商业理念是切实有效的。他的高档消费场所毗邻一个草地保龄球场和一个网球场，这样一来他就能拥有一批稳定的客户。保龄球运动进入法兰西喜剧院室内的变化又使那些休闲者（即喜剧观众）成为他的客户。在当时法国的时尚社会中，咖啡已经成为每个人都能说上两句的流行话题。

如同许多其他时尚一样，咖啡也有可能落伍。但是，由于当时的巴黎人对咖啡的医疗作用怀有浓厚的兴趣，这使咖啡的实用价值扩大了。然而，咖啡之所以能够成为绝大多数巴黎人的生活中不可或缺的一种饮品，不是因为它的医疗作用，而是因为咖啡与谈话紧密地联系在一起，进而形成了边喝咖啡边聊天这种愉快而又集体性的新型社交活动——咖啡加谈话。

咖啡馆在荷兰和英国出现得要稍早于法国。但是，在 18 世纪 20 年代，当一个名叫内梅兹的荷兰人参观巴黎时，却对那里如此之多的咖啡馆无比惊讶。当时，巴黎有些街道上的咖啡馆会多达十几家，而整个巴黎大约有 400 家之多。内梅兹在他的描述中说道：“有些咖啡馆口碑很好，一些王室权贵和政府要员经常光顾那里。”与荷兰的咖啡馆不同，巴黎的咖啡馆内是不许吸烟的，也没有报纸可阅读（这两点都将发生改变）。巴黎的咖啡馆也不同于下层酒吧，虽然总体氛围也很嘈杂，但并不是以下层平民的方式而是以上层资产阶级的方式出现的。内梅兹眼中的情景正是巴黎咖啡馆的真实写照：人们喜欢在那里聆听有关日常时事的谈话，咖啡馆已经成为资产阶级的公共论坛。

在18世纪，普罗可布咖啡馆里英雄辈出，法国所有重要的哲学家都是这里的常客：狄德罗、达朗贝尔、伏尔泰、卢梭、马蒙泰尔、博马舍、梅西耶等。大革命又带来了一批新的风云人物：丹东、马拉、埃贝尔、卡米德·德穆兰以及许多的记者和众多着装新潮的知识阶层人士。红色的无边软帽首次在这里亮相。尽管普罗可布咖啡馆由于缪塞、乔治·桑、戈蒂埃、巴尔扎克、雨果以及其后的魏尔伦的光顾而尽领风骚，但是到了19世纪末期举步维艰，变成了一家素食餐馆，靠公共援助来支撑门面，到了20世纪末期则完全成为一个古董。是国际旅游业拯救了它。虽然那里恢复了咖啡的供应，但它主要还是一家为使用信用卡的游客们服务的餐馆。

在大革命之前，普罗可布咖啡馆的名声就开始滑坡了，18世纪末、19世纪初，最好的咖啡馆在罗亚尔宫内外。1814年，反法联盟军队进驻巴黎后，军人们做的第一件事情就是冲进罗亚尔宫的咖啡馆，尽享那里的氛围并纵情声色。到19世纪中叶，几大主要传统品牌——里奇咖啡馆、安哥拉咖啡馆和条顿咖啡馆在西林荫大道时髦地区已经不再流行。但这时有一些独具特色的新型咖啡馆出现在人们的面前，它们装修别致，令人耳目一新。最初，这种咖啡馆仅仅是标新立异，但后来其独特的装饰风格渐渐传播开来，镜子、树形饰灯、大理石桌面、华丽的灰泥粉刷以及外表装修等手段被广泛应用。林荫大道地区还有一种别具一格的休闲方式，那就是自19世纪60年代开始在林荫道上举办咖啡音乐会，之后蔓延到人行路上，把巴黎的街头生活打扮得如诗如画，这在巴黎前所未有。1869年，一名美国游客目睹了巴黎人行路上咖啡馆的景象：各形各色的人坐在那里抽烟、喝酒、聊天、读报，令他艳羡不已。他不无夸张地说，这才是真正的民主，只有在基督教王国才能看到的社会平等（他或许有些言过其实）。

在罗亚尔宫有一家摄政咖啡馆，卡尔·马克思在那里结识了恩格斯，这没有什么稀奇，因为咖啡馆的早期历史就是与资产阶级和那些不羁的文化人联系在一起的。但是，马克思和恩格斯为之奋斗的无产阶级，在19世纪慢慢成为咖啡馆、酒吧和酒店的常客。事实上，咖啡馆和酒馆的区别并不是向来就泾渭分明的，因为长时间以来酒精就是咖啡的主要成分之一。到19世纪80年代，巴黎大约有4万家咖啡馆，到1914年还剩3万家左右，如今大约有2000家。工人阶级喜欢吸烟，因此许多资产阶级的咖啡馆拒绝工人阶级入内，但很快就不这样做了。咖啡馆和酒馆不仅是人们相互交际的场所，而且是人们互相安慰的地方。作家勒鲁瓦·博利厄认为，那些地方是“穷人的教堂”。埃德蒙·德·龚古尔在1871年巴黎公社被血腥镇压之后参观了工人阶级住宅区贝尔维尔，发现那里的人整天就是“面色苍白地喝酒”。实际情况可能更糟。人们相信，如果像英国一样咖啡馆在周日晚上全都关门，那么大概会有3万巴黎人自缢。

在第二次世界大战期间，咖啡馆给巴黎人留下了一段难忘的记忆。由于燃料和食品缺乏，许多人只好到咖啡馆寻求一点快乐，喝点咖啡，喝点酒或者其他什么饮料。圣日耳曼德普雷的文化咖啡馆孕育了战后的存在主义运动。萨特通过把咖啡馆服务人员的行动作为一种存在主义方式而发展了他的哲学。

进入21世纪以后，咖啡馆毫无疑问面临巨大的压力。快餐店等类似的服务行业吸引了大批咖啡消费群体，这一巨大的变化导致许多咖啡馆关闭，尤其是在郊区，甚至发生了连锁反应。幸运的是，咖啡馆顶住了压力，那里开始吸引女人，这样，咖啡馆已经改变了过去作为男性消费场所的历史惯例，增加了潜在的顾客。此外，咖啡馆经营者为了适应市场的需要而开发了多样化的咖啡服务，包括音乐咖啡馆、文化咖啡馆、哲学咖啡馆、同性恋咖啡馆、禁酒咖啡馆，甚至有计算机网络咖啡馆。一些情况表明，博物馆开始被咖啡馆侵占。咖啡馆经营者将传统的咖啡馆花样翻新，建立了连锁店。例如，科斯特兄弟在奥塞现代艺术馆建立的高贵咖啡馆和在卢浮宫门口金字塔上的边缘咖啡馆，另外还有邻近蓬皮杜中心、由建筑师克里斯蒂安·德·波尔藏帕克设计的博堡咖啡馆。

巴黎人在咖啡上的花费大约为每年300万利弗尔，[23]这个数字比奶酪消费的数额还多，消费者包括社会的各个阶层。咖啡馆得以长期存在的原因并不是咖啡本身，而是咖啡以外的思想和政治，因为咖啡馆已成为传播思想和政治的新摇篮。然而，路易十五的乐趣之一是由其情妇蓬巴杜夫人在他的私人宴会上为客人们煮咖啡，这也是王室跟随时尚的又一个表现。另一方面，咖啡很快变成了巴黎劳动阶级的一种标准早餐。这种跨越阶级的品味共享在其他文化和

“普罗可布咖啡馆，新哲学的诞生”，18 世纪版画

休闲场合方面也表现得十分明显。例如，18 世纪以后，一些上层文化机构获得更加广泛的欢迎。在 1700 年，巴黎的所有剧院加在一起只有座位 4000 个左右，到了 1789 年，增加到 13000 个。喜剧院和新兴的林荫大道上的各个剧院上演的剧目不仅上层人士喜欢，下层民众也愿意观看。此外，不仅咖啡馆、剧院和公共花园等休闲和娱乐场所吸引了大批下层民众，而且随着他们生活条件的日益改善，劳动阶层在其他消费场合也频频出现。例如，巴黎的酒馆曾经是贵族出没的地方，而城市的网球场通常聚集着王族子弟。[24] 但是到了 18 世纪 60 年代以后，圣日耳曼和圣洛朗的古老集市日渐衰落，被其他一些场所取而代之，特别是著名的西北林荫大道，成为各个阶级都去的消费场所，那里有大杂烩式的玩偶剧院、杂技表演、自动展示台、蜡像馆、小丑表演等。一个参观者说，对巴黎的一个比较恰当的比喻应该是，“巴黎是一个鱼龙混杂的地方”。[25]

尽管公开处决的行刑场所总是吸引大量人群，斗兽活动通常也会引起不少人的兴趣，但是巴黎城市文化中最受欢迎的一种集体活动，也是启蒙运动时代最好的象征，不论是公众行为还是王家节日，都应该是燃放焰火。由于王室的建设工程开辟了一些广阔的空间，例如路易十五广场、战神广场以及各种码头等，使燃放焰火活动成为可能。克拉多克夫人指出，把公共事务变成娱乐和狂欢是巴黎人的爱好，[26] 同代人则把这种世俗活动现象解释为宗教信仰的苍白。

既然事实已经证明市场是不分阶级的，一些企业家和投资商便希望进一步开发市场。不久，一种新的娱乐产业迅速兴起，迎合了蓬勃发展的旅游业的需要。1764 年，意大利烟草制造商托利在邦迪街（即现在巴黎第五区的勒内·布朗热街）创建了“夏日游乐园”。同时，他的同伴吕吉里在圣日耳曼市场建立了“冬日游乐园”。使用Vauxhall这个词意在强调模仿伦敦这个18世纪欧洲的主要消费市场。在这种活动场所中，最为突出的是圆形剧场。它是18世纪70年代中期以罗马大剧场为原型建造的巨大竞技场，位于现在巴黎第八区的香榭丽舍大街北侧。该剧场能容纳4万人，不论是“下层民众还是上层人士”，在那里都可以从事自己喜爱的娱乐活动，购买自己需要的商品。[27]在这方面，给人印象更为深刻的是豪华的罗亚尔宫。在18世纪80年代早期，奥尔良公爵把这个祖上留下来并由自己居住的住宅变成了一个半开放的地方，一个生意兴隆的新古典主义购物商场，那里总是人潮涌动，甚至有些娼妓也光顾此地。意大利戏剧家哥尔多尼曾经写道：“在豪华的拱廊街上有各种各样的商店，消费者在那里可以买到所需要的一切物品，那里还有咖啡馆、公共浴池、餐馆和大排档、旅馆、聚会、演出、画廊、书店、音乐会等。”[28]1786年，邦贝尔侯爵曾经评论说：“只要你口袋里有钱，在这里用一天的时间就可以买到在其他地区花一年才能买到的所有奢侈品。”[29]

正如罗亚尔宫所证实的那样，在18世纪的巴黎，已经形成了一种新的文化氛围，人们的社会生活已经用不着相互戒备。在过去，参观者常常说巴黎的娱乐活动有失体面，但现在已经变成了更自由、更平等的生活方式，在巴黎的街道上，在豪华的罗亚尔宫里，这种生活方式随处可见。有人毫不夸张地说：“除了地位最高的贵族，在巴黎人人平等，在街上修鞋匠不必给侯爵让路，这是真实的巴黎。”[30]但是从消费角度来说，修鞋匠与侯爵的社会地位是完全不同的。但是，随着“时装”的出现，即使这一点也难以区分了。

如同一切说教都无济于事一样，时装是一种更为令说教者无奈的主题，因为主张节俭的说教丝毫没有阻止时装在所有阶层的流行。在传统上，穿戴代表着社会地位，但是这个由来已久的等式越来越不被人们认可。在服饰和行为方面相互模仿已经使人们的等级差别一扫而光。不言自明，现在要区分谁是奶牛场女工谁是公爵夫人已经不可能了。蓬巴杜夫人以及后来路易十六的王后玛丽·安托瓦内特都曾经穿上奶牛场女工的服装进行演示，但现在的奶牛场女工们也开始穿上绫罗绸缎，戴上珠宝首饰，而这些都是过去富裕阶层的女士所独有的。每年，蓬巴杜夫人和那些时髦的上层女性经常光顾的圣奥诺雷街上的丝绸商店的商人都要摆出一个穿着新式样服装的模特，以便展示某一季节的时装新潮流。此后，许多类似的模特被传到外省乃至遥远的国外。这些服装模特给王室女性和全欧洲逛商店的女孩做出了今年流行时装的样板。

时装也在男人中引发了类似问题。在很大程度上，朴素的英式骑装成为大部分精英阶层的必需品，即使路易十六也青睐于此，结果导致在他与密友在一起的时候，陌生人都无法辨认谁是国王。在18世纪80年代，夏尔·德·佩索维尔曾经说："政府里最资深的要人穿着最时尚的市民服装走在街上，你会觉得你正和商店的店员说话，但事实上对方很可能是王室成员。"[31] 与此相关的还有，那些富有的神职人员喜欢像贵族纨绔子弟那样也佩带刀剑和手杖。

在首都的公园、林荫大道和马路上看到的服装革命事实上是巴黎物质生活各个方面都在发生变化的表现形式之一。对下层民众遗物的分析表明，富有的精英阶层的生活在更下层的物质主义和时尚意识的生活方式中也能找到共鸣。在当时流行的衣柜里，这些人所用的衣物在式样、颜色和种类上都很齐全。事实上，早在一个世纪以前巴黎人就开始使用衣柜，但大多数是用亚麻布做的衣箱。其他新型家具也应有尽有，如椅子、桌子、抽屉柜、各种灯具、版画和挂毯、镜子和屏风等。很多人吃饭使用瓷器、壶、瓶、刀、叉和羹匙。近一半的家庭有咖啡壶。生活方式的变化也扩展到了个人装饰品方面，例如手表就是一种品位的标志，一个外省来的学生抱怨说，“连巴黎街道上的顽童”都有一块。[32] 出现了女性用的首饰、假发、鼻烟盒以及手帕。达尼埃尔·洛希曾经指出，在 1700 年和 1789 年间，巴黎人就知道使用手帕擦鼻涕。[33] 剃刀、假发和牙刷的使用改善了人们的外表，为人们适应不断变化的时尚提供了手段。

这一最初的消费革命导致的享乐主义思潮不仅在巴黎城市内流行，还扩展到周边农村地区。一个世纪以前还荒凉和偏僻的外环林荫大道和大小村落，现在作为新兴的物质文化中心脱颖而出。事实上，国家对关卡之外的某些消费品是免税的，这就鼓励了娱乐产业在税务人员不去的地方建立起来。于是，一个叫作“村舍”的酒馆网络出现了。在星期天、不工作的“圣日星期一”以及节日里，巴黎人往往出来休闲并喝一些便宜的饮料，这时“村舍”就十分活跃。而且正是在这些时候，很可能会发生恶性街头暴力事件。几乎同时，一些大小村庄也出现了类似的集体娱乐活动，例如现在巴黎第八区的鲁尔村、第十八区的拉夏佩尔村、第十二区靠近夏罗内的丰塔拉比村、第十三区的贝尔西村以及第十五区的沃吉拉尔村等。

巴黎人生活的这些变化还有一个突出表现，那就是富有的上层阶级青睐于兴建乡村馆舍、疗养处、避暑农庄以及其他一些他们喜爱的去处，他们可以在那里尽情享受自己喜欢的园艺、植物和自然风光。

情郎屋是与情妇偷情的地方，这也是一大地方特色。在摄政时期，对封闭村庄的开发已经开始。例如，奥尔良公爵为他的女儿贝里公爵夫人建造了猎舍城堡，同时，他的妻子在巴格诺里特建造了一座乡村住宅。1720 年在布洛涅森林外建立的巴加特尔住宅在 18 世纪 70 年代由路易十六的兄弟阿图瓦伯爵重新设计和装饰。最后，大部分类似的第二住宅，如帕西、奥特尔、南泰尔、圣克卢、阿尼厄勒、塞夫勒、伊夫里、万塞讷、圣莫尔以及犹太市等，在 19 世纪和 20 世纪的过度开发中都被毁坏。除了巴加特尔住宅外，那段蓬勃发展时期的痕迹几乎荡然无存，除非现存的街道设计与原来的道路重叠。[34]

为了到达建在巴黎老城墙之外的消费村舍和第二住宅，巴黎人还需要穿过大片农田。现今巴黎第十五区的格勒纳勒和第九区的普瓦索尼尔区，当时种植着大片黑麦和大麦。葡萄栽培还被传播到南部，远

18 世纪末的罗亚尔宫

到现在巴黎第十六区的贝尔西、第十五区的旺热和沃吉拉尔，在东贝尔维尔和现在巴黎第十一区至第十五区的沙罗纳，还都是种植葡萄的村庄，在现在巴黎第十八区的蒙马特北部，至少有一个地区种植葡萄，而且在附近还建立了十几个酒厂。但是，总体来说，巴黎近郊的耕地和葡萄园都逐渐消失了，靠近市区的村落被城市吞没了。除了被开辟为公用场地和避暑农庄的土地外，现在郊区的广大农田为巴黎供给各种农副产品。林荫大道附近的土地都变成了商业菜园，结果使从前没落的农庄也生机勃勃地商业化了。伴随着商业菜园的发展，菜园劳动发展为一个产业，每天都有人从城市内向那些菜园运送马粪。当时供应巴黎的农副产品有：阿让特伊、拉维莱特和蒙马特的芦笋，沃吉拉尔的蘑菇，克拉马尔的豌豆，蒙特赫里的樱桃，沙罗纳的醋栗，阿尔帕金的扁豆，还有远在圣马塞尔区郊外的花。在18世纪晚期，农学家帕芒蒂埃还在格勒纳勒试验过栽培土豆。

在城市周边地区历史悠久的采石场附近，工业也随之发展起来。在现在巴黎第十四区的拉维莱特种植着茜草染料，附近的古特奥尔村专门从事染料提取工作，位置就在现在巴黎第十八区。位于现在巴黎第十五区加维尔岛上的化学工场后来被转移到远离城市的西郊，次氯酸水（即漂白剂）就是1789年在那里发明的。烧制瓷器也是巴黎人在偏远郊外进行的重要生产活动。1756年，路易十五把万塞讷的瓷器工场搬迁到南部的塞夫勒，该工场在那里简直就是由国王宏爱的蓬巴杜侯爵夫人亲自掌管，她在贝尔维尤城堡上就可以俯瞰该场全貌。此外，克利甘拉、斯西克斯、默东、圣克卢以及普瓦西都建立了重要的瓷器场，其中多数是由王族赞助建立的。

但是，此时与欧洲其他地区相比较，巴黎工场向郊区和农村地区的发展还相对缓慢。巴黎制造业的定位向来而且仍将是奢侈品和半奢侈品。奥伯克男爵推断，如果没有巴黎的奢侈品业，法国的国际霸权地位将在一夜之间瓦解。[35]巴黎的这些奢侈品业几乎都集中在老城区。在18世纪中期，巴黎大概有5万名工场工匠和制造业工人，到1789年，这个数字增长到将近10万人。从表面来看，生产是由难以统计的行会和团体组织进行的，但是，这些行会和团体几乎自身难保，因为国王为了阻止自由市场的发展而破坏行会的存在和发展，而且在1775年几乎达到了目的。所以，国王对那些违反行会法规的行为视而不见。此外，还有十多个所谓“自由”行会，例如，圣殿区和由圣安托万修道院保护的圣安托万区都是行会不得干涉的地区。

巴黎的制造业主要是加工来自外省的原材料，也有一些制成品是在巴黎最后完成加工的。当时主导巴黎制造业的是绸布商，他们的人数已经超过2000，并组建了强有力的“六行会”组织。该组织规模最大，成为巴黎行会金字塔的塔尖。[36]巴黎行会专门生产的商品应有尽有，从丝绸、时装和优质家具到首饰、画卷、织锦、镜子、时钟、瓷器、漆器、流行小件商品（包括纽扣、饰带、花边等）、雨伞和玩具等，这些商品既具有奢侈品生产的特点，又具有一般产品生产和消费的特点。那些多才多艺的“饰品”专家[37]引导着时尚，而那些富裕的主顾正是通过消费他们的产品来满足自己的需求的。例如，在圣奥诺雷街，一面流行的镜子很可能是由圣格罗贝玻璃厂生产出来，然后又进行了洛可可式样的装饰；一座时钟很可能内部机件精良，外表用青铜、镀金和瓷雕像或者瓷片进行装饰；带抽屉的衣柜很可能涂有流行的中国漆；一件时装很可能经由一组专家共同完成，在衣料、花边、纽扣、饰带等方面选料精良，加工精细。有些最初为上层有钱人生产的高档商品现在开始用比较便宜的材料进行生产，使这些商品价格下降并得到普及，那些来巴黎的外国游客、中等收入家庭的人，甚至那些有雄心壮志的劳动阶级出身的人都青睐这些商品。巴黎人引导着欧洲人的品位。

二、罗丝·贝尔坦

1665 年，路易十四的大臣让·巴蒂斯·科尔贝曾经高度评价巴黎的时装，他认为，“时装对法国如同秘鲁金矿对西班牙一样”。时装领域的领先地位带给法国特别是巴黎的经济收益十分重要。太阳王宫廷的设计成为欧洲其他国家仿效的模式。尽管王室设在凡尔赛，但是巴黎的服装业照样为那里服务。在 18 世纪晚期，一个时髦人物和一个服装设计者之间富有成效的协作使巴黎的服装业进入一个新的发展时期，那个时髦人物就是路易十六的王后玛丽·安托瓦内特，那个服装设计者就是玛利·珍妮·贝尔坦，人称“罗丝·贝尔坦”，当时的人称她为“时装大臣”。

罗丝·贝尔坦 1741 年出生在皮卡第地区的一个下层社会家庭，进入巴黎之前曾经在阿尔布维里接受培训。她的才能被许多宫廷贵妇认可，包括沙特尔公爵夫人（后来奥尔良公爵的妻子）和孔代公主。在她们的帮助下，1770 年罗丝在圣奥诺雷街开了一家服装店。该服装店有一个富有异国情调的名字，叫作“大汗居”。在 18 世纪 70 年代早期，她被介绍给玛丽·安托瓦内特，从此，她们之间的友谊与日俱增。

在 18 世纪 70 年代中期和晚期，罗丝·贝尔坦是玛丽·安托瓦内特的主要服装设计师。她们二人在每一个季节都发明一种新式时装，所有出身高贵的女郎都积极追逐，唯恐落伍。一个回忆录作者后来写道：“贝尔坦夫人领导了我们时代的一场女士服装革命。”在玛丽·安托瓦内特推出新一季的时装以前，罗丝拒绝让任何宫廷贵妇穿着新式时装，这使她遭人憎恨。她与王后一周定期会晤两次，这是王后的日常工作，如同国王会见大臣一样。罗丝地位的不断高升引起许多宫廷贵妇的不满，奥伯克男爵夫人说她“自恃高贵，似乎她就是公主”。罗丝在宫廷里引起了一场竞争。但是，只要王后继续宠爱她，她就会立于不败之地。

罗丝是一个时装商人。时装是裁缝做的，女裁缝制作的各式各样的衬裙就是由那些时装商人设计的。正如梅西耶所说，巴黎那七千个男女裁缝是做时装的，而那十几个时装商人是设计者。

罗丝·贝尔坦设计的与众不同的时装配套饰物是高发髻，这种高发髻由片片薄纱和其他一些东西组成，如花、羽毛、水果以及各种小装饰品，把这些东西编入头发和假发里，就形成了高发髻。从1775年起，高发髻和贝尔坦创造的其他饰物在公众生活中独领风骚。此后，各种头饰纷纷登场：在1775年，为庆祝路易十六成功接种牛痘而设计了一种名为“接种型高发髻”的发髻，这种发髻中的用品令人感到莫名其妙，包括一条青蛇、一轮上升的太阳、一些花卉橄榄枝；当年的另一种发型名为“反抗式高发髻”，是为纪念一次农民暴动而设计的；1776年，贝尔坦的设计又认准了深褐色；接着各种各样与历史相关的饰物流行起来，其中包括：两三英尺高的羽毛头饰；亨利四世的帽子（这顶帽子曾经唤起了路易十六的爱国心并促使他去仿效自己杰出的先祖）；叛乱分子头饰（表示支持在北美殖民地战斗的法国盟友）；1781年王子头饰（庆祝王子诞生并取得王室继承人的权力）；为庆祝蒙戈尔费埃1783年的热气球升空而设计的发式以及许多其他样式。在王室艺术家伊丽莎白·维热·勒布伦夫人给玛丽·安托瓦内特王后绘制的画像中，对这些花样头饰进行了不少描绘，这种描绘也增加了贝尔坦的声誉。

到了18世纪80年代，罗丝接近王后的机会大为减少，这一方面是因为玛丽·安托瓦内特在时装上的花费不那么奢侈了（但是花钱也不少）；另一方面是因为与之竞争的一些女时装裁缝得到了王家的青睐。但是，罗丝继续为玛丽·安托瓦内特王后服务，甚至在大革命期间的恐怖时代，王后被投入监狱期间也没有间断。尽管罗丝在1792年移居国外，但她后来能够向革命政府证明，她一直在欧洲各地追逐她的贵族债主，以维护她手下三十多名妇女的利益，她称这些人是真正的“无套裤女”。她用“法国敌人的黄金换取了共和国军队的子弹”。18世纪90年代晚期，罗丝重新定居巴黎，居住在黎塞留街，1813年在那里去世。在弥留之际，罗丝已经不再是一个富有的女人，因为她富有的主顾，不仅仅是王后，已经不能再照顾她的生意了。

对于王室来说，罗丝·贝尔坦简直就是一个灾星。她那昂贵又矫揉造作的服饰成为许多反对政府的讽刺和评论文章的靶子，人们把法国政府的财政困难归因于王家的奢侈腐败。法国大革命发生后出现的流行服装样式与贝尔坦的服饰大相径庭，革命者提倡朴素和节俭，但是名称崇高，如爱国便装、民主便服等。然而从长远角度来看，罗丝·贝尔坦对巴黎具有重要的意义，是她确立了巴黎在时装行业的领先地位，不仅为法国国内甚至为国际时装行业树立了第一个标杆。在玛丽·安托瓦内特王后的帮助下，她建立了巴黎的时装界，而正是这个时装界领导了巴黎服装行业的发明和制作新潮流。此外，她对宣传媒介的利用也独具匠心，她不仅利用新兴的新闻业进行宣传，还亲自穿上各种人物的时装进行公开表演，就像谢瓦利埃·埃翁的两性体一样。当时有一个巴黎人写道，巴黎服装业享有的国际声誉长久不衰，这证明“巴黎堪称世界的女主人”。从此以后，世界上的富豪都希望按照巴黎风尚装扮自己，因为他们要么已经读过相关介绍，要么亲眼见过巴黎时装，知道只有巴黎时装才是最时髦的。罗丝·贝尔坦的继承人有沃斯、普瓦雷、香奈儿、斯基雅帕雷利、迪奥、圣洛朗和加利亚诺等。从罗丝·贝尔坦时代开始，无数男男女女投身于巴黎这项具有无限魅力、凝结着劳动汗水的永恒事业中。

消费不仅重构了城市的产业结构，而且超越历代的传统，使巴黎的社会特征发生了细微变化。在过去，巴黎的各个地区在社会类型和行业上基本上是混合的。在传统上，巴黎的社会层次是“垂直式”分开的，所住楼层越高的人越穷。尽管这种现象仍在继续，但是“水平式”区别已经开始侵蚀原有的特征。例如，在郊外的圣日耳曼区和圣奥诺雷区居住着许多仆人，但是工场和技工并不多。在西岱岛和市政厅周围地区等巴黎历史上的核心地带，堆满了垃圾和废物的狭窄街道上到处是拥挤不堪的平民住宅区，其景不堪入目，正如建筑师皮埃尔·帕特所指出的那样，“从高卢蛮族时代以来，那里的老卢特提亚结构从未发生变化”。[38] 那些社会精英就是从这种传统的贫民窟中挣脱出来的，特别是巴黎中央市场和市政厅周围，根本没有贵族居住。在圣安托万这样的工业区，基本上也见不到贵族的身影，这里过去家具制造业繁荣，现在又增加了玻璃、瓷器和壁纸业，充斥着鞣皮场和染料场的圣马塞尔区也是如此。

18 世纪 80 年代，一位有远见卓识的观察家指出："圣奥雷诺区的一个住户拥有的财富比圣马塞尔区的总和还要多。"[39] 在贫困的南部地区可以发现硝石场建筑群和野鹿建筑群，那是巴黎总医院的两处房舍，那里规模大，环境恶劣，收容了一万多人。1731 年，心中充满了对大城市憧憬的年轻人让-雅克·卢梭正是从这个被遗弃的巴黎南部地区第一次到达巴黎。他后来回忆说：

> 我过去认为城市既美丽又宏大，有着最为壮观的景象。然而，当穿越圣马塞尔区时，我看到的却是破乱不堪的街道，又脏又黑的住宅，到处都是肮脏、贫穷、乞丐、四轮马车、女裁缝、卖大麦茶的和卖帽子的人……所有这些都深深地印在我的脑海中，并使我对都市生活产生了一种难以言表的厌恶。[40]

三、穆夫塔街

> 穆夫塔街上的储粪池叫"业余爱好者咖啡馆"。……那些老公寓装的都是蹲式厕所，每层楼楼梯边都有一间，在蹲坑两边各有一个刻有防滑条的水泥浇成的凸起的鞋形踏脚，以防住户如厕时滑倒。这些蹲式厕所把粪便排放进储粪池，夜里再由唧筒抽到马拉的运粪车中。每到夏天，窗扇洞开，我们就会听到唧筒抽粪

的声音，那臭气真让人受不了。

上面那段话是欧内斯特·海明威在20世纪20年代对现在巴黎第五区穆夫塔街的描写，当时他还是一个初出茅庐的作家。从中我们可能看出，对于居住在穆夫塔街上的劳动阶级来说，当时物质生活条件的改善是多么缓慢。但是，这并不影响海明威对穆夫塔街本身的热情评价，他认为这条街道是一条“繁华热闹的商业街”。商业色彩在这一街道上至今仍占支配地位，从21世纪的任何一本旅游指南中都可以看到这类说明，因此人们很容易忽略这条街道的其他特征。

穆夫塔街的早期历史也有光辉的一页。这条街曾是罗马卢特提亚最古老的街道之一，从西岱岛小桥到今天的加兰德街、拉格兰街、莫伯尔广场、蒙田街、圣热纳维耶芙街、笛卡儿街，一直可以到达里昂和意大利。在塞纳河南大约一千米的地方，从墨洛温王朝时期开始就有一座圣梅达尔教堂，该教堂就坐落在穆夫塔街与海狸河交叉的位置上，那里人口不断增加，南部不远还有一块墓地。这个曾经比较繁华的地方在9世纪的时候被维京海盗夷为平地，后来曾一度得到重新开发，例如，圣梅达尔和南边不远的圣马塞尔都有很大发展。从12世纪开始，一些主要教会组织和上层人士开始涉足该区域。

然而，海明威描述的难闻气味一直在该地存在着。事实上，鞣皮场的气味直到十几年前才消失。词源学家告诉我们，穆夫塔这个名字来源于拉丁文Mon Cetardus，是一座坟丘，位于今天的意大利广场上。无论如何，几乎所有研究早期巴黎的学者都认为，该词语事实上源于法语词mofette，意为“腐烂的臭味”。从中世纪晚期开始，海狸河附近的那些鞣皮场、淀粉场、染料场和屠宰场将穆夫塔街地区变得臭气熏天。但是，这些产业使那里的雇佣工人大为增加，穆夫塔街从此也开始成为平民百姓居住的地方，这条街道的分支也开始四通八达。

在18世纪末期，路易-塞巴斯蒂安·梅西耶曾经指出："如果有人一定要到该地区去，那肯定不是由于好奇，因为那里没有任何历史遗迹，没有任何可以吸引我们的东西。"1724年，该地区被并入巴黎，带有令人厌恶的城市边缘地带的特征。巴尔扎克在几十年以后的评论更加证实了这一点。他说："在巴黎的各个地区中，这里是最为恐怖和不知名的了。"拉丁区的居民偶尔可能会到那里看一看，例如在16世纪，位于现在护城墙广场的松果酒店是拉伯雷、龙萨以及其他一些名人经常光顾的地方。但到了18世纪，这一地区以暴力和野蛮而闻名，所以梅西耶写道："这里的人和塞纳河两岸文明的巴黎居民没有任何联系。"1561年，所谓的"圣梅达尔教堂的钟声"成为宗教战争早期的一场暴力冲突。当时，为了阻止外面的新教徒聆听其传道士布道，这座天主教教堂的敲钟人连续不断地敲钟，结果酿成了一场血流成河的悲剧。18世纪20—30年代，该教堂的墓地成为詹森派歇斯底里发泄自己情感的地方。19世纪以后，这一地区的大众舞厅因怂恿街头斗殴和民众暴力而出名。此外，居住在穆夫塔街的人还出现在18世纪90年代革命者的队伍中，后来，在1830年、1834年、1848年和1871年革命的内城街垒战中，也有他们的身影。1920年，乔治·杜亚美曾经这样评论说："穆夫塔街有自己的习惯和规则，这些习惯和规则对旁边的蒙日街毫无意义。"

奥斯曼男爵及其助手通过大胆的城市化措施尽最大努力驯服了这一桀骜不驯的地区。尽管建立奥斯曼林荫道并将该街一分为二的计划无果而终，但是，蒙日街和克洛德·伯纳德街的建立还是缩小了邻近的穆夫塔地区的面积，并使更多的资产阶级人士进入该地区定居。穆夫塔街的一些小分支的发展倒是有一些影响，那些小分支现在已经变成了戈布兰路。尽管它的部分不卫生地区成为第一次世界大战后重新发展的对象，但是穆夫塔街仍然保持着它的大众性和乡土感。该地区住房低廉，因此吸引了海明威、乔治·奥威尔等许多穷困作家。奥威尔在1933年发表的《巴黎伦敦落魄记》呈现出穆夫塔街未曾暴露的一面。过去的政治激进主义正在走向衰落，20世纪50年代和60年代是穆夫塔街最后的激进时期，这时无政府主义者和“六八党人”控制这里并开始了一些地方工程，包括建在废旧公共汽车里的街道剧院等。但是，激进派的辉煌已经结束，资本主义和消费主义正在行进。

当地市场日益成为该地区引人注目的亮点。在20世纪行将结束的时候，作家乔治·杜亚美在《忏悔之夜》中将其比作北非或中东的露天市场。“商店里的商品琳琅满目；肉类、蔬菜和水果都可以在街上看到；还有法式糕点……胡萝卜堆成墙，马铃薯堆成山，卷心菜堆满地……”这是21世纪巴黎漫游者的确切描述，如同现在流行的寿司店、快餐店、网吧和其他后工业化时代的产物一样。

在18世纪60年代卢梭写下了这些第一印象时，巴黎城市中的贫富差距已日益明显地摆在人们面前，但是，学者们对巴黎社会的不平等和人际关系冷漠的批判更为重要，卢梭是其中的主要角色。他的《论科学和艺术》《论人类不平等的起源》批判了社会发展和城市文化必然带来快乐的假设。在他的畅销书，如《新爱洛伊丝》和《爱弥儿》中，卢梭提出这样的观点：像巴黎这样的城市，与其说是文明的灯塔，不如说是“人间地狱”，不满和不幸由此而生。[41] 当然，卢梭并不是攻击巴黎不和谐的城市生活的第一人，但是他以一种惊人的方式使批评具体化。人们读他的著作有一种顿悟的感觉，“地狱”中的居民成为卢梭最忠实的读者。在卢梭看来，是炫耀和享乐主义加剧了巴黎的贫困。一位评论者写道：“由于富有、享乐、快活和喜庆都是那样的卑鄙，人间天堂正在变成人间地狱，因为在那里除了对痛苦的可怕回忆以外他们一无所有。”[42] 因此，旧制度的最后的几十年不仅是在人们向往世界大同和追求巴黎文明价值的热情中度过的，巴黎日益复杂的社会问题也十分令人担忧。

启蒙运动时代的巴黎也有其黑暗的一面。该城市曾经发生过的最致命的危机似乎都已经结束，例如，1652 年的鼠疫、1709 年至 1710 年的大饥荒等，但是，贫困和失业尚在，巴黎这座消费城市消费的是穷人的生命。尽管平等主义者声称，按照当时的各种标准，只有三分之一的巴黎人被视为贫困，但是这个比例会急剧增长，因为 1725 年至 1726 年、1739 年至 1741 年、1765 年至 1775 年和 1788 年至 1789 年都发生了严重灾荒；1715 年、1748 年、1763 年和 1783 年又由复员军人引发了劳动力市场的混乱。巴黎出生的大多数婴儿被送到农村由那里的奶妈喂养；产期婴儿死亡率达到三分之一或者四分之一都很正常。城里弃婴不断增加，政府不得不调动相当数量的马车将这些弃婴运送出去，1740 年运送了 3150 人。十几年后，被运送的弃婴人数翻了一番。勉强活下来的婴儿在三个月的时候又开始容易得病，主要是天花。天花是上个世纪流行鼠疫之后出现的最大流行病杀手。梅毒也对儿童构成严重威胁。婴儿往往在出生时就已经得了这两种灾难性的疾病，究其原因，主要在于卖淫和性病得不到控制。人们估计巴黎大约有两万多卖淫者，如果将临时卖淫者和商业妓女都包括在内，这个数字会更大。整个 18 世纪，巴黎的私生子女比例从以前的十一分之一上升到四分之一，可见未婚生育多么严重。

由于死亡率高，尤其是小孩的死亡率很高，巴黎城市人口的自然增长很难实现，因此，巴黎需要周边地区大量的移民来补充人口。巴黎有四分之三以上的人口来自外地。到 18 世纪 80 年代，每年大约有 3500 人涌入巴黎，主要是进入比较贫困的市郊，他们在那里找到了自己农村伙伴的劳动网络，巴黎区域劳动的专门化由此开始形成。例如，利穆赞人主要是建筑工人，萨瓦人是运水工人，里昂人是石料粉碎工人。这些外来人口被巴黎人看成半开化的野蛮人，尽管 1787 年的一个外省人曾经明确地说，“巴黎人一点也不比外省人聪明”，[43] 但是巴黎人并不这样认为。

直到 17 世纪，人们一直认为瘟疫和其他流行性疾病是从外部传到巴黎的。现在，到了巴黎从自身寻找疾病来源的时候了。与其说是移民导致某种疾病在巴黎流行，不如说是该城市自身的各方面条件太差了。医学工作者梅努雷·尚博尔曾经写道，巴黎就像“一个人们都在其中游泳的大脏水坑”。[44] 另一个医生则认为，导致严重流行病发生的原因是巴黎附近有菜市场、古老的无辜者墓地和垃圾场。当时，社会医疗问题在贫困地区更为严峻，财政困难和用品欠缺使医疗人员很难提供相应的服务。约翰·劳改革的失败使当时许多医院的财政受到重创，慈善机构也因通货膨胀而朝不保夕。而作为巴黎主要医疗单位的主宫医院当时声名狼藉。据说，该医院在一个床位上安排四至六个病人，进入该医院的人有四分之一会死掉，而且经常是在入院后染病身亡。可见，对穷人的关怀已经迫在眉睫。意大利作家维多里奥·阿尔费耶里曾经说，进入巴黎就像“被塞进恶臭的下水道”一样难以忍受。[45]

人们对巴黎存在的社会不平等和流行病起因日益严重的关注极大地推动了城市改革的进程，尤其是从18世纪中叶以后更为突出。一个医疗团体呼吁，必须改善城市的卫生条件，空气必须净化，道路应该整修，障碍物需要清除，水供应亟待提高，而且必须向污染宣战。卫生运动与政治家和政治经济学家要使城市居民更加富有的愿望紧密相连，改革运动中还包含着一些艺术成分。哲学家伏尔泰是“美化城市运动”的代言人，尽管当时城市化和城市规划的思想尚未出现。在1749年的《美化巴黎》中，伏尔泰将人类学、卫生学和实用性融入城市美化的理念之中。国王、财政人员和市政当局都曾经由于未能将城市改造得“尽可能便利而且壮观”而遭到严厉指责。

> 我们无比羞耻地目睹着那些狭窄街道上的市场展示肮脏、传染疾病、导致混乱……我们需要重开市场，修复喷泉，整顿秩序，革新剧院。我们必须加宽街道，清理街道上的垃圾，将巴黎那些具有纪念意义的建筑重新展现在人们面前。[46]

伏尔泰的这段话表现了他的一种愿望，一种希望那些被巴黎城中层层障碍所阻隔的“宏伟”更好地再现的愿望，一种重现启蒙运动时代理念和路易十四时代古典主义建筑宏伟风貌的愿望。伏尔泰积极主张街道改造运动还与加强巴黎城市空气清洁和流通相关，这正是医生们所关注的城市污染问题。

对街道的特殊关心是那场改革运动中的重要方面之一。在路易十四时代，菲尔蒂埃尔词典用极为简单的功能性术语将“街道”定义为“房子之间的、供众人通过的地方”。[47] 现在，人们对街道的认识不断提高，认识到街道是塑造城市卫生、美观和实用环境的关键。参观者和游客仍然震惊于巴黎人从窗口将排泄物倾倒到过路人头上的行为，但警方对滋事、堆放障碍物、照明的管理日益严格。在 1700 年，巴黎街道是每周一次，现在是每天一次清理垃圾。18 世纪 50 至 60 年代，城市中的大部分垃圾被运到城外的指定地点。后来又采取了改善生活用水质量的措施。尽管人行道的路面铺设工作尚处于初级阶段，但是毕竟开始了。下一个工作是将过去建立在桥上的房屋搬迁走。1718 年，西岱岛小桥上的一场大火使该桥上的四所房屋荡然无存。在 1789 年革命前夕，一本小册子的作家在对当地死者的详细记载进行调查后宣称，通风降低了桥梁地区的死亡率，在半个世纪的时间内拯救了两万人的生命。于是政府规定，不允许在桥上修建任何房屋。从 18 世纪 80 年代开始，桥上已有的房屋都要拆除。早在 18 世纪 60 年代，巴黎就开始注意码头和河堤的建设，包括拆毁那些地方的简陋房屋。

卫生改革者的一个重要目标是处理城市中众多的病人和病死者的尸体。1772 年，主宫医院大火引发了一系列旨在将该医疗机构从市中心搬到更加卫生的环境中的调查，但是无果而终，死亡率继续居高不下。重要的是，在改善医疗的努力中，改革者试图避开如何改革主宫医院的问题，而是走另一条路。从 1778 年到 1788 年间，巴黎又兴建了十几家小医院，每家都有 100 张左右的病床。建立更多的医疗机构并使之成为“治疗机器”[48]而不是寻找病源，似乎是一个更为可取的举措。在众多的努力中，将病人尸体转移到城市边缘地区的努力最为成功。从 18 世纪 60 年代开始，巴黎禁止将尸体埋在教堂，教堂越来越被认为是传染疾病的根源。建筑师、城市理论家帕特非常强烈地主张根据卫生学和美学的标准对所有哥特式教堂（如圣日耳曼欧塞尔教堂）进行一次实质性筛选。结果有些教堂保存了下来，但是，古老的无辜者墓地并没有幸免。在一场广泛的公共卫生运动之后，该墓地在 1780 年被禁止使用。从 1786 年开始，那里遗留下来的尸骨全部被送到城南新建的伊索尔墓地，那是一处地下墓穴，位于现在巴黎的第十四区。[49]腾空的原址成为一个与巴黎中央市场相连的蔬菜市场。

根据实用性与卫生性相结合的特点，此时的巴黎特别注重街道的宽度和房屋的高度。18 世纪 60 年代后，新街道建设掀起狂潮，建设法规越来越多地坚持保证道路的宽度问题。街道加宽不仅有利于保持路面清洁，而且可以像伏尔泰倡导的那样，使房屋之间的空间更为宽阔。成功的实践被编入 1783 年至 1784 年的建设法规。至少在理论上，房子的高度应与道路的宽度相匹配。当时规定：木制房屋不得高于 48 英尺，街宽介于 24—29 英尺之间；石制房屋的高度限制在 60 英尺以内，街宽介于 30—45 英尺之间。这些规定后来又经过不断地重新制定和应用，对巴黎城市的外观产生了广泛而又持久的影响。

在 18 世纪，巴黎城市风貌的发展是由私人企业家、天主教教会当局、巴黎高等法院和巴黎市政府共同考虑的问题，但是市政府越来越居于支配地位。法国的各位国王对首都建设问题的态度反复无常，正如我们前面曾经说过的那样，[50]但无论如何，国王们都希望巴黎的外表能够更多地体现王权，印证王家在18世纪初曾经采取措施为巴黎人民造福。王室希望市政府在城市规划中发挥重要作用，但是不能容忍它自行其是。当时，巴黎城市的财政事务在财务总监的直接控制之下。那时的巴黎还没有一个现代意义上的市长，商人市长由城市的各个部门每两年选举一次，而候选人通常是由国王提出的。这些市长及其手下官员们在政治上无所事事，经济上却花天酒地，因此越来越为人们所诟病。[51]实际上，他们的享受也开始受到限制，从18世纪60年代起，国王采取措施减少政府官员所享有的服饰礼仪开支的权力，例如，市政预算不得包括市政选举之后的宴会开支、车辆开支、购买长袍的开支甚至庆典警卫的制服。从1768年开始，沿袭已久的在市政厅广场举行圣约翰之夜仲夏篝火的活动被取消了。看起来，巴黎人民参加的庆典活动只能是由王室而非市政部门举办。

1667年建立的警察总署成为国王反对市政府的仪式荣誉和政治权威的主要角色。[52]由国王任命的警察总监负责城市的警备，这个词后来越来越多地被理解为警察，甚至具有某种引申意义的理解。警察官员吉约特宣称，现在的警察已经不会再通过无数禁令“将社会变成修道院”，而主要是冷静、理性地管理社会，并通过“关注市民既不放心又感到不适的大量细节问题”来推动城市文明生活的发展。[53]公共秩序是一个重要问题，当时的巴黎街道通常被视为是安全的（交通除外）：警察在18世纪50年代粉碎了最后一个重大犯罪团伙后，他们最为关注的食品骚乱也基本不再发生了。巴黎警察在维护社会秩序的同时，还负责管理食品供应、商店和市场、印刷和书籍交易、监督陌生人员、道路维修、慈善活动以及许多其他事务。在勒努瓦总监执掌权力的1775年至1786年间，警察总署在诸如道路清洁、照明、紧急服务、慈善活动和公益活动方面消耗了五分之一的开支和总署的四分之一警力。此时，城市工作的负责人是警察总监而不是城市长老。例如，在旧制度的最后二十年，警察总署的职权范围扩大到管理慈善机构，为患梅毒的婴儿建立医院和为穷人建立慈善性当铺等许多事务。

然而，这些做法没有使王权得到他们所期望的意识形态上的信誉。第一，正如我们所看到的，路易十五和路易十六都不能展示他们个人对于巴黎已经兴起并存在的世界主义文化的兴趣，他们更热衷于凡尔赛的秘密仪式；第二，巴黎城市的许多“进步”工作明显都是在牺牲了市民利益的前提下取得的，例如，拆除桥梁上的房屋和清除无辜者墓地的贫民窟确实为清洁巴黎做出了贡献，但是毫无疑问，同时也使许多人无家可归，流落街头；第三，那些代表王室利益并在巴黎为国王做事的人给国王招致许多不满，例如，尽管警察总监也曾经扮演过仁慈的角色，但人们还是认为他是邪恶的和专横的，他掌控着大批的警察、情报人员和间谍以及各种监察人员——并被普遍认为是该市的副市长。勒努瓦本人曾经抱怨他该管的事情太多了，“我相信，巴黎发生的任何事情都在警察总署的掌控之中”。[54] 这种自信可能是一种威慑，但也可能是一种愤怒和抱怨。

王家的那些机构不是简单地不关心巴黎人民的安危，实际上是在给巴黎人民造孽，这种思想在1789年大革命前的几十年中甚嚣尘上，这使旧制度忐忑不安。平民阶层日益壮大，更加开放的思想倾向，以及巴黎城市平等主义的思潮，其中越来越多的是反抗，都使波旁王朝面临着一种选择。尽管政府把福利问题纳入议事日程，但国王和他的廷臣给人们的总是一种任人唯亲的政治印象，而对大众所追求的个人利益和私人享乐没有任何积极性。那些出身于古老家族的宫廷权贵完全致力于自己的商业利益。由于有王权保证和特权在身，他们的利益得以先在巴黎协商，然后再由凡尔赛盖章，从而得到保障，这逐渐引起了民众的注意。看来问题是难以逆转的，甚至巴黎市长在 1787 年也评论说："舆论的确在不加选择地谴责一切哪怕是最轻微的特权，但民众的看法绝不是一种偏见。"[55]

18 世纪 80 年代在巴黎当王室园艺顾问的苏格兰人托马斯·布雷克后来写道："当时人们对王室的态度已经变得非常无礼。"[56]流言蜚语、议论和对特权的攻击，不论是通过合法的还是非法的途径都已经被媒体曝光。越来越以巴黎人民利益的真正维护者自居的巴黎高等法院频繁发难，抨击不断被提及的"大臣独裁"。地方法官鼓励巴黎人民相信，那些最令人痛恨的人终将会被赶出凡尔赛。他们指责路易十六的财政大臣卡隆简直就是个骗子，为了他的家族和集团的利益，他操纵股票市场，一手制造了 1785 年至 1787 年的股票危机。该大臣还卷入了由城市水供应问题所引起的严重政治冲突中。在这个问题上，由商人和政界人士达成的两项书面协定被看成赤裸裸的以巴黎人民为代价而谋取一己之利，而且警察总监和许多王室大臣也参加了协议的签订。在面对"一家公司向我们出卖塞纳河水"时，梅西耶不无惊叹地说："在这座离奇的城市里，还有什么不会被出售？"[57]

当时法国政治体制中的道德沦丧和腐朽堕落之风日益影响到王室家族。18 世纪 70 年代，反奥地利王室派曾经发行了一本小册子，说国王阳痿，王后滥交。到 18 世纪 80 年代，这些指责已经在巴黎乃至全国广泛流传。1786 年，巴黎人公开支持巴黎高等法院在著名的"钻石项链事件"中对玛丽·安托瓦内特王后的裁定，看起来这足以证明王后放荡的性行为。[58]主管粮食贸易的监察官——曾经在巴黎历史上第一次有效地遏制了饥荒威胁的人——每当面包价格上涨时都备受质疑。尽管国王地位崇高，但是路易十五和路易十六都被指控卷入了所谓“灾荒协议”之中，当粮食价格上涨引起普遍饥饿和痛苦时，国王及其廷臣和金融家却大发其财。由此推论，王室所进行的“城市建设”和 1760 年后出现的建筑狂潮都被视为局部的、自私的和反民众的。

1724 年，路易十五提出，巴黎不应扩张至划定的界限之外，因而引起了普遍不满。事实上，他才是带头违反者。[59]路易十六因设立新的关卡，即建于 1784 年至 1787 年间的总包税所城墙，而招致更大的敌视。关卡大约 24 千米长，在巴黎建筑物密集区之外，将很多以前的免税区域都包括在内。建立此关卡的理由是要整治损害巴黎商业利益的走私和欺骗活动，在某种程度上，这也显示出国王对城市的积极管理。但是，后来王室并没有去对付那些活动，那堵墙反而使走私和欺诈活动更为猖獗。然而，对于巴黎人民来说，那堵墙却成为自由贸易的壁垒，所以人民感到那是一种禁锢，并不欢迎。随后，一些利益集团开始联合起来攻击国王的御前会议。他们指出，御前会议曾经宣称，新关卡的设立只是出于对巴黎人民“幸福与快乐”的考虑，[60]然而“困住巴黎的墙使巴黎人苦不堪言”的小曲却流传开来。[61]巴黎人民不愿意为在以前的免税区饮酒而付更多的钱。医疗人员则认为此墙会给巴黎人民带来更多的疾病。一名内科医生甚至进行了准确的计算，说有多少立方的空气如今巴黎人无法享受。当时，巴黎城内传言四起，愈演愈烈。有人说，走私者通过地下通道和小气球走私葡萄酒和白兰地。人们愤恨的不仅仅是关卡，也包括王室，关卡和王室都成为 18 世纪法国人民的头号敌人。对于巴黎人民来说，设立关卡的行为还带来一些其他损害，建筑师克劳德–尼古拉·勒杜设计了一系列混合了新古典主义和乌托邦风格的关卡，需要巨额开支。[62] 当路易十六意识到这件事是以他的名义做的时候，他解雇了勒杜，并缩减了建筑工程开支。但是，此事对王权声望造成的损害已经无法挽回。

梅西耶在 1788 年预言说："骚乱可能会发展成为叛乱，但在巴黎这确实是不可能的，……永久性镇压严重暴动苗头所需的一切都已经准备停当。"[63] 这一预言成为世界历史上最重大的失败预言之一。在几十年前，巴黎有效的警力的确降低了暴动发生的可能性。与 16—17 世纪相比，启蒙运动时期的巴黎也是很稳定的。但是现在已经今非昔比，一个象征性的公民群体已经形成，它不仅批评政府，而且很可能要控制巴黎的社会、经济和文化。被孤立在凡尔赛的波旁王朝形象更加难堪，人们越来越认为该王朝道德沦丧、生活腐败、自私自利和不可接近。这些变化随时可能带来严重的冲突。1789 年 7 月 14 日，巴黎人民愤恨的目标不仅仅是巴士底狱这个国家监狱、军械库、陈腐军队的象征，还有那声名狼藉的收费关卡。巴黎人民对巴黎太熟悉了，所以他们的攻击就像是对一座不设防的城市所进行的那样毫不费力。他们不再相信波旁王朝专制主义者的仁慈，几个世纪以来与首都的分离让这个王朝付出了惨痛的代价。

7

革命和帝国

（1789—1815）

在 1789 年至 1815 年这短暂的时间里，巴黎的面貌并没有发生根本性的变化，或者说巴黎并没有走上新的发展道路。事实上，这个时期巴黎物质环境的变化甚至还没有 1789 年以前那几十年城市建筑热潮中的变化大。尽管如此，以 1789 年大革命作为开端的 18 世纪最后十几年中，在巴黎发生的事件对法国乃至世界历史都产生了极大的影响。巴黎既是革命的发动机，又是最突出的革命圣地。从某种意义上来说，巴黎与革命是同义词。一个世纪以来的历史证明，巴黎确实是人们所企盼的那个角色。正如路易-塞巴斯蒂安·梅西耶等巴黎的记者、剧作家、观察家们所说的那样，启蒙运动时代的巴黎被誉为“光明之都”“共和中心”“新雅典”。[1] 从这一视角出发，很多人认为 1789 年发生在巴黎的事件不同寻常。尽管也有人对 1789 年革命持有不同看法，如英国的埃德蒙·伯克，但总体来看，欧洲和美洲的思想界都为这场革命的发生而欢呼叫好，包括欧洲的华兹华斯、柯尔律治、普里斯特利、康德、歌德和席勒，刚刚独立的美国的华盛顿、杰斐逊和麦迪逊。查尔斯·詹姆斯·福克斯高声叫道：“这是多么伟大的事件，又是多么美好的事情！”然而，这座城市在18世纪90年代早期，特别是在该年代中期的经历，使巴黎甚至整个革命都陷入一种新的、灾难性的光芒中，巴黎成为民众暴力、血腥屠杀和政治恐怖之都。作为文明和启蒙观念的源泉，巴黎现在变成了一个蕴藏着政治恐怖的潘多拉魔盒。

巴黎人民主动投身于1789年激烈的政治变革进程中，这是令人难忘且持久的，那么的坚忍不拔。但究竟是什么原因导致了那场革命的发生，并不是那么容易预料的事情。毕竟，政治危机是在凡尔赛围绕国王的御前会议而发生的，并不是在巴黎。危机以财政总监卡隆认识到国家正面临破产为开端。被历史学家们称为“前革命时期”的1787年至1788年政治危机主要源自波旁王朝的财政问题，而不是法国首都城市发展的某一方面。整个18世纪，国王们花费在战争上的太多了，同时并没有充分打理国家庞大且迅速增长的财富。卡隆建议国王亲自挑选贵族组成一个国民代表机关，称为显贵会议，以解决棘手的税收改革问题。1787年2月，显贵会议在凡尔赛召开。但是，显贵会议不仅不听话，反而迫使卡隆辞职，并由图卢兹大主教洛梅尼·德·布里安接替了他的位置。然而，当德·布里安试图强行通过一个类似的改革计划时发现，自己正面临法国十三个高等法院的集体反对，这一反对行动是由巴黎高等法院那些令人敬畏的法官领导的。法国的高等法院有批准所有王室立法的职责。他们据此强调说，如果他们允许不合理的激进税收立法去违背国家的根本精神，那么就等于是他们没有履行自己的职责。

政府与巴黎高等法院之间的僵持使1787年至1788年的政治危机远远超出了在凡尔赛发生的所谓财政阴谋问题的范围。当然，巴黎城

1791 年 6 月 25 日，法国王室在逃亡、被俘于瓦雷讷后返回巴黎

内的行动还很有限度。1787 年末，在新桥发生了示威游行；1788 年初，又发生了支持高等法院的示威游行，这些活动显示出不和谐的声音。1788 年 8 月，有人在新桥上公开焚烧了财政大臣德 · 布里安的塑像。在压力之下，国王不得不撤销德 · 布里安的职务，并且同意在 1789 年召开三级会议，该会议是法国历史悠久的国民代表会议，自 1614 年以来，这还是第一次召开。

正如一位观察家所记载的那样，新桥示威游行已经不仅仅是“学童的胡闹”，[2] 领导那些活动的也不再是巴黎郊区的工人，而是懂得法律的大学生。到了这个时候，一场更大规模冲突的条件日趋成熟。18

世纪 70 年代以来，法国经济日趋下滑，1787 年至 1788 年发生的农作物歉收使面包价格飞涨。饥饿普遍存在，越来越多的市场失序和骚乱席卷了整个国家。在全国范围内的经济危机中，巴黎当然无法幸免。1788 年 7 月 13 日，一场突如其来的雹灾使巴黎地区的收成减少了四分之一。1788 年到 1789 年的整个冬天都是在暴风雪中度过的，供应巴黎市生活用水的河流全部冻结，行路也十分困难。贫困的家庭不得不把自己收入的绝大部分用于吃饭。受此影响，人们对制成品的需求减少，这对巴黎的工业产生了影响。本来，1786 年英法贸易条约的签订使英国大量廉价商品进入法国市场，已经形成了对法国商品的冲击，在经济危机的情况下，国内购买力的下降使法国制造业面临倒闭的窘境。1789 年 4 月，在巴黎市郊的圣安托万区发生了一场大暴动，当时的人宣称这是自投石党运动以来最大的一次暴动。那场暴动是由壁纸生产商雷韦永引起的。据传言，雷韦永强行克扣工人工资，试图减轻危机给自己工厂带来的压力。结果，那场暴乱被加尔德-弗朗索瓦率领的军队镇压，当时他正在巴黎驻防。对工人的残酷镇压只能使人民更加愤怒，而绝不会平息民愤。

这时，民愤也以某种政治形式表现出来。1788 年，王室的审查制度已经崩溃，国王再也不敢忽视民众的意见，他表示同意召开新一届的三级会议。结果，大量政治宣传的小册子到处传播，很多政治主张在以前闻所未闻。巴黎高等法院强烈要求新一届的三级会议以 1614 年的形式召开，只有这样巴黎高等法院才能够与教士等级和贵族等级一起组成具有压倒性的统治集团，掌管而非回应民众所关心的事情。凭借这种独特的姿态，在巴黎人的眼中，巴黎高等法院这个革命前夕危机中的英雄几乎在一夜间将自己变成了一伙政治流氓。这意味着，漫长而又艰苦的三级会议选举在1789年初被纳入议事日程的时候，巴黎以及法国各个地区的人们都在以怀疑的目光注视着现在被称为“特权等级”的教士和贵族是如何施展他们的政治阴谋的。代表平民利益的第三等级将与代表教士阶层的第一等级、代表贵族利益的第二等级在三级会议上分别提交自己的陈情书，陈述自己的改革方案。巴黎第三等级的陈情书具有典型特征，提出的诉求十分庞杂，既有激进的，也有相对平和的，其中包括：三级会议在巴黎而不是凡尔赛召开，巴黎必须有自己的自治政府，总包税所城墙和巴士底狱必须拆除，调查城市污染来源，应该建立更好的医院等。全面改革似乎已经被提上日程。

巴黎各个阶级参加的选举在60个选区内进行，这一选举十分复杂，直到1789年5月末才完成。在巴黎的第三等级代表来到凡尔赛以后发现，三级会议正处于僵局状态，第三等级的代表们要求国王明确投票应避免在特权等级的控制下进行，否则拒绝开始工作。

1789年夏季的危机吸引了越来越多的巴黎人从各个地方聚集到凡尔赛这个革命的中心地区。在巨大的压力下，路易十六表面上向第三等级让步，但是暗中将在巴黎地区的军队调到凡尔赛周围，以便在适当时候收拾他所不愿意看到的这种政治局面。路易十六还罢免了受欢迎的财政总监内克尔的职务，而代替他的是人所共知的反动分子。人们担忧，将发生一次对爱国者的“圣巴托罗缪大屠杀”。巴黎人民没有退缩，他们在积极地准备反抗，反倒是表面坚定的国王不那么自信。在这些事件发生的过程中，三级会议中的第三等级代表已经进行了自己的选举并成立了代表会议，共有407名巴黎资产阶级的代表当选，代表会议也非正式地开始集会，他们还更进一步，来到市政厅强行接管了巴黎市政府。巴黎市长弗莱塞勒别无选择，只好逃之夭夭。现在被叫作“公社”的团体组织了资产阶级自己的军队，加尔德-弗朗索瓦率领的王家军队的反叛者也纷纷加入到这支军队中。这支后来官方名称为“国民自卫军”的军队一方面准备抵抗王室军队的进攻以保卫巴黎，另一方面也在准备对付那些情绪激昂的平民百姓以维持巴黎秩序。曾经参加美国独立战争的自由派贵族拉法耶特成为国民自卫军的指挥官。拉法耶特无法阻止巴黎人民摧毁总包税所城墙，后者被视为导致粮食短缺的罪魁祸手。但是他加入到了收集武器弹药的行动中，首先占领了荣军院，接着，在 7 月 14 日攻占了巴士底狱。得知部队失败和巴士底狱失守后，路易十六表示同意撤走巴黎的军队，恢复内克尔的职务，承认第三等级代表的“国民议会”。7 月 17 日，国王从凡尔赛回到首都，受到巴黎人民的夹道欢迎。当天，国王接受了新的国旗——三色旗；中间的白色代表波旁王朝，左右两边的红色和蓝色代表巴黎的城市纹章。巴士底狱是封建专制统治的象征，人们早已深恶痛绝，现在决议将其拆除。

很多当代人认为，国王在 7 月 17 日接受巴黎人民 7 月 14 日的革命行动是统治者与国家重新实现政治统一的令人满意的信号。哎！只可惜这种统一瞬息即逝，如果还要坚持，那也只能是十年以后的梦想了。反对革命的人并没有善罢甘休，那些王公贵族没有像巴士底狱那样轻易地被推翻，他们纷纷逃亡国外，在欧洲各国寻找支持者以反对国民议会。那些流亡贵族开始了与革命的长期对抗。7 月中旬发生的那些事件也体现了未来几十年法国政治的另一特点，那就是来自巴黎民众的暴力威胁。起义者不仅攻占了巴士底狱，还杀死了巴士底狱的监狱长、巴黎市长、法兰西岛的行政官员以及所有使人愤恨的家伙，把他们的头颅戳在长矛上像战利品一样在巴黎游街示众。

国民议会开始坐下来商讨制定宪法的事宜。在接下来的几年中，他们要实行一系列的激进改革，在自由和平等的基础上，1789 年 8 月 26 日颁布了《人权宣言》。但是危机并没有结束。

物价继续飞涨，传说国王和王后被允许继续住在凡尔赛，那里已经成为反革命武装的大本营。于是，巴黎人民组织起来向凡尔赛进发。在 1789 年 10 月 5 日至 6 日的“十月事件”中，巴黎人民迫使国王回到巴黎，与其家人一起重新住进杜伊勒里宫，尽管那里已经不像从前那样舒适。在离开了一个世纪之后，国王终于又回到了巴黎人民中间。随着路易十六回到首都，国民议会的代表们也回到巴黎。

1789 年 10 月 5 日至 6 日的“十月事件”证明了反革命势力和巴黎人民都在从事暴力行为，同时也说明巴黎这座城市本身在此后的法国政治中对双方都具有重要意义。国王感觉他在杜伊勒里宫就像一名囚犯。实际上，他也真的就是一名囚犯。国民议会也觉得它自己处于巴黎人民的监视之下，因为他们挤满了巴黎大大小小的公共场所，随时对国家发生的事件提出自己的看法。巴黎将自己写入了永不磨灭的革命史册之中。

如果说在 1792 年以前，巴黎是民众和反革命势力暴力活动的中心，那么巴黎也用另一种方法将自己置身于革命者的视线之中，巴黎已经成为各种政治思想交锋的地方。从某种意义上说，在大革命初期，巴黎资产阶级的公共生活已经达到巅峰状态，这种公共生活在如今被革命者“旧制度”的时期发展起来。现在，有了宪法的保障，人们可以畅所欲言。到访巴黎的人都承认，巴黎人民在寻求一种新的和非常活跃的方式讨论政治，他们对一些场合的非正式演讲，例如在奥尔良公爵的罗亚尔宫或者在无数政治咖啡馆中的演讲，也有很高评价，这在巴黎已经是很普遍的事。

一、奥尔良公爵“菲利普-平等”

奥尔良公爵路易·菲利普·约瑟夫（1747—1794）是王族家庭中的害群之马。奥尔良家族是波旁王族的一支旁系。在当时的法国，除了路易十六之外，奥尔良公爵是最富有的人。尽管他欠了堂兄路易十六很多债，但是这并没有妨碍他把巴黎建设成完全可以与当时的统治中心凡尔赛相媲美的城市，没有妨碍他成为法国历史上第一个共和派代表，更没有妨碍他接受“平等”的称号而放弃公爵头衔，并在审判路易十六时投了死刑票。也正是由于他在审判国王时投了死刑票，他那坚定的共和主义立场令他的许多朋友感到震惊，也使得他们在不久后没有去阻止奥尔良公爵被送上断头台。

处决奥尔良公爵在巴黎引起了轩然大波，因为奥尔良公爵家族与这座城市长期密切相关。路易十四及其后继者们将统治中心由巴黎转移到凡尔赛，从而使巴黎成为王公贵族活动的空间，于是奥尔良家族的历代公爵乘虚而入。1715 年，路易·菲力普·约瑟夫的曾祖父成为摄政王后，就把法国的宫廷搬回巴黎。但不久后路易十五再次把王宫搬回凡尔赛，历代公爵们在巴黎的盛典仪式中充当贵族代表的角色，而远在凡尔赛的国王根本就不参加。菲利普的父亲在巴黎高等法院中建立了自己的集团，在 18 世纪 70 年代的政治斗争中，他甚至指使一些巴黎人在他的寓所外悬挂一个标语牌，上面写着支持他夺取王位。

菲利普的政治野心让人捉摸不透。讨厌享乐主义的名声使他在路易十六和玛丽·安托瓦内特时期很不得宠。他过分地自我张扬，例如，他曾经乘热气球上天，他钟爱英国习惯和物品，如英国的赛马、赌博和礼服大衣等英国时装，这些都激怒了国王。如果说他有政治野心，但只要国王允许奥尔良家族继续住在巴黎的罗亚尔宫里，他就藏而不露。该宫是17世纪20年代由红衣主教黎塞留建造的，以前叫红衣主教宫，在投石党运动期间年轻的路易十四曾经居住在这里，后来成为奥尔良家族的永久住宅。菲利普在财力上的急剧增长使他看到了挖掘商业潜力的机会，那就是把他的府邸开发成一个大型商场，里面设有高档商品店和咖啡馆。有奥尔良公爵的保护，这些店吸引了众多的追赶时髦的巴黎人。在18世纪80年代早期，他就寻求并取得了国王的特许来发展这里，尽管路易十六嘲笑他是一个新“店主”。这还不算，宫里还新建了一个剧院，还有一个马戏场；此外，在该宫的花园里还有一个展览大厅和一个由图索德夫人经营的蜡像馆。

到了18世纪80年代晚期，罗亚尔宫已经几乎成为菲利普政治野心的秘密策划基地。这里名扬首都，使他在巴黎人心目中占据了重要位置，也成为1787年至1788年他与国王直接交锋的筹码，而这次交锋也导致他被流放。到1789年，他手下已经有一群御用文人在为他的政治事业而奔波。到了这个时候，罗亚尔宫已经变成政治激进主义的老巢，成为向外进行激进宣传的印刷所和宣传品出售商店。据当时的一家报纸报道，所有的巴黎人全都聚集在此听取最新消息，了解其他地方的动态。当然，为了在即将召开的三级会议上提出自己的主张，政治阴谋集团也经常在这里集会修改和完善自己的规划。

1789年7月14日巴黎人民攻占巴士底狱并迫使路易十六接受自由主义宪法这一重大历史事件与奥尔良公爵的罗亚尔宫不无关联。据说，正是在这里，新闻记者卡米耶·德穆兰站在一张咖啡桌上谴责王室的军事调遣，并号召人们拿起武器。此后，罗亚尔宫成为巴黎的公共论坛和巴黎人民发表个人见解的地方。维克多·雨果后来称它为“法国大革命的核心”。1790年，正在法国的俄国作家尼古拉·卡拉姆津说它是“巴黎的心脏、灵魂、大脑和要害”。当然，人们在这里还是可以享受到许多不可告人的乐趣。1791年，英国诗人威廉·华兹华斯曾经这样写道：“酒馆、妓院、赌场、商店，这里任人驰骋、自由随便。”超级商场、高档饭店、豪华酒馆、各种赌博以及半公开的卖淫活动吸引着八方来客。在这里，消费与革命政治珠联璧合，政治派别的领袖们总是先喝咖啡，再议政事。

尽管这种政治活动反映出人们对菲利普的巨大信任，但是奥尔良公爵本人发现他很难从这些活动中受益。他需要表现自己的爱国主义情怀，为此，他甚至在1792年与儿子沙特尔公爵一起参军作战。但是，当法国人民决意推翻路易十六的时候，他们并不想让奥尔良公爵取代自己的堂兄。于是，奥尔良公爵采取极端的政治行为来证明自己的共和决心，包括投票赞同把路易十六送上断头台。但在此后不到一年的时间里，菲利普就被逮捕并处死。押送他到断头台的军用马车在他以前的寓所（即罗亚尔宫）前作了片刻停留，这是多么残忍的一幕啊！但是他面对死亡表现出异常的镇定。

在拿破仑时代甚至此后更长的一段时期内，罗亚尔宫仍然是一个富有神秘色彩的娱乐场所，而不是政治活动的中心。1813年，一个无比震惊的来访者说："它在欧洲独一无二。"1815年，返回巴黎的奥尔良家族重新搬进了罗亚尔宫，并想方设法改善该家族与巴黎市民的关系。1830年革命推翻了波旁王朝的最后统治，奥尔良公爵的儿子路易-菲利普登上了王位。他的政权仅维持到1848年，也被革命所推翻。但到了那时，罗亚尔宫早已经不为人们所关注了。19世纪30年代实施的禁止赌博和卖淫的政策结束了罗亚尔宫作为巴黎人享乐主义之家的命运。

此时，巴黎的公众舆论以及各地新闻主要通过报纸来报道。因此，多数人极有可能是通过报纸而不是其他途径得知巴士底狱被攻占的消息的。巴黎新闻出版业的这种稳定蓬勃的发展一直持续到1789年大革命的爆发。正是那场大革命使新闻出版成为真正意义上的大众传媒。巴黎就是这一发展的最好见证，因为在巴黎人中，大约90%的男子和80%的女子都具有最基本的读写能力。1788年，巴黎有200个书商和36家印刷场。到18世纪90年代晚期，巴黎的书商和印刷场数已分别达到500个和218家。在大革命以前，巴黎只有一份创办于1777年的日报，名为《巴黎日报》。到1790年，巴黎的日报数已达23份，并且出现了各类期刊杂志。仅1790年一年时间，就有300多种新期刊问世。在旧制度下，剧院是国家严格控制和检查的主要目标。革命为剧院的发展创造了条件，剧院不仅蓬勃发展起来，而且呈现出政治化的倾向。在1789年，巴黎仅有十几家剧院，大革命时期发展到 37 家，其中大部分剧场分布在塞纳河的右岸，尤其是在现在巴黎第三区的圣殿路，那里也成为巴黎剧院最为集中的地方。此外，各色沙龙也兴旺起来，政治色彩也更加浓厚。

政治俱乐部也陆续出现。在 1789 年以前，政治俱乐部还或多或少地处于非法地位。那些政治俱乐部大都在教堂或修道院活动，因为那些地方在教会改革后已经没有人前往了。在各种政治俱乐部中，最著名的是“宪法之友协会”，因为该团体在圣奥诺雷街上的雅各宾修道院开会活动，所以也被称为“雅各宾俱乐部”。雅各宾俱乐部在国民议会召开的第二天开始活动，在国民议会中的代表人数比其他任何团体都多，同时他们还将自己的会议对公众开放。此外，由于雅各宾俱乐部在各地大量建立分支机构，一时间达到 1 000 多个，因此声名狼藉。到 1793 年为止，巴黎已有 49 个政治俱乐部，其中 2 个是女性团体，有四分之一是雅各宾俱乐部的分部。

雅各宾俱乐部的这种全国性的组织形式一方面增强了巴黎在整个政治进程中的战略地位，另一方面也被其他一些俱乐部学习和效仿，如在 1791 年从雅各宾俱乐部分裂出去的斐扬俱乐部也采取了这种组织形式。其他一些非全国性的俱乐部也通过报纸和宣传小册子来在全国宣传自己的主张。例如，有一个名为“社会俱乐部”的乌托邦团体就出版了一份激进的小报，名为“铁嘴报”。较为出名的哥德利埃俱乐部则拥有雅克·埃贝尔的《杜歇老爹报》。由于雅各宾俱乐部的会费稍高，而且他们奉行的政策也过于激进，因而哥德利埃俱乐部和其他一些地方俱乐部的成员中平民更多一些。巴黎城内的许多区域性小俱乐部无法将自身的言论思想传播到外省，因此他们就专注于通过诸如集体请愿的方式在国民议会上对政策的决定施加影响。俱乐部的代表在国民议会上精心阐述他们的请愿已经成为一种传统。此外，一些激进的俱乐部还与巴黎市政府协调行动。

尽管所有这一切都已在泪雨中灰飞烟灭，但巴黎还是在 1789 年迎来了一种合适的政府体制。这种政府体制不仅使巴黎在那些历史事件中处于中心的位置，同时也使巴黎与该地区的其他城镇和村庄一致行动，因为巴黎市仅仅是巴黎大区的三个区之一。攻占巴士底狱后成立的公社是这一时期巴黎市行政管理的关键，它对政府的监管作用一直持续到 1790 年 5 月 21 日。1789 年 7 月 17 日，国王视察巴黎，并任命当时杰出的天文学家巴伊为巴黎市市长。巴黎市 60 个选区几乎所有的资产阶级代表都拥护这位市长。1790 年 5 月，这 60 个选区合

公民们高唱《马赛曲》

并为 48 个选区。此时的地方政府掌握在资产阶级手中，他们的目的是推翻路易十六的统治，建立共和制，使城市的政治生活更具平民色彩。

尽管广大民众热烈欢迎 1789 年革命，但是国王发现自己绝对无法接受这一革命，因为接受革命就意味着放弃专制统治，选举产生的立法议会权力就会更大，自己就会不得不看人家的眼色行事。尽管他亲自主持了 1790 年 7 月 14 日在战神广场举行的国庆大游行，并检阅了全国各地代表呈献给国王和国家的武装力量，路易十六在整个活动过程中却一直忧心忡忡。巴黎城内暴力事件不断发生，国民对王室的忠诚荡然无存，而那些忠于国王的王室成员和贵族要么逃亡国外，要么避难于国内某地，国王对这些一直耿耿于怀。国王对国民议会进行的宗教改革也心怀不满。1789 年 11 月，作为偿还债务的一种措施，国民议会将所有的教堂财产公有化。1790 年 7 月，颁布了《教士公民组织法》。根据这一法律，传统的宗教誓约被取消，教区数量被减少，教会官员要选举产生，神父要依照教士宣誓法宣誓效忠于国家，看起来一切古老而又严格的天主教规矩都尘埃落地。这种做法难免遭到许多神父的反对。由于主教的默许和国王的同情，那些对《教士公民组织法》不满的神父们拒绝宣誓效忠于革命政府。全国大约仅有 55% 的教士最终进行了这种宣誓，还有一些人后来反悔了。在巴黎，教区的数量由原来的 52 个减少为 33 个，教区神父大约有 66% 的人进行了宣誓，而如果将其他各种教士都考虑在内，这个数字只有 40% 左右。

路易十六不希望由宣过誓的神父来为自己做弥撒，这使人们怀疑他不支持革命。其实，早在 1789 年以前，对路易改善巴黎人民生活的许诺持怀疑态度的人就不在少数，事实证明那种怀疑是有道理的。

而对路易十六不支持革命的怀疑在 1791 年 6 月他试图逃离囚禁他的巴黎“监狱”时得到了证实。结果，王室逃跑并在瓦雷讷被抓了回来。国王被逮住并押送回巴黎，一路上许多民众默默地夹道观看，就像是反对国王入城一样。路易十六之所以没有被废黜，主要是因为他假装绝对支持革命。另外，国民议会中的温和派也更希望将国王控制在自己手中，而不希望不断发展的激进的民众运动建立共和国，建立共和体制不仅在巴黎，即使在法国其他地方乃至整个欧洲都是一种冒险的选择。

正如我们已经看到的，在 18 世纪，巴黎已经习惯了没有国王的奇怪状态。此外，在启蒙运动期间，社会各阶层也普遍存在着各种世俗化的观点。但是，在 1789 年，还根本看不出来在四年之内巴黎人将成功地推翻王权统治，建立共和体制，也没有迹象表明巴黎会成为非基督教化反教权主义的斗争场所。在 1789 年，没有人严肃对待共和主义。此外，对革命初发生的“十月事件”胜利的庆祝活动都是在教堂举行的，在这一点上，巴黎与以往毫无不同之处。

国王、宫廷和反抗派教士的所作所为使反君主主义和反教权主义在政治上引起重视，结束君主专制和天主教会特权也是那些爱国者所期望的。真正造成这一变化的是战争。1792 年 4 月，法国与神圣罗马帝国开战。1793 年初，欧洲其他国家也参加了反法战争。国民议会中来自吉伦特地区的代表组成了吉伦特派，该派与其盟友试图通过战争迫使包括国王在内的怀疑革命的人就范，但是结果很不如意。战争使政治观点开始两极分化，这种分化在最初战事不利的情况下尤为明显。曾经对革命持中立态度的反抗派教士、国王及其支持者现在都被认为是站在外国人的立场上，而那些针对逃亡贵族和反抗派教士的惩罚性立法使国王更加犹豫不决，甚至在某种程度上增强了国王叛国的决心。

在国民议会与国王的对峙陷入僵局之时，民众运动中组织起来的积极分子担负起打开局面的重任。1792 年夏，巴黎的义勇军开始参加国民议会的区域会议，并纷纷参加国民自卫军，自愿奔赴前线。到 7 月末，许多地区不仅对是否实行共和制度进行表决，而且谋划发动新的起义以推翻国王。他们占领了当地政府所在地，组织革命公社。1792 年 8 月 10 日，又一场起义发生了，人们迫使国民议会接受国王退位。国民议会同意召开立法议会，为法国制定一部新的共和宪法。

在准备选举期间，革命公社有效地操控着巴黎的运转，并时刻准备防御极有可能从法国东部入侵的德意志部队。革命公社将教堂的钟熔化并制成大炮；采取了一系列的监视措施，并通过关闭反革命的印刷厂和检查新闻出版来控制大众舆论；征募“消极公民”入伍，鼓励自愿参军。1792 年 9 月 20 日，法军在距离首都大约 200 千米的瓦尔密击退敌军，参加那次战役的几乎全是巴黎人。同日，新一届的国民议会召开，并成立了国民公会，宣告了共和国的诞生。

尽管巴黎的义勇军在建立共和国和抵御外来侵略上功不可没，但人们对他们的评价则毁誉参半。舆论认为，是他们击退了入侵的外国人，但也是他们实施了许多暴力行为。不仅绝大多数欧洲国家的舆论这样说，就连法国国内的许多共和主义者也这么看。例如，在 1792 年 8 月 10 日那次起义中，起义者对国王的瑞士卫队实施了可怕的暴行，据说那些瑞士卫兵开始温文尔雅，但最后还是开了第一枪。仅以毫无证据的所谓“监狱密谋”，义勇军制造了 9 月 2 日至 5 日的“九月屠杀”。在公社监察委员会的公开鼓励下，义勇军成群结队地来到巴黎的各个监狱对囚犯大开杀戒，包括反抗派教士和监禁的其他政治犯，也有妓女、小偷和流浪汉等刑事罪犯。诸如此类的暴行还包括处死了玛丽·安托瓦内特的密友德朗巴尔公主，并把她的头颅悬挂在囚禁王后的圣殿监狱门外。据说，在这些暴行中共有 1300 多人被处死。血腥屠杀在巴黎的各个监狱中无情展开，包括巴黎裁判所附属监狱、修道院监狱、国家监狱，也包括比塞特尔医院和硝石场医院，以及临时用来监禁犯人的前宗教房舍。这些地方大都处于巴黎中心，巴黎人亲耳听见了那令人胆战心惊的尖叫声和脚步声。

“这是最辉煌的年代，也是最糟糕的年代。”查尔斯·狄更斯在 1859 年关于法国大革命的著名小说《双城记》的序言中如此写道。这句话对那一时期的巴黎历史来说再合适不过了。那是一段既伟大又残酷、既英勇又卑鄙的历史。曾几何时，国民公会遣散了革命公社，并开始了新一轮的城市选举。选举过程持续了几个月才结束，这给重大压力之下的国民公会以喘息机会。一位温和派的物理学家尚邦·德·蒙托被选为市长。然而，公社给巴黎革命带来的耻辱名声却难以抹去。在 8 月 10 日的暴乱中，来自布列斯特和马赛的积极分子尤为突出，其中多数“巴黎人”并不是出生在巴黎。无论如何，九月屠杀毫无疑问是巴黎民众运动的产物，因此很多愿望良好的革命者一夜之间变成了反对革命的人。意大利作家阿尔费耶里在评论法国大革命时说：“《人权宣言》是一码事，那群乌合之众控制的革命巴黎是另一码事。”[3] 梅西耶在 1799 年出版的《新巴黎》一书中试图寻找在同一座城市彼此依存的“两种不同的人”到底有什么差别。在他看来，是他们制造了革命，也是他们断送了革命：一方面，“7 月 14 日的人民和 8 月 10 日的人民为自由而无私奉献，做好了承担一切的准备，他们无往不胜，高风亮节，”他们是真正的革命缔造者；另一方面，那些只为追求“权力与财富”的人“狡猾、贪婪、残忍”，是他们葬送了革命。[4]

梅西耶在1792年被选为国民公会成员，成为吉伦特派的代表。吉伦特派中的很多人曾经认为，巴黎在反对暴政和无知的斗争中扮演了重要的历史角色，但是现在他们将巴黎视为公众的头号敌人。思想家孔多塞早就主张：“为了抵抗外敌，法国需要强大，因而需要一个强大的共同的中央政府。”卢韦在1792年7月表达了同样的看法：“巴黎是我们自由的智慧女神，从大革命一开始，专制主义者就认为巴黎犯下了不可饶恕的罪恶。”[5]现在，两个人都认同吉伦特派的担忧：“巴黎将成为全人类自由的坟墓。”[6]这种担忧逐渐扩大到其他地区。

吉伦特派认为，巴黎的那些革命积极分子之所以会对革命产生如此之大的影响，主要是因为得到了国民公会中激进派的支持。而在新的国民公会中，他们的敌人正是效仿了自己的特征，其中很多人曾经是革命公社的成员，他们是巴黎的职业革命家，被称为“山岳派”，包括因利他主义主张和严格的道德标准而被尊称为“不可腐蚀者”的罗伯斯庇尔，与哥德利埃俱乐部关系密切的雄辩演说家丹东，革命新闻记者、著名医生马拉。这三个人在国民公会遭到了吉伦特派严厉的攻击，主要原因是据说他们参加了九月屠杀。然而，他们三人很快就意识到：没有一场激进的改革以取得劳动阶级的支持，这个千辛万苦争取来的新生共和国必将流产。为了与平民结盟，他们千方百计地为下层阶级的暴力行为辩护，说他们的行为是天赋人权，是对自由的追求，共和国只会在暴力中强大而不会在暴力中灭亡，没有暴力共和国必将失败。

共和国的那些政治精英们很快又因为对路易十六的审判问题发生了分歧。有一段时间，这种分歧表现为吉伦特派与山岳派的争吵，其中核心问题是如何处置国王。路易十六在 1793 年 1 月 21 日被处决了，但是问题并没有解决。此后，政治分歧围绕巴黎那些革命积极分子而展开，现在那些人被叫作“无套裤汉”。所谓“无套裤汉”是指那些不穿马裤的人。不穿马裤是当时法国普通劳动人民的装扮，有别于贵族穿的那种矫揉造作的长裤。这种对比毫无夸张之意。在 1792 年至 1794 年，很多标榜自己是“无套裤汉”的人通常是一些工匠、艺人、小手工业者、小职员，而在革命前，这些人通常是穿马裤的。因此，当时政治恐怖的标准已经扩展到穿不穿某种服装的问题上。在革命的那几年，巴黎人崇尚的是穿普通长裤、平庸的马甲和木屐，红色“自由帽”的帽檐上还别着三色徽章，手持长枪，以此形象来标榜自己是一名准备就绪的、随时准备战斗的爱国者。真正的无套裤汉还唱着各种革命歌曲，包括《马赛曲》，这首歌曲是马赛义勇军在推翻路易十四过程中唱的，后来流行开来，最后成为法国的国歌。

尽管罗伯斯庇尔和其他山岳派领袖营造出无套裤汉的理想形象，并通过国民公会表示他们遵从人民的意愿，但事实上巴黎民众运动中的许多成员不仅是一些暴徒，而且与山岳派毫无关联。这些人可能憎恨吉伦特派，但在观点上与山岳派也大不相同。在经济问题上，例如粮食供应问题，他们比山岳派更主张采取经济平均主义措施，如限定物价、征收富人税、对囤积居奇者处以死刑等。在一些雄心勃勃的激进分子的鼓动下，如神父雅克·鲁和记者埃贝尔等人，无套裤汉将自己视为国家主权的象征，他们的信条是“我们根本不需要什么国民公会”。一位革命公社的官员在1793年说：“我们捍卫的不仅仅是巴黎人民的利益，而且是整个法兰西的利益。巴黎人民已经发动革命，巴黎人民给巴黎以外的所有法兰西人带来了自由，巴黎人民将永远保卫这一自由。”[7]

从1793年春到1794年初，巴黎政局错综复杂。山岳派试图利用群众的力量将吉伦特派驱逐出国民公会，但是吉伦特派则针锋相对地说，如果那样，巴黎将面临灭亡。一位吉伦特派代表在国民议会上说，如果“无套裤汉”采取反对他们的行动，“巴黎将永远从地球上消失”。[8]然而，在1793年5月31日至6月2日的巴黎人民起义中，吉伦特派还是被“无套裤汉”推翻，他们之中很多人在10月被送上了断头台。与此同时，接替吉伦特派上台执政的山岳派在以雅克·鲁为首的“忿激派”的督促下，不得不执行激进的经济政策。由于“无套裤汉”不断举行示威游行，尤其是在9月4日和5日要求政府采取更加激进的有利于贫民的政策的示威，再加上国际形势和军事上的日益恶化，促使国民公会倾向于接受这些政策。在这种情况下，国民公会开始接受一些激进的社会改革，其中包括：实行粮食最高限价；实行一些救济贫民的措施，禁止流通革命期间发行的特殊“指券”，允许抢占在此次对外战争中夺得的土地，对囤积居奇的商人处以死刑等。为了执行上述政策，国民公会实施了强有力的国家恐怖政策。当时，革命政府的行政权力掌握在国民公会下属的公安委员会手中。从1792年7月以后，该委员会由罗伯斯庇尔控制，这个机构享有广泛的权力，包括领导对外战争和在法国国内实施恐怖政策。反革命罪犯由一个专门的革命法庭来处理。颁布了《惩治嫌疑犯条例》，以对付那些持有不同政治见解的人。社会管理权力交给了警察和地方监督委员会。“无套裤汉”作为“革命军”被派到乡村去强行落实粮食最高限价和革命立法。断头台，在1792年曾经被视为一种比旧制度下的可怕刑罚更为人道的惩罚手段，现在就像一个压抑的恐怖标志立在那里，它的周围布满了精心设计的观看行刑的座位。

实施萝卜加大棒的恐怖立法也旨在管理法国的其他地区。巴黎出现的越来越多的暴力行径，尤其是驱逐吉伦特派的做法，已经在全国范围内引起了不满。因此，公安委员会不得不采取引诱、欺骗等手段使他们顺从。尽管山岳派接受了巴黎民众运动提出的大部分方案，但是他们反对巴黎人民宣布自治和声称自己代表全国人民利益的做法。同时，作为针对忿激派的措施，雅克·鲁和他的同伙要么被送进了监狱，要么被恐吓手段逼迫得保持沉默。雅克·鲁的继任者是一些无套裤汉鼓动家，其中比较著名的是埃贝尔和肖梅特，他们在公社的庇护下试图通过实行一系列激进的反基督教政策开辟一条新的战线，他们通过国民公会中执行恐怖政策的伙伴们宣传反基督教政策。巴黎曾经是天主教活动的中心，但是自从反宗教改革时期以来，巴黎已经在很大程度上失去了天主教色彩。在大革命以前，巴黎有6000名神父，但是到1793年仅存几百名了。巴黎市区的任何宗教都被禁止，大部分教堂的钟已经被熔化做成大炮。在1789年以前，巴黎有许许多多的宗教建筑，其中包括50多座各式各样的教堂，130多座修道院，60多所大学和十几所神学院。现在，这些建筑都变成了“国有资产”，其中大部分已经被关闭、卖掉或者作为他用。例如，位于现在巴黎第一区至第二区的胜利圣母院就被当作股票交易市场使用。自1792年年中开始，巴黎出现了大量破坏王室、贵族和封建制度标志的行为。例如，巴黎所有代表王室的雕像都被摧毁。圣德尼教堂的王家陵墓遭到了亵渎，一千多年来法国国王的遗骸被重新掩埋在了公共陵墓，路易十六和玛丽·安托瓦内特的遗体同样无法幸免。十字街口的宗教活动场所也遭到破坏。到这个时候，巴黎的革命运动已经扩展为有组织的圣像破坏运动。本来，在巴黎圣母院西外立面上有许多雕像，这些雕像在革命初期都被砍去了头颅，现在连余下的身体也被移走，据说这些雕像是法国国王的象征。巴黎所有带“圣”的称呼全部改掉，特别是从 1793 年 10 月起，巴黎开始实行新的世俗纪年方法，用自然季节和农业气候取代了沿用了十几个世纪的基督教纪年法。在此期间，肖梅特把他自己的教名皮埃尔·加斯帕尔改为非常古典的阿纳克索杰拉斯以表示一个新的时代已经到来，罗亚尔宫改为国民宫，王家广场改为孚日广场，路易十五广场改为革命广场，波旁街改为里尔街，圣德尼街改为弗朗西德街，圣奥诺雷街改为国民公会街，圣叙尔皮斯街改为 1793 年 5 月 31 日街，如此等等，不一而足。

在新的经过改革的公社中，肖梅特和他的支持者试图通过在首都开展非基督教化运动扩大自己的政治影响。1793 年 11 月，根据新的《教士公民组织法》条款当选为巴黎大主教的戈贝尔公开宣布放弃自己的信仰并且戴上象征革命的红帽，他所管辖地区的许多神父都追随他的做法，甚至有的还结了婚，在宗教礼节上表现出极端反宗教的特征。11 月 10 日，一个叫作“理性节”的节日出台，并在新的“理性殿堂”（即原来的巴黎圣母院）举行了反宗教的仪式。11 月 23 日，公社命令关闭巴黎所有的教堂，埃贝尔甚至想把所有教堂的尖塔都拆毁。

但是，巴黎的非基督教化运动遭到了罗伯斯庇尔和许多山岳派成员的反对，他们担心，如果肖梅特等人在无神论的道路上走得太远，很可能会激起宗教界人士的强烈反对，甚至曾经对革命事业做出巨大贡献的人也会反其道而行之。此外，罗伯斯庇尔还怀疑肖梅特的政治动机，担心公社再以某种方式再次强调是它而不是国民公会代表法国人民。因此，丹东和罗伯斯庇尔再次重申了信仰自由的原则，他们抨击无神论是贵族的信条而不是民众的信仰，接着就颁布了一个法令，按照革命历法叫作“共和二年霜月 14 日法”（1793 年 12 月 4 日）。按照这项法律，公安委员会的权力范围进一步扩大，权力更加集中，原来曾经给予巴黎 48 个区的政治合作的权力受到了限制，并取消了许多外省在国民公会中的反基督教代表的资格。1794 年 3 月，公安委员会以莫须有的罪名将埃贝尔传讯到革命法庭，不久又传讯了肖梅特和其他一些人，甚至较为温和的丹东也没有例外。为了取代公社无神论者的做法，罗伯斯庇尔设计了一个人道主义革命礼拜仪式。6 月 8 日，国民公会出台了一个隆重而又盛大的“人类节”，游行队列浩浩荡荡，穿越巴黎所有罗伯斯庇尔掌管的街道。从 1794 年 5 月开始，经由罗伯斯庇尔提名，一个叫作弗勒里奥·莱斯科的无名鼠辈成为巴黎市长，公社的权力恢复到从前那样微不足道。1794 年春天发生的这一切证明，巴黎的事情正朝着不利于劳动人民的方向发展。在公历 1794 年 7 月 23 日，即共和二年热月 5 日，最高限价甚至扩大到了工资，这一措施大大地降低了巴黎工人们的收入。

在这项劳动法规公布的第四天，即公历的 1794 年 7 月 29 日，革命历法的共和二年热月 9 日，罗伯斯庇尔被他的国民公会伙伴推翻。在共和二年发生的一切似乎证明，恐怖行为已经失去了控制，国民公会的大多数成员都有大祸临头之感。1794 年 6 月 10 日，通过了“牧月二十二日法”。根据该法令，革命法庭判罪更加随心所欲，巴黎马路上去往断头台的囚车过得更多了。据传闻，由于沙滩广场断头台下的土地已被鲜血浸透，很可能对城市供水造成污染，所以已经决定将行刑的地点转移到城市东部，即现在巴黎第十一区和第十二区之间的国家广场。被革命法庭在断头台上处决的大约有 2600 人。在 1793 年战争爆发后，许多温和派代表也同意实行恐怖政策。到了 1794 年 6 月，战争形势对法国越来越有利。最终，由于罗伯斯庇尔发表了有关更加严厉政策的激进言论，国民公会的一些人采取了推翻罗伯斯庇尔及其追随者的行动。罗伯斯庇尔在国民公会的一次混乱事件中被捕，但又逃脱了。在市政厅，那里是公社总部，他召集在巴黎各区军队中的追随者帮助他摆脱国民公会阴谋集团的追捕，然而，巴黎无套裤汉们直接拒绝了他的请求，因为他们已经认识到，罗伯斯庇尔就是在热月 5 日颁布限定最高工资的人，他与其说是自己的朋友，不如说是自己的敌人。

罗伯斯庇尔在热月 10 日被押送到断头台，在押送他的囚车经过时，愤怒的巴黎人民高喊："去他的最高限价！"在接下来的几天里，又有 87 个革命公社的成员被处死。数十人被监禁。城市中似乎没有谁为那些曾声称要代表法国并且也确实做过法国代表的那些人说话。这表明，前些年由罗伯斯庇尔创建的革命政府与民众运动之间的同盟现在已经消失了。罗伯斯庇尔在巴黎的民众运动中的中间立场使他在需要得到支持的时候没有任何力量愿意支持他。

罗伯斯庇尔的垮台也意味着自 1789 年以来巴黎短暂的地方性自治政府的结束。其实早在 14 世纪的埃蒂安·马塞尔时期人们就已经意识到，巴黎是全法国的中心，所以它不能像其他城市那样享有一个自治政府。现在看来，1789 年至 1794 年巴黎公社的经历至少证明了

罗伯斯庇尔被捕

法国国王在这个细节上的正确。巴黎从临时性的自治再到无法自治的过程实质上在热月政变之前就已经开始了，热月党人执政以后则进一步发展。热月党人寻求的是使巴黎的恐怖事件永远不再发生，使巴黎民众不再扮演政治角色。曾经作为巴黎平民武装根基的 48 个区被解散，取而代之的是新划分的 12 个区。原来的巴黎省现在更名为塞纳省，拥有更大的权力。但在事实上，大多数地方政府的职责，包括治安，在短期内还是由国民公会控制着。在各区的军队到来后，雅各宾俱乐部被关闭。巴黎民众运动的一些残存分子还想从事某种活动，其结果只能是给政府的压制行为制造借口。共和三年芽月和牧月起义（即 1795 年 4 月和 5 月）是巴黎人民为抗议食品价格昂贵而举行的起义，结果都被镇压，接下来各个区的武装均被解散，民众活动家被逮捕，左翼代表被审讯。所有这一切都证明，国家的政策正在明显地向右转。国民公会重新制定了一部宪法。与恐怖时期的宪法相比，该宪法中激进的内容较少，自由和分权的内容较多。共和四年葡月13日（即公历1795年10月7日），对热月党人的这些政策感到不满的巴黎人民再次举行抗议活动，但是他们的示威队伍被年轻的军官拿破仑·波拿巴指挥的部队镇压。

在波拿巴“葡萄弹的烟雾”下，按照1795年8月通过的新宪法，督政府建立了。自此，巴黎城市内部的军事事件不再成为问题，在欧洲战场上而不是在首都的街道上，革命政治的戏剧将一幕接着一幕不断上演。热月党人和督政府统治时期的另一个特点是夺取被共和二年控制巴黎那些人掌握的街区和部门的权力。这种行为不仅具有戏剧性，而且具有象征性。1795年至1797年，老雅各宾派和无套裤汉均遭到了所谓“金色青年”的无情折磨。金色青年由一些吉伦特派资产阶级残余分子家庭的后代、被释放了的犯人和秘密保王党的后代等年轻一代所组成。所有戴红色无檐帽或者穿官方禁止的“无套裤汉”服装的人都会遭到攻击和戏弄。无论是在咖啡馆、街道还是剧院，《马赛曲》都被反革命赞歌所淹没。那些存放在先贤祠的革命英雄的遗骸也被扔了出来加以亵渎。尽管仍有很多人怀疑天主教，但是共和二年的非基督教化运动已经时过境迁。例如，那些曾经被改掉的天主教街道的名字现在又被恢复了。按宗教命名的路名老哥德利埃街在1793年曾经被改为马拉街，现在又改为卫生学校街（即现在的医学院街），甚至在1792年改为人权街的西西里国王街现在也改了回来。虽然在革命期间被改为革命广场的路易十五广场没有恢复原来的名字，而是改为协和广场，寓意社会和睦，但这种和谐十分短暂。

一场民众运动即将发生。1796 年，左翼分子密谋了一场反对新政权的斗争，在激进作家格拉古·巴贝夫的周围形成了一个秘密团伙。然而，巴贝夫分子寻求的是军队而不是巴黎各个区的工人的支持。尽管如此，该运动也还是很容易被粉碎。督政府复杂的选举体制使各省对国家政策有更多的发言权，这样做虽然使巴黎与外省对督政府的影响趋于平衡，但也给自己带来一些问题，那就是督政府不得不在左派与右派之间不停地摇摆，同时，由于瞬息万变的对外战争给国家带来危险，督政府在政治上也飘摇不定。

1796 年至 1797 年，拿破仑在意大利取得的军事胜利使法国对外战争的性质从保卫国家的战争变成了在欧洲争夺领土的战争。战争似乎抚平了 18 世纪 90 年代的政治创伤，但战争胜利后人们看到的是拿破仑加冕为皇帝。战争进行得并不那么一帆风顺，1798 年至 1799 年的战争就是这样。1798 年，拿破仑试图攻占英属埃及，结果以失败告终。此时，奥地利军队在欧洲各地打击法军。在巴黎，一场新的政治危机已经出现，雅各宾俱乐部和共和二年民众运动的残存势力要求采取像恐怖时期那样的国家安全措施。

法国大多数政治阶层担心巴黎无套裤汉会重掌政权，所以犹豫不决。他们倾向于寻找一个强有力的将军，这个将军不仅能够在战场上为法国取得胜利，而且也有足够的威望修改法律，从而给政府行政部门更多的权力，最后，在全国范围内结束现在这种矛盾的、摇摆不定的政治局面。他们终于找到了令人敬畏的拿破仑。从埃及回到法国后，拿破仑在巴黎的各种政治场合频频露面，不断与思想界和文化界人士交流意见。但可以肯定地说，他没有对下层民众表示半点友好姿态。1799年11月，拿破仑发动了雾月政变，并把新政府设在圣克卢宫。该宫殿位于首都以西10千米的地方，从圣马塞尔区东部步行需要几个小时。在那场权力归属的斗争中，巴黎的普通民众被拒之门外而成为看客，执政府的一切都由第一执政拿破仑来安排。自1789年以来，法国全国的政治事务没有在巴黎市内来决定，这还是第一次。

1802年，拿破仑宣布自己为终身执政，并且在1804年加冕称帝。自热月党人和督政府执政以来实行的国家控制巴黎的做法被拿破仑确认下来。1795年10月11日颁布的一个法令规定，巴黎的行政区由原来的48个改为12个。此外，任命一个政府"专员"负责掌管作为首都的塞纳区。督政府在1796年曾经设立了一个警察官员，该专员与这个警察官员共同负责首都的安全事务。政府"委员"的工作必须与警察各部密切联系，这个部门的姓名地址簿在1796年开始建立。这些安排都由拿破仑亲自完成和保护。巴黎的12个区都是独立的行政单位，都有自己的行政长官，不过这些行政长官不是选举产生的，而是由政府任命的。各个地区的行政长官都在新设立的塞纳区行政长官的严格控制下，塞纳区行政长官这个位置是从督政府时期的地区代表发展而来的，如拿破仑所说，带有"部长的色彩"。[9] 如果说塞纳区行政长官比以前的巴黎商人市长权力大，那么他的独立性则比商人市长小。安全事务现在由警察局长负责，其职权范围在很大程度上相当于过去的警察总监。巴黎的12个区各有政府任命的一些警察官员，他们是警察局长的下属人员。对巴黎行政事务有重大影响的另一个人物是内务部长，负责巴黎城市的建设工作。这样，塞纳区行政长官、警察局长和内务部长三位一体，对巴黎实行严格的控制，而这三个人又都直接对拿破仑负责。

拿破仑本人十分了解巴黎对他的新政权的重要性，但其内心怀有对巴黎市民强烈的不信任感。他坚信，“在本质上，巴黎人就是一群忘恩负义的投石党人”。[10]他在评论1792年8月10日事件的时候说：“如果我是国王，那样的事情决不会发生。”[11]路易十六没有魄力，而巴黎人则鄙视软弱，所以那样的事情才会发生。正如拿破仑在葡月13日政变中所说，只有武力才能使巴黎人规规矩矩。当路易十六居住在杜伊勒里宫的时候，他感到自己像个可怜的犯人，而拿破仑住在那里的时候丝毫没有那种感觉。实事求是地说，拿破仑更趋向于把杜伊勒里宫当作旅馆，因为在1805年至1814年的大部分时间里他在外作战，因而不住在该宫殿。在选择加冕为法国皇帝的地点时，在选定巴黎以前，拿破仑曾经先考虑到两个地方：罗马和里昂，因为这两个地方都是正统的象征，他的帝国统治也必将在这两个地方实现。然而，他一想到在1790年在战神广场举行的国庆典礼就不寒而栗，他认为：“巴黎人民不相信在战神广场那样的气氛中国家已经建立，一个人不应该随波逐流。”[12]最后，他选择在巴黎圣母院加冕登基，事实证明这是最合适不过的，因为那里适合罗马教皇为他加冕。尽管在加冕典礼上拿破仑根本没有让教皇为他加冕，而是自己把皇冠戴在头上，但这不证明拿破仑与教皇的关系不佳。1801年，拿破仑与教皇缔结《教务专约》，这标志着18世纪90年代以来的反宗教行为就此结束，宗教和平得以复兴。

事实上，巴黎人欢迎拿破仑在巴黎举行加冕典礼，但这种欢迎不等于他们愿意接受拿破仑的统治，而是因为加冕典礼给巴黎带来大量游客和商机。在执政府建立的时候，有6万巴黎人投票赞成，只有80个巴黎人投票反对；在法兰西第一帝国建立的时候，反对的人数增加到 81 人。这说明，敢于直接地、公开地反对拿破仑的人数增长得十分缓慢。应该说，巴黎人欢迎拿破仑基本上不是自发的。1800 年 12 月，有人在杜伊勒里宫外面安放炸弹，差点要了拿破仑的命，巴黎人民多少有些同情拿破仑。但是，很多人对拿破仑采取强有力的措施进行反击感到不满，有 100 多名所谓的雅各宾分子被驱逐出境。尽管 1801 年拿破仑在亚眠与反法联盟国家举行了和平谈判，但不久就破裂了，巴黎人民不得不接受战争机器的保护。

拿破仑对巴黎的严格控制引起了很多巴黎人的强烈不满。取消巴黎市自治政府的做法仅仅是剥夺巴黎人政治权利的一部分，这种行为开始于热月党人统治时期，在拿破仑时期进一步发展。在 18 世纪 90 年代早期和中期，总体来看，民众参与革命政府市政管理的现象还是

拿破仑·波拿巴进入巴黎圣母院

少数。但是，从1789年以前的经历来看，这也是值得重视的，标志着一种进步。参加重大选举都是有限制的。例如，在1789年巴伊当选为巴黎市长的选举活动中，巴黎只有15000名男性拥有选举权，这个数字仅占巴黎男性公民总数的大约五分之一。在此后的一段时间里，这一比例有时比较接近，但很少有超过的时候。在共和二年的选举中参加的人数也大体相同，但那主要是与派别纷争有关。巴黎人还显示出对军事的极大热情，在1793年战争进入白热化的情况下，国民自卫军人数达到10万以上，巴黎革命军派到农村从事恐怖活动的人数超过7 000。在整个18世纪90年代，有6%至9%的巴黎男性公民在军中服役。巴黎绝大多数成年人是受过教育的，他们是政治报纸和杂志的勤奋读者。坚定的公社战士埃贝尔主办的《杜歇老爹报》在全国发行20万份，读者要超出这个数字几倍。巴黎人还热衷参加政治俱乐部和各种组织，参与者比其他任何地方的人都更加广泛，其中以工人和服务行业的人居多，但也有妇女参加。

在迄今为止的历史上，1789年法国大革命对妇女参与政治生活的推动作用比其他任何群体都要大。在大革命时期的历史事件中，妇女常常站在革命群体的最前列。她们参与巴黎的政治生活，关注国民公会和巴黎公社的各种会议；在恐怖时期，她们中很多人服从公社命令，一边为前线士兵准备给养，一边聆听政治研讨；在言论和出版自由方面她们也做出了杰出贡献，在18世纪90年代，参加印刷活动的妇女人数是1789年前十年的四倍。剧作家奥里姆·德古热在1791年发表的作品《女性人权宣言》强有力地表达了男女平等的要求。妇女也从新的离婚法中受益，她们可以丈夫的粗暴为理由而提出离婚。她们不仅依据自己的权利加入了一些政治俱乐部，而且建立了一些妇女俱乐部。最著名的有“革命共和女公民协会”，其中包括为忿激派出谋划策的波利娜·莱昂和克莱尔·拉孔布。但是，正如热月党人执政之前的革命政府禁止任何政治激进主义一样，它也宣布禁止妇女要求平等政治权利。德古热就是因此而被送上了绞刑架的。肖梅特的公社和之后的革命政府都正式宣布女性俱乐部为非法。男性在辩论中使用很有性别化色彩的语言，表现出在战争氛围推动下男子气概的强烈。国民议会曾经通告妇女，“对公共事务过于热心是致命的”。[13] 从1795年3月开始，国民公会禁止妇女参加政治会议或者在街上聚集讨论公共事务。拿破仑时代有所进步，他颁布了一些有利于女性的立法，如有关离婚的法律。但1804年颁布的拿破仑《民法典》或多或少地降低了妇女的地位，使其必须服从丈夫或父亲的权威。以往的医学著作都提出，从生理学角度来看，女人的任务就是繁衍后代，这种说法在欧洲长期流行。对于巴黎城内妇女的权利来说，拿破仑政权的建立无疑不是什么好消息。

从18世纪90年代后期开始，将女性排除在政治生活外，禁止政治俱乐部活动，压制司法，摧残左翼活动家，破坏选举，以及取消巴黎地方自治政府机构等等，所有这些政策和行为使巴黎民众在国家政治事务中难以发挥作用。拿破仑喜欢让群众进行效忠宣誓，让群众参加执政官庆典活动，后来又让人们参加皇帝加冕仪式，他希望人民无条件地服从他的统治。政治集会基本不开，报纸的数目大为减少。印刷厂的数量从18世纪90年代后期的200多家减少到1804年的132家，到1811年仅剩80家。在18世纪90年代中期，政治斗争还是少数人的行为，但从1799年起被完全禁止。

从恐怖时代开始，巴黎面临着严重的社会危机，伴随着国家经济严重失调，巴黎已经出现了政治衰败。在旧制度的最后几年出现的经济衰落早已给巴黎带来了严重影响，现在的革命和战争更是雪上加霜，使巴黎出现了政治、经济的紊乱。由于高级教士人数大量减少，加之此期间移民人数大为增加，奢侈品消费遭到重创，从事交通运输业的工人、生产高档家具的工人以及理发师成为无套裤汉中受影响最大也是最穷的人。消费需求剧烈萎缩和大量征兵表明并造成城市人口的明显下降。1789 年，巴黎人口为 65 万，甚至超出这个数字。但到了 1795 年，巴黎的人口可以肯定已经大为减少。根据 1801 年的人口统计，巴黎的人口只有 547576 人。这说明，尽管有些流动人口进入巴黎，但该城市的人口还是大量减少。

但是，并不是所有巴黎人在 18 世纪 90 年代都面临着一场经济灾难。巴黎城内新建立的革命机构带来了新的消费方式。政治家们在晚上需要找个吃饭的地方，这一需求成为这一时期饭店大量出现的原因之一。革命对印刷品的大量需求也意味着任何与印刷品行业相关的人都有可能发迹，但前提是他的政治嗅觉必须灵敏，于是，废品回收商、造纸商、印刷商、出版商、装潢工、售书商、油墨生产商、小贩和作家都有活可干。新闻业发展成为一种大众评论式的职业。行政机构规模的扩大导致社会上开始流行一个新词“官僚”。从督政府和拿破仑时代开始，法国的高等教育和科学研究就集中在巴黎，这成为法国人生活中一个影响深远的特点，而且使这座城市受益匪浅。

自然历史博物馆、植物园、1747 年建立的路桥学院、1778 年建立的矿冶学院都得以确认；1795 年建立的法兰西研究院把原来法国的各个科学院联合在一起。新建立的机构还有 1794 年建立的巴黎高等师范学院、巴黎国立工艺学院，1795 年建立的国立综合理工学院等。

保留下来的巴黎卫生学院仍然对其在蒙彼利埃和斯特拉斯堡的对手保有相当的竞争力。这样，国立科研机构在首都巴黎犹如雨后春笋般地建立起来，无数的学生也开始云集巴黎。

二、大韦富尔餐厅

毋庸置疑，先有咖啡然后才有咖啡馆，先有吃东西的愿望然后才有餐厅。最初，餐厅是人们为自己“补充营养以恢复体力”的地方。当时，人们去那里喝一种药物肉汤，那个地方就叫餐厅。在1789年革命前的几十年中，提供这种优雅服务的雇主都是一些精明的商人，他们既是当代新潮品味的探索者，又是现代城市生活给人们带来某种损害忧虑的解除者，还是将健康与食物有机地联系在一起的宣传者。在18世纪70年代，首先流行起来的是自称为“新厨房”或者叫作“创新者”的餐厅。尽管后来建立的餐厅主要是为了使人在那里填饱肚子，但早期建立的餐厅根本就不是为了叫人们到那里去大吃大喝的。人们经常会在餐厅看到一个人在那里一边独自品尝着肉汤，一边吃着奶制品、甜食和新鲜水果。到1789年，巴黎大约有50家这样的餐厅。

人们公认巴黎是烹饪和美食的巅峰，这种强烈的印象很容易使人意识不到，巴黎得到这一荣誉的时间并不长，但是其历史很悠久。当然，在中世纪和文艺复兴时期，巴黎人也有自己款待客人的场所，如客栈、酒馆以及各种各样吃喝玩乐的地方。但是据我们所知，餐厅是18世纪晚期在巴黎产生的。大韦富尔餐厅是进入19世纪后不多的还在提供那种服务的餐厅之一，在罗亚尔宫里就有大韦富尔餐厅的分店在营业。后来建立的餐厅则发生了很大变化，大革命时期饭店的发展和变化更为显著。在18世纪90年代，一些贵族由于政治原因而逃亡，他们原来的厨师不得不重新找工作，其中很多人便自己开起了餐厅。1789年以后，巴黎国民议会中来自外省的代表们需要有一个合适的饮食之处，这也给餐厅提供了良机。此外，特别是从督政府时期开始，美食学对餐厅产生了强有力的推动作用。所有这些因素促成了一整套餐饮活动和习俗的形成，包括灵活的用餐时间、印制的菜单、分餐制、个性化的餐饮装修环境（如小桌、单间、周到服务）、额外的带公共服务设施（如镜子、大厅）等。现在餐厅提供的服务既令人满意，也会使人们感到实用。进一步说，餐厅与大多数咖啡馆不同，女性更愿意在餐厅消费。

在餐饮行业中，大韦富尔餐厅建立得相对较晚。它的创立者让·韦富尔购买了一家著名的沙特尔政治咖啡馆，保王党成员和热月党时期的“金色青年”经常在那里集会。在法兰西第一帝国政治变乱期间，韦富尔担心社会精英不再去罗亚尔宫消费，因此他在1814年决定增加服务项目，于是在那里又开了一家餐厅。他的赌注立刻得到了回报，这个从1820年开始叫“大韦富尔餐厅”的小餐馆开始以其高雅的“叉子午餐”而流行起来，当代社会各界名流纷纷光顾该餐厅。在第二帝国时期，该餐厅兼并了邻近的韦里餐厅，并从此声名远扬。因为这个韦里餐厅在社会上曾经十分著名，巴尔扎克笔下的吕西安·德鲁贝普雷从昂古莱姆一到巴黎就是在那里用的餐，并开始了他自己所谓的“享受巴黎”的历史，品尝着来自“奥斯坦德港”的牡蛎、鱼、鹌鹑、鸡、通心粉和水果，喝着波尔多葡萄酒，那种惬意真是超出了他的想象。为了揭露巴黎穷人的困境，波德莱尔在小说中则描写了一个可怜的要饭小女孩在该餐厅外面的垃圾堆里捡东西吃的悲惨景象。

大韦富尔餐厅保留了巴黎传统美味佳肴的特点，甚至到了19世纪末期，它仍然给人一种老式餐厅的感觉。从外表来看，该餐厅坐落在几乎被废弃了的罗亚尔宫中，用漂亮油画装饰的墙壁和顶棚会使人不由自主地回想起旧制度，即使在第二帝国时期曾经进行过修缮，这种印象仍然存在。到了20世纪初期，该餐厅的经营范围已经十分广大。该餐厅所属的一个名为“工薪族餐馆”的餐厅墙上挂着写有“肉清汤特许人”的标牌，表明该餐厅在同行业中具有举足轻重的地位。专门提供地方特色饭菜的“乡村餐厅”也出现了，这种餐厅可以满足好奇的巴黎人和有怀旧情结的外省人的需求。现今的小酒馆也为资产阶级提供更多的非正式服务。另外，由于阿尔萨斯和洛林在1870年被割让给德国，法国东部大批商人来到巴黎避难，他们又建立了以啤酒消费为主的餐厅，从而形成了一大特色。

20世纪末期用餐形式的改变显然在巴黎餐饮领域留下了它们的足迹，在新包装和新时尚下，以往的烹饪方式重新登场，有的叫“新厨房”，有的叫“便餐店”，还有的是“烧烤店”，这些餐厅使巴黎的饮食业仍然享有良好的国际声誉，这不仅仅是因为那里拥有一流的绿色食品供应体系。在21世纪初期，巴黎餐厅行业面临的最大挑战来自移民。在巴黎，北非人无处不在；越南人在现在巴黎的第十三区的唐人街；贝尔维尔地区和现在巴黎第十五区有加勒比人、印度人和非洲人等。如同阿尔萨斯啤酒馆一样，他们或许也会为巴黎餐饮业带来新的惊喜。

恐怖时期经济上的高度集权使巴黎在经济发展上占据优势，而其他省份却因为殖民地贸易的衰败而受到极大损失。由于军队人数的大量增加，在1793年至1794年间，军队人数甚至超过100万，极大地刺激了军事工业的发展，其中包括武器装备、军服和战靴的生产。这些工业生产多数是在巴黎完成的，这种安排可以说在某种意义上是为了安置无套裤汉。随着奢侈品制造业的衰落，原来的制造业地区都改为军工生产了。公安委员会曾经宣布，“不要再让铁匠生产锁头了，争取自由的不是锁头而是火枪和刺刀”。[14] 巴黎现在拒绝那些毫无价值的东西，什么“可笑的时装、无数的玩偶，鲜艳的手帕和美丽的家具”，让所有这些曾经在巴黎盛行的东西见鬼去吧，巴黎应该成为“法国的军火库”。[15] 在共和二年，军事产业中就已经有了7000多名工人，而在旧制度时期一个都没有。

恐怖统治以后出现的经济混乱导致了相当长一段困难时期，这种困难由于1794年和1795年那可怕的冬季而变得更加严重。那些被称为“九五冬天”的日子成为18世纪最冷、最饥饿、最致命的日子之一。但是，生产从国家控制转入私人手中以后，一些消费行业的生产却发展起来，如瓷器、玻璃制品、宝石、手表等，这些行业的生产在18世纪末、19世纪初明显开始复苏，新兴的棉纺织业的增长超过了历史纪录，熟练工人、可用资本、工厂厂房都在那些节俭的企业家手中发挥作用。1798年，内政部长弗朗索瓦·德·纳沙托在战神广场组织了工业博览会，试图向欧洲其他国家说明巴黎已经重返商业领域。

在博览会上，100 多个展位琳琅满目，其中消费品有戈布兰花毯、时尚服装和壁纸等，还有蒸汽机、金属模具和化学工艺等，这些都是巴黎自主开发的技术产品。

到 18 世纪 90 年代末和 19 世纪初，巴黎的房地产市场也异军突起。在 18 世纪 70 至 80 年代出现的建筑热潮在 1789 年后曾经有一段时间的萎缩，当时，一些富有的贵族由于政治原因而移民他乡，严重影响了当时巴黎最赚钱的建筑和装修行业的发展，搬走的家庭大约有 200 户。在 18 世纪 90 年代中期，建筑业几乎完全停滞，但恢复的潜力尚存，因为房地产已经成为抑制通货膨胀和通货紧缩的有效屏障，在 18 世纪末那场灾难性的经济危机中，许多投资于政府证券和年金的古老家族深受其害。更为重要的是，政府决定卖掉国有教会的大部分房产，后来还没收了逃亡贵族的房产，这些做法使巴黎的房地产市场重新焕发生机，结果有 1000 所建筑转手。在 18 世纪 90 年代，巴黎东北部约四分之一的国有房产上市出售。尽管恐怖时期过后出现的经济混乱给巴黎社会下层群众带来了严重的困难，但对于那些房地产投机商、军火供应商和金融家来说是难得的商机。根据 18 世纪末、19 世纪初访问过巴黎的夏尔·德·贡斯当的说法：“这个城市的东部看上去一贫如洗、每况愈下，由于众多移民的迁出，先前贵族聚集的圣日耳曼区已经极度萧条，与此同时，这座城市的西部和西北部地区却截然相反。沿着圣奥诺雷区街，在鲁尔区和昂坦马路区，即现在巴黎的第一区、第二区和第九区，一些漂亮的私人新住宅映入眼帘，那些房舍的门前通常都有希腊式的圆柱，上面有高雅的雕刻装饰，带有这种装饰的房屋有些还是被废弃了的教堂。那些住宅的所有者都是“在 1789 年大革命中出了名、发了财、立了功的人，其中包括军火供应商、曾经在意大利打过仗的将军、艺术家以及演员等。”[16]

在巴黎西部的那些地区，房地产行业的兴旺过程证明了一个新的特征，那就是巴黎社会精英队伍的重建是按照财富的多寡而不是出身高低来进行的，如果说等级社会在1789年的巴黎已经过时，那么到了1799年则完全被废止了。许多高级贵族逃亡国外，余下的贵族走向没落，特别是由于腐败制度的废除和国家纸币体系的崩溃而导致那些传统贵族精英的破落，都为后起者腾出了空间，按照新精英的阶级定位，房地产是最主要的地位象征。许多进入巴黎精英队伍的野心家就是以在巴黎购买了第二处住宅来炫耀自己的社会地位，因为在巴黎房地产交易非常容易。到1795年，凡尔赛周围地区的国有房产已经有三分之一卖给了巴黎人，在沙特尔房地产市场，买者中每六人就有一人是巴黎人。

18世纪90年代末期私人房地产市场的复苏是与巴黎西部地区优势的增长、新的城市精英们以财富为社会地位的标志相关联的，这种趋势在拿破仑时期继续发展。这个时期，教会继续丧失所属的建筑和地产。教会建筑被毁坏的也不少见。例如，位于现在巴黎第三区的曾经关押过路易十六的圣殿监狱就是在1808年被拆毁的，因为拿破仑担心保王党人会把那里当成朝觐的地方来崇拜。位于现在巴黎第五区的圣维克多修道院和第六区的加尔默罗修道院也分别在1811年和1813年被拆除。尽管教会房地产不断地丧失，但由于资金短缺和交易条件不好，在18世纪90年代早期和中期，这些房地产的交易活动还不多，直到18世纪90年代末期，真正的教会房地产买卖才开始，这在左岸地区更为明显。位于现在巴黎第六区的圣日耳曼德普雷修道院的大量国有地产为开发商提供了致富之路，从1800年开始，一些新街道得以开通，其中修道院街从该地产中间穿过，一直通到该修道院北部，同时，以南北向为轴心的波拿巴街打开通往塞纳河的一片区域。在这个过程中，许多教会建筑被拆毁，但其中一些成为新工程的核心，例如，在修道院区兴建了令人魂牵梦绕的美丽的弗斯顿伯格广场；1798 年至 1806 年间修建的阿尔萨斯街是这种现象的另一个例证，该街从沃吉拉尔街开始，一直通到气象台，中间拆除了许多原修道院所属的房屋。在同一地区，圣叙尔皮斯神学院被拆除后，在圣叙尔皮斯教堂门前开辟了一个新广场，叫作圣叙尔皮斯广场。还有，先贤祠南面的乌尔姆街是在 1807 年后兴建的，该街占用的是原来威斯坦丁修道院、乌尔苏林修道院和斐扬修道院的土地。

18 世纪 90 年代末和 19 世纪初私人房地产市场的复兴与公共建筑的不景气形成鲜明对照，其原因在于，在 18 世纪 90 年代末的大部分时间里，国家和地方当局关注的是政治而不是建筑。1794 年，国民公会建立了一个咨询性组织以便对巴黎城市建设问题提出意见。该组织的艺术家委员会有 11 名成员，其中有 7 人是建筑师，其他人在巴黎城市路政局任职。

这些人提出了许多巴黎城市建设的方案，以使巴黎得到修缮，他们按照启蒙运动中市镇主义的理念，将这种做法叫作“城市装饰”。后来有人说该艺术委员会的方案是 19 世纪第二帝国时期巴黎城市改革者奥斯曼的前辈，这实在是有些牵强附会，因为，尽管他们提议在原有城市体系中开辟一些新的街道和林荫大道，但是没有一个整体规划。此外，尽管该委员会的一些计划得到了实施，例如，1802 年拆除大沙特莱监狱，但这件事主要是一种偶然而非规划。道理很简单，18 世纪 90 年代根本没有足够的资金从事任何工程，即使艺术家委员会那有限的方案也彻底付诸东流了。

公共建筑物主要体现在一些新剧院的建立，而其他标志性的革命建筑主要是改变原有建筑的用途而不是新建。例如，在革命期间，苏夫洛设计的圣热纳维耶芙教堂被改成了先贤祠；卢浮宫被当作博物馆使用；圣恩谷修道院变成了一所军队医院。革命时期也留下了一些雕塑性建筑，例如：在革命广场竖立了一个象征共和的雕塑，在胜利广场建立了一座方尖碑以取代被推倒了的武士雕像。1806 年至 1810 年，在旺多姆广场上竖立一根仿照图拉真在罗马设计的圆柱，所不同的是该圆柱上装饰了反映拿破仑军事生涯场面的浮雕。为革命庆祝活动而准备的临时建筑倒是不少，例如，1790 年为庆祝“联盟节”而在战神广场建立了一个公众露天大剧场。总体来说，在整个 18 世纪 90 年代，被毁掉的东西比建造的要多得多，前者包括巴士底狱、各种教堂以及王家建筑等。

拿破仑对巴黎最重要的想法之一是复兴它的纪念性建筑。他曾经指出：“巴黎的纪念性建筑太少。”对此他的结论是：“巴黎必须拥有它们。”[17] 这种用宏伟的建筑重塑巴黎的想法从计划变成了行动，他的确使巴黎成为一个举行政治典礼和上演帝国剧目的合适场所。他提出：“人只有通过他留下的纪念性建筑才能彰显其伟大。”很明显，他正是想通过纪念性建筑使自己青史留名。但是他的想法面临一个实际问题，他曾经说，他宁愿在战场上指挥两万名士兵也不愿意在里昂街头指导两千名工人，对巴黎可能也是如此。拿破仑在他征服的欧洲领土上建立的经济体系目标很明确，那就是填饱巴黎无套裤汉们的肚皮并使他们有活干，以此防止他们再有过激行为。拿破仑战争定将产生如同 18 世纪的“波旁和平”一样的效果，那就是使巴黎人民免受战争灾难之苦。提供工作机会当然是使巴黎人满意的最好途径，但是巴黎人实际上对拿破仑政府并不那么欢迎。在塑造公众记忆方面，纪念性建筑将扮演对政府有利的角色，拿破仑在 1805 年曾经说："我的目标就是要将这十五年内发生的一切在人们心中留下永久的回忆。"[18]

拿破仑认为，"对于巴黎这座城市来说有四样东西最为重要：乌尔克河的水、新的巴黎中央市场、屠宰场和酒窖。"[19] 对于某些人来说，这四样东西如同伟大的拿破仑帝国一样是求之不得的美好愿望。拿破仑计划将巴黎城市向西部扩展到圣克卢区以外。有一次他夸张地说，巴黎需要更大的面积来发展经济。他认为，只要有了充足的生活用水，保证基本日常食物的供应，巴黎人就没有借口不服从统治。尽管他没有说明但十分清楚的是，对于首都巴黎来说，在饮食方面的关键因素是粮食供应是否便宜并充足，其中最重要的是面包，在这一点上罗马帝国已经提供了前车之鉴。在整个 18 世纪，面包价格就是公众不满的晴雨表，拿破仑试图使这个晴雨表稳定下来。他改革了巴黎的食品贮藏方式，对 1802 年失火烧毁的谷物市场进行了改造，使之现代化并且扩大了面积，从而增加了城市东部的粮食贮藏能力。有一次他说："我希望谷物市场成为人民的卢浮宫。"[20] 在同一个地方，他还以酒类市场的形式建立了一个葡萄酒储存仓库，位置就在现在巴黎第四区的圣贝尔纳码头。巴黎城市中那些室内食品市场的建立保证了面包、酒和其他生活必需品的批发和零售，而那些市场多半是建在前教会房屋里边，其中有一些是在 1815 年拿破仑垮台后才竣工的。例如，位于塞纳河左岸现在巴黎第六区的圣日耳曼市场就是在巴黎老市场的旧址上建立起来的，它是目前仅存的拿破仑时期的市场。附近的加尔默罗市场是在加尔默罗修道院的旧址上兴建的，那个地方是最可怕的九月屠杀的遗址之一。有些地方的市场建筑还伴随着道路改造或新街道的建设，例如，在古老的圣马丁修道院附近建立的圣马丁市场，坐落于现在巴黎第三区艺术和工艺品博物馆的位置，就伴随着沃康松街、蒙蒂戈菲尔街、博达街和孔代街等许多条街道的建设。

在巴黎人民可以就近买到食品的同时，食物生产却要安排在距离人们居住区较远的地方。按照 1810 年新的屠宰场管理规定，在城外建立了五个新的屠宰场。这种出于卫生的考虑也表现在把死者安葬地从居住区迁走，这种做法在 18 世纪 80 年代决定将无辜者墓地迁走的时候就已经开始了。到拿破仑执政的时候，巴黎城内只有很少几个地方可以埋葬死者。作为塞纳区第一任行政长官的弗罗绍继续此项工作，把留在城内的尸骨重新安葬在位于现在巴黎第十四区的伊索尔墓地，他还负责任地以罗马的形式将那些遗骨安葬在新建的陵墓。很快，许多旅游者排队便来等候观看这种典雅的遗骨安葬方式。弗罗绍还在巴黎城外建立了三个新的公墓，其中最著名的是拉雪兹神父公墓，该公墓在圣安托万区以外，位于现在巴黎第十五区，从 1804 年开始使用。

三、地下墓穴

18 世纪末、19 世纪初，巴黎建立了一些新的地下墓穴，例如伊索尔墓地，其目的是安葬从巴黎市中心的无辜者墓地迁移出来的遗骨。尽管这些地下墓穴仅是现代巴黎及其周围二十个地区所有地下墓穴总数的八百分之一，但对于一个心怀恐惧的参观者来说，那些地下墓穴还是太多且令人印象深刻了。

今天我们看到的巴黎地下墓穴形成于1809年，当时拿破仑的塞纳区行政长官弗罗绍和采石场总监埃里亚尔·德蒂里将那些被迁移过来的大量的头盖骨和胫骨整齐地摆放在墓穴中，以给参观者留下深刻的印象。罗马时期就有地下墓穴，所以，人们认为法兰西帝国的城市巴黎也应该有这样的陵墓，而且比罗马时期的陵墓还要好。曾经被埋葬在无辜者公墓的20多万人是巴黎在过去将近一千年里的死者，但直到19世纪那些死者被重新安葬在教堂或修道院以前，该公墓的尸骨一直在不断地增加。

从帝国建筑和展示的角度来看巴黎的那些地下墓穴，不如把它们作为18世纪末、19世纪初巴黎城市内的死者文化巨大变化的组成部分来看，因为这个视角令人印象更为深刻。罗马人曾经把墓地建立在卢特提亚的边缘地带，那里是每一个要进入该城市的人的必经之路。后来，巴黎的死者被安葬在巴黎市的核心地带，在城市教堂的墓地，而那些墓地通常就在教堂里。到了12世纪，为了扩大城市市场，巴黎朝西北方向扩展，建立了巴黎中央市场，该市场就在无辜者公墓附近。

死人与活人都在城市中心，这种做法早在中世纪晚期和文艺复兴时期就已经是个问题了，但当时仅仅是从宗教虔敬和热忱出发考虑的，出于公共卫生角度考虑而将那些死者遗体从人们居住的城市中心迁移出去，是从更加世俗化的18世纪开始的。这方面的一个标志性事件是在1709年，巴黎警察总监拉雷尼死前留下遗嘱，要求不要再将他安葬在自己教区的圣厄斯塔什教堂，该教堂就在无辜者墓地附近，理由是这样会减少巴黎城市的疾病传染。到了18世纪末，一个医疗团体将迁移墓地作为自己清洁城市运动的政策纲领来实施，当他们的主张被巴黎高等法院接受的时候，变革的时机已经成熟。

在决定把死者埋葬在距离城市较远地方的同时，还决定在巴黎城外建立新的墓地。这一政策在1803年推广到全法国。按照这一政策建立的墓地有蒙帕纳斯墓地、蒙马特墓地，特别是拉雪兹神父公墓。在奥斯曼时期，这些墓地都进行了重建，拉雪兹神父公墓成为巴黎现代化的象征，巴西国王、美国旧金山市长和苏格兰格拉斯哥市政委员会都想要建立自己的拉雪兹神父公墓。

由于墓地迁出巴黎城，19世纪的巴黎人去看死者的时间要比自己的所有前辈少得多，但这不等于他们忘记了死者。事实上，正是在进入19世纪以后，出现了各种不同形式的纪念死者的仪式和方法。例如，在安息日参观陵墓，家庭墓地的建立，更具有自然风光的墓地花园，再加上供游人参观的巴黎地下墓穴，构成了一系列个性化的虔敬方式。尽管墓地已经远离市中心，但是它在文学上和视觉上的影响并没有消失。例如，坐落在小山丘上的拉雪兹神父公墓成为认识这座城市的标志景观。正是在这里，巴尔扎克小说中的主人公拉斯蒂涅规划了他未来的生涯，那就是决定去征服这座城市而不是温顺地屈服于它，结果给他带来很多痛苦。

除了保留死者肖像以外，在死者被迁出城外以后，现代摄影手段是另一个用来在巴黎保留死者形象的方式。例如：巴黎早期摄影家纳达尔不仅由于航拍巴黎全景而闻名，而且还是关注巴黎地下世界的第一人。在他1867年的作品《巴黎的地上和地下》

地下墓穴，纳达尔摄于约 1890 年

中，他高度评价了在巴黎地下墓穴中发现的“死者间令人迷惑不解的平等，在那里，甚至儿子心中对父亲的记忆也消失得无影无踪，在那里，所有的人都在一起，不论是高贵的侯爵夫人还是挤奶女工，都躺在一起，爱别人的和被爱的，没有姓名的，忘记了的，丢失了的，都一个挨着一个地躺在那里”。纳达尔努力使人们回想那些自己想象中的幽灵。因为他不得不用大量的胶片来捕捉死者的形象，他便决定，对其摄影作品中的人物外表进行处理，使之更加形象。因此，埋葬在巴黎地下的那些有代表性的死者之间如此亲密，显然是经过人为处理后留给人们的错觉。

食品行业的规定既有卫生方面的想法，也有社会秩序方面的考虑。水供应在涉及健康的问题中显得更为重要。这倒不是因为人口增长速度太快而需要增加新的水供应，事实上，巴黎的人口是相对稳定的，到 1815 年，巴黎的人口也没有超过 1789 年的水平。正如我们所了解的，巴黎历来十分重视水的问题。拿破仑把充分的水供应作为公众健康的关键因素。他主张，巴黎市内的 56 个公共饮用水喷泉必须全天候运转，另外再新建 15 个。一个埃及式饮用水喷泉被建在现在巴黎第三区的恐怖的沙特莱要塞监狱。为了保证这座城市有足够的饮用水，1802 年他亲自监督开凿乌尔克运河的工程。该工程使乌尔克河延长了 11 千米，之后又开凿了将近 100 千米，将该运河水引入巴黎东北的拉维莱特水池，该水池位于现在巴黎的第十四区，于 1808 年开始兴建，并与圣德尼运河相通。圣德尼运河又与圣德尼附近的塞纳河相通，还与北部的圣马丁运河相连接，圣马丁运河又与现在巴黎第四区的巴士底广场相连接。

这样一个范围广大的水路网络系统使巴黎去往外省的交通十分便利，同时城内的交通也得到了关注。在拿破仑执政初期，巴黎共有12座桥梁，到他被推翻时，巴黎已经有了15座桥梁。在那些桥梁上没有一所房屋，这是从路易十六时期以来形成的惯例。铁结构的艺术大桥将卢浮宫和法兰西研究院连接在一起，它不仅是一座人行大桥，而且是“知识连接着权力”的最典型表现。耶拿大桥也具有显著的象征性特点，它从战神广场出发到沙约，拿破仑准备在那里给自己的儿子建一座宫殿。更具实用性的是奥斯特里茨大桥，它从植物园地区一直通到郊区的圣安托万区。

在拿破仑时代令人们印象最为深刻的城市建设中，交通也处于核心地位。例如，协和广场和协和大桥所形成的十字形交通网络就是其中的一个明证，当然，协和大桥在18世纪90年代初期用巴士底狱拆下来的石头开始兴建，直到拿破仑失败后才完工。拿破仑在这一区域留下的印记最为深刻，这一地区之所以会得到如此发展，完全是拿破仑思想的结果和产物。他认为，巴黎要发展和繁荣，就必须向西扩展，发展到郊区富裕的圣奥诺雷区和圣日耳曼区，建立在南北轴线上的圣马德莱娜教堂位于现在巴黎第八区的协和广场上，从路易十五时期的1764年开始兴建，在大革命时期停工，从1806年重新开工，拿破仑将它作为自己军事胜利的荣誉性标志开放。在河的对面老波旁宫前面，还建立了一座相同的希腊式殿堂，与之隔河相望。右岸一些新古典主义风格的建筑矗立在马德莱娜股票交易市场的东部，该交易市场的建筑呈殿堂式，坐落在1807年至1813年的一所修道院的位置上，图拉真石柱就在旺多姆广场上。

在协和广场东西向的轴线上，新古典主义风格的建筑更为突出。

拿破仑在这里的建筑不过是加强和装饰了早已存在的权力象征，对协和广场西部陡峭山坡的平整工程早在路易十五时期就已经开始，拿破仑想把这项工程扩展到今天整个香榭丽舍广场，一直到现在巴黎第八区的夏尔·戴高乐广场。对于最高统治者来说，从长远角度来看，一所宏伟的纪念性建筑是完全必要的。从 17 世纪 70 年代开始，法国的国王就在巴黎修建凯旋门。1806 年，法兰西第一帝国皇帝开始修建法国历史上最大的凯旋门——星形广场凯旋门，但是直到七月王朝时期才竣工。它位于街道星形交叉点的核心位置，使这一地区随后的发展更加容易，它与坐落在现在巴黎第一区骑士广场杜伊勒里宫外的、规模小得多的骑士凯旋门相得益彰。

科尔贝和 1794 年的艺术家委员会等许多人都曾经强烈呼吁将香榭丽舍宫一线的道路向巴士底狱的方向扩展。繁荣的圣奥诺雷街一带街道越来越繁忙，也推动了这项内城街道改革，而从圣奥诺雷街向东扩展的道路沿途又有宗教建筑国有化，所有这些条件都促成了一条宽度 20 米的名为里沃利街的街道兴建起来。但是，要修这条街道，必须拆毁杜伊勒里宫的骑术学校赛马场，那里在 1789 年至 1793 年曾经是国民议会所在地。1802 年，从协和广场到卢浮宫的街道得以兴建，旁边相邻的一些街道旁也开始建设，其中最为重要的是卡斯蒂廖内街，该街与旺多姆广场相连，从该广场向北，又与现在巴黎第一区的和平街连接。与此同时，该地区也开始商店林立，商家云集，各种家庭住宅也相继建立起来。但是那些带有投机性的建筑后来撤出，由此导致该地区的萧条，直到 19 世纪 30 年代，该地区的建设才真正完成。

里沃利街的商业发展过程如此缓慢，证明了拿破仑没有把自己的纪念性建筑与商业性需求和私人房地产市场状况有机地结合在一起。但是，如果说拿破仑皇帝期望以宏伟的形式建设巴黎并没有实现，那么主要在于缺少时间和资金。1814 年拿破仑被推翻，1815 年短命的复辟王朝除了勉强维持统治根本无暇顾及其他问题。拿破仑帝国巨大的军事开支使他不可能为重新塑造巴黎而提供必需的资源，既没有足够的时间也没有金钱和想象力来发展独具风格的帝国建筑，他们只好采用革命前就已经存在的新古典主义风格。在 1783 年至 1784 年间，建筑物的高度在限制范围内，如同一个只说不做的政治家一样，拿破仑喜欢用街道的名字来纪念自己战争的胜利，如卡斯蒂廖内街、金字塔街、里沃利街、乌尔姆街、奥斯特里茨街、蒙特贝罗街等，这些街道成为拿破仑留给巴黎最持久的遗产之一。他的许多工程甚至在执政期内没有完成，其中最重要的有 1827 年完工的证券交易市场、1836 年竣工的凯旋门、1845 年收尾的圣玛德莱娜教堂等，最世俗化的有里沃利街和杂货市场等。拿破仑曾经要在西岱岛顶端铜马的位置建立一个高 180 米的方尖碑，结果他只能对 1810 年至 1811 年间立在那里的纸板模型自我满足而没有将它变成现实。1810 年，为了欢迎他的新皇后，奥地利的玛丽·路易丝进入巴黎，拿破仑命令正在建造中的星形广场凯旋门不要用脚手架和帆布苫盖。尽管他踌躇满志，但拿破仑的努力还是成为过眼烟云。此外，与他的伟大一样留下来的并不是那些建筑，而是他在战争中掠夺来的东西。例如，1798 年他从意大利战场凯旋后在巴黎街头炫耀并在后来放在卢浮宫的那些战利品，这些战利品中有一些是从威尼斯圣马可教堂抢来的铜马，1815 年后被归还给其所有者。

拿破仑时期修建的那些有实际用途的建筑，如乌尔克运河、市场、谷仓、饮水喷泉、屠宰场等，都与城市的生活供应相关，足见其目的是要保持巴黎市民对他的统治感到满意。所以，具有讽刺意味的是，正是在这个问题上，导致他在 1810 年至 1812 年间越来越不受欢迎。当时，由于农业歉收和政府经济政策不当，巴黎处于经济危机的沉重打击之下，而拿破仑却束手无策。精心设计的可为市民提供廉价面包的生产体系没有奏效，1810 年至 1812 年经济危机重现了 1787 年至 1789 年经济危机那一幕。拿破仑试图通过大陆体系打败经济实力强大的英国，阻止英国向欧洲出口产品，结果却自食恶果：欧洲大陆被拿破仑征服的国家也开始反对他的这一政策。同时，从英国进口的问题导致巴黎人纷纷失业，并很快蔓延到全国。为了征集税款，维持财政开支，拿破仑曾经恢复了总包税所城墙的收税关卡，但是现在这一做法也开始对他不利。

巴黎人还发现正是拿破仑使他们面临着外国军队对巴黎的占领，这是不可原谅的罪过。沃邦的“铁腰带”战术自 17 世纪以来曾经成功地御敌于国门之外。但是，拿破仑不断的军事失利导致巴黎人不得不在 1814 年自己保护自己，却连一堵可以藏身的城墙都没有。由于拿破仑的军队已经失去了战斗力，1814 年 3 月 30 日，反法联盟的军队开始包围巴黎。巴黎人稍加抵抗便投降了。路易十六的弟弟、普罗旺斯伯爵路易十八于 5 月 3 日进入巴黎。波旁王朝复辟的准备工作已经就绪。

拿破仑寿终正寝前的一幕更使人伤感。1814 年战败后他被流放到地中海上的一个小岛厄尔巴岛。但是，他竟然在 1815 年戏剧般地回到了法国，波旁复辟王朝仓皇出逃，拿破仑轻而易举地就在杜伊勒里宫重建了自己的统治。尽管复辟的波旁王朝在这个城市不受欢迎，

香榭丽舍大街上的俄国兵，1814 年

但是拿破仑更加不受欢迎，因为他没有能够保护巴黎免于外来占领所导致的经济危机，他的想法与巴黎人相去甚远。拿破仑本应该接受在这个城市的教训，但他仍旧我行我素，一意孤行。如同 1814 年一样，他毅然决然地拒绝了向圣安托万工人发给枪支，武装保卫巴黎的要求。最后，正是武装不武装群众这一问题和危险的无套裤汉结束了拿破仑的巴黎美梦。当巴黎人听说拿破仑在滑铁卢战败并被流放到南大西洋上的圣赫勒拿岛的时候，人们几乎没有任何反应。

在 1814 年反法联盟军队第一次进入巴黎的时候，他们中许多人的帽子上别着白色的帽徽以向巴黎人表明他们的和平来意。看到这种友好姿态，许多巴黎人也戴上了别着白色帽徽的帽子，用来向侵略者表示友善。但是，军队中波旁王朝的支持者们误认为巴黎人戴白色徽章是为了表示对波旁王朝的永远支持，因为白色是该王朝礼仪的主色。结果，这种误解又导致反法联盟军队误认为绝大多数巴黎人是支持波旁家族和复辟王朝的。

1815 年过后的几年中，事实证明了这种看法大错而特错。事实上，拿破仑以后的那些统治者使人们开始怀念拿破仑时期，感到那个时期的统治无可厚非。

8

在拿破仑与波拿巴之间

（1815—1851）

从1815年拿破仑下台到1851年波拿巴上台，这段时间是波拿巴家族的空位期。法兰西第一帝国垮台后的三个政权：1814年至1830年的波旁复辟王朝、1830年至1848年的七月王朝和1848年至1852年的法兰西第二共和国，从上台伊始都乐观地自认为可以长治久安。没有任何迹象可以证明波拿巴家族将会卷土重来。巴黎人对于拿破仑1821年死于流放地圣赫勒拿岛这件事淡然处之，尽管有关拿破仑的种种传说不绝于耳，但几乎没有人想到拿破仑的侄子，波拿巴家族的路易·波拿巴亲王会成为窥视王位者。路易·波拿巴令人厌烦的外表及其复杂而又怪异的思想使人们普遍认为他是一个不折不扣的政客。1836年和1840年，他曾经两次试图夺取政权失败，波拿巴家族重新在法国崛起的企图也多少损害了路易·波拿巴的声誉。然而，令巴黎人目瞪口呆的是，他在1848年选举中当选为法兰西第二共和国总统；在1851年发动政变并加强了自己的权力，在1852年则登上了法兰西第二帝国皇帝的宝座。

人们即将看到，[1]第二帝国的拿破仑三世将重振拿破仑一世的雄威，在巴黎重建波拿巴王朝统治。与之相反，在两个拿破仑之间的各个政权对首都巴黎都既没有长远的规划，也没有细致的安排。拿破仑的“百日王朝”重建波拿巴家族统治以后，外国军队被赶出了法国。在英国作家沃尔特·司各特爵士的记述中，1815 年时巴黎人嘲弄路易十八是“英国人手下的行政长官”“唯命是从的路易”。[2] 但是，尽管其开局惨淡，但路易十八赢得了大众的欢迎，因为他的统治是在一个温和的宪章之下进行的，并使巴黎在社会和经济上都得到了恢复。

1815 年国际争端的平息迫使法国将自己的边界恢复到 1792 年的原状。路易十八也不得不同意将拿破仑一世从外国抢劫来并装饰了巴黎的许多艺术品物归原主，如从威尼斯圣马可大教堂抢来的铜马。巴黎不再是拿破仑寻求的帝国首都。路易十八面对的问题是：如何使巴

1840 年 12 月 15 日，拿破仑的遗体迁入荣军院

黎重新成为王家的巴黎？他决定拒绝把宫廷设在凡尔赛这个波旁王朝的统治中心，这是一个勇敢的举措。他在杜伊勒里宫开始了自己的生活，就睡在拿破仑曾经睡过的床上。尽管他在对外交往中注重礼仪上的热情好客，这种热情又让人觉得僵硬又笨拙，但复辟王朝还是开始打破旧制度下巴黎精英们与外国之间的隔阂。从 19 世纪 20 年代开始使用的“全巴黎”这个词是巴黎社会、政治和文化精英们相互融合的真实写照。

在清算巴黎革命罪行的问题上，路易十八也奉行比较缓和的政策，在对自己的兄嫂被处死的问题上尤其如此。他在回到巴黎后所做的首要事情之一，就是到巴黎第八区安茹街的公共墓地去找回路易十六和王后安托瓦内特的遗体。作家和政治家夏多布里昂在 1789 年革命前夕访问凡尔赛宫的时候曾经得到安托瓦内特王后的赞许。作为一位作家，他在自己的回忆录中记载了这次经历，正因如此他才能在这个悲痛的时刻认出了王后的头盖骨。[3] 路易十六及其王后的遗体被重新安葬在圣德尼修道院，那里正在重新成为这个古老王朝的新墓地。虽然路易十六以前的王室成员遗体在革命期间曾经被从修道院迁移到公共墓地，但古文物学家亚历山大·勒努瓦还是保留了不少圣德尼葬礼纪念碑，并将这些纪念碑放在了巴黎第六区波拿巴街上古老的小奥古斯丁修道院的博物馆里，这些纪念碑现在也都被移放到了圣德尼。

路易十八命令，在原来王家休息处的旧址修建一座“赎罪堂”，赎罪堂里安放了革命期间被革命法庭处死者的遗体。在西岱岛的巴黎裁判所附属监狱还建立了一些纪念碑，那所监狱在 1793 年曾经关押过安托瓦内特王后，在皮克普斯公园还为其他一些在恐怖时期的遇难者建立了纪念碑。[4] 另外，国王还命令，先贤祠重新作为安葬法国伟大人物的教堂，而不再是革命时期世俗的伟人纪念馆；在 18 世纪 90 年代被熔化后铸成大炮的王家骑士雕像也被重新塑造出来；1818 年，亨利四世和著名的“铜马”也在新桥重新出现；1822 年在胜利广场重新竖立了路易十四像。1829 年，路易十三像被重新安放在孚日广场（如今再次改名为王家广场）。

在巴黎，象征王室的白色旗帜和王家军服随处可见，这使得对一些地方重新命名具有了另一层含义，那就是复辟的波旁王朝要使巴黎这个首都城市“王家化”。许多更为奇特的革命名字已经被拿破仑改了。协和广场现在被重新命名为路易十五广场。附近被重新命名的还有：协和街改为王家街，1792 年至 1814 年间的蒂永维尔街改为王子街，铸币厂河堤改为孔代河堤。这些地方在 1830 年以后又都恢复了复辟前的名称。

在标志化地重占巴黎的过程中，路易十八并没有像一些极端保王主义者所希望的走得那么远。他认为，过分强调巴黎给予王室的补偿定将遭到多数市民的反对，并引起人们对王室的不满。但是他特别强调，必须恢复天主教作为巴黎人品行端正的衡量标准。事实上，一些宗教仪式和公共祈祷的街头活动在巴黎的精神复兴起到了星火燎原的作用。一些新教堂开始兴建，特别是在城市边缘时髦漂亮的地方，如 1822 年兴建的位于现在巴黎第二区的圣母领报教堂、1823 年兴建的位于现在巴黎第四区的洛雷特圣母院和 1826 年兴建的位于现在巴黎第三区的圣礼圣德尼教堂。[5]1830 年，一个名叫凯瑟琳·拉布利的“仁慈之女”宣称，她曾经在其母亲住所的礼拜堂里见过圣母，位置就在现在巴黎第七区的巴克街。不久，类似的圣迹在整个巴黎乃至其他地方都出现了。

复辟王朝复兴宗教的做法使巴黎那些本来中立于天主教和怀疑“王权加圣坛”统治模式的人极其愤慨。更为重要的是，自从复辟王朝不再实行最初的宽容政策以后，首都的政治分化日益严重。1820 年路易十八的侄子贝里公爵被暗杀，在这种情况下，阿图瓦伯爵又促使国王采取更为过激的政策。阿图瓦伯爵是路易十八的弟弟、王位继承人，在他继承路易十八王位后，那些同情逃亡贵族和教会的极端政策比其前任甚至有过之而无不及。阿图瓦伯爵即查理十世，1824 年至 1830 年在位，他成为法国与“国王病”有关联的最后一位国王。查理十世在位时采取了反对新闻自由和立宪的政策，因此 1830 年在巴黎引起三天暴乱，这就是历史上所说的“光荣的三天”，即 1830 年 7 月

1840 年纪念 1830 年革命的活动

27 日至 29 日，最后查理十世被推翻。更具重要意义的是，暴乱者摧毁了遍布巴黎城的波旁王朝的象征，这些象征曾经是该王朝试图使巴黎这个革命的首都“王家化”的重要手段。王家军队遭受攻击，人们设置了街垒，以防王家军队控制街道，卢浮宫和杜伊勒里宫均遭到抢劫。在没有举行任何仪式的情况下，波旁王朝的白色国旗就都被换成了三色旗，在商店前台摆放的王家军服因停止出售而被撤下，贵族馆舍遭到攻击，市内教堂顶上的十字架也被拿走。

虽然暴乱者试图消除巴黎城市的王家标记，但是“光荣的三天”既没有造就心惊胆战的资产阶级所期待的共和，也没有复辟拿破仑政权。一些精英人物在市政厅进行政治谋划，拉法耶特深思熟虑地准备使 1789 年革命重演，他被任命为改组后的国民自卫军司令（国民自卫军在 1827 年曾因难以管教而解散）。结果是使王朝以一个新国王上台的方式继续存在，“七月王朝”的王冠被呈给了奥尔良公爵，他欣然接受。自路易十四时代以来，奥尔良家族就在巴黎争取得到支持。新国王路易–菲利普既是这个家族的第一个国王，也是最后一个国王。路易–菲利普是菲利普–平等的长子，后者被称为“革命公爵”，因为他曾经使自己的住宅罗亚尔宫变成激进主义的温床，并投票赞同处死路易十六。路易–菲利普本人在 1793 年恐怖时代逃亡国外，在那以前曾经参加过共和军的不同部队，1815 年以后搬回罗亚尔宫居住。做了新国王以后，路易–菲利普放弃了祖先长期居住的罗亚尔宫，居住在杜伊勒里宫。其实，这座宫殿当时条件不是很好，一些基本设施（如自来水）也直到 1848 年才有。

在“光荣的三天”里，巴黎使法国换了政府，而巴黎本身并没有受到多大的损失，只有 600 个暴乱者和 150 个士兵在动乱中死亡。巴黎由于帮助路易-菲利普上台而得到王室的青睐，这种说法有下面的事实为证：新国王宣布巴黎是“我的故乡”，他封自己的第一个孙子为巴黎伯爵，他保留国民自卫军，他住在杜伊勒里宫，他经常胳膊上挂着雨伞在街上漫步。早在1830年权力归属谈判的时候拉法耶特就告诉路易-菲利普：“现在，人民需要的是一个受欢迎的国王，这个国王应该是在共和制度之中的。”[6]因此，路易-菲利普实行了更为自由的宪法，并尽量培养自己良好的形象。他拒绝参加任何“王权加圣坛”统治模式的活动，以表示自己不热衷于复辟旧王朝。为了证明这一点，查理十世街被改为拉法耶特街；旧有的王室家族被遣散；国王招摇地拒绝参加每星期日的公共弥撒；巴黎的公众宗教仪式被禁止；王家庆典仪式变成为世俗式的，并且在大众场合举行。例如，在1840年纪念“光荣的三天”的活动中，国王在讲话中盛赞了七月战士在巴士底广场的英勇行为。

如同其温和的政治宣言一样，七月王朝在对待巴黎的公共纪念性建筑上也采取了温和的态度。在纪念性建筑问题上，七月王朝主要不是创建，而是进一步完成。在它的主要成就中，绝大多数是继续前人没有完成的工程，因为自1789年以来，许多正在建设中的纪念性建筑一直处于停顿状态。这些没有完工的建筑全都在巴黎的西半部。例如，1842年完工的位于巴黎第八区的圣玛德莱娜教堂就是从路易十五时期开始修建的，新希腊风格的殿堂式交易市场则是从1827年开始兴建的。在七月王朝时期进一步兴建和完成的建筑还有1836年完工的星形广场凯旋门和协和广场。1836年还完成了一大景观，在路易十五骑士雕像旧址上的卢克索石柱是公元前13世纪的作品，它成为千年以来巴黎最古老的建筑。另外，前政权还留下了一笔遗产，那就是埃及国王穆罕默德·阿里在1829年作为外交礼品送给查理十世的一座方尖碑。当时巴黎著名的纪念性建筑都是王朝政府重地，例如，在现在巴黎第七区重新修建的波旁宫是众议院的所在地，第五区的卢森堡宫是参议院所在地，第四区的市政厅是巴黎市政府所在地，西岱岛是司法宫所在地，第五区的圣热纳维耶芙教堂在1830年成为纪念法国伟大人物的先贤祠。巴黎用来修建教堂和恢复1789年革命期间作为国家财产被拍卖了的教会建筑的经费预算也很可观。第五区的穷人圣尤利安教堂在1826年曾经被用来当作仓库，第一区的圣礼拜堂则被用来储藏面粉，1837年才重新作为祈祷场所。

在解决巴黎历史遗留问题的过程中，给人印象最为深刻的是决定把拿破仑的遗体从圣赫勒拿岛运回法国。1823年，拉斯卡斯发表了《拿破仑在圣赫勒拿岛回忆录》，该书使人们对拿破仑的评价更为褒扬。在当时那些艰难的日子里，拿破仑在巴黎下层工人中间很有声望，因为那些工人认为拿破仑皇帝为他们提供了工作、面包和娱乐。经过与英国政府几年的磋商，1840年，拿破仑的遗体终于运回了法国，历经海洋和陆地的长途跋涉之后，运送皇帝遗体的灵车在1840年12月15日经过巴黎漫长而又寒冷的街道。灵车是由设计师亨利·拉布鲁斯特设计的，豪华的装饰高8米，宽4米。灵车从星形广场凯旋门下经过，沿着香榭丽舍大街来到遗体安葬地荣军院。沿途成千上万的巴黎市民观看了这一壮丽的场面。雨果曾经写道："当时，就好像整个巴黎城的人都来到城市这半边，犹如把花瓶倾斜后里面的水都淌到花瓶一侧。"[7]

与七月王朝以前的各个政权相比，路易–菲利普采取的温和政策有增无减。路易–菲利普对自己政权的合法性毫无自信，小到巴黎，大到全法国，甚至整个欧洲，他都心怀疑虑。路易–菲利普以前的政权留下的大量纪念性建筑似乎使他也有了标志化首都的同样感觉。但是，路易–菲利普十分清楚，政治运动余党的煽动活动目前还在攻击以前那些政权，因此自己应该引以为戒。英国作家威廉·梅克皮斯·萨克里在 1840 年拿破仑遗体运回的时候就在巴黎。他写道："在安葬仪式过程中，'皇帝万岁'的喊声响彻云霄，这同时预示着对路易–菲利普的轻蔑。"[8]

尽管做出最大努力，路易–菲利普在巴黎还是命途多舛。他先后六次遭人刺杀，也成为讽刺作品描绘的对象。谋杀不仅仅来自投石器和弓箭，还有意外。路易–菲利普的儿子就死于交通肇事。当时，巴黎平均每年有 20 起交通事故发生。巴黎人讽刺地说，国王的钱主要花在枫丹白露、贡比涅、圣克卢、纳伊以及凡尔赛，而不是巴黎。路易–菲利普在凡尔赛宫投入大量资金，把那里建成了法国历史博物馆，普遍认为这是他不受法国人欢迎的另一个原因。

当时的人从 1830 年政权更迭中看到的主要是巴黎人民的力量和精神，巴黎人民的行动被认为是革命代言人能力的再现，而奥尔良公爵的重要性就显得微不足道了。巴黎展现的一个奇特且令人意想不到的特点是，巴黎本身竟然有其性别变化，即从女性巴黎到男性巴黎的变化。巴黎曾经长期被寓言般地拟人化，被认为是女性。[9]例如，在 883 年，修道士编年史学家阿博曾经称巴黎为"诸城中的女王"；在 16 世纪宗教战争的高峰时期，蒙田曾经宣称，他只爱巴黎"她一个"。比起其他文学流派，19 世纪早期法国的浪漫主义诗人们更加喜欢把巴黎人性化，他们对巴黎进行了各种各样的形容和描绘。1828 年，雨果曾经把巴黎想象为一个"女巨人"，但是到了 1831 年，他又赞扬巴

1835 年 7 月 28 日，朱塞佩 · 菲埃希试图刺杀路易-菲利普国王

黎是一个“男巨人”。[10]这可能是因为1830年革命展现出巴黎并不是一个柔弱女子。女性“群体”现在转变成为男性“人民”。因此，巴黎的左派人士通常积极赞扬并神化巴黎是一个威严的“英雄”、“角斗士”、“战士”、“哨兵”和“斗牛士”。虽然巴黎的右派人士侮辱性地说巴黎是丑陋的巴比伦娼妓，但现在他们也倾向于认为巴黎是男性的而不是女性的，因为他们说巴黎是一个“暴君”、“总督”、“暴发户”、“乞丐”、“杀人犯”或者是一个“骗子”、“小丑”等。

与巴黎比起来，路易-菲利普是一个渺小而又荒唐的形象。具体说来，当我们将其视为一个集体特征的时候就更加明显了。路易-菲利普试图把巴黎控制在自己手中，结果使自己更加不受欢迎。七月王朝政府不愿意审判查理十世时期的官员，结果在首都引起轩然大波，激进组织以新自由观重新形成。当时，波旁王朝的支持者做出一个挑衅性决定，他们要在圣日耳曼欧塞尔教堂为贝里公爵举行被暗杀周年纪念活动，结果导致该教堂被反教会的无套裤汉的后代抢劫并烧毁。虽然1832年发生的流行性霍乱使事件平息，但1833年和1834年还是发生了一系列大规模军事对抗行为。在1834年那场被称为“特朗斯诺南街大屠杀”的可怕事件中，政府军对暴乱者和旁观者进行了血腥屠杀。如果说普遍暴乱在30年代中期被镇压下去了，那么它也并没有彻底消失。到了1848年，二月革命爆发，路易-菲利普最终下台了。

一、特朗斯诺南街

> “在十五岁那年的某一天，站在特朗斯诺南街上的一个杂货店门前，他目睹了那些士兵端着的步枪刺刀上沾满了鲜血，枪托

上沾满了头发。”

上面这段话是对1834年4月12日特朗斯诺南街大屠杀后悲惨景象的生动描写，摘自福楼拜1869年发表的小说《情感教育》。那次大屠杀使人们回想起巴黎“稳定”了一段时间后，“人权协会”与里昂丝绸工人起义的后果。当时，在塞纳河右岸的圣德尼街、圣马丁街和博堡街地区出现了大量的街垒，那里距离1830年革命发生的地区很远。在七月王朝统治期间，巴黎下层工人的生活因为霍乱而十分困难，石匠马丁·纳多后来回忆说：“人们全都对政府做出的承诺感到失望和愤怒。”那些街垒是巴黎人民反抗和要求改变现状的生动写照。

如同类似事件一样，国民自卫军在路易-菲利普的命令下非常不情愿地来到那个地区，并带着同情起义者的心态在那里待了好几天而没有采取任何行动。后来，据说有一个狙击手从靠近最高、最显眼的街垒的一座房屋——特朗斯诺南街12号楼——向政府军开枪。于是，比若将军命令部队进入那座建筑（后来比若否认对此事负有责任）。他们打开楼门，开始向居民开枪，尽管有些士兵没有向人群射击，但还是有12个人（包括妇女和儿童）被打死。

虽然起义几乎马上就停止了，但是这一事件引起了广大人民的强烈抗议。政府解释说，是武装分子首先向政府军开枪的，政府军不得不采取自卫的行动，但在报纸上发表的大量目击者的说法与政府的说法完全不同。几个月后，讽刺画家奥诺雷·杜米埃发表了一幅著名的石版画，画面上一个手无寸铁的男子穿着睡衣，戴着睡帽，死在一个幼小儿童的尸体上。

在那场暴行中，市民与军队的力量对比可谓天地之差。那次大屠杀不仅使左派感到震惊，甚至在比若的军队内部也引起强烈反响，人们给他的部队起了一个外号叫“特朗斯诺南街屠夫”。有时，其他部队都躲着他的部队走。福楼拜认为，那次事件已经成为一种城市传奇故事被流传。司汤达在其小说《吕西安·娄凡》中说，在该小说主人公到达现场时，被打死的人的血还是热的。该小说在他1842年逝世时还没有写完。那次大屠杀使司汤达猛烈抨击了那种试图依靠军事生涯成为英雄的思想。雨果在1862年发表的著名小说《悲惨世界》以及此前发表的大量小说都是以那些起义事件为背景的。在《悲惨世界》中，年轻的格夫罗舍惨死在街垒上的情景刻画了特朗斯诺南街大屠杀引发的强烈情感。

特朗斯诺南街大屠杀发生在巴黎老城区里一个动乱最多的地方，那里有一种早已经形成了的强烈的政治激进主义传统，那里同时也是这座古老城市中最贫穷的地方。奥斯曼在19世纪五六十年代拆除那里旧房屋的时候，似乎既要解决激进主义问题，又要解决贫穷问题。结果在那拥挤的居民住宅区建设了许多笔直宽阔的街和马路。从特朗斯诺南街向北是博堡街，这两条街道被重新调整并拓宽。同时，在那里还新建了一个十字形的图比哥街，被拆除的还有沿途的一些商场和共和广场。奥斯曼借机将特朗斯诺南街合并到博堡街，力图消除巴黎工人阶级记忆中那个巴黎地图上的敏感名字。现在博堡街79号的一个旧街牌和几所房屋就是特朗斯诺南街的遗迹。

如果说特朗斯诺南街大屠杀在巴黎人的记忆中消失了，那么这一方面是由于奥斯曼对街道的重新命名，但更重要的是因为巴黎的激进传统必将导致更严重的流血事件。这一点在不久后发生的对 1871 年巴黎公社的镇压就可以看出来。

“光荣的三天”和 19 世纪 30 年代早期那场众所周知的运动重建了巴黎在世界范围内的名望，因为革命是以社会进步的名义发生的。不论是善良还是罪恶，巴黎似乎成为革命的化身，一个不可抗拒的精神动力源泉。奥古斯特·巴赞在 1833 年把“暴乱”这个词定义为：“几乎是我们必须呼吸的自由空气中反复出现的骚乱，我们把这种骚乱吸进肺部，带着它行走在街道上，带着它进入梦乡。”[11] 在巴黎土生土长的激进派中，突出代表是拉丁区的那些学生，他们放荡不羁的生活方式（理想主义、简朴、热望、浪漫、轻佻等），在亨利·米尔热 1851 年发表的小说《放荡形骸》中被称赞地展现出来。在政治流亡者中，每一个潜在的革命者都把巴黎作为自己的祖国。卡尔·马克思在 1843 年至 1845 年间曾经居住在巴黎，他正是在巴黎罗亚尔宫的一个咖啡馆里遇见了终身同志弗里德里希·恩格斯。

政治精英们赞扬或者谴责巴黎是政治动乱传统的载体，同时，当代的一些其他人则认为，巴黎是真正的现代生活方式的代表，这一形象在巴黎可以清楚地见到。在巴尔扎克看来，巴黎是“世界的首领，天才的头脑，文明的领袖，最值得崇拜的故土”。[12] 巴黎还以其名望成为思想和艺术的中流砥柱。1815 年以后，在很大程度上是因为拿破仑时代精英的艺术品买卖，使巴黎变成了欧洲艺术品交易中心。尽管失去了许多珍宝，但卢浮宫仍旧保存有世界上最知名的艺术珍品。同时，那里的美术陈列馆也展出一些新作品。当时，巴黎还取代维也纳成为世界音乐之都，吸引了欧洲众多最杰出的作曲家。在欧洲，法语以其传统名望成为国际交往和学术交流用语，巴黎的文化生活同样可以满足人们的各种需要。各时期的法国政府都为科研机构提供资金，如自然历史博物馆、国立综合理工学院、法兰西学院、路桥学院、艺术工艺学院以及巴黎那些忙于现代医疗科学发明的医疗机构等。巴黎还成为所有年轻学者、科学家、工程师和物理学家向往和追求的地方。巴黎是一个人人都识字的地方，据说，有位访问者见到一个车夫在阅读古罗马著名诗人奥拉斯用拉丁文写的诗歌。[13] 另外，巴黎便宜的书刊、繁荣的出版业和繁忙的邮政业也向来访者展现了公共事业的发达。巴黎人口占法国人口总数的 3.2%，但每天收发的信件数量占全国的 27%。

巴黎最吸引人的地方要数呈现给步行者和过路人的明快的城市风光。1846 年的一本《旅游指南》描绘巴黎是“欧洲的心脏，文明的首都”。[14] 类似的指南向读者提供人们津津乐道的巴黎万花筒般的城市地形图：赛马用的“练兵场”，动物格斗用的“搏斗场”（包括以老鼠为靶子的射飞镖游戏），最好玩的去处是专设剧场、咖啡店、舞厅、饭馆、赌场和高级妓院一条街，还有适合休闲散步和举行庆祝活动的蒂沃里花园，法语叫“花房”，等等。另外，还有许许多多的专门场所和用地，如供露天演剧和跳舞的地方、露天娱乐活动的地方、放焰火的地方、举行阅兵式的地方、狂欢节狂欢的地方以及演木偶戏和举行假面舞会的地方等。

19 世纪 30 年代，波兰政论家弗兰科夫斯基在描述巴黎的时候认为，巴黎是一个以超乎寻常的创造性机能发展的城市。他指出：

巴黎在飞奔，巴黎在涌动，巴黎在沸腾……在马路上，人行道上，花园里，广场上，码头上，桥上桥下，你随时随地都可以看到各种各样的人或动物，各式各样的车或船在走、跑、徘徊或游动。巴黎的空气在颤抖，那里突发的和不断的声音几乎撕开了巴黎的天空，不知道哪里会突然发出巨大而又奇怪的声音，转眼又突然消失了。巴黎的街道上总是有杂乱的声音，铺设马路的石头碰撞声和抱怨声、砸碎石头的响声或刺耳的嘶嘶声等随时都可以听见。[15]

弗兰科夫斯基把他描绘巴黎城市的文章命名为“大都市地面上的生理考察”。生理学成为19世纪20至30年代流行的一种文学体裁。法国作家路易·塞巴斯蒂安·梅西耶1782年至1788年发表的《巴黎的景象》成为人们津津乐道的生理学体裁杰作。《巴黎的景象》是一部多卷本古典小说，其中有一卷名为“漫游者”，作品将巴黎人生活的各个方面都放在同一个“漫游者”的视角中去看。

所谓漫游者是指那些游览巴黎以体验城市风光的人。漫游者是一个典型，因此也成为19世纪早期巴黎文化的一个突出形象。漫游者走在巴黎的大街小巷，体会城市人群中的各式各样的人物经历，见到酒馆就会进去喝一杯，按照巴赞的说法，漫游者“是整个巴黎仅有的、真正的权威”。他认为这是“一种室外生活，是一个敞开的空间，一个交往的机会，一个相互评论和祝愿的时刻，一个流动的社会”。[16]这个城市人群没有等级差别，是一个践行民主经历的地方。它给街道生活一种活力，使这个城市里的“每一双眼睛都充满放荡”。[17]如果说一个真正的漫游者就是一种留恋不舍的享乐主义者，那么这个漫游者也正是在寻求体验他所在的那个社会的新现象。巴尔扎克曾经自言自语地说："啊，在可爱又令人高兴的巴黎散步是一种享受，作为一个漫游者是一种科学的存在方式，通过这种方式可以大饱眼福。"[18]当然，漫游者不仅仅是一种享乐方式，巴尔扎克还试图深入研究它。

作为一种令人激动的、神秘的个性化的整体，巴黎现象的更新在诗作、政治宣传、旅游指南、漫游者的探究和无数的生理和生理学体裁作品中得到发掘。但是摄影技术的发明告诉人们，对巴黎的科学理解只有从摄影作品中才能真正实现。1838 年，立体布景制作人和视觉艺术大师路易·达盖尔在他的工作室鸟瞰巴黎第三区的圣殿街，第一次得到了巴黎的照片，这种照相方法后来被称为"达盖尔银版照相法"。在此后一年里，天文学家阿拉戈重新解释了这一发现对科学界的重要意义。在此后几十年间，巴黎成为摄影方法先进性的实验室。由于摄影技术的发明，巴黎才可能拥有其早期的一些照片，包括巴黎的那些纪念性建筑、街道和不起眼的小人物——长途旅行者、手风琴演奏者以及卖雨伞者等，这比其他城市来说要早很多。亨利希·海涅在其《卢提斯》一书中认为："正是摄影艺术为城市分析家对漫游者的认识提供了支持，达盖尔照相法再现了巴黎上下两层各界的人物，我的《卢提斯人的来信》就是一部有关照相史每天如何描述它自己的作品。"[19]照相机被誉为"城市的眼睛"并不是夸张。

现在，我们透过城市生活经历的表面记录来探求对城市生活深层次的理解，也会觉得是对历史研究和考古发掘的一种复活。杜洛尔的《巴黎史》被普遍认为是成功的。新教政治家基佐在 1822 年兴建的巴黎文献学院为档案整理和保护做出了贡献。1834 年，法国考古学会建立。这个时期，保护主义者游说团体也出现了，蒙塔朗贝尔、普罗斯佩·梅里美和雨果等著名作家都成为其成员。雨果在 1831 年发表的《巴黎圣母院》引起了对过去人们不注意的巴黎中心或者说那些被新建筑遮挡的中世纪遗产的兴趣。大量社会调查作品的出现也成为证据。还有一个重要事件是1829年《医学卫生年鉴》的创立，该年鉴为那些寻求捕捉疾病、贫穷和犯罪等社会问题的社会改革家们提供了阵地。政治上更为激进的观点则是由被马克思称为“空想社会主义者”的思想家傅立叶、圣西门、路易·勃朗、蒲鲁东和布朗基所提出的。政治激进观点的主题在侦探小说的基本形式中也有所体现，例如巴尔扎克和埃德加·爱伦·坡都有这方面的尝试。在他们的笔下，熟练的侦探把巴黎深层次的东西揭露出来。在其小说《高老头》中，巴尔扎克同样以出神入化的手法把探索巴黎出现的追求控制权的斗争体现出来。在小说的结尾，巴尔扎克让他那省悟了的男主角拉斯蒂涅望着脚下的拉雪兹神父公墓对巴黎说：“现在咱们来较量一番吧！”

二、维克多·雨果

社会学家莫里斯·哈布瓦赫回忆说：1885年举行的维克多·雨果的国葬是“我童年记忆中印象最为深刻的第一件事，当时我八岁”。作家儒勒·罗曼还不能说他有这个记忆，因为他当时还是一个六个月的没有出生的胎儿，但是他母亲把这件事告诉了他。所有维克多·雨果下葬时在场的人都记得那件事。

19世纪法国的国葬在某些方面继承了旧制度下王室葬礼的方式，有些方面则是在18世纪90年代第一共和国时期发展而来的民间仪式。第一，这种葬礼必须是为一个“伟大人物”而举行的，并且这个伟大人物必须是男性；第二，对伟大的理解有多种角度，政治家和军事家在第三共和国的国葬记录中最多。例如，1882年的路易·勃朗，1882年的莱昂·米歇尔·甘必大，1893年的儒勒·费里，1899年的费利克斯·富尔，还有各种将军。但是也有一些科学家（包括1878年的克洛德·贝尔纳和1895年的路易·巴斯德）、作家（包括1892年的勒南和1902年的左拉）以及艺术家（包括1893年的作曲家古诺）。

毫无疑问，不论在思想领域还是文学领域，雨果都应该是佼佼者。早在他逝世前，他的著作就被作为法国文学界的天才作品而传诵。虽然在年轻的时候他曾经是一个保王主义者，但是雨果后来在政治上是同情左派的。1830年对他的《欧那尼》展开的剧本辩论打破了刻板的古典剧作传统，开辟了浪漫主义剧作形式，这种形式推动了人们的激情和社会运动。作为一个坚定的反波拿巴主义作家，雨果在第二帝国时期大部分时间里被流放在沙纳尔群岛。1870年雨果返回巴黎，成为巴黎的一件大事：他与成千上万的狂热崇拜者握手，他感到，在他回到巴黎的头几个小时中，《马赛曲》始终在巴黎回响。1882年在他过八十岁生日的时候，已经被授予多项国家荣誉。雨果生于勃艮第，但长于巴黎。仅此一点，就说明巴黎应该为雨果举行一场合适的葬礼。

虽然他从来没有表明自己的政治哲学选择，但是雨果的著作中很多地方已经表现出其激进倾向，不仅仅是人们所熟知的《悲惨世界》能表现出雨果的激进思想。他神化了巴黎人民，也神化了巴黎的建筑，他把最好的建筑看成人民的直接情感。但雨果并不是奥斯曼建筑的痴迷者，而是一个早期保护主义者。他在1831年发表的小说《巴黎圣母院》在告诫巴黎人要保护巴黎的哥特式建筑方面起到了重要作用。他在一系列关于建筑问题的事件上都反对计划拆除者而站在保护主义者的立场上。有一次，他在论及是否应该拆除某建筑的时候说：“要拆除这个建筑吗？不！我们宁愿推翻这个计划者。”他的著作和行动对于值得拯救的“老巴黎”这一概念的形成具有重大推动作用。到他去世的时候，这个“老巴黎”的保护者本身已经成为老巴黎的组成部分。

雨果在世的时候曾经恳求，在他死后用一个贫民的灵柩将他埋葬在拉雪兹神父公墓的一个贫民墓穴中。第三共和国的政治家们却不想这样做。他们要把雨果葬礼作为争取法兰西民族特别是巴黎人民拥护共和与民主价值观的契机。最后，他们下令，圣热纳维耶芙教堂恢复从前的地位，继续作为埋葬法国伟大人物的先贤祠，并把雨果葬在了那里。

一个新闻记者在描述法国先贤祠发展史的时候绝妙地说：“先贤祠不是一个纪念性建筑，而是一个晴雨表。”在 1791 年，国民议会曾经下令把圣热纳维耶芙教堂改为伟大人物安息的地方，著名哲学家伏尔泰和卢梭的遗骨都被安葬在那里。从 1806 年开始，圣热纳维耶芙教堂既是教堂又是墓地；1822 年，复辟王朝将它重新恢复只作为教堂；1831 年，七月王朝又将它改为墓地；1851 年，路易·波拿巴又将它作为教堂。正是雨果的逝世使国民议会最后决定将圣热纳维耶芙教堂作为法国的先贤祠。

虽然右派担心葬礼可能会发展为革命日，但是政府所做的每一件事都确保葬礼成为一种宣传共和观念的仪式。按照原计划，雨果的遗体先放在凯旋门下，因为葬礼举行过程中要经过香榭丽舍大街到国家剧场，并在那里诵唱由作曲家圣桑专门为这次葬礼而作的国家赞歌。但是，这个计划最后搁浅，因为这样做会使人觉得给亲巴黎公社的激进派更多的时间和空间组织示威游行，结果采取了一个更加直接的方案。但是，当天的葬礼还是进行了八个小时，这主要是因为参加葬礼的群众人数太多，当然，活动还是和平而又顺利地进行完毕了。当时，大约有一两百万人参加葬礼，这在当时是史无前例的。这样多的人参加而没有发生混乱说明，一个新的共和政体已经建立起来了。巴黎人民已经有了自己的和平和政治观念。目之所及，没有一座街垒。

巴黎这个概念，不论是作为巨大的还是良好的男性巨匠，其神秘都需要通过科学的观察才能发现，这是因为巴黎正在以其重要的方式发生变化。巴黎变化的最明显特点是年轻的、成年的和节俭的男性越来越多，总之，不论从人口数量来看还是从比喻方式来说，巴黎正在男性化。

巴黎人口一直稳定增长，除了在大革命时期和拿破仑时期有些波动之外，在18世纪的增长趋势则更为明显。该城市的人口在1801年从原来的55万增长到60万，1817年又增加到70万，1831年达到80万，到了19世纪中期，则超过了100万。这说明，巴黎人口在50年内翻了一番。男女比例也发生了重大逆转：历史上巴黎男女比例为100∶117，到19世纪30年代，这个比例数字变成了110∶95，男女比例发生了惊人的变化，女性明显减少。在18世纪，巴黎的出生率和死亡率基本持平，只是出生率在全国范围内略微有些波动。虽然出生率有所上升，由于接种天花预防药物而使产期死亡率有所下降，但巴黎城市增长的人口大约有90%是外来的男性移民，其中以1831年至1836年和1841年至1846年最为突出，年龄主要在二十至三十岁之间。尽管也有一些来自南部利穆赞地区的移民，主要是从事建筑行业的工人，但绝大多数移民来自北部和东北部，从圣米歇尔山、诺曼底、布列塔尼到瑞士边境地区的日内瓦一线。巴黎的外国移民也以北方居多，尽管也有一些移民来自意大利，但是巴黎的绝大多数外国移民来自北方的德意志、英国、荷兰和比利时。

巴尔扎克哀叹，巴黎的“外国人和外省人比巴黎人还多”；同时，巴赞则坦言，他在确认巴黎人家庭来历的时候很难“找到土生土长的巴黎人”。[20]到19世纪30年代，居住在巴黎城墙以内的居民一半以上是外来人口，这还不算季节工人、旅游者、政治难民和学生等流动人口。但是，值得注意的是，这个特点在巴黎历史上由来已久。在巴黎城内，出生于巴黎的人从来都是少数。那些年到来的移民对巴黎的影响以及使原来巴黎人面临的挑战在当时就得到了证明，巴黎面对着新的形势和可怕的局面，各种各样的劳动大军同时也是各种危险阶层。[21]

促使大量人口进入巴黎的主要原因是很多农村地区无法安排大量的多余人口，但巴黎本身拥有大量的工作机会也是一个重要原因。当时，巴黎人口大约占法国全国人口的3%，但其产值占全国的四分之一。1827年，占法国出口商品总价值的13%的产品是巴黎生产的，在以后的二十年间，这个数字上升到25%。在19世纪初，巴黎人口占法国城市人口总数的六分之一，但到了1850年，这个数字上升到五分之一。巴黎不仅有工作机会，工资也比其他省份高，尽管那些雄心勃勃的外省人有时没有意识到，他们的支出也不低。

法国现代工业化的步伐比较缓慢，工场仍然是当时的主要生产形式。传统的奢侈品、半奢侈品和加工业所需要的熟练工人主要是巴黎当地人，新来的外地人主要在蓬勃兴起的建筑业和纺织业工作（1827年和1834年间的棉纺织业经济危机曾经导致大量纺织业工人失业）。1848年，在巴黎的35万名工人中，大约三分之一在服装和纺织业工作，九分之一在建筑业工作，十分之一在家具业工作，还有十分之一在金属业工作，珠宝首饰和印刷业的从业人员大约占工人总数的二十分之一。尽管有人对所谓“危险阶层”提出担忧，但是外来移民成为巴黎新财富的创造者毋庸置疑。

在上述各种因素的影响下，巴黎的产业地区分布也在发生变化。其中，圣安托万区仍然以家具生产见长，其他传统强项也在某些地区保持着。例如，神父街和现在阿布科尔街的纺织业，现在巴黎第一区中央市场的食品业，奢侈品和半奢侈品业则分布在现在巴黎第一区和第二区的圣德尼街、现在巴黎第三区和第四区的圣马丁街和第一区以及第八区的圣奥诺雷街。但是，交通行业的发展为临时工提供了契机。1825年，拿破仑在拉维莱特建立的储水池与圣马丁运河相连，此后又延伸到圣德尼运河。这样一来，许多比较重的商品就可以通过河运从上下游运到巴黎。过去总包税所城墙外的廉价土地上建立了一些工厂，以满足市场需求。从19世纪20年代就在塞纳河上往来运行的汽船也增加了巴黎运输业的活力。到了19世纪30年代，巴黎已经成为法国最大的港口城市。

火车站是七月王朝单独完成的具有纪念性的建筑，而不是继续前人的工程，它在巴黎工业调整过程中也发挥了重要作用。1837年至1840年建立的圣拉扎尔火车站、1843年建立的巴黎北站和1847年至1850年建立的东站使巴黎塞纳河右岸的工业得以扩展。左岸也是一样，主要火车站点成为经济发展的枢纽，其中比较著名的有：巴黎东南地区在1838年至1840年间建立的奥斯特里茨火车站和1847年至1850年间建立的里昂火车站；巴黎西南地区在1848年至1849年间建立的蒙帕纳斯火车站。到19世纪中期，大约有600万法国居民乘坐火车。巴黎铁路网络形成的中心与外省的中心城市相连接，可能对大量外来移民进入巴黎产生了一定的影响。但是，到1850年为止，到达巴黎的外来人口绝大多数是步行、乘马车或船而来，而并不是乘火车来的。巴黎人乘火车出行的时代还没有到来。

在19世纪早期，巴黎的大量外来人口面临着如何融入和适应当地生活的问题。由于巴黎长期以来就没有市长，直接负责处理这些问题的主要官员是塞纳区行政长官。塞纳区行政长官是中央政府的代表，受到巴黎选举代表的制约，而那些选举代表又具有独立性，代表性也很不普遍。拿破仑曾经赋予塞纳区行政长官以广泛的权力，其经济预算也比其他许多中等规模的欧洲国家还要多。预算款额主要来自城市税收，其中包括总包税所城墙的收费站。

在法兰西第一帝国和第二帝国之间，两位最著名的塞纳区行政长官分别是1815年至1830年间在任的沙布罗尔·德·沃威克伯爵吉贝尔·约瑟夫·加斯帕尔和1833年至1848年间在任的朗比托伯爵托克劳德·菲利贝尔·巴尔特洛。他们都不会像拿破仑时代的前辈和后继者那样，支持致力于重大城市改造的专家们，都青睐小规模而非大规模的工程。朗比托尤其鄙视“将给城市及其居民带来恶果的宏观框架”。[22] 但也正因为他们没有从长远角度考虑城市转型的宏伟愿景，他们才得以在比较小的范围内取得很大成就。与拿破仑一世相比，沙布罗尔用在维护和翻新公路及铺设马路上的时间是其六倍，用在疏通运河以解决水供应问题上的时间是其两倍。这些工作大都是在完成拿破仑时期的遗留工程，其中包括乌尔克运河、许多城市市场、饮水喷泉以及其他一些设施等。在饮水设施、排水设施、街道照明设施（1822 年巴黎引进了煤气灯用于街道照明）以及城市道路铺设等方面也有很大提高。在 1822 年，巴黎自称其人行道只有 267 米，但仅 1824 年至 1825 年间，就新铺设了 3000 米。这两任行政长官还在巴黎各个街道两旁的房屋建设问题上发挥了重要作用，他们严格限制新建房屋的位置，使之必须与原有的房屋相协调。

朗比托曾经以自己在巴黎修建道路以及在街道两旁种植树木而自豪，有人说他完成了为巴黎人带来新鲜空气、水和绿荫的使命。沙布罗尔有一次说："使人民生活美好、幸福安康才是真正的政治。"[23] 修建新街道是他们建设巴黎工作的重要组成部分，道路的兴建同时还使更新比较落后的地区、改善交通和修饰城市形象成为可能。1841 年的一个立法使行政长官更容易征收个人房地产税，因为当时巴黎的公共福利事业问题，特别是公共卫生问题还没有解决。朗比托在道路建设方面的最大功绩是现在巴黎第一区至第三区朗比托街的建立。这条街 13 米宽，笔直畅通，经过了巴黎人口稠密的地区，从巴黎中央市场的圣厄斯塔什教堂一直到马莱地区的法兰克·波兹瓦兹街，将那里中世纪以来就形成的迷宫般的小巷都连接在一起。奥斯曼后来对巴黎的改造将从这种做法中汲取经验。

朗比托和沙布罗尔都注意到了位于现在巴黎第四区的那些岛屿。复辟时期出版的一本卫生地理学书籍曾经这样描述巴黎的西岱岛："那里破旧不堪的建筑物拥挤在一起，里面既阴暗又潮湿。"[24]1834 年，朗比托在西岱岛修建了阿科尔街，开始了该岛的改建工作，此后，他在 1838 年又拓宽了卢雷斯街。由于将卢维耶岛与塞纳河右岸隔开的狭窄河道已经淤塞，他在 1843 年在那里修建了莫尔朗街。朗比托在左岸与右岸相互连接的问题上可谓煞费苦心，因为西岱岛事实上是在堵塞和妨碍交通而不是便利交通。沙布罗尔在 1827 年修建了格勒纳勒桥，1828 年修建了大主教桥，1829 年修建了荣军院桥，朗比托在 1833 年修建了路易-菲利普桥，1833 年至 1834 年修建了骑兵竞技场桥。此外，他还在贝尔西修建了一座桥梁和一些供人们步行过河的浮桥，但可惜没有完成。

在朗比托和沙布罗尔在任期间，即从 1815 年至 1848 年，巴黎共新建了大约 150 条街道。但是，这种将巴黎历史上的心脏地区纳入交通和交往的轨道之内的做法并没有得到一致好评。在拿破仑时代，巴黎共有房屋大约 24000 所；经过各届行政长官连续不断的努力，到 1848 年已达到 31000 所。然而，同一时期巴黎人口翻了一番，而那些新建的房屋却有 30% 空闲着。进一步说，为资产阶级所建的豪华住宅过多，造成了极大的房地产浪费，特别是在巴黎的西北地区，而同时在巴黎的西部地区却呈现住宅拥挤、条件恶劣的相反景象。同样具有重要意义的是，尽管需求迫切，但在 19 世纪 30 至 40 年代巴黎政府为穷人救济所拨的款项毫无增长，该城市的医疗和救济机构也基本上没有什么增加。

一方面那些最为拥挤和贫困地区的住房和生活条件亟待改善，另一方面新兴资产阶级却不希望与那些具有危险性的贫困阶层居住在同一地区，问题因此变得复杂起来。外来旅游者对巴黎城市居住条件的两极分化如此严重感到惊讶。一名美国游客说，在巴黎，“宫殿与平房为邻，大教堂与养鸡场相对”。[25] 在传统上巴黎人所居住的房屋是“垂直分层”的，也就是说，穷人和富人住在同一幢房子里，穷人通常住在高层，而富人则住在低层。后来，这种情况发生了改变，人们居住的房屋变为“平行分层”，也就是说穷人住在一个地区，富人居住在另一个地区。这种现象早在 18 世纪就已经出现，到了 19 世纪人们对此已习以为常。尽管在巴黎的中心地区还有一些上乘住宅，如马莱地区就是这样，但一个细微的变化已经出现，那就是富人和权贵逐渐开始远离城市中心而愿意到偏远的西部去居住，而巴黎的东部和中心地区则逐渐被认为是穷人区。

巴黎的一些旅游指南往往向游客介绍巴黎的中心地区是如何转移到北部和西北部的林荫大道一带的，诗人阿尔弗雷德·德·马瑟尔曾经说：“哪里是中心，哪里就充满快乐。”[26] 在复辟时期和七月王朝时期修建的那些纪念性建筑主要集中在巴黎西部。[27] 奥尔良公爵的罗亚尔宫也发生了重大变化，那里曾经是人们购物和社交活动的重要场所，梅西埃赞誉它是“首都的首都”，早在 18 世纪晚期就已经以此而闻名，但在 1830 年七月革命的浪潮中它的声誉急转直下。1828 年，法国政府下令禁止卖淫；1836 年，又下令禁止赌博，这两项措施导致其他形式的消费活动出现了，人们的精力和能量开始转移到拱廊。那些新的消费设施是无损于人们身心健康、相对道德、容易适应、比较时髦的娱乐场所，可以为那些闲逛者提供所追求的消费乐趣。它们往往靠近剧院或咖啡店，在那里占据一席之地。当时，巴黎的大众剧院和舞厅主要集中在现在巴黎东部第三区的圣殿大街，但是，从圣马丁街向西到第二区的蒙马特路，一些剧院也为爱好者和富裕人家演出情景剧。从蒙马特路到意大利路，有许多特别时髦的餐厅和咖啡馆，其中最为有名的是巴黎咖啡馆、以提供冰水而闻名的托尔托尼店、梅森金色青年店和英格兰咖啡馆。

三、拱廊

拱廊是19世纪早期巴黎的购物中心。在这种封闭的场所，零售商品、社交活动和消遣娱乐等无所不有。奥尔良公爵在18世纪80年代将自己的罗亚尔宫对外开放，使之成为一个集商业经营、社会交往和休闲娱乐为一体的大型场所，这为拱廊的出现提供了模式。但是，从公共建筑的角度来看，奥尔良公爵的罗亚尔宫是典型的法国古典风格，而拱廊则是现代风格。那些拱廊一般都是玻璃顶棚，钢架结构，完全是现代化的建筑。

拱廊可以为消费者提供各种各样的服务。由于人行道比较少，巴黎的气候又变化多端，加之即使在巴黎较好的地段也垃圾遍地，人们渴望商品买卖能在室内进行。当时，巴黎的交通事故时有发生，正如夏尔·波德莱尔所说，"死亡随时随地可能发生"。那些拱廊还满足建立在阶级而不是等级基础之上的社会各方面的多种需求。虽然在理论上拱廊是人人都可以去的地方，但是那些最为成功的拱廊都雇用瑞士保安将没有资产证的人赶出去。另外，从零售商的角度来看，拱廊的商店也都是为有购买力的人开设的。从大革命后房地产开发商的角度来说，在拱廊投资比街区建房便宜，而且租金高。

尽管拱廊基本是一种大众性的商业消费场所，但也具有社会上层人士消费的功能，除了咖啡馆和餐厅之外，那里还有各种各样的装修典雅的娱乐场所。例如，1800年位于现在巴黎第二区蒙马特路上的"全景拱廊"就是一个服务十分全面的购物中心，那里可以为顾客提供全方位的娱乐服务。在拱廊中还有书店、阅览室、帽店、面包店、伞店、玩具店和烟草店。1828 年的一本旅游指南介绍说："这些商店宽敞明亮，应有尽有，就是东西有点贵。"

一个成功的拱廊必须开设在合适的位置。例如，在商业风险很大的左岸就没有开设拱廊。在复辟时期，很多拱廊开设在当时贸易和商业中心地带。例如，1826 年开业的维罗多达特拱廊就开设在与罗亚尔宫相邻的让–雅克·卢梭街的公共马车车站附近。同样，1825 年开业的格兰德塞尔夫拱廊坐落在圣德尼街和圣马丁街之间，位置就在现在巴黎的第二区。1823 年和 1828 年开业的加勒瓦·科尔柏拱廊和维维恩娜拱廊都建在巴黎证券交易市场南侧。在七月王朝时期，新建的拱廊都在林荫大道和巴黎剧院附近。

虽然巴黎第一个拱廊在 18 世纪晚期就已经建立，但只是经过拿破仑时代有所增加后在 19 世纪 20 至 30 年代才达到高潮。到法兰西第二帝国垮台的时候为止，巴黎共有 150 多个拱廊，但也正是从那个时候开始，拱廊开始走向衰落。19 世纪 40 年代，曾经有人试图在圣拉扎尔火车站附近开设新的拱廊，但是没有成功。这表明，拱廊已经丧失了其商业冲击力。1860 年开业的位于现在巴黎第二区意大利路的王子拱廊成为巴黎最后一家新建的拱廊类型的购物中心。

拱廊的衰落在很大程度上与奥斯曼有关。正如作家埃德蒙·博勒佩尔在 1900 年所说："巴黎越来越宽阔的街道和越来越多的人行道使漫游者过去在拱廊里才能实现的目标现在在街上完全可以做到。"拱廊实际上是巴黎消费场所走向现代大商场的开端，相比之下，拱廊显得华而不实而且很小气。大多数拱廊关门停业或者缩小经营规模，有一些则从事某商品的批发业务或者从事旧货贸易。疝气带和胸罩制造者与假牙零售商也已经出现。拱廊里往往昏暗潮湿，据说，法国第二次世界大战时期的法西斯分子、作家塞利纳就是在乔伊索尔拱廊里长大的，他对那里深恶痛绝。

如果说 20 世纪 60 年代以来已经有些拱廊重新崛起，那是因为拱廊的经营方式在人们怀念传统行业的潮流中有利可赚。20 世纪 20 年代，超现实主义者高度赞扬了拱廊那逝去的魅力。阿拉贡认为："作为养育人们成长的地方，拱廊已经失去了它最初的生命力，但可以说还有一定的现代神秘色彩。"德国哲学家瓦尔特·本雅明终生献身于调查那种怀旧现象，他认为那是一种蕴藏在高度发达的资本主义社会底层但是大众十分喜爱的消费方式。超现实主义者在 1925 年能够挽救他们喜爱的歌剧院拱廊，但是对拱廊所使用的神秘主义文字表现出了他们的那种回归思想。

巴黎西部和西北部以其林荫大道而著称，受到人们的青睐，特别是从香榭丽舍大街到蒙马特外环地带。正是在那里的拉丁区，巴尔扎克小说中年轻又有抱负的主人公开始了艰难的生活历程，力求实现自己成功的梦想。从 19 世纪 20 年代起，那些林荫大道上最时髦的是公共马车，那是一种工人阶级也能负担起的交通工具。到 1850 年，巴黎共有 11 家公共马车公司，开设了 40 条线路，有 5000 辆公共马车在运营。

在巴黎北部和西北部，房屋建设呈现出私人和国家合作发展的趋势，在旧制度存在的最后几十年间，这种现象就已经蓬勃发展。其

歌剧院拱廊街

中，朗比托和沙布罗尔从事的工程最为成功。他们的工程就在现在巴黎第四区昂坦马路周围，使那里形成了良好的氛围。法国大部分财政精英的家就在该地区，如雅克·拉菲特、卡西米尔·佩雷尔、本杰明·德莱塞和詹姆斯·德·罗斯柴尔德等。在该地区附近的“新雅典”是另一个著名地区，位置就在今天圣拉扎尔火车站的东边。开发商将那里的建筑设计为新古典主义风格，表现了他们追求古朴大方的特点。[28] 这个地区不但吸引了众多的政界和金融界人士，也受到一些艺术界名人的青睐。例如，乔治·桑和肖邦就是较早在那里购买住房的人，紧随其后的是文学家小仲马、演员塔尔马、画家德拉克鲁瓦和阿里·谢弗尔，他们的住宅目前都已经成为浪漫主义博物馆的组成部分。这里工程的成功鼓舞了圣乔治地区的发展，那是卢里特圣母教堂的所在地。那里的奥尔良广场是按照雄伟的伦敦广场的模式设计的，拉布吕耶尔街、特吕戴纳街、马尔泽尔布街、夏普托街和皮加尔街都通往该广场。从该地区向东，在 1824 年兴建的圣樊尚·德·保罗教堂和拉法耶特街一线，即现在巴黎第四区和第五区之间，由于建立了巴黎北站而进一步发展起来。恰恰相反，圣拉扎尔火车站的建立反而阻碍了位于现在巴黎第八区的欧罗巴区向克利希广场以南地区的发展，那里曾经由于铁路线从中间穿过而出现了投机性的发展。

在第一帝国期间，从大革命以来被没收的教会房地产形成了投机建设契机。在巴黎北部，特别是位于圣德尼街的当今巴黎第四区至第五区的老圣拉扎尔修道院和现在巴黎第二区靠近证券交易市场的前托马斯圣女院更为突出。其他地方也同样有所发展。例如，在老圣马丁修道院一带，位于现在巴黎第十一区过去属于拉罗凯特教会医院的房产也得到开发。在大革命以前，教会建筑是与社区生活紧密相连的，所以教会建筑能够蓬勃发展。但问题是，新的建筑规划封闭了一些人们习以为常的生活方式，自然无法满足人们的需求。在19世纪20年代，房屋开发公司曾经寻求将弗朗索瓦一世区延伸到香榭丽舍大街南部和第八区的蒙田大道，那里曾经试图建成市场公园但没有成功，在现在巴黎第八区的博戎公园，最初也是想建成这种吸引消费者的场所，如今那里是夏多布里昂街、拜伦勋爵街和富蒂尼街的所在地。[29]

1841年，法国政府决定在这个外环地区修建一座新的军事性防御城墙，因为只有2米高的总包税所城墙虽然可以防止走私者进入，但是无法抵挡外来进攻，因此在1814年和1815年，对该墙又进行了加固。在复辟时期，军界人士已经开始称之为正规防御体系。但是，在19世纪30年代晚期，中东局势的紧张对欧洲的外交氛围造成了影响，这个问题由此被纳入政府的议事日程。也正是在这个时候，路易-菲利普及其强硬的大臣阿道夫·梯也尔决定迫使国民议会通过一个立法，而国民议会却担心他们这样做所用经费太多，而且会引起对外纠纷。因此，路易-菲利普时期的“梯也尔墙”比路易十六时代的总包税所城墙还不受巴黎人民的欢迎。该工程动用了25000人，在1846年完工，全长34千米，坐落在城外总包税所城墙和塞纳区之间1至3千米的地方。该墙有45个门，还有铁路和运河入口，在距离城墙250米范围之内禁止一切房屋建设，因此形成了大片绿地，那里成为巴黎人周末消遣的好去处，也吸引一些商家在附近开起了休闲买卖，包括酒店、舞厅和咖啡馆等。由于这个当时被称为“小郊区”的地方位于总包税所城墙之外，因而经商是免税的，这就意味着那里的酒比城内要便宜，所以小酒店生意兴隆。

邻近梯也尔墙有一条人工铺设的环城路，该路以法国元帅命名，即现在的元帅大道，位于现代巴黎的环城大道内侧。修建这条路是为了在新的防御线边缘地带行动更加便捷。同时，这条新街道还带动了主要收费站以及周围一些街道的发展。因为这里位置偏远，国家免税，土地价格比巴黎便宜许多，所以吸引了许多劳动力和某些产业，例如巴黎市内化学类等对健康有害的产业都来到这个“小郊区”安家落户，那里的人口也随之迅速增长起来，从 1831 年的 75000 人发展到 1856 年的 173000 人。尽管原来巴黎老城区外的人口密度不大，但修建了梯也尔墙以后该城墙内地区从 1860 年开始就全部被并入巴黎。[30]

小郊区的许多地方明显呈现出工人阶级集中的特点，最突出的是东部地区位于现在巴黎第十八区蒙马特到第二十区的拉雪兹神父公墓一线，那里破旧房屋云集。主要居住下层工人民众的地区还有临近的女修道院院长广场和现在巴黎第十八区的奥塞尔街、从金滴街到拉夏佩尔广场以及不断工业化的拉维莱特地区。以资源丰富而闻名的贝尔维尔和沙罗纳地区都在梯也尔墙以内，因此也都有了很大发展。

雨果曾经描述蒙帕纳斯及其周围地区是“无人知晓的陌生地带”。[31]但是，位于现在巴黎第十五区的巴黎蒙帕纳斯火车站的建立真正开辟了那里的新气象。在该火车站以南，从普莱萨斯地区到今天的莱蒙德·卢塞朗德街，都成为铁路工人集中的地方，附近的泰蒙佩尔地区和奥尔良新村一带也建立起一些不很整齐的住房。而在该火车站以东的现在巴黎第十四区的快乐街则成为大众剧院、餐厅和酒吧集中的地方，真可谓名副其实。但是，整个左岸地区绝大部分还是一派农村景象，特别是西部位于现在巴黎第十五区的旺热和沃吉拉尔等村庄，以及位于第十三和第十四区的蒙帕纳斯东南地区。在现在巴黎第十四区的鹌鹑岗一带当时还保留着巴黎最后一些葡萄园，同时，冰川地区还有一些为冬季滑冰爱好者服务的室内冰场。进一步向南，一直到海狸河东岸，有一个叫作“小可爱”的地段是洗衣店集中的地方。

这种城乡并存的现象在梯也尔墙以东和以西边缘地区也同样存在。从沙罗纳到贝里的东部地区，即现在巴黎的第十一至十三区，是居民最少的地区，尽管贝里的葡萄园吸引了一些人。在最西部，即现在巴黎第十五区的格勒纳勒军事学院后身，是一片低洼的、易于发生洪水的地区，过去基本上无人居住，现在也开始出现建房热潮，在1837年兴建的商业街两侧，一侧住着工人阶级，另一侧居住着资产阶级。该地区人口在1841年至1856年间增长了四倍。塞纳河对岸的奥特尔村、帕西村和夏洛特村发展成舒适的住宅中心。从这里到夏洛特北部一直到现在巴黎第十六区的巴提格诺尔地区，花园市场和苗圃形成了一些小型产业。在1800年，巴提格诺尔只有一个风车，几乎无人居住，但到了20年代，那里已经成为各个房地产公司为资产阶级修建住房的主要选择目标。由于大量重工业工人的流入，克利希大道一带改变了原来的特征，转而成为东北部地区的重工业基地，那里的人口在1831年只有6000名，而到了1851年则增加到3万名。

在“拿破仑和波拿巴之间”，巴黎的政治色彩没有大革命时期、拿破仑时代和第二帝国以后那么明显。但是，如果认为在19世纪上半期巴黎发生了根本性的社会变革则错了。由于外来人口的剧增而导致社会结构发生重大变化，有些地区面临严重的经济困难和社会萧条，但更具有深远影响的问题是巴黎西北部富人区与东部穷人区的差别越来越大，巴黎似乎已经变成了两个等级、两种发展速度的城市。

在1832年流行霍乱的冲击下，巴黎两极分化的社会现象更为明显了。尽管还没有医学临床证据说明为什么那场霍乱没有在巴黎所有人口中流行，但事实上正如新闻记者儒勒·雅南所尖酸地描述的那样，霍乱是穷苦人的灾难，“唯独谁先死的事实才能以血的代价证明，曾经吸引我们半个世纪的所谓平等完全是谎言”。[32] 由于富人知道自我保护并迅速从传染区撤离，最富有的食利者和地主中霍乱死亡率在1832年已经明显下降。而贫穷地区道路狭窄，垃圾如山，环境肮脏，霍乱的传染自然比巴黎西北部富裕地区严重。在圣安托万区出现的一则标语牌上写着：“霍乱是资产阶级的发明，是政府对人民的犯罪。”[33]

尽管这种疾病主要在穷人中间流行，但霍乱那可怕而又致命的严重后果还是使社会上层精英十分忧虑。当时，人们隐约感到霍乱是由于接触而在穷人以及富人中间传染开来的，水传染还是后来的事，那时主要是恶劣环境造成传染的问题，这使得资产阶级中思考这一问题的人开始琢磨疾病传染源的病理学问题。早在18世纪80年代，梅西埃在其《巴黎景象》中曾经详细描述了当时疾病传染的环境原因，但当时巴黎还没有如此之多的外来流动人口对日常社会生活造成严重影响的问题。有关那次霍乱传染的亲身经历记载来自19世纪早期巴黎的旅游者，他们揭露了那场灾难的真相，可以说这里边没有任何感情色彩。在巴黎，一方面是干净美丽的商店和拱廊橱窗，另一方面是乱倒垃圾而导致的肮脏街道，二者形成了鲜明对照。范尼·特罗洛普曾经称这种现象为“野蛮的倒垃圾行为”，她曾经亲眼看到有人在街上随地便溺。[34] 同样，巴黎马路上的喧闹声远远超过咖啡馆和沙龙里的低吟，富人身上的香水味难以抵挡马路上的臭气味，每当东风刮起，从蒙福孔断头台吹来的臭气就充斥着巴黎的中心地区。

巴黎的人口死亡率比法国其他地区以及当时伦敦等其他国家的大城市都要高。当时，巴黎三分之一的新生婴儿为私生子女，大约有十分之一的私生子女被遗弃在弃婴医院，60% 的弃婴在未满周岁以前就死掉了。全法国六分之一的自杀发生在塞纳区，政府的救济支出成倍增长。外来移民发现，尽管巴黎具有很大的吸引力，但那里并不是遍地黄金。实际上，在 19 世纪中期，巴黎人中有十分之一靠慈善机构或政府的救济过活，而死亡者中四分之三是穷人。各种统计数字也都在社会层面遭到了曲解。在巴黎东部地区，成年男性移民的死亡率偏高一些，那里的私生子女多，弃婴多，依靠救济过活的人也多。那里还是各种犯罪行为经常发生的地方，在巴黎西北部富人居住区有豪华的妓院，而在东部工人阶级集中的地方则存在众多的卖淫行为，以满足某些成年人的性生活需求。塞纳区的黑社会犯罪行为十分猖獗，尤其是东南的圣维克多区和圣马塞尔区，那里的抢劫、杀人和其他各种社会病态行为，如乞讨、偷盗、杀婴、精神病和自杀等，都是法国最多的。

这些详尽的统计数据导致很多历史学家夸大了巴黎犯罪问题的程度。[35] 确实，当时的人把工人阶级作为“危险阶级”来看待，穷人的犯罪行为被看成一种社会疾病，这种病会影响巴黎的现代化进程，如同 1832 年发生的霍乱一样。当时流行的小说将这种看法带给了巴黎的资产阶级，那些小说家将公开的历史事实编写成各种剧目，以适应人们不同的需求。巴尔扎克对当时巴黎的描写十分简明扼要。他认为：“巴黎的生活可以说就是穷人与富人之间的长期冲突。”[36] 他 65 卷本的巨著《人间喜剧》在 1842 年首次面世，深刻揭露了巴黎的这种社会内幕，对社会实际调查者的调查结果进行了大量的升华描述。同样，欧仁·苏在1842年至1843年写的《巴黎的秘密》中声称，本书会带领读者走进外表辉煌的巴黎的内在世界，去了解那里可怕的社会阶级现实，该书使用的就是帕兰特-迪夏特里特对巴黎卖淫问题的调查材料、弗雷吉埃有关巴黎工人的调查和维勒尔梅对巴黎公共健康问题的分析材料。雨果1862年发表的《悲惨世界》中对巴黎下层社会人物的描写也是得到了帕兰特-迪夏特里特有关同一主题调查的启发。[37]

即使没有小说家参与，巴黎的公共健康和社会犯罪问题也一定能够被编写成情节剧，只不过小说家的描述更具有文化渗透的能力。在巴尔扎克看来，报纸上有关“昨天4点一个年轻女子在艺术桥跳进塞纳河”的报道“在戏剧化和小说化以前”只能说是一则社会新闻。[38]巴尔扎克则利用那些社会现实作为原材料来完成自己的小说，那些事实就类似于一些可以信赖的原始文献。巴尔扎克在1834年发表的《金眼姑娘》表达了自己如同当时的许多人一样的看法。他认为，巴黎的贫困居民已经形成了一个野蛮的种族，由于屈从某种恶劣条件，“他们才被视为可怕的人”，他们那“苍白、蜡黄、饱经风霜、扭曲的脸简直就不是脸，而是一张张面具，一张张懦弱的面具、暴力的面具、可怜的面具、可喜的面具、伪善的面具”。[39]1854年，小仲马在《巴黎的莫希干人》中也作过同样的描述，他用人类学家审视北美印第安人的视角来观察巴黎的犯罪世界。在这类小说中，还有人对巴黎那些陵墓和地下墓穴进行了描述，他们认为，只有地下才是那危险的下层阶级的理想世界。但是，那些小说中描述的工人仅仅是巴黎郊区的工人。同样是巴尔扎克，在1836年发表的小说中认为，那里是革命的温床，“那里有英雄、发明家、社会实践者、流氓、无赖、有道德的人、罪犯，所有这些人具有一个相同的特点，那就是穷，因为穷，那些人才整天醉生梦死，无所事事”。[40]

从七月王朝开始，那种认为郊区蕴藏着政治激进主义和潜在政治动乱的看法越发得到证实。当时热衷于自由哲学的法国政府根本找不到医治首都社会疾病的灵丹妙药，尽管这是 19 世纪 40 年代法国那些激进主义者、政治流亡者和新闻记者们的看法，但即使政府内的保守主义批评家也看到，阶级斗争已经不仅仅是巴黎表面的政治争端。1848 年 1 月，托克维尔告诉他的内阁同僚说，“我们正睡在火山口上”，同时他预言，“最可怕的革命即将爆发”。[41]

果然，又一场政治革命发生了，那就是 1848 年革命。当时，七月王朝的反对派所掀起的政治危机和农业歉收引起的经济困难终于在 1848 年 2 月引发了一场暴乱，巴黎城内再次出现无数的街垒，国王路易-菲利普被迫退位并仓皇逃亡英国。梅里美恰当地总结说，奥尔良家族“已经毁掉了法国的王权制度”，[42] 路易-菲利普果真成了法国的最后一个国王。控制巴黎市政厅的人再次决定着法国的命运，但这次他们主张实行共和制度，并立即召开了立法会议，决定实行男子普选制，废除法国所有殖民地的奴隶制度，实行每天 10 小时工作制，并建立国家工厂收容那些饥饿者和失业者。

但是，法兰西第二共和国马上将面临严重的政治危机。如同 1794 年一样，当资产阶级发现群众运动于己不利的时候立即转而反对革命，现在，临时政府开始反对巴黎激进的革命群众，下令解散了国家工厂，结果导致巴黎无套裤汉的后代们再次走上街头，筑起街垒，开始反抗。激进的无政府主义者布朗基警告说：“针对无产阶级的圣巴托罗缪大屠杀已经箭在弦上。”[43]1848 年 6 月，当局残酷地镇压了巴黎工人的六月起义。尽管在二月革命中取得了明显的一致，但这次是在巴黎城市的中心。大约四千名巴黎市民被政府军打死（政府军有一千人左右的伤亡），另有一万一千多人被捕入狱。在此后的清算过程中，又有四千多人被流放到阿尔及利亚。

在 1848 年二月革命过程中，人们再次见到了巴黎街头武装控制法国政府的局面，就像在 1789 年、1792 年至 1793 年和 1830 年时一样。事实上，在 1848 年 4 月的议会选举中，保守派在议会中占据绝大多数，这已经证明该政府不是代表全体法国人民的。1848 年 12 月，法国人民选举路易·波拿巴为第二共和国总统，这对那些在这次革命中赫赫有名的政治家们来说是一个莫大的讽刺。男子普选权的实行给了法国农民一个信号，那就是他们要选举一个如同第一帝国皇帝拿破仑那样的人，既能够给他们带来土地，又能够恢复天主教信仰。于是，他们选择了拿破仑的侄子路易·波拿巴。尽管法国上层阶级不喜欢他，但波拿巴还是笑到了最后。1852 年，波拿巴建立了法兰西第二帝国，再一次使巴黎成为实现自己计划的中心，但我们即将看到的不是革命的现代巴黎，而是一座进行转型并引入全新生活方式的城市。

9

奥斯曼主义和巴黎城市的现代性

（1851—1889）

波拿巴在 1848 年掌权以后，即刻展开了自己的帝国宏图，开始了大规模的活动，以图实现当年拿破仑一世要把巴黎变成欧洲帝国首都的愿望。甚至他还是第二共和国总统的时候，拿破仑三世皇帝（路易·波拿巴 1852 年称帝）[1] 就开始规划如何振兴首都巴黎。据说，1848 年他曾经到达巴黎北站，胳膊下夹着一卷地图，地图上花花绿绿地用彩色铅笔标着他想象中的未来巴黎林荫大道位置的记号。1851 年至 1852 年，波拿巴大权在握，不仅助长了他的政治野心，而且引起了巴黎人民的不满，奠定了他垮台的基础。从这时开始一直到法兰西第二帝国在 1870 年被推翻和法兰西第三共和国（1870—1940）的建立，可能是西方历史上最有雄心和难以达到的城市变革时期，其结果是巴黎在 19 世纪末期有了新的范围、新的轮廓，在某种程度上，也有了新的概念，也就是说，巴黎现代化了。

第二帝国对巴黎的建设既不在巴黎老城的边缘，也不在巴黎外围，而是在巴黎城市中心地区。这在历史上是第一次，那里曾经是无套裤汉们反对路易·波拿巴上台的核心地带，同时也是反对他 1851

年政变的地方。这次在巴黎建设的笔直而又宽阔的马路要穿过被称为“老巴黎”的历史悠久的城市中心地区。另外，此次城市改造还注重城市人口的流动、建筑物之间的和谐，以及交通的便利、绿地的利用和建立可以扩建的基础。在 19 世纪 60 年代，巴黎的土地面积从原来的不足 3500 公顷增加到 8000 公顷，人口从 1851 年第二共和国垮台时期的大约 100 万，在 1872 年达到 190 万，1891 年达到 240 万，到第一次世界大战爆发时，巴黎人口已经达到 300 万。

拿破仑三世个人对这次城市改造工程的影响不可低估。但是要理清他到底做了多少事则是很难的，因为同样对这次改造工程具有决定性作用的还有奥斯曼男爵，他在 1853 年被任命为塞纳区行政长官，并在此位置上一直干到波拿巴被推翻前的几个月。由于大量重要文献的丢失，特别是在第二帝国无耻垮台后发生的 1871 年纵火事件以后，要了解这次巴黎改造工程的内幕十分困难，波拿巴本人总是自我吹嘘，而奥斯曼却总是谦逊地说自己只是“主人”的“工具”和“仆人”。[2] 如果说当时人们更多地是把此次改造归功于奥斯曼，这主要是因为人们难以相信对巴黎几乎一无所知的波拿巴怎么能对巴黎产生如此之大的影响。在 1848 年以前，除了生于巴黎之外，波拿巴从来没有在巴黎定居，即使曾经作为旅游者偶尔在巴黎有短时间逗留，但作为皇帝，他肯定对以往不会记忆得那么清楚。奥斯曼则完全相反，这位“阿尔萨斯的阿提拉”在巴黎度过了自己美好的童年，然后随家搬到法国东部居住。此外，在巴黎城市建设这个问题上，奥斯曼这个名字比波拿巴的名字更具有历史性。在第三共和国期间，波拿巴这个名字臭不可闻，所以人们在巴黎城市改造这个问题上使用的是“奥斯曼主义”而不是“波拿巴主义”。

很可能在巴黎城市整体化形象形成以前，当时的人们已经开始把该城市的发展叫作“奥斯曼化”了，即使巴黎整体化改造过程是由波拿巴和奥斯曼共同完成的。这些看法并不是什么发明创造，总之，从罗马时代以来，人们对把巴黎作为王朝所在地已经习以为常了。笔直的街道在文艺复兴时期就已经具有很高的标准，林荫大道在路易十四时代就已经存在。在路易十六时期，王室就命令将林荫大道扩展到整个巴黎四周。拿破仑一世曾经十分关注巴黎的基础设施建设，并寻求在市内建立多个有纪念意义的建筑。此外，与奥斯曼有关的许多城市改造理念，已经被塞纳区行政长官沙布罗尔和朗比托实践过，特别是朗比托，曾经策划建立新街道来革新那些破旧区域。

尽管如此，直到第二帝国时期，巴黎城市中那些早已存在的交通特征才与城市基础设施改造联系在一起。但是，沙布罗尔和朗比托都曾经回避整体规划的想法，而拿破仑三世和奥斯曼对此则情有独钟。在他们看来，城市是一个有机体，这个有机体需要按照它的实用性功能来进行考察。拿破仑三世和奥斯曼把自己看成内科医生一样的都市专家，他们的任务就是确保巴黎这个有机体有足够的营养，进而加速巴黎城市大动脉的循环运转，以便增加城市的肺活量，让它更有生机，确保排除杂质，使城市更加卫生和健康。换句话说，必须加强巴黎内城街道的建设，特别是绿化。在 1855 年和 1867 年的国际博览会上，拿破仑三世自豪地向世人展示了巴黎的风采。[3]

过去，巴黎总是因为其外表拥有大量的古代遗迹才被看作一座伟大的城市，而在 18 世纪，伟大与有纪念意义的建筑不可分割的历史等式被打破了，因为拿破仑三世和奥斯曼都更看重城市建设的实用性。[4]尽管拿破仑三世强调他的帝国既与罗马帝国相关，也与拿破仑帝国不可分割，但在他看来，巴黎城市的历史与巴黎城市本身毫不相干。同样的道理，虽然拿破仑三世把他自己的巴黎改造工程看作“修饰”，但是奥斯曼自己表明这是考虑维护巴黎的“安全、生动和健康”。[5]他们二人既没有表现出怀旧思想，也没有考虑这座古老城市的审美情怀。事实上，奥斯曼让夏尔·马维尔等摄影师和水彩画家达维乌对他所改造地区的前前后后进行了记载，但这样做并不是为了怀旧。然而，经过奥斯曼改造工程之后失去的恰恰是对已经逝去的历史的印证。

奥斯曼工程的突出特点是不具有历史性，这在拿破仑三世1858年在巴黎城市议会上的一次讲话中表述得真真切切。他认为：

> 主动脉疏通了，公众地区卫生了，随着住房越来越多，租金降低了，工人阶级通过劳动越来越富了，通过救济工作使贫穷消灭了，巴黎就实现了它的最高理想。[6]

拿破仑三世以“最高理想”这样朦胧之中的救世主方式表达了自己打算把巴黎这个痛苦之中的城市改造成世界之都，改造成现代的万丈霞光。如同其他神圣使命一样，这种改造工程的设计者把此前巴黎的所有经历看得一文不值。政治经济学家维克多·孔西德朗在1848年曾经猛烈地抨击巴黎的丑恶现象：“那里是贫穷和瘟疫的制造厂……平民百姓怨声载道，植物枯萎，生物垂亡，新生婴儿多半在未满周岁就告别人世。”[7]作家马克西姆·迪·坎普后来也赞同这种说法。他指出：

> 在1848年革命后的日子里，巴黎越来越变得无法居住，它

的居民在狭窄、肮脏和杂乱不堪的街道上苟且偷生，这种情况导致卫生条件极差，公共安全不保，城市交通阻塞，社会道德沦丧。[8]

在某种程度上说，对19世纪中期的那些指责有些夸大其词，这是为了夸大第二帝国时期的那些成就。是的，在19世纪中期，巴黎确实面临诸多社会问题，但是，尽管人们对巴黎有种种指责，它还是当时世界上最大的制造业城市、最主要的金融中心，它拥有一支年轻而又积极向上的从业队伍，具备了基本的铁路设施，并开始把自己改

爱德华·马奈，《在咖啡馆，法兰西剧院广场》

造成一座现代城市。但是，对奥斯曼以前巴黎的批评多少有些道理。也就是说，到了19世纪中期，巴黎被人们视为充斥着危险、一副病容、难以居住的城市，人们呼唤一座宜居城市的到来，这并不意味着如果奥斯曼不出世，人们就要创造出一个奥斯曼来，但奥斯曼主义的思想内涵在巴黎人民心中酝酿已久。

甚至在奥斯曼被任命为行政官之前，巴黎就已经成立了帝国市容改建委员会。该委员会制订了一系列城市改建计划，成为后来奥斯曼改建工程的雏形。与此同时，内务大臣佩尔西尼也在构思类似的想法。[9]这些奥斯曼的先驱可能对现代城市都曾设想过曼妙的蓝图，但他们身上缺少足够的政治、经济和行政权威，无法将幻想变为现实。正是拿破仑和奥斯曼从1853年开始将一切设想付诸实施的。当年，拿破仑三世还仅仅是共和国总统时，就亲自提出过城市改建的想法，但是并未引起重视。奥斯曼的前任，塞纳区行政长官让·雅克·贝尔热认为，拿破仑三世的计划耗资巨大。“我当然不会参与任何使巴黎经济陷入崩溃的活动中去。”[10]他私下这样说道。1851年12月拿破仑三世通过政变夺取了巴黎大权，随后在1852年11月宣告帝国成立，并自封为皇帝，这使权力的天平倾向他这一边。1853年6月，他任命奥斯曼接替贝尔热的职位。在奥斯曼身上，波拿巴看到的是精力充沛和政治忠诚，擅长利用手中的权力去影响他人。奥斯曼则全盘接受拿破仑的思想，并乐于利用强权说服市政委员会——反正该委员会的成员是由他亲自任命的——这当然是为了迎合主子的意愿。

奥斯曼改建的大街小巷彰显了他在处理大多数政治事务时不经意表现出来的政治强权倾向。他将自己戏称为“拆迁艺术家”。[11]奥斯曼避开在已有布局的基础上逐步改建街道的老式做法，采纳了朗比托的办法，在原来街区内开辟出新路来。依他之见，叫作“切开蛋糕的里层要比突入面包的表皮更容易”。[12] 1848 年和 1852 年颁布的一系列条例使这场城市改建运动进行得更加顺利，坚定了这位行政长官继续改建街道的信念。1841 年条例原本是为便于铁路发展而制定的，朗比托曾经将这些条例用在城市规划中，经他批准，为了公共设施建设，可以没收那些在即将开辟的新街道上的房地产。1852 年法令规定，对于临近街道并影响改建计划的房地产，政府有权强行购买并纳入整体规划中来。这样一来，原本混乱纷杂的街道和房屋建筑几乎被笔直的道路取代，在拆毁旧房屋的原地点建起了新楼宇。就其特点而言，改建计划可以自筹资金，政府低价将存在极大公共卫生隐患的旧房屋卖给开发商，后者可以将开发和建设的新型房屋或者卖或者租给市民做住宅或商业用房。这使资本积累成为可能，促使房地产投资的进一步发展，同时也促进了现代银行金融业的发展。

对于那些参与房地产开发的人来说，奥斯曼显然创造了一种良性循环，将私人和公共的力量联合起来一同建造家园，开拓就业渠道（五分之一的巴黎从业人员在奥斯曼事业的巅峰时期从事建筑行业），为公共卫生事业做出卓越的贡献，既美化了城市，也为金融资本家的迅速兴起提供了丰厚的获利空间。拿破仑和奥斯曼为一个现代化的巴黎提出的“最高理想”是基于一种较为乐观的计算法。他们认为，从长远来看，巴黎完全可以为自我发展提供资金。许多金融悲观主义者，如行政官贝尔热，认为巴黎不可能为奥斯曼所奢望的重建规模提供资金。但是，这个时期是巴黎金融稳定的时期。奥斯曼在预算中这样假设：用于事实上的金融借贷的“生产性花销”定将使城市规模更大，更为富有，更具魅力。通过将巴黎建设成一座人人富裕、游客云

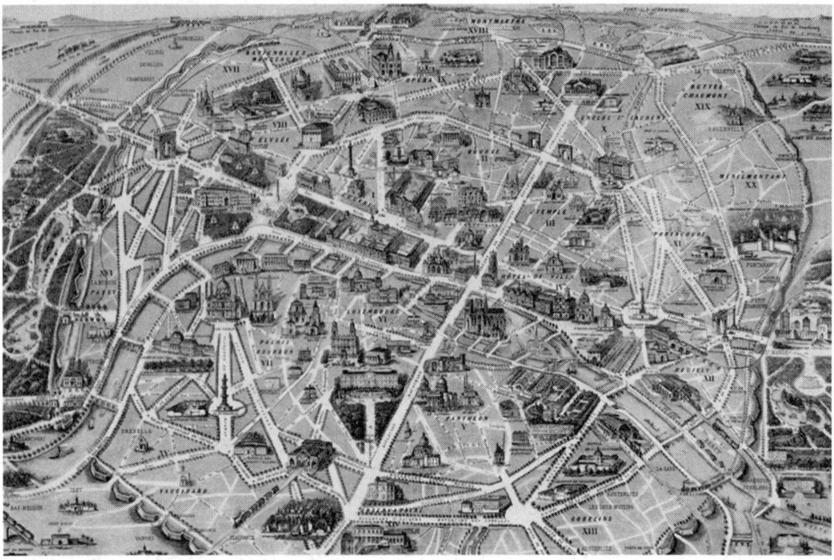

奥斯曼时代巴黎地图

集的世界性城市，以征收间接消费税的方式（城市预算的主要来源），可以较为容易地将社会部分闲散资金集中起来使用。这种发展模式意味着政府可以以相对廉价的方式改造巴黎：二十年中，国库仅支付了整个建设成本的10%，而其余的经费几乎全部源于贷款，市政当局的贷款是靠乐观的运营结果报告、欺骗甚至恐吓等手段强行得到的。

广义上说，19世纪五六十年代拿破仑三世和奥斯曼推行城市改建项目是从内至外地展开的。起初最主要的任务是依据皇帝绘制的蓝图改建旧城的中心地带。早期工作的重点是将一个大十字路口，即所谓“大交叉口”（grande croisèe）设立在老巴黎的中心，这样就将使巴黎城市中心地区交通流畅。拿破仑一世时期修建的位于现在巴黎第一区的里沃利街始于香榭丽舍大街的凯旋门，一直通向巴士底广场以外区域，从而成为东西向主干道的重要一环。当时的思路是要将此街沿卢浮宫和杜伊勒里宫一线向北建成，拿破仑三世就职时，这条街道仅有一部分修建完成，即从协和广场修到罗亚尔宫。现在，里沃利街已经修到卢浮宫的东侧并一直延伸到马莱的塞维涅街，位置在现在巴黎的第四区，与通向巴士底广场的圣安托万街交会。延长里沃利街、拆除卢浮宫和杜伊勒里宫之间的一些房屋，是以牺牲一些具有历史意义的小街道为代价的，如泰格扎德里街和奥米里街等。“将这些瘤子从我脸上割掉”，这是奥斯曼面对这一具有历史敏感性拆迁事宜时对人们说的话。[13]

延长里沃利街还涉及十字路口的中心沙特莱广场的改造。扩建后的广场上修建了两座剧院。王宫广场和市政厅广场也得到扩建，后者的规模甚至扩大了四倍。过去它一直是城市交际的中心，现在它已经转变为交通的枢纽和眺望市政厅的不错场所。此外，在里沃利街上，矗立于沙特莱广场和市政厅之间的是屠宰场圣雅克教堂，该教堂及其周围形成了一个小花园广场，其中世纪塔楼被修缮得极具现代风格，使得该塔楼与事实上的修建年代风格极其不符。由于里沃利街地段大规模平整土地的原因，塔楼的入口比原来高出数米。

在扩建里沃利街的过程中，奥斯曼逐渐形成了自己的工作思路：街道要宽，以促进交通的顺畅，并带来流通的空气和充足的光线；地势要平整；这一交通枢纽要与扩大的露天广场相协调；无论什么建筑挡住去路都要毫不留情地拆除，即使具有历史意义的建筑也毫不留情，唯一留心的是只保留一部分绿地。这种工作风格在修建塞瓦斯托波尔大道、斯特拉斯堡大道和圣米歇尔大道时得到进一步贯彻，这些大道构成南北轴线，与里沃利街在沙特莱广场相交，从而构成了大十字路口。就像里沃利街的扩建计划一样，建塞瓦斯托波尔大道的想法也是被路易·波拿巴带到巴黎的。他坚持认为，修建这样一条街道十分必要，反对者的意见成为他的耳旁风。反驳意见认为，巴黎当时的南北交通大动脉完全可以满足需求，这种说法指的是右岸地区的圣德尼街和圣马丁街，而左岸地区有圣雅克街。不过，只有在延长了塞瓦斯托波尔大道之后，才会有一条笔直的大道从沙特莱广场一直通向重要的东火车站，这种连接是奥斯曼城市改建计划的又一主要特征。人口密集的右岸地区的全部改建计划是将圣德尼街与圣马丁街连接在一起，将埃蒂安·马塞尔街与扩建的列奥米尔街以及图比哥新街相交叉，这不仅形成了三个十字路口，而且有一个意外的收获，那就是将国王无畏者约翰时期修建的旧塔楼显现于街旁，而旧日里它几乎被中世纪以后的过多建筑牢牢挡在后面。[14]

左岸地区位于现在巴黎第五区和第六区的圣米歇尔大道一直修到大十字路口的南端，1855 年大道通车时它原是被命名为塞瓦斯托波尔-里韦-古什路的。该路的修建使那些罗马浴池露出了庐山真面目，事实上，该路就是仿照罗马街道的样子建成的，它将车流从中世纪修建的阿尔普街吸引过来。时人曾经这样描绘阿尔普街："泥泞污秽，街两旁尽是昏暗的酒廊和嘈杂的餐馆。"[15]现今，该街道已淡出巴黎人的记忆，只是在 20 世纪 50 年代被这里的一个希腊餐馆老板重新发现。这条新建大道对左岸街区的影响被 1855 年以来修建的另一条大道，贯通现在巴黎第五区、第六区和第七区的圣日耳曼大道充分显现出来，如同里沃利街一样，这条路也成为巴黎左岸地区的东西向主干道。

大十字路口建造的同时，奥斯曼着手整治巴黎的中心地带（即西岱岛地区），使其更加适合巴黎新形象。尽管朗比托曾经为改善巴黎西岱岛一带的状况做出了最大努力，但该地区的交通状况还是与后来无法相比。到了19世纪70年代，奥斯曼一改西岱岛往日形象，使这个拥挤的居民区旧貌换新颜，成为行政管理中心，人口从15000锐减至5000。几乎所有的私人住宅都被迁走，只有岛西北角的几百米老房子被保留下来。巴黎圣母院和司法宫（以及圣礼拜堂）虽然保存完好，但周围的建筑荡然无存。塞纳河左岸的主宫医院被拆除，但是在原来贫民窟房舍旧址上另建了一座新的主宫医院，这个新建筑就在圣母院广场旁边，面积扩大了许多。当时，圣母院正由狂热爱好中世纪的维奥莱-勒-杜克进行激进的修复，在那里显得十分孤立。西岱岛的中央现在坐落着著名的商业法庭和巴黎城市警察最高机构巴黎警察总局。奥斯曼成功地将西岱岛变成衔接左岸与右岸的通道，从此以后，几乎没有人想去那里闲逛，除非是去游览塞纳河畔或圣母院。

奥斯曼不仅将城市改建的主要目标锁定在市中心地区，而且将市容市貌的改建项目延伸到城市的边缘地带，尤其是铁路干线的车站。他不是唯一将那些车站视为城市新门户的人，这涉及整个城市空间规划的再思考。因此，他的目标是要在巴黎市区道路规划建设的基础上将全国铁路、公路衔接起来，进而形成一个巨大的运输网络，而所有这一切均高度地（坦率地说：过度地）以巴黎的发展为核心，每个铁路车站均适当地加以修缮，通常以玻璃和铁等现代建筑材料为主，使这些车站成为具有纪念意义的建筑。为了适应不断增加的客流量需求，那些车站均被扩建，而且装饰华贵，如巴黎北站就是由当时法国的一名优秀建筑师让·雅克·伊托夫在19世纪60年代初重建的。通向各车站的道路入口异常宽敞，以突出车站的宏伟壮观。如若使斯特拉斯堡大道和塞瓦斯托波尔大道到东火车站形成一条直线，就将意味着必须拆除中世纪建造的圣留圣吉尔教堂和圣洛朗教堂，后者是巴黎最古老的教会活动场所之一。对于奥斯曼来说，直线街道和城市职能比历史更重要。在左岸地区，从巴黎蒙帕纳斯火车站放眼望去，新建的雷内街与圣日耳曼大道也连成一线，只可惜将该街道延伸到塞纳河的计划未能实现。[16]

奥斯曼城市交通建设计划的一个更为突出的特征是，将最理想的交通走向与站在具有纪念意义的建筑上进行眺望的视觉美相结合，因此巴黎的道路都是围绕火车站而展开的。据说，他曾经酝酿了一个计划，要将圣日耳曼欧塞尔教堂拆掉，以使市政厅和卢浮宫之间的景致不受任何影响。但作为一名新教徒，他深深地意识到，要拆除那座教堂必定会引起各教派之间的激烈争执，因为正是那座教堂的钟声向人们宣告了 1572 年圣巴托罗缪大屠杀事件开始。视觉上最了不起的设计是建在城西边缘地区五角星状的星形广场，即现今的戴高乐广场。该广场当时是五条路的交会处，这些路现在又进一步被校直，1857 年，另外七条路也与这座广场相通，在星罗棋布、四通八达的街道景观中，星形广场上的凯旋门显得十分突出。坐落在现在巴黎第三区、第五区、第六区交会处的共和广场，当时叫水塔广场，也向人们展现了同类景观。由于该广场规模扩大了许多，不得不拆除圣殿大道地区许多久负盛名的剧院，该广场上传奇的、粗鄙的平民社交活动也大为减少。现在，作为众多新街道的交会点：伏尔泰大道（当时名为欧仁亲王大道），与东南方向的国家广场（当时名为御座广场）相连，并直通现在巴黎第十一区的梅尼蒙当工人住宅区的共和国大道（1879 年以前叫作阿芒迪尔大道），而且与通向北部及东部边界地区许多宽阔的街道相连接。

1861年，在现在巴黎时尚的第九区修女大道北侧修建一座新型歌剧院的决定，导致了另一个大型广场的建成。该歌剧院直到第三共和国时期才得以完成，周围街道的修建也历经两届政府才实现。而那里新建的歌剧院广场却在1862年至1864年完成，使许多通往那里的街道连成一片，其中包括奥斯曼大道、奥贝尔街（原来叫作鲁恩街）、9月4日街（最初叫作12月10日街）以及歌剧院大道。

使每一条路都能够经过一座具有纪念意义的建筑物，这种想法被贯彻得有些过火而又盲目。譬如，有关当局要求建筑师巴伊将西岱岛上的商业法庭的穹型顶盖建成斜的，以便使人们在塞瓦斯托波尔大道上远远地就可以看见它。位于现在巴黎第四区的亨利四世大道从巴士底狱开始，穿过老修士修道院花园，使先贤祠尽收眼底，同时，圣日耳曼大道也在此与之交会。然而，这样做就必须在塞纳河建两座新桥，即苏利桥，都斜着穿过河道。与此相类似的还有，19世纪60年代由巴尔塔建造的位于现在巴黎第八区的圣奥古斯丁意大利拜占庭教堂被局限在一个尴尬的三角地带，目的只是让人们在马勒塞尔布新路上可以眺望远方。像几何图形一样精确的另一典范是1858年将沙特莱广场上的方尖碑移动12米，以保证其在改建的广场上仍然处于中心位置，真是一件趣事。

在原路易十四世时期防御土墙旧址上的街被逐步扩建，通常是沿着总包税所城墙旧址，西至星形广场，东到国家广场的二环路，这一建设为那里街道的连接和发展创造了条件。位于圣玛德莱娜教堂和蒙梭公园（该公园就在现在巴黎第八区至第十二区之间的圣奥古斯丁教堂旁边）之间的马勒塞尔布大道是奥斯曼城市改建项目最早的成果之一，它不仅在贫穷的旧居民区开出长而宽的地带，同时还为这些地区的进一步发展开拓了空间。有一次，奥斯曼将蒙梭公园的部分土地转让给金融家埃米尔·佩雷用以房屋开发，使该街区成为巴黎城最豪华的地带之一，建设昂坦马路的资金也被转到这里来，昂坦马路的明星地位逐渐下降。总之，为了给奥斯曼大道及周围的街道让路，这里的许多 18 世纪高级住宅都被拆除了。

1859 年至 1860 年，决定将巴黎 19 世纪 40 年代之前建起的梯也尔城墙以内的所有土地划归巴黎市区，这一决定赋予奥斯曼更广大的建设空间，使其可以为巴黎描绘出更绚丽的图画。这意味着巴黎在原有的 13 个街区（commune）规模的基础上，又增加了 11 个街区的面积。这样一来，巴黎的占地面积就翻了一番，人口增长了近 50%。[17] 尽管总包税所城墙在某种程度上将巴黎 20 个城区划分为内环和外环两部分，甚至巴黎至今仍被划分成内、外环两个区域，但是巴黎海关关卡都不在巴黎防御范围之内。批评者们认为，奥斯曼在 1859 年至 1860 年的城市扩建中贪多嚼不烂，激进的记者路易·拉扎尔具有讽刺意味地说，“他们这简直就是在给女王的裙子上贴破布”。[18] 然而，奥斯曼并未为此动容，他坚持认为，巴黎面积扩大以后，更多的人在巴黎的管辖范围之内，纳税的人数就增加了，也就可以大幅度提高城市收入。基于同种原因，他甚至认为有必要将城市的界线一直延至塞纳区以外。

1859 年至 1860 年合并的一些区域坐落着许多村庄，这些村庄长期具有独立的传统，如西部的奥特尤尔、帕西、沃吉拉，北部的蒙马特和东部的沙罗纳。然而其他一些街区相当落后，合并这样的地区是件痛苦的事情。外环三分之一的道路尚未铺设，饮用水极其短缺，下水道系统质量拙劣，社会治安毫无保证。奥斯曼风格的又一个特征是用以连接外环各区域的桥梁：西面新建了阿尔马大桥，位于现在巴黎第七区至第八区，东面新建了贝尔西大桥和国民大桥，位置就在现在巴黎的第十二区和第十三区。在梯也尔城墙周边，沿着人们自然走出来的小道开始铺设道路，1851 年开始铺设环城铁路，铁路线离市中心的距离大体相等。从 1862 年起，该铁路既用以运送旅客，也用来运送货物。为将边缘地带与市中心紧密地连接起来，还修建了许多条从中心地区向四周展开的辐射状道路。例如，位于现在巴黎第十二区的多梅尼勒大道将里昂火车站与万塞讷连接起来，从万塞讷开始的比利牛斯街又向北延至贝尔维尔的西面，威严肃穆的皇后大道（今巴黎第十六区的福熙大道）将星形广场与布洛涅森林连接起来。

这些后期的开拓鲜明地反映出奥斯曼改建计划的另一特征，即对绿地的关注。由于喜欢而且嫉妒伦敦的公园，拿破仑三世对绿地有一种特殊的偏爱，认为绿地是城市生物机体具有活力的表现。1852 年，他将布洛涅森林赠给巴黎，1860 年又将万塞讷森林赐予巴黎，这两处园林迄今为止都是国有资产。市政工程师阿尔方奉命将这两处园林改造成英国风格的公园，例如，在布洛涅森林，他设计修造了约 95 千米长的林中小径，安放了无数的花卉，又开凿了两座湖泊。这两座园林在各种绿地中鹤立鸡群，成为超级公园。在城区内，拿破仑将卢森堡公园和杜伊勒里花园修缮一新，进一步开发了蒙梭公园，开放了现在巴黎第十三区的蒙苏里公园，铁路线就从该公园中间穿过，并在中世纪老蒙福孔绞刑场的旧址上建立了肖蒙山丘公园。此外，他还修建了众多城市广场，包括现在巴黎第三区的圣殿广场和屠宰场圣雅克广场。1873 年，他在环城大道和入城街道两旁种上十几万棵树。新建的教堂也渗透了奥斯曼风格，与国家的公共建筑相比，它们通常更多地采取了折中主义，正如我们所见到的那样，马勒塞尔布大道上的圣奥古斯丁教堂将现代建筑材料钢铁与新哥特式风格结合起来。还有类似的将罗马式、哥特式与拜占庭风格相互融合的典范，如圣克洛蒂尔德教堂，该教堂是由建筑师泰奥多尔·巴吕在1857年设计完成的，以及1869年的圣昂布瓦斯教堂；此外，还有建筑师约瑟夫·奥古斯特·沃德勒默1868年设计完成的圣皮埃尔·德·蒙特罗哥教堂，以及同一建筑师1877年完成的奥特尔教堂；此外还有1861年完成的亚历山大·内斯基的俄国东正教教堂。[19]

与他的叔叔拿破仑一世一样，拿破仑三世对食物供应的公共设施颇为关注。他最初开始建设的项目之一就是在中心市场建立新的卖货

1889年的歌剧院广场

大棚巴黎大堂（Halles），但该市场的设计有一个错误的开端，当建筑师维克多·巴尔塔向拿破仑三世说明自己的计划时，皇帝提醒说："我就想要一个巨大的顶棚。"[20] 巴尔塔提出的蓝图是要将此市场建设成为钢铁结构的、崭新的、现代化的市场。奥斯曼也建立了一系列的街区市场，无一例外地使用了巴尔塔推行的铁架结构，如 1863 年建成的位于现在巴黎第三区的巴黎圣殿市场以及 1868 年建成的位于现在巴黎第十四区的拉维莱特市场。从 1867 年开始，拉维莱特市场成为大型的城市屠宰场。

建绿地、关注食物供应又进一步引起人们对公共健康的广泛关注。可以看出，卫生问题是拿破仑三世城市道路规划中较为重要的考虑因素，不过是奥斯曼负起主要职责，大力推行公共基础设施建设的，这方面他的贡献主要体现在他对地下管道的建设上，而且基本上达到了目标。他的两位助手，市政工程师阿尔方和贝尔格朗提出建议说，对于日益扩大的巴黎来说，必须尽快解决饮水严重不足的问题，因此，他开始严格限制塞纳河和乌尔克河的公共用水与私人用水量，斥巨资兴修水渠，将法兰西岛附近其他河道的水引入巴黎。到 19 世纪 70 年代初期，巴黎市民用水总量是 19 世纪 50 年代用水量的 10 倍，约三分之二的私人住宅有自来水，约五分之一的住户还享有煤气供应。

污水处理是又一热点问题，其必要性由于 1832 年、1848 年至 1849 年、1853 年至 1854 年和 1865 年霍乱的流行而备受认同。为了解决污水问题，兴建了大面积的地下污水处理系统，该系统与街道建设规划协调一致，使污水处理安全、有效、卫生。后来奥斯曼不无骄傲地说道："这可是我自己的主意。"[21] 他使巴黎街道里程翻了一番，使巴黎的下水管道长度增加了五倍，意欲将巴黎建成“我们时代的罗马”。[22] 1855年，巴黎举行下水道旅游开幕仪式。1867年的导游手册上印着这样一句话：“两年之后，我们终于又迎来了下水道观光旅游。”[23] 葡萄牙国王成为第一位应约参加下水道旅游的尊贵客人。人们评论说，这种旅游方式相当有趣，既会吸引男士，也会吸引女士。一位北美游客说道：“有可爱女士的陪伴会增添下水道的魅力。”[24]

尽管这些项目取得了引人瞩目的成就，但同样非常明显的是，这个时期城市改建项目受益最显著的区域是富人区。三分之一无自来水供应以及五分之四无煤气供应的家庭分散在一些贫困的街区，如贫民区租住房、铁路壁板房、工厂和仓库，而富裕的资产阶级住宅区都不在这些贫困地区。拿破仑圈点建起的24座城市广场中仅有2座广场位于工人居住区集中的圣马丁运河以东的郊区。除了传统的以东、西来划分贫富区之外，一种新的需求格局正在形成，焕然一新的市中心各行政区与没有任何特权的外围行政区形成鲜明对比。在现在巴黎的第十区、第十一区、第十八区、第十九区和第二十区，即巴黎的东北部，1865年有40%的房屋破落不堪，因此被定为不需纳税的地区。1870年，路易·拉扎尔称这些最贫穷的行政区为“名副其实的西伯利亚”。另一位评论者评述道：“首都已被分割成贫、富两座城市，贫城在外，富城在里。”[25] 正是在外围这些行政区里，痢疾、伤寒、白喉、百日咳、水痘、肺结核等传染病肆虐。当然，这并不是奥斯曼健康计划的奋斗目标，但是这些事实的存在使奥斯曼曾经许诺的关注公共健康的口号成为空谈。

从某种意义来说，逐渐将工业生产从城市中心地带迁移出去的过程的确是奥斯曼城市改建计划的组成部分。1857年，他曾这般上书他的主人：

> 没有必要让巴黎这个法兰西的首都，文明世界的大都市，游客们休闲度假之所，再留有工厂和作坊……巴黎应该是国家文化艺术活动的中心，金融和商业活动的要地，国家政府部门的居所。[26]

城市食物供应的变化也是基于这方面的考虑。全国铁路网的建立容许来自偏远地区的水果、蔬菜和葡萄酒快速运到首都，因此完全可以不用追求本地的货源。逐渐衰落的巴黎葡萄酒工业已经无法与法国南部的制酒业相匹敌。被排挤出城市中心的工业可以在原来的农业用地上安家，城市中心地带则完全可以放手大搞服务性产业。实际上，巴黎中心街区的非工业化从来都没有彻底实现过，特别是在作坊的层面上。不过市中心地价的攀升的确挤走了许多穷人，并吓退了许多外来的劳工在此安家立业。巴黎的工业区逐渐向外围行政区转移，随同移动的当然是工人阶级。有些人认为，财富将一点点地向较贫困的街区移动，使更和谐的发展成为可能。但其他人并不这样乐观。拉扎尔就曾经警告同时代人说："奢华之城将会被贫困之城所阻碍。"[27]

奥斯曼城市改建计划使35万人不得不搬家。在1861年至1901年间，由于资产阶级想要拥有更多的活动空间，优雅的现在巴黎第一和第二区的人口减少了20%。而在同一时期，从现在巴黎西南的第十三区起，顺时针转到东北的第十七区的外围行政区，人口却翻了一番。当时，批评政府的人将这种人口变迁视为奥斯曼建设项目中对穷人实施的惩罚措施。古地志学者维克多·富尔内尔谴责道："名为美化巴黎，实则是一种防范，是对武装暴乱者的反击，是对革命的警示。"他穷尽刻薄之词来批评奥斯曼改建工程中的街道建设项目，认为其设计"具有炮弹一般的微妙和睿智"。[28]

当然，拿破仑三世或奥斯曼在下令修建街道的时候并未动用一枪一炮，也不该低估奥斯曼城市改建计划的各种非政治压制目的。不过毋庸置疑的是，奥斯曼及其同僚的确思考过要通过社会变革和策略性城市美化来削弱巴黎民众的好战性，[29]而巴黎人那种广泛的激进主义思想如同霍乱和痢疾一样具有很强的传染性。拿破仑担心1848年6月的工人起义再次上演，忧虑巴黎民众反对他12月政变的呼声再起，当时，聚集在圣殿区的市民是在骑兵的数次攻击下才被迫解散的。有人断言，奥斯曼的现代城市生活是要建立在根除民众反抗的基础之上，富尔内尔就认为："他要同时与瘟疫和革命战斗。"[30]

奥斯曼是这样评价自己拆毁工人阶级住宅区工程的："我们是在清除老巴黎暴乱和街区反抗的根源。"[31]经过改造后宽敞的巴黎林荫大道当然使得巴黎激进分子惯用的设置街垒的反抗手段成为历史，按照恩格斯的说法，那些街垒与其说是一种武装反抗的手段，不如说是一种斗争的信号；相反，在林荫大道上骑兵的快速部署可以得到有效实施。[32]平整的地面也让骑兵的调遣更为快捷，尤其是在巴黎城市山丘地带新平整的道路上，这些道路本是墨洛温时代人们所熟悉的山坡地，现在均得到平整。[33]林荫大道的布局也便于分散在城市各个角落的警察部队快速集结起来，如市政厅后面洛博街的守备部队在市政府陷入困境的时候可以提供迅速的武装保卫，而里沃利街的守备军可以为卢浮宫和杜伊勒里宫提供第一时间的军事援助。

主要街道的策略布局是实现社会秩序安定的另一种有效手段，因为这一格局可以将好战民众云集的区域分割开来，变成一块块分散而且易于控制的单独地域。例如，圣米歇尔大道和圣日耳曼大道都从拉丁区中间穿过，将之分割成堪称典范的又长又宽的几个地带，因为那里是巴黎最具反叛传统的地区之一，从 12 世纪到 20 世纪一直是具有反叛思想的学生们的聚集地。不知是否有意，迪雷完成的圣米歇尔雕像脚下踩着一条龙，使达维乌设计的塞纳河边上的圣米歇尔饮水喷泉更加壮丽，让人联想到投石党运动之后路易十四以胜利者的姿态昂然屹立在反叛势力之上。[34] 但是按照奥斯曼的一个批评者的看法，这个设计是“一个巨大的艺术败笔”。[35]

从马莱的周边地带开始，穿过圣安托万区到贝尔维尔、梅尼蒙当和沙罗纳的东部街区，那一带的发展基本相似。四周的街道汇集到共和广场，共和国大道、伏尔泰大道、马真塔大道和图比哥街都穿过贫困且激进的工人居住的地区，同时，1854 年，政府在广场附近建起一座规模不小的骑兵军营，“时刻防范着任何有颠覆政府意图活动的兴起”。[36] 在圣马丁运河的处理上，遏制政策也被贯彻得淋漓尽致，政府下令在运河沿岸人工铺设路面，这就形成了现在巴黎第十一区的里夏尔·勒努瓦大道。在 1848 年 6 月工人起义期间，一些起义者曾经以运河东侧为庇护所与政府军展开战斗，并阻止了政府军队向圣安托万的进发。该地段路面铺设之后，圣安托万区很容易受政府控制。“过去我们需要用来复枪和大炮制服叛军，现在我们使用镐头、手铲即可解决问题。”1858 年，一位帝国的追随者如是说。[37]

在当今巴黎第十三区的圣马塞区，奥斯曼城市改建计划在实施过程中也是既有城市改造，又有旧社区的破坏。王家港口路的兴建延长了蒙帕纳斯大道，规划中的新阿拉戈大道与重新整治的穆夫塔街交汇，穆夫塔街的一段被拓宽和绿化后改名为戈布兰大道和意大利大道。这里曾是巴黎街道最古老的部分之一，到第三共和国时期这项工程完成之后，这里几乎所剩无几，只有那中世纪古镇圣马塞尔孤零零地站在护城河旁边。

奥斯曼城市改建项目使巴黎那些破旧的城区有了给人以深刻印象的教堂、学校、镇公所、医院及其他一些现代公共场所。1864 年，一位作家写下这样一句话："如果建筑工人的铁锤捣毁了一些我们希望保留的遗迹，它同时也摧毁了盗贼出没的地方和色情场所。"[38] 从这句话的背后我们可以想象得到，面对拆除、搬迁、安置等奥斯曼城市改建计划的实施，许多在街头巷尾、广场上、酿酒厂和公共洗衣房等工人居民区多年来形成的社区氛围遭到了极大破坏。不过，第二帝国的覆灭和第三共和国的建立说明，奥斯曼主义的逻辑并未完全摧毁工人阶级的激进思想。然而，正如巴黎城市那些区域自己证明的那样，第二帝国的城市转型确实改变了它们的位置和特点。

1858 年 1 月，在去歌剧院的路上，拿破仑三世险些被意大利激进分子奥尔西尼炸死。他并未因此采取残暴的手段镇压激进分子，相反，却开始了更为开明的执政时期。一个政治上的反对派开始形成，他们把大部分的怒火都撒向皇帝对塞纳区行政长官的选择上。奥斯曼的专横天性击碎了巴黎人可能拥有的城市改革的任何想法。帝国的开明治理又使得他的风格看起来越发不合时宜。1859 年至 1860 年间，兼并周边土地计划的实施使巴黎的面积不断扩大，为此花费巨大，基础建设开销尤为突出。奥斯曼设计了新的金融手段帮自己渡过难关，成立了一个享有特权的名为"巴黎储备银行"的储蓄银行，该银行旨在吸纳贷款。不过他的压力越来越大，随着贷款利息的上涨，事情变得越来越糟。任人唯亲、贪污腐败之风困扰着这位行政官。有些人认为其财政赤字会影响下几代人的安康。其政敌儒勒·费里拿这位男爵的“令人惊异的账目”的故事来游说政界要人。[39] 费里及其幕僚确实有能力将奥斯曼挤下台，但就在这关键时刻，第二帝国悄然走向崩溃。

一、费利切·奥尔西尼

从克洛维时代开始，巴黎就一直是法兰西的首都和国家元首频繁光顾的居住处，这一事实预示着它必定成为反对国王、皇帝、总统等各种暴力行为的中心舞台，包括奥尔西尼暗杀拿破仑事件在内，要取这位皇帝性命的暴力事件就达十次之多。

费利切·奥尔西尼是意大利激进民族组织烧炭党的成员，他坚信拿破仑三世是阻碍意大利民族统一的罪魁祸首，因此当拿破仑三世将车停在拥挤、狭窄的勒佩尔蒂埃街上老歌剧院门前时，他向皇帝的马车投掷了三枚炸弹。拿破仑并未受伤，但是受到很大震动。他乘坐的马车和拉车的马就没有那么幸运了，当场炸飞。八个行人被炸死，一百多人受伤。奥尔西尼最后被判处死刑，送上了绞架。然而，对于刺客来说，他的行为却异乎寻常地对他攻击的目标产生了积极的影响。幸免于难的拿破仑三世调整了自己的外交政策，并在 1858 年转变了他对意大利统一事业的看法。奥尔西尼的行动也使奥斯曼加紧实施将拥挤、热闹的歌剧院剧场迁往一处新址的计划。后来，在今天叫作巴黎加尼叶歌剧院的新剧院落成后，为皇帝专门设置了一处戒备森严的入口，以避免历史重演。

奥尔西尼事件警示世人，以路障、叛乱、革命和军事行动久负盛名的巴黎是一个个人或集团暴力活动频繁发生之所。人们对历史上成功的暴力行为不乏了解，但那仅仅是个人政治暴力行为的冰山一角而已，直至今日，仍时有此类行为发生，如2002年企图暗杀巴黎市市长贝特朗·德拉诺埃的行为。

从16世纪宗教战争时期开始，策划政治暗杀的意识在人们头脑中越来越占有突出位置，诛杀暴君被认为合情合理。亨利三世当年逃离巴黎就是为了躲避巴黎人的追杀。勉强躲过圣巴托罗缪大屠杀一劫的亨利四世在1610年因交通堵塞被困在巴黎街头，并死于让·弗朗索瓦·拉瓦亚克的刀下，在这之前，他已经经历过十数次对他施行的暗杀，不过那些行动多数是在巴黎以外发生的。当然，很难划清因意识形态不同而引发的行为或者个别人因妒嫉而发生的行为之间的界限。例如，1757年1月6日，试图用袖珍折刀刺杀路易十五的让·路易·达米安在迫其供出同犯的过程中遭受了酷刑，因为他坚持刺杀是他的个人行为，但人们怀疑他是詹森主义者，因为他暴露了与这一运动的关联。但是他的动机似乎来自个人的冲动，像他这样的例子并不罕见。

不过，在意识形态冲突或政治动荡的岁月里，暗杀活动更为频繁。1793年马拉在自己的浴室里被夏洛特·科黛暗杀，以及在大革命期间恐怖时期对罗伯斯庇尔的秘密暗杀计划，都属于政治暗杀行为。1820年，对路易十八的继承人贝里公爵成功实施暗杀的激进共和主义者路易·卢韦尔也明显属于意识形态不同而引发的此类例子。类似的例子还有，19世纪末、20世纪初无政府主义者发起的暴力行动，1894年在里昂成功刺杀萨蒂·卡尔诺总统的事件。除1914年暗杀社会主义者让·饶勒斯和1932年一名俄国无政府主义者谋杀总统保罗·杜梅事件之外，20世纪早期这种暴力行为有所收敛，但是到了该世纪中叶，情况又有所反复。阿尔及利亚争取独立时期，法兰西第五共和国动荡不安，曾有过许多次针对戴高乐总统的暗杀事件发生。20世纪的最后几年里，暴力事件仍频繁发生，但是恐怖分子现在似乎已对政治领导人兴趣索然。1995年安放在圣米歇尔地铁车站并造成6人死亡、62人受伤的炸弹，目标并非想杀死去歌剧院途中或者其他什么地方的总统本人。

瞄准政府要员的政治暗杀活动在巴黎内外均有发生，但对犯罪分子的惩处均在首都执行，以示对事件的高度重视和警示民众。例如，1757年在市政厅前沙滩广场处决达米安就是出自此种考虑。身上仅着一件睡衣、手拿忏悔用蜡烛的达米安在走下圣母院的台阶后，遭受了一连串精心设计的酷刑，最后他被四马分尸，当时观看处决场面的人达到数万人。能够俯瞰到广场的房间均租给了那些急切希望好好观赏这一幕的优雅的绅士淑女们。

处决达米安的例子充分反映了巴黎人希望观看公开处罚场面的强烈愿望，这种处罚甚至逐渐应用到非政治犯身上。例如，1836年的拉森纳尔，1869年的特鲁普曼，第一次世界大战前的波诺犯罪团伙成员和金帽事件中的流氓团伙，20世纪30年代的帕潘姐妹和韦德曼等涉及家庭暴力、系列犯罪、与色情有关的谋杀等，都在媒体煽动下引起公众不应有的关注。这些团伙都是被公开处决的，而公开处决原本是旧制度下的做法，生活在恐怖时代的人对此的热情更是有增无减。1792 年，大革命时期的法国开始启用断头台，是公开处决像达米安这类犯人时使用的比较人道的行刑器具，但没过多久它便成为血腥复仇的象征。从 19 世纪 30 年代起，行刑场从市中心移到了郊区地带。奥尔西尼是在位于现在巴黎第十一区的罗凯特监狱外被处决的，19 世纪 50 年代，行刑场又迁至现在巴黎第十四区的桑特监狱外。从 1939 年开始，考虑到处决杀人狂欧仁·韦德曼时公众当场表现的令人发指的狂热，政府决定今后禁止进行公开处决。1977 年是最后一次使用断头台的年份。1981 年，法国废除死刑。

1870 年拿破仑三世做出不明智之举——与俾斯麦的普鲁士开战。长期以来，拿破仑三世就在外省比在首都受欢迎。巴黎的金融界要人、天主教会和靠投资收入过活的资产阶级都支持他，而工人阶级对他 1851 年 12 月 10 日发动政变夺取政权历来表示反对，即使在 1864 年他颁布法律承认工人罢工合法化的时候，这是 1791 年以来的第一次，但巴黎工人仍对他的巴结讨好不买账。像他的叔叔一样，拿破仑三世发起制定了解决巴黎人就业问题的政策。但与第一帝国不同的是，他的做法使许多工人失去了家园。1855 年和 1867 年的博览会标志着国家政策的英明，但接受它的是游客而非众多的巴黎市民，他们认为他们需要为此付账单。到 19 世纪 60 年代晚期，甚至最忠心的市民都在担忧奥斯曼的神奇魔杖是否已经失去魔力：房地产的泡沫似乎要破灭，因房租暴涨而导致的住房危机即将来临。在 1869 年的大选中，四分之三的巴黎选民投票支持反对党（全国的数字为 60%）。在

1870 年 5 月的全民投票中，83% 的法国人投票支持政权自由化，而在巴黎的支持者仅为 43%。

1871 年 9 月，当拿破仑三世在色当向普鲁士人投降的消息传回巴黎时，全国对他那么大的支持率也于事无补了。埃德蒙·德·龚古尔在他的日记中写道：人群发出惊心动魄的怒吼，人们从最初的惊惶失措已转变成现在的愤怒。越来越多的人在大道上聚集，边走边喊着："打倒帝国！"[40] 皇帝的支持者无力抵挡人民呼吁一个（第三）共和国到来的愿望。1871 年 9 月 4 日，在市政厅的阳台上，第三共和国宣告成立。

第二帝国并不是在轰鸣中，而是在呜咽中倒塌的。巴黎的不安情绪由于普鲁士人包围巴黎而推向高潮。甘必大及其他一些政治家乘热气球逃往外省寻求援助，人们越来越多地开始使用信鸽传书等，这些都成为人们对当时普鲁士围困巴黎时期的特定回忆。普鲁士炮火轰击了城南，造成了上百人的死亡，包括卢森堡宫和先贤祠在内的一千多座民宅及公共建筑受损。饥饿的巴黎人甚至没有放过万塞讷动物园的哺乳动物，能找到的猫、狗或老鼠也都成为人们的食物。据说，1871 年 1 月，埃德蒙·德·龚古尔拒绝购买香榭丽舍大街上一位商贩的大象肉和骆驼肾，而是满意地用他自己捕获到的一只乌鸦来充饥。[41] 就在那个月，第三共和国临时政府投降，结束了劫数已定的巴黎的抵抗。当时，普鲁士国王威廉二世已经在凡尔赛宫路易十四的镜厅宣布自己为德意志帝国皇帝。3 月，获胜的德军士兵在香榭丽舍大街上举行了盛大的具有纪念意义的阅兵仪式，这是他们东归前的一个重要的象征性姿态。

波拿巴政权令人屈辱的命运引发了民众的愤恨情绪。驻守蒙马特的国民自卫军的一个营拒绝缴械，并袭击了由梯也尔领导的临时政府。由于他与普鲁士签署的停战协议上包括将阿尔萨斯和洛林割让给对手的条款，梯也尔成为巴黎民众心目中极不受欢迎的角色，他被迫撤到凡尔赛宫，将巴黎留给一个特殊的、更加短命的政府——巴黎公社。尽管巴黎公社在城市激进主义运动史中历时最短，但其英勇行为给后人留下的印象最深。拿破仑一世时期建起的旺多姆广场上的凯旋柱被推倒。据说，著名画家古斯塔夫·库尔贝亲自监督了这一行动。第一次进攻被公社击溃后，法国正规军发动了第二次围攻，在5月21日至28日的“五月流血周”中，政府军队攻进城来，开始了疯狂的屠杀。临近周末，当埃德蒙·德·龚古尔走过杜伊勒里花园的时候，他见到这样一个悲惨的场景：“残垣断壁下躺着一匹死马，成河的鲜血中漂浮着巴黎公社战士们的军帽。”[42]最后，剩余的公社战士退到蒙马特、贝尔维尔和梅尼蒙当，即现在住着奥斯曼城市改建计划中从市中心迁走的那些激进工人精英的外环区域。从这一意义来说，巴黎公社是对“被驱逐的报复”。[43]

在共和国政府军队攻入城市的时候，巴黎到处火光冲天。毫无疑问，有些大火是意外发生的。但同样十分明显，多数大火是人为造成的，纵火的目的各不相同。有人要烧掉拿破仑住过的杜伊勒里宫，还有人要烧掉市政府中心——市政厅，结果两座建筑都被彻底烧毁。其他一些纵火目标也多为与政府相关的机构，如警察局、财政部、外交部和城市档案馆等。还有人要放火烧毁巴黎圣母院和卢浮宫，结果未能如愿。很多人认为纵火犯主要是一些女人，据说，她们将汽油弹投向城市的各个角度，因此被称为“用火油纵火者”，不过这种传闻多半是厌恶女性的人添油加醋所致。至此，波拿巴政权引以自豪的新建筑在处处火光中纷纷倒塌。巴黎公社社员及他们的大火犹如奥斯曼计划拆房使用的撬棍一样威力巨大，他们对巴黎造成的破坏程度仅次于北欧海盗曾经对巴黎的破坏。

但是，反叛者也为自己的反抗行为付出了惨重的代价。在“五月流血周”里死亡的人数远远超过法国历史上几次重大的屠杀事件：1573 年的圣巴托罗缪大屠杀中死亡 2000 人，1793 年至 1794 年恐怖时期遭革命法庭判处死刑人数为 2600 人，1848 年 6 月政变中死亡 4000 人，而这次对巴黎公社的大屠杀则导致一周之内 2 万多人被杀害。很多行刑是在巴黎的绿地上进行的。例如，在拿破仑曾引以为荣的蒙梭公园和卢森堡公园等。此外，巴黎还有 35000 多人遭到逮捕，其中 10000 人受审。近 5000 人被发配到新喀里多尼亚岛。如果加上

1871 年 5 月 24 日的里沃利街

逃出魔掌的工人人数，巴黎公社后离开巴黎的人达 10 万之众。如同其他历史创伤一样，“五月流血周”深深刻入巴黎人的记忆之中，使代表全民族利益的第三共和国从一开始就受到玷污。

此后，巴黎人进入相互仇恨时期。小说家福楼拜曾经写道：“一半市民对打击另一半市民的行为拍手称快，而后者当然也会大力支持打击前者的行为，从行人的眼神中你就可以看出这一点来。”[44] 法国国民议会通过了在蒙马特修建一个为巴黎公社赎罪的圣心教堂的议案。但是，该议案与其说平息纷争，不如说是火上浇油，左翼人士对这一建筑物嗤之以鼻。他们敬重的是自己的纪念场所，那就是位于拉雪兹神父公墓的著名的“巴黎公社社员墙”。那里埋葬着镇压运动中被杀害的 1000 多名巴黎公社社员。

二、巴黎公社社员墙

巴黎公社社员墙是巴黎悠久的历史中最令人胆寒、最令人不适的政治暴力见证之一。其残暴性使 1834 年的特朗斯诺南街事件黯然失色。从 1870 年 3 月开始，巴黎国民自卫军就已经形成为一个“联合组织”（federations）。从巴黎公社一问世，fédéré 这个词就成为“巴黎公社社员”（Communard）和公社支持者的代名词。1871 年 5 月 28 日，在政府军对拉雪兹神父公墓疯狂搜查之后，最后 147 名公社战士在该公墓东南侧的围墙处被枪杀。从全城其他地方运来的近 1000 名公社社员尸体也被埋在那里，那堵墙也因此被革命者称为巴黎公社社员墙。从这一罪恶行径被确认之日起直到今天，巴黎公社社员墙始终是左翼人士的朝圣地。

对于左翼人士而言，巴黎公社社员墙象征着资产阶级政府因惧怕无产阶级革命而做出的残暴行径，同时它也是记录工人阶级英勇行为的历史场所。在巴黎公社运动后期，凡尔赛政府派军队去解除巴黎公社反叛者的武装。当然，在军队离开市中心后，公社社员也有一些过激行为，他们不仅进行放火和其他各种破坏活动，还枪杀了一些人质，包括巴黎大主教达尔博伊。由此可以看出，政府和巴黎公社双方均有许多暴行，但从死伤人数上看，政府军更为残酷，他们杀死了 2 万人，其中许多人是在拉雪兹神父公墓集体枪杀的，还有许多人被捕入狱；而政府军死伤人数仅有约 1000 人。

令人惊奇的是，左翼人士通过巴黎公社社员墙要纪念的人和事却成为作家、学者攻击的对象，而且词汇无所不用其极。例如，一个作家说巴黎公社社员是“一伙儿追求权力、美酒、女人和血腥的人”。也有人认为，巴黎所有的麻烦都是外省的那些移民造成的，还有一些人则简单地将根源归于一个历史悠久的神话，说巴黎如同古巴比伦一样，人们只能从那里看到最糟糕的事。这种结论在某种程度上是因为巴黎公社社员的行为是巴黎历史上最残暴的行径之一。尽管后来进行的重建工作起到一定恢复作用，但是公社社员在市中心燃起的熊熊大火使一些具有重大意义的历史建筑永远成为人们的记忆。

巴黎公社被镇压之后，新闻媒体对此事进行了曝光，通过照片和雕刻艺术品，巴黎公社社员之死和公社社员墙的故事已经家喻户晓。但是，由于 1871 年以后巴黎的左翼势力士气低落，公社社员墙显得有些不那么重要了。在 19 世纪 70 年代早期，仅有一些亲属向死难者献花，到了70年代后期，政治家们才开始关注这一具有历史意义的场所。但是，在19世纪80年代早期，一些年轻人竟从墙周围不深的坟墓中掏出死者的头盖骨当球踢，真是奇耻大辱。从19世纪80年代开始，一些有组织的政治活动在此定期举行，但这些活动是在严密的监视下进行的，聚会民众与警察之间常常发生冲突。更为糟糕的是，自称受巴黎公社起义鼓舞的左派不同团体之间也冲突不断。不过，当市政府意欲将包括公社社员墙在内的公墓土地卖给房屋开发商时，左派各团体团结起来联合抵制。他们定期在此处举行一些纪念活动，例如在扣眼上插一枝雏菊，在墙边放上玫瑰花，为死难者敬献花环，进行政治演说，仪式之后集会，等等。

但是，按照社会党人、人民阵线领导人、法国前总理莱昂·布鲁姆1936年的说法，哀悼日已经逐渐变成庆祝日。1936年5月，有法国共产党参加的、由布鲁姆领导的法国人民阵线在大选中取得胜利，此后情况更加如此。5月24日，大约有60万人在巴黎街上游行，这些人鱼贯走过公社社员墙。在这次纪念活动中，法国共产党起了带头作用。历史证明，在每一次纪念活动中，共产党员都是多数。尤其在第二次世界大战后，纪念日发展成为悼念纳粹集中营中法国人的日子。1971年，在参加巴黎公社诞生100周年纪念日的6万人之中，六分之五是共产党人。当天，最后一位巴黎公社幸存者阿德里安·勒热纳的骨灰被埋在墙边，他于1942年在苏联自然死亡。

不过，到20世纪70年代，为公社社员墙举行纪念仪式的活动已经没有多大吸引力了，这与有组织的劳工数量的逐渐下降、法国共产党势力的式微以及其他一些不同形式的政治庆祝活动的出现有关。巴黎工人阶级周末的休闲活动内容也发生了变化。1983年，社会党人弗朗索瓦·密特朗总统决定，赋予巴黎公社社员墙以“民族象征”的历史丰碑地位，而过去人们只将它与各政治派别中的一个方面相联系。人们不仅要问，这是不是对这座历史纪念碑的致命一击，因为它从此永远失去了唤起政治回忆的重要意义。

巴黎公社意欲改变法国民族政治特征的愿望被历史证明完全是枉然的。如同1848年的六月工人起义和1851年至1852年反对拿破仑三世的示威活动一样，巴黎公社再次表明，法兰西顺服巴黎的政治导向的历史已经一去不复返了。第二帝国已经退出历史舞台，取而代之的第三共和国及其选民并不打算宽恕巴黎，1876年以前一直对巴黎实行有效的军管状态，执行严格监察和宵禁。直到1879年，法国政府才重新从凡尔赛宫迁回巴黎。在帝国之后的政府过渡期间，巴黎抓住时机选出市长，首先是科学家埃蒂安·阿拉戈当选，随后在1870年11月至1871年6月间，温和派政治家儒勒·费里曾任市长。但是巴黎公社之后，巴黎失去了推选市长的权力，从此以后巴黎再也没有自己的市长，直到1977年。尽管当时巴黎拥有选举产生的市政议会，但它始终由塞纳区行政长官控制，而20个行政区的长官一直都由国家首脑任命。

具有讽刺意味的是，几个月前还在猛烈抨击奥斯曼并极力要将他赶下台的第三共和国的政治家们欣然接受奥斯曼计划留下的遗产，仿佛奥斯曼已经确定了城市建设的模式，任何人都无法更改，这一

巴黎公社时期的街垒

事实似乎证明，这位前行政官仍在继续负责巴黎的市政建设。正如政治家儒勒·西蒙所言，“由专制当局所开始的事务应当由我们来自由地完成”。[45]巴黎公社纵火之后，城市重建迫在眉睫，当局采取了照搬的做法，恢复并完成了奥斯曼男爵的建设项目。例如，圣日耳曼大道、亨利四世大道以及共和广场四周放射形道路等出自第二帝国的设计手笔的建设项目，现在全部被第三共和国付诸实现。夏尔·加尼叶设计的歌剧院及其周围复杂的街路系统建设也一并得到贯彻。歌剧院大道的修建涉及要拆毁穆林岗这个中世纪时期以来的垃圾场，整个项目是在 1876 年完成的。歌剧院建设框架本身在巴黎遭围困时期曾经被用作食品仓库。在歌剧院的落成仪式上，很可能是作为一种反对帝国的政治宣言，该剧院的设计者加尼叶也不得不自己掏腰包来听首场音乐会。

接下来，发展的主题仍然在奥斯曼城市改建规划的风格中得以进行。新的住宅建设主要是一些资产阶级住宅的建设，与道路建设相辅相成，这一建设与奥斯曼的名字永远联系在一起。为优化城市景观，奥斯曼在 1859 年和 1864 年延续了历史上的做法，对 1783 年至 1784 年路易十六时期下达的有关建筑高度和街道宽度的规定进行了重新启用并稍作改动。这种对传统的尊敬与奥斯曼对历史常常漠不关心的态度截然不同，[46]它给人一种出乎意料的感觉，使新巴黎略微融入了许多复古特征。奥斯曼拥有授予建筑许可的权力，这意味着他有能力迫使建筑者们遵循几个世纪以来个人和公众建筑中具有城市审美的一些主要特征从事建筑工作，同时他还从头至尾地大力提倡典雅朴素的古典主义风格。一般来说，新建筑模式一楼为商店，二楼为一些小商号，再往上是又三层房屋。在一些林荫大道，有的楼房可能会再接四层甚至更高的楼层，顶层为露天平台。各种建筑物的外表，包括众多楼面和阳台，都要保持平展而又和谐，装饰风格要保持最低限度的古今兼容并包。最好的建筑物大都继续使用经过加工处理的石灰岩。由于巴黎附近的石灰岩供应量不断下降，现在这些材料是由火车从遥远的采石场运送进来的。这也增加了建筑的连续特征。从19世纪90年代起，悄然出现了装饰上的变化，[47]如希腊罗马式装饰风格的女像柱越来越多地出现在巴黎城市的建筑之中。此外，“新艺术”装饰风格也在巴黎城市建筑中初露头脚。总体来说，19世纪70年代之后的几十年间出现的典型奥斯曼式的建筑比第二帝国时期的还要多。奥斯曼式的建筑比其他类型的建筑更为突出地标记了巴黎的城市风光。

奥斯曼式建筑的内部与外表都有许多标准。例如，奥斯曼式公寓楼是投机性的，而不是为个人客户建造的，目的是让资产阶级租客居住而不是让业主居住；因此奥斯曼式公寓建筑最大限度地减少了特异性，强调了标准化。它们是“租赁物业”，即旨在创造利润的建筑，建筑物的阁楼（通常给仆人居住）和底楼可能会有他用，但是所有其他楼层往往都是按照同样的规划建造的。这种公寓建筑还有一个公寓门卫，他必须训练有素，保卫住户安全，由此他也成为现代巴黎最具有戏剧特色的人物之一。从19世纪80年代起，电梯的引进意味着最理想的楼层不再是传统观念中的一楼、二楼，而是更高的楼层。公寓建筑开始不断增加新的标准模式。例如：为仆人和商人提供各自单独的入口和楼梯；有一个装饰华丽的门厅；从一条主要的走廊可以来到具有不同功能的房间；最好的卧室和客厅享有楼房前面的景观；以及逐渐普及到各个楼层的自来水、煤气灯、锅炉驱动的集中供暖设备和体面的盥洗室、卫生间等“便利设施”。哲学家维克多·库赞曾气愤地说，这种公寓设计是在“扼杀建筑艺术，使其屈服于方便和舒适”。[48] 但是第三共和国的建筑师和设计者们对他的说法不屑一顾，因为方便和舒适已经开始成为巴黎公寓建筑群里中产阶级房客的必需品。

因此，第三共和国的政治家们欣然接受第二帝国提出的城市美景建设运动。巴黎需要向世界其他地方展示自己的优势，需要弥补或者遮掩巴黎公社社员对城市建筑的破坏，而这需要时间。市政当局最后做出一个决定：拆除已经严重毁坏的杜伊勒里宫。外交部办事处所在地奥塞宫直到 19 世纪 90 年代末还是一片烧焦的废墟。市政厅到 1882 年才完全重建起来，整体结构扩建了很多，它的外观模仿的是 19 世纪的后哥特式艺术风格，而没有艰辛地恢复文艺复兴风格。许多巴黎人对第二帝国时期的二十年中巴黎成为一个辉煌的建筑工地有些失望，但是直到第二帝国垮台，这种建造风气也没有停止。拿破仑三世就曾主持修建了 10 多处公共花园和广场。到 1911 年，第三共和国已经成功地建成 37 处这样的花园和广场。落成于 1878 年至 1888 年间的建筑物的数量是 1860 年至 1869 年间的三倍多。[49] 奥斯曼式风格不仅在巴黎以外的城市受到欢迎，世界上其他国家也在建立自己的“巴黎”。从某种意义来说，巴黎已经成为现在城市规划的范例。

具有典型意义的是，第三共和国政府还沿用了拿破仑三世的政策利用世界博览会来展示巴黎作为世界之都的形象。拿破仑曾经对伦敦水晶宫举办的 1851 年大不列颠博览会十分欣赏，所以决定将很有传统特色的法国工业博览会改变成更为壮观的形式。以前那种传统的博览会形式要追溯到1798年，那是弗朗索瓦·德·纳沙托的灵感。[50] 1855年和1867年在巴黎举办的博览会取得了空前的巨大成功，并巩固了巴黎作为观光胜地的声誉。例如，巴黎在法国对外出口中的份额在博览会之后急剧上升。主要在香榭丽舍大街举办的1855年博览会规模空前，吸引了约500万参观者，包括各国首脑和其他国际要人。1867年的博览会规模更加壮观，几乎占据了战神广场的全部地盘，吸引了700万来访者。第三共和国也没有自甘落后，而是极力热情地宣扬国家已从1870年至1871年的屈辱中恢复元气，并确信1878年的博览会将更加壮观。结果那次博览会占地面积前所未有，从战神广场到塞纳河右岸的特罗卡德罗，并沿着塞纳河左岸一直到荣军院。1889年的博览会是永远值得纪念的盛会，因为它是埃菲尔铁塔的落成典礼，此次吸引人数不下3200万，是1878年参观人数的两倍。

这些博览会颂扬了对技术和工业生产的崇拜，这既是因为那些博览会中展示的钢铁建筑给人们留下了深刻的印象，也是因为展览中出现的机器和设备那近乎恶魔般的能量，同时代的人对此刻骨铭心。一位参观者后来回忆道：

> 四台机车守卫着机器大厅，那些机器仿佛是埃及神庙入口处的狮身人面像。展厅里到处都是铁、火和水，声音震耳欲聋，令人眼花缭乱……一切都在运动之中。人们在那里可以看到羊毛的梳理、布匹的折叠、纱线的修剪、谷物的脱粒、煤炭的提炼、巧克力的提取等等。[51]

国际上一些参展者对博览会的评价也带来了全球性的感觉：“儒

勒·凡尔纳梦想着80天环游世界，”1889年博览会的官方指南宣称，“而在战神广场，您6个小时之内就能完成。”[52]

但是，从某些方面来说，这种世界博览会上展出的主要展品是一些完全本土性的东西，即巴黎本身，对此时来说也就是一派奥斯曼式的权力景观。这所城市有超出想象的巨大改变，并自豪地用竞争对手无法模仿的方式展示自己。没有任何一个国家曾在这种活动中投入过如此巨大的资金，也没有任何一个国家能如此有效地利用这种活动来改善城市的基础设施。1855年博览会上首次展出了有轨电车。1867年，博览会上展示了游船服务。1878年的博览会第一次展示了电力路灯的实验。

在1878年博览会前夕，英美小说家亨利·詹姆斯参观了巴黎，并钦佩“法国具有令人瞠目结舌的可塑性”，尽管有巴黎公社及其余波造成的毁灭性破坏，但他还是认为，“今天的巴黎外表一片光辉灿烂，繁荣昌盛的景象仿佛这片天空从未有过乌云”。[53]不管遇到了多少麻烦，这些国际性博览会都为坚持永恒巴黎这一信念起到了重要作用。将巴黎这座光芒四射的现代化城市迅速恢复成为“文明的聚焦点”，正如雨果所说，将使巴黎成为法国“全部历史的缩影”。[54]在1878年博览会上，意大利参观者埃德蒙多·德·亚米契斯也赞叹个人在奥斯曼式巴黎的全新文化体验。各种感官过载，他几乎溺毙在巴黎这座现代城市的过度壮观之中。他这样写道：

> 我们这些来自都灵、米兰和佛罗伦萨等孤独而又僻静小城的人都无比惊讶地发现，在家乡，每个人都站在商店门口，觉得似乎生活在一个大家庭里。如果说昨天我们一个小湖上划桨，那么

今天我们就是在海洋上航行了。[55]

历史学家埃内斯特·勒南曾讽刺地评价1855年博览会：“整个欧洲都跑去看货了，还对产品和原料品头论足。”[56]勒南这种看似粗鲁的态度事实上反映出博览会与大众消费之间的联系正在加强。留给人们深刻印象的不仅仅是技术和原始生产力的展现，还有这些技术与生产力似乎越来越适应个人消费需求和舒适度的方式。因此，辛格缝纫机、照相机和家庭用电在1855年博览会上成为最抢眼的项目之一；冰箱、打印机、电话、电梯和最原始的留声机在1878年也深受欢迎。这些物品很快就在巴黎上市销售了。

某种程度上，博览会的巨大成功是一种现象的延续，尽管这种成功显得有些夸张，有些不可思议，但零售业的崭新形式，尤其是百货商店，给了它更为平实的表达。分别于1867年和1870年建立在右岸新桥附近的美丽花园和莎玛丽丹百货，1883年建立在左岸巴克街麻风病医院和性病医院旧址上的乐蓬马歇百货公司，还有1895年建立在昂坦马路上的老佛爷百货公司等等，都是这种零售商店。1862年创建的规模更大的巴黎春天百货公司于1905年在奥斯曼路开业。基于高营业额和低利润率的原则，这些多层大商场拥有大量不同种类的消费品库存，并制订了固定的价格。它们的销售额随着邮购商品目录的出现而增加，这种新的销售方式将巴黎现象传到全国。商品需求量的增加极大地刺激了巴黎当地工业的发展，其中主要是半奢侈品的生产不断增加。巴黎新、老行政区的手工生产都卷入大商场疯狂的销售循环中。

这些商场提供了一种全新的购物体验，使其前身，如王权复辟时期和七月王朝时期的购物拱廊，陷入了相当暗淡的阴影之中。它们将这种体验置于一个结合了最现代的技术——特别是铁架结构和平板玻璃窗——与阿拉伯夜晚风情的环境之中。橱窗购物、闲逛商场、与其他顾客交往、冲动购物等现象进入大众生活方式。在那些消费殿堂里，各种奢侈品琳琅满目，价格不一，吸引了“从公爵夫人到调情者，从百万富翁到乞丐”的各阶层人士。[57]它们利用顾客的消费主义幻想，有些作家很赞同这种策略。例如，埃米尔·左拉在1883年发表的小说《妇女乐园》中对一家百货商店的描述明显是以乐蓬马歇百货公司为原型的。小说中描述的商店满足了读者的欲望和联想，于是产生了一种反馈效应，即在几年之内，乐蓬马歇也在模仿小说中描述的那些布置。

在19世纪历史的演进过程中，这种艺术与现实、幻觉与真相、个人欲望与集体幻想的交融在巴黎形成了引人注目的壮观景象，而且越来越强烈。浪漫主义诗人泰奥菲勒·戈蒂埃在1856年写道：“巴黎，魔力般的名字，无论是戏剧、歌剧，还是书，只要是描写它总是确信能够成功。”[58] 18世纪的小说或许也都是以首都为背景的，遗憾的是它们很少唤起地域感。与之对比，19世纪末的参观者和游客都坦白地承认，他们的想象力已经被文学作品对城市的描述准备好了，所以有时很难体验巴黎的原本面貌。由于畅销书的销售和受欢迎戏剧的上演，即使从未踏足此处的人也似乎已经了解了这座城市的每一个细节。正如亚米契斯在1878年所写的那样，“任何人与巴黎都不是初见，而是一再重逢。”[59]仅文学作品中描述过的地方就不计其数。例如，欧仁·苏犯罪小说中的巴黎黑社会、巴尔扎克惊世之作中的贵族沙龙和左岸的印刷文化、雨果在《悲惨世界》中描述的下水道等。有多少游客在游览下水道时，代入的是冉阿让的冒险之旅啊！

左拉的小说，尤其是他出版于1871年至1893年、以第二帝国为背景的《卢贡-马卡尔家族》系列小说，为这段神话般的文学时期提供了明显的实例。左拉的系列作品向读者讲述了转变之中的法兰西第二帝国的一系列寓言般的故事，将这个奇妙世界展现在读者的面前，不仅有各种百货商店，还有各种蔬菜市场；不仅有上层阶级的卖淫嫖娼、银行与财政内幕，也有下层贫苦百姓的消遣酒店。这些小说凸显的主题是巴黎拥有的巨大能量，它能编织出一套不断循环、日益更新的网络。另外，小说还阐述了一个主题，这个主题在世纪长河中越来越明显，那就是作家本人是重大历史事件的见证者，他不仅见证了巴黎城市的巨大改变，也见证了巴黎现代化的真正含义。

漫游者是革命后出现在现代城市街道上的人物，即有意识地在街上闲逛的人，在人们对巴黎的认识中持续发挥着作用。漫游者是沉浸在人群中的个体，但不属于人群。漫游者诗人夏尔·波德莱尔曾写道："对于一个彻底的漫游者，一个热情洋溢的观众来说，在人群的中心安家是他们最大的快乐，他们就出现在潮涨潮落之时，就行动在不可捉摸的事件之中。"[60]漫游者的匿名性使他能够见证不断扩张的城市中街头生活的真相，并将其观察和感受发表到刊物上，如小说、报纸文章、文学手册等，这些都以不同的方式丰富了我们上文提到的文学神话。

这种文学现象是从19世纪50至60年代开始的，并在艺术界产生共鸣，特别是在马奈及印象派画家的作品中，画家们不确定地摸索着波德莱尔所倡导的"现代生活的绘画"，这种绘画拒绝将历史、宗教和神话作为题材的传统观念，主张直率地描述工业化城市生活带来的累赘。诗人戈蒂埃曾经这样断言：“如果我们接受铁路、汽船、英国科学研究、集中供暖和工厂的烟囱这些文明，就能获得与古典艺术完全不同的现代美。”[61]

这一团体对此时此刻巴黎城市的描述引发了一场艺术争端，特别是官方举办的一年一度的沙龙画展，自认为是维护了艺术声誉并保证了艺术质量。印象派画家既强调对现实的表现（尤其是通过光线和颜色），又强调对可接受内容范围的扩大，这引起了艺术上极大的争端。马奈的画《奥林匹亚》展出于 1863 年，画中的裸体与其说是过去对女性形象的理想化描绘，不如说是当代的卖淫世界。这引起了一场轩然大波。官方沙龙画展对莫奈一派的态度十分明显：坚持拒绝陈列他们的作品。这一派别便建立了反沙龙画展来展示他们自己的作品。1874 年至 1886 年间，他们举办了八次这样的展览。在第一次展览之中，有人用充满敌意的批评来攻击克劳德·莫奈的画，并称其为“印象派画家”，这一团体由此得名。

作为一个派别，印象派画家除了马奈和莫奈还有卡耶博特、塞尚、德加、莫里索、毕沙罗、雷诺阿和西斯莱，他们的大量作品都是对现代巴黎，尤其是对巴黎现代性标志最突出部分的描绘。在他们之前，描绘巴黎的作品数量少得惊人，且以城市纪念物为主，如新桥、圣母大教堂和其他各种教堂等。相比之下，印象派画家喜欢描绘街道上的生活，他们选择的绘画区域主要在街道、码头、布洛涅森林和城市西北部生活更富裕的区域。如果他们要描绘纪念性建筑，很可能是火车站、咖啡厅或者奥斯曼式建筑而不是大教堂。在这些地方，资产阶级会感觉舒适，并远离政治事件的烦扰。在其作品《协和广场》中，德加描绘了一个漫步于巴黎著名广场上的游人，该男子的高帽恰好挡住含有寓意的斯特拉斯堡的拟人塑像。该城市在 1870 年普法战争中被普鲁士夺走，从此这座雕塑便一直以布帷覆盖。印象派画者的品位趋于欢乐，有逃避政治的色彩。

当印象派画家勇于探寻巴黎城外旷野的风景时，他们总是回避渺无人烟之地或农耕环境，而是描绘首都资产阶级的度假胜地。他们喜爱的场所包括超出或者未涉及工业发展的地方，如阿斯涅尔、阿让特伊、布吉瓦、沙图和塞夫尔；或者是海滨盛地（如多维尔），这里有为巴黎一日游旅行者和度假者开通的火车，他们可以在这里洗浴、划船、野餐和休息。

巴黎的神话既是现代性的缩影，也是人们在政治保守主义视角上理解巴黎的过滤器。在第二帝国时期，一位美国来访者在游览巴黎后写道："如此华丽的面具是怎样使那些狂妄的人低下了头？"[62] 第三共和国时期也出现了同样由现代巴黎引发的令人迷惑不解的问题。但随着时光的流逝，许多漫游者开始变得更加乐观和清醒，他们的情感也屈从于更加犀利、批判的智慧，照此他们完全可以接受即将出现的新的壮丽城市。但是，1848 年、1851 年和 1871 年还处于极为传统的阴霾下，他们注意到这也产生了一种意识。这种意识是流离失所，是异化，并深入现代城市居民的心里。奥斯曼的巴黎改造工程扩大了这种意识。因为这一工程表明，巴黎人难以阻止对自己环境的破坏。夏尔·波德莱尔曾诗意抒情般地描写了人们由此产生的焦躁不安和幡然醒悟。他很清楚地意识到，巴黎是一个"充满诗情画意和美妙主题的城市"。[63] 但是，与那些在巴黎穷奢极欲的消费主义者不同，他离开了旅游线路的大街小巷、百货商店、公共花园和娱乐场所，经常出没于流浪汉、乞丐、街头艺人和下层知识分子所在的低级酒吧，甚至巴黎市郊穷人所在的凌乱肮脏的街道上。因此，他意识到奥斯曼的现代性在某种程度上是一个神话，是凌驾于强迫和破坏之上的。受那些穷苦群众思想的刺激和影响，他发现自己的品位并不适合新的大众社会。他渴望旧巴黎能够复归，虽然它似乎悲壮地一去不复返。“旧巴黎已不再，啊！城市的变化比人心的变化还要快。”[64]

因此，巴黎越是被作为现代化城市的代表而神化，它就越滋养着一种怀念老巴黎的反面神话。那个老巴黎虽然是一个凌乱的地方，但是真实的、早已被宣称是更适合人居住的地方。奥斯曼主义的强制介入阻碍了巴黎人的个性发展，使他们成为城市有机体的一部分，一言一行尽在城市的掌控之中。马克西姆·迪·坎普认为，现在普通的巴黎人已经成为被动的、被控制、被管理的编码，无论情愿与否，他们都“被登记，被编入目录，给一个代号，处在被监视之中，负责供电、打扫卫生、引航带路、照顾别人、听从警告、遭受逮捕、接受审判、遭到监禁，最后被埋葬”。[65]这种反乌托邦的幻灭态度突出反映了奥斯曼这个名字的知名度，现代化理想变成激烈的社会与文化变化过程中的替罪羊。

从埃菲尔铁塔顶部放眼瞭望，可以隐约感到奥斯曼化了的巴黎城市中心仍然在不断地变化，而该铁塔本身正是1889年博览会颂扬现代主义的杰作。人们在埃菲尔铁塔上不仅可以展望西部街区别致的林荫大道和百货商店，还可以一览远郊工厂和工人住宅区。巴黎是一座以大量消费为中心的城市，这正是博览会突出强调的，而且是继续以工业化和艺术产业化为主要特色的城市。然而，奥斯曼式的林荫大道并没有成为一切，甚至在具有历史意义的巴黎城市中心，奥斯曼也是枉费心机。尽管老巴黎已经被分割成数块小区域，但是它还活着，而且活得很好，所不同的仅在于距离里沃利街或圣米歇尔大道远一点还是近一点的问题。

三、埃菲尔铁塔

> 埃菲尔铁塔是巴黎的耻辱。我们确信，即使是爱财如命的美国人也不想要它。每个人都了解这一点，每个人都这么说，每个人也都因为它而极度心烦——而我们的说法只是广大民众呼声中一个小小的回音，要知道，广大民众的呼声是很值得警觉的。人们只需想象一下，一座现代工厂里巨大的黑烟囱那样的铁塔主宰着巴黎，以其野蛮的块头压倒了圣母院、圣礼拜堂、圣雅克塔、卢浮宫、荣军院的穹顶、凯旋门等，埃菲尔铁塔简直不值一提。

上面这段陈词是1887年由大约50位著名的知识分子签名后发出的，其中包括作家小仲马、勒贡特·德·列尔和莫泊桑，建筑师夏尔·加尼叶，作曲家古诺和马斯内，剧作家维克托里安·萨尔杜，以及许多建筑设计师。他们公开宣称自己是“美的激情热爱者”，自认为是所有喜爱历史上巴黎的人的代表，无法忍受巴黎将要被正在准备建立的那个“毫无价值的柱状型铁架那令人厌恶的阴影”所亵渎。

对于一个在所需的250万颗铆钉尚未有一颗敲定之前就受到法国文学和艺术大师们全面谴责的建筑，埃菲尔铁塔的质量惊人地好。负责铁塔建造的勃艮第工程师古斯塔夫·埃菲尔——尽管它事实上是由他的同事努吉耶和凯什兰设计的——给那帮大师们写了一份激情似火的答复，声称他提出的这种新型美的建筑并没有违背艺术标准和历史惯例，而是超越了这两者。他指出：

> 是因为埃及那些金字塔具有巨大的艺术价值才激发了人们的想象吗？……埃菲尔铁塔将是人类有史以来建造的最高大的建筑物，为什么金字塔在埃及具有令人钦佩的价值，而埃菲尔铁塔在巴黎却变成了丑陋与荒唐的话柄？

确实有些人十分讨厌埃菲尔铁塔。例如，J. M. 于斯曼攻击它是一个“毫无价值的蜡烛台”，一个“浑身是洞的固体栓剂”。但是埃菲尔同时代的人和后代子孙们纷纷来铁塔参观。铁塔落成于 1889 年博览会，仅这一年就有 200 万人参观该铁塔，其中包括威尔士王子、八位非洲国王、托马斯·爱迪生、莎拉·伯恩哈德和“水牛”比尔，这些来自不同国家和地区的佳宾跋涉 1710 个阶梯，来到 300 米高的铁塔顶端。巴黎春天百货公司独家获得了建塔所剩的边角余料，用来制造许多微型埃菲尔铁塔，作为纪念物卖给游客，结果使铁塔的形象遍布全法各地。到 21 世纪初，来埃菲尔铁塔参观的人数已经接近 2 亿人。

尽管毕沙罗是埃菲尔铁塔著名的坚决反对者，但法国大多数画家还是几乎立刻表示愿意来看看铁塔。例如，修拉早在 1889 年铁塔落成当年就来参观，1890 年来参观的著名画家还有卢梭、希涅克，夏加尔、德罗内、郁特里罗、杜菲、谷克多等也步其后尘。诗人们也纷纷来访。例如，第一次世界大战期间在前线服务的纪尧姆·阿波利奈尔创作了一首抗击德国的诗歌，用的就是埃菲尔铁塔式的排列方式。阿波利奈尔的姿态表明一个事实，即埃菲尔铁塔是巴黎城市的一个无与伦比的纪念物，巴黎所有著名的纪念场所也无一可以与之相比拟。在这方面，巴黎圣母院与埃菲尔铁塔十分相近，尽管巴黎圣母院的宗教功能使它超出了巴黎反教权主义的目标界限，但它事实上出自技艺精湛但默默无名的劳动者之手。埃菲尔本人将他的铁塔称为“300米高的旗杆”，三色旗在塔顶飘扬。埃菲尔铁塔的形象，从绘画、诗歌、图片、电影到各种各样的纪念品，都让人想起巴黎而非整个法国。实际上，对于大多数人来说，埃菲尔铁塔就是巴黎城市的化身。

埃菲尔铁塔超越了艺术标准，也超越了所有实用功能的概念。最终，人们发现了它的一些其他用途：1908年，人们在塔上竖起一根无线电杆，后来又建了一根电视信号杆；它的顶端还是军事观察点；它还被用来做巨大的广告板和气象观察站。然而，埃菲尔铁塔的这些实用功能都可以通过其他方式来代替，因此，铁塔在这方面的所有意义和目的都不那么重要，它的工程设计本身就是它的最高成就。与埃菲尔铁塔同时期开放的英国福斯大桥也是如此，除了它本身在建筑史上的荣耀和地位外，这座桥至少还承担了从河口一岸到对岸的交通运输，所不同的是福斯大桥建筑过程中有大约100人死亡，而埃菲尔铁塔建筑工地仅有一人重伤。

作为一个出色的旅游景点，铁塔还超越了旅游行业的陈旧观念。铁塔最高明的评论家罗兰·巴特指出，游客在塔上无可探求，塔上一无所有，除了巴黎，事实上在塔上什么也看不到。人们在埃菲尔铁塔上不仅可以俯瞰巴黎全景，而且可以领略巴黎难得一见的空中轮廓。难怪莫泊桑在塔中餐馆用餐时说："这里是巴黎唯一一个看不到铁塔的地方！"

铁塔缺少实用性，为了赋予它实用意义，人们发起了带有补偿性的寻求。埃菲尔曾对自己克服巨大困难之后创造了这个人间奇迹而倍感自豪，而铁塔对人们提出的挑战则引起了更加乖张怪僻的挑战。1926年，有人试图驾驶飞机从埃菲尔铁塔腿下穿过，结果失败，但这种试验在1945年取得成功。1912年，有人乘降落伞从埃菲尔铁塔上跳下。1923年，有人骑自行车从塔上下到地面。1905年，人们举行了爬塔比赛。1954年，有人使用登山技术攀登埃菲尔铁塔。1983年举行了骑摩托车上塔比赛。1987年又举行了骑山地自行车上塔比赛等等，不一而足。在这些试验中，有一些尝试以悲剧告终。总体而言，包括冒险者和各种原因的自杀者在内，死于埃菲尔铁塔的人数大约为350人。

20世纪初，雕刻家雷蒙·杜尚-维永把埃菲尔铁塔称为"超人兴奋之梦"，由于它明显缺少实用性，所以增加了更多的幻想性。铁塔曾经被喻为许多东西——烟花、油井井架、避雷针、昆虫等。各种幻想常常会有一个色情的转变。塔身明显的性的维度（这一点由桑德拉尔、阿拉贡和超现实主义者所强调）事实上已经夹杂着相当奇怪的意念。在阿波利奈尔的诗中，塔如同照顾巴黎这个羊羔的牧羊女一样，这种比喻令人想起巴黎城市的守护神热纳维耶芙，她有时被描述为在照看绵羊。另外，从下面仰望塔身，尤其是在诗人看来，它的第一层酷似怪异的骨盆，这表明埃菲尔铁塔超越了性别之分，正如它超越了美，超越了实用，超越了历史，超越了观赏，超越了一切。

因此，巴黎保留了其蔑视各种解释和纷争的能力。例如，对巴黎城市意义的争论就曾经演变成一场对现代性本质的辩论，全世界的非巴黎人都可以自由地参与进来。对现实和过去的意见分歧同样会影响到对未来的展望。随着又一个世纪的到来，巴黎的未来发展似乎还很模糊。从一个角度来看，巴黎明显进入到举世无双的满足和享乐时期。很明显，这是第一次世界大战后一代人的观点，他们将这个时期冠名为“美好时代”。相反，许多人强调，紧张局势和各种不祥征兆正在来临。有些人甚至开始担心世界末日的到来，未来可能意味着结束而不是开始，所以，“美好时代”也就是“世纪末”。

10

令人担忧的景象

（1889—1918）

19 世纪末的巴黎可以称为博览会的盛世，有两次国际大型展览，即 1889 年和 1900 年博览会在巴黎举行。这两次展览都以 1855 年、1867 年和 1878 年博览会为蓝本，展览中心都在战神广场，都再一次强调巴黎是“光之城”（也确实是由电灯来照明的），而且两次都极其成功。1889 年博览会吸引了 3200 万观光者，人数是 1878 年的两倍。1900 年博览会人数达到 5100 万，这个数字使它成为世界上参观人数最多的国际博览会，直到 1970 年日本大阪的世界博览会超过了它。1889 年的巴黎博览会安排在与法国大革命一百周年纪念活动同期举行，特别设想为现代的开始。1900 年博览会的主题是“巴黎，文明世界的首都”。如果说巴黎是民主的诞生地，它又有引领现代文明的优势，那么它正是把自己的壮丽展示在“世纪末”和“美好时代”这一矛盾时期。

考虑到第三共和国建国以来动荡的政治和社会氛围，大型展览当然采取了夸张手法来展示。两次博览会皆试图寻找一个统一政治制度的形象，但现实还存在着严重的政治分歧，还没有完全摆脱巴黎公社时期的社会阴影。19世纪70年代，君主派一直想要夺取政权，而共和派对此表现懦弱，结果在1873年君主派如愿以偿，没费吹灰之力就将共和派梯也尔赶下了台。波旁王室的王位觊觎者尚博尔伯爵，也就是查理十世的孙子，1871年以前根本就没有住在法国，甚至从没有到过凡尔赛，他试图谋取国民议会批准，获得总统候选人的资格。后来只是因为他固执地要求使用白色百合花旗作为法国的国旗，才没有成功。这种情况表明，极端主义情感的宣泄无论如何不会成功。

只是到了1879年，君主制复辟的喧闹已经烟消云散，政府才将官邸从凡尔赛迁回巴黎。在巴黎公社那黑暗的日子之前，巴黎一直是法国政府所在地。同年，政府批准第一批释放被囚禁的巴黎公社社员重新进入巴黎城区。凌晨4点，政府偷偷运送他们到达奥尔良火车站，却发现有4万名工人臂挽臂地给予他们同志式的欢迎。1880年，确定7月14日为法国国庆日，表明共和国开始与历史上反君主制的势力走向和谐。尽管如此，在19世纪80年代中后期，布朗热将军掀起的波澜又一次打破了巴黎政局相对平静的瞬间，尽管他本人要在影响上挑战拿破仑，但是他仅仅成为政治上的一颗流星，转瞬即逝。布朗热呼吁修订宪法，并开展一场反德意志帝国的复仇战，这为他赢得了大量工人和巴黎资产阶级的选票。尽管如此，到1891年，这位将军终于力竭心衰，在他情妇的坟墓上饮弹自尽。[1]但是，在19世纪90年代，法国政局还出现了其他一些新的不稳定因素。政界高层严重的经济腐败引发了一系列丑闻，引起极大的社会反响；桃色丑闻也不断发生，1899年总统费利克斯·富尔在与情妇性交中身亡就是一个明证。尽管教皇在1892年要求法国天主教支持共和政体，但是法国共和派时常对天主教发动猛烈攻击。教会中的反共和主义情绪仍很严重；贵族聚居的圣日尔曼区是这些动荡的热点地区之一，马塞尔·普鲁斯特曾详尽地描述过他们的等级。

第三共和国宪法将选举权扩大到所有成年男性，随后，由1870年抗击普鲁士围攻的英雄之一莱昂·米歇尔·甘必大提出的所谓“新社会阶层”这一概念又被神圣化。但是，法国社会政治基础的扩大似乎仅仅造成了一些新的权力观念的产生，并导致人们心目中一种新的焦虑：民众政治到底何去何从？左派点燃的社会主义烈火早已经在巴黎公社的灰烬中重新燃起，到19世纪90年代中期，左派已经进入国民议会。此外，社会主义运动中的和平主义党派对第三共和国的殖民主义扩张政策提出严厉的批评。工人阶级的政治势力正在急速发展。1890年5月1日，十万多名工人在巴黎庆祝第一个五一劳动节——这在当时是违法行为。1895年，法国劳工总联合会（CGT）成立，后来发展成为法国最大的同行业联合会，并在成立后立刻卷入争取8小时工作日的运动中。此外，左翼党派中最具有武力色彩的组织在布朗热事件后掀起了一场无政府主义的暴力运动，巴黎的多家旅馆、饭店、行政官员居所和其他公共场所遭到袭击，伤亡在所难免。这种野蛮的政治运动遭到谴责理所当然，但令人惊讶的是，这种运动却受到工人阶级激进分子和文学艺术界先锋派的支持。

如果说政治和阶级在为自己的利益争夺政权，那么性别也不例外。一个日益壮大的女权主义游说团呼吁采取措施来扩大妇女的社会和政治权力。1897年，玛格丽特·迪朗创办了第一份女权主义日

卢森堡公园中观看木偶戏表演的人群，欧仁·阿特热摄于 1898 年

报，并给报纸起了一个很有巴黎特色的挑衅性的名字：投石党人。迪朗对 19 世纪法国妇女在父权主义统治之下自身卑微的社会问题提出了尖锐的批评，并谴责那种将妇女当作家庭主妇或性伴侣的角色。在当时的法国，尽管妇女们已经获得教育权、就业机会、法律上的平等权利、掌控财产和离婚的权利，但是女权主义运动有其深刻的文化影响，它远远超越了政治权限，尤其是在女权主义运动集中的巴黎。

19 世纪 90 年代中期发生的德雷福斯事件使大众政治运动和妇女权利运动造成的紧张局势增加了新的种族色彩和政治标签。阿尔萨斯的犹太军官阿尔弗雷德·德雷福斯被无辜指责为德国的间谍，并于1895年被错误地监禁，该事件导致法国政坛分成两派。德雷福斯得到了“人权同盟”的支持，这在左拉的著名文章《我控诉》中有清楚的描述。这篇文章于1898年刊登在激进主义政治家乔治·克列孟梭主办的报纸《曙光》上。该文章在巴黎和其他一些城市引发了强烈的抗议活动，巴黎甚至出现了骚乱，结果左拉不得不暂时避难于英国。文章《我控诉》毫不留情地揭露了军队、天主教会和政治势力中的反德雷福斯运动，以及那些参与到此事件中的反犹太分子。1899年，德雷福斯被临时特赦，那场激烈的争论暂时停止。然而，由此引起的对立却长期存在下来。昔日的印象派画派战友德加和毕沙罗因为在此事上的分歧而成为陌路人。对德雷福斯事件持反对态度的德加因愤怒解雇了他的（信仰新教徒、支持德雷福斯的）模特。直到1906年，该事件才得以告终，德雷福斯被赦免并在军队中官复原职。

巴黎在大踏步前进中似乎经历了无数的政治骚乱。在1893年众议院开会期间，一枚炸弹投向了议会主席。他迅速弯腰躲避，结果炸弹摧毁了他座位后面的墙壁。他从讲台下面重新站起来，镇定自若地宣布：“继续开会……”仿佛他是埃德蒙·罗斯唐戏剧中的角色。事实上，这位戏剧家的《西哈诺·德·贝热拉克》正是1900年博览会前夕风靡一时的露天作品之一，这种一如既往的镇静遮掩了政权中心的焦躁不安。

1889年和1900年的博览会试图抚平巴黎过往的政治创伤，并展示法兰西团结在进步和现代化旗帜之下的最美好图画。然而，在这些国际和全球性展示以及商业成功的背后，针对政权的未来、现代性的本质和巴黎城市的特征等话题的争论一直在持续。

1889 年博览会的组织者是奥斯曼男爵昔日的合作伙伴阿尔方，其成就渗透着奥斯曼的价值观。该博览会的最高成就埃菲尔铁塔是对科学和进步的极大赞美，这是整个博览会设计的象征意义。从第二帝国时起，巴黎的铁架建筑便层出不穷，但是这个 300 米高的建筑超过了任何其他现代建筑物。当人们将埃菲尔铁塔脚下那巨大的铁与玻璃做成的展厅与塔本身联系在一起的时候，埃菲尔铁塔显得更加巍然壮观，展厅拥有当时世界上最大的建筑跨度，许多展品都陈列其中。博览会委员会主席爱德华·洛克鲁瓦组织了一场有关铁塔建筑的展览，以爱国主义的热情强调埃菲尔项目的创新概念，说明它的领先特点，揭示铁塔建筑的团队精神。他将埃菲尔铁塔的建设与狄德罗《百科全书》的撰写工作进行了比较，认为它们都是合作的产物、智慧的结晶、手工劳作和不竭精力的硕果、各方面总动员的表现，同时，这在法国全社会都具有社会教育的作用。这些目标与第三共和国的爱国主义热情同出一辙，与它在殖民地自称的“文明使命”相互交映。

一、阿尔方

正如塞纳省最高执政官在 1892 年拉雪兹神父公墓举办的阿尔方葬礼上所宣读的，让-夏尔-阿道夫·阿尔方（1817—1892）是“法国所有重大活动和巴黎节日的神奇组织者，我们博览会的伟大装饰家，步行街、广场和林荫大道的缔造人”。这是对这位名人最恰当的悼词，他融“建筑师、工程师、金融家和执政官”

等各种角色于一身，他对“巴黎极大的热爱之情”向来被一些著名演讲家所赞扬。

奥斯曼男爵对19世纪巴黎历史的巨大影响使他的同事们都被忽视了。奥斯曼最有效的行政天赋之一是他用人方面的技巧，他善于从现实工作中选择努力肯干、讲究工作实效的人，并加以重用。在奥斯曼化了的巴黎地下有一个巨大的下水道系统，该系统就出自欧仁·贝尔格朗之手，奥斯曼于1854年委任他为巴黎公共水设施的主管。到1867年第一批游客于博览会同年参观了下水管道系统的时候，贝尔格朗已经使巴黎的地下管道扩大了五倍，并革新了首都水供应和储备系统。奥斯曼的另一提名人是建筑设计师加布里埃尔·达维乌，该设计师参与了新街道的美化创造，尤其是主要街道设施（如灯柱、厕所、公园长椅等）的设计和管理。雅克·伊托夫是奥斯曼最得意的建筑师，他重新设计了巴黎的主要城市广场，如星形广场和圣米歇尔广场。园艺师巴里耶-德尚对城市绿化担负起相当大的责任，是他重新绿化了巴黎。这些人在开始的时候听从奥斯曼的安排，但是一旦工作开展起来以后就有很大的独立性。实际上他们必须如此，因为1870年奥斯曼离职以后，他们还得继续自己的工作。例如，贝尔格朗在自己的岗位上一直干到1878年，阿尔方则一直到1892年去世，即他的上司奥斯曼去世一年后，始终在继续工作。

阿尔方可能是奥斯曼男爵所有同事中最重要的一位，奥斯曼称他是自己的“左膀右臂”。他的特殊作用是拓展了一片绿色空间，这是奥斯曼方案中拿破仑三世最珍爱的一部分。但他的影响力延伸到了所有公共工程（尤其是在1871年之后）。直到1889

年他一直都是世界博览会的主策划人。他在管理方面的天赋使博览会取得巨大的国际性成功。正是阿尔方选择了埃菲尔的设计，从七百多个设计中选中了300米高的铁塔。

但是，这位伟大的巴黎人并不是土生土长于巴黎的，而是出生在外省。与贝尔格朗一样，他出生在格勒诺布尔，在巴黎路桥高等学院接受的教育。毕业后他在波尔多担任工程师，在这里与奥斯曼邂逅，1850年至1853年，奥斯曼正在吉伦特省担任行政长官。1854年，奥斯曼聘请阿尔方为巴黎步行街和园林的总工程师，结果他在这个职务上一干就是三十七年。在这期间，他还被委任了一系列的官职。第三共和国时期，他在1871年成为巴黎公共设施总管，掌控着公路、步行广场、地图制作和城市建筑等大权。1878年贝尔格朗去世之后，他还接管了供水排水工程，这好像还不够，他还在巴黎外围塞纳河区的设计中发挥了主导作用。

在奥斯曼被免职后的二十多年中，阿尔方对奥斯曼成就的巩固和拓展可能是他一生最重大的成就，这与他想象和创造的巴黎绿地密切相关。他重新考虑并设计了巴黎各种公园，从布洛涅森林到万塞讷森林，从肖蒙山丘公园、蒙梭公园和蒙苏里公园等市内主要公园一直到几十个星星点点地分布于巴黎的小广场，都出自阿尔方之手。奥斯曼工程以笔直的道路和直接的视角为特征，而阿尔方创造的绿地则按照不同的艺术方针创作。事实上，在布洛涅森林，他除去了从路易十四时代留传下来的笔直的“奥斯曼式”的森林大道，取而代之的是幽曲的小径，这突出了公园许多别致的风景。如果说巴黎的公园有点异乎寻常，那么许多迷人的地方就是源自阿尔方的设计，如布洛涅森林中的朗尚瀑布和洞穴，上千棵古树下的铁制保护架；肖蒙山丘公园的人造石笋和钟乳石，肖蒙山丘公园山顶上具有代表性的古希腊神殿，混凝土制造的植物栅栏等，凡是他喜欢的皆设于公园之内。

如同贝尔格朗用文字作品来诠释他自己在供水方面的成就一样，阿尔方也写了一本关于漫步巴黎绿地的书。书里不仅简单描述他的所为，还深入追溯了园林的历史，以此宣告城市绿地的新阶段。然而阿尔方真正的不朽作品随处可见，去巴黎的公园环顾一番便可领教其精髓。

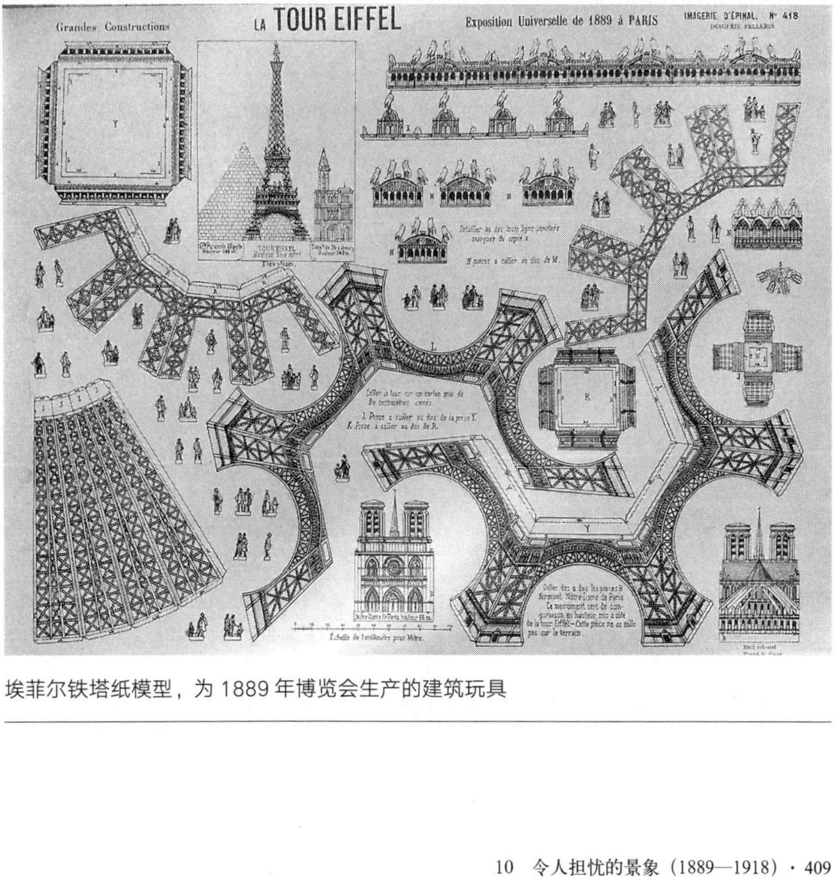

埃菲尔铁塔纸模型，为 1889 年博览会生产的建筑玩具

人们可能会对是否所有参观1889年博览会的游客都赞同这种崇高的愿景产生怀疑，甚至博览会委员会主席洛克鲁瓦本人对埃菲尔铁塔的格调也相当失望。他略带夸张地说，这座铁塔更像是“情人游乐场”而非共和主义的教室。如果说1889年博览会吹嘘的科学与进步被当时轻浮的氛围、大量的奇观和纯粹的娱乐活动所冲淡，那么十一年后的博览会则有过之而无不及。1900年博览会摒弃了略嫌挑剔、烧脑的教育风格和对实用科学的迷恋，而这正是之前博览会的特点。它突出强调感官上的愉悦，并鼓励参观者把自己更多地当作消费者而非公民。装饰物和阴柔美远胜于埃菲尔工程设计的功能性和阳刚之力。尽管如此，在那次博览会上还是有很多科学陈列品和竞赛。法国人把持续发展的科学成就看成民族实力的源泉，路易·巴斯德、克洛德·贝尔纳和居里夫人的名字不断在博览会的文字材料中得到颂扬。但是，在那次博览会上，科学和技术大奖都被德国人收入囊中。在这一点上，法国最强有力的国际对手取得了成功，这引起了人们的关注。但是，法国人变得软弱了吗？这个问题因女权主义的出现而变得更加贴切。值得注意的是，在战神广场上搭建的两个最豪华展厅是装饰艺术展厅和女性展厅。在整个展览过程中，时装展厅的接待人数是第二多的，到时装展厅参观的人大约130万，仅次于蜂拥到名为“瑞士村”展厅的210万人。瑞士村展览了活奶牛、逼真的立体感山景和约德尔唱法的表演。另外，博览会的焦点位置摆放着一尊5米高的妇女肖像，身着巴黎最流行的时装，名为“巴黎人”。同时代的人称这个时装模特的曲线是“柔顺又充满活力”，[2] 与僵硬紧绷的埃菲尔铁塔形成反差，使后者看上去极其古板。

在1900年博览会上，艺术略胜科学，或者说风格超过实质，更确切地说，展览似乎是在宣传一种风格，一种相当女性化的、装饰性的风格，这才是让巴黎如此特殊、如此耀眼、如此新颖、如此现代的实质。博览会让人把目光投向巴黎，营造出一幅现代主义幸福家园的美景，生成一种令人陶醉的消费主义理念：那色彩明快的布料，高级的时装，图案、品种繁多的墙纸，自行车，照相机，电灯泡，缝纫机和各式各样通过大商场可购到的舒适家居用品等，真可谓琳琅满目。在这次博览会上，文化展品的魅力超过了工业展品。例如，在香榭丽舍大街南侧，1855 年博览会的工业展厅已被拆除，取而代之的是两个宏伟的精致艺术品展厅，一个叫作大艺术宫，另一个叫作小艺术宫。在这种氛围下，甚至博览会上的科技成果也被打扮得花枝招展。例如，机械展厅的铁制框架上覆盖着石头和石灰泥，上面还有作为装饰的精致的石窟和装饰喷泉。大展厅、小展厅和新建的亚历山大三世大桥也用类似于洛可可式和新巴洛克式的包装物进行了装饰。当时，亚历山大三世大桥是巴黎最辉煌、最繁忙的大桥，连接着香榭丽舍大街和荣军院。

尽管 1900 年博览会的基本特征是短暂的时髦，但它对巴黎物质环境的影响比 1889 年的博览会更加持久。[3] 1900 年博览会的建筑大多数都公开以休闲和娱乐为主，它们至今还屹然耸立，继续为巴黎的基础建设作持久的贡献。1900 年博览会的另一个显著特征是，为解决大量参观者的交通问题，专门设计了交通路线和临时道路，在这一点上也超过以往的博览会，甚至重新启用了 1889 年博览会崭露头角的移动式人行道。交通工具在 19 世纪 90 年代末的巴黎有了迅猛发展，因此需要特别的努力来保证巴黎不出现交通堵塞。新修建的以与会的俄国沙皇（法国刚与其结成防御性同盟）命名的亚历山大三世大桥在缓解巴黎交通上发挥了龙头老大的作用。里昂火车站得到扩建，新建了一座独特的大楼。在塞纳河左岸新建了一座火车站，名为奥塞火车站，与东面的奥斯特里茨火车站相连。该火车站在第二次世界大战前关闭，1986 年作为奥塞现代艺术馆重新开放，成为第五共和国“伟大工程”中的项目之一。[4]然而，毫无疑问，对巴黎城市未来影响最大的是巴黎地铁的修建，这是巴黎公共交通运输史上为后代所作的最成功的举动。

早在半个多世纪以前，乌托邦幻想家们就抱有修建巴黎地铁的梦想，只可惜在巴黎犹豫不决的过程中世界其他城市捷足先登了。伦敦在 19 世纪 60 年代有了自己的地铁，纽约地铁的历史可以追溯到 1872 年。恰恰相反，巴黎却在一系列问题上无法解决而使地铁修建工作一拖再拖。从经济角度来看，此项工程面临着国家、巴黎市政和私人企业各拿多少的问题；从技术角度来看，此项工程面临着是用电力还是蒸汽动力的问题，前者的动力能否带动车体还是个问题，后者使人担心乘客会不会因为燃煤而窒息；从审美观角度来看，必须考虑露在地面上的地铁轨道部分和进入地下部分的地铁轨道问题：前者对巴黎城市风光会不会造成不利影响，后者是否应该采取防水措施。正是在这些问题的困扰下，巴黎地铁迟迟没有开工。是 1900 年博览会刺激和激励巴黎地铁成为现实。1895 年终于开始了规划，1898 年有的地段开始动工。根据勘察，除了特殊地方要沿着古老的总包税所城墙在地面上修建而外，绝大部分巴黎地铁都在地下。城墙处使用了架空方案。地铁使用电动力。地铁一号线于 1900 年 7 月落成通车，起点为万塞讷，终点到马约门，还为参观展览者在香榭丽舍大街沿线专门设立了一些方便的停车站。事实证明，这种新的交通方式是出色的，而且可以提供持久服务。1900 年 7 月至 12 月期间，乘坐地铁旅行的人次达到 1700 万，第二年达到 5500 万。新的地铁线路也很快开通。到 1914 年，地铁线路增长 10 倍，有近 5 亿乘客乘坐地铁。

作为 1889 年博览会最显著的科技成果，埃菲尔铁塔在巴黎出尽了风头，但其实用性真难以让人恭维。铁塔的惊人声望与 1900 年博览会最有意义的科技成果地铁形成鲜明对比。巴黎地铁最明显的是其进站口，经过必要的政治内斗，这一设计被委托给了现代风格或曰“新艺术”的拥护者埃克托尔·吉马尔。吉马尔曲折、蜿蜒、植物形的街头雕塑似乎是对奥斯曼几何学和埃菲尔铁塔技术现代主义的嘲弄，只可惜在很长一段时期内没有引起人们的关注，但最终还是在 1965 年被作为历史纪念物保护起来。尽管巴黎地铁地下和地上都有轨道，但由吉马尔在地铁入口设计的雕塑引起巴黎人对社会和城市实用性的关注是埃菲尔铁塔所不能比拟的。

巴黎地铁的主要贡献是整合了当地经济的发展。19 世纪 70 至 80 年代是法国国内经济下滑期，奥斯曼工程和巴黎公社加剧了首都形势的恶化，导致传统的就业率下降再次发生。尽管如此，从 19 世纪 90 年代起，巴黎经济迅速复苏。在这方面，1900 年博览会营造的消费主义势头十分强劲。在第一次世界大战爆发的前一年，即 1913 年，法国全国上下无论是社会名流还是刚获得权利的“新社会阶层”，在消费习惯上都有质的改变。面包和葡萄酒的消费稳定上升，茶和咖啡消费提高了两倍，白酒提高三分之二，苦艾酒产量提高了十倍。耐用消费品也表现出类似的势头。巴黎以休闲和娱乐为导向位于这种转变的前沿。1900 年前后，乐蓬马歇百货公司开始销售厨房用具、化妆品、照相器材和乐器，所有迹象表明，它的顾客很有经济实力。该商店还有一个艺术画廊，如果愿意，在这里还能购买廉价的印象派画作的仿制品。

到 1900 年，在巴黎及其周围地区出现了新的地理动迁。由于巴黎中心地带奥斯曼式建筑租金飞涨，历史悠久的本土制造业大都破产，或者被迫迁移到城市边缘地区。政府对有害行业不得设在市内的立法也加剧了这种趋势。许多基础设施和公共机构也迁到巴黎外围地区，如济贫院、医院、仓库、赛马场、体育设施，以及后来的飞机场等。

20 世纪初期，在巴黎 20 个区中形成了三个主要的工业中心：在东北，形成了现在巴黎第十八区至第十九区围绕圣德尼运河和拉维莱特低地为中心的地区；在西南，形成了现在巴黎第十五区贾维尔和格勒纳尔为中心的地区；在东南，形成了现在巴黎第十二区至第十三区匹克普斯、沙罗纳和贝尔西为中心的地区。尽管如此，意义更为重大的工业发展是位于古老的梯也尔防御城墙之外地区。巴黎市内企业数量在 1872 年至 1896 年间从 7.6 万家降至 6 万家，而郊区的企业却从 11 万家上升到 13 万家。如果大部分大型工业都移出城区，那么不仅较小的企业要随之而动，而且大批工人也不得不跟着迁走。就人口增长而言，外城区人口增长要比内城区迅速，但郊区速度是最快的。这个城市外围地区的人口从 1860 年到 1914 年增长了两倍。从 1851 年至第一次世界大战前，人口增长数量在主要工厂地区尤为显著：圣德尼地区从 15700 人增长到 71800 人；阿斯涅尔地区从 1200 人增加到 42600 人；布洛涅-比扬古地区从 7600 人增加到 57000 人；伊夫里地区从 7056 人增加到 38307 人。

在 18 世纪，巴黎将世界上最大城市的位置让给了伦敦；到了

1900 年，它又被纽约超越，同期的柏林、维也纳和圣彼得堡也在快速追赶上来。巴黎的人口出生率历来很低，由于避孕技术的传播，人口出生率变得更低。避孕的工具有宫内节育器和避孕套，硫化橡胶是这一工业发展阶段的最大成果之一，与电话、自行车和体面的居家抽水马桶一样，成为现代生活的一部分。值得注意的是，法国首都的人口活力越来越依赖于其外围和周边地区，而不是其历史上的核心力量。在第一次世界大战期间和战争结束以后，这种情况仍在继续。在 1861 年，巴黎郊区的人口占巴黎总人口的 13%，1901 年上升到 26%。新增加的人口绝大多数并不是新出生的，而是来自移民，他们多为来自北部和中部的非技术工人，其中还掺杂着一些外国移民，包括大批从东欧蜂拥而至的犹太人。在 1890 年，外国人约占巴黎地区总人口数的 6%，比任何其他首都城市的外国人口比例都要高。

“郊区”（suburb）这个词是英国英语和美国英语常用的词汇，与树木覆盖的休养地、独立或半独立式的住宅有关，这与法语词“郊区”（banlieue）略有不同。[5] 从 19 世纪中期起，英、美和其他欧洲国家的中产阶级在远离市中心的地带重新定居，因为他们认为市中心肮脏、污染而且拥挤。法国恰恰相反，奥斯曼采取清理巴黎市中心的方式使中产阶级仍乐于守住原址。因此，没有必要建郊区休养地。这样，当巴黎外城区和郊区被工业生产占据后，市中心自然成为消费品出售和使用的地方。当然，在城市范围内，资产阶级不能将一切尽收囊中，但是他们的出现造成了对工人和没有离开巴黎中心地区的其他一些边缘人群城市权利的威胁。巴黎人口中一半以上是工人阶级，外城区的工人数量比这还要多。尽管巴黎城市内拥有近四分之一的国家财富，但大部分死于市内的人还是葬于穷人墓地。在郊区，阶级关系更为紧张，由此造成巴黎各个社区之间存在着裂痕。

大量非技术劳动力集中到郊区使那里的工业布局发生重大变化。传统上，巴黎的制造业以消费市场为基本目标，纺织品是龙头产业。纺织工人人数在 1847 年还占巴黎劳动力总数的 11%；到 1860 年，纺织工人数量只占劳动力总数的 3%，而且还在继续下滑。铁制品工业和化学工业开始大踏步前进，但它们的产品更多的是投向全国市场，而不仅仅是巴黎市场。在郊区，雇用 500 名工人以上的企业多达原来的三倍。这一地区的河流、运河分布对巴黎工厂在那里重建十分有利，但有最重要影响的还是铁路。在梯也尔防御城墙之内的巴黎环城铁道，即所谓“小环线”，在 1875 年得到延长，扩展成为外环线，即所谓“大环线”，这样便将所有的工业区连接在一起，使工业从巴黎的全国运输网中获利颇丰。

在巴黎周边地带大型工厂的工人越来越多地“第二次工业革命”的影响，也就是说，在机械化产品生产过程中大量使用非技术型和强迫性劳动，建立了新的无产阶级队伍。在汽车工业发展的推动下，从 1900 年开始巴黎经济迅猛发展，这种情况变得尤为突出。20 世纪初期，在巴黎地区大约有 600 家企业与汽车生产相关，主要分布在第十五区的贾维尔地区和郊区西部的布洛涅-比扬古地区。这两地的劳动力不断增加以满足机械化生产的需求。汽车工业只是同时期出现的新型工业之一，其他工业包括飞机制造、机械工具、电气产品和电影等也在发展，法国的 7 家电影制作厂有 5 家在巴黎地区。

留在巴黎的劳动力喜忧参半。许多传统的手工业仍很繁荣。在 1914 年，鞋匠和裁缝的人数还远远多于汽车工人人数。另外，市内大量的技术工人成为郊区重工业的劳动力库，特别是自动化生产方式占据上风之前。实际上，郊区吸引许多企业的原因之一就是附近拥有大量的技术工人。巴黎一直拥有高技术、高质量手工工艺的美名，此工艺仍然兴旺发达。然而，考虑到下层阶级的消费，企业常常不得不通过精细分工和简化产品的生产方法来使自己的产品适应大众市场。对于大部分服装和家具业来说，这无疑意味着在那些小作坊里从事重体力劳动的工人数量不断增加。

另外两种变化使城市里的劳动力格局复杂化。第一种是从工业向服务业的加速转变，尤其是转向白领职业。第二帝国初期，巴黎就已经发展成为重要的金融业中心，到 1914 年，在银行、邮局、保险公司和铁路工作的雇员数量已经增长了三倍。巴黎第三产业的劳动力市场人数占总人口的比例 1866 年为 17%，到 1906 年增加到 38%。第二种变化与第一种变化紧密相连，即受雇妇女在劳动力中所占比例迅速增加。妇女的工作主要为销售、服务和文员工作。在 1870 年，她们在这些劳动工种中所占比例约为 15%，到 1914 年，这一数字已近三分之一。这是国际上较高的数字。更值得注意的是，这一时期的文化还一成不变地将妇女置于家庭或卧室的角色。

20 世纪初，作家达尼埃尔·阿莱维从靠近圣心教堂的蒙马特高地俯瞰巴黎，望见巴黎空中轮廓中那些具有突出地位的塔尖和圆形顶棚的建筑在奥斯曼式建筑的映衬下光彩夺目。但是，当他不再凝视这片熟悉的景色，转而去观察北部的时候，他发现了“另一个城市，与前面那个一样广阔的城市，但是有着普通而又寒酸的鳞状屋顶，一律没有尖塔和宫殿，没有历史，无人知晓，仍待开发的城市”。稍有特色的建筑，都显得滑稽而不合时宜，比如无产阶级居住的圣德尼区的中世纪教堂，如同“在西伯利亚冰雪世界中发现了一头完整的猛犸象”。[6]

阿莱维和他的同辈人发现，很难知道如何去看待这些郊区。郊区似乎缺乏个性，小说家、戏剧家奥克塔夫·米尔博在1888年写道：“这是个中间世界，不是城市也不是农村，这里的一切没有开始也没有结束。”[7]位于梯也尔防御城墙外的房屋是清一色的二层或三层楼，没有整体的计划和设计，而且阴暗潮湿，与后奥斯曼时期巴黎出现的建筑相比，后者显然十分重视单个建筑对整体天际线和城市视角的影响。

在巴黎的20个区，1783年至1784年制定，1859年、1864年由奥斯曼修改的建筑条例的精神依然得到很好的遵守。尽管如此，19世纪80年代还是出现了针对奥斯曼的美学批评家，他们说，“那些新的林荫大道没有转弯，没有视觉上的冲动，一味的直线……让人联想到美国纽约州那个狭长的巴比伦市”。[8]1885年，建筑师夏尔·加尼叶站出来强烈反对“使用可恶的直线”。[9]反奥斯曼者还通过自然资源保护者运动来展开辞令，创建于1897年的“老巴黎委员会”是他们的先锋。1900年博览会上，被参观次数最多的展厅之一就是陈列老巴黎所有美景的展览。

面对不断增加的对奥斯曼主义的批评，巴黎市政府做出一系列妥协，在1884年和1902年先后两次颁发建筑新规定。1902年的立法特别申明：本政府已经决定，“赞成别具一格的建筑趋势”，并“允许最出乎意料和别致的效果”出现。[10]但是，拥护别具一格美景的人发现，在街道设计上并没有什么改进余地，因为在20世纪初巴黎几乎没有建设什么重要道路干线。但是，这些法令确实影响了个别房屋的建设。1914 年以前，由巴黎市政举办的建筑外观设计年度奖为房屋建设提供了许多可以实现的想法。在当今巴黎第二区的列奥米尔街，就有许多最有力的设计，那些建筑使用铁筋、强化混凝土和平板玻璃等创新方式，打破了感觉上千篇一律的奥斯曼直线。1902 年的立法还规定，允许建更高的建筑物，但是最多只能加一两层。新加的楼层往往建在檐口线以上，机械起重机器让屋顶空间变得更加可取。房顶的装饰多用精致的雕塑、浮雕、弧形窗等，还有用砖、石膏、彩色瓷砖和玻璃做表面的立面饰品，这些都与 1900 年博览会展馆的洛可可式的过度风格相一致。从 1902 年开始，大量住宅建筑开始面向富有的资产阶级客户，这一风格便在这些社区中非常明显。到这个时候为止，在巴黎市内尽管仍可识别一些建筑是奥斯曼风格，但装饰豪华、华丽堂皇的新建筑还是最抢眼的。例如，现在巴黎第十六区奥特尔、帕西、沙约，第十二区重新设计的里昂火车站和第六区至第七区的卢特提亚宾馆和拉斯帕伊路一带，都是高度华丽的装饰性的风景。

在 20 世纪初期，巴黎是世界金融中心之一，它把大量资金用于修建俄国铁路、从事殖民地基础设施建设和在巴黎建设豪华的资产阶级住宅。然而，当考虑为巴黎工人阶级住房提供帮助时，金融阶级的兴趣就不那么浓了，因为在工人住宅上投资几乎没有利润可赚。作为第三共和国意识形态核心的自由放任原则抑制了社会住房的发展。实际上，政府在这方面采取的唯一重大举措便是鼓励个人和慈善事业投资。私人住房市场经营的自由化对城市工人是极其有害的，因为房屋质量、住宅设计和供应服务等方面都有极大的出入。市政调查表明，第一次世界大战前约 43% 的巴黎人住在拥挤、肮脏的房子里。有人敦促市政当局核查巴黎市内到底有多少那样的房屋稠密地区，并指定为“不卫生街区”，以便采取措施进行治理。但是事实上这项工作直到战后才开始。

二、第十六号不卫生街区

“不卫生街区”的意思是指某一个存在公众健康隐患的街区或者有这种问题的某一街区中的某个地方，这个说法意味着政府承诺要对这些地区进行整治。这一想法主要是进行卫生改革，包括广泛的重建。尽管这项工作在 20 世纪初就已经开始，但是半个世纪后大部分承诺依旧未能实现，直到 20 世纪 60 年代采用了新的方式后此项工作才见曙光。

关心公共健康问题的研究表明，第一次世界大战前在巴黎市内最贫困和最破旧的地区，问题正在加剧，那些破旧拥挤的住宅楼已经成为结核病的高发区。1906 年，市政当局曾经做出方案，拆除 6 个结核病高发区。但是，战争的爆发使消灭不卫生街区的计划未能如愿以偿。1918 年战争结束后，这种想法重新提出，确定的不卫生地区 17 处，包括 4000 多幢建筑物，它们覆盖了巴黎 3% 的地域，却住着 6% 的巴黎人。在这些不卫生区域中，位于现在巴黎第十七区的胜利街周围的不卫生街区曾经爆发了一场鼠疫，导致该地区立刻被拆除并重建。但是资金的短缺无法解决其他不卫生地区存在的类似问题。

更为复杂的问题是，市政当局认识到某些不卫生街区的建筑是有历史价值的。例如，第一号不卫生街区事实上覆盖了现在巴黎第三区至第四区的博堡高地，即现在的蓬皮杜中心地区；第三号不卫生街区覆盖了大部分塞纳河左岸，从西岱岛一直到现在巴黎第五区的莫伯尔广场；马莱区的第十六号不卫生街区从塞纳河一直延伸到圣安托万街。那里居住着大批从东欧移民而来的犹太人，形成了显著的特征，成为巴黎的犹太人居住地的一部分，那里是犹太人从事服装贸易并洒下辛勤汗水之地。

在20世纪的历史进程中，这三个地区的命运各不相同，这也说明了巴黎在20世纪50、60年代以前的改造计划缓慢而且不连贯。首先，博堡高地在20世纪30年代被拆除，但是由于国家经济状况和市政资金的窘迫而无法重建。于是这片地处巴黎中心的区域成为一片空地。直到蓬皮杜总统发现这个问题之后提出在那里建立一个国际艺术中心，蓬皮杜中心才矗立在那里。另一个情况发生在第三号不卫生街区，那里被长期置之不理，实际上仍是破旧住房的中心地带，尽管20世纪20年代美国作家埃利奥特·保罗在他那可读性很强的描述中将赫切特街的生活写成有趣的民间故事，那里的境况也并没有改变。直到20世纪60年代，这里的房屋才被房地产经纪人注意，这还是由于一些放荡不羁的雅皮之士欣赏那里的氛围，因为这个地区保持着传统特征，几乎清一色的中世纪石板街道，沿着加兰德街两旁又是清一色的中世纪建筑。

第十六号不卫生街区的情况介于被拆除的第一号和古老的第三号这两个截然不同命运地区之间，它的命运也喜忧参半，在这一点上，它仍是其他不卫生街区的最典型代表。尽管19世纪末有一些奥斯曼风格的建筑在这里兴建，特别是洛包街的军营和圣保罗教堂后的查里曼中学，但它仍保留着中世纪的街道规划和大量建筑物，大部分建筑为1650年至19世纪初期建造的。由于工作的需要，市政厅必须扩建，从20世纪20年代到60年代初，公众健康问题成为那里拆除、重建和重新利用的理由。尽管老巴黎委员会对此十分不满，这片相当具有历史意义的居住区域还是变成了政府办公大楼所在地。1939年有记载这样写道："有一些案例，对老房子的过分保守就是一种社会犯罪。"在1941年，一项激进的计划决定彻底拆除十六号区域。

但是，维希政府1942年的一部法律规定，将整个巴黎地区那些风景如画和有历史价值的建筑物保护起来是合理的，政府政策的这一重大变化直接关系到一些具有历史意义的纪念性建筑是否可以拆除的问题。然而，维希政府没有在这个地区遵守自己的承诺；事实上，该政府加强了以健康为理由的拆迁政策。另外，在巴黎被德国占领期间，反犹太人政策意味着开发商很容易在这片地区接管犹太人拥有或租用的财产，因为那些犹太人要么已经逃离此地，要么无力反抗。拆除行动始于1942年，实际上做的比原计划还要多，包括一些对公众健康毫无威胁的地区。

1944年，一些知识分子和作家（包括考莱特、瓦莱里、莫里亚克、伽里玛、科克托、吉罗杜和作曲家普朗克）在巴黎举行活动，他们联名上书贝当元帅，提出要"捍卫巴黎的美丽"，这一行动使拆除计划没有完全执行，战后便被废除了。但是它将空地留给了贪婪的开发商、扩张主义思想严重的市议会和那些古董经销商。尽管最有历史意义的建筑物圣斯公馆和奥蒙特公馆被修复，但是大量的具有纪念意义的建筑物几乎消失殆尽。具有历史意义的杰弗里阿斯尼尔街不复存在，塞莱斯丁河堤也在1959年至1964年间拆除，为的是在那里为外国艺术家建立一个“艺术城”，这样一个好主意却变成了一个历史建筑物的灾难。实际上，所有的新建筑物在建筑上都毫无特色，还有许多显得很沉闷。也就是在这个时候，“不卫生街区”的观念又被提了出来。第一次世界大战后划定的17个“不卫生街区”只有3个的改造情况值得一提。巴黎今后将在“协调管理地区”（ZACS）等类似地区进行开发。

在1945年以后的日子里，城市建筑的更新和扩展仅仅是通过内部装修和门面整理的方式来进行，有些临街房屋的门脸还恢复了原有的样式。但是，从各种不同角度来看，第十六号不卫生街区的经历还是相当凄惨的：大量有历史价值的建筑消失了，街区建筑的特征也被永远改变了，除非一个人超级乐观，他才会说第十六号不卫生街区的经历是一个被拯救的过程。通过向政府提供不保护历史遗迹的教训和听取民众意见，终于为制定更有效的立法奠定了基础，1962年的马尔罗法对保护马莱其余地区发挥了更为重要的作用。

巴黎城市外城北部和东部地区的工人阶级居住条件比其他任何地方都差，但郊区仍然是最差的地区。例如，在圣德尼地区，58%的人住在不卫生房屋里，在圣乌恩地区达到62%，在欧贝维利耶地区则达到65%。在巴黎市内，十之八九的居民家有自来水；而在市郊的许多地区，自来水供应只有五分之一或三分之一的用户。在巴黎市内，四分之一的家庭有私人卫生间，这个数字是防御城墙以外地区的两倍。另外，在防御城墙边缘靠近工业区的地段，被称为“郊区之外冠”的第二郊区发展起来，那里的情形更为糟糕。例如，在20世纪初期，城市东部的博比尼地区既没有医院，也没有其他医疗设施，没有警察局，没有自来水，没有污水排放系统，没有电，煤气供应也只够维持几个可怜街灯微弱的灯光。

在货物运输和居民交通方面，郊区条件也十分糟糕，并受到不公平对待。在巴黎历史上，第一次出现大批量的人工作和生活在不同地区，这种现象主要表现在郊区。郊区的某些地方，尤其是“郊区之外冠”地区，如博比尼地区，几乎所有的人都在巴黎市内工作。1869年，乘车去巴黎市内的郊区人为300万人次；1900年，这个数字上升到4000万人次；1913年跃升到12000万人次。在19世纪中期，郊区的发展受到交通的限制，但是公共交通公司认为往返于贫困工人地区的班次很少赢利，而火车也只愿意跑长线。有轨电车公司倒是比较负责：到19世纪80年代为止，通往北部圣德尼、苏伦斯和帕丁地区，南部沙朗东、伊夫里和克拉马尔地区都有班次。尽管如此，去往郊区还是十分困难。在修建地铁的时候，也没有人考虑通到郊区。尽管1900年地铁的开通引起了轰动性的反响，但是它并没有很好地解决巴黎的交通问题，更没有像人们所期望的那样，乘坐地铁可以去更多更远的地方。此外，巴黎的地铁线没有与铁路线相互衔接，有些地方的火车甚至完全背道而驰，地铁的隧道设计得过于狭窄，难以形成环形运输。另外，地铁乘客的迅猛增长很快暴露出又一问题：这种新服务没法把乘客从公路上吸引过来，地铁鼓动更多的巴黎人出行，却给巴黎带来了更大的交通运输问题。

在提高公路运输能力上，奥斯曼确实有过一些失误。尽管他曾承诺要在公路创造速度与运动之美，但是他的继承者在取得一定成绩后在概念上出了偏差。铁路各个站点之间的联络很差，郊区的情况就更糟，车辆在笔直的林荫路上确实可以飞奔，但是在十字路口常常陷入交通阻塞。地铁确实吸引了乘坐渡船的乘客，结果河上的客轮运输开始下降，许多乘客意识到交通方式的改变并完全放弃了乘坐河上交通工具。这样，塞纳河上的渡船运输进入濒临破产的边缘，直到 1937 年，客轮作为游客运输工具才复苏。据估计，1819 年行驶在巴黎各街道上的车辆有 23000 辆，1891 年达到 45000 辆；1910 年为 43 万辆。如果说轿车是 19 世纪末的新鲜事物，那么最有特点的交通形式便是马拉车，当然，令公众最厌恶的是马粪。1900 年，巴黎用于公共交通的马大约为 16000 匹，而且很多马状况不佳，在奔跑中时常发生马失前蹄的现象。1913 年，马拉车被禁止使用，巴黎使用马为交通工具的时代结束了。从 1900 年起，蒸汽动力和电动的轨道车十分盛行，巴黎在 1907 年引进了公共汽车。人们开始给混乱的交通施加一点秩序。奥斯曼强迫车辆在林荫大道靠右侧行驶。第一次世界大战前，他的继承人路易・莱皮纳作为警察局局长也下发了右侧通行的规定。1910 年，巴黎第一条单行道开通，交通信号灯到 1923 年才出现。

马车的黄金时代过去后，取而代之的是自行车的黄金时代。在第一次世界大战爆发的时候，巴黎大约有 25 万辆自行车在街上行驶。自行车被称为可以促进个人自由发展的工具，但当时价格不菲，正如一智者所述：只有劳苦人和痔疮患者不得使用。[11] 但是，除了自行车价格昂贵让工人买不起一样，多数工人工作在梅尼蒙当和贝尔维尔等这样的多山地区，这使他们根本用不上自行车，所以自行车只能成为资产阶级的便利交通工具，而不是无产阶级的自由。

鉴于工人受到的不平等待遇，包括不能使用自行车那样体面的交通工具，郊区的工人便逐渐向左翼政治运动靠拢，其中比较著名的有社会主义运动、工会运动和革命工团主义运动。左翼党派正是利用这些运动来达到自己的目的。1910 年，博比尼的社会主义传单宣传说，正是高额房租将工人们赶出了巴黎，他们面对的是“极其破旧的交通工具，满是车辙的街道，昏暗的灯光，成堆的垃圾，没有饮用水，缺少学校”。[12] 事实上这些说法并不夸张。巴黎资产阶级很快表现出对日益被一条“红色地带”所包围的巴黎城市严重不安，那条“红色地带”正是产生无政府主义者和罪犯的地方。蛊惑人心的报纸代表了资产阶级的这种担忧，由此造成了人们精神上的恐慌。所谓贝尔维尔、蒙马特和工业区的暴力少年犯罪都成为引起惊恐的因素。一个被吓得毛骨悚然的巴黎人写道：“他们连想都没想就去犯罪。”[13] 1911 年，波诺特犯罪团伙使用一种新的犯罪形式，他们使用自动武器抢劫银行，然后乘汽车逃走。城市犯罪似乎也融入了巴黎的现代性之中。

巴黎郊区不是参观者和游客向往之地。在巴黎成为旅行者主要目的地的时代，游客们主要是花时间参观巴黎那些具有纪念意义的建筑及其设施。如果他们冒险去市区外，也仅仅是去凡尔赛或枫丹白露，而不去郊区那些工业区。那些主要是巴黎有钱人的游客关注的是印象画派画家笔下的巴黎。从 19 世纪 60 年代起，如我们所看到的，[14] 印象画派不仅提出了一种新的艺术哲学，而且把巴黎现代生活作为绘画作品的新内容，即所谓“现代生活画”。然而，人们发现，现代生活总是出现在资产阶级快乐享受并不受威胁的那些地方，那里是一个消费世界，事实上，那些地方根本代表不了巴黎工业生产的环境特征。

到了19世纪90年代，印象画派出现了新的发展趋势。这场运动的创建者中有人开始反对把巴黎作为“光之城”来描述。他们发现，繁忙的街道上那无尽的交通和无聊的城市风景令人反感。早在19世纪60年代，雷诺阿就乐于在作品中用树叶来遮盖奥斯曼建筑的特征，现在他则十分气愤地称巴黎那些建筑就像被排成一排接受检阅的士兵那样冷酷，他为巴黎出现的各种新型交通工具感到悲哀。同时，德加也对“那些肮脏的不是马拉的车辆”大加责难。[15] 毕沙罗则表示“说埃菲尔铁塔开辟了一个新纪元”真是令人作呕。[16] 一

土鲁斯-劳特累克，《在磨坊街的沙龙里》

些从印象派画家获取灵感的后印象派画家也抱有同样的想法，争取用他们的新方法来描绘光线。例如，高更选择布列塔尼的阿文大桥那优美的风光，或者以1891年起他就一直居住的塔希提岛的植物和动物作为自己描述的对象。然而，与他同时代的大多数画家，如修拉、西涅克、克罗斯和土鲁斯–劳特累克等画家则对野外风景更感微妙。老牌印象派画家毕沙罗和后印象派一样，憎恨高楼大厦和埃菲尔铁塔，但他热衷于描绘19世纪90年代的街道，并完成了一系列一流水准的巴黎林荫大道作品。修拉著名的《阿斯涅尔的沐浴场景》就是描绘的在他之前印象派大师的经典场景。但这个时候的修拉在背景中加入了圣德尼的烟囱。然而，这并不是对郊区问题的一种艺术参与，事实上，他们的画代表了巴黎资产阶级热衷的那种郊区，因为挂在墙上总比放在眼里要好。

除了对露天场所的喜爱，后印象派画家还乐于描写巴黎资产阶级喜欢前往探索的那些地方，包括酒吧、咖啡馆、简朴的酒店、咖啡音乐会、音乐大厅、马戏团、舞厅、赛马场、饭店和妓院等。在他们所描述的那些消费主义世界里，妇女常常代表或唤起商品化的性接触形式。他们所描绘的女性职业有服务员、女帽商、商店服务员、洗衣女、买花女等等，都以提供性服务而闻名。

因此，印象派画派和后印象派的“现代生活画”中常常蕴藏着相当倒退的性别和阶级政治寓意。总的来说，他们的作品代表了一种巴黎资产阶级认为很容易在其中认识到自己的作品。最初，印象派画派还遭受无数的责骂，使他们的油画很难卖到好价格。1880年，政府退出巴黎的画家沙龙，更多竞争、更少中介的艺术判断逐渐形成。尤其是艺术品经销商，在寻找买家、陈列展览和影响公众品位方面起了重要作用。新的市场条件减少了官方艺术审美标准对大众品位的影响，也打开了重塑印象派画家形象的大门。1883 年马奈去世时，他的那张臭名昭著的画《奥林匹亚》甚至达不到拍卖底价。毕沙罗在 19 世纪 90 年代开始他的巴黎系列作品创作以前一直经济窘迫，正是因此，他无人问津。1895 年组织的塞尚作品大型回顾展活动并没有得到所有人的青睐。《艺术杂志》就抨击这次画展是“用油彩展现暴行的噩梦般的景象”。[17] 但总体来看，那次展览还是很成功，并为整个运动取得了商业突破。来自美国的大亨洛克菲勒、摩根和惠特尼等都是买者，作品也因此而价格飞涨。在 19 世纪 80 和 90 年代初只卖不到 100 法郎的油画，现在可以卖到数千法郎。尽管有些困难，印象派画家甚至开始尝试将他们的绘画放入卢浮宫（在毕沙罗本人无政府主义思想泛滥的日子里，他曾向塞尚提出烧掉卢浮宫的建议）。1889 年博览会上有 19 幅印象派画家的油画参展，1900 年博览会参展的印象派画家的油画达 54 幅。

印象派和后印象派画家不仅使巴黎成为现代艺术的场所，还使其成为现代艺术的主题。这意味着全世界探求艺术前沿的艺术家们都被吸引到法国首都。他们渴望去参观巴黎的博物馆、画家工作室、艺术画廊，拜访巴黎的艺术大师和经销商，并前往巴黎的咖啡馆、音乐厅和码头一饱眼福。在 1870 年至 1914 年间，住在巴黎市内的艺术家人数翻了一番。当时的法国官方可以毫不夸张地宣布，在巴黎，艺术家的密度比世界任何地方都要大。巴黎因其魅力而吸引大量新的艺术家来巴黎参观，其中包括维亚尔、杜菲、弗拉曼克、于特里约、博纳尔等。但是，巴黎也给艺术先锋派留下了痕迹——“先锋”这个词在此时开始流行——尽管先锋派已经摆脱了印象派的表现手法。例如，在毕加索描绘街头贫穷艺人的画面上，或者在他后来第一次世界大战前用地铁票、剪报、妇女内衣广告所作的拼贴画上，都有一个神话般的巴黎。1910 年至 1911 年，毕加索和布雷克试图通过对圣心教堂进行错位和解构式的绘画来发展立体主义，罗贝尔·德劳内对埃菲尔铁塔也作了同样的尝试。绘画的风格在变，但是巴黎没有变，而画中仍然没有巴黎郊区的踪影。

因此，市场的发展使巴黎的艺术也商品化了，巴黎的艺术反过来又有助于巴黎本身形象的商业化，进而为广大民众提供了越来越多的视觉享受。类似于 1900 年博览会那样繁茂的商业活动使巴黎给人留下了自力更生的印象，也向外界展示了现代化巴黎的特定景色，巴黎上下两层的知识分子以及放荡不羁的文人都赞同这种看法。有关印象派的论争已经在报纸上展开，这事实上使他们更加有知名度。在现代优雅生活方式商品化的过程中，人们不断增长的读写能力十分重要。1882 年，巴黎开始实行小学义务教育，政府不仅自己投巨资建设学校，同时要求个人或天主教会投资办学，民众读写能力的提高使新闻媒体传播取得成功。到 19 世纪 90 年代，《巴黎小报》以其调查报道、犯罪故事、连载小说、名人事迹和插图而闻名，其发行量每日高达 100 万份。到 1914 年，它和其他三家巴黎最大的报纸每天的总发行量达 450 万份。

大众媒体还在日益流行的体育运动中起到了重要的组织作用，这是另一种休闲娱乐方式。正是这种休闲娱乐形式使巴黎在世人心目中留下了深刻的印象。例如，1903 年开始举办的环法自行车赛，起点和终点都在巴黎，该项赛事本来是一张名为“汽车”（*L' Auto*）的体育报为增加发行量而做的尝试，没想到影响如此巨大。在巴黎举办体育赛事是使这种比赛最大限度地深入民众的可靠途径，同时也得到有关当局的支持。一年一度的巴黎—鲁昂自行车赛始于1869年，巴黎—布列斯特自行车赛始于1892年。随后，1894年开始举办了巴黎—鲁昂和巴黎—布列斯特汽车拉力赛，从1895年开始举办巴黎—波尔多—巴黎汽车拉力赛。在新闻媒体的宣传下，这些赛事十分盛行，同时也推动巴黎修建了一些知名的体育馆。第二帝国末期，朗尚、奥特尤尔、万塞讷的赛马场逐渐发展起来。另外，1910年修建的“冬季赛车场”承办了一些重要的自行车赛事。位于郊区的王子公园体育场和哥伦布体育场分别于1897年和1907年正式开放，举办团体运动项目。第二届现代奥林匹克运动会于1900年在这个城市举办，各项赛事都是在这些场馆及其他一些竞技场内完成的。

这些体育场所及其他相关事宜的宣传活动主要是通过报纸、杂志以及海报的形式进行的。最初宣传语似乎是手写的即兴创造，摩洛哥学者穆哈默德·阿萨法于1845年至1846年间访问巴黎时对广告宣传作了如下描述：

> 商人们将自己的货物及其特点写在纸上，同时标明货物的产地和价格，然后将这些纸粘贴在人们路过的墙上、休闲的小亭子上，或者城门口……即贴在人群聚集的每个角落，以达到推销的目的。[18]

与此相对应，从19世纪70年代开始，新技术的发展推动宣传业出现了一场海报革命，宣传海报实现了大批量生产、彩色印刷和形式多样的制作方式。这种新艺术形式的首批支持者们原本想把它作为一种公众教育形式加以推广。一位倡议者认为，海报就是这样一种城市宣传，它们可以让人在50米开外就能看见有一个什么消息贴在那里。[19] 然而没过多久，人们意识到海报宣传在商业领域最为有效，而并非人们预期的公共宣传。宣传海报以人们喜闻乐见的方式展示百货商店、食品饮料、女士服装、运动赛事、流行娱乐的优势和特点，它的兴起不仅证实而且推动了源于日常享乐的享乐主义消费文化的繁荣。1881年，巴黎政府通过了更加自由的广告宣传法，这对广告领域有进一步的促进作用。不久，广告就遍布巴黎街头，墙上、建筑物上、公共汽车上、公告板上、公共小便池上以及广告柱上，广告随处可见，雪茄形的广告柱已经成为巴黎特色街景的一部分。广告艺术不久也成为艺术商品，有了它们自己的明星：米加、土鲁斯-劳特累克、谢雷、维莱特等，都曾经名声显赫。无政府主义者则想尽办法教人们如何用剃刀把海报从墙上挖下来带回家中，用色彩和愉悦来丰富那单调乏味的工人阶级家里生活。

新闻报纸和广告宣传不仅使其他媒体受益，而且产生了促进作用。“美好时代”是巴黎人观看戏剧的鼎盛时期。莎拉·伯恩哈特等演员成为家喻户晓的名流。1870年至1890年间，巴黎的戏剧观众数量增加了一倍，到1910年时又增加了一倍，而且还在继续增长。1900年巴黎博览会期间，有50万人一周去看一次戏，一半的巴黎人一个月去看一次戏。电话技术也在此时得以发展：从1882年开始，巴黎市内就开始安装公用电话亭。其中一项重要的功能就是用来听戏，被称为“戏剧电话”，人们通过电话就可以收听剧院上演的戏剧。早在1895年的时候，卢米埃兄弟就首次为人们放映了活动影像。这门新艺术的首场展示是在索邦神学院举行的，人们越来越强烈地意识

1830 年七月革命期间，奥尔良公爵离开罗亚尔宫前往巴黎市政厅

七月王朝时期，在协和广场上树立起了来自埃及的方尖碑

1848 年二月革命期间，起义者占领巴黎市政厅

《圣拉扎尔火车站》，莫奈

19 世纪时的拉雪兹神父公墓

乔治-欧仁·奥斯曼

19 世纪 60 年代塞纳河左岸先贤祠附近的狭窄街道

改建后的里沃利街，约 1900 年

建设中的巴黎下水道

巴黎街头的广告柱

1866 年的巴黎中央市场

巴黎围城战

1871 年 5 月，血腥一周之后的里沃利街

巴黎乐蓬马歇百货公司，约 1872 年

建造中的埃菲尔铁塔

1889 年世界博览会的机械大厅内部

歌剧院大道上最早的电灯光，约 1878 年

德雷福斯被剥夺军衔

加尼叶歌剧院的入口大厅

1899 年建设中的巴黎地铁

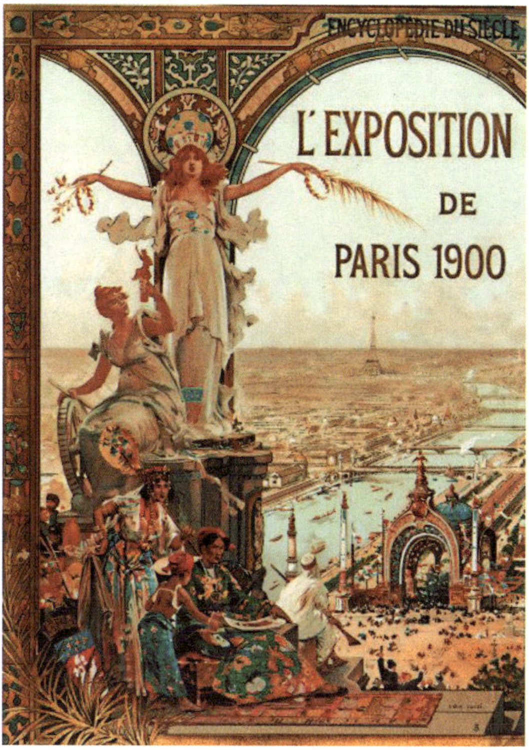

1900 年世界博览会的海报

20 世纪上半叶的巴黎郊区

红磨坊音乐厅，约 1900 年

蒙马特圣心教堂

印象派画家笔下的巴黎街景

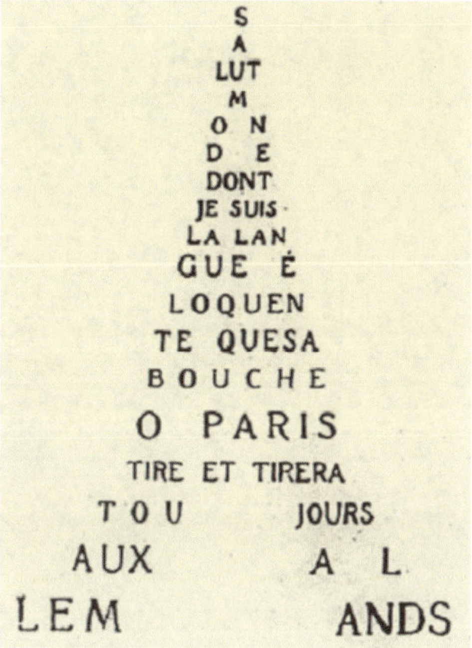

58 阿波利奈尔的象形诗

约瑟芬·贝克

腓力·奥古斯都城墙遗址

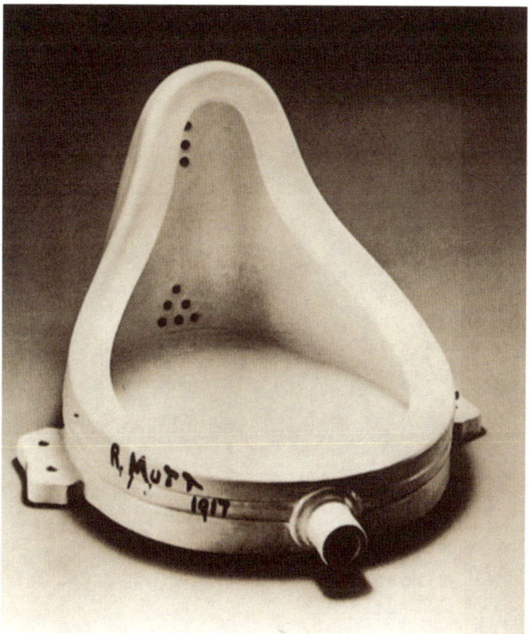

杜尚，《喷泉》，1917 年

被关押在冬季赛车场的犹太人，1942 年

1944 年 8 月巴黎解放

戴高乐广场（原名星形广场）上的凯旋门

到这种新的传媒方式极有可能成为公民教育的新形式。1898 年，帕泰将第一部新闻短片《帕泰公报》搬上银幕，并在 1899 年将德雷福斯案件拍成系列纪录片。但是，早期电影更适合上演当时市场上流行的剧目，例如 19 世纪风行的透景画、魔灯表演、具有惊人视觉效应的“灾难”剧以及木偶戏等。电影的最早用途之一就是进行广告宣传。用电影播放的第一个广告要追溯到 1895 年，那是为巧克力、啤酒、帽子和妇女胸罩等“美好时代”的商品所做的广告。到 1914 年，巴黎已经涌现出 37 家电影院，许多都是沿着林荫大道而建的。

充满生机与活力的林荫大道一直以来都是戏剧及观赏艺术消费的黄金地段，它们是在世界上有影响的巴黎形象的主要部分，其中包括大部分的高档剧院和最优雅的电影院。那些林荫大道还是咖啡厅音乐会的举办地，这种音乐会从 19 世纪 40 年代开始出现，为巴黎广大民众提供了一种廉价的夜生活方式，通常情况下他们参加一些社交活动，饮酒娱乐，听轻音乐或者观看带胡须的女士的表演、动物表演、吞火大师的魔术以及以腹部运气模仿各种声音的著名特技表演（Pétomane）。咖啡厅音乐会促使了更大规模的音乐厅的诞生。建于 1886 年的女神游乐厅、建于 1893 年的奥林匹亚剧院都是这种娱乐场所。1889 年，在当今巴黎第九区克里奇大道建立的“红磨房”音乐厅以康康舞为特色，或者说这里是康康舞的发源地，确立了旅游城市巴黎恒久不变的陈腐主题。19 世纪 90 年代一位作家这样讽刺道：

> 来自英国的老妇人和年轻小姐们甚至在夏天都裹着厚厚的裘皮大衣，她们总是坐在前排，以便更好地弄清法国舞者们有多么

伤风败俗，在舞者们表演结束后她们往往捂上自己的脸，表现出对表演极为震惊。[20]

19 世纪 90 年代脱衣舞和裸体舞的出现加速了这个城市的娱乐业向性旅游业发展的步伐，同时大批妓院相继出现。

另一种与咖啡厅音乐会和文学咖啡馆类似的休闲方式于 19 世纪 80 年代逐渐发展起来。当时，画家鲁道夫·萨利斯在他的画室里建起了首家夜总会，地点就在现在巴黎第九区的罗切奥特大道。这里吸引了很多艺术家和为生计而挣扎的诗人与音乐家。黑猫剧院管理部门还出版了一本同名的文学期刊，夜间演出时允许人们展示他们的成果，包括音乐节目和速描作品。1895 年，此夜总会迁到维克多·麦塞街附近的新址，乐队指挥阿里斯蒂德·布朗特则在原来的地址上建立了自己的卡巴莱夜总会，名为“芦笛夜总会”，后来成为最著名的夜总会。芦笛夜总会的节目花样繁多，其中讽刺表演最为有名，也有对古老巴黎怀旧之情的表演，并夹杂着对城市开发商和腐败政客的政治攻击。这些场所是文学与艺术先躯们汇聚的地方，例如，19 世纪 70 年代左拉、土鲁斯-劳特累克、于斯曼斯和德加等名人经常光顾的“新雅典咖啡馆”就有著名钢琴家埃里克·克萨蒂在那里弹钢琴。1903 年，布里昂接管了柳树街上的“狡兔酒馆”，并使之重现辉煌。在 1914 年以前，这里经常聚集各界名流，包括画家毕沙罗，诗人纪尧姆·阿波利奈尔和马克斯·雅各布以及作家弗朗索瓦·卡尔科和罗兰·道格莱思等。资本家们也喜欢来这样的艺术场所体验贫民生活，蒙马特因此而名扬四方。

蒙马特还是艺术家亚文化兴起的地方。奥斯曼工程造就的巴黎城市中心奢侈无度，使得那些崭露头角的艺术家和雕塑家们面对那里昂贵的租金仰天长叹，拉丁区确实很有吸引力，但在右岸，画家们也一样找到了属于自己的地方，这里远离林荫大道。如同战前取代了它的位置的蒙帕纳斯一样，蒙马特就在新修建的林荫路旁边，是个很吸引人的区域，这里生活配套设施较少，因此租金很便宜，是艺术家们寻找工作室的好地方。蒙马特是巴黎公社最后的阵地之一，加之那里距离周边主要火车站很近，给人一种激进的和国际化的感觉。所有这些优势恰巧与周围的乡村气息有机地结合在一起，圣心教堂与巴黎历史上仅存的风车只一箭之距。

三、蒙马特圣心教堂

> 巴黎人常常把位于蒙马特山上的圣心教堂与近乎同时期修建的埃菲尔铁塔看成相竞而立的建筑。然而这种竞争似乎并不友好。埃菲尔铁塔建于左岸，1889 年博览会的开幕式在此举行，以此纪念法国革命一百周年，因此同时展示出技术进步和共和价值。圣心教堂则完全相反，它是 1870 年那恐怖岁月的宗教产物，是教权主义者的纪念性建筑。
>
> 人们对于圣心的狂热崇拜是从蒙马特修道院开始的，当时正值反宗教改革后期。18 世纪 90 年代在旺代爆发的农民反宗教改革起义也使用了圣心的标志。在教堂修建的大部分时间里，一直到 1919 年建成，它都被看成一个赎罪性的、彻头彻尾的反革命纪念性建筑。用第三共和国的一位政治家的话来说，那里是宗教迷信的大本营。然而，正是法兰西第三共和国国民议会于 1871

年1月做出决定，树立这座纪念性建筑以慰藉恐怖岁月的死难者。这种宗教立誓的方式并不新鲜。例如，早在1815年波旁王朝复辟时期，就出现了许多这样的赎罪姿态。然而，就在保守派提出要在蒙马特山上视野开阔之处建立此教堂的时候，巴黎公社革命的序幕就已经拉开了。于是，大多数激进的共和派认为，对这么一座赎罪纪念碑的支持是在玩弄教权主义的把戏。不久，巴黎大主教被巴黎公社社员扣押，并在“五月流血周”的可怕事件中被杀。蒙马特是第一个被巴黎公社占领的地方，也是起义战士坚守的最后阵地之一。

如果说圣心教堂的项目最初是由立法机关批准的，那么它的建设可不能依赖国家资金。事实上，修建教堂所需的4000万利弗尔都出自法国广大天主教信徒的捐赠，这使该教堂成为法国人树立公众生活道德规范的标志性建筑。没有政府的支持和干预，组委会在选拔设计方案时有了更大的自由空间。他们尽可能地在投标设计中选取最宏大、最有特色的作品。建筑设计师保罗·拉巴迪曾经花很多时间修复了位于佩里格的罗马式风格的圣方济教堂。他在罗马式风格的基础上融入对法国人来说同样新鲜的新拜占庭式风格。巴黎市内圆顶众多，如意大利风格的荣军院和法兰西学院等，新古典风格的著名的万神殿等，然而没有一处可以与圣心教堂的穹顶相比拟。

几个世纪以来，巴黎的建筑大多都是用石灰石和采自市郊（包括蒙马特山下洞窟）的石膏建成的。早在19世纪中期，这些原料就几近枯竭，于是人们决定到塞纳马恩区的兰登堡采集石头修建圣心教堂。那里的石头比巴黎的石头要白，且随着时间推移会变得更白。这样，圣心教堂不仅外形不同于巴黎式建筑，其颜色也别具一格，它的这种白色是不可能被仿效的。

然而，这一无与伦比的非巴黎式纪念性建筑却如同它的世俗伙伴埃菲尔铁塔一样，成为完完全全的巴黎建筑。造成这一完全意义转变的主要原因在于旅游业和现代的营销手段。通信革命把数以百万计的人们吸引到埃菲尔铁塔，那场革命也带来了一场“精神旅游”的热潮。卢尔德在这一时期取得的巨大成功向人们展示了这样一个事实：步行的个人朝圣行为已经被集体乘火车朝圣的浪潮所取代。圣心教堂的组织者们巧妙地运用媒体进行宣传，制定每月的全国告示版，更新信徒们的活动内容，吸引游客，同时也为自己制造商机。朝圣者必须留下一块个性化的石头以备教堂建筑之用，这也是他们奉上的谢恩奉献物。有营业执照的小商贩们也在这里为游客们提供具有宗教意义的纪念品，如奖章、项链和祈祷卡等。

圣心教堂建设的组织者们利欲熏心，这使人们无法预料未来教堂周围的环境氛围会怎样。在1859年至1860年间并入巴黎以前，蒙马特是一个独立的小村庄。19世纪80年代至第一次世界大战期间，这里以其淳朴和低廉的住房租金吸引了许多艺术家，休闲产业也在其周围发展起来。1851年时，这里仅住有6000人多一点，而到1886年的时候这里的人口就上升到20多万。来到圣心教堂的精神旅游者们纵欲在酒吧、夜总会和咖啡厅里。教堂不远的山下就是名声狼藉、罪犯猖獗的毕加尔红灯区。在该教堂附近的特雷尔艺术广场成为文化旅游者青睐的地方。另外，位于拉维格纳街上被称作“洗衣船”的旧钢琴生产厂所在地变成了艺术家们的聚居地，这里成为诞生立体主义的熔炉。毕加索在这里创作了他的名画《阿维尼翁少女》，范·唐吉、苏珊·瓦拉东、布拉克、莫迪里阿尼、弗拉曼克和杜菲等都曾经在这里居住过。他们中的许多艺术家，包括在蒙马特居住过的于特里约，把这个宁静的山村变成了他们画布上的主题。尽管那里鸡和羊的数量仍然比住在那里的艺术家人数多，但不久后云集的艺术家人数就超出了。那里的老式风车依然在转，但是作为当地主要产品的葡萄种植已经悄然退去了。1932年，"老蒙马特的朋友们"费了九牛二虎之力才在现在巴黎第十八区的圣维克多街上重新建起了现在的葡萄园。"老蒙马特"这个主题是圣心教堂、风车、葡萄、艺术、纪念品以及休闲场所的悄然结合，这一主题与"老巴黎"这个概念一起促进了巴黎历史遗迹旅游业的发展。

蒙马特艺术风景的活力显示出世纪之交巴黎文化生活的多样性及其深远意义。我们已经看到，1889年和1900年博览会是法兰西民族团结的特殊象征，它使人们将社会、文化和政治焦虑放在一旁。这一阶段休闲娱乐业的发展也具有异曲同工的作用，为人们展示了一个被分裂了的社会短暂的和谐场景。然而，从1914年开始，巴黎社会面临着另一种考验，那就是大规模的战争，而非全民娱乐。第一次世界大战摧毁了建立"美好时代"的繁荣经济基础。世纪末那所有纷争的思想和紧张、焦虑的情绪也随之消逝殆尽，将成为永久的回忆。

起初，拉开反德之战序幕的目的似乎是为了解除人们的焦虑情绪，努力实现社会政治与文化的和谐。宣战前夜，杰出的社会主义者让·饶勒斯由于宣扬反战思想而在巴黎的咖啡馆被暗杀。反战派痛失一位领导人。人们放弃了分裂思想宣告成立“神圣同盟”以应对战争。正如世博会一样，这次伟大的战争与其说驱散了人们的焦虑，不如说是突出并加剧了紧张情绪，并使之更加复杂。

在所有的首府城市中，巴黎距前线最近，几乎立即就遭到了敌人的攻击。德国人占领比利时后迅速向巴黎进军。1914 年 9 月 2 日，法国政府关闭了证券交易场所，迁址到波尔多，并带走了法兰西银行保险库中的所有黄金。大约 35000 名适龄巴黎男子应征入伍，另有大约相同甚至更多数量的居民逃离了这座城市。从敌占区逃出的难民大量涌入法国北方地区，这更加剧了混乱状态。整个城市由加列尼将军指挥，他是参加过非洲各种战役的老兵。在 9 月 4 日至 10 日的马恩河战役距离首都仅 50 英里以外的地方开始的时候，加列尼将军面临着被德军包围的危险。在巴黎就可以听到战场上的炮声。9 月 7 日至 8 日，霞飞将军向德军薄弱的侧翼展开了强有力的猛攻。当时由于军车都在各地执行任务，加列尼将军征用巴黎的出租车向前线运送了大约 4000 名士兵助战，据说出租车的司机们还要求付车钱。结果那场战役以法国军队的胜利和德国军队的后退而告结束。1914 年圣诞节期间，战争从激烈到平息，限于胶着状态，双方挖掘大量堑壕，由英吉利海峡一直到瑞士边界。

1914 年 12 月，法国政府又急速地撤回到巴黎。生活恢复到一种相对稳定的状态。虽然战争没有结束，但还大体可以承受，并没有糟糕到 1940 年至 1944 年间的状态。但这很显然不能算是“美好时代”。政府原本想保持士气进行斗争，但又不免徘徊于两种选择之间：既希望全民总动员进行战斗，同时又更加清醒地认识到，如果想要保持士气，生活就必须沿着类似正常的路线继续下去。在三分之一的劳动力都已征召入伍的情况下，这一任务并不轻松。许多工匠的商店和小店铺都已关门停业。同时，巴黎的资金大量外流，城市内众多民众外逃，结果使许多制成品的需求量大为减少。大多数博物馆也都关了门，大艺术宫成为军队医院。在战争初期，通货膨胀十分严重，由于战争费用的增加，对主要商品价格的上涨不是采取相应的措施进行抑制，而是一味地任其发展。好在人们还没有失业，尤其是 1915 年以后工业转向为战争服务，政府在这一转变中起到了决定性的推动作用，巴黎实际上占据了绝佳的战略位置，可以很好地对西方前线给予支持。它在地理位置上距离主战场最近，这是一种巨大的优势，因为它可以迅速地为前线运送人员和物资。另外，公路系统和铁路网都集中在巴黎，这也是战略性胜利的关键。在郊区崛起的重工业的发展也意味着巴黎的工业家们处于一个最佳位置，时刻准备应战。此时，法国东部和北部有竞争力的企业都已经落入敌人手中。

因此，第一次世界大战对巴黎地区的工业布局变化起到了某种推动作用。在巴黎 20 个区中，轻工业尤其是纺织业的滑坡趋势已成定局，同时，建在郊区的大规模重工业项目越来越兴盛。汽车工业几乎全部转为军工生产。位于布洛涅-比扬古的雷诺制造厂由 4000 名工人增加到 22000 名工人。他们不仅生产军用汽车，同时还生产炸弹、大炮，从 1917 年起还生产坦克。1915 年，企业家安德烈·雪铁龙与政府签订一项生产 100 万枚炮弹的合同。到战争结束的时候，他的工厂已经生产了 2400 多万枚炮弹。值得注意的是，扩大生产任务都是由女性劳动者完成的，这使战前就已经出现的妇女参加工作的趋势越来越明显。由于许多男人都在前线，女人们现在被允许做公共汽车售票员或者地铁职员。她们能承担的工作与日俱增，在重工业领域也占有举足轻重的地位。雷诺制造厂的工人大约有四分之一是女性，在其他许多军用品生产厂中女性比例还会更高。

女性就业，而且人数越来越多，这种局面对巴黎那些因家中主要劳动力应征入伍而受到影响的家庭来说未尝不是好事，使她们的家庭能渡过通货膨胀的难关，政府对福利和家庭补贴的承诺也在不断增加，虽然仍旧相当有限。在这一时期政府提早做出的冻结租金的决定是相当重要的。主要商品的缺乏是由于经济混乱造成的，这是当时的主要问题。政府的决策是实行食物限量供应和配给制（特别是从 1917 年开始）。糖和煤是首批配给的物资，紧接着在 1918 年实行面包配给。实际上在整个战争期间，面包的价格都控制在人们可接受的范围内，部分原因是禁止烘制花色繁多的高档面包。巴黎人不得不在吃不到羊角面包的情况下度过战争。咖啡厅也必须经营不加牛奶的咖啡，餐馆则每周只有两天可以提供肉类，并且用人造黄油来代替黄油。在这次灾难中，每年一度的狂欢节被迫停止。在冬天最艰难的月份，市政府竭力为急需者提供免费的煤和土豆。但是，不仅是有钱的人参与了泛滥成灾的黑市贸易，任何一个有农村亲戚并能提供配额以外的供给品的巴黎人都会立刻被当成朋友。许多巴黎的家庭为了增加自己的食品，都开始开垦小块土地。在 1918 年，巴黎大约有一万个花园被允许种植可食用植物。事实上，在战争期间，巴黎人的健康水平并没有严重下降，这说明按照当时状况采取的措施起到了一定作用。公共卫生部门以极大的热情迎接战争提出的挑战，他们掀起了天花疫苗接种的战役。尽管 1914 年至 1915 年间出现了伤寒病，1915 年出现了猩红热，但这几年间并没有出现天花等严重的传染病，这意味着儿童死

动员时的法国士兵，1914 年 8 月

亡率仍然是可以接受的。那些年中最严重的传染病是 1918 年至 1919 年间的西班牙流感，它在停战协议签订之后才开始流行，人们在流感到来时如此脆弱并不是因为营养不良。

经济困难必然会带来一些社会问题。起初罢工并不多见，因为当时巴黎人的“神圣同盟”力量依然存在。但是到了 1917 年，市民的士气不仅受到食物匮乏和价格昂贵等因素的影响，而且也与战争向更坏的方向发展有一定关系。在东线，法国的盟友俄国正值革命年代，那场革命使俄国退出了国际冲突；而在西线，法国军队内部的兵变时有发生，反叛的军人反对这样毫无意义的大规模杀戮。这些都被贝当将军有效而又残忍地镇压了。贝当因在1916年的凡尔登战役中表现出色而成为民族英雄。然而此时政府的新闻管制起到了相反的作用，导致人们对政府的不信任。政府往往过分强调媒体的审查制度。例如，1915年4月，政府正式发文禁止算命者对未来进行负面的预测。另一方面，政府的宣传则被认为是一种洗脑的工具。这一切都自然地成为政治讽刺的温床。1916年法国的第一家讽刺性报纸《鸭鸣报》问世了——近一个世纪后，它仍然是法国最重要的讽刺报纸。

随着经济状况的恶化，民众士气低落。女人也像战场上的男人一样在劳工斗争中发挥作用。1917年1月，巴黎的缝纫女工举行罢工，继之而来的是军火工厂女工的罢工。到了1917年晚春时节，罢工已经蔓延到男工及其他一些企业的员工；建筑业、邮政业、市政工程以及燃气企业都受到了影响。1918年春季，罢工大规模扩大，有20万工人参与进来。

1918年，其他方面的发展状况也考验着巴黎人的能力。除了1914年至1915年的几次空袭和1916年的齐柏林飞艇轰炸外，巴黎并没有遭到大规模轰炸。然而1918年初期，敌人对巴黎的轰炸开始加剧，德国人使用了远程大炮“大贝莎”，这也暴露了梯也尔防御城墙是何等不堪一击。1918年的受难节那天，一枚“大贝莎”的炮弹击中了位于马莱区的圣热尔韦教堂，导致屋顶坍塌，造成50多人死亡。轰炸并没有削弱法国人的士气，相反却增强了他们与德国佬做斗争的决心。总理克列孟梭此时巩固了自己的领导地位，这将被证明是实现全面和平的征兆。

巴黎城内直接死于战争的人数量并不很多：266人死于炮火轰炸，633人死于其他灾难，与前线阵亡人数相比，这些数字是微不足道的。与死于传染病的人数相比，这也是个小数。1918 年至 1919 年的流感导致巴黎地区 3 万人死亡，整个法国则有 40 万人未能幸免。

1918 年春天，德国与俄国在布列斯特-立托夫斯克签订了俄德和平协议之后，将兵力由东部前线调往西部，获得了胜利。这造成了一定的恐慌，人们担心 1914 年的侵略行径会重新上演。因此又出现了一次逃亡的高峰，很多人聚集在火车站内。但是整体的士气并没有受到影响。随着美军的到来，西线战况日趋好转（在巴黎也是如此，美国人喜欢上了这个地方，也很受当地人欢迎）。1918 年 11 月，德军接受了法国及其盟国提出的和平条款。于是大规模的庆祝活动迅速展开，整个城市沸腾起来；这也让人们回想起巴黎“神圣同盟”缔结的日子，街上洋溢着一片千辛万苦过后的欢腾气氛。

此时“神圣同盟”的目标终于实现了。不过，早在第一次世界大战结束后签订国际和平条约之前，巴黎就已重陷紧张和焦虑的旋涡之中，那些早在 1918 年冲突乍起之时被搁置的问题又死灰复燃，而且战争期间出现的某些糟糕状况还要延续一段时间。虽然战争结束了，但是食物配给还必须继续到 1919 年。紧接着，战后退伍军人充斥了劳动市场，威胁着战争期间由女性承担的职位。

第三共和国的政客们似乎不愿意接受他们在法国的统治已经摇摇欲坠的事实，随后几十年发生的一系列事件将证明这一点。巴黎已经不再是从前的样子。这座现代都市有许多方面看起来显然地不现代。1900 年世博会的“光之城”在 1918 年不乏黑暗之处。尽管战争造成的直接损失不大，人们的居住条件却很糟糕。没有任何措施治理那些所谓不卫生地区，住房危机在悄然增长。削减资源进行住房改革的政府自然不会在城市标准性建筑上大量投入，虽然这些建筑令巴黎誉满世界。在接下来的50年中将不会再有奥斯曼式的林荫大道，也没有什么重要的纪念建筑。战后巴黎人对战前巴黎作为“美好时代”繁荣中心的热衷就像风中的小草一样随之而去。巴黎更愿意把它的现代性放在过去而非未来。逝去的梦幻将成为接下来三四十年对首都历史的经典概括。

11

逝去的梦，失去的景

（1918—1945）

德国社会评论家瓦尔特·本雅明在战争期间花了大量时间对巴黎的社会、文化和城市历史进行了细微的探讨，以研究世界资本主义的谱系，他于1935年撰写了名著《巴黎——19世纪的首都》。[1]也许是因为本雅明不愿意承认，他在书中暗示了1918年以后大多数巴黎人都会感到遗憾的事情；然而巴黎人们都已意识到了这一点——巴黎最伟大的时期已经一去不复返。

在很大程度上来说，战后的巴黎依赖着旧时的资本。其前景显得黯淡，迷茫。厌战的情绪一直延续到1939年第二次世界大战前夕，这与第三共和国倡导的自由民主幻想破灭有一定联系，法国在这次大战中遭受重创：由于战争造成的原料短缺问题一直在北方和东方蔓延，亟须战后采取恢复措施。法国的损失比任何一个卷入战争的国家都要严重：130万人死于战争，法国人口下降到1891年的水平，同时还有300万人受伤、致残；应召入伍的巴黎人有十分之一未能在战争中幸免。巴黎地铁和公共汽车都为战争致残的人们设立专门的座位，这是对昨日恐怖的严肃纪念。奥斯瓦尔德·斯宾格勒1918年至1922

年出版的《西方的没落》对西方世界忧心忡忡，对西方自由的价值提出质疑，人们对此大为关注，这足以说明战后人们的情绪。1917 年，俄国掀起的布尔什维克革命在法国劳动者中引起了轩然大波，激起了热烈的反响。1919 年和 1920 年间是社会动荡的高峰期，揭示了资产阶级对无产阶级力量产生的焦虑。战后法国右派的势力得到了加强，1919 年圣心教堂正式向公众开放，1920 年圣女贞德被封为圣徒，这昭示了宗教右翼的复兴，他们从未能融入共和国。在法国右翼派别中也不乏独裁者墨索里尼和希特勒的吹捧者。战争间期是政治两极化的时期。

最后，法国政权终于从战后的紧张和全局的焦虑状态中摆脱出来。20 世纪 20 年代，人们终于见到了曙光，巴黎经济恢复到了战前

1940 年 6 月 18 日，从圣母院的墙上搬下沙袋

的状况，甚至发展出了谨慎的乐观主义。尽管巴黎人口在战争中骤减，但全国人口总数还是处于上升趋势，巴黎城市本身也几乎奇迹般地只受到了表面的破坏。巴黎依然是一个国际化的大都市，停战条约都是在法国的凡尔赛和其他的一些王宫签订的。而且，尽管莫斯科已成为国际劳工运动的圣地，但从某种意义上说，巴黎已经让战前威胁其世界之首地位的几个竞争对手，包括柏林、维也纳和圣彼得堡，黯然失色。

但是巴黎在20年代的经济复苏只是一种假象。1929年美国的经济崩溃带来的影响直到1931年才在巴黎显现出来，这一年是巴黎经济命运走向黑暗的开始。30年代的经济滑坡是巴黎历史上一个不幸时期的开端，这一时期持续了20年，其中包括1931年至1939年八年最严重的衰退期和1939年至1945年六年的战争期，此期间由通敌卖国者组成的维希政权导致法国被德国占领和分割。直到20世纪50年代中期，巴黎的重建工作才基本结束。但即便到那时，由于政局不稳，人们迟迟体会不到经济复苏带来的喜悦。20世纪中期的几十年中，巴黎人见到了该城市社会、政治和经济的动荡，这加剧了他们对过去“美好时代”的怀念，凸显了巴黎在艺术、文化、思想和纯粹逃避现实的生活乐趣方面，而不是在国际权力政治方面的优势地位。

画家费尔南·莱热给朋友的一封信中曾经这样描述巴黎：

> 1918年，和平即将来临，四年来，一直处于愤怒、紧张、迷茫状态的这个男人终于昂起了头，睁开了双眼，四处环顾，伸展着臂膀，找到了他生活的滋位：疯狂地跳舞，积极地思考，高声地呐喊，挺直胸膛大踏步地向前，去叫喊，去欢呼，去漂流四

方。一次精神力量的爆发充满了整个世界。[2]

20年代没有任何一个城市像巴黎一样疯狂，充满了精力，富有想象力和放纵。这座城市涌入了大批渴望移民的外国人。世界主义作家，有时也是色情文学作家的阿娜伊斯·尼恩曾经这样评价巴黎的生活："我感觉好像尝到了乌托邦的果实，既柔软又光亮，既内容丰富又鲜艳夺目。"[3]首批在移民群体中突显出来的是北美洲人，他们利用有利的汇率和巴黎官方法规不健全的条件，在这个城市建起高档的小殖民地。美国夜总会明星约瑟芬·贝克的早期生涯是疯狂年代精神追求的见证。英语作家们，如欧内斯特·海明威、斯科特·菲茨杰拉德、热特吕德·斯坦因、詹姆斯·乔伊斯、让·里斯、伊迪丝·华顿和亨利·米勒则以一种不同的方式向人们阐释了疯狂时代的精神追求。他们在这一时期创作了大量的现代主义文学作品。许多人出没于蒙帕纳斯，尤其是位于现在巴黎第六区和第十四区的瓦文街与林荫大道交会处的一些具有浪漫传奇色彩的酒吧。这些地方不仅吸引了法国先锋文学的代表，而且吸引了高度异质化的艺术家团体。例如，"巴黎画派"中的画家和雕塑家当中很少有土生土长的巴黎人。他们中的明星有意大利人莫迪利亚尼、西班牙人格里斯和米罗、俄国人夏加尔、立陶宛人苏丁和利普希茨、德国人恩斯特、荷兰人凡·东根、波兰人基斯林、罗马尼亚人布朗库西、美国人考尔德和日本人藤田嗣治。这些人因蒙帕纳斯一带低廉的租金和合适的工作空间而被吸引到这里来。这也是他们的前辈被吸引到蒙马特的原因——在蒙马特被犯罪分子当作贩毒和嫖娼的场所之前。正像作家约瑟夫·凯塞尔所说，现在，那里成为美国醉鬼、黑人萨克斯手和阿根廷探戈舞蹈演员们经常光顾的地方。[4]蒙帕纳斯与拉丁区一起，也成为生动的爵士乐演奏中心，巡回演出的艺术家及战后在这里逗留的美国兵为这里增添了活力。一位居民说："那里洋溢着汽油、咖啡、酒精、汗渍、香水、野心、烟草、小便、轻浮、火药和性的味道。"[5]很多巴黎人也都发现那里是个极具诱惑力的地方。

一、约瑟芬·贝克

第一次世界大战使巴黎人第一次有了对美国黑人进行系统了解的机会。18 世纪法国的繁荣是建立在西印度群岛甘蔗种植园内的奴隶制度基础之上的。但与 18 世纪的英国相比，当时的法国很少有奴隶出现。法国大革命期间曾经在 1794 年废除法属殖民地的奴隶制度，不过，拿破仑时期又恢复了。尽管 19 世纪的法国称得上是废奴主义的先驱，然而法国人却与黑人接触甚少。1917 年之后美国兵的到来使巴黎人及游客们大开眼界。大约有 16 万美国黑人在法国服兵役，许多人认为这是一次令人振奋的经历。一个美国大兵给家里写信时这样讽刺道："这里充满了自由、平等、博爱的气息，是我们黑人在热爱自由和民主的美国永远体会不到的。"

随着时间的流逝，美国的来访者发现法国人对种族的态度并不像法国共和主义宣称的那样完美。但在战争期间及战后，他们确实受到了热情的招待。实际上，一些黑人演员在法国很有声望，而在家乡却默默无闻。从战争的最后几年开始，巴黎人对爵士乐的狂热为这些人的声名鹊起提供了很好的条件，特别是蒙马特、蒙帕纳斯和拉丁区那些著名的娱乐场所。例如，单簧管演奏家西德尼·贝彻就是因为那里盛行爵士乐才在20年代来到法国的，他不久便成为法国爵士乐坛上的主要人物，而他在美国本土的音乐史上却名不见经传。贝彻的朋友约瑟芬·贝克在20世纪20年代的境遇与他十分相近。不仅因为她在法国的早期舞蹈生涯，也因为她出色的自我宣传和公关，再加上第二次世界大战期间在抵抗运动中的出色表现，约瑟芬·贝克在1975年去世时几乎成为法国的民族偶像。

约瑟芬·贝克在密苏里州的圣路易斯度过了她悲惨的、贫困的童年。1917年，她目击了一场种族骚乱；这次骚乱导致几十人死亡。1925年，还是个少女的约瑟芬随着名为“黑人歌舞团”的团体横渡大西洋来到巴黎香榭丽舍大剧院演出，结果她轰动了整个城市，收到上千人的求婚以及其他方面的邀请。使她名声大振的是她俏皮的歌唱和极具诱惑力的半裸的异国舞蹈，其中最著名的是穿着香蕉缝制的性感窄条布在黑暗的镜子前独舞。她的演出形式和她精力旺盛的私生活恰巧与战后法国妇女要求自由和独立的思想相吻合。她还明目张胆地玩弄种族观念。一位观众赞扬说：“她给已经乏味的西方文明展台带来了丛林的气息、自然的力量和美感。”正如纽约记者珍妮特·福兰纳所指出的，现在“黑”是一种美。动词bakerfixer进入了法语，表示按照约瑟芬·贝克的风格把头发梳得光滑。

在20世纪30年代，黑人舞蹈和音乐在巴黎继续流行。1933年，路易·阿姆斯特朗来到巴黎。次年，艾灵顿公爵也来到这里。贝克将她所展示的原始主义的质朴形象与能够长期被人喜欢的法国形象融合在一起，巩固了自己在观众心中的地位。她的法语也很棒。1931 年，她唱了一首著名的歌曲，歌词的大意是：

我有两个挚爱
我的祖国和巴黎
巴黎永恒
那是我美丽的梦

她那沁人肺腑、节奏鲜明的歌声勾起了人们对古老巴黎深深的怀旧情结，这是许多歌手（如莫里斯·谢瓦利埃和吕西安娜·布瓦耶）曾经探索过的方式。贝克的歌词可能会让人回忆起“被哥萨克和黑人占据前”的“法国的蒙马特”，但是那时，贝克已经成为一名巴黎荣誉市民。贝克在 1931 年的殖民地博览会期间非常受欢迎，讽刺性报纸《鸭鸣报》甚至揶揄说，说她将被加冕为“殖民地女王”。

继西德尼·贝彻和约瑟芬·贝克成功之后，其他一些美国黑人也受到了巴黎人的关注。其中包括许多音乐家、电影演员和舞蹈演员，以及詹姆斯·鲍德温、理查德·赖特和谢斯特·希姆斯等二战之后的作家。这些有名望的人物获得如此的待遇并不意味着所有来自外族的人都能够有此运气。

物质主义和享乐主义思想吸引许多艺术家和作家来到巴黎，这种现象在战争中间就已经出现，1925 年装饰艺术博览会期间更是强调了这一点。本次展览的主题是将装饰艺术推广为一种国际化的新时尚，似乎比 1900 年博览会更热衷于强调巴黎的消费主义特征而不是任何技术或科学成就。巴黎被诠释为一个能够产生很多消费主义幻想的梦想机器。大型商场和高级时装店提供的赞助确保展会达到商业化的目的。夜间，埃菲尔铁塔灯光明亮，照耀在雪铁龙汽车的宣传广告上。战后妇女的短发型和露出脚踝的紧身长裙不久就在世界各地流行起来，不久又令人兴奋地出现短裙和裸露的膝盖。19 世纪的伟大博览会突出了工业技术的发展和城市建设，而 1925 年的展会沿袭了 1900 年的风尚，展现了艺术与消费文化在奢侈品行业更高层次的融合，把目标集中于女性消费者。最受欢迎的工业产品是坐浴盆。[6]

以往各届巴黎博览会的举办将这座城市推向了现代的顶峰，但是 20 世纪 30 年代的展会则很少直接展示其现代性。1931 年在当今巴黎第十二区万塞讷附近的多雷门举办的殖民地博览会吸引了大约 800 万参观者。此次博览会试图给人以法国文明的使命正在变得更加庄重的印象，因此不允许肚皮舞在博览会上演出，组织者也认为展会相当成功。但是这次展会无力再现已有的辉煌，而且很明显，没有博得一致好评。共产党和超现实主义者举办了与之相对应的展会，突出展示了法国殖民主义的阴暗面。1937 年的展会也明显地偏离了标准。虽然有左翼人民阵线政府的全力支持，但主要建筑工程和展示台的安装由于劳工纷争而受阻。以前的展会开幕都被视为神圣的事件，主要目的是要吸引外国的显贵们和世界新闻媒体。1937 年博览会的开幕式却是一个极大的失败，参观者们只能小心翼翼地在一个仍然像是建筑场地的地方转了转。人们谈论的焦点也不是巴黎的伟大，而是保存在国家展览馆的毕加索的名画《格尔尼卡》，该画表现了西班牙共和国为抵抗佛朗哥的压迫而进行的斗争。另一个谈论的焦点则是纳粹德国与苏联在主会场上的争锋，前者以德国鹰为标志，后者则由代表着劳动人民的雕塑组成。这两个国家试图超越对方的态势表现得淋漓尽致，这与巴黎精神倡导的和谐世界背道而驰，预示着30年代后期这座城市将被笼罩在威胁性的国际竞争的阴影之下。

如果说1918年后的各届巴黎国际博览会不再展示巴黎的伟大，那么它们确实像之前历届一样，为巴黎成为世界历史的记忆之场做出了贡献，特别是为建筑环境增添了引人注目的色彩。1931年的博览会让人们见识了位于多雷门的博物馆的建筑风格，也就是现在的非洲博物馆和海洋艺术博物馆。同时也见证了万塞讷动物园的现代化改造。1937年的博览会改在特罗卡德罗宫举行。这里是为1878年博览会而建造的，位于夏乐宫旁边，与埃菲尔铁塔隔塞纳河相望，现在这里建立了海事博物馆、法国古迹博物馆和人类博物馆，为人类学的研究做出了巨大贡献。与此地相连接的现在巴黎第十六区的威尔逊总统大道上还有新的东京当代艺术馆，即现代艺术博物馆，而大艺术宫则被改建成发现宫，一座科学博物馆。

新的博物馆建设浪潮突出了一个日益明显的事实：巴黎拥有的一系列非凡的博物馆和艺术展览馆是其国际化的重要标志。巴黎城市博物馆和展览馆的历史可以追溯到旧制度时期，19世纪后半期又增加了大批展馆。例如，1880年建立的卡纳瓦雷博物馆和1898年建立的巴黎历史图书馆就是巴黎历史的见证。但是直到20世纪初期，在巴黎继续保持自己世界艺术之都地位的情况下，它才逐步建立起自己的文化美誉。除了30年代的一些与博览会有关的建筑外，大多数主要的国家机构也开始向游客提供他们的收藏品。例如：1909年建立的警察博物馆、1920年建立的航空博物馆、1925年建立的荣誉勋章博物馆、

1934 年建立的公共救济事业博物馆和 1946 年建立的邮政事业博物馆等。有些博物馆专门为展出某艺术家的遗作而举办。例如，1903 年举办的古斯塔夫·莫罗作品展、1919 年举办的罗丹作品展和 1934 年在马蒙丹巴黎市立博物馆举办的莫奈作品展。还有些博物馆的展出具有慈善性质。例如，1913 年举办的雅克马特·安德烈作品展、1929 年举办的科纳克·雅伊作品展和 1937 年举办的尼西姆·卡蒙多作品展。到了 20 世纪中期，巴黎已经成为无与伦比的世界艺术和文化遗产之都。

在战后巴黎文化迅速发展的同时，伴随着人口数量停滞不前的状况。虽然巴黎的博物馆层出不穷，但人口数量似乎没有任何增长。1900 年后，巴黎 20 个区内的人口增长微乎其微，1921 年人口数是 290 万。这已是历史最高峰。一直到 50 年代，巴黎人口数量都在 280 万左右徘徊。巴黎渐渐开始老龄化，比起战前的先辈们，他们显得更加安定，更加资产阶级化。由于避孕措施的普及，老龄化现象加剧。法国的出生率比其他任何国家都低，而首都巴黎的出生率则更低。如果不想仅仅作为罪恶之都，还要保持世界最大城市之一的称号，与伦敦、纽约和东京并驾齐驱，现在巴黎的声望只能靠市郊人口的增长了。1900 年到 1939 年间，巴黎市郊人口增长了近 50%，而其 20 个区的人口增长还不到 5%，这个数字比法国的平均值还低。大战后巴黎郊区有 150 万居民，30 年代后期增长到 200 多万，而此时巴黎的总人数才 280 万。从某种意义上说，这是 20 世纪巴黎历史上的焦点问题：即使巴黎没有缩小，这座城市也正在被其城郊所超过。

如果巴黎能够将其郊区的活力纳入其未来统一的规划中，那么巴黎 20 个区的绝对和相对停滞的事实就不会那么令人担忧。但实际上，市中心的居民们一直对把郊区融入市区耿耿于怀。郊区被视为恶名昭著的“红色地带”，那里到处是工人、野蛮人，犯罪分子猖獗，他们的激进理念和过激行为与越来越保守的巴黎人形成鲜明的对比。郊区的风景也迥然不同，在巴黎人的眼里，那是一个陌生的、令人感到恐怖的、没有意义的地方。小说家雷蒙·科诺把郊区的风景描述为：“到处是垃圾和废纸的一片荒野。”诗人兼随笔作家布莱兹·桑德拉尔更加直接地描述了巴黎北部郊区，那里到处：

> 煤气厂、医院、货栈、老人院、电厂、难民营、铁路调车场、公墓、学校、军营、运动场、宰马场、跳蚤市场、面包房、商店、军火库、修道院、教堂、留守美军驻地、秘密宣传俱乐部、会议厅……赈济处、孤儿院、廉价食品加工厂，以及，像其他地方一样，任何角落都有小酒馆，一个，十个，百个……[7]

本来认为，拆除19世纪40年代建造的梯也尔防御城墙将为郊区与城区融合在一起提供绝佳的契机，因为那是城郊分离界线。到了19世纪后期，那个城墙早已经破旧不堪了，战争期间的空袭又使其残缺不全。然而，这种做法不仅没能消除城市和郊区之间的隔阂，相反却有加剧之势。许多巴黎人将这块长约34千米、宽0.5千米的地带看成缓解在战争期间日益严重的住房危机的潜在可能，还有一些人想把它建成市区内很难见到的绿地和休闲场所。有关部门最后决定尽量兼顾这两种愿望。计划首先从城墙内侧的大片环形地带开始。更宏大的想法是对所谓“非建筑区”，即城墙外到那时为止为军事目的一直没有建设住房的一块区域提出的。这一地带很长时间以来被大量的自行占地的人所居住，即所谓的“旧城墙遗址居民”或者叫“郊区居民”，那些人过着类似于吉卜赛人的生活，很少有公共设施，现在没有人顾及他们了。

拆除旧城墙的工作是从1919年开始的，起初进展很慢，直到1932年才完成。外围的进展则更加缓慢，直到40年代最后一批郊区居民才搬离此地，到此时为止，巴黎周围已经建起了大约4万套新的住宅。这一发展标志着迄今为止巴黎历史上社会居住条件改善方面取得的最大成就。拿破仑三世曾尝试为工人建房，而第三共和国也曾想引入慈善信托机构来参与此类计划，但直到一个世纪之后，才在市政工作的指导下，通过宽松立法的形式促成了社会住房信托的建立。1914年，廉价住房办公室在巴黎成立。尽管当时受到战争的干扰，但是梯也尔防御城墙的拆除为市政建设提供了很好的机会，一旦城乡之间的隔阂消除，就可以在这些地带修建住房。西部奥特尤尔和克利希附近建起了一些令资产阶级向往的住宅区，但大部分新住房都采取了廉价住房的形式。这些七层的建筑外观坚固而朴实，大多形成一个个小庭院。在臭名昭著的“红色地带”建起了至今尚存的“红砖地带”。[8]同时，一些绿地也逐渐完善起来，最著名的是位于城南边界的大学城，那里是学生们居住的校园，其建筑从哥特式、日本式、希腊神殿式、瑞士的山间小屋式到十足的现代式，各种建筑形式无所不有。市政府严格控制其他这类建筑用地，以保证城市道路的畅通和扩建。1939年，元帅大道由原来的20米拓宽为40米，这些街道的各个路段多以法国元帅的名字命名。改善的交通状况使外围的新开发项目被一堵流动的噪声和金属的墙壁所阻隔。60年代环形林荫大道的建成使情况更为复杂。此后，住房建设和道路的扩建加强了，而不是消除了城乡之间的紧张关系，一次绝好的巴黎城乡融合机会无果而终，悄然逝去。

梯也尔防御城墙拆除工程占用了市政官员们的大部分精力。这代表了他们为解决巴黎住房短缺问题所做的最大努力，这是“美好时代”梦幻逝去后巴黎最重要的社会问题。他们发现在制定住房政策时陷入了两难的境地。首先，拆掉现有住房实施新的建房计划会造成短期的住房短缺，使问题加剧。其次，如果由供求状况来确定租金将导致租金上涨，这同样会使他们想着力解决的住房危机更加严重。最终，他们在中央政府的支持下，采取了继续实行在战争时期开始的冻结租金上涨的方法来解决住房紧张问题。然而，这就形成了恶性循环，因为冻结租金计划使私人开发商没有欲望投资建筑工程，即使保持现有的租金水准，开发商也同样没有积极性。使一些房主们感到慰藉的是，政府削弱了强制征收法，顺便提一句，如果早先便这样做，奥斯曼工程对巴黎的冲击也不会那么大。即使这样，不少房主还是将房产从租赁市场收回，这同样加剧了住房危机。一项市政调查显示，三分之一的巴黎人住房相当拥挤，而大约 3 万套住房空置，没有进入市场。这足以说明巴黎当时的住房状况。到 1939 年，巴黎大部分家庭都用上了电，但只有一半家庭有室内或独立使用的厕所，三分之一的家庭还没有下水系统。水暖设备、炊具、熨斗、冰箱、吸尘器和电视对于大多数人来说都是梦想中的奢侈品，只有住在西区的资产阶级才能拥有。

另一个限制住房发展的因素是城区保护运动的涌现。奥斯曼改建 19 世纪巴黎市政状况的时候，人们的建筑保护意识还是个空白。一直到奥斯曼卸任之后，奥斯曼精神在巴黎人心中仍然占有很重要的位置。到了19世纪末期，出现了反奥斯曼精神的萌芽。[9]虽然没有人支持维修破旧的，尤其是摇摇欲坠的劳工住房，但是很多人开始认为修复和改建比废弃要好，而且花费支出要少得多。在进入20世纪的时候，城市保护主义理论开始出现。1910年，“城市规划”这个词正式出现在法语中，尽管25年后它才出现在国家立法中。城市保护主义者强调，城市的整体结构与公共古迹同等重要。天主教作家路易·弗约早在1867年奥斯曼主义仍占主导地位时就抱怨说：“如果周围的一切都已改变，只保留古迹是毫无意义的。”[10]从这种观点出发，人们越来越感到，保留巴黎市内具有纪念意义的古代遗址的审美价值比历史意义更为重要。奥斯曼式的分立保护原则使古迹孤零零地存在于现代建筑林立的城区中，这种做法越来越受到质疑。

巴黎公共事务当局并不排斥城市保护主义者的主张，这些观点在某些方面与1783年的市政建设规划相似。国家立法人员也热衷于这个主题，并且给予它一种沙文主义的色彩，他们认为，维护巴黎传统而不使建筑物过高相当重要，以避免巴黎发展成纽约或者芝加哥一样的城市。1909年，一个“具有纪念意义的建筑远景规划委员会”成立，任务是确保新的建筑不会破坏城市天际线，不会影响具有纪念意义建筑的视野。（1930年和1943年，法国又两次立法，以保护具有国家纪念意义的建筑。）到1900年时，城市保护运动已粗具规模，具有一定的公众影响力。在1885年，雨果和加尼叶曾经资助成立了“巴黎纪念性建筑爱好者协会”。19世纪90年代，该协会在阻止巴黎地铁地上部分的某些更疯狂的修建计划过程中发挥了重要作用。1897年，老巴黎委员会成立，委员会由业余活动家与塞纳区行政长官和一些地方显贵组成。尽管他们阻止古迹被破坏的能力有限，但这预示着一场新运动的开始，作家、艺术家、历史学家，不论是专业的还是业余的，都参与到运动中来。街区历史和遗产协会的出现也为运动提供了帮助，其中一些协会还出版了自己的研究性杂志，如1886年创办的《老蒙马特》、1895年创办的《圣热纳维耶芙山》、1898年创办的《第六区》和1902年创办的《城市》。1913年，国家立法列出了保护建筑名册，并制定了详细的保护措施，这在欧洲尚属首次。

二、公共小便处

据说，罗马皇帝韦斯巴芗（Vespasian）在罗马街头设立双耳陶罐以供人们小便之用并相应征税。这个鲜为人知的事实似乎是给街头小便器起了这样一个委婉的名字（Vespasienne）的原因吧。19世纪30年代，塞纳区行政长官朗比托开始在巴黎街头安装小便器。这种公共小便处，或者更粗俗地说叫公共小便池，或者干脆叫小便池，为巴黎的街头装置提供了标准和味道，直到20世纪60和70年代的城市改造运动。尽管吉马尔设计的地铁入口没有被当成垃圾堆来拆除，但公共小便器却无一幸存。

第一个公共小便处仅供一人使用，就像一个小岗亭。巴黎人叫它们“朗比托”，这也是他们对被称为“街道改造狂”的巴黎塞纳区行政长官在街上挖的每一个洞的称呼。这也许看得出当时巴黎人那令游客怯步的卫生习惯。后来出现了供两人或多人使用的公共小便处，每个上面都有一盏灯；这里成为男人们社交的场所之一，这也是它们的捍卫者怀念它们的原因。诗人巴泰勒米曾说："那些林荫大道上的亭子让害羞的人不需要小心翼翼地避开目光。"（用法语谈这句诗更好。）历史学家理查德·科伯也对这些"充满艺术气息的博爱小教堂"充满好感。

当然，一直到第二帝国时期，公共小便处才盛行起来。奥斯曼男爵和他忠实的助手阿尔方在所有新的林荫大道、各种街路、城市公园都安装了这种令人耳目一新的街头用具。他们还在街头安装了路灯、长椅、铁栏杆、路标、邮筒、报刊亭、树丛、树木保护带、公告栏（所谓的默里斯栏）和饮水喷泉，其中最著名的是英国慈善家理查德·华莱士于19世纪70年代出资修建的华莱士喷泉。每一个街头装置都精心设计，并选择最佳位置。例如，仅路灯柱就有7种模式，样式有78种之多。多样的变体总有一种家族式的相似性，这使巴黎街头呈现出杂乱但是让人觉得很熟悉，（有人说）有一种家的感觉。1891年，一个丹麦人对巴黎街边的咖啡厅大加赞赏，因为他觉得那就像"街道上预订的座位，好像一个巨大的公共客厅角落里的一个沙发"。

如果像瓦尔特·本雅明所说的那样把巴黎的林荫大道喻为资产阶级的家，那么资产阶级批评者们会诉诸破坏行为也就不足为奇了。例如，1871年巴黎公社发生时，公社社员们曾经用奥斯曼式的街头装置——树根保护带来建立路障。另一位资产阶级文化的批评者，艺术家马塞尔·杜尚，在他的达达主义和超现实主义阶段提供了另一种批评：1917年在纽约展出的著名的、制造丑闻的艺术装置"喷泉"就是一个公共小便池。

从一开始，公共小便处就吸引了许多摄影师的目光。那些令人称奇、花样繁多的建筑风格各异，有哥特式的、古典式的，还有巴洛克式的（偶尔还有佛塔似的）。它们成为旧巴黎街上的一道风景线。摄影师和印象派画家们似乎并不认为它们是古老的该废弃的东西，而是把它们当作巴黎现代化的象征尤为突出的是，从朗比托时期开始，它们就被用于粘贴广告，19世纪后期则用于张贴彩色海报。海报用于宣传各种各样的现代商品。不过到了30年代，公共小便处的狂热倡导者、美国人亨利·米勒曾抱怨说，这里几乎成为公共健康宣传栏，主要介绍一些性病知识，充斥着“梅毒和淋病各个阶段的特点（从病原体到骷髅头——一个带着空空的洞穴的死亡与疾病的淫笑形象）”。而此时，小便器的滑稽、陈旧的特点在加布里埃尔·谢瓦利埃1934年发表的小说《愚蠢的乌鸫》中显露无遗，小说是围绕一个公共小便器的选址而展开的。

公共小便处渐渐退出历史舞台的原因与室内卫生设备的改善有关。私人洗手间和抽水马桶的推广速度缓慢，尤其是在工人阶级住房中，这使巴黎某些公共小便处的使用时间相对延长。1914年巴黎有4000个公共小便处，到1930年时还有大约1200个，第二次世界大战前夕又减少了一半，50年代中期大概只剩下300到350个。因为此时，政府开始建设大批更卫生的公共厕所，男女都可以使用。到了70年代末期，公共小便处彻底在巴黎街头消失了。当时的市长雅克·希拉克引入了一种新的需要付费的干净卫生的公共卫生间（尽管为了纪念这位市长而将这些厕所命名为“希拉克”的企图没有成功）。

男女皆可使用的公共卫生间使巴黎街头摆脱了以往恶臭的气味，对此参观者们大加赞赏。男人们失去了一个社交的好地方，

公共小便池，约 1900 年

巴黎的同性恋者们对此体会颇深，正如普鲁斯特所描述的。一项60年代所作的使用调查显示，很大一批人在公共小便处体验了他们的初次同性性行为。这里也是犯罪常常发生的地方，抢劫、谋杀、强奸、嫖娼时有发生。历史学家路易·谢瓦利埃的描述再现了那个场景：

> 树木、街灯和小便池构成了林荫大道外的神圣三角，这三样东西犹如一出悲剧中的三个道具，如同一张大床、一张梳妆台和一个被中国式屏风遮住的不太雅观的坐浴盆一样不可或缺，对于另一种体裁，林荫大道上的喜剧来说。

公共小便处不存在了，但是不曾被遗忘。长期以来，人们通过视觉艺术、小说和纪念活动等各种形式回忆它。公共小便处已经成为巴黎的一个重要的记忆之场。

由于现代派运动没有得到多少响应，他们现在又将奥斯曼传统抬了出来，这助长了保护的趋势。这方面的关键是1925年的博览会。瑞士人夏尔·爱德华·让内特，也就是著名的建筑师勒科布西耶，推出了“新精神”展馆，运用现代派设计手段，突出了功能主义美学和一些工业材料的使用，如水泥和玻璃等。他还为城市未来的发展提供了所谓的“邻近计划”。计划中包括要有效地拆除巴黎的中心部分，按照他的“全部清除”的方法，只有少数公共纪念建筑可以留在空旷的绿地中央。勒科布西耶认为，没有任何形式比这种奥斯曼式的管理更具魅力。[11] 大量的新公路将从每个关键地点通向市中心，同时建起40层高的摩天大楼群，使之成为一个少数巴黎人所渴望的新的纽约城。勒科布西耶和他的助手花了近50年的时间向潜在的客户兜售这一计划的变种，为此他们在20年代成立了国际现代建筑协会（CIAM），对现代美的传播起到了推动作用。

勒科布西耶一生中在巴黎的设计作品并不多，主要是私人住宅建筑（且大多数是精品）。然而，他那看似自大的重塑巴黎计划不仅给现代主义带来不好的名声，而且令更多人加入保护主义者阵营。在接下来的几十年中，基于现代主义理念的建筑大都远离市区，建立在城市的外围。一些郊区的左翼派市长，如叙雷纳、犹太城和德兰西的市长，都曾经试图建设高层社会住宅区，这比地方低成本住宅委员会（HBMS）的“红砖带”计划更具冒险性。他们的计划没能引起人们的兴趣。位于德兰西的米特城市住宅区在第二次世界大战期间成为将犹太人送去纳粹灭绝的主要集中营，对人们来说毫无魅力。新型建筑通常也会吸引一些现代派的建筑师。工厂和陈列室在这座城市中谨慎地传播着现代主义风格。电影院也起到了这个作用。1922年，巴黎有电影院204家。它们将“新精神”与装饰派艺术以及其他更奇异的元素相结合，如位于现在巴黎第九区普瓦松尼埃大道上的“大雷克斯电影院”，它是巴黎最具魅力的电影院，历史学家理查德·科伯生动地把它描绘成“米黄色水泥上的一个小立方体，就像一块永远不化的冰激凌”。[12] 市区内一些教堂的建筑也受到了现代派的相似影响。例如，20年代初期在现在巴黎第五区蒙格街上建起的清真寺就是这样的代表，主要的现代标志是它那33米高的塔尖。

巴黎公众对现代主义有一种抵触情绪，他们渐渐地开始喜欢保护主义运动中出现的风景美学。我们已经强调指出，19世纪末期在巴黎神话的形成过程中，画家（尤其是印象派画家）起到了很大作用。[13]随着时间的推移，摄影也在这一过程中发挥了重要作用，奥斯曼男爵为了与保护派相抗衡以保护自己，坚决要将他改建前后的巴黎建筑用摄影机拍下来，摄影师马维尔就是以这种方式成名的，而纳达尔拍下了奥斯曼下水道和巴黎地下墓穴的第一批照片，并专门拍下了城市的空中全景图。摄影作品的市场需求越来越大——经常被放在明信片的正面，明信片在 1900 年前后真正兴起——有关古老巴黎的摄影作品受到越来越多人的关注。

摄影家欧仁·阿特热进一步推动了摄影事业的发展，阿特热在战争结束前就开始同“老巴黎委员会”一起为弘扬古老的巴黎形象而认真地工作。1927 年，阿特热去世，他那伟大的记录巴黎地形、地貌的纪实相册没能出版，但是他留给人们的内容详细、备受关注的巴黎写实照片燃起了人们保护巴黎古迹的热情。这种促动反映出意识形态的两个方面：既突出了巴黎之美与其文化遗产密不可分，又暗示了这里的居民除了作为民俗的小角色外，与它的魅力毫不相干。卡纳瓦雷博物馆的馆长乔治·卡安写道：“不论是贫穷的还是有戏剧性的地方，都从其保留下来的模糊不清和些许神秘色彩中获益……如画般的剪影确实迷人，但是它们的光彩和价值因各种各样的事物而大打折扣。”[14]卡安所说的“各种各样的事物”似乎是指妨碍城市形象的恰恰是穷人本身，这样看来，正如莫里·内斯比所说：“人们对巴黎美好景象的渴望实际就是无视贫穷的过程中的一部分。”[15]

尽管阿特热死后很快就被人们遗忘了，但是后来他因自己的作品被一群年轻的摄影家们视为佳作而声名鹊起。这些年轻的摄影家有曼·雷、布拉萨伊、贝雷尼丝·阿博特和沃尔克·埃文斯。他们每个人都用自己的风格展现巴黎人和巴黎城市风光。早在1871年巴黎公社时期，新闻摄影就已经出现，但是直到20世纪30年代才更加完善。需要指出的是，在这中间，许多外国摄影家，如安德烈·凯特兹和热尔梅娜·克鲁尔做了大量工作。也许是受超现实主义者青睐的“现成之物”的观念影响，这些摄影家常常把焦点会聚到表现日常生活细节的平凡但有启示性的事情，并对罗贝尔·杜瓦诺和亨利·卡蒂埃-布来松的人文主义作品产生一定的影响。与阿特热和早期热衷于巴黎景色的人们不同，这些摄影师并不远离穷人。实际上，流浪汉和妓女经常成为他们的主题，他们赞美和平时期巴黎小人物的日常生活和战争时期一个硬邦邦的行为。他们把穷人重新纳入巴黎的永恒画卷中。

自20世纪20年代开始，艺术、文学领域中的先锋派开始试图表现他们所熟知的、似曾相识的巴黎概念，而并非追求一个硬邦邦的现代主义版本。正像我们所看到的，[16]超现实主义运动谴责了1931年殖民地博览会展示的巴黎式胜利主义，它对这一问题很感兴趣。这个艺术团体是从战时的达达主义运动对西方文明及其所有作品的拒绝中成长起来的，它保留了达达主义对资本主义价值观的憎恶。在其著作中，特别在是阿拉贡的小说《巴黎的农民》和布雷东的小说《娜佳》中，奥斯曼式的巴黎毫无意义。他们认为，人不应该像第二帝国时期那样只强调城市的外部景象，城市的意义与一种集体无意识相联系，必须从过去的奇特痕迹中生发出来。阿拉贡笔下的巴黎农民（他自己）喜欢像探秘者和精神分析家式的浪荡子那样对巴黎那些迷宫一样的历史遗迹和纪念性建筑进行调查，寻找普通的神秘和顿悟。对于超现实主义者来说，巴黎并不是古老的“光之城”，而是更加危险和刺激的区域，由昏暗状态、折射光的表面和若隐若现的阴影组成。他们选择了那些远离娱乐场所会聚的林荫大道的怪异地点，例如 19 世纪修建的拱廊，那是现在要拆除的建筑；或者中世纪时期放绞刑架的地方建立起的肖蒙冈公园，而且专门晚上去。布拉萨伊的现实主义摄影作品很容易让人把他与超现实主义者联系起来，他同样强调了霓虹弥漫的林荫大道、雾气蒙蒙的街道、声名狼藉的酒馆和既普通又充满异样风情的妓院等，尽显巴黎既神秘又迷人的特色。对巴黎神话化的力量如此之大，超现实主义画面试图削弱巴黎的神秘色彩，然而最终却成为人们构建巴黎神秘景象的创作之源，更增添了人们对昨日巴黎的怀念之情。

摄影作品、电影院和流行歌曲将巴黎神秘化了，无休止地将爱、性和巴黎（往往还有记忆）放在同一个框架中。尽管摄影越来越希望被看成一种高雅艺术——巴黎在 1927 年举办了第一次独立的摄影沙龙——但是它仍然受到广大平民百姓的欢迎，而且它在肯定如画的巴黎这一观点上发挥了重要作用，这种观点有时结合了粗暴的现实主义、迷人魅力和怀旧的情绪（色彩媒介的缺失对此亦有助力）。电影也是如此，20 世纪 20 年代末至 30 年代的许多最受欢迎的影片都以“全民怀旧”的巴黎为背景，同时也涌现出一批深受工人阶级喜欢的明星。莫里斯·谢瓦利埃和让·加潘就是这样成名的。女歌手埃迪斯·皮亚夫则被称为巴黎小麻雀，备受人们的青睐。例如，在勒内·克莱尔的影片《7 月 14 日》中她以一个哀怨女性的声音唱道：

在巴黎城区的每个角落
当太阳升起的时候

一切都充满了生机

爱的梦想也扬帆远航。[17]

在影片《7 月 14 日》中，如同克莱尔 1930 年上演的《巴黎的屋檐下》一样，将巴黎城市的各种具有代表性的景色与小人物的梦想联系在一起。当然，偶尔也可以看到描写巴黎的影片却没有埃菲尔铁塔的踪迹，而是其他的一些建筑也在广大电影观众的想象中扎下根来。例如，弥漫着雾气的圣马丁运河的码头就是这样的典型。马塞尔·卡尔内 1938 年的《北方旅馆》就是在这里拍摄的。正如卡尔内 1939 年的《太阳升起》中所展示的，这类流行文化的主题强调城市是一个令人不安的、不变的、有时是幽灵般的地方，对工人阶级能提供的东西很少，他们只有依靠自己的自然精神。越来越多的侦探小说和其他描写犯罪的作品突出的是这些地带的工人阶级的犯罪问题。善于描写犯罪的小说家乔治·西姆农从 1929 年开始虚构的著名侦探梅格雷就住在现在巴黎第十一区的里夏尔·勒努瓦大道，但是他不允许自己的妻子接近与之毗邻的圣马丁运河，因为那里的犯罪率很高。

不同寻常的是，这些年法国电影所再现的巴黎永恒不变的形象很少使用现场拍摄。正如理查德·科伯所指出的那样，在勒内·克莱尔的影片中，“街道看起来似乎是搭建的”。[18] 而事实确实如此。例如，《北方旅馆》中的场景就是由薄纸板制作而成的。在导演马塞尔·卡尔内 1945 年执导的电影《夜之门》之中，在摄影棚里制作了整座巴尔贝斯·罗什乔拉瓦“空中”地铁站。直到 50 年代，外景拍摄才逐渐地流行起来，进一步增加了这个城市在影片中展示的潜力。1959 年让 · 皮埃尔 · 梅尔维尔的黑帮电影《赌徒鲍伯》展示了蒙马特的黑暗一面，这是那些习惯了明信片上的圣心教堂的人所没想到的。

如果说电影制作在传承“巴黎永恒”这个概念的过程中起了一定作用的话，巴黎城市的中心部分本身也确实具有不变的电影场景特征。30 至 40 年代，新的建筑相当有限，特别是在中心部分。实际上，在 1914 年至 1942 年间，大约 92% 的新建筑都在郊区而不在巴黎市内。战争期间巴黎城内很少兴建房屋，这很正常。20 年代初期，巴黎第十七区暴发的腺鼠疫使在逐渐衰退的城区内人们健康问题的严重性暴露无遗。然而由于管理部门资金有限而无法采取任何措施，私营企业对此又缺乏积极性，因此问题陷于停滞。值得注意的是，几乎所有 17 个被划入不卫生区域的地方，作为重建的前奏，都未被拆除。彻底的拆迁被一些经验所否定。原先的设想是，一些租户搬到一些不太拥挤的地区，但是实际上他们并没有远离，只是到了相邻的区域，使那里变得更加拥挤。城市管理部门并没有加紧这项计划，因为到了 30 年代人们发现结核病与住房过度拥挤并无紧密的联系，尽管维希时代此病复发又给人们带来了恐慌。最后，政府又尝试了另外的方法：重新翻修一个能够满足卫生健康需求的居民区，保留街道上的外墙，在街区中央建造通风的庭院，再在周围修建住房。

尽管在第一次世界大战后的几十年中，巴黎中心在人口和建筑环境方面都停滞不前，但是整个巴黎地区还是在蓬勃发展。市区内缺乏住房，无法满足那些想要工作和生活在这里的人们，但是郊区则不同。不过，由于缺乏计划性，郊区的发展显得无序而混乱。这次改善巴黎市区人口集中状况的失败既有国家的原因，也有巴黎地方行政部门的责任。巴黎行政长官的权限可以延伸至整个塞纳地区。但实际上还需要覆盖更大的范围，因为巴黎向外拓展得相当迅速，不久就延伸到了邻近的塞纳-瓦兹区和塞纳-马恩区，已经超出了紧邻旧防御城墙的郊区外围。1910 年成立了由工程师、建筑师组成的扩建委员会，有著名工程师路易・博尼耶和城市规划师马塞尔・朴尼等参加，任务是解决巴黎在限定范围内的发展问题，而并非向外扩张问题。然而，对于城市未来在现有状况基础上继续发展所持的怀疑态度阻碍了解决地区问题的进程。1919 年，国家立法机关强制所有法国城市制订发展计划，但对于巴黎的计划是最后出台的，而且进展缓慢，显得畏首畏尾，总体来说毫无效果。

1925 年巴黎地区高级组织管理委员会成立，隶属于内政部。在适当的时候，他们组建了一个工作小组，1934 年由工作小组出台了以委员会主席的名字命名的《普罗斯特规划》。实际上，普罗斯特将“组织建设更加伟大的巴黎，而不是盲目扩大巴黎”视为自己的职责。[19] 他的方案在 1939 年成为立法，且并不缺乏想象力地朝正确方向迈出了一步，划定巴黎圣母院周围 35 千米范围内为巴黎地区，这是接受郊区化的原则和范围的重要标志。这个计划敦促保护绿地，对工业活动和住宅区域进行一定的区分，通过公路建设而非铁路建设来改善交通系统。实际上市政建设方面缺乏资金投入就意味着铁路和地铁方面建设规模相对缩小，而且在 1945 年时像德、美一样的高速公路在法国也只有短短的从巴黎到圣克卢的 8 千米长。当时，法兰西岛许多地区的市政当局对这项计划怀有敌意，加之巴黎内部对这个问题的看法陷入了政治上的僵局，这就意味着这个计划收效甚微，不过直到

1960 年它都是地区发展方面的领先计划。

巴黎在政治方面的停滞不前使地区发展陷入混乱。然而，法兰西岛地区依然是全国最重要的工业区之一。这是因为在巴黎很多领域都处于全国的主导地位，其中包括出版业和高档服装业（这两项实际上在全国处于垄断地位）、珠宝行业和刚刚兴起的无线电通信业。不过，巴黎的 20 个区内就业结构也在不断改变。1906 年到 1931 年间，工业就业人数增加了 32%，在银行和商业界的人数增加了 52%，自由职业者增加了 60%，管理和服务业增加了 77%。三分之二的法国记者、艺术家、演员和音乐家住在城区，全国近一半的学生也都住在巴黎。巴黎不仅以各种各样的休闲娱乐场所见长，几乎所有的大型体育赛事也都在这里举办，这不仅促进了旅游业的发展，而且使它的体育场馆为国际观众所熟知。当然，战争间期是法国运动史上的特殊时期。第一次世界大战刚结束，在 1924 年巴黎举行的奥林匹克运动会上，法国重量级拳击手乔治·夏庞蒂埃就获得了世界冠军。1930 年，法国国家足球队获得世界杯冠军。30 年代，网球“三剑客”勃鲁特拉、科歇和拉克斯特接连获得成功。

巴黎城区是法国去工业化的首选城市，所以地区的工业中心地带都在不断扩展的郊区。第一次世界大战使郊区成为法国汽车制造业及相关产业，如卡车、军用车和飞行器生产等发展中的理想选择地。雪铁龙汽车厂就位于第十五区内，雷诺的基地则位于西部的布洛涅-比扬古。化学和食品加工业也在郊区繁荣起来，使一些地方（如奥布维尔）充满了难闻的气味。由于缺乏建筑法规，在郊区建工厂几乎不会有任何阻力。

地区经济的一系列相关优势吸引了工人们，而城区内物价高，房源少，这就使得在同样缺乏规划条例的情况下，郊区的住房建设大力发展。最难挤入巴黎住房市场的是那些外省人和外国人。大量波兰人、俄国人和意大利人的涌入使巴黎这个大熔炉面临极大的压力。此时又有大批捷克和斯洛伐克人首次出现在巴黎。1921 年至 1936 年间，巴黎地区大约五分之一的增长人口是外国人。1921 年，外国人占巴黎人数的 3%，但到了 30 年代，就已经接近 10%。没有任何其他主要的欧洲城市有如此多的外国人。然而，尽管巴黎保留着它的种族异质性，但还是开始出现经济发展所依靠的年轻人的缺失。[20] 郊区就好像是人口的安全网，在这里，无数的年轻工人和新移民被迫在这里定居。相反，对于许多巴黎工人来说，这里是理想的“黄金之国”，他们喜欢带有花园的住房来避免老年时的贫穷，而且还有可能得到在拥挤的巴黎城区住房中少有的宽敞的空间。

在第一次世界大战之前，巴黎的都市专家们就对同时期英式的花园城市的概念极富热情。但是建设花园城市需要规划，而在战后的巴黎，规划是很稀罕的，于是巴黎的“扩展”是在一阵疯狂的、不受管制的举措中进行的。最常见的形式是地产分块建设，法语叫作 lotissement，也就是在一定面积的范围内建设一、二层房屋，这些开发项目的资金来源于互助储蓄计划，由房地产开发企业负责实施。这种做法结果马上就问题迭出。房地产开发公司往往只卖出土地，这意味着购房者实际上只能在临时住房里待着，直到他们能承担得起更好的东西。由于没有任何约束政策，房地产开发公司也不会提供完善的基础设施。

经过十年的这种发展，小说家儒勒·罗曼把这样的居住环境描写为“垃圾聚集地”，[21] 越来越多的人支持这种观点。买房的人们怀着田园牧歌式的梦想搬进了新居，结果发现被困于这种糟糕的地方，没有像样的街道，也没有方便的铁路、公路交通和最基本的服务设施。英国作家阿尔道斯·赫胥黎在犹太城看到了这样的居住区，他非常震惊地说：

> 我们距离巴黎大剧院只有七八千米的路程，但是这里没有下水道……也没有上水设施。我可以毫不夸张地说，这里的居住条件远不如危地马拉或南墨西哥最普通的乡村。[22]

但是，就在罗曼和赫胥黎将这里的居住环境写进他们的小说作品的同时，巴黎政府终于开始行动了。1928 年通过的《萨罗法案》中止了过去十年无节制的房地产开发。同年，《卢舍尔法案》出台，政府出资通过抵押贷款方式解决住房问题，对开发项目进行了管理。1928 年的规定强制要求开发企业提供相应的道路建设。1929 年、1930 年和 1931 年，又对下水设施、上水系统和煤电供应进行了硬性规定。但是 1931 年后，由于经济滑坡和政府资金缺乏的限制，这种变化受到了影响。30 年代中期，用于抵押贷款的资金就全部用光了。

战后巴黎郊区越来越多的工人阶级糟糕的住房条件和低劣的生活质量导致选举人思想的激进化，使郊区本来就存在的“红色地带”声誉更加名副其实。这里的大部分居民都投票支持新成立的法国共产党。1918 年至 1920 年间，劳工运动的失败在内部产生了一定的紧张情绪，导致了社会党内部的分裂。在 1921 年社会党巡回大会上，一部分希望参加莫斯科第三国际的人组成了一个共产党，他们主张按照苏联的方式解决一切重大问题。从全国的选举情况来看，社会党的支持率远远超过共产党，但在巴黎，共产党在某一段时间内曾处于主导地位。共产党人极其善于利用有战斗性的工作场所以及地方上出现的居住和生活问题作为发动群众的手段，如学校、医疗室、公共洗手间和图书馆等。左翼在1924年竞选的成功说明共产党在红色地带的工作开展得很好。共产党《人道报》的头版头条报道说，“巴黎已经被革命无产者包围了”。尽管共产党在全国的影响并没有想象的那样深远，1925年领导的总罢工也宣告失败，但是他们控制了元帅路以外地区的市政当局，并成为那些地区的主宰。共产党领导人纷纷建立起自己控制的地盘，这对于共产党向全国范围内开展工作极其有利。例如，多列士在伊乌里，雅克·多里约在圣德尼，让·马里阿·卡拉马米在博比尼，雅克·杜克洛则在蒙特勒伊。他们不仅积蓄自己的力量，还对保守的巴黎市政当局发起攻击，称它是“法西斯主义者的巢穴”。[23]

20世纪30年代，红色地带越来越“红”了。1931年后的巴黎经济滑坡导致失业人数急剧上升。共产党试图激发工人阶级的战斗精神，与右翼和阻碍他们事业的左翼党派进行斗争。它指责这些左翼党派与右翼的极端分子进行斗争时表现软弱，而极端主义已经在法西斯意大利和纳粹德国结出恶果。自从1789年以来，第三共和国是法国生命力最长的政权，但被认为是早就该寿终正寝的政体。长期出现的腐败和口是心非的现象至今仍然不能消除。而且来自革命左翼的批评与右翼的运动不谋而合，他们都认为政治不仅是议会内部的问题，应拿到公众之中去。顽固的君主主义者、彻头彻尾的反犹太分子、老兵联盟以及墨索里尼和希特勒的崇拜者们组成了一个强有力的政治集团，他们的事业得到了知识分子如作家夏尔·莫拉斯等人思想上的认可，莫拉斯的活动及其报纸《法兰西行动》从未忘记德雷福斯事件的结局。

巴黎街头成为左翼和右翼极端分子们互相斗争却又共同反对第三共和国的场所。活动的示威性和戏剧性显而易见。收音机和不久以后出现的电视机导致的通信变革使巴黎人的反抗运动很快成为全国性乃至世界性的现象。巴黎人与从前一样，更多地是读报而不是通过其他渠道了解时事，但是现在他们还可以听收音机。1898 年，埃菲尔铁塔开始被作为无线电发射塔。30 年代初期，大约 40% 的巴黎家庭都有收音机。从 1937 年开始，埃菲尔铁塔又兼做电视发射塔。尽管当时数量有限的电视观众都集中在巴黎，但是广播电台的节目可以传遍全国。听众们对流行音乐和全国性体育运动表现出极大的兴趣。收音机不仅影响着流行的休闲娱乐方式，而且在国家政治文化传播上也起到了一定的作用。在 1935 年的地方选举中，选民们的选择首次受到政治广播节目的影响。电影在这方面也起到了很重要的作用。到 1939 年，巴黎人每周至少去一次电影院，每次电影放映时都会有新闻片使人们了解最新的国际消息。

后来，以巴黎为基地进行政治活动的格局渐渐发生了变化，这是因为斯塔维斯基事件的特殊影响。此次事件被称为政治丑闻，以乌克兰商人斯塔维斯基为中心，暴露了腐坏和警察包庇问题。1934 年 2 月 6 日，对此事件进行抗议的右翼运动开始形成，目标直指国民议会。游行示威升级为残酷的街头战斗，从协和大桥一直到国民议会所在地波旁宫。此次冲突导致 16 人死亡，数百人受伤。几乎可以肯定，这次事件并不像左翼所说的是右翼有预谋的政变，而是一次故意引人瞩目的反抗和愤怒姿态。尽管如此，这次历时一天的事件还是使左翼强烈地意识到了提高政治警惕性和停止内部争吵的必要性。在莫斯科方面的督促下，1935年7月14日，法国共产党、社会党和激进社会主义组织签订了选举协议，成立了左翼联盟。当天，左翼联盟就在城内组织了大规模的游行活动。左翼党派联合参加了1936年的选举，并以人民阵线的形式取得了胜利。

但是，以社会主义者莱昂·布鲁姆为总理的人民阵线政府立刻面临了一场全国范围内的罢工浪潮，许多工厂被工人占领。工人们要使自己的选举胜利立刻开花结果。从1936年5月开始，这些占领行动袭击了所有行业。巴黎的情况最为突出，6月初的时候已经有15万人在罢工。罢工不仅打击了重工业，也打击了商店、百货公司、银行、保险公司、宾馆、饭店等，充分体现了巴黎工人阶级在长期以来盼望改变的过程中建立起来的兄弟情谊。作家西蒙娜·韦伊还记得她和其他人在听到音乐、歌声和笑声而非机器嘈杂声时的高兴心情。[24]巴黎人有关那段时期的记忆就是：即兴创作的音乐和舞蹈、聊天闲谈、打扑克，一切都乱糟糟的。

在共产党领导人多列士的帮助下，布鲁姆与工会代表和企业领导人一起进行磋商，达成了所谓的"马提翁协议"，这才使罢工全面停止。但是，按照该协议采取的各种措施确定激进，其中包括每周40小时工作制、带薪休假（这使得许多巴黎工人第一次进入假期和休闲市场）、大幅度增加工资、更好的劳资谈判机制、关键行业（包括军工企业和铁路等）的国有化等。然而，实施这项令人难忘的历史性的计划是要付出代价的，而且是有潜在问题的，尤其是增加工资。由于加薪而导致通货膨胀，进而对利息率和贸易平衡产生压力，使上涨的工资徒有虚名。布鲁姆的让步激怒了共产党人，使社会秩序更加混

1936 年人民阵线执政期间，巴黎一家大型百货公司的清洁工在罢工

乱。1938 年春，巴黎汽车业又掀起了新一轮的罢工浪潮并导致了一场政治危机，布鲁姆政府因此下台。他的继任者试图提高工业生产，但是徒劳无功，因为当时整个国家面临着严重的国际危机，战争一触及发。1924 年，法国的国民总产值才恢复到 1913 年的水平，但这一成就以及随后几年的增长到 1939 年已经消失殆尽，当时法国的国民生产总值又回到了 1913 年的水平。

1939 年，巴黎率领全法国人民投入了同纳粹德国的战争。但此时法国经济很不景气，而且民心涣散。第一次世界大战的恐怖阴影尚未散去，巴黎人内心中的和平愿望还很明显。在 30 年代后期有两部成功的影片，一部是让·雷诺阿（那位印象派画家的儿子）1937 年导演的《游戏规则》，影片辛辣地刻画了法国统治阶级上层人物的轻浮和利己主义；另一部是同一个导演 1939 年执导的《大幻影》，一曲对战争期间全世界人们的兄弟情谊的换歌。1938 年那个“可怕的、令人恐怖的”夏天之后，[25] 战争似乎一触即发，50 万人来到里博格特机场热烈欢迎与希特勒签订慕尼黑协议的达拉第。但是人们渐渐发现，慕尼黑协议毫无意义。1939 年，《苏德互不侵犯条约》的签订使即将同德国作战的法国共产党面临尴尬的境地。右翼也同样不愿意与他们崇拜的纳粹力量开战。鸡尾酒会上传言希特勒曾表示支持莱昂·布鲁姆重新执政。

“假战”持续一段时间之后，1940 年夏，战役终于打响了，但其结果是德军进展神速，他们很快击溃了一支由年龄老化、反应迟钝的军官们率领的法国军队。6 月初，选择逃跑的国家政府放弃了巴黎，使之成为一个“不设防的城市”。巴黎人陷入悲惨和令人恐怖的境地，面对着席卷而来的德国机械化部队，巴黎人手足无措。此时，巴黎人口数量骤减，像第一次世界大战时期一样，出现了大规模逃亡的浪潮，而且规模更大。例如，第十四区的人口几天之内就由 178000 人下降到 49000 人。6 月 14 日，德军进驻巴黎，他们发现这里只剩下了三分之一的人口，其他人都挤在向南方逃跑的路上，大约有 200 万人。他们与从北方各城市逃出的 800 多万人会聚到一起；小汽车、卡车、手推车、婴儿车、家畜、猫、狗，还有一些匆忙中带上的财产会聚成一条长龙。不久，许多逃走的人又回到了巴黎。1940 年 10 月，城市的人口稳定在 200 万左右。1941 年 1 月，增加到 250 万。那时，整个巴黎城乃至整个法国都蒙受着停战的羞辱。6 月 23 日，希特勒飞抵巴黎，沉浸在一种自我陶醉的飘飘然中，此时他的下属们正准备将战败的法国纳入德国新的欧洲版图。

如果说 1940 年的战役对巴黎是一场史诗级的灾难的话，接下来与德国的和平则更加糟糕。很少有巴黎人听到戴高乐通过伦敦的 BBC 广播向他的同胞发出的继续斗争的号召。这位坦克部队军官和新任命的国防部长离开了法国，因为很显然，他们的政府现在想的已经不是抵抗。6 月 10 日，逃到温泉疗养胜地维希的国民议会的部分人员授意贝当全权制定新的宪法。这位第一次世界大战的英雄被吸纳进政府，原本是为了加强抵抗力量，现在却负责起草令人羞愧难当的投降书，让德国胜利者们对法国政体实施残酷的手术。被争之地阿尔萨斯–洛林现在纳入了德国的版图。法国现在由一个远在维希的“独立”政府所统治，总统是贝当。但是，法国北半部分，包括巴黎，都处在德国人的长期占领之下；到了 1942 年，整个法国都被德国人占领了。早在墨洛温王朝时期，就曾经实施一系列计划想要把政府从克洛维确立的首都巴黎迁出。贝当是第一个实现了这种改变的人。这种国事行为奇怪的结果就是，维希政府向巴黎派驻大使，就好像这个被占领的北方地区是一个分裂出去的国家一样。

1940 年 6 月 14 日，书商阿德里安娜·莫尼尔在她的日记中写道：街上的人们在说："如果德国人在这里，至少不会这么乱。"在 17 日，她记录道："昏暗的夜晚，我感到很沮丧，因为法西斯主义正在到来。"[26] 维希政府发展了一种源于法西斯主义的思想意识形式，而且由于同纳粹侵略者的亲密合作而使这种意识形式得到滋养。第三共和国不光彩的结局对于贝当和他的支持者们来说似乎是对前政府宣扬的自由共和价值的谴责。左翼陷入混乱，共产党已经开始有效的地下活动。在 1941 年 6 月希特勒对苏联宣战后，法共将被取缔，领导人多列士从法国逃往俄国，在莫斯科度过了此后的战争年代。在这种情况下，作为自由、平等、博爱三位一体的共和国发源地，巴黎自然也会受到伤害。维希政权提出的口号是工作、家庭和祖国价值至上，召示了这个政权珍视传统乡村胜于现代城市的价值。在维希政权的价值概念中，农民比无产阶级更加重要，当然也就是比巴黎人更重要。

在维希政府时期，法国政治派别林立。维希政府允许存在的主要政治派别和组织的领导人都在巴黎。以变节的共产党人、曾经长期担任圣德尼市长的雅克·多里约为首的法国人民党公开表示支持亲法西斯主义的政治组织，一群阴险的街头流氓护卫在其身侧。骨子里非常保守、等级界限分明、家族至上的维希政府也试图从阶级斗争中摆脱出来，因为阶级斗争建立了更加社团化的劳动和工业建设方式，使大战期间的政治更加混乱。有时这至少在形式上会让人们回忆起古代君主制王朝的制度，但它同时也提供了一个允许人们探索技术专家思想的框架。维希政府的历史很短，在其被推翻以前，许多成员就已经投身到抵抗运动之中。于里阿热的干部学校是培养第四、第五共和国技术官僚的地方。自由的、人道主义的天主教徒，如《精神》杂志的编辑埃马纽埃夫·穆尼耶，最初被维希政府吸引，不过他们不久就失去了热情。通常，越传统的天主教人士就越会极力地支持维希政府，赞成它的令人窒息的极其保守的社会政策，例如，他们主张妇女要留在家里并抚养孩子。维希政府 1942 年 2 月通过的法律规定堕胎属于犯罪。一位流产权的支持者因为她的支持活动而在巴黎监狱被送上了断头台。

在新的统治下，巴黎的城市独立只剩下一些象征物。巴黎的市政委员会被解散了，然后又进行重新任命，但是每年只集会一次，而且秘密进行。塞纳区行政长官和警察局长由德国占领部队任命，各自向德军报告。巴黎、塞纳区、塞纳-马恩区和塞纳-瓦兹区的行政长官由德国人划定的所谓“大巴黎地区”的德军最高指挥官亲自担任，奇怪的是，外国人看到了巴黎人不愿意承认的区域间的相互依存关系。区政府办公地设在波旁宫，那里是法国国民议会旧址，前面挂着的标语上写着“德国在所有战线上都取得了胜利”。占领军总部设在巴黎歌剧院，各种军事部门则驻扎在里沃利路上的莫里斯宾馆和卢特提亚宾馆。在占领巴黎的四年中，德军没有对继承下来的建筑环境做出任何贡献或补充，他们只是在建筑物上挂他们权力的象征物，享受他们拥有法国这些有纪念意义的地方和奢华的宾馆的快乐心情。维希政权同样没有任何新的建筑，简单来说，就是因为没有钱。该政权主张保护主义的原则是建立在这样的假设基础之上的：古老的巴黎肯定有一些值得保存的东西。该政权也赞赏传统的手工艺和受人喜爱的建筑风格，偏爱中世纪时期的山墙建筑。

巴黎的德国化是显而易见的，到处都可以看到穿着德国军服的人，随处都可以听到德国人的声音，满街都安装上了德语指示牌。起初，这些指示牌激起的敌意只是心理上而非行动上的，因为街上几乎没有法国的机动车。当时，巴黎小汽车的数量由 35 万下降到 4500 辆。公共汽车由 3500 辆下降到 1500 辆。1940 年秋天开始使用汽油票，汽油短缺情况越来越严重。许多卡车都是燃气的。在这种情况下，地铁发挥了很大的补充作用，地铁的使用率达到历史最高纪录。在巴黎被占领的前三个月内，大约有 22000 辆自行车被盗，这是此时期的典型特点。第一次世界大战结束以后，自行车成本快速下降。到 1944 年，巴黎共拥有 200 万辆自行车，几乎每人一辆。由自行车拖的客车（Vélo-taxi）很类似于人力车，成为巴黎常规的交通工具。德军的占领给这座城市带来了历史上前所未有的恐怖的宁静，尤其是在宵禁时间。盟军在 1943 年开始的对郊区工厂的轰炸造成了停电，使“光之城”陷入黑暗。摄影师雅克 · 亨利 · 拉蒂克在 1942 年访问巴黎时说：“这座城市似乎要晕倒一样，你几乎听不到它的呼吸。”[27]

战争和被占领使得商品的配给制又重新恢复，使这座富裕的城市日益贫穷、匮乏。1940 年秋开始实行食品配给，但是在德国人的掌控之下。由于“交换”政策，二分之一至四分之三的农业产品和工业产品都被抽出来满足德国人的需要。官僚主义的配给制似乎更增加了人们的悲伤，使大批人感到失望。这往往不是因为配给，而是因为关键物品的日益短缺，比如汽油。服装供应尤其短缺，只能采取一些

ACADEMIE NATIONALE DE MUSIQUE
LN-Werkstatt
SURESNES
Ortslazarett Clamart (Percy)
Zentral-Ersatzteillager
Jnsp.d. Landesbef. Ob. West
Zentra-Kraft
Paris
Hauptverkehrsdirektion Paris
Ersatzteillager 26
Feldzeuglager (N) 2
Der Militärbefehlshaber in Frankreich
O.Qu.West
General der Luftwaffe Paris
GL/Paris
Chem. Untersuchungsstelle
58 Boulev. Lefebvre
Sanitätspark 541
H.K.P. 656
Rue Emile Menier 41
WH. Zahnstation
Eastmann-Klinik
Ortslazarett de la Pitié
Heeres-Abnahmeinspizient Frankreich
NSKK Gruppe Todt
Kfz.-Jnst.-Park
K.I.P. 513
Peter Kaiser
3, Rue Taitbout
Z.E.L. Nr. 46

德军统治下的巴黎

权宜之计。由于皮革很难找到，所以就大量使用纸板和橡胶。燃料缺乏使热水在日常生活中成为一种奢侈品。当然，对于有钱人来说，所有这些东西都可以在繁荣的黑市上买到，但绝大多数巴黎人是做不到的。他们利用荣军院、卢森堡宫和杜伊勒里宫的花园种植大豆、胡萝卜和土豆的决定正好迎合了维希政府的亲乡土政策，同时也反映了食物的缺乏程度。据统计，当时巴黎平均每天的配给量只能保证每个人850卡路里的热量，因此，死亡率上升了近50%就不足为怪了。从1937年起，巴黎每1000人中有12个死亡，到1943年，每100人中有17.8人死亡。营养缺乏现象很普遍，尤其是年轻人。1944年，男孩的平均身高比1935年的先辈们低7公分，女子身高则低11公分。作家考莱特对巴黎人的建议是简洁的，但在这种情况下，也是可以理解的："经济和卫生综合考虑，我要说的是：睡觉。"[28]

如果说床提供了温暖和陪伴，那么平常日子里的许多会被认为是奢侈的活动也可以。例如：尽管读报纸（也许不是集体化的活动）的人数下降，但是图书馆里的人数增加了一倍。作者们也采用同样的策略，燃料缺乏使让-保罗·萨特和其他作者（包括西蒙娜·波伏瓦）把圣日耳曼德普雷的咖啡店当作写作的好地方，特别是花神咖啡馆和双叟咖啡馆。德军占领时期也是法国电影和戏剧的一个黄金时代，电影院和剧院同酒店一样温暖，也很愉快。有许多机会供人们逃避现实，但也有微妙的政治参与的机会——当看到贝当出现在新闻片中时便咳嗽一下。维希政府禁止看战前的影片，如《游戏规则》和《北方旅馆》，因为它们显得"压抑、病态和不道德"。[29]然而尽管很多著名导演都逃跑了，影片数量只是战前的一半，但同样还是为数不少。德国人允许的自由空间促进了新一代的导演（如贝克尔、布雷松、奥唐·拉扎和克卢佐等）在这个时期出现，还有一系列新的电影杰作问世，尤其是1944年至1945年卡尔内的《天国的孩子们》。

艺术为其从业者提供了一种道德熔炉。几乎没有一个作家和艺术家放弃自己的工作（大多数人不能做其他事情），除非他们是被迫这样做。例如，德国人严格限制巴黎的出版部门，他们不得出版任何犹太人、共产党或者美国作家的作品。有些作家和艺术家被吸引到亲法的德国文化官员开辟的环境中，因为德国人试图用纳粹思想征服法国知识分子。他们有些人取得了某种成功。例如，作家德里厄·拉罗谢尔、罗贝尔·布拉希拉克和塞利纳，不仅继续自己的写作，而且在新闻和小说中为德国意识形态服务。有些人到德国访问，如歌星莫里斯·谢瓦利埃和埃迪斯·皮亚夫，艺术家范·唐吉、德兰和弗拉莫克等，这些人在1944年以后都不得不对自己在战争期间的行为做出解释。在此期间，多数法国艺术家保持沉默，以自己的作品勉强度日，似乎断绝了与世界的联系。秘密出版物越来越多，特别是从1942年至1943年开始。韦科尔1942年发表的《大海的沉默》就是由一家名为“子夜出版公司”的地下出版社出版的，这是一部抵抗思想的经典作品。同时，一些超现实主义诗人还创作了一些爱国主义情怀的经典诗歌，如艾吕雅和阿拉贡等。但是，如果作者要争取扩大自己作品的发行量，就必须取得占领当局的同意，并规矩自己的思想。即便是最坚定的反纳粹分子也不得不如此。例如，萨特多卷本的小说《自由之路》直到1945年才发表，但是他的剧本《苍蝇》和《禁止旁听》通过了审查，分别在1942年和1943年上演。他的女友西蒙娜·波伏瓦也在占领期间发表了自己的第一部作品《女客》。在占领期间，巴黎舞台第一次迎来了加缪和蒙泰朗的戏剧，阿努伊、科克托和吉罗杜也是第一次在巴黎上演新作，他们都是战后世界闻名的人物。

那些屈从于德国占领者的作家，如罗贝尔·布拉希拉克和塞利纳，乐此不疲地宣传反犹太思想，而且他们不在少数。总之，在法国悠久的历史上，反犹太主义思想由来已久，夏尔·莫拉斯的报纸《法兰西行动》就是见证。但是，在巴黎历史上，也从来没有过此时这样粗暴而又残忍地虐待和迫害犹太人的现象。1942 年 7 月 16 日至 17 日，当巴黎警察将 12000 名犹太人关入冬季赛车场的时候，迫害行动达到高潮，那里成为转运到奥斯维辛集中营以前最令人触目惊心的关押和迫害犹太人的地方。

三、冬季赛车场

冬季赛车场是一个带有顶篷的体育场，1910 年建于现在巴黎第十五区的格勒纳勒大道，1959 年拆除。这个美丽的体育场曾经举办过重要的拳击比赛和国际自行车比赛，其中最著名的是 1913 年至 1958 年每年一度的“六日赛”，而这个设施的拆除却没有引起任何争议。这是因为，该建筑以一段不光彩的历史而臭名昭著。1942 年，大批在抓捕行动中被捕的巴黎犹太人在押送死亡集中营之前就被关押在这里。

犹太人在巴黎有着悠久的历史，犹太商人和叙利亚商人早在墨洛温时代就开始居住在巴黎城。在中世纪，随着巴黎人口的增长和经济的繁荣，出现了一个犹太人聚居区。与此同时，巴黎的反犹历史也很悠久。在整个中世纪，巴黎犹太人社区不得不屈从于各种迫害。法国的一些国王——从最虔诚的圣路易到最贪婪的腓力四世——都采取过反对犹太人的措施：圣路易国王曾经在沙滩广场当众烧毁了24马车的犹太法典手稿，并强迫犹太人佩戴非常显眼的徽章（一个小红轮）；腓力四世则于1306年没收了犹太人的财产，并将他们驱逐出法国。

尽管遭受到一系列的迫害，犹太人还是在反犹压力减小的时候重新回到了巴黎。在此期间，从巴黎城市某些街道的名字就可以知道犹太人的存在。从1119年开始，西岱岛的犹太街上就有了一所犹太教堂，附近的左岸还有一个犹太人墓地。那所犹太教堂在1190年被改为天主教教堂，但是犹太街直到1834年才更名为内城街。同样，在塞纳河右岸市政厅东部和北部地区也有一些犹太街，其中最为著名的是位于现在巴黎第四区的费迪南·杜瓦尔街，这一新名字直到1900年才出现。犹太人还通过另外一种方式留下了他们的印记：1290年，现在巴黎第四区的圣梅里教区的一个犹太人被以亵渎圣餐的莫须有的罪名处死了，这件事情导致了一个赎罪小教堂和相关医院的成立，他们每年都会举行活动来纪念这一事件。

在中世纪晚期，排犹活动继续发生，特别是在1394年尤为严重，这种情况一直持续到1615年，这也就意味着法国大革命前的巴黎几乎没有犹太人存在。一份调查表显示：1715年，巴黎只有19个犹太人；不过到1789年，巴黎的犹太人增加到将近500人。巴黎的犹太人大部分从事小买卖，其中包括小商贩，个别的也有一些放贷者。1791年11月27日颁布的一个法令给予犹太人以公民权，几个世纪以来犹太人只能生活在巴黎以外地区的犹太人聚居区的历史一去不复返了，他们可以自由地活动了。

该法令和1806年法国政府对犹太人聚居区的正式承认导致巴黎城内犹太人人口的迅速增长。七月王朝时期，巴黎的犹太人达到了9000人，其中包括很多有钱有势的大家族，如罗斯柴尔德家族。

在19世纪，巴黎有相当多的犹太人已经融入了巴黎人生活的各个层面。但是，1871年以后，阿尔萨斯犹太难民的出现和随后大量东欧犹太人为了逃避政治迫害而移居法国的现象改变了这种状况。新移民导致巴黎犹太人口惊人的增长和分布格局的改变。1939年，法国的犹太人口为30万，其中约有16万生活在巴黎及其周围地区。位于现在巴黎第四区的罗西尔街成为强大的希伯来语社区中心，1913年由吉马尔在现在巴黎第四区方砖街设计的犹太人教堂在其中也扮演着重要的角色。许多旧贵族的宫殿变成了拥挤不堪的公寓和榨取工人血汗的工厂。位于现在巴黎第三区圣殿街前圣埃格南公馆的犹太教历史艺术博物馆就是一个很好的例子。但是，20世纪30年代拍摄的照片显示：事实上它与最近划定的博物馆遗址不相吻合。

德雷福斯事件期间和以后一段时间内，极端右翼分子对犹太人进行恶毒的攻击，导致犹太人为了自卫而不得不越来越多地集中在马莱区。一个名为“法兰西行动”的组织领导人夏尔·莫拉斯公开攻击犹太人给法国带来了“跳蚤、瘟疫和斑疹，长久下去，他们还会带来革命”。他鄙视巴黎人，说他们在维希政府和1940年至1944年纳粹占领时期是亲外国人的和亲日耳曼人的。

由于犹太人聚居在马莱，这使法国警察在犹太人中间执行维希法令更为便利。甚至早在维希政权完全建立之前，犹太人就处于一种特殊的地位。维希政府制定的歧视性法律越来越残酷，而且无所不包。犹太人的行动还受到犹太人事务总委员会的监管。从1942年3月开始，犹太人被迫佩戴一枚黄星；而此前，犹太人的生意和大部分的财产都被没收充公了。犹太人在所有方面都受到了屈辱性的限制：特殊的身份证；不准拥有电话和自行车；没有权力搬家；不得出入咖啡馆、饭店和其他公共场所；上午8:00至下午6:00之间不能在街道上行走。犹太文化在当局的新闻报道中也受到了无情的嘲弄，特别是罗贝尔·布拉希拉克的报纸《我无所不在》表现得尤为突出。1941年9月，一个名为“犹太人”的大型展览开幕了，展览内容包括各种能够想到的种族歧视宣传。带有犹太色彩的街道和建筑物名字全部改掉，例如，沙特莱广场上的莎拉·伯恩哈特剧院改为内城剧院，亨利·埃瓦恩街改为J. S. 巴赫街。犹太人问题研究所提出了一套伪科学理论，认为犹太人低人一等。法国警察以极大的热情执行德国纳粹殖民当局提出的驱逐犹太人运动，其热情连德国人都感到吃惊。法国当局不仅对于那些没有公民权的犹太人毫无怜悯之心，即使是那些已经融入法国社会的高度世俗化的犹太人（其中包括了许多一次大战中的英雄）也不得不屈从于同样的法律。

巴黎最大的排犹浪潮是1942年7月16日至17日的冬季赛车场围捕行动。当时，巴黎警察局长勒内·布斯凯下令逮捕了12884名犹太人，其中包括约3000名男子、5000名妇女和4000名儿童。但德国人还是对此结果感到失望，因为他们曾期望通过这次抓捕行动驱赶的犹太人要在3万名以上。这些犹太人被关押在条件极其恶劣的地方一个星期，那里缺乏足够的食物和必需的卫生设施，结果有100多人自杀，更多的人死于其他原因。为了将这些犹太人驱赶出巴黎，上演了一出出令人揪心的悲剧：儿童被迫与父母分离。这次行动中，总共有75000名犹太人被驱逐出法国，其中大部分人（包括几乎所有的巴黎犹太人）是从里博格特附近的德兰西被驱逐出境的，那里曾经是现代主义的住宅区，而此时却变成了最早的集中营。在那些被驱赶的犹太人中，只有大约3000人活了下来。

战后，犹太人社区重新恢复了，他们不再聚居在马莱，整个巴黎城及其周围地区的犹太人超过了30万人。马莱已成为购物者的天堂，沙拉三明治摊位和犹太人的肉铺仍然沿袭了过去的风貌。游客们还注意到，在现在巴黎第四区的各个小学外面都悬挂了纪念匾额，以此来纪念排犹运动中该地区被驱逐的数千名儿童，其中很多人都有被关押在冬季赛车场的经历。

“排犹运动”导致1943年后巴黎人口持续减少。维希政府政策的反城市倾向意味着农村的形势没有这么恶劣。同时盟军的轰炸也导致一些城市居民开始出逃。另一个因素，维希政府当局吸收了大批的工人加入义务劳动组织STO，这是一个专门为德国工厂招募青壮年劳动力的组织。维希政权的政策为自己树立了众多敌人，犹太人和共产主义者毫无疑问是站在政府的对立面的，而工人们也不愿意到德国去工作，他们中很多人都逃到了偏远的山区，主要是南部山区。随后，反抗组织把人们的这种不满情绪积聚起来，到了1943年，抵抗组织在士气和人员上都有了很大的提高和增长。

如果没有法国政府的积极合作，德国人不可能这么轻易地占领巴黎，列出一份热心于与纳粹合作的长长的巴黎人名单是完全可能的，当然，也有许许多多巴黎人暗中怀有或多或少仇视德国人的态度，这也是事实。对于德国人来说，巴黎是一座“看不见的城市”，因为没有人愿意进入占领者的视野。第一次公开反对德国占领的反抗运动发生在1940年11月，由学生领导的示威游行在凯旋门举行。但是总体来说，在被占领的初期，绝大多数巴黎人没有积极地参加反抗运动。南方地区的反抗运动发展得比较快，而且更激进。在那里，维希政府同德国人一样成为反抗的对象。而在巴黎，德国人的实力强大，对巴黎人的监管也比较严格，这都阻碍了反抗运动的发展。

最初，法国有许多具有自己独立政治立场的秘密组织，它们之间也存在分歧，不能互通信息、叛徒的出卖和组织的混乱严重削弱了它们的力量。从1942年初开始，以伦敦为基地的夏尔·戴高乐的“自由法国”运动成为主要反抗力量，其成员开始在这些秘密组织中进行渗透和联合活动，其中最著名的是1943年惨死于敌人的酷刑之下的让·穆兰。自由法国运动最重要的活动就是把共产党吸收了进来：共产党无论是在巴黎还是全国的抵抗运动中都显得非常积极。1943年后，抵抗组织的相互协作使巴黎成为法国抵抗运动的中心。此时，参加抵抗运动的人仍然不多，大约只有15000到20000之间。但是，他们以献身精神和聪明才智弥补了人数的不足，例如，一个组织便把他们的总部建在了现在巴黎第十四区德费尔·罗谢热广场的陵墓中。

许多最勇敢的反抗运动都是在远离巴黎的地区展开的。但是，巴黎在1944年终于找到了闪光的机会，德国人最终被驱逐出法国并彻底战败，巴黎是这一出最引人注目的解放行动的大本营。1944 年 6 月，盟军在诺曼底登陆，只给法国军队保留了一些小的辅助作用，盟军最高指挥官艾森豪威尔将军还计划在盟军东进的道路上绕过巴黎。最终，由于各种因素的作用，巴黎人民没有等待盟军的解救，而是在解放自己的运动中扮演了主角。1944 年 8 月 18 日，巴黎抵抗组织在困难重重、弹药缺乏的情况下依靠匆忙建成的 600 多个街垒发动起义。8 月 25 日，勒克莱尔将军领导的自由法国军队也赶来支援。经过激烈的战斗，付出了约 2000 人伤亡的代价，最终迫使德国人投降。同一天，戴高乐将军抵达巴黎，受到了热烈欢迎。他开始着手组织共和国政府，仿佛维希政权从来就没有存在过一样。夺取巴黎具有重要的象征意义，它向世人表明：在反法西斯胜利的过程中，法国人同美国人一样发挥了重要作用。当盟军彻底消灭了法国境内的德国纳粹军队并开始向柏林挺进的时候，法国人民终于结束了四年的民族耻辱历史，重新赢得了尊严。巴黎人民无疑在这一过程中发挥着领导作用。

事实上，巴黎非常幸运地保持了良好的秩序。1943 年开始的盟军空袭对于郊区造成的破坏远甚于对于巴黎市区的冲击。德国驻巴黎部队最高指挥官冯·肖利茨曾经接到希特勒把巴黎夷为平地、只留下“一片废墟”[31]的命令，但幸运的是他并没有执行。在他的指挥中心默里斯宫，当德军败局已定时，他平静地宣布投降。德军投降后，巴黎城面临着许多问题。巴黎人民首先立即兴高采烈投入到在全城清除德国遗留标志的运动。巴黎终于又恢复了它自己，至少人们可以想象那个让人绝望的失去幻想的年代一去不复返了。8 月 25 日，曾经用他的照相机记录下那段刻骨铭心的日子的摄影师雅克·亨利·拉蒂克期待的时刻终于到来了，现在又可以重新开始进行他的工作，他写道：

> 德国占领历史的终结解放了我的照相机，我开始用全新的眼光审视巴黎，整个巴黎！奇迹不在于它伤痕累累，也不在于它没有被完全摧毁，而在于它仍然矗立在那里。[32]

12

巴黎的重建

（1945—1995）

正如摄影师雅克·亨利·拉蒂克所说，从德国手中解放的那一刻起，巴黎城就的的确确矗立在那里了！[1]如果考虑到巴黎经受的战争摧残，尤其是同欧洲其他同样受到战争摧残的城市，如柏林、德累斯顿、汉堡，或者法国其他城市，如瑟堡、勒阿弗尔或者圣洛相比，巴黎的建筑能够保持基本完整，这不能不说是一个奇迹。大约四分之一的法国住房在战争中被摧毁了。在这种情况下，巴黎在 1944 年 8 月战斗中的损失，以及盟军对郊区工厂轰炸造成的损失，相对来说是微不足道的，特别是与 1871 年巴黎公社后的损失相比的话。由于巴黎解放后的十年间整个欧洲都面临着国家重建的问题，这就意味着第一次世界大战以来基本没有什么变化的巴黎城市环境还将继续保持下去，在解放战争那翻天覆地和战后同样地覆天翻的背景下，巴黎基本上没有什么变化，但是它毕竟矗立在那里。

1918 年的巴黎依赖于其声望，但它本身仍然是一个美丽的帝国大都市。相比之下，1945 年的巴黎在战争岁月的磨难中满目创伤：巴黎城市建筑的石头外表被烟熏成了黑色，水泥建筑因年久失修而出现了裂缝，外表的色彩也开始剥落。然而，一旦重建阶段结束，大约从1954年开始，特别是到了20世纪70年代中期，巴黎城市的结构将发生显著的变化，其规模可以与奥斯曼时代相媲美。而在这一过渡时期，巴黎人高兴的情绪中常常夹杂着一些其他的难以名状的情感。

解放带来的幸福感并没有持续很长时间。战后法国经历了长时间的经济萎缩，这是令人十分反感的，因为原以为国家糟糕的经济状况是由于德国人的征用制度造成的，可是当德国人被赶出法国领土时，物资匮乏现象仍然存在，战争对国民经济带来的损害如此之大。1945年，重新实行了食物配给制度，并一直持续到1949年。1944年每位居民一天配给的食物热量为850卡路里，1945年5月仍然只有1500卡路里；1944年一位居民每月黄油的配给量是175克，1945年至1948年甚至下降到100克。《纽约客》记者珍妮特·弗兰纳尔在1944年末这样写道："尽管解放带来了生机，法国重新回到了积极的建设之中，但是它在很大程度上仍然以青菜为生，缺乏足够的热量和营养。"[2]六个月后，一个来访的苏联妇女代表团团长同意这样的说法。她指出：

> 有人告诉我们会在巴黎看到漂亮的商店，但是，所有的商店不是空了就是关门，根本没有什么可购买的。法国人穿的还都是木屐……没有人穿长筒袜，裙子也很短，不是因为这是时尚，而是因为布料短缺。

但是她也承认，"到处都是大片的菜园子和燕子窝"，这提醒我们巴黎人在占领时期强撑门面的聪明才智。[3]

法国经济重建工作进行得十分缓慢。1946 年成立了以让·莫尔梅特为首的委员会来制定国民经济发展规划，这就是我们知道的《规划》（*Le Plan*）。这份规划与 1948 年美国人为法国提供经济援助的马歇尔计划后来证明对于法国经济的重建同样重要。该规划优先发展重工业和基础工业设施，同时也力图把法国经济纳入欧洲经济一体化的进程中来。1948 年成立了欧洲经济合作与发展组织；1950 年同宿敌德国签署了钢铁合营协议，这些政策为巴黎经济复苏带来的一个显著的标志就是汽车制造业的高涨。在经过纳粹占领时期可怕的死一般的安静之后，巴黎的大街小巷又恢复了过去的喧闹景象。

解放后的街头活力也包括 30 年代的那种激进主义。1944 年形成的以戴高乐将军为核心的政治同盟很快就土崩瓦解了，这导致人们对于政治的厌倦，犬儒主义思想开始滋长。法兰西第四共和国成立后，正如英国驻法国大使杜夫·库珀所说的那样，戴高乐将军本人也被神秘地“置于政治的阴暗角落之中”。[4] 从莫斯科回来的莫里斯·多列士领导的法国共产党战时成为法国反抗运动的骨干力量。战后，法国共产党立即提出要求政治重建的工作。该党也成为战后法国联合政府的重要成员之一，一直持续到 1947 年。随后，国内外的一系列事件，包括“冷战”的出现、北大西洋公约组织的创建、斯大林的集中营报告、印度和中国的反殖民斗争以及 20 世纪 50 年代的阿尔及利亚危机等，使法国共产党同其他政党分道扬镳。法国共产党的政治转变意味着巴黎人民在 20 世纪 40 年代末到 50 年代初期间遭受了一系列罢工运动。法国共产党现在在巴黎市内和郊区都拥有强大的力量，巴黎城的这种动荡的战斗气息与其他城市相比更为强烈，运输和电力中心系统的罢工给巴黎及其郊区人民带来了巨大损失。

长久以来，法国共产党对于新建立的法兰西第四共和国政治上的不满构成了法国战后政治的重要内容，这种以意识形态为原则的现象与战后苏联与美国两极分化的“冷战”格局交相辉映。然而，战后政治文化的裂痕远不止于此，解放带来的喜悦很快破灭了。战后法国要求严惩纳粹德国的法国同伙的呼声高涨，而这很快演化成为一场仇杀浪潮，其中还包括一些其他的惩罚措施，如被指控为“同行合作组织”的妇女被剃光头发或者当众羞辱。当时，法国大约发生了 2000 到 3000 起这样的事件，再加上大约 10000 人被杀。与其他地区相比，巴黎的情况要好很多，这类事件没有泛滥。但是，巴黎很快就成为审判“法奸”和其他清洗行为的舞台。例如，发生在 1945 年 5 月的“著名诉讼案”，作家罗贝尔·布拉希拉克被以反犹主义和叛国罪两项罪名枪决。此后不久，国内响起了许多抵抗运动的知识分子宽大处理的呼吁，大清洗运动从此开始变得温和。但与此同时，范围有所扩大。巴黎的很多行业和法人团体都对他们的员工进行了详细的调查，针对叛国者的惩罚措施包括监禁、剥夺政治权利和被称为“全国降职”的惩罚措施。维希政府的重要人物不是被处以死刑就是长期监禁，而那个叫作勒内·布斯科特的曾经协助纳粹分子在冬季竞技场的围捕行动中抓捕犹太人的警察局长却只受到了轻微的斥责，并且很快地又开始在公众政治生活中恢复了旧职。[5]

解放后，针对国际重大问题的处理远远超过了法国国内问题的复仇、悔罪和惩罚的悲惨景象。在战争的最后几个月里，法国发生了多起纳粹暴行。例如，1944 年 6 月发生在小山村格拉讷河畔奥拉杜尔（上维埃纳省）的灭村事件，此后发生的事情更为惨不忍睹。1945

年 4 月，巴黎的电影院开始播放盟军在奥斯维辛和其他死亡集中营中拍摄的画面，这使观众惊恐不已。5 月，在纳粹占领时期被驱逐出法国的巴黎人乘坐的火车开始陆续抵达巴黎，他们被安置在征用来的旅馆中对纳粹暴行进行控诉，到东火车站迎接的人群被眼前这些从火车上蹒跚而下的悲惨的人们所震惊。还有一些回归者，带着难以忍受的悲伤，小声哼哼着《马赛曲》，这也使周围的人潸然泪下。同年 8 月，美国在日本的广岛和长崎投掷了两颗原子弹，在 20 世纪的恐惧标尺上又增加一个刻度。

曾参与过西班牙内战的退伍老兵，同时又是戴高乐抵抗组织的成员，小说家安德烈·马尔罗这样评论道："欧洲为自己而战的思想所造成的危害远比欧洲仍在各个城镇的炸弹所造成的破坏还要大。"[6]意识形态冲突与前些年技术理性带来的毁灭性后果促使人们开始纷纷呼吁从头再来。只有在人文哲学前提下的政治重建才能够防止道德沦丧，而这正是传统政治体系发生扭曲的原因。政治委员会通过了一个强调人性和政治参与的提案。法国共产党强调他们在维护和平中的地位，运用他们在抵抗运动中积累的政治资本来建立一个广泛的左翼知识分子和艺术家同盟，其中包括：以物理学家弗里德里克·约里奥-居里为首的科学家；以毕加索和莱热为代表的艺术家；超现实主义作家阿拉贡和一些青年演员，如热拉尔·腓力·伊夫·蒙唐和西蒙娜·西尼奥雷等。与此同时，埃马纽埃夫·穆尼耶开始在《灵魂》杂志上宣扬的个人主义思想也激发了年轻的、有社会意识的天主教徒的强烈反响。在这股新的人文主义浪潮中，最令人振奋的是有让-保罗·萨特、西蒙娜·波伏瓦和他们无数的信徒倡导的存在主义，正是他们重新奠定了巴黎国际思想中心的地位。

美国作家杜鲁门·卡波特这样如实描述萨特和他的情人："曾经眼睛大而明亮、脸色红润嘴叼烟斗的萨特及其情人波伏瓦"现在被发现"就像两个被艺术家抛弃在角落的口技玩偶一样"躲藏在王宫大桥的地下室酒吧中。[7]由于崇拜者对他们的著作十分青睐，使他们在那里根本无法平静地工作，他们不得不逃离曾经居住和工作的圣日耳曼大道上的双叟咖啡馆和花神咖啡馆而躲到那个地下室，这是声望的代价。二人于 1945 年创办的政治期刊《现代时报》更加巩固了他们的地位。存在主义运动强调的生命选择中的道德责任都能在海德格尔和胡塞尔的著作中找到其哲学根源，但那些自称的存在主义者很少有人能够钻研这些晦涩难懂的哲学著作或者萨特 1943 年发表的那部总结性著作《存在与虚无》。画家让·迪比费曾经这样解释说："事实上，我对于存在主义哪怕最细微的观念也不了解，但是我们仍然可以称自己为一个狂热的存在主义者。"[8]正是萨特扩大了存在主义运动在知识分子和艺术家层面的影响。小说家和记者阿尔贝·加缪，侦探小说家让·热内，哲学家莫里斯·梅洛庞蒂，此外还有尝试运用新方法进行艺术创作的艺术家代表，如迪比费、亨利·米肖、阿尔贝奥·贾科梅蒂等，他们都或多或少地与该运动联系在一起。

我们在法国巴黎的地图上可以准确地找到存在主义运动的位置。位于现在巴黎第六区的蒙帕纳斯，咖啡馆、酒吧笼罩在古老的圣日耳曼德佩教堂的阴影下，这是成为存在主义运动的总部，那里还有一些主要出版社的编辑部，如伽利玛出版社和瑟尔出版社，它们专门发行存在主义运动成员的作品。那里还有一个爵士乐剧院，存在主义者都是狂热的爵士乐爱好者。萨特的朋友、杰出又活跃的新闻记者、小说家和诗人鲍里斯·维昂就是一个天才的号手，他曾经在圣日耳曼地区参加晚场演出，例如王子街上的塔布和圣伯努瓦街上的圣日耳曼俱乐部等。本属于哲学和政治学的存在主义运动却喜欢这种时尚的夜晚俱乐部的氛围，这一点引起了新闻界的注意。媒体很快发现，那种地方对那些年轻人、无以寄托的人和政治头脑空虚的人很有吸引力，尤其是当存在主义运动成员身着黑衣与杰出歌手朱丽叶特·格雷科等时髦青年共同出现的时候，会更加吸引人。波伏瓦在1949年发表的具有开拓性的女权主义经典著作《第二性》公开谈论性问题，被认为是一种耻辱的成功。

但是，到了1949年，存在主义作为一场运动及其政治意义都时过境迁。运动领导人发现要在由"冷战"引起的不断增长的两极分化的政治氛围中维持政治自主的立场已经十分困难。运动领导人之间也发生了分裂，萨特与梅洛庞蒂分道扬镳了，与加缪的关系也相当紧张。此时新闻媒体关注的焦点已经从运动的政治核心转移到了关注其成员的生活方式上。国际旅游业的复兴也对运动起到了一定的破坏作用：双叟咖啡馆现在到处都是年轻的美国人，尝试坐在当年萨特曾经坐过的位置上。很快，房地产经纪人跟随着美国人的脚步纷至沓来。不久前，随着大批富裕的波希米亚人的涌入，圣日耳曼开始处于资产阶级化的阵痛中。

20世纪40年代末，西蒙娜·波伏瓦这样写道："沦为二流国家的事实使法兰西开始寻求通过输出自己的产品——时装和文学——来自我炫耀。"[9] 这一时期法国确实出现了大批杰出的服装设计师和建筑师。例如，1945年的皮埃尔·巴尔曼，1951年的皮尔·卡丹，1952年的于贝尔·纪梵希和居伊·拉罗什等，另外，克里斯蒂安·迪奥在1947年提出的服装"新视觉"风格对当时的国际市场产生了巨大的冲击，他所设计的服装出口量占当年法国时装出口总数的四分之三。战争使巴黎丧失了国际绘画中心的地位，绘画艺术品市场转移到了更有利可图的纽约。但是法国文学依然繁荣昌盛，力图维持和扩大其在国际上的地位。1947 年，年近 80 的安德烈·纪德获得了诺贝尔文学奖。同期的其他一些法国作家也赢得了国际声誉，如阿努伊、科克托和弗朗索瓦·莫里亚克。超现实主义作家，如布雷东和艾吕雅也笔耕不辍，创作了大量的作品。然而，文学作品最初的功劳还应该归于存在主义者，是他们和超现实主义者共同支撑起了法国先锋派小说的国际中心地位。巴黎戏剧的复苏则应主要归功于在左岸破旧的流浪者剧场上演的由外国人创作的“荒诞喜剧”，如罗马尼亚人尤金·尤奈斯库、爱尔兰人萨缪尔·贝克特和俄国人亚瑟·阿达莫夫创作的剧目。20 世纪 50 年代末以后，法国出现了新小说，倡导者有阿兰·罗伯-格里耶、玛格丽特·杜拉斯和米歇尔·比托尔等。同时，巴黎还出现了“新浪潮”的电影导演和电影理论家，如弗朗索瓦·特吕福、让·吕克·戈达尔、克洛德·夏布罗尔、埃里克·罗默尔和路易·马莱等。到了 20 世纪 70 年代，结构主义者和后结构主义者的“法兰西理论”维持着法国思想创新的国际声望，其中包括克洛德·列维-施特劳斯、罗兰·巴特、米歇尔·福柯、雅克·拉康、雅克·德里达、埃莱纳·西克苏和朱丽娅·科里斯蒂娃等。

几位“新浪潮”的电影人主张，把波伏瓦并没有注意到的但对于战后法国具有相当大出口价值的本土产品——巴黎影象——作为另外一种出口产品。战后法国的一些摄影师在国际上具有一定的声望，如罗贝尔·杜瓦诺和亨利·卡蒂埃·布来松等。杜瓦诺著名的《市政厅外的亲吻》使国际社会对于巴黎寄予厚望，因为那里有爱情，有街道，也有可识别的时代背景；文森特·米纳里1951年的《一个美国人在巴黎》和1958年的《基基》都显示出好莱坞影院也能够放映这种新题材电影。20世纪50年代，巴黎开始转变自身的形象，但电影作为永恒巴黎观念的推动器作用仍然体现得淋漓尽致。1960年，路易·马莱根据雷蒙·科诺的畅销小说改编的电影《扎齐坐地铁》代表了古老巴黎还在坚持不懈地努力；同年，由让·吕克·戈达尔执导了电影《最后的叹息》，两部电影都高度评价了现代美国高级轿车的出现，但同时也对一座城市能够保持它传统的自我风采而感到十分自信。消费者的主体已经改变了，但是永恒的巴黎仍将继续下去。

一、扎齐眼中的地铁

对雷蒙·科诺1959年出版的小说《扎齐坐地铁》中的传奇女主人公扎齐来说，地铁代表着她这个乡村小女孩奇思妙想中的巴黎。扎齐和她的叔叔生活在一起。叔叔的周围总是发生一些稀奇古怪的事。她的母亲常常把有关巴黎这座“爱之城”的古老故事讲给她听，而其结果又总是令人沮丧，每当这个时候，扎齐的心就飞到巴黎地铁站。但是她发现，由于劳资纠纷，地铁已经关闭，她的心碎了。

在这本小说中，一个未满十三岁的小女孩以最直接的方式表达了她与年龄不符的对生活的怀疑态度。在巴黎荣军院，扎齐面对拿破仑皇帝坟墓的第一反应是：“拿破仑是我的屁股！”但是她绝没有想到，她的屁股后来与巴黎地铁联系在一起了。在小说中的扎齐看来，地铁是一种梦幻，与肢体功能毫无关系。小说中的扎齐从来没有进入地铁中，但小说通篇都是围绕着小扎齐心中的地铁而展开。把扎齐与她心目中的地铁隔离开来比不许她进入巴黎地铁还要难。地铁就是虚幻的存在，神秘的向往。尽管以日常生活中最普通、最具体的现象为素材，科诺还是为我们编织了一个最复杂的梦幻故事。在该小说中，在埃菲尔铁塔上，扎齐看到了巴黎地铁最美好的景色，那是巴黎幻想的典型特征。科诺的小说把扎齐心目中的巴黎地铁和她在埃菲尔铁塔上见到的地铁都摆在了我们面前。

一个在第一次世界大战前曾经乘过地铁的名叫卡夫卡的人说："对于一个心地怯懦但充满希望的外乡人来说，地铁是了解巴黎最直接、最有效的途径。"如果说这在某种意义上是正确的话，他显然低估了了解地铁需要的一定的过程。了解地铁需要经历这样一个程序：买票、理解与其他人交往的含义、在街头艺人和乞丐面前应有的行为方式，以及对周围事物的观察等。可以说，乘坐地铁的过程既是最个性化的行为，同时也是最社会化的行为，也就是说，这是一个细心调整个人行为与社会行为的过程。

同时，地铁还是一个充满各种晦涩难懂含义的地方，即使经常乘坐地铁的人也未必十分清楚。正如人类学家马克·奥热所说，绝大多数巴黎老城区的地铁车站是以法国历史上最著名的人物和事件来命名的，其中包括著名的军事家、政治家和战役、革命日期等。这就是说，在巴黎，哪怕是进行一次最简单的旅行，也就等于回顾了法国的某一段历史，颂扬了某一种前人的业绩。旅行者乘坐的地铁离巴黎越远，所受到的爱国主义教育就越少，因为远离巴黎的地铁站名多以地理名词而不像巴黎城内那样以历史名词来命名。例如，小教堂港车站、克利希区政府车站、克雷泰伊大学车站等。

巴黎城市的地铁通常都是建造在某一条街道的下面，这样，许多地铁车站的名字常常与路面上街道的名字或者十字路口的名字相同。瓦尔特·本雅明曾经感叹，“看巴黎街道的名称是一种特殊的感官享受”，因此可以说，看巴黎地铁车站的名称是一种更大的感官享受。巴黎地铁的某些车站的名字与历史的联系让人始料不及。例如：巴尔贝斯·罗什乔拉瓦车站就是把一位无政府主义战士同17世纪的一位蒙马特修道院女院长联系在一起；塞夫勒·巴比隆这个车站名既是纪念那条通往郊区塞夫勒镇的街道，同时还是纪念那位在附近建立了外国传教士修道院的主教巴比隆；黎塞留·德鲁奥车站则把路易十三的大臣红衣主教黎塞留与拿破仑的一位将军混杂在一起；阿尔马·马尔索车站则把克里米亚战争同一位革命英雄联系在一起。还有更为令人不解的名称，例如，有些本来毫不相干的两个个体被莫名其妙地联系在一起。例如：拉莫泰·皮克特车站、马克思·多尔莫耶车站和德菲特·罗谢卢车站，三个车站用了六个人名。令人难以理解的地铁车站名还有很多。例如，由于某种政治原因、某些官僚主义作风或者是为了游客的需要，许多地铁站的名字像街道名字一样经常更改。1946年，马尔伯夫·圆点·香榭丽舍站更名为富兰克林·罗斯福地铁站；1970年，星形广场站更名为星形广场–夏尔·戴高乐站；1968年，圣保罗站更名为圣保罗·沼泽站，1989年又更名为王宫站，以后又从王宫站改为卢浮宫博物馆站。据统

> 计，1945年以来，这样的变动有近50次之多。
>
> 当然，即使是经常乘坐地铁的人也很少会从词源学的角度对这些名字进行考察，但是，那些地铁车站名具有诗一般的奇怪联系，正如理查德·科伯所描述的那样，“巴黎地铁站名是一首长诗”。很可能就像扎齐所证实的那样，想象在人们的生活中占据着如此重要的地位，这就足够了。

现代电影中平静的巴黎城市看起来似乎是非历史的，但越来越多地、不可避免地被卷入历史变化的旋涡之中。在持续不断的冷战趋势中，巴黎还经历着迫在眉睫的反殖民主义运动浪潮。20世纪50年代初开始，支持阿尔及利亚独立的人不断在巴黎举行示威游行。1954年，当阿尔及利亚民族解放阵线开始在其境内开展游击战争时，法国殖民者的形势开始急转直下，巴黎出现了阿尔及利亚民族解放阵线的

1968年5月25日的学生游行

炸弹袭击和其他一些形式的示威运动。截至 1958 年，60 多名法国警察在袭击中遇难，200 多人受伤。同年，在反对法国政府与阿尔及利亚民族解放阵线的一些法国殖民地军人的支持下，阿尔及尔的一些殖民者发动了暴乱，制造了阿尔及尔危机。面对危机，法国第四共和国政府手足无措，被迫找回了已退出政坛的戴高乐将军。戴高乐将军在整治混乱中重新上台，组织了第五共和国，制定了高度“总统化”的宪法。

在 1958 年以后的那几年里，阿尔及利亚民族解放阵线在巴黎加紧活动。作为回应，法国政府和巴黎市政当局命令警察部门加强监管，并对穆斯林实行大范围的监管制度。人们认为，在阿尔及利亚的法国军队正在进行一场“肮脏的战争”，对嫌疑犯实行严刑拷打成为他们日常工作的主要组成部分。巴黎也发生了类似的事件。1961 年 10 月 17 日，为了反对当局对穆斯林实行的宵禁制度，阿尔及利亚人举行了大规模的示威游行，结果招致警察的残酷迫害，200 多人被打死。死者的尸体被警察在夜幕掩护下扔进了塞纳河中。很多巴黎人似乎不敢相信这场“巴黎之战”是对穆斯林实行的圣巴托罗缪大屠杀。

残酷是手段，但是并没有结束阿尔及利亚危机。虽然阿尔及利亚殖民当局把戴高乐将军看成维持殖民统治的救世主，但他们很快发现戴高乐将军已经放弃了法属阿尔及利亚的所有权，同时为与阿尔及利亚民族解放阵线的谈判打开方便之门。在阿尔及利亚的法国殖民当局对此做出了激烈的反应，他们在 1961 年初成立了秘密军事组织（OAS），并由该组织来指挥反对非殖民化运动的军事行动。该组织与法国军界和政界关系密切，他们不仅在阿尔及利亚组织活动，还在巴黎从事了一系列活动，其中包括刺杀戴高乐将军以及在平民中造成巨大伤亡的炸弹袭击。1962 年 2 月 28 日，法国共产党和其他左翼组织共同组织了反对 OAS 暴行的大规模游行示威活动。许多巴黎人对于这场危机的态度也在那场示威活动中表现出来。结果那场示威游行演变成与警察的大规模冲突，成千上万的示威者和路人避难于现在巴黎第十一区的卡隆涅车站，由于人数众多，互相践踏，导致 9 人死亡。几天以后，大约 50 万巴黎市民参加了这些牺牲者的葬礼。

1962 年的《埃维昂条约》宣告阿尔及利亚独立。其他法属殖民地也纷纷效仿阿尔及利亚，庞大的法兰西殖民帝国宣告土崩瓦解。作为解决前殖民地殖民者问题的措施之一，法国政府通过了宽容的安置法：大约 100 万人在法国得到了重新安置，其中包括在阿尔及利亚的法国殖民者（有些已经在阿尔及利亚生活了好几代人）、意大利人和其他欧洲定居者，再加上战时站在法国一边的 5 万名前法国殖民当局雇用的当地保安队官兵。这些人绝大多数被安置在法国南部，被安置在巴黎周围地区的人大约有 10 万。《埃维昂条约》并没有中止 OAS 的暴行，因此，法国警察针对北非人的管制措施在某些地区仍然存在，直至 1963 年，危机终于过去了。

阿尔及利亚独立后出现了新一轮的移民巴黎的浪潮，但对于这座具有悠久移民传统号称“移民熔炉”的城市来说，这只能说是其移民史话中的一章。第二次世界大战以后，大量移民涌入巴黎，其中主要是意大利人、德国人和俄国人。20 世纪 60 年代，从整个庞大的法国前殖民地撤回的殖民者，包括阿尔及利亚、突尼斯、摩洛哥、印度支那和西非，许多也被重新安置在巴黎。这还不算，当时还发生了令人意想不到的巨大的葡萄牙移民潮：1961 年大约 6000 名葡萄牙人进入法国，1963 年则上升到 28000 人。这些移民多为妇女，她们中多数人成为法国资产阶级家庭中的女佣。与20世纪早些时候一样，巴黎将那些新移民安置在郊区。到了20世纪末，巴黎土地范围内的13%居住的是外国人，这个数字是全国平均值的两倍，这也就意味着，平均每六名巴黎人之中就有一个是外国人。也正是从那时开始，过去被殖民统治的人纷纷加入到殖民统治者的队伍之中。那些北非国家独立后，国内贫穷状况的推力和大都市工作机会的拉力共同引发了新一轮的向法国移民的浪潮，其中以西非和北非人最为突出。大量非洲移民的涌入不仅改变了巴黎人的人种构成，而且改变了巴黎传统的宗教结构：1939年整个巴黎城内只有4座清真寺，而到了2000年，这一数字已经超过了20，郊区则更多，估计有300至500座。这些新来的喜欢聚集在一起的移民为巴黎重新绘制了一幅行政区域图：在巴黎城内，犹太人聚居于马莱，土耳其人（其中很多人持有德国护照）愿意定居在现在巴黎第九区；占移民人数近一半的北非人则居住在东部一些外围地区，特别是现在巴黎的第十八区、十九区和二十区；20世纪70年代末接纳的大量越南和柬埔寨移民聚集在第十三区，他们在那里建立了人种学意义上的“中国城”。

与1945年前的移民潮相比，此次移民的大量涌入对巴黎人口带来的冲击并不大，二战以后的法国人口统计证明了这一点。尤其是在20世纪40年代末和50年代初，法国的婴儿出生潮打破了长久以来法国人口的低出生率的状况，使法国人口重新开始增长：1946年，法国总人口4100万，1966年这一数字增长为5000万；90年代突破6000万。伴随着人口增长而来的是显著的城市化进程：1945年法国农业生产人口占总人口的35%；1980年这一数字为9%；2000年进一步下降为5%。强大的城市化进程并没有影响到巴黎市区内20个区的人口数字，事实上该地区的人口在20世纪20年代达到高峰；50年代中期增长为280万；80年代初又下降为210万人。而在外来移民的聚集区，城市化和人口出生率上升是非常显著的。巴黎的郊区迅速扩大了。

第二次世界大战后，巴黎城区的急剧膨胀与政府没有什么关系。相反，巴黎市政府在城区和郊区扩展中充当了阻碍者的角色。在战后重建工作中，巴黎政府优先考虑那些在战争中遭受重创的地区，但也有人认为巴黎城已经过于庞大了，维奇瓦特就是这么看的。让·弗朗索瓦·格拉维耶在1947年发表了一本畅销书，名为《巴黎与法兰西荒漠》，锋芒直指巴黎周围地区的欠发达问题。法国的战后重建部长克劳迪尤斯·珀蒂主张把商业和工厂从首都疏散到边远地区，他还赞同在英吉利海峡沿线建立“绿色地带”的建议。该建议认为，如果法兰西岛的工业想要进一步发展，最好与巴黎分离开来，建立自己的绿色空间。他在1948年通过立法加强巴黎的房租管理，强有力地解决了首都的房地产投资的恶性循环，以此对巴黎城内的房地产开发问题提出警告。这样，巴黎新来的移民被迫居住在铁路终点站和城市边缘的废弃地带建立的贫民窟中。这些所谓的贫民区臭名昭著，有人认为一个贫民区就是一个巨大的火药桶，因为那里有大量的废纸堆、废钢铁堆和一些其他的废弃物堆，左翼政党因此呼吁采取相应措施解决那里的问题。但是，左翼政党同时更反对巴黎城市的主要发展规划，因为他们担心这会导致巴黎工人再次被安置在居住条件很差的郊区，从长远的角度来看这是相当有道理的。1955年，激进的左翼总理皮埃尔·孟戴斯-法兰西决定，没有政府的特别批准，不得在巴黎建筑面积超过500平方米的商业建筑，正是这种情绪的表现。

南泰尔镇的棚户区，1965 年 4 月 3 日

中央政府的疏散政策在第五共和国时期执行得非常顺利。但是，从 20 世纪 50 年代开始的关于巴黎再发展的重大谋划中出现了巨大变化。令人意想不到的是，巴黎城市化建设的黑暗时期行将结束。1953 年，重建部部长克劳迪尤斯·珀蒂的下台成为问题发生的转折点。他的继任者采取了发放建房补助金的方式来发展房屋建筑的政策。第二

次世界大战以后，巴黎的小型建筑多采取“低租金住房”（HLM）的形式。现在，主要居住区聚集在一起，有利于经济发展的环境出现了。从 1953 年开始，法国政府鼓励巴黎市政府在非困难地区进行 HLM 房产的建设。而且未来几年的建设高潮得到了技术进步的支持，建筑工艺中预制部件的系统使用使工作时间大量减少，1957 年建一单元公寓需要 3600 小时，而 1959 年只需 1200 小时。

新建筑热潮还有另一个使人惊讶的地方，那就是绝大多数建筑是由著名的勒科布西耶指导下开工的。[11] 在这种具有超凡魅力、众望所归的理论观念指导下，设计师和规划者们以极大的热情接受 20 世纪 20 年代以来在巴黎旷野上发出的最现代化的寓言般的呐喊。几十年以来，巴黎没有人提出建设高档住房的要求，现在以绿地环绕、高楼林立的居民点取代贫民窟的主张不仅是受欢迎的，甚至是可以实现的。最初，这种居民点都是在郊区和困难地区以外的地区建立的，或者说主要是巴黎古老的城市中心地带建立的，结果新建筑使周围的那些一两层高的古老房屋显得过时了。但是到了 20 世纪 50 年代末、60 年代初，居民点方案已经扩展到巴黎全部 20 个区。这标志着巴黎中心市区以外的周围地区也开始具有了这种新的建筑风格。

20 世纪 60 年代初期曾经游览过巴黎的意大利作家伊塔洛·卡尔维诺后来回忆起这段情景时不禁怀有某种期望之情，因为这次巴黎的建房行动在其长期新建筑的历史过程中已经考虑如何改变城市风貌的问题。他在书中记载，这个城市“多次只拆除旧的而不建立新的”，结果使城市形成了这样一种景象：

古雅的店铺，褪色的广告，鳞状的装饰，一副传统的特征：

简约但仇视新奇之物，处处显露着庞大的殖民帝国瓦解之前的富足特征，在这里，……你能看到美好时代的结束，马塞尔·卡尔内电影的衰亡。[12]

可能最值得一提的是，有迹象表明，变化已经不可避免，因为法国中央政府正在规划巴黎地区的发展，而不是只关注首都人口的稳定和如何遏制人口的增长。第五共和国为巴黎及其周围地区制订的新的发展计划很快付诸实施。1959 年至 1960 年，终于决定将 1939 年制订的普罗斯特计划丢进历史垃圾堆。一个新成立的计划委员会很快制订了新的发展计划，叫作“总体组织治理计划”。在 20 世纪 60 年代，又对该计划进行了一系列修改，其中最主要的是由戴高乐将军提名的保罗·德洛瓦所作的修改。最终，由他负责在 1968 年出版了《管理纲要》。到此时为止，巴黎地区的整体结构也完成了改造。根据 1964 年的一项立法，巴黎地区进行了重新划分，塞纳区被分成四部分：巴黎省、塞纳-圣德尼省、马恩河谷省和上塞纳省。塞纳-马恩省保持不变；塞纳-瓦兹区被分成伊夫兰、埃松和瓦兹河谷三部分。1976 年，整个巴黎地区被定名为法兰西岛大区。

《管理纲要》在巴黎管理构架的重组过程中扮演了重要角色。与本世纪前一个发展规划不同，它明确接受这样的事实：该地区应该发展。德洛瓦呼吁在巴黎地区建立八个新城镇以及与之相适应的交通网络，并期望新城镇能够分担巴黎不断增长的压力，这些新城镇的功能没有独立城市那么多，其主要任务之一就是为巴黎提供通勤来往的工人。其中五个城镇发展为人口中心：截至世纪之交，埃夫里和默兰-塞纳尔各自的人口已经接近 10 万，塞尔吉·蓬图瓦兹和圣康坦超过了 15 万，马恩河谷接近 20 万。它们中的每一个在管理结构和空间组织上都有细微的差别：有的是在大片的甜菜地上拔地而起的，有的则是对已有的居民区改造而来。但这些新城镇有一个共同特点，那就是它们都是建筑楼群拔地而起，看起来就像勒科布西耶重返人间再次规划一样。所有的新城镇都有功能性的规划，周围有绿带，有便利的交通直通巴黎。

在 20 世纪 60 年代之前的几十年中，巴黎交通状况的改善是很有限的：只有两条总长 29 千米的高速公路、拥挤不堪的公路、缓慢前行的公共汽车（1937 年取消了有轨电车），此外还有一条地铁，但并没有伸展到郊区，而且与国家和地方的铁路交通配合相当混乱。“总体组织治理计划”和《管理纲要》改变了这一切。从 20 世纪 50 年代

巴黎之战后的涂鸦，1961 年 10 月

后期开始的在老城墙外非困难地区修建的环城高速公路在1967年完工，此时，在塞纳河右岸一条旨在提高穿越巴黎的快速公路也已完工。其后的发展主要是在1962年至1968年曾任戴高乐政府的首席管理者、1969年至1974年戴高乐退休后继任总统的乔治·蓬皮杜的亲自规划下进行的。在城市化问题上，蓬皮杜是一位固执的现代主义者，一位高层建筑和现代交通的热衷者。他宣布："巴黎必须适应汽车时代，我们必须放弃过时的审美情趣。"[13]

20世纪60到70年代，巴黎建造了大量的以巴黎为中心向外延伸的高速公路，不仅极大地缩短了从郊区到市中心的行程时间，而且加强了首都与枫丹白露之间（1960）、与芒特和里尔之间（1967）、与里昂和马赛之间（1971—1974）、与梅斯（1976）和卡昂（1977）之间的联系。从1969年开始，旨在服务于郊区，地铁把沙特莱广场至中央市场和巴黎地区的主要干线车站，如巴黎北站和里昂火车站连接在一起，从而形成了区域性的高速铁路网，进一步补充完善了巴黎的交通运输系统。1976年，区域性高速铁路网的行程已达76千米；1982年为274千米；到20世纪末，已经有4条干线覆盖了大约400千米，每年运行36700千米的里程。这一时期，地铁的交通质量也得到了很大的改善。

二、阿尔及利亚之桥

2001年10月17日，巴黎市市长贝特朗·德拉诺埃在马谢纽夫河堤上主持了附近的圣米歇尔桥落成仪式，这座桥是一座市政纪念性建筑，是为纪念在法国的一次最悲惨的事件中死于法国警察之手的阿尔及利亚反对殖民化的数百名死难者而建立的。多年以来，法国政府当局在公开场合竭力否认对此事负有责任。自从1961年10月17日所谓“巴黎之战”被曝光以后，已经整整40年的时间过去了。

1961年秋，巴黎的穆斯林社区决定抗议强加于他们的宵禁制度。这次运动发生在一个相当敏感的时刻，因为当时正值阿尔及利亚独立运动的艰苦斗争进入最后的关键阶段，在此之前的1958年，法兰西第四共和国也正是因为阿尔及利亚问题而垮台，当时的巴黎已经变成了武装冲突的舞台。参加暴乱的人试图以公共舆论的压力来反对法国政府支持在阿尔及利亚的法国殖民者的政策，为达到这一目的，巴黎街头是最好的舞台。在过去的整个夏天中，已经发生了许多起炸弹爆炸和袭击警察事件，导致数十人伤亡。

10月17日的游行示威原本计划的是一场有25000名阿尔及利亚人参加的和平示威运动。但巴黎警察认为这是极端的挑衅行为，他们对游行示威者大肆谩骂，野蛮殴打，一些示威者被打翻在地，一些人被关押在某个地方，其中包括冬季赛车场。众所周知，那里曾经是二战中关押犹太人的地方，关押在那里的犹太人在1942年全部被押送到奥斯维辛集中营，这真是一个历史的嘲弄。法国军队在北非战场上就曾经利用酷刑来对付起义者，为了从示威者口中获取是谁袭击了警察的情报，也是出于极端残忍和复仇的目的，巴黎警察也使用这一招来对付那些被逮捕并拘留的示威者。更为严重的是，大批的示威者要么被杀死，要么被打伤，街头上到处躺着受伤者，而被害者的尸体则被毫无人性地扔进了塞纳河中，在历史上好像有人这样做过。从坐落在西岱岛上的巴黎警察局附近拐角就可以达到的圣米歇尔大桥就是那次暴行的现场之一。

阿尔及利亚人知道发生了什么，了解了这一事件骇人听闻的血腥暴行。巴黎的一些著名知识分子，包括很多有名望的犹太人，公开举行了抗议活动，并把这一事件与纳粹时期的暴行相提并论。一份法国共产党的报纸在当年11月7日用了这样的标题："一个月以来巴黎发现了60具被淹死或者被杀死的阿尔及利亚人的尸体。"但是，更多的巴黎人不愿意相信巴黎警察会有如此血腥的暴行，警察当局也竭力否认所有的指控，并谎称所有的流血事件皆源自阿尔及利亚人的派系斗争。政府相关部门的隐瞒行为显然是有组织的，组织者就是警察中职务最高的长官——警察局长莫里斯·帕蓬。由于证据不足，法国的左翼政党也无法利用这一事件谴责政府。法国在阿尔及利亚的殖民统治结束以后，有人又竭力想使人们忘掉这段血腥的历史。也就是说，想告诉大家，故事已经结束了，一切都没有发生。

但是，1961年10月18日拍摄的一幅照片使"巴黎之战"永远留在一些左翼组织和阿尔及利亚人的记忆中，该照片拍下了圣米歇尔大桥顺流下去不远的艺术大桥旁边有人刻在墙上的一条标语。尽管警方试图掩盖这条标语，并迅速清洗掉，但这张照片向我们展示了墙上写的是"他们在这里将阿尔及利亚人扔到河里"。这个标语既可能是阿尔及利亚人所为，也可能是支持阿尔及利亚人的极左翼人士所为。这张照片在左翼内部流传开来，但是并没有引起公众反响。

但是，20世纪80年代在对维希政权时期迫害犹太人问题上法国行政官员与政客们如何勾结进行重新调查的过程中，历史编撰者对警察关于“巴黎之战”的解释再次提出疑问。1987年，曾经将抵抗组织领导人让·穆兰折磨致死、素有“里昂城的刽子手”之称的克劳斯·巴比从玻利维亚引渡回法国，并以反人类罪判处终身监禁。20世纪90年代初被捕的还有曾经指挥了1942年冬季竞技场抓捕行动的警察局长勒内·布斯凯，但在审判之前他被人杀了。曾经担任过第五共和国部长职务的前警察局长莫里斯·帕蓬也成为人们谴责的目标，事情很清楚，作为维希政权时期吉伦特省的警察局长，他曾签署过把犹太人驱逐至死亡集中营的命令，最终他被判处10年监禁。

整个20世纪90年代，帕蓬都极力否认巴黎警察曾经卷入过“巴黎之战”的阿尔及利亚人死亡事件中，并且嘲笑般地把当天的事件称为“虚构的死亡”。1998年当阿尔及利亚事件被纳入到对他的审判内容时，帕蓬以诽谤罪对当庭证人让·吕克·艾诺迪提出控诉。让·吕克·艾诺迪曾经出过一本调查该事件的书，在20世纪90年代末开始的“反对忘记10月17日运动”中表现十分突出。在那场运动中，那张“涂鸦照片”成为它的标志。

1999年，政府调查团得出结论：10月17日夜有48名阿尔及利亚人被扔到塞纳河里淹死；在整个9月和10月，共有142名阿尔及利亚人被杀害，其中110人的尸体在塞纳河中发现。

调查团还承认，真实的死亡数字肯定比这还要多得多。同时，巴黎高等法院也承认：“巴黎之战”确实发生过，而且产生了严重的后果。这一举动把遗忘在历史的角落中近半个世纪的这一事件再次摆在了公众的面前。

除了在改善区域交通中扮演重要角色之外，“总体组织治理计划”和《管理纲要》在改变巴黎整体形象的住宅建设方面也曾经发挥了重要作用。1954 年至 1974 那 20 年间，巴黎市区修建了超过 20 万套居民住宅，郊区比这还要多。1958 年，政府曾经把巴黎市区较贫穷的主要地区指定为“优先都市化区”（ZUP）。1969 年，这一计划又进行了重新组织和扩大为“协调管理区”（ZAC）。[14] ZAC 与 ZUP 一样，都是在一个指定区域内，由政府指定某一私营公司来发展该地区，公司享有广泛的经济、征用土地和管理权责。从某种意义来说，ZAC 就是处理那些“不卫生地区”，因为那些地区的存在有损于现代大城市的形象，在过去的半个世纪中，巴黎政府从来没有这样做过。当然，ZAC 的范围不仅仅局限于这些地区，也扩展到了被断定为“破旧”的地方。

突然间仿佛一切又回到了奥斯曼时代，规划者和设计师们比 20 世纪过去的任何时期都享有更大的创作自由和经济回报。正如奥斯曼时代一样，房地产发展的无限潜力为迅速聚敛财富提供了机遇，当然，腐败和奸诈现象也随之发生。政府公务人员如同商人一样一头扎进了非法致富的门路之中。从一些指控案件来看，这一时期确实赚钱容易而且利润丰厚。但是，新的商机也确实推动投资者摆脱了长久以来对巴黎房地产市场的极端不信任感，从而为进一步深入发展提供了资金。新投资主要集中在现在巴黎的第十二区至第十五区，那里是“不卫生地区”最多的地方。在巴黎的中心地区，即现在巴黎第十一区以内，新型建筑相对较少，即使少有的几处不卫生地区也没有进行彻底改造，而只进行了修修补补。[15]

“协调管理区”的城市发展以郊区为主，建筑方法与巴黎古老的住宅建筑模式形成鲜明对照。尽管奥斯曼的《房屋建筑报告》与此前的1783年至1784年规定的建筑章法协调一致，但是这股新的建设潮流以现代主义的旗号完全打破了常规。正如勒科布西耶所强调的，增加楼的高度是拓展空间的最好方法。1958年，巴黎中心市区的建筑高度限制为31米，周围地区为37米，相比较而言，郊区略高一些，为45米。但是，例外情况经常发生。例如，在香榭丽舍大街以西地区开辟的国防部开发区（拉德芳斯广场）就超过了规定的标准。在20世纪50年代，该地区曾经被指定为商业密集的证券交易市场和巴黎剧院发展延伸的地方。在巴黎的20个区中，1956年至1963年修建的位于现在巴黎第十六区的法国广播大楼大厦正面对着塞纳河，其中心塔楼高75米。同时，位于现在巴黎第七区军事学院后身的联合国教科文组织总部也超过了高度限制。但是，最大的特例是位于现在巴黎第十五区地铁终点站1959年开始兴建的迈内·蒙帕纳斯大厦。坦率地说，世界上到处都是摩天大楼，事实上巴黎也有不少高楼。但是在该大厦建成后的十几年间，巴黎人每当看上它一眼就觉得它越来越高，好像已经超过了它实际的200米高，许多巴黎人有一种可怕的视力越界的感觉。该大厦与其说是一个“记忆之场”，不如说是一个巴黎人众所担忧的地方。

蒙帕纳斯大厦和周围林立的商店以及办公大楼完全投入运营的时候，位于现在巴黎第五区朱西厄科学学院的一座相比之下小得多的90米高摩天大楼正在建设中，这种高塔式建筑风格已经成为巴黎城市风景的基本象征。举例来说，与法国广播大楼隔河相对的地方修建的位于现在巴黎第十五区的塞纳河开发区，就是由 20 座高度超过 120 米的高楼组成的。在现在巴黎第十三区的意大利广场后面的荒废区、现在巴黎第十四区贝尔维尔外的比较贫困的工人住宅区和现在巴黎第十一区里昂火车站后面的工人区，也都出现了高楼林立的现象。到了 21 世纪初，整个巴黎的 160 座被归类为“非常高的建筑”中有近一半在这些地区。

现代建筑使人们日常生活的物质文化发生了彻底改变。从 1949 年到 1958 年，法国平均国民收入与国民支出增长了近三分之一，而且还在持续增长。巴黎及其周围地区的居民楼充满了各种各样象征着某种生活方式的新设计和新奇家具，这不能不让刚刚经历了一段艰苦生活的巴黎人感到惊奇和兴奋。1939 年，巴黎的小汽车总数为 50 万辆；1960 年达到 100 万辆；五年后又翻了一番。巴黎人是政府实施的发展规划的最早受益者。1959 年，只有十四分之一的法国家庭拥有电冰箱，1965 年这个数字上升到二分之一；1954 年，只有 8% 的法国家庭拥有洗衣机，1970 年这一数字上升到 53%，到 20 世纪 90 年代则超过 90%；1950 年，全法国只有 24000 台电视机，1962 年近四分之一的家庭拥有电视机，到 1966 年，有电视的家庭已经超过一半。伴随着消费品支出的增加，人们在休闲娱乐方面的支出越来越多。1956 年颁布的每年 3 周公休日到 1963 年改为 4 周，这些假期使人们的娱乐活动更加频繁。这种生活方式的变化比无休止的、日益激烈的新闻媒体和内城街道的广告战最为引人注目。

尽管 20 世纪 50 年代末和 60 年代的法国人，尤其是巴黎人，接受了消费主义的观念，但对于那种变化的好处和意义还是充满疑问。

有些持怀疑观点的人采取了模糊的反美国主义的形式，并为自己找到了许多依据，包括担心古老的巴黎成为第二个芝加哥或者纽约。大量的社会学证据开始出现，高层楼区的生活也并非就是玫瑰花的温床，里博格特机场附近的萨尔赛勒市郊区的例子就被很多文学作品所引用。随着 20 世纪 50 年代一座座单调的现代建筑物拔地而起但是没有相应的社区服务与交通设施相配套，萨尔赛勒看起来并使人感觉到并不是那样理想。在一些对此事感兴趣的媒体看来，它滋生了一种新的社会和心理疾病，他们称之为“萨尔赛勒症”。其典型特征就是：青少年犯罪时有发生，百无聊赖的家庭主妇怨声载道，精神类疾病日益增多和火箭般上升的自杀率。即使是郊区最现代的建筑师进入巴黎中心地区以后，恐怕也会担心“萨尔赛勒症”这种大众流行病患者在巴黎流行起来。从 20 世纪 40 年代末开始，电影制作人雅克 · 塔蒂就提出一种看法，并一直以一种幽默的眼光看待现代建筑行业以及同时产生的现代技能性障碍，他在 1958 年发表的《我的大叔》就是对现代郊区都市的绝妙讽刺。总体而言，让 · 卢克 · 戈达尔的超前电影《阿尔方城》是对这一问题更为直接和猛烈的抨击。整部电影几乎都是在“低租金住房”区制作完成的。《阿尔方城》于 1965 年问世，同年，乔治 · 佩里克获得诺贝尔奖的小说《物》也开始发行，《物》里的物是指现代生活的日用商品，小说的主人公是一对不幸的青年夫妇，他们以一种乏味平淡的、令人绝望的奉献精神追逐着那些“物”。同一时期，罗兰 · 巴特对日常生活琐事进行的诙谐的符号学分析也赢得了思想界的关注，社会生活的新形势，从雪铁龙汽车到广告和摔跤比赛，形成了一系列新的神话，而这些神话的文化意义则需要我们运用同样的人种学方法进行检验，也可以用印第安人中阿拉巴霍族的接生方式进行测量。

20 世纪 60 年代中期，人们开始越来越怀疑巴黎建筑拆除和重建工作付出的代价问题。巴黎外围地区被居民点取代的那些旧房屋总体来说质量都很差，因此在居民点建设开始时并没有引起保护主义者的强烈反响。但十分明显，这种变化还是付出了巨大的代价，因为整个社区都被拆毁了，例如，现在巴黎第十三区意大利广场后面的地段原来是生气勃勃而又相对稳定的工人社区，定居于此的工人大多数在当地的工厂工作，如樊尚·奥里奥尔路巨大的萨伊炼糖厂、德伊乌里大道的庞阿尔汽车制造厂等。而在这项工程期间，当地居民们都被迁到了郊区的公寓里。但是，当工程完工时，很少有人能够迁回，这首先是因为当地房租飞速上涨，而房租控制法又在节节上涨的通货膨胀面前大打折扣，许多人因为经济困难而无法回迁；同时，还有许多人自愿选择不再迁回。因此，萨伊炼糖厂和庞阿尔汽车制造厂在 20 世纪 60 年代先后倒闭了，这就减少了当地工人寻找工作的机会。而且高楼开发区的居民没有往昔那舒适的社会交际关系，使人们有一种相互疏离的感觉。与其他居民点一样，这里宽阔的主干道能够保证车流畅通无阻；商业带和商业中心区代替了原来的街角商店；新修的人行道打破了原有的街区路线，居民之间很少有机会相互交流和交往。

意大利广场开发区巨大建筑的例子不仅付出的代价高，而且还使那里人口下降，工业萎缩，在这一点上我们可以找到许多证明。这项向高处拓展空间的建筑重建工作为巴黎市民增加了相当数量的城市可利用空间，1954 年至 1974 年，800 万平方米的旧房屋被拆毁，2100 万平方米的新空间可以利用，仅工厂和车库就占用了其中的 28%；更多的空间被用作商业贸易和管理用途，办公空间增长了 22%。与此同时，巴黎仍然处于持续的去工业化进程中，更多的空间给予了服务行业，而且这个进程在20世纪剩余岁月中仍将持续下去。1962年至1982年期间，自由职业者数量增长了40%，而工人数量减少了45%。到了20世纪70年代末，巴黎的工业产品占全国总产量的大约10%，但是这一数据下降得很快，到20世纪90年代，已经降至5%。现在巴黎工业的主要形式是一些比较独立的小规模的生产。出版业和印刷贸易仍然留在了巴黎，并且拓展到巴黎工业产值的约四分之一。服装和纺织业在巴黎也继续了下来，在某些区域还表现得很兴隆，尤其是现在巴黎第二区桑蒂尔周围地区以及马莱和埃莱温地区。家具制造业仍然是圣安托万区的专长，但是工业作为整体的巴黎城市风景已经消失。

巴黎城市重建工作推动市内住宅数量持续上涨：6万套住宅被拆毁，但重建了27万套，这使得人们的居住空间总体上增加了16.8%。尽管住宅面积少于办公空间面积的增长速度，但这在巴黎也是相当可观的。当时，巴黎人的居住条件不像现在这么拥挤，因为当时的人口少。巴黎市区人口从20世纪20年代到50年代末一直在280万左右，1962年减少到260万，此后继续减少，1975年为230万，1982年为210万，这一数字一直持续到现在。而在整个重建时期，巴黎人口共减少了大约50万，或者说巴黎总人口减少了大约五分之一到六分之一。

巴黎城市中心工人的流失不仅是外围地区现代化重建造成的，而且与这一时期开始的新的城市恢复工作有关。1962年，戴高乐政府的文化部长安德烈·马尔罗提出一项法令，称“马尔罗法”，允许把具有重大历史价值和美学价值的地区指定为“保护地区”。这项具有开拓性的法令当时在欧洲其他国家还没有见到，因此受到好评。可以这样说，正是这一法令的执行使马莱这个原来老城区中最脏最乱的地方之一一跃成为旅游热点和最时尚的地区之一。

三、马莱

一个崭新的巴黎是在第五共和国时期出现的。与以前相比，第五共和国更加积极地支持巴黎历史文化遗产的保护，并把老巴黎的观念作为某种有价值的东西保持下来。但是，这一老一新完全不同的行动准则并没有经常发生冲突。按照 1962 年《马尔罗法》对保护区实行保护政策的规定，政府当局开始寻找在马莱恢复性重建中如何将二者相融合的方式。

按照《马尔罗法》，巴黎成立了专门完成指定保护地区任务的公私合营的公司。这种公司权力巨大。例如：它可以征用土地，可以推倒一切它认为不需要存在的建筑，可以将旧建筑改为他用，可以改善服务等。此外，他们还有权力管理当地的交通和车辆停泊问题，可以在特定的地区进行新的经济活动。这一切活动的前提是不仅要保护建筑的历史特征，而且要保留整个社区的历史特征。

马莱是巴黎最早用马尔罗方式解决问题的地区。甚至在巴尔扎克时代，塞维涅夫人天堂般的 17 世纪领地证明，那里曾经很被人看好。在整个 18 世纪，大量的钞票曾在该地区广泛流通。但是在法国大革命之后，该居民区变得肮脏、过时了。住在该地区的都是些著名的债主和老态龙钟的贵族，他们的势力足以限制该地区的现代化改造。朗比托街和法兰克·波兹瓦兹街直插马莱当地老城区之中，但这两条街道还不是想要建立的主干道。奥斯曼则时刻准备建设行动，但是决不介入与当地保卫者的冲突中，著名的雨果是当地最顽固的保守主义者，他曾于1832年至1848年期间居住在马莱的孚日广场。地铁建造者也有同样的想法，所以地铁建设沿着该地区的边走。或许是因为长期得不到改善，该地区的房屋质量在1850年后急剧下降，这样一来，要在该地区迷宫般的街道和住宅区里提供舒适的现代化服务几乎是不可能的。19世纪末，一个巨大的东欧移民犹太人社区在那里建立，该社区恶劣的居住条件进一步证明了这一点。

20世纪60年代重建工程开始的时候，马莱是一个社会和种族成分极为复杂的地区，那里居住的手工业工人多，气氛活泼。但是，该地区的基本生活设施十分缺乏，60%的家庭没有自来水和厕所；绿地面积也只有全城平均数值的一半。一些住宅区的人口密度达到了每平方公顷2000人，而整个巴黎的人口密度平均仅为300人左右。20世纪早些时候，该地区临近塞纳河的地方被指定为要求改善的不卫生地区，但是现代化的成效并不显著。1961年，马莱文化节在老官邸成功举办，不仅吸引了大批观众，更激励了整个巴黎城的市民们都相信，该地区是值得保留的。

1962年法令的目的就是要恢复这个衰败地区的往日辉煌。这就意味着必须拆除那些棚屋、旧房、作坊和贵族气派十足的官邸院落以及一些类似的建筑，以便营建一种与18世纪中期的居民区相适应的氛围。这项常用“卫生环境改善”这个词来表述的历史性清理工作也同样强调工作质量问题，这就需要做大量细致入微的工作和历史的验证，必然使工作进展缓慢，从19世纪一直延续到20世纪，而且造价昂贵。

最令人满意的是，马莱的重建工程造就了许多建筑史上的佳作。到了20世纪80年代，聚居区的改造基本完成，种族多样性格局得以保留，但是社会结构发生了根本性变化。尽管做出了最大的努力，那些给该地区打上最早烙印的工人、手工业者和小生意人仍然被迫成群地离开了，他们负担不起这里昂贵的费用，而且他们发现，现在这里的空间限制太约束人了。随着那里房地产价格的飞涨和环境的美化，一个新的资产阶级社区在那里形成。

马莱的一个特殊发展是出现了一个巨大的同性恋社区。作为少数群体，同性恋者在法国具有悠久的历史。20世纪80年代，法国社会党总统密特朗废除了过时的反对同性恋爱的法令，使同性恋者受益匪浅。资产阶级同性恋者一般都有坚实的经济实力，有条件享受聚居区新的娱乐项目，成为该区的消费者，加入到那些闲逛者队伍之中，每天无所事事地在街上游荡，成为当地主要的消遣活动。

马莱继续保持着文化和种族上的高度多样性，尽管如此，从塞维涅夫人时代以来，人们还是第一次感受到生活状况比以前好了。聚居区的美化使该地区直接成为主要旅游景点。在这一点上，重建工程和一些博物馆的建立起到了一定的作用，其中包括，在塞维涅夫人常去的地方建立的卡纳瓦雷宫博物馆（也是巴黎历史博物馆）、萨莱公馆的毕加索艺术馆、富塞街的欧洲照相馆等，共同组成了一道亮丽的风景线。

某些方面，把对老巴黎的尊重与现代化的迫切性结合在一起，便产生了一种聚居区的博物馆化倾向，因为聚居区早晚总有衰落的一天。现在，过去的街角商店已经转变成为一些时髦的小商店。例如，一家时尚的鞋店保留了该建筑原来老面包店门外的标记，那是从19世纪晚期以来就存在的瓷漆外表的房屋，这无疑让人感觉良好。当然，这也产生了一种落伍和僵化的效果。1922年，巴黎人对于在巴黎郊外建立欧洲迪士尼的做法表现出巨大的鄙夷，这表明巴黎人十分担忧，老巴黎正在一步一步地走进历史陈列馆。

1962年的《马尔罗法》不仅要重建和保护，而且还要提高，并且提高得不比重建和保护少。那位文化部部长恢复了一项古老的但是长期以来被忽视的前奥斯曼时代的规章制度，可以说明这一点。该规章要求，房地产所有者在清洁自己的建筑表面时不得损坏原来的样式。对历史建筑表面所落交通灰尘的清洗，例如很少得到认可的对圣母院的清洗，把保护主义者关注的焦点重新拉回到政治问题上来。这一活动使巴黎充满污垢的外表变得亮丽多彩。

考虑到重建工程的代价，在社会城市化进程准备妥当以后，对高层建筑的高度进行了限制，同时规定重建主要在巴黎城市中心以外地区展开。但是，在蒙帕纳斯大厦远远超出规定的高度的情况下，罗兰·巴特所说的“高度竞赛”导致的摩天大楼现象已经成为巴黎中心地区以及其他地区的现实。保护主义者关注的焦点主要集中在巴黎历史中心的现在巴黎第一区中央市场的发展规划上。一个世纪以来，人们一直谈论着要把巴黎的主要市场从中心地区迁移出去，20世纪30年代以来，着眼于未来的发展，政府一直在郊区购置房地产。第五共和国大胆地解决这个棘手的问题，下令将市场转移到现在巴黎第十四区的拉维莱特科学音乐城和兰吉地区，这种做法在 1969 年初见成效。这个决定引起了一场有关该地区前途的争论，甚至在拆迁工作已经开始的情况下还在争论。例如 1971 年末，巴尔塔在第二帝国时期修建的豪华大厦就是在有争议的情况下拆毁的。高层建筑最终必将抵达巴黎市中心地区的预言终于被验证了，因为人们看到在巴黎中央市场的位置上挖了一个大洞，那个大洞相当之深，因为下面是即将兴建的地铁，上面是沙特莱广场至中央市场火车线的终点站。这个大洞使巴黎人开始担心，是不是这里又要建一个蒙帕纳斯大厦那样的庞然大物，还有人说要在这里建世界贸易中心，因为据说有这个计划。即使巴黎中央市场一带以前的房屋破旧不堪，凌乱不整，人们还是关注着那里长久以来就存在的工人社区注定要被转移，而且不可避免地被高高耸立的现代主义建筑所取代。

所有对巴黎未来状况的忧虑和关注最终在 1968 年的所谓“五月事件”中都得到了答案。事件起始于学生反对大学校园里人员拥挤和条件恶劣的抗议活动，那场运动后来发展成一场学生暴力事件，学生们效仿 19 世纪左翼在巴黎的巷战传统，采取了武力手段。暴乱和街垒再次成为巴黎街头的显著特征，并一直持续了几周。拉丁区成为以石头为武器的学生与镇压学生的警察交战的战场。五月事件也引起了人们对于资本主义社会价值观以及消费主义至上观念的讨论。学生领导人策划了一次聪明的起义，他们用强者的武器来保护弱者的利益；他们把“消费资本主义”诊断为“悲惨社会”；他们的目标是“争取权力”，这也是他们的战斗口号之一；他们选择了能够被新闻媒体广泛报道的、看起来并无恶意的行动方式，尽管有的新闻媒体与政府官方串通一气。例如，在一些国有媒体中，站在政府部门立场上说话的内容占主导地位。虽然电视被起义者称为“政府的卧室”，但事实上电视新闻报道十分详尽地向人们展示了警察的残酷行为，这为起义者赢得了广泛的同情。人们经常用晶体管收音机收听卢森堡电台的广播，因为这是政府控制之外的广播电台。以往用来促进商品销售的广告和海报也成为起义者的宣传板，在墙上进行涂抹或者刻画也成为他们控诉资本主义的罪恶，对事件本身进行评说的手段。参与者和评论家把五月事件的那热闹的场面与在第五共和国统治下单调枯燥的城市工作生活进行了对比，并把它浓缩为一个口号“地铁——上班——回家睡觉”。与此相似的还有，由学生和支持他们的巴黎市民共同营建的令人陶醉的社区氛围与自私的“萨尔赛勒症”威胁中的道德沦丧的消费资本主义的混乱状态形成了鲜明的对比。当时，一个普遍的主题思想是渴望回归自然，这与当代机械的人为社会之间形成了尖锐的矛盾。正如当时一堵墙上刻画的那段话所说的那样，“鹅卵石下面是沙滩”。欢乐的、回归自然的反叛是对于慢性发展中的“萨尔赛勒症”的最好的解毒剂。

然而，在最终的定性分析中，五月事件中那些不入流的骚乱行为不是削弱而是加强了“资产阶级法国”的物质消费主义。那些参加破坏社会秩序的罢工工人在接受了工资大幅度上调的条件下俯首帖耳地回到了工作岗位，此行为是在法国共产党中一个对推翻资本主义失去信心的人领导下进行的。就像为五月事件发起了一场民意测试一样，1969 年的大选证明，这是法国历史上对于左派打击最重的一次。在五月事件中一度动摇不定的戴高乐将军于 1969 年痛苦地退休，乔治·蓬皮杜，曾经作为戴高乐的亲信和政府总理、政府在整个平叛过程的骨干、一位强硬的现代派，当选为法国总统。但是，尽管选举人拒绝承认这次选举，但儿戏般的五月事件还是对资本主义价值观提出的严重挑战。他们最富有成效的影响就是对于现代化的一种半下意识的、延迟的批评观念，这种观念永远回荡在巴黎人的精神世界中。

1969年末到70年代初，巴黎成为一个奇怪的城市。1968年五月事件的灰尘依然在空气中飘荡，但蓬皮杜政府想做的只是如何在现代化的道路上走得更快。尽管公众对于蒙帕纳斯大厦的存在和巴黎中央市场的糟糕状况的忧虑再度高涨，这位新总统还是相当直率地告诉《世界报》的一位记者："我再重复一遍，没有高楼大厦就没有现代建筑。"他还建议，去看看香榭丽舍宫后面国防部开发区（拉德芳斯广场）林立的高楼吧，在巴黎城的任何地方都能一目了然。[17] 蓬皮杜把建筑重心放在现在巴黎第一区的博堡高地，计划在那里建立一个重要的艺术馆和文化中心，这就是博堡中心，后来改名为蓬皮杜中心，而该地区也是最早被拆毁的不卫生地区。在激烈的国际竞争中胜出的理查德·罗歇和伦佐·皮亚诺负责该中心的设计工作。对于巴黎来说，它代表着一种全新的风格。巴黎人最终发现，它并不像很多人最初担心的那样令人可怕。总之，巴黎人慢慢熟悉了它，并逐渐喜欢上它，如同埃菲尔铁塔和圣心教堂一样，该中心成为另一个巴黎统治者的象征。

到1977年蓬皮杜中心开业时，人们对于计划和开展城市化的看法突然发生了重大变化。1974年蓬皮杜的突然逝世，法国不得不举行新的总统大选，自由保守党人瓦莱里·吉斯卡尔·德斯坦当选为总统。他对蓬皮杜的现代化做法表示公开的怀疑。德斯坦是在选举中以微弱优势击败了社会党人密特朗而当选的，这一事实也显示出举国上下渴望变革的情绪，而戴高乐派却在这场竞争中一败涂地。在“后1968年时期”，比戴高乐派失败更为糟糕的是德斯坦面临着几十年史无前例的增长后开始下滑的经济。1971年后，西方的石油危机对于法国经济尤其是巴黎经济打击甚大。1971年至1973年间，巴黎在工业领域减少了342000个工作岗位，进一步加速了去工业化过程，其中郊区受到的冲击最大，仿佛一夜之间到处都是失业的人群。急剧上升的通货膨胀与信贷萎缩使法国蓬勃发展的经济和舒适的物质享受都结束了，加之人口出生率的急剧下降，巴黎地区的外来移民急剧减少，所有这一切都使巴黎前途未卜。

最初的社会经济危机逐渐演化成为一种文化的、政治的和心理现象。1974年，巴黎的城市史学家皮埃尔·拉夫当充满预见性地提出：“我们曾目睹了环境观念的出现和生活质量观念的出现，现在，一种新的生活观念已经出现。”[18] 1968年的五月事件曾经进行了一次生态学个性的实验；1974年的总统大选又验证，环境保护主义是现代成功的政治行为中不可或缺的组成部分。德斯坦在他的竞选纲领中宣称，他将“通过降低人口密度，阻止高层建筑群扩散和保护所有绿色空间（无论是公有还是私有）的方式来提高城市的生活质量”。[19] 上台以后，他立刻十分审慎地把竞选纲领中的承诺拿到议事日程上来。他反对在城市内建造高层楼群。例如，意大利广场的巨大建筑规划永远搁置下来，新的建筑物高度管制条令规定，内城区建筑高度限定在25米以内。德斯坦还冻结了一项在塞纳河两岸的高速公路计划。他号召设计师们提出新的环保性设计方案，并决定将19世纪博物馆安置在现在巴黎第七区的长期荒废的奥塞河堤地铁站，奥塞现代艺术馆也成为巴黎最主要的旅游景点之一。许多19世纪的纪念性建筑在历史上第一次享受到古典式的待遇，包括许多剧院和埃菲尔铁塔，这很令人奇怪。德斯坦对于在巴黎周围建设新的卫星城方案不很热心，他否决了一项原先要将卫星城的数量从5个增加到8个的计划。他还鼓励郊区的文化复兴运动，并开始对圣德尼外破旧的中世纪王宫进行重修。

如果说德斯坦对于巴黎的处理方法与首都正在变化的舆论相一致，那么也与许多设计师和城市规划者正在转变的风格相适应。德斯坦宣布："巨大城市与强大组织的时代已经结束了，不惜任何代价的混凝土时代一去不复返了。"[20] 在过去那二十多年中被现代化及其连带工作冲昏头脑的专家们也越来越感受到这一点。专家态度的改变要归功于两代人之间的竞争，归功于摇摆不定的时尚，同时也应该归功于公众对于现代化的抵制。历史学家路易·谢瓦利埃在1977年发表的《巴黎的暗杀》是一个成功的媒介宣传。他使公众相信，那些目光短浅的贪官污吏和金钱至上的无知设计师成心要破坏巴黎历史景观。建筑师和设计者设计理念的转变也是因为他们接受了对于居民点的人文主义批评。有一段时间，一个名为"巴黎城市化工场"的著名思想库曾经大肆宣扬回归传统，并在1977年以"占地计划"的名义作为巴黎城市化新的规划指南付诸实践，这个新的建筑原则恢复了将街道、房屋走向和区域作为设计的主体结构，并强调了适应周围环境的重要性。著名设计师克里斯蒂安·波特赞波尔断言，新原则的目标是"构筑城市空间而不是堆砌建筑材料"。[21] 他的观点在他具有开拓性的设计中，即现在巴黎第十三区的奥特·福尔梅街中得以完美体现，该设计把现代主义精神与巴黎传统倾向结合在一起，形成了既优美、复杂又很具有实用价值的建筑。

现在也到了对那些曾经付出辛勤劳动的重要保护地区的重建工作，其中最著名的是马莱区，开始收获的时刻。马莱这一曾经卫生条件极差的地区已经被改造成为现代生活的典范，那里的街道恢复了闲逛者和购物者云集的地方，人多得使商店都快要挤爆了。每到周末，法兰克·波兹瓦兹街上的机动车辆根本无法通行。仿造的建筑在这里从来没有消失，这是事实。例如门面，即所谓外观主义，在旧房拆除过程中往往被保留的门脸，就经常被模仿。从现在巴黎第三区的马莱区边缘的奥洛热地区到北部的蓬皮杜中心，就有许多模仿中世纪样式的通道、小巷和死胡同，绝大多数用混凝土建造，坐落在经过彻底复原的门面墙后面，位置就在巴黎最古老的圣马丁街。这种门面很可能造成重建地区给人一种不真实的感觉，但是受到规划者的普遍欢迎，因为所有现代舒适的生活都可以轻而易举地在这种装饰外壳下实现。该地区房地产的价格大幅度上升，凸显了这种建筑工序带来的社会振兴。

20 世纪 70 年代以来，马莱的重建风格与新建筑相适应，这在某种程度上表明，我们正在回归历史悠久的巴黎建筑风格和模式，但是这种风格和模式在 20 世纪 50 年代末、60 年代初的兴奋与喧嚣中已经丧失殆尽。历史学家弗朗索瓦·卢瓦耶对奥斯曼改造巴黎问题的研究，包括这位建筑大师的视觉和巴黎城市的感觉，都使人们对建筑界越发关注。[22] 但是，也存在一种很不同意奥斯曼观点和非常新的看法，其中包含着民主责任感和社会正义感。例如，在 20 世纪 60 年代，勒科布西耶式的现代化建筑模式就极受欢迎。商人和技术专家煞有介事地说，他们的做法代表了巴黎人民的最大利益，但是所有的建设项目并没有与公众进行磋商。现在，政治界和建筑界都重新开始关注公众舆论。1975 年，由皮埃尔·诺拉和贝尔特朗·埃维昂诺提交的政府委员会报告中强烈谴责了国民住房低劣的质量问题，尤其是那些不堪一击的老房子。于是，政府相应地做出了政策调整，成立了一个叫作“城市化管理基金”新的组织。该组织负责监督所有的城市建设项目，并成为政府决策过程中维护正义的一个指导性机构。根据 1977 年的立法，成立了“居住条件改善操作程序组”，该组织专门负责小规模保护地区的发展。如同后来出现的公司一样，该组织在征用土地和居民区经济改造等方面拥有很大权力。但是，在一些问题上，它给予当地居民以更大的发言权，但是在重建规划上拥有最终决定权。他们不强调建筑马莱那样的具有历史特征建筑，而更倾向于建筑的实用性和重新利用性。事实上，建筑物的实用性和可居住性比历史性更重要。因此，他们不仅以现有的模式进行建房，而且把现有合格住房纳入发展计划中。例如，在现在巴黎第十二区的贝尔西，他们实行一个雄心勃勃的重建计划，精心设计了一个从未有过的酒类批发商店，后来该商店发展成时尚酒吧和餐厅。

1975 年，德斯坦决定设立巴黎市市长一职。但是，这一任命并没有对他倡导和实践的更人性化和用户至上的城市化思维有任何帮助，恰恰相反，给他带来了极大的政治损害。近两个世纪以来，作为法国中央政府的所在地，巴黎的地位十分重要，所以它也一直没有单独设立的市长职位。德斯坦改变这一历史的目的很明确，就是要将一个亲信安插在市政厅，并削弱巴黎城市议会中多数派戴高乐派的势力。但是，当巴黎市长选举工作安排就绪以后，德斯坦并没有实现自己的目标。在1977年巴黎市长竞选中，戴高乐派雅克·希拉克获得了令人信服的胜利。上台以后，希拉克在巴黎市政管理上是彻头彻尾的戴高乐式的。在市长应该发挥什么作用这一问题上，希拉克的观念比德斯坦更有实用价值，而巴黎议会则成为希拉克的橡皮图章。即使20世纪80年代初设立区一级选举大会的做法也没有动摇市长的主宰地位。

后来的事实证明，希拉克是一个善于接受竞争对手想法的人。上任后，他立即冻结了在巴黎中央市场开发区建造世界贸易中心的方案，强烈呼吁在这里为市民开辟更大的绿色空间，推翻了蓬皮杜的"如果在这里建立一个大公园的话，那很快就会聚满六万个嬉皮士"的担忧。[23]现在，希拉克庄严宣布他是该项目的"首席设计师"，掌管该项目最后阶段的工作，其中包括地面公园的布局，地下部分提供给商铺和办公室，从而把商业用途纳入到该方案中来。更为重要的是，他还允许非官方的反对自己方案的人参与竞争，并对所有提案进行评议。尽管反对派意见在计划实行过程中所起的作用微乎其微，更多的公众意见也没有被采纳，但这件事使人们越来越认识到与公众进行协商的好处。

由于法国总统和巴黎市长都把加强巴黎作为他们加强自己各自政治力量的重要内容，巴黎因此从中受益，它的地位也就益发重要。1981年密特朗取代德斯坦成为共和国总统后，这种情况表现得更为明显。除了把巴黎作为展示自己政策的柜台，密特朗对巴黎没有任何其他兴趣。他双管齐下，既着眼于未来，又从脚下做起，发起了著名的"伟大工程"。这一工程虽然与密特朗紧密联系在一起，但是他的前任已经开始了类似的冒险。例如，最初，戴高乐将军提出了巴黎中央市场的开发规划；然后，蓬皮杜又建立了博堡中心；德斯坦不仅让他们的原创精神结出了丰硕的果实，而且做出了自己的贡献，那就是建立了 1986 年开业的最著名的奥塞现代艺术馆，然后又提出建立阿拉伯世界文化中心的计划和利用城外荒废的屠宰场作为新的科学博物馆和公园的基础的决定；密特朗则着手制定了一个整体规划。[24] 伟大工程必将会成为巴黎未来千年中的熠熠生辉的曙光。[25]

但是，尽管 1995 年曾经在总统大选支持密特朗，巴黎市长却并没有让共和国总统一个人抢走所有的风头。许多已经拥有国际声誉的知名设计大师为实现自己的设计理念出现在巴黎市政厅。位于现在巴黎第十二区的奥姆尼斯波特·贝尔西宫就是伟大工程的组成部分，也是这个曾经充满酒类批发商店地区重建工程的重要内容之一。加泰罗尼亚设计师里卡尔多·鲍费尔负责设计了现在巴黎第十四区的蒙帕纳斯车站后面的加泰罗尼亚广场，圣马丁运河与塞纳河的交汇处从此变成了一个游艇旅游中心。

巴黎城内绿色空间的扩展相当令人震惊，这为巴黎市政厅一带赢得了声誉。德斯坦曾经宣称，他的目标之一就是“把生态学带入人们的日常生活中”。[26] 希拉克实现了这一承诺。1945 年以来，巴黎的绿色空间就根本没有增加过，而希拉克根本性地改变了这一点。作为巴黎市市长，他在 1977 年至 1995 年期间建成了至少 134 个花园，使巴黎的花园增加了三分之一以上。这些公园为巴黎市增加了 118 公顷的绿色空间，而且这些空间在巴黎 484 公顷的面积（含原有的布洛涅森林和万塞讷森林）以外。而且政府确保每位巴黎人周围 500 米之内

弗朗索瓦·密特朗总统在拉维莱特公园晶球电影院前，1985 年 5 月 6 日

有休闲场所，这一政策显示出后德斯坦时代对于环境和休闲需求的重视。有些公园是在人口密集区搬迁后留下的空地上建立的，如现在巴黎第十五区的贝尔维尔公园。其他公园则建在从前的工厂等类似地方，例如，现在巴黎第十五区的乔治·布拉森公园就坐落在旧的沃吉拉德屠宰场之上，安德烈·雪铁龙公园的前身则是著名的汽车制造厂。这些公园和花园的设计凝聚了设计者无穷的智慧。原来从巴士底剧院到现在巴黎第十二区的万塞讷森林之间废弃的铁路路基上，建造了一条绿树成荫的人行道，叫作“绿流”。

绿色空间独具匠心的建造标志着对于巴黎人（或者游客）步行的考虑，这也是后德斯坦时代颇受欢迎的发展举措，虽然把行人和居民点拥挤交通隔离开来的步行街的创举现在还不能断言为成功之举，但更多的措施将被投入到作为社会交往和交换场所的街道发展中，而这是把巴黎人同巴黎过去相联系的再造过程。仿佛是为了鼓励闲逛者再现，林荫大道的碎石路也加宽了，更受巴黎人民欢迎了。但是，某些具有历史意义地区的步行街着实令人失望，因为这种建设导致房地产价格的上涨，小商贩也纷纷离去。但是，向“安静区”的转变还是相当成功的，那里机动车的车速被限制在较低速度，某些交通工具不得使用。对于行人的另一个让步是建立地下停车场，第一批地下停车场有 1972 年建立在现在巴黎第一区的旺代广场和 1972 年在现在巴黎第五区圣母院旁边的拉格兰街。即使是那些看起来以最快速度衰落和在设计上没有什么特色的地区也都重新焕发了光彩。例如，现在巴黎第十三区的鹌鹑岗、第五区的穆夫塔街、第一区至第二区的蒙奥吉尔街和第六至第七区的圣安托万等都是这样。这些变化与 20 世纪 70 年代中期以来巴黎人性化的趋势保持一致。

变化使这些地区变得更加适于居住，但也更加昂贵，更吸引旅游者。旅游者在其中能够见到罗贝尔·多瓦斯诺摄影作品或者马塞尔·卡尔内电影中经过处理的真实背景。在某种程度上可以婉转地说，他们也表明，当年蓬皮杜在号召“适应汽车”而不是相反时公开指责“过时美学”还是站得住脚的。

结语

大城市的大规划：21 世纪的巴黎

1999 年 12 月 31 日，巴黎人以北半球最盛大的焰火表演之一来迎接新世纪的到来。公元 2000 年，历史名城巴黎一切运转良好。它度过了 20 世纪 70 年代以来一系列的经济危机，与其国际竞争对手相比，巴黎做得已经相当不错了。巴黎的文化声誉使它成为世界上第一旅游名城，尽管这样的排名没有多大的价值，但巴黎毕竟领导着世界时装新潮流，是奢侈品贸易和烹饪的中心，是国际金融服务和交流的重要中心。巴黎的城市生活质量与世界上其他的一些国际大都市相比也名列前茅：巴黎拥有良好的服务系统、仅轻度污染的环境和良好的公共交通。房地产价格虽然很高，但还远不如伦敦和曼哈顿。巴黎也存在城市暴力和安全问题，但这是所有世界大都市都不可避免的，而且其他一些大都市的情况要比巴黎严重得多。按照列维-斯特劳斯、福柯和德里达等人的“法兰西理论”中的例外论，法国的文化输出在国际上的地位还不高，但是巴黎人能享用的文化和娱乐活动的范围非常高而且质量上乘。此外，巴黎人的长寿在全国首屈一指，巴黎人的健康状况普遍较好，这主要应归功于首都聚集了许多国际一流的医院和其他医疗设施。

无论过去还是现在，住在巴黎都是最佳选择。全法国绝大多数最健康的人都住在巴黎，但是巴黎也有一个大部分时间在街道上度过的无家可归者的庞大队伍。巴黎的劳务市场要比法国其他地方健全得多，与全国的平均值相比，巴黎的失业率位于中等水平。虽然有些外来劳工的居住条件仍然很差，但是20世纪50年代以来一直困扰政府的住房问题已经不复存在。在总人口中，有活力的年轻人所占比例在缩小，老龄化问题已经出现。1954年，65岁以上的老人占巴黎人口总数的10%。20世纪末，已经上升到15%，而且这一数据还在不断增长。由于女人寿命比男人长，现在巴黎的女人比男人多。

第二次世界大战后的巴黎被压力和冲突所笼罩，在巴黎人中间普遍流行一种繁荣逝去的无奈。但20世纪后半期，巴黎进行了意义非凡的城市复兴运动。1945年后，特别是50年代末到1974年间，法国经济的恢复在城市复兴中起到了关键作用。巴黎人要求在经济繁荣中为自己谋到应得的利益。巴黎人的物质文化生活，从耐用消费品到交通工具，以及可以利用的住房基本生活标准，都经历了巨大的令人震惊的变化。在这种繁荣的背景下，20世纪70年代后巴黎经济开始急剧下滑。在某种意义上，巴黎工业发展的高峰在20世纪50年代中期到60年代初，因此，此时的去工业化运动经历了极端痛苦的时期。尽管19世纪和20世纪初工业在巴黎人的生活中占据着十分重要的地位，但在很短的时间内，巴黎人有效地把工业转移到了其他地区。到了2000年，每100个巴黎人中只有五六个工人，其中还有一半是外国人。正如奥斯曼梦想的那样，巴黎已经变成了以服务业为支柱产业的“第三产业城市”。巴黎城也再现了往昔的辉煌。

当地经济的重塑还应该归功于1977年以来巴黎开始设置市长职

务带来的影响。1995 年，巴黎市长希拉克当选共和国总统，在全国人民的注视下，他宣布放弃在市政厅办公。希拉克任巴黎市长十八年，这是对他持久毅力的赞许，也是巴黎选举人对其执政政策效果的一种肯定，所以他才能在 1983 年和 1989 年又连续两次当选为巴黎市长。这种结果是在顶着巨大的政治压力下实现的，但也证明当时巴黎的右翼势力是多么强大。希拉克在巴黎当政的十八年时间为实现自己的宏图大志创造了一个平台，但同时也为他招致了严重腐败的责难。但是，他抓住了担任大革命后巴黎第一任市长的机会，致力于解决巴黎面临的新的迫切问题，特别是成功地为巴黎吸引了大量的资金。德斯坦总统反中心化改革带来的众多麻烦最终都被解决了。到了 20 世纪 90 年代，总统密特朗那试图流芳百世的伟大计划与巴黎市长希拉克展开了激烈竞争。尽管在政治上希拉克与密特朗是对手，但他也支持总统的方案，因为他意识到这有利于提升巴黎的国际地位，吸引更多的游客。

希拉克卸任以后，新市长还是面临着一些问题。他的助手让·蒂贝里当政的时候就因为腐败问题而被调查，最后在 2001 年被社会党人贝特朗·德拉诺埃所取代。但是，戴拉诺埃也于 2002 年 12 月卷入了一场刺杀行动的丑闻中。然而，希拉克建立的行政传统依然存在，这就允许他的继任者们能够自由地继续实行一种更高层次的政策。巴黎市长成为法国政治舞台的关键人物，掌管着巴黎的财政预算，他手下的工作人员比绝大多数政府部长的工作人员还要多，同时，作为媒体关注焦点的首都也有助于使巴黎问题引起全国范围的关注。

希拉克当政时的许多政策都延续了下来，其中包括城市绿色空间政策、噪声控制政策、娱乐设施政策和在巴黎重大问题上与中央政府进行合作的政策等。与希拉克一样，巴黎的下两任市长也都继承地接受了奥斯曼建筑模式。20 世纪 50 年代后，巴黎采取了大规模的建筑工程，除了极个别外，如塞纳河景色和贝尔西开发区，其他地方都是在奥斯曼以及此前第三共和国继承人对巴黎制定的蓝图基础上完成的。尽管那些建筑活动中也拆除了很多建筑，但被拆除的绝大多数建筑都在外围地区或者因为建筑物本身质量低下。奥斯曼制定的建筑物高度标准在外围地区屡屡被突破。但是，除了极少数光彩夺目的创举属于特例外，如 1965 年在现在巴黎第四区莫尔朗街开工的市政厅 17 层的附属建筑就是一个丑陋的例外，而在巴黎具有历史意义的中心地区，这一规定得到了遵守。在一个极其重要的时刻，德斯坦的环境保护主义击败了对于高层建筑的热衷，而蓬皮杜总统曾将高层建筑放在他的城市发展计划的中心位置。在这个意义上说，20 世纪末的城市改造虽然进行得轰轰烈烈，但与其说削弱了巴黎的奥斯曼模式不如说是加强了奥斯曼模式的地位。

现在还不能确定巴黎将在这种模式下走多远。在 20 世纪最后几十年，巴黎的许多重大建设项目都是在工业重建过程中在以往工厂搬迁后留下来的空间建造的。到了 2000 年，至少在市区的 20 个区里，这样的空间几乎没有了。这种缝隙式的发展模式开始遭到质疑。有人建议要开拓新的发展空间，就像蒙帕纳斯火车站的大西洋花园那样，在铁路沿线地区建造平台；也有人提出了向地下发展的办法，在巴黎中央市场开凿的那个大洞很可能就是一种尝试。另外一种可能性就是对建筑物的高度不加限制，这样必然使巴黎进入国际竞争的行列，但有可能使巴黎失去自己原来的魅力。对于高层办公楼区的需求使位于

卢浮宫前的玻璃金字塔

巴黎老城墙之外国防部开发区（拉德芳斯广场）形成了一个新的商业区，如果说这一做法是成功的，就是因为它极大地减轻了巴黎对办公空间需求的压力。无论如何，摆在面前的这些艰难抉择最终都会对巴黎人的自我认同产生极大的冲击。

巴黎仍然是一座高度国际化的大都市。尽管 20 世纪 40 年代以来多次发生了去中心化运动，但这一事实还是有助于它保持自己在国家生活中的中心位置。有些去中心化运动采取了反其道而行之的方式，殊不知，这正是巴黎及其周围地区保持巨大吸引力的原因。庞大的国家交通系统的建立，特别是启动于 20 世纪 70 年代的高速列车服务，事实上使巴黎城市更加中心化而不是去中心化。乘坐高速列车，从巴黎到地中海沿岸只要三小时，到伦敦只要两个多小时，这意味着帕拉瓦斯 · 弗罗特、埃里芬特和卡斯特尔都已经变成了巴黎大都市通勤往来的卫星城，高速列车服务的欧洲化发展也更加适应巴黎这种中心化城市的发展。

2000年，对老巴黎情有独钟的保护主义运动已经成为发展规划中的重要力量。现在，保护主义者指出，20世纪五六十年代的一些最现代建筑也已经磨损得非常陈旧了。巴黎内外的居民点看起来非常破旧，再加上青少年恶意的破坏，蓬皮杜中心在投入使用仅仅二十年后即于1998年不得不进行造价昂贵的重新装修。即使这样做，保护主义者还是觉得不可容忍。保护主义者曾经取得过许多次斗争的胜利，但这次看起来要失败。现代主义者似乎能够总是轻易地避开保护主义者设置的障碍。例如，保护主义强烈谴责的外观主义趋势正在广泛传播。而且，大众对于在巴黎部分地区所谓“博物馆化”的危险有了越来越清晰的认识，这个问题曾经把设计师逼得走投无路。马莱就是现成的例子。据说，保护主义者曾经把那里的工人全部赶走，进而要把该地区变为博物馆展厅和电影院。随着将城市的现代化风格转变为怀旧风格之风的兴起，在19世纪曾经是现代化典范城市的巴黎面临着成为肉冻的危险，好在赞同怀旧倾向的巴黎人并不多。

巴黎市政当局和中央政府对于“伟大工程”持续高涨的兴趣也使保护主义者成为一个拖后腿者的角色。20世纪80年代对奥斯曼模式感兴趣的设计师和历史学家证实，伟大工程项目的设计方式受到了第二帝国时期建筑模式而影响。伟大工程的建筑是一系列纪念性建筑，其中绝大多数不是随意乱建的，而是根据其周围的环境而设计的。法国建筑师们发现，联想起20世纪30年代巴黎城内那些不幸而又奢华的法西斯建筑，真很难想象公共纪念性建筑到底应该是一个什么样子。玻璃的出现似乎提供了答案。在伟大工程中，大量昂贵玻璃制品的运用不仅标志着一种能够通过这种方式表达的新技术特征，而且还成为政治透明度和可信度的隐喻。据说，这是社会党总统密特朗中意的。确实，伟大工程的建筑思想与曾经由大众磋商过的主张完全一致。

伟大工程这一观念并非密特朗首创，但他烙上了自己的印记。蓬皮杜曾经在 1977 年启动了位于博堡的蓬皮杜中心；德斯坦于 1983 年至 1990 年在拉维莱特科学音乐城建立了科学城，并且在 1986 年建立了奥塞现代艺术馆，在 1981 年至 1983 年修复了卢浮宫，建筑师让·诺瓦尔在 1987 年修建了阿拉伯世界学院。这中间的很多工程是在密特朗时期完成的。为此，密特朗也做出了自己的贡献。其中，最重要的作品是 1993 年由著名美籍华裔建筑师贝聿铭设计的卢浮宫入口处的玻璃金字塔。但是，最初该项目招致了保护主义者激烈的反对，他们认为该项目亵渎了神灵。等到揭开玻璃金字塔的神秘面纱时候，公众立刻就喜欢上了这个伟大的建筑作品，这也就意味着像一位评论家所评论的那样："战争结束了，新的更大胆的世纪之门已经开启。"[1]

最初看起来，伟大工程仅仅是为了装饰地处东西方传统国家轴心的法国首都。这样说来，国防部开发区（拉德芳斯广场）那些建筑就有了自己新的纪念意义，因为 1989 年在那里建立的新凯旋门与星形广场凯旋门和骑士小凯旋门连成了一线；穿过卢浮宫金字塔，越过蓬皮杜中心，再到达加拿大人卡洛斯·奥特的巴士底剧院，这一线具有纪念意义的建筑也在 1989 年完工。随着时间的推移，伟大工程在两个全新的方面改变了巴黎纪念性建筑的空间分布：其一，新建的纪念性建筑多在工人阶级集中的巴黎东部地区而不是像以往那样在著名的地方，这显然符合左翼的意愿；其二，该工程起到了对塞纳河再加工和再强调的作用。[2] 20世纪20至60年代期间，绝大多数新修的建筑都是在旧建筑拆迁后的旧址上建立起来的，所以与塞纳河的改造毫无关联。而在1970年至2000年期间，塞纳河河岸成为发展的中心。沿塞纳河两岸的许多工厂都被搬迁，这为重大工程项目提供了空间，各届总统和巴黎市政厅首先受益。1993年，就在巴黎西区的环城路上，老雪铁龙汽车厂变成了安德烈·雪铁龙公园，塞纳河沿岸开发区一色的玻璃建筑令人羡慕。从这里到1986年兴建的奥塞现代艺术馆之间，密特朗的继任者希拉克正在计划建立布朗利堤岸艺术馆，将来海洋博物馆和人类博物馆的所有馆藏都将转移到那里。此外，卢浮宫、巴黎大剧院和阿拉伯世界文化中心也都位于沿河地带。河的下游地带是在贝尔西的旧有的酒类批发商店的旧址上建成的一大片现代化建筑，把头的是1989年建立的保罗·谢梅托夫主持的财政部未来所在地。河对岸废弃多年的托尔比瓦克·马斯埃纳地区被投入巨额资金。在弗朗索瓦·密特朗图书馆周围地区，一个新的居民点拔地而起，这是密特朗总统授权多米尼克·佩罗在1996年修建的。

伟大工程中的许多建筑并没有宣传的那样完美无缺。尽管使用玻璃是为了达到凸显政治透明度和公众参与的目的，但是事实上，纪念性建筑和玻璃的反射作用使其中的某些建筑成为非常有害的违章建筑。公众指责密特朗拥有“法老”般的野心。虽然某些纪念性建筑深受欢迎，但还有一些则没有得到好评。很难相信，在密特朗图书馆修建过程中，许多本该考虑到的问题并没有考虑。例如，将书本收藏在玻璃大厦中，就需要特殊的空调系统和遮光措施，以避免损坏，还应该事先考虑有多少读者的问题。

伟大工程为巴黎市市容带来了一两个显著的特征。进入 21 世纪后，巴黎面临的最大挑战是与郊区的关系问题。对于郊区的不信任是巴黎市的一贯特征，即使是在这二者的关系发生本质变化的时候，这种情况依然存在。在中世纪，郊区曾经是这座最重要城市外围最耀眼的边缘地区，但是那些日子早已时过境迁。在 20 世纪初，巴黎郊区的人口已经超过了市区人口。进入 21 世纪的时候，环城大道以内的人口为 210 万，而周围地区则超过 1000 万。在 1976 年后，这些地区被重新确定为法兰西岛地区。在巴黎的人约占法国全国总人口的三分之一，但是真正的巴黎居民只有五分之一或者六分之一。

现在，巴黎城区与郊区的关系变得前所未有的错综复杂。市区人口每天的外来人口都在 100 万以上，其中除了游客和长途旅游者外，其余的都是乘坐高速列车、地铁、公共汽车和私人交通工具到市区工作或者游玩的郊区居民。巴黎人的家庭生活模式也发生了转变，绝大多数巴黎人都是单身，1962 年大约为三分之一。这也对住房需求产生了冲击。当他们结婚育子后，考虑的第一件事就是是否搬迁到郊区去，因为那里房价便宜，而且房间和住宅面积较大。退休后，一些巴黎人也会选择搬迁到郊区，那里的环境更适宜养老。

尽管市区与郊区相互依存的现象不断增长，但长久以来形成的郊区文化滞后现象依然存在，郊区的基础设施也需要继续提高。高速列车和地铁的扩展显示出要求解决这个问题的强烈愿望。但是，对于郊区人来说，每天进入巴黎或者在郊区其他地方工作是很可怕的一件事。当了十四年总统的社会党人密特朗并没有为那些为了巴黎的繁荣昌盛付出了艰辛劳动的个人提供哪怕一丝幻想的空间。

随着边界不断向周围辐射，巴黎就像池塘中的涟漪一样从中心向周围扩散增长。1829 年，雨果在《巴黎圣母院》中这样写道：“巴黎就像澎湃奔流的大潮一样经久不息。”

> 就像木材和石头生长发育一样，通过每年、每天、每小时缓慢的不可抵挡的发展，城市扩展到了郊区，郊区成为城市，田野成为新的郊区。[3]

巴黎就是这样发展过来的：奥古斯都时期的边界成为查理五世时期的边界，“住宅最终跳出了奥古斯都城墙向平原扩散，并向一盘散沙分散开来”。[4] 从路易十四时期的城市边界到路易十六时期的总包税所城墙，巴黎在不断扩展。1859 年至 1860 年，巴黎向外扩展到梯也尔城堡，现在巴黎的 20 个区在那时就已经形成了。但当时几乎没有人能想到，一个如此大规模向外扩张的城市竟然曾经有一个世纪后来又有半个世纪在原有边界内丝毫未动。拿破仑一世曾经设想要将巴黎边界向西扩展至圣日耳曼莱埃，同时许多科幻作家也对此做出了种种猜想。最终，勒科布西耶预测巴黎的边界将达到英吉利海峡。但是，首先只有保持巴黎的环城大道不停运转，扩张问题才能提到日程上来。也有人说只有修建地下通道，自由扩展才会成为可能，我们拭目以待。

无论如何，进入 21 世纪的巴黎还有诸多问题需要解决，但是巴黎会很好地处理这些问题。中世纪巴黎的供水商人曾经用一句拉丁语谚语作为巴黎城的至理格言：“乘风破浪，永不沉没。”真可谓恰如其分。

巴黎概览

年　代	人　口	城市面积（公顷）
250	6000	约 50
800	20000	60
1100	3000	30
1220	50000	272
1328	200000	3004
1500	150000	439
1600	300000	483
1700	500000	1100
1789	650000	3370
1815	700000	3370
1861	1700000	7802
1914	2900000	7802
1939	2800000	8622
1946	2800000	10516
1958	2800000	10516
1982	2200000	10516
1999	2100000	10516

注 释

引言 一部难以尽述的巴黎史？

1. The work does not seem to have been translated.
2. Ibid., pp. 24–25, 60.
3. In compiling this list, I have drawn on *Quid 2003* and *Paris en chiffres* (Mairie de Paris, 1994). Because of the time-lag leading up to the completion of this book, I am brave enough to admit that some figures may not be correct to the last digit.
4. Piganiol de La Force, *Description historique de la ville de Paris* (1765 edn), Introduction, p. xxiii.
5. *Memoirs of Charles-Lewis, Baron de Pöllnitz* (2 vols., London, 1739), ii, p. 189.
6. Edmondo de Amicis, *Ricordi di Parigi* (Milan, 1900), p. 22.
7. Balzac, *Ferragus* (1834).
8. Cited in G. Durieux, *Le Roman de Paris à travers les siècles et la littérature* (2000), p. 41.
9. On this theme, see esp. P. Higonnet, *Paris, Capital of the World* (London, 2002); but above all Walter Benjamin, *The Arcades Project* (English translation, Cambridge, MA, 1999).
10. Pierre Nora (ed.), *Les Lieux de mémoire*, 3 vols., paperback edition (1997). For translations of much of this massive work, see *Realms of Memory. Rethinking the French Past* (3 vols., New York, 1998) and *Rethinking France* (Chicago, 2001).
11. Raymond Queneau, *Zazie dans le métro* (1959). Queneau's Parisians seem divided too on what gender to ascribe the Eiffel tower.
12. Clébert, *Paris insolite* (1952), p. 14.

13. Cf. Chapter 1. Julius Caesar quite probably did not actually come to Paris.
14. P. Pinon, *Paris, biographie d'une capitale* (1999), p. 58.
15. Any of a numerous collection of literary anthologies provides a lengthy compilation of quotations which the lone scholar cannot hope to match. I have drawn on several of these. The best is I. Littlewood, *A Literary Companion to Paris* (London, 1987). But see too J. Barozzi, *Littératures parisiennes* (1997); S. Barclay, *A Place in the World Called Paris* (San Francisco, CA, 1994); and Durieux, *Le Roman de Paris*. Walter Benjamin's magnum opus, *The Arcades of Paris* (Cambridge, MA, 1997), is among other things a quite incredible anthology of quotations about especially nineteenth-century Paris, and repays much happy dipping.
16. Baudelaire, 'Le Cygne', *Les Fleurs du mal* (1857).
17. For medieval descriptions, see the recent compilation of R. W. Berger, *In Old Paris: An Anthology of Source Descriptions, 1323–1790* (New York, 2002).
18. J. C. Scott, *Weapons of the Weak: Everyday Forms of Peasant Resistance* (London, 1985).
19. L. S. Mercier, *Le Tableau de Paris* (12 vols., Amsterdam, 1780–88); Baudelaire, esp. *Les Fleurs du mal*. See below, Chapter 8.
20. W. Benjamin, *The Arcades Project*; H. Lefebvre, *Everyday Life in the Modern World* (London, 1968); G. Debord, *The Society of the Spectacle* (Detroit, 1983); M. de Certeau, *The Practice of Everyday Life* (Berkeley, CA, 1984).
21. G. Perec, *Perec/rinations* (1997); M. Augé, *Un Ethnologue dans le métro* (1986). For Simenon, cf. M. Carly, *Maigret: traversées de Paris. Les 120 lieux parisiens du commissaire* (2001). Many of Richard Cobb's writings on Paris are brought together in his *Paris and Elsewhere* (London, 1998).
22. Cf. Fernand Braudel, *Écrits sur l'histoire* (1969).

1 巴黎—卢特提亚

专题文章资料来源

一、罗马竞技场

D. Busson, *Carte archéologique de la Gaule*. Paris (1998).

P. M. Duval, *Paris: De Lutèce oppidum à Paris capitale de la France* (NHP: 1993).

Formigé, *Les Arènes de Lutèce* (1918).

C. Jones, 'The archaeology of modernity in nineteenth-century Paris' (unpublished paper).

P. Velay, *From Lutetia to Paris. The Island and the Two Banks* (1992).

二、一个巴黎儿童

L. Chevalier, *Classes laborieuses et classes dangereuses à Paris pendant la première moitié du XIXe siècle* (1958).

C. Delasalle, 'Les enfants trouvés à Paris au XVIIIe siècle', *AESC*, 30 (1975).

G. Dupont-Ferrier, 'Les enfants martyrs à la fin du moyen âge', *BPIF*, 64 (1937).

A. Farge & J. Revel, *The Vanishing Children of Paris: Rumor and Politics before the French Revolution* (Cambridge, MA, 1991).

Victor Hugo, *Les Misérables* (1862).

E. Toulouze, *'Mes fouilles', Bulletin de la Montagne Sainte-Geneviève*, ii, (1897–1898), pp. 215–216.

三、圣热纳维耶芙

R. Amiet, *Le Culte liturgique de Sainte-Geneviève* (1984).

P. Chaunu, *La Mort à Paris* (XVIe, XVIIe, XVIIIe siècles) (1978).

J. Dubois & L. Beaumont-Maillet, *Sainte-Geneviève de Paris* (new edn 1982).

S. Kaplan, 'Religion, subsistence and social control: the uses of Saint Genevieve', *Eighteenth-Century Studies*, 13 (1979).

M. Sluhovsky, *Patroness of Paris. Rituals of Devotion in Early Modern France* (Leiden, 1998).

1. Julian, 'Misopogon', in id., *Works*, ed. W. C. Wright (3 vols., Cambridge, MA, 1913–1923), ii, pp. 428–431.
2. Julius Caesar, *The Conquest of Gaul*, Book 7, ch. 57.
3. Antoine de Mont-Royal, *Les Glorieuses Antiquitez de Paris*, ed. V. Dufour ([1678]: Paris, 1879), p. 2; François Rabelais, *Gargantua*, Book 1, ch. 17.
4. 恺撒说巴黎人的首都在塞纳河的一座小岛上，但他并不一定指的是西岱岛。最近，一些考古学家怀疑他所说的是否另一座岛屿，特别是考虑到西岱岛上几乎没有前罗马时期的遗迹。关于这个问题，目前还没有定论。
5. Ammianus Marcellinus, *Histoire: Livres XX–XXII*, ed. J. Fontaine et al. (1996), Book xx,

pp. 12–13, 25.

6. Julian, 'Misopogon', pp. 450–451, 480–481.
7. Gregory of Tours, *The History of the Franks*, Book 2, ch. 38.
8. Cited in M. Fleury, *La Naissance de Paris* (1997), p. 110.
9. Cited in E. James, *The Origins of France. From Clovis to the Capetians, 500–1000* (London, 1982), p. 29.
10. 见下文，第 9 章。
11. Einhard, *Life of Charlemagne*, Book 1.
12. Abbon, *Le Siège de Paris par les Normands. Poème du IXe siècle*, ed. H. Waquet (Paris, 1942), p. 15.
13. Ibid., p. 81.
14. Ibid., p. 99.
15. Ibid., p. 13.
16. Ibid., p. 113.

2 "诸城中的女王"

专题文章资料来源

一、圣德尼

C. Beaune, 'Les sanctuaires royaux' in *Lieux de mémoire*, i.

C. Beaune, *Naissance de la France* (1985).

J. P. Brunet, *Saint-Denis, la ville rouge, 1890–1939* (1980).

R. Mulryne & E. Golding (eds.), *Court Festivals of the European Renaissance. Art, Politics and Performance* (Aldershot, 2002).

二、腓力・奥古斯都城墙

B. Fortier (ed.), *La Métropole imaginaire: Un atlas de Paris* (1989).

B. Rouleau, *Le Tracé des rues de Paris* (1988).

三、罗贝尔・德・索邦

V. W. Egbert, *On the Bridges of Medieval Paris. A Record of Early Fourteenth-Century Life* (Princeton, NJ, 1974).

A. L. Gabriel, *The Paris Studium. Robert of Sorbon and his Legacy* (Notre Dame, IN, 1992).

J. Le Goff, *Les Intellectuels au moyen âge*, 2nd edn (1985).

P. Kibre, *The Nations in the Medieval Universities* (Cambridge, MA, 1948).

J. Verger, *L'Essor des universités au XIIIe siècle* (1997).

1. Guy de Bazoches, 'Description de Paris vers 1175', *BPIF*, 4 (1877), 38–40.
2. See Chapter 1 note 12.
3. Cf. pr. Place de Saint-André-des Arts; and, for Saint-Côme, pr. Rue de l'École-de-Médecine (both VIe.).
4. “博堡”（参见博堡街，第三 / 四区）有许多地方被圣路易列为允许卖淫的地点，包括沙蓬街。“蒂堡”（参见蒂堡街，第四区）可能是以蒂堡・里奇的名字命名的，他可能是腓力・奥古斯都在 1190 年委任管理的巴黎市民之一。
5. 博丹・普瓦雷街（第五区）周围保留着营房的遗迹。
6. Étienne Boileau, cited in G. Duby (ed.), *Histoire de la France urbaine. ii: La ville médiévale* (1981), p. 380.
7. *Letters of John of Salisbury*, W. J. Miller, H. E. Butler & C. N. L. Brooke (eds.) (2 vols., Oxford, 1979–1986), i, p. 7.
8. 例如，在秸秆街附近，有一条羊皮纸匠街、面包桶街（因“金面包桶酒馆”得名）、画师街（今布特布里街）。
9. Suger, *Oeuvres*, ed. F. Gasparri (1966), p. 61.
10. *Oeuvres de Rigord et de Guillaume le Breton, historiens de Philippe-Auguste*, ed. F. Delaborde (2 vols., 1882–1885), i, p. 297ff.
11. First use in *Oeuvres de Rigord*, i, p. 11.
12. *Civitas Parisius est patria communis velut Roma*.
13. Rabelais, *Pantagruel* (1542), ch. xv.
14. *Oeuvres de Rigord*, i, pp. 53–54.
15. These are, though heavily restored, observable from the Tour de l'Horloge to the Tour Bon-Bec on the Quai de l'Horloge (Ie.).
16. The Pré ran 沿河而下，一直延伸到如今的波旁宫。
17. 帕卢市场（第四区）与西岱岛上的小桥相邻；巴黎集市（第一区）位于沙特莱广场的西北角；博多耶广场（第四区）仍然存在——作为一个地下停车场。

18. 无辜者喷泉始建于 1549 年，并在 1865 年稍微移动了距离，是这一地点的见证。

19. Cited in Duby, *Histoire de la France urbaine*, p. 309.

20. 在大多数情况下，它是沿着环城林荫大道的路线进行的。

21. 主教城是主教领地的核心，大概位于今天的玛德莱娜教堂（第八区）附近。

22. Cf. the Rue des Coutures-Saint-Gervais (IIIe.), and the Place Sainte-Catherine (IVe.).

23. To cite F. Lehoux, *Le Bourg Saint-Germain-des-Prés depuis ses origines jusqu'à la fin de la Guerre de Cent Ans* (1951).

24. 修道院位于今尤西厄广场（第五区），已经没有存在过的痕迹。

25. 位置如下：圣马丁，学院街（第五区）；圣伊莱尔，加尔默罗街（第五区）；圣伊彼利特，马默塞特街（第十二区）。

26. Cited in Le Roux de Lincy & M. T. Tisserand, *Paris et ses historiens aux XIVe. et XVe. siècles* (1867), p. 56.

27. See above, p. 14.

28. R. de Lespinasse & F. Bonnardot, *Les Métiers et corporations de la ville de Paris. XIIe siècle. Le Livre des métiers d'Étienne Boileau* (1879), p. xcvi.

29. 洗衣妇街便是今天的洗衣妇-圣奥波蒂纳街（第一区）；杂耍街连接了圣德尼街和圣马丁街（第一区）；酒杯口街在今天第五区；妓女缪斯街在第四区。

30. Cited in J. Le Goff, *Les Intellectuels au moyen âge* (1985), p. 25.

31. Jacques de Vitry, *Histoire occidentale/Historia occidentalis (Tableau de l'Occident au XIIIe siècle)*, ed. J. Longère (1997), pp. 85–86.

32. *universitas* 一词最初适用于任何社会团体，渐渐地才用来指称学术团体。

33. H. Denifle (ed.), *Chartularium universitatis Parisiensis* (4 vols., 1889–1897), i, pp. 136ff.

3 漂泊的城市

专题文章资料来源

一、蒙福孔

G. Le Halle, *De Montfaucon à la Place Colonel Fabien* (1973).

D. Reid, *Paris Sewers and Sewermen. Realities and Representations* (Cambridge, MA, 1991).

L. Tanon, *Histoire des justices des anciennes églises et communautés monastiques de Paris* (1883).

二、圣母院广场

F. Colletet, *Abrégé des antiquités de la ville de Paris* (1664).

J. Depauw, *Spiritualité et pauvreté à Paris au XVIIe siècle* (1999).

A. L'Esprit, 'Le Jeûneur de Notre-Dame', *La Cité*, 10–11 (1911–1912).

F. Rabelais, *Gargantua* (1534).

L. Sieber (ed.), 'Description de Paris par Thomas Platter le jeune de Bâle (1599)', *MPIF*, 23 (1896).

三、弗朗索瓦·维庸

J. Dérens et al., *Villon hier et aujourd'hui* (1993).

D. A. Fein, *François Villon and his Reader* (Detroit, 1989).

J. Le Goff, *Les Intellectuels au moyen âge*, 2nd edn (1985).

1. 'Éloge de la cité de Paris' (1323). Reprinted in Le Roux de Lincy & L. M. Tisserand, *Paris et ses historiens aux XIVe. et XVe. siècles* (1867), p. 25.
2. Eustache Deschamps, *Ballade* (1394).
3. 普利斯后来被并入法兰克·波兹瓦兹街（第三 / 四区），这条街的一部分是沿着腓力·奥古斯都城墙修建的。在国家档案馆的拐角处，仍然可以看到克利松公馆的塔楼。
4. 见上文，第 2 章。
5. *Chronique parisienne anonyme de 1316 à 1399, précédé d'additions à la chronique française dite de Guillaume de Nangis (1206–1316)*, ed. A. Hellot, MPIF, 11 (1884), 28.
6. *Journal de Nicolas de Baye, Greffier du Parlement de Paris, 1400–1417*, ed. A. Tuetey (2 vols., 1885–1887), i, p. 212.
7. *Journal d'un bourgeois de Paris*, ed. C. Beaune (1990), pp. 171–172, 393.
8. 奥德里的救济院在今奥德里街（第三区）；盲人院在圣奥诺雷街附近，不过在 1789 年大革命前搬到了沙朗东街（第十三区）。

10. Cited in M. Mollat, *Histoire de l'Île-de-France et de Paris* (Toulouse, 1971), p. 150.
11. Deschamps, *Virelai*. Cf. e.e. cummings, 'little ladies move', *Portraits XII* (1925).

12. *Journal de Nicolas de Baye*, i, p. 208.

13. *Journal d'un bourgeois de Paris*, pp. 67–68. A convenient list is provided in J. Delumeau & Y. Lequin (eds.), *Les Malheurs du temps. Histoire des fléaux et des calamités en France* (1987), p. 214.

14. 无畏者约翰塔在埃蒂安·马塞尔街（第二区）可以看到。高达 25 米的内斯勒塔楼位于孔蒂码头（第七区），在卢浮宫对面、法兰西学院旁边。

15. *Journal d'un bourgeois de Paris*, p. 112.

16. *Journal de Clément de Fauquembergue* (1417–1455), ed. A. Tuetey (3 vols., 1903), i, p. 136.

17. 查理在他的两个哥哥路易（1415 年去世）和约翰（1417 年去世）死后成为王储。

18. *Journal d'un bourgeois de Paris*, pp. 153–154.

19. Ibid., p. 217.

20. Ibid., pp. 309–311.

21. *Chronique d'Arthur de Richemont, connétable de la France, duc de Bretagne (1393–1458)* (1890), p. 138.

22. G. Fagniez, 'Journal parisien de Jean Maupoint, prieur de Sainte-Catherine-de-la-Couture (1437–1469)', *MPIF*, 4 (1877), p. 54.

23. Cited in G. Fourquin, *Les Campagnes de la région parisienne à la fin du Moyen Âge* (1963), p. 398.

24. *Chronique parisienne*, pp. 135–138. Cf. ibid., pp. 17–18, 34–35, 50.

25. J. Favier, *Les contribuables parisiens à la fin de la Guerre de Cent Ans. Les rôles d'impôt de 1421, 1423 et 1438* (Geneva, 1970), pp. 25–29.

26. 克吕尼博物馆（索默拉尔街，第五区）如今包括了中世纪博物馆和罗马浴场。

27. *Journal d'un bourgeois de Paris*, p. 381. Cf. ibid., p. 441 (1445).

28. B. de Mandrot (ed.), *Journal de Jean de Roye connu sous le nom de Chronique scandaleuse (1460–1485)* (2 vols., 1894), i, pp. 180–181.

29. 狮子街（第四区）。附近的樱桃园街突出了这个遗址的另一特征。

30. 阿马尼亚克公馆位于好孩子街（第一区）；波克埃皮克公馆在如今的查理曼街（第四区），克利松公馆位于档案馆街。

31. Y. H. Le Maresquier-Kesteloot (ed.), *Les Officiers municipaux de la ville de Paris au*

XVe siècle (1997), p. 135.

32. J. Le Goff, *Un autre moyen âge* (1977), p. 194.
33. B. Geremek, *Les Marginaux parisiens aux XIVe et XVe siècles* (1976), p. 178.
34. 'Vous ne valez point que je me mêle de vous' : cited in J. Favier, *Paris au XVIe. siècle, 1380–1500* (NHP: 1974), p. 235.

4 巴黎的重生与改革

专题文章资料来源

一、卢浮宫

J. P. Babelon, 'Le Louvre' in P. Nora (ed.), *Lieux de mémoire*, ii.

R. W. Berger (ed.), *In Old Paris: An Anthology of Source Descriptions, 1323–1790* (New York, 2002).

A. Fierro, 'A quoi le Louvre doit-il son nom?' in id., *Mystères de l'histoire de Paris* (2000).

H. Sauval, *Histoire et recherches des antiquités de la ville de Paris* (1724).

二、海狸河

J. K. Huysmans, *Croquis parisiens* (1880).

R. Pevear, 'Letter from Paris', *Hudson Review*, 54 (2001).

J. J. Rousseau, *Rêveries* (1776).

Senancour, *Oberman* (1804).

三、亨利三世

K. C. Cameron, *Henri III, a Maligned or a Malignant King?* (Exeter, 1978).

P. Chevallier, *Henri III* (1994).

R. Dallington, *The View of France (1604)*, reprint edn, ed. W. P. Barrett (Oxford, 1936).

N. Le Roux, *La Faveur du Roi: mignons et courtisans au temps des derniers Valois* (2000).

1. A. Tuetey (ed.), *Registres des délibérations du Bureau de la Ville de Paris*, vol. ii (1886), p. 17.
2. 虽然利息是以王室财富为基础的，但该计划的管理权完全掌握在巴黎市政委员会手中。
3. G. Corrozet, *La Fleur des antiquitez, singularités et excellences de . . . Paris* (1532).

4. *Registres des délibérations*, ii, p. 175.
5. Ibid., iii, p. 170.
6. Cited in R. Héron de Villefosse, *Solennités, fêtes et réjouissances parisiennes* (NHP: 1980), p. 61.
7. P. Lavedan, *Histoire de l'urbanisme à Paris* (NHP: 2nd edn, 1993), p. 146.
8. 法兰克·波兹瓦兹街标记了第三区和第四区的分界线。塞维涅公馆位于塞维涅街，多农公馆位于埃尔泽维尔街，拉莫瓦农公馆位于帕维街。巴尔贝特街标记了巴尔贝特庄园的一条边界。
9. 佛兰德公馆位于今高海隆街（第一区）；勃艮第公馆位于今埃蒂安·马塞尔街。
10. 教堂如今的地址是圣奥诺雷街 286 号。
11. 今月亮街（第二区），靠近佳音地铁站。
12. G. Raynaud, 'Paris en 1596 vu par un italien (Récit de F. G. d'Ierni)', *BPIF*, 12 (1885), 166.
13. Ibid.
14. 表现出同样倾向的其他教堂包括屠宰场圣雅克教堂、圣梅里教堂（均在第四区）和圣塞味利教堂（第五区）。
15. J. P. Babelon, *Paris au XVIe siècle* (NHP: 1986), p. 286.
16. *Registres des délibérations*, iii, p. 221 (1550).
17. Cited in Lavedan, *Histoire de l'urbanisme*, p. 173.
18. A. Vidier, 'Description de Paris par Arnold van Buchel d'Utrecht (1585–1586)', *MPIF*, 26 (1899), p. 155.
19. H. Omond (ed.), 'Une lettre de Paris au temps de la Réforme', *BPIF*, 8 (1881), p. 88.
20. Babelon, *Paris au XVIe siècle* (citing Crespin), p. 414.
21. 这个词可能是德语词"Eidgenossen"的派生词，意为"联盟者"，强调加尔文派与加尔文所身处的日内瓦的结盟。
22. E. de Barthélemy, *Journal d'un curé ligueur de Paris sous les trois derniers Valois* (1865), p. 149.
23. G. Fagniez (ed.), 'Mémorial juridique et historique du Maître Guillaume Aubert, avocat au Parlement de Paris (deuxième moitié du XVIe siècle)', *MPIF*, 36 (1909), pp. 67–68.
24. M. Greengrass, *France in the Age of Henri IV: The Struggle for Stability* (London, 1995), p. 7.

25. *Mémoires de Luc Geitzkofler, tyrolien (1550–1620)* (Geneva, 1892), p. 64.

26. D. Crouzet, *La Nuit de la Saint-Barthélemy. Un rêve perdu de la Renaissance* (1994), p. 33.

27. *Mémoires de Luc Geitzkofler*, p. 74.

28. E. Barnavi & R. Descimon, *La Sainte Ligue. Le juge et la potence. L'assassinat du président Brisson (15 novembre 1591)* (1985), p. 45.

29. "刀疤"是因为他 1575 年在战场上面部受伤而毁了容。

30. Barthélemy, *Journal d'un curé ligueur*, p. 133.

31. P. de l'Estoile, *Mémoires-journaux, ii: 1585–1586*, ed. G. Brunet et al. (1885), pp. 134–135.

32. Montaigne, *Essais*, Book 3, ch. 9.

33. Cited in M. Yardeni, 'Le Mythe de Paris comme élément de propagande à l'époque de la Ligue', *MPIF*, 2nd series, 20 (1969), p. 56.

34. Greengrass, *France in the age of Henri IV*, p. 13.

35. Babelon, *Paris au XVIe siècle*, p. 383.

36. Greengrass, *France in the age of Henri IV*, p. 58.

37. E. Saulnier (ed.), *Journal de François, bourgeois de Paris (23 décembre 1588–30 novembre 1589)* (1913), p. 15.

38. L'Estoile, *Mémoires-journaux*, iii (1886), p. 158.

39. A. Dufour (ed.), 'Relations du siège de Paris par Henri IV, traduit de l'italien de Filippo Pigafetta', *MPIF*, 2 (1876), p. 77.

40. Cited in J. P. Babelon, *Henri IV* (1982), p. 588.

5 伟大的世纪，巨大的衰落

专题文章资料来源

一、新桥

V. R. Belot, *Le Pont Neuf. Histoires et Petites Histoires* (1978).

F. de Dartein, *Le Pont-Neuf sur la Seine à Paris, 1578–1609* (1911).

E. Fournier, *Histoire du Pont Neuf* (1862).

R. M. Isherwood, *Farce and Fantasy: Popular Entertainment in Eighteenth-Century Paris* (New York, 1986).

C. Jones, 'Pulling Teeth in Eighteenth-Century Paris', *Past and Present*, 166 (2000).

B. Latour & E. Hermani, *Paris, ville invisible* (1998) [Jean-Paul Marana], *Lettre d'un Sicilien à un de ses amis* (Paris 1700 [but probably c. 1692]).

Raymond Queneau, 'Cris de Paris', *Courir les rues* (1967).

M. Sélimonte, *Le Pont-Neuf et ses Charlatans* (1980).

二、塞维涅夫人

J. Queneau & J. Y. Patte, *L'Art de vivre au temps de Madame de Sévigné* (1996).

Madame de Sévigné, *Correspondance.*

Madame de Sévigné (1996).

Madame de Sévigné, Molière et les médecins de son temps (Marseille, 1973).

J. Wilhelm, *La Vie quotidienne au Marais au XVIIe siècle* (1966).

三、圣迹区

L. Bernard, *The Emerging City: Paris in the Age of Louis XIV* (Durham, NC, 1970).

M. Chassaigne, *La Lieutenance-Générale de police de Paris* (1906).

G. Dethan, *Paris au temps de Louis XIV, 1660–1715* (NHP: 1990).

O. Ranum, *Paris in the Age of Absolutism* (new edn; Philadelphia, 2002).

1. Sieur Coulon, *L'Ulysée françois* (1643), p. 270.
2. Cited in R. Mousnier, *Paris capitale au temps de Richelieu et de Mazarin* (1978), p. 295.
3. A. M Boislisle (ed.), *Mémoires des Intendants sur l'état des généralités dressé pour l'instruction du duc de Bourgogne. Tome 1. Mémoire de la généralité de Paris* (1881), p. 1.
4. J. P. Babelon, *Henri IV* (1982), p. 830.
5. *Mercure françois*, cited in J. P. Babelon, *Demeures parisiennes sous Henri IV et Louis XIII* (1991), p. 21.
6. 此外，这一开发项目还包括今天的德贝莱姆街（包含从前的佩里戈街和利摩日街）和图伦街的北半部分。
7. P. Pinon, *Paris, biographie d'une capitale* (1999), p. 63.
8. 太子广场是因亨利的儿子和继承人路易十三而得名的。太子广场周围的新街道也反映了同样的主题。克里斯蒂街和安茹街（今内斯勒街）是以国王更小的孩子们命名的。

9. R. Dallington, *The View of France* (1604), reprint edn, ed. W. P. Barrett (Oxford, 1936) (no pagination).
10. John Evelyn, *The Diary of John Evelyn*, ed. E. S. de Beer (6 vols., Oxford, 1955), ii, pp. 128ff.
11. R. Pillorget, *Paris sous les premiers Bourbons (1594–1661)* (NHP: 1998), p. 327.
12. Dallington, *View of France*.
13. 见下文更多讨论。
14. O. Ranum, *Paris in the Age of Absolutism. An Essay* (New York, 1968), p. 110.
15. P. Lavedan, *Histoire de l'urbanisme à Paris* (NHP: 1975), p. 156.
16. See above, pp. 104ff.
17. Cardinal de Retz, *Oeuvres* (10 vols., 1870–1896), ii, pp. 44–45.
18. Cited in A. Feillet, *La Misère au temps de la Fronde et Saint Vincent de Paul* (1865), p. 406.
19. Ranum, *Paris in the Age of Absolutism*, p. 292.
20. M. Pernot, *La Fronde* (1994), p. 303.
21. Pillorget, *Paris sous les premiers Bourbons*, p. 226.
22. G. Dethan, *Paris au temps de Louis XIV, 1660–1715* (NHP: 1990), pp. 19, 25.
23. 这四个地区是阿尔萨斯、阿图瓦、皮埃蒙特和鲁西荣。来自这些地区的学生都获得了奖学金，它们都新近被纳入法国的统治下。
24. A. Vautier (ed.), *Voyage de France. Moeurs et coutumes français (1664–1665): Relation de Sébastien Locatelli* (1905), p. 193.
25. Lavedan, *Histoire de l'urbanisme*, p. 189.
26. Ibid.
27. B. Causse, *Les Fiacres de Paris aux XVIIe et XVIIIe siècles* (1972), p. 13.
28. L. Bernard, *The Emerging City. Paris in the Age of Louis XIV* (Durham, NC, 1970), p. 10.
29. E. Brackenhoffer, *Voyage de Paris en Italie, 1644–1666* (1927), pp. 70–72.
30. *Louis XIV, Mémoires*, ed. J. Longnon (1978).
31. La Bruyère *Les Caractères* (1696): VII: De la Ville.
32. M. Lister, *A Journey to Paris in the Year 1698* (London, 1699), p. 7.
33. R. Challes, cited in Dethan, *Paris*, p. 168.

34. Flaubert, *Dictionnaire des idées reçues* (1863).

6 启蒙时代无国王状态的首都

专题文章资料来源

一、普罗可布咖啡馆

S. Barrows, ‘Nineteenth-century cafés: arenas of everyday life’, in B. Stern Shapiro (ed.), *Pleasures of Paris: Daumier to Picasso* (Boston, 1991).

J. C. Bologne, *Histoire des cafés et des cafetiers* (1990).

W. Scott Haine, *The World of the Paris Café: Sociability among the French Working Class, 1789–1914* (Baltimore, MD, 1999).

[Nemeitz], *Séjour de Paris, c'est-à-dire Instructions fidèles pour les voyageurs de condition* (2 vols., Leiden, 1725).

M. Oberthur, *Cafés and Concerts of Montmartre* (Salt Lake City, 1984).

二、罗丝·贝尔坦

E. Langlade, *La Marchande de modes de Marie-Antoinette: Rose Bertin* (1925) E. Lever, *Marie-Antoinette* (1991).

P. de Nouvion & E. Liez, *Un Ministre des modes sous Louis XVI. Rose Bertin* (1911).

A. Ribeiro, *The Art of Dress. Fashion in England and France, 1750 to 1820* (London, 1995).

A. Ribeiro, *Dress in Eighteenth-Century Europe* (London, 1984).

D. Roche, *The Culture of Clothing. Dress and Fashion in the Ancien Régime* (Cambridge, 1994).

V. Steele, *Paris Fashion: A Cultural History* (Oxford, 1988).

N. Waugh, *The Cut of Women's Clothes, 1600–1930* (London, 1968).

三、穆夫塔街

H. Bresler, *Mouffetard . . . au faubourg au coeur de la ville* (1992).

G. Duhamel, *Biographie de mes fantômes* (1901–1906); *Vie et aventures de Salavin* (1920).

J. Ferniot, *La Mouffe*' (1995).

E. Hemingway, *A Moveable Feast* (1964).

L. S. Mercier, *Le Tableau de Paris* (12 vols.; Amsterdam, 1782–1788).

1. 见下文，第 7 章。
2. On this episode, and the king's views on it, see A. Farge & J. Revel, *The Vanishing Children of Paris: Rumor and Politics before the French Revolution* (Cambridge, MA, 1991).
3. N. de La Mare, *Traité de la police*, tome 4, 39. Cited in J. N. Harouel, *L'Embellissement des Villes. L'Urbanisme français au XVIIIe siècle* (1993); see also above, p. 192.
4. Besides this quotation attributed to Marivaux, see too [Caraccioli], *Paris le modèle des nations étrangères, ou l'Europe française* (Venice & Paris, 1777), esp. p. 325.
5. 见上文，第 5 章。
6. Mercier, *Le Tableau de Paris* (12 vols.; Amsterdam, 1782–1788), iv, p. 258.
7. Peyssonel, *Les Numéros* (1782), p. 9.
8. 第一版出版于 1684 年；第九版——复刻于 1971 年——出版于 1752 年。
9. 值得注意的是圣热内维耶芙教堂项目。见下文，p. 208–209.
10. [Mrs Cradock], *Voyage en France (1783–1786)*, O. Delphin, ed. (1896), p. 21.
11. 孔蒂码头（第六区）。
12. 只有从前的摄政太后天文塔被保留下来。
13. R. L. Cleary, *The Place Royale and Urban Design in the Ancien Régime* (Cambridge, 1999), p. 81.
14. N. Coquéry, *L'Hôtel aristocratique: le marché du luxe à Paris au XVIIIe siècle* (1998), pp. 188–189.
15. 见上文，第 5 章。
16. 见上文，第 5 章。
17. 阿图瓦街（第七区）和庞迪埃街（第八区）是这一发展的核心。1784 年，圣菲利普·迪·鲁尔教堂在此罗成。
18. 喜剧院仍然在这里，在布尔迪厄广场（原喜剧广场）。
19. See above, p. 184.
20. J. Lough, 'Letters from France, 1788–1789', *Durham University Journal* (1961), p. 2.
21. 艺术沙龙不能与名媛们为艺术和科学经营的沙龙相混淆。
22. T. Crow, *Painters and Public Life in Eighteenth-Century Paris* (New Haven, CT, 1985), p. 6. 从世纪中叶开始，卢森堡宫提供了皇家藏品的长期展览，受到广泛欢迎。

23. Estimated total consumption in pre-Revolutionary Paris by A. Lavoisier, *Résultats extraits d'un ouvrage intitulé: De la Richesse territoriale de la France* (Paris, 1791).

24. See T. E. Brennan, *Public Drinking and Popular Culture in Eighteenth-Century Paris* (Princeton, NJ, 1988). Note that Brennan underestimates the role of bars in cross-class sociability. For tennis, see J. L. Ménetra, *Journal of my Life*, ed. D. Roche (New York, 1986), pp. 192–194.

25. V. Jamaray-Duval, *Mémoires. Enfance et éducation d'un paysan au XVIIIe siècle*, ed. J. M. Goulemot (1981), p. 313.

26. See quotation above, p. 205.

27. Cited in R. M. *Isherwood, Farce and Fantasy. Popular Entertainment in Eighteenth-Century Paris* (New York, 1986), pp. 154–155.

28. Goldoni, *Mémoires*, L. Jouvet, ed. (1946), p. 210.

29. Marquis de Bombelles, *Journal*, eds C. Grassion & F. Durif (2 vols., 1978–1993), ii, p. 206.

30. *Les Moeurs de Paris* (1748); cited in J. Chagniot, *Paris au XVIIIe siècle* (NHP: 1988), p. 46.

31. Peyssonel, *Les Numéros*, p. 34.

32. According to the student who is the subject in C. d'Arjuzon, 'Un étudiant à Paris au XVIIIe siècle. Lettres inédites', *Revue des Deux-Mondes*, 10 (July 1902), p. 426.

33. D. Roche, *The Culture of Clothing: Dress and Fashion in the Ancien Régime* (Cambridge, 1994), p. 178.

34. 例如，在今天的拉雪兹神父公墓东部，金融家和革命政治家 Lepeletier de Saint-Fargeau 的家族在 20 世纪初建造了一座巨大的庄园。

35. Coquéry, *L'Hôtel aristocratique*, p. 87.

36. 六个团体由裁缝、杂货店主、皮草商、丝绸商、金匠和佣人组成。

37. J. Savary, *Le Parfait Négociant* (1675), p. 45.

38. Cited in M. Le Moel, *L'Urbanisme parisien au siècle des Lumières* (no date), p. 39.

39. Mercier, cited in Coquéry, *L'Hôtel aristocratique*, p. 52.

40. J. J. Rousseau, *Confessions*, Book IV.

41. J. J. Rousseau, *Émile*, in *Oeuvres* (5 vols., 1964–1995), i, p. 277.

42. Fougeret, *La Capitale des Gaules, ou la Nouvelle Babilonne* (La Haye, 1759), p. 4.
43. P. J. B. Nougaret, *Les Astuces et les tromperies de Paris, ou Histoire d'un débarqué, écrite par lui-même* (Year VII), p. 2.
44. Menuret de Chambaud, *Essai sur l'histoire médico-topographique de Paris* (1786), p. 29.
45. P. Higonnet, *Paris, Capital of the World* (Cambridge, MA, 2002), p. 41.
46. Voltaire, 'Les embellissements de Paris'.
47. A. Furetière, *Dictionnaire universel.*
48. The phrase 'machines à guérir' is from Jacques Tenon, the surgeon and hospital reformer. See M. Foucault et al., *Les Machines à guérir: aux origines de l'hôpital moderne* (1976).
49. 见下文，第 7 章。
50. 见上文，第 5 章。
51. Mercier, *Tableau de Paris* is eloquent on this kind of behaviour.
52. 见上文，第 5 章。
53. M. Guillaute, *Mémoire sur la réformation de la police de France, soumis au Roi en 1749*, J. Seznec, ed. (1974), p. 96.
54. D. Garrioch, *The Making of Revolutionary Paris* (Berkeley, CA, 2002), p. 231.
55. J. L. Gay, 'L'Administration de la capitale entre 1700 et 1789. La tutelle de la royauté et ses limites', *MPIF*, 8 (1956), 9 (1957), 10 (1959, p. 205), 11 (1966).
56. T. Blaikie, *Diary of a Scottish Gardener at the French Court at the End of the Eighteenth Century*, F. Birrell, ed. (London, 1931), p. 212.
57. Mercier, *Tableau de Paris*, viii, p. 671.
58. For the Diamond Necklace Affair, see the overview of its importance in C. Jones, *The Great Nation: France from Louis XV to Napoleon (1715–1799)* (London, 2002), pp. 336ff.
59. 见上文，第 5 章。
60. E. Frémy, 'L'Enceinte de Paris, construite par les fermiers généraux et la perception des droits d'octroi de la ville, 1784–1791', *BPIF*, 39 (1912), p. 119.
61. J. Godechot, *The Taking of the Bastille, July 14th 1789* (1965), p. 54.

62. 在遗留下的几座勒杜建筑中，最好的是在拉维莱特。

63. Mercier, *Tableau de Paris*, vi, p. 26.

7 革命和王朝

专题文章资料来源

一、奥尔良公爵“菲利普–平等”

R. T. Barnhart, ‘Gambling in Revolutionary Paris: The Palais-Royal 1789–1838’ (typed paper, Bibliothèque Nationale de France).

V. Champier & R. Sandoz, *Le Palais-Royal* (new edn, 1991).

E. Lever, *Philippe-Égalité* (1996).

Le Palais-Royal (Musée Carnavalet: 1988).

二、大韦富尔餐厅

J. P. Aron, *Le Mangeur du XIXe siècle* (1973).

Balzac, *Les Illusions perdues* (1837).

Baudelaire, *Les Fleurs du mal*: ‘Tableaux parisiens, LXXXVIII’.

J. C. Bologne, *Histoire des cafés et des cafetiers* (1990).

R. L. Spang, *The Invention of the Restaurant: Paris and Modern Gastronomic Culture* (Cambridge, MA, 2001).

三、地下墓穴

A. Clément & G. Thomas, *Atlas du Paris souterrain. La doublure sombre de la Ville lumière* (2001).

T. Laqueur, ‘The Places of the Dead in Modernity’, in C. Jones and D. Wahrman (eds.), *The Age of Cultural Revolutions: Britain and France, 1750–1820* (Berkeley, CA, 2002).

S. Rice, *Parisian Views* (Cambridge, MA, 1997).

R. Suttel, *Catacombes et carrières de Paris. Promenade sous la capitale* (1986).

1. G. Oliva, ‘Voyageurs italiens face au Paris révolutionnaire, 1789–1792’, *Paris et la Révolution*, M. Vovelle, ed. (1989), p. 288.
2. Mallet du Pan, cited in J. Tulard, *La Révolution* (NHP: 1989), p. 32.
3. Alfieri, cited in Oliva, ‘Voyageurs italiens’, p. 358.

4. L. S. Mercier, *Le Nouveau Paris* (Year VII (1799)), 'Avant-propos'.
5. M. Dorigny, 'Les Girondins avant le "fédéralisme". Paris 'chef-lieu' de la Révolution', *Paris et la Révolution*, pp. 287–288.
6. Tulard, *La Révolution*, p. 227.
7. Ibid., p. 224.
8. *Archives parlementaires*, lxv, p. 320.
9. J. Tulard, *Le Consulat et l'Empire* (NHP: 1970), p. 158.
10. A. Fierro, *Histoire et dictionnaire de Paris* (1996), p. 145.
11. J. Favier, *Histoire de Paris*, (1997), p. 299.
12. Fierro, *Histoire et dictionnaire*, p. 145.
13. Cited in D. G. Levy et al. (eds.), *Women in Revolutionary Paris, 1789–1795* (Urbana, IL, 1979), p. 216.
14. K. Alder, *Engineering the Revolution: Arms and the Enlightenment in France, 1763–1815* (Princeton, NJ, 1997), p. 262.
15. Tulard, *Le Consulat et l'Empire*, p. 317.
16. Ibid., p. 418.
17. P. Pinon, *Paris, biographie d'une capitale* (1999), p. 142.
18. Tulard, *Le Consulat et l'Empire*, p. 224.
19. Pinon, *Paris*, p. 145.
20. Tulard, *Le Consulat et l'Empire*, p. 243.

8 从拿破仑到波拿巴

专题文章资料来源

一、特朗斯诺南街

J. Harsin, Barricades: *The War of the Streets in Revolutionary Paris, 1830–1848* (London, 2002).

E. Hazan, *L'Invention de Paris. Il n'y a pas de pas perdus* (2002).

P. Mansel, *Paris between Empires, 1814–1852* (London, 2001).

M. Traugott (ed.), *The French Worker: Autobiographies from the Early Industrial Era* (Berkeley, CA, 1993).

二、维克多·雨果

A. Ben-Amos, ‘Les Funérailles de Victor Hugo: apothéose de l’événement spectacle’, in *Lieux de mémoire*, i.

F. Choay, *The Invention of the Historic Monument* (Cambridge, 2001).

V. Hugo, *Choses vues. Souvenirs, journaux, cahiers, 1830–1884*, ed. H. Juin (2002).

M. Ozouf, ‘Le Panthéon’, in *Lieux de mémoire*, i.

三、拱廊

Aragon, *Le Paysan de Paris* (1926).

W. Benjamin, *The Arcades Project* (Cambridge, MA, 1999).

P. Chemetov & B. Marrey, *Architectures. Paris 1848–1914* (1980).

J. C. Delorme et al., *Passages couverts parisiens* (1996).

P. de Moncan & C. Mahout, *Les Passages de Paris* (1990).

1. 见下文，第九章
2. D. Sultana, *From Abbotsford to Paris and Back: Sir Walter Scott’s Journey of 1815* (Stroud, 1992), p. 96.
3. Chateaubriand, *Mémoires d’outre-tombe* (1849), Book 5, ch. 8.
4. 赎罪教堂位于安茹街（第八区），而皮克斯公墓位于皮克斯大道（第十二区）。
5. 圣母领报教堂位于佳音大道旁的月亮街，洛雷特圣母院位于沙特奥顿街；圣礼圣德尼位于图雷纳街。
6. G. Bertier de Sauvigny, *La Restauration, 1815–1830* (NHP: 1977), p. 456.
7. V. Hugo, *Choses vues. Souvenirs, journaux, cahiers, 1830–1885*, H. Juin ed. (2002), p. 98.
8. As noted by J. Tulard, in ‘Le Retour des cendres’, *Lieux de Mémoire*, ii, p. 1747.
9. 这也因为巴黎的拉丁语名称卢特提亚是一个阴性名词。
10. This is clearly shown in Pierre Citron’s wonderful *La Poésie de Paris dans la littérature française de Rousseau à Baudelaire* (2 vols., 1961).
11. A. Bazin, *L’Époque sans nom. Esquisses de Paris, 1830–1833* (2 vols., 1833), i, pp. 59–60.
12. Cited in P. Mansel, *Paris between Empires, 1814–1852* (London, 2001), p. 318.
13. Thomas Raikes, cited in Mansel, *Paris between Empires*, p. 308.

14. L. S. Kramer, *Threshold of a New World. Intellectuals and the Exile Experience in Paris, 1830–1848* (Ithaca, NY, 1988), p. 17.
15. Ibid., p. 31.
16. Bazin, *L'Époque sans nom*, ii, pp. 298, 141.
17. Mrs Trollope, cited in Kramer, *Threshold of a New World*, p. 17. 'Gay' is taken in its nineteenth-century sense, of course.
18. Balzac, *Physiologie du mariage* (1829).
19. Cited in K. Stierle, *La Capitale des signes. Paris et son discours* (2001), p. 186. Despite its title, Lutèce was not concerned with the Roman city.
20. Bertier de Sauvigny, *La Restauration*, p. 169; Bazin, *L'Époque sans nom*, i, p. 35.
21. 这里我采用了路易・谢瓦利埃的经典 *Classes laborieuses et classes dangereuses à Paris pendant la première moitié du XIXe siècle* (1958)。谢瓦利埃的作品将犯罪与劳动相提并论，近来受到一些历史学家的质疑，他们认为工人的社会危险性问题更像是一种文化建构，而不是社会现实。我在这里遵循这一批评路线。
22. P. Vigier, *Paris pendant la monarchie de Juillet (1830–1848)* (NHP: 1991), p. 178.
23. Rambuteau cited in J. Des Cars & P. Pinon, *Paris-Haussmann*. 'Le Pari de Haussmann' (1991), p. 22; and for Chabrol, see Bertier de Sauvigny, *La Restauration*, p. 18.
24. C. Lachaise, *Topographie médicale de Paris* (1822), p. 176.
25. G. Bertier de Sauvigny, *La France et les Français vus par les voyageurs américains, 1814–1848* (2 vols., 1982), i, p. 74.
26. Mansel, *Paris between Empires*, p. 366.
27. See above, pp. 307, 311.
28. Vigier, *Paris pendant la monarchie de Juillet*, p. 499. Nouvelle Athènes was roughly bounded by the Rues Saint-Lazare and La Rochefoucauld.
29. 最后的街道在 1850 年被重命名为巴尔扎克街。
30. 见下文，第 9 章。
31. Victor Hugo, *Les Misérables* (1862).
32. Chevalier, *Classes laborieuses et classes dangereuses*, p. xviii.
33. Vigier, *Paris pendant la monarchie de Juillet*, p. 87. Cholera statistics are from Chevalier.

34. Kramer, *Threshold of a New World*, p. 33.

35. 见上文，注释 21。

36. Balzac, *Traité de la vie élégante* (1830).

37. The most important works in question are Parent-Duchâtelet, *Essai sur les cloaques ou égouts de la ville de Paris* (1824) and his *La Prostitution dans la ville de Paris* (1828); Villermé, *Tableau de l'état physique et moral des ouvriers* (1840); Frégier, *Des Classes dangereuses dans la population des grandes villes* (1840); de Gérando, *De la Bienfaisance publique* (1839); and Buret, *De la Misère et des classes laborieuses en Angleterre et en France* (1840).

38. *La Peau de chagrin* (1831), cited in Stierle, *La Capitale des signes*, p. 239.

39. Balzac, *Fille aux yeux d'or* (1834).

40. Id., *Facino Cane* (1836).

41. Mansel, *Paris between Empires*, p. 397.

42. Ibid., p. 404.

43. E. Hazan, *L'Invention de Paris: Il n'y a pas de pas perdus* (2002), p. 333.

9 奥斯曼主义和巴黎城市的现代性

专题文章资料来源

二、巴黎公社社员墙

A. Horne, *The Fall of Paris: The Siege and the Commune, 1870–1871* (London, 1965).

M. Rébérioux, 'Le Mur des Fédérés: rouge sang craché', in *Lieux de mémoire*, i.

R. Tombs, *The Paris Commune, 1871* (1999).

三、埃菲尔铁塔

G. Apollinaire, *Alcools* (1913); *Caligrammes* (1919).

R. Barthes, 'La Tour Eiffel' (1963: repr. in id., *Oeuvres complètes*, t. 2 (1962–1967), ed. E. Marty (1994)).

M. R. Levin, *When the Eiffel Tower Was New: French Visions of Progress at the Centennial of the Revolution* (South Hadley, MA, 1989).

B. Marrey, *La Vie et l'oeuvre extraordinaires de Monsieur Gustav Eiffel, ingénieur ...* (1984).

J. Milner, *The Studios of Paris. The Capital of Art in the Late Nineteenth Century* (London, 1988).

E. Tonnet-Lacroix, 'Le Thème de la tour Eiffel dans l'art et la littérature depuis 1909 jusques vers 1930,' in J. Guichardet (ed.), *Errances et parcours parisiens de Ruteboeuf à Crevel* (1986).

1. 1832年，拿破仑的儿子"拿破仑二世"去世，他没有子嗣，路易·拿破仑便成为王位的觊觎者。此人是拿破仑最年长的侄子，拿破仑的弟弟路易与奥坦丝·德·博阿内尔之子。
2. 这一主题反复出现在奥斯曼的回忆录中。见 F. Choay (2000) 的出色版本。
3. 见下章。
4. 见上章。
5. G. Poisson, H*istoire de l'architecture à Paris* (NHP: 1997), p. 463.
6. M. Carmona, *Le Grand Paris: l'évolution de l'idée d'aménagement de la région parisienne* (2 vols., 1979), i, p. 36.
7. N. Chaudun, *Haussmann au crible* (2000), p. 76.
8. M. du Camp, *Paris, ses organes, ses fonctions et sa vie dans la seconde moitié du XIXe siècle* (6 vols., 1869–1875), vi, pp. 333–334.
9. See the important article of P. Cassell, 'Les Travaux de la Commission des Embellissements de Paris en 1853: pouvait-on transformer la capitale sans Haussmann?', *Bibliothèque de l'École des Chartes*, 155 (1997). Cf. Choay, 'Introduction' to Haussmann, Mémoires, pp. 28–29.
10. Carmona, *Le Grand Paris*, i, p. 27.
11. L. Réau, *Histoire du vandalisme. Les monuments détruits de l'art français* (2nd edn, 1994), p. 746.
12. P. Pinon, *Paris, biographie d'une capitale* (1999), p. 218.
13. Carmona, *Le Grand Paris*, i, p. 33.
14. 埃蒂安·马塞尔街位于第一区到第二区；雷奥穆尔街在第二区到第三区；而图比哥街则从第一区穿过第二区延伸到第三区。
15. N. Green, *The Spectacle of Nature: Landscape and Bourgeois Culture in Nineteenth-*

Century France (Manchester, 1990), p. 43.

16. 这就解释了为什么雷恩街（第七区）的门牌号是从41号开始的。规划师们直到20世纪40年代才真正放弃了扩建的想法，那时人们意识到，圣日耳曼德普雷可能值得保存。
17. 完全并入巴黎的有帕西、奥特伊、蒙梭-巴蒂诺尔、蒙马特、拉夏贝尔、拉维莱特、贝勒维尔、沙隆、贝西、沃吉拉尔和格勒纳勒。部分并入的有诺伊、克利希、圣旺、奥贝维利耶、潘坦、圣曼德、巴尼奥莱、伊夫里、让蒂伊、蒙特鲁日、万夫、伊西和圣热尔韦平原。
18. Pinon, *Paris*, p. 180.
19. Sainte-Clotilde is on the Rue Las-Cases (VIIe.); Saint-Ambroise just off the Boulevard Voltaire (XIe.); Saint-Pierre-de-Montrouge on the Rue Victor-Basch (XIVe.); the church of Auteuil on the Place d'Auteuil (XVIe.); and the Alexandre-Nevski cathedral on the Rue Daru (VIIIe.).
20. Carmona, *Le Grand Paris*, i, p. 33.
21. Haussmann, *Mémoires*, iii, p. 946.
22. D. Reid, *Paris Sewers and Sewermen: Realities and Representations* (Cambridge, MA, 1991), p. 27.
23. Ibid., p. 47.
24. Ibid., p. 41.
25. J. Merriman, *Aux Marges de la ville: faubourgs et banlieues en France, 1815–1870* (1994), p. 294.
26. Chaudun, *Haussmann au crible*, p. 144.
27. Cited in A. Fierro, *Histoire et dictionnaire de Paris* (1996), p. 530.
28. V. Fournel, *Paris nouveau et Paris futur* (1865), pp. 29, 265.
29. As cited in an 1868 pamphlet, according to W. Benjamin, *The Arcades Project* (Cambridge, MA, 1997), p. 130.
30. Fournel, *Paris nouveau*, p. 16.
31. Haussmann, *Mémoires*, iii, p. 825.
32. 豪斯曼喜欢的街道表面在潮湿的天气里很滑，这一点使骑兵的演习很困难。恩格斯关于街垒的看法，见 Benjamin, *The Arcades Project*, p. 145.

33. 见上文，第 1 章。

34. Fournel, *Paris nouveau*, p. 166.

35. 见上文，第 8 章。

36. W. Benjamin, *The Arcades Project.*

37. Ibid.

38. *Amédée de Cesena* (1864), cited in D. J. Olsen, *The City as a Work of Art: London, Paris, Vienna* (New Haven, CT, 1986), p. 52.

39. 费里的 *Les Comptes fantastiques* 的标题是一个双关语。Comptes 表示财务账目，但 conte（发音相同）是一个故事或纱线。霍夫曼的 Contes fantastiques 是童话故事，也是奥芬巴赫的歌剧《霍夫曼的故事》的主题。

40. E. de Goncourt, *Journal*, ed. R. Ricatte (4 vols., 1956), iii, p. 274.

41. G. J. Becker (ed.), *Paris under Siege, 1870–1871*. From the Goncourt ‘Journal’ (Ithaca, NY, 1969), pp. 185, 197.

42. Ibid., p. 309.

43. Rougerie, cited in Merriman, *Aux Marges de la ville.*

44. S. Rials, *Paris de Trochu à Thiers, 1870–1873* (NHP: 1985), p. 522.

45. B. Belhoste et al., *Le Paris des Polytechniciens. Des ingénieurs dans la ville* (1994).

46. See above, p. 348–349.

47. See below, pp. 415.

48. Poisson, *Histoire de l’architecture*, p. 515.

49. Pinon, Paris, p. 223.

50. See above, p. 286.

51. *Doncourt*, cited in Benjamin, *The Arcades Project*, pp. 188–189.

52. J. Kinsman (ed.), *Paris in the Late Nineteenth Century* (Canberra, 1997), p. 58. The reference is to Jules Verne’s *Around the World in Eighty Days* (1872).

53. B. S. Shapiro, *Pleasures of Paris: Daumier to Picasso* (Boston, MA, 1991), p. 12.

54. Paris Guide (1867), *Introduction*, p. vi.

55. Edmondo De Amicis, *Ricordi di Parigi* (Milan, 1900), p. 6.

56. Benjamin, *The Arcades Project*, p. 197.

57. Cited in V. Schwartz, *Spectacular Realities. Early Mass Culture in Fin-de-Siècle Paris*

(Berkeley, CA, 1998), p. 75.
58. Benjamin, *The Arcades Project*, p. 524.
59. De Amicis, *Ricordi di Parigi*, p. 22.
60. ‘The Painter of Modern Life’.
61. Cited in T. Reff, *Manet and Modern Art* (Washington, DC, 1982), p. 24.
62. R. L. Herbert, *Impressionism: Art, Leisure and Parisian Society* (London, 1988), p. 2.
63. Baudelaire, ‘Salon de 1846’.
64. ‘Le vieux Paris n’est plus (la forme d’une ville change plus vite, hélas! que le coeur d’un mortel).’ Baudelaire, ‘Le Cygne’, *Les Fleurs du mal* (1857).
65. Du Camp, *Paris*, i, p. 6.

10 令人担忧的景象

专题文章资料来源

一、阿尔方

A. Alphand, *Les Promenades de Paris* (1867–1873: reprint edn, 2002).

Discours prononcés à l’occasion des funérailles de J. C. A. Alphand (1892).

G. Surand, ‘Haussmann, Alphand: des promenades pour Paris’, in J. Des Cars & P. Pinon (eds.), *Paris-Haussmann: ‘Le Pari d’Haussmann’* (1991).

S. Texier, *Les Parcs et jardins dans l’urbanisme parisien (XIXe.–XXe. siècles)* (2001).

二、第十六号不卫生街区

A. Gady, ‘L’îlot insalubre no. 16: un exemple d’urbanisme archéologique’, *MPIF*, 44 (1993).

E. Paul, *The Last Time I Saw Paris* (1942).

P. Pinon, *Paris, biographie d’une capitale* (1999).

三、蒙马特圣心教堂

L. Chevalier, *Montmartre du plaisir au crime* (1980).

R. Jonas, ‘Monument as ex-voto, monument as historiosophy: the basilica of Sacré-Coeur’, *French Historical Studies*, 18 (1993).

R. Jonas, *France and the Cult of the Sacred Heart. An Epic Tale for Modern Times* (Berkeley, CA, 2000).

G. P. Weisburg, *Montmartre and the Making of Mass Culture* (New Brunswick, NJ, 2001).

1. 他伤心欲绝，在比利时伊克塞勒的情妇墓前自杀。
2. D. Silverman, *Art Nouveau in Fin-de-Siècle France. Politics, Psychology and Style* (Berkeley, CA, 1989), p. 5.
3. 当然，埃菲尔铁塔是个风光的例外。机器展厅一直存在到 1910 年。
4. 见下文，第 12 章。
5. 正是因为这个原因，我才使用这个词。
6. D. Halévy, *Pays parisiens* (1932), p. 161.
7. J. Guichardet (ed.), *Errances et parcours parisiens de Ruteboeuf à Crevel* (1986), p. 147.
8. P. Pinon, *Paris, biographie d'une capitale* (1999), p. 341, n. 110.
9. A. Sutcliffe, *The Autumn of Central Paris. The Defeat of Town Planning, 1850–1970* (London, 1970), p. 191.
10. Pinon, *Paris*, pp. 228–229.
11. Cited in J. P. Rioux, *Chronique d'une fin de siècle. France 1889–1900* (1991), p. 47.
12. R. Magraw, 'Paris 1917–1920: Labour Protest and Popular Politics', in C. Wrigley (ed.), *Central and Western Europe, 1917–1920* (London, 1993), p. 127.
13. G. Jacquemet, *Belleville au XIXe siècle: du faubourg à la ville* (1984), p. 344.
14. 见上文，第 9 章。
15. R. L. Herbert, *Impressionism: Art, Leisure and Parisian Society* (London, 1988), p. 15; and P. Nord, *Impressionists and Politics: Art and Democracy in the 19th Century* (London, 2000), p. 82.
16. *Post-Impressionism. Cross Currents in European Painting* (London, 1979), p. 134.
17. Rioux, *Chronique*, p. 55.
18. S. Gilson Miller (ed.), *Disorienting Encounters. Travels of a Moroccan Scholar in France in 1845–1846. The Voyage of Muhammad As-Saffar* (Berkeley, CA, 1992), p. 135.
19. D'Avenel, 1902, cited in T. Gronberg, *Designs on Modernity. Exhibiting the City in 1920s Paris* (Manchester, 1998), p. 74.

20. P. D. Cate (ed.), *The Graphic Arts and French Society, 1871–1914* (New Brunswick, NJ, 1988), p. 28.

11 逝去的梦，失去的景

专题文章资料来源

一、约瑟芬·贝克

P. Higonnet, *Paris, Capital of the World* (Cambridge, MA, 2002).

D. & M. Johnson, *The Age of Illusion. Art and Politics in France 1918–1940* (London, 1987).

C. Rearick, *The French in Love and War. Popular Culture in the Era of the World Wars* (London, 1997).

T. Stovall, *Paris Noir, African-Americans in the City of Light* (Boston, 1996).

E. White, *The Flâneur* (London, 2001).

二、公共小便处

W. Benjamin, *The Arcades Project* (Cambridge, MA, 1999).

P. Borhan, *Charles Marville. Vespasiennes* (1991).

L. Chevalier, *The Assassination of Paris* (London, 1994).

R. Cobb, 'The Pissotière', in id., *Tour de France* (London, 1976).

A. Fierro, 'Toilettes publiques', in id., *Histoire et dictionnaire de Paris* (1996).

C. Maillard, *Les Précieux Ridicules. Les vespasiennes de Paris* (1967).

Henry Miller, *Letters to Emil* (1930).

B. S. Shapiro, *Pleasures of Paris. Daumier to Picasso* (Boston, MA, 1991).

M. de Thézy, *Paris, la rue. Le mobilier parisien du Second Empire à nos jours* (1976).

三、冬季赛车场

R. Anchel, 'Les juifs à Paris au XVIIIe. siècle', *BPIF*, 59 (1932).

J. J. Becker & A. Wievorka (eds.), *Les Juifs de France de la Révolution française à nos jours* (1998).

E. Benbassa, *Histoire de juifs de France* (1997).

P. Hildenfinger, *Documents sur les juifs à Paris au XVIIIe. siècle* (1913).

A. Kaspi & A. Marès, *Le Paris des étrangers depuis un siècle* (1989).

H. Michel, *Paris allemand* (1981).

D. Pryce-Jones, *Paris in the Third Reich. A History of the German Occupation, 1940–1944* (London, 1981).

1. Several versions of the text are available in W. Benjamin, *The Arcades Project* (Cambridge, MA, 1999). To be fair, Gertrude Stein felt that Paris was capital of the twentieth century.
2. V. Bougault, *Paris Montparnasse. À l'heure de l'art moderne, 1910–1940* (1997), p. 159.
3. T. G. Kennedy, *Imagining Paris: Exile, Writing and American Identity* (London, 1993), p. 12. Born to a half-Cuban, half-Danish mother and a Spanish father, Nin spent her childhood in the USA.
4. R. Schor, *L'Opinion française et les étrangers en France 1919–1939* (1985), p. 100.
5. Alfred Perles, *My Friend Henry Miller* (London, 1955), p. 19.
6. T. Gronberg, *Designs on Modernity: Exhibiting the City in 1920s Paris* (Manchester, 1998), pp. 37–38.
7. A. Fourcaud (ed.), *Banlieue rouge, 1920–1960* (1992), p. 222; B. Cendrars, *La Banlieue de Paris. Photographies de Robert Doisneau* (1983), pp. 41–42.
8. 有些砖块是黄色的，但红色的砖块占大多数。
9. See above, p. 415.
10. P. Pinon, *Paris, biographie d'une capitale* (1999), p. 263.
11. Cited in S. Texier, *Les Parcs et jardins dans l'urbanisme parisien (XIXe.–XXe. siècles)* (2001).
12. R. Cobb, *Promenades* (London, 1980), p. 131.
13. See above, pp. 388–389, 422–423.
14. M. Nesbit, *Atget's Seven Albums* (London, 1992), p. 71.
15. Ibid.
16. See above, p. 450.
17. Cited in V. Cronin, *Paris, City of Light, 1919–1930* (London, 1994), p. 123.
18. Cobb, *Promenades*, p. 150.
19. B. Belhoste et al., *Le Paris des Polytechniciens. Des ingénieurs dans la ville* (1994), p. 225.

20. See above, p. 453.
21. B. Basdevant, *L'Architecture française des origines à nos jours* (1971), p. 306.
22. J. L. Cohen in A. Fourcaud (ed.), *Banlieue rouge, 1920–1960* (1992), p. 198.
23. P. Nivet & Y. Combeau, *Histoire politique de Paris au XXe. siècle* (2000), p. 90.
24. J. Jackson, *The Popular Front in France: Defending Democracy, 1934–1938* (Cambridge, 1988), pp. 96–97.
25. Cobb, *Promenades*, p. 24.
26. A. Monnier, *The Very Rich Hours of Adrienne Monnier* (London, 1976), p. 397.
27. J. H. Lartigue, *Diary of a Century* (London, 1970: no page nos.).
28. Colette, *Paris de ma fenêtre* (1944: 1948 edn), p. 25.
29. C. Rearick, *The French in Love and War. Popular Culture in the Era of the World Wars* (New Haven, CT, 1997), p. 248.
30. S. Barber, *Weapons of Liberation* (London, 1996), p. 41.
31. N. Evenson, *Paris. A Century of Change, 1878–1978* (New Haven, CT, 1979), p. 279.
32. Lartigue, *Diary of a Century*, n.p.

12 巴黎的重建

专题文章资料来源

一、扎齐眼中的地铁

M. Augé, *Un ethnologue dans le métro* (1986).

R. Barthes, '"Zazie" et la littérature', in id., *Oeuvres complètes*, ii. 1962–1967 (2002).

W. Benjamin, *The Arcades Project* (Cambridge, MA, 1999).

M. & S. Bigot, *'Zazie dans le métro' de Raymond Queneau* (1994).

R. Cobb, 'Queneau's itineraries', in id., *Promenades* (Oxford, 1980).

F. Kafka, *The Diaries of Franz Kafka 1910–1023* (1992).

R. Queneau, *Zazie dans le métro* (1959).

二、阿尔及利亚之桥

J. L. Einaudi, *La Bataille de Paris. Le 17 october 2001* (1991; rev. edn 2001).

J. House, 'Antiracist memories: The case of 17 October 1961 in historical perspective', *Modern and Contemporary France*, 9 (2001).

Y. Lemire & Y. Potin, '"Ici on noie les algériens": Fabriques documentaires, avatars politiques et mémoires partagées d'une icône militante (1961–2001)', *Genèses*, 49 (2002).

三、马莱

A. Gady, 'L'Îlot insalubre numéro 16: un exemple d'urbanisme archéologique', *MPIF*, 44 (1993).

E. Hazan, *L'Invention de Paris. Il n'y a pas de pas perdus* (2002).

R. Kain, 'Conserving the cultural heritage of historic buildings and towns in France since 1945', in M. Cook, *French Culture since 1945* (1993).

E. White, *The Flâneur* (2001).

1. 见第 11 章。
2. A. Kaplan, *The Collaborator: the Trial and Execution of Robert Brasillach* (London, 2000), p. 143.
3. A. Beevor & A. Cooper, *Paris after the Liberation, 1944–1949* (London, 1994), pp. 219–220.
4. Ibid., p. 261.
5. Though see below, p. 513.
6. F. Morris (ed.), *Paris Post-War, Art and Existentialism, 1945–1955* (London, 1993), p. 25.
7. Beevor & Cooper, *Paris after the Liberation*, p. 422.
8. Morris (ed.), *Paris Post-War*, p. 35.
9. H. Lottman, *The Left Bank* (London, 1982), p. 233.
10. See above, p. 454.
11. See above, pp. 460–462.
12. I. Calvino, 'Préface', in G. Macchia, *Paris en ruines* (1988), p. 5.
13. N. Evenson, *A Century of Change, 1878–1978* (London, 1979), p. 59.
14. ZUPs are 'zones to be urbanized in priority'; ZACs, 'zones of concerted development'.
15. See above, p. 419.
16. Cf. the influential Guy Debord, *La Société du spectacle* (1971).
17. A. Sutcliffe, *Paris. An Architectural History* (London, 1993), p. 176.

18. P. Pinon, *Paris, biographie d'une capitale* (1999), p. 269.

19. M. Carmona, *Le Grand Paris. L'évolution de l'idée d'aménagement de la région parisienne* (2 vols., 1979), i, p. 154.

20. Ibid., p. 167.

21. Pinon, *Paris*, p. 276.

22. F. Loyer, *Paris XIXe. siècle. L'immeuble et la rue* (1987).

23. B. Marchand, *Paris, histoire d'une ville (XIXe.–XXe. siècles)* (1993), p. 299.

24. 见下文，“结语”。

25. 见下文，“结语”。

26. Carmona, *Le Grand Paris*, i, p. 167.

27. See above, p. 508.

结语　大城市的规划：21 世纪的巴黎

1. F. Chaslin, cited in A. Fierro, *The Glass State. The Technology of the Spectacle, 1981–1998* (Cambridge, MA, 1983), p. 179.

2. 这里的例外是 19 世纪的拉维莱特科学博物馆和公园。

3. Victor Hugo, *Notre-Dame de Paris* (1831).

4. Ibid.

扩展阅读指南

这篇指南是一个介绍性的概述。它只是粗略地介绍了有关巴黎历史的著作，并强调了本书编纂过程中参考的那些著作。也可参见每篇专题文章所附的资料来源以及每章的注释。更全面的文献来源，可见我的网页：http//:www.warwick.ac.uk/staff/Colin.Jones。

在下文提到的作品中，除非另有说明，法语作品的出版地均为巴黎，英语作品的出版地均为伦敦。

尽管关于巴黎的书籍数量众多，但目前还没有关于巴黎从最早的时代到现在的全部历史最新的、完整的著述。Alistair Horne，*Seven Ages of Paris, Portrait of Paris*（Basingstoke, 2002）是一部内容丰富、情节曲折的记录，涵盖的时间从1180年开始，到1970年左右结束。John Russell，*Paris*（1960）出版年份较早，但却是一篇高质量的历史文章，其中收录了布拉塞拍摄的照片。Robert Cole，*A Traveller's History of Paris*（reprint edn, Moreton-in-Marsh, 1997）提供了一个简短的总体描述。Alfred Fierro，*History and Dictionary of Paris*（Lanham, MD, 1998）是一本非常实用的参考书——尽管没有同一作者的

Histoire et dictionnaire de Paris（1996）那么全面。A. Sutcliffe，*Paris. An Architectural History*（1993）是一部关于巴黎人生活环境的权威性描述。在众多致力于探索巴黎文学形象的作品中，最优秀的一部是 I. Littlewood，*Paris. A Literary Companion to Paris*（1987）。

法语读者可以得到更好的满足。Jean Favier，Histoire de Paris（1997）是一部主题突出、内容优秀的巨著。任何严肃的巴黎历史学家或热爱巴黎的人都不能忽视 J.Hillairet，*Dictionnaire historique des rues de Paris*（2 vols., 1957–1961），作者博闻强识，文笔精湛（虽然书中偶尔也会出现错误）。P. Pinon，*Paris*，*biographie d'une capitale*（1999）和 B. Rouleau，*Paris*，*histoire d'un espace*（1988）提供了以建筑环境为中心的最新描述。在这方面颇有价值的还有 J. R. Pitte，*Paris*，*histoire d'une ville*（1993）；B. Rouleau, *Le Tracé des rues de Paris*（1988）；A. Friedmann，Paris，*ses rues*，*ses paroisses*（1952）。D. Chadych & D. Leborgne，*Atlas de Paris. Évolution d'un paysage*（1999）是一部杰出的视觉参考作品。它在很大程度上取代了 P. Couperie，*Paris through the Ages*（1971）。它可以和 A. Clément & G. Thomas (eds.)，*Atlas du Paris souterrain*：*La doublure sombre de la Ville lumière*（2001）；B. Fortier (ed.)，*La Métropole imaginaire. Un atlas de Paris*（1989）；A. Picon & J. P. Robert, *Le dessus des cartes. Un Atlas parisien*（1999）一起阅读。最后，从 P. Nora (ed.), *Les Lieux de mémoire*（3 vols., paperback edn, 1997）中可以收集到大量关于巴黎的信息，其中部分内容已被翻译为 Nora (ed.), *Realms of Memory* (3 vols., New York, 1996)。E. Hazan, *L'Invention de Paris. Il n'y a pas de pas perdus*（2002）令人愉快的健谈而博学使其成为法语读者了解巴黎社

会和文化生活历史的最佳读物。英语读者则拥有 E. White, *The Flâneur*（2001），以同样的方式写作而成。

近年来，对巴黎历史最全面的介绍是 23 卷本的 *Nouvelle Histoire de Paris*（NHP）。遗憾的是，这些书都没有被翻译成英文。它们按时间顺序出现在下面的不同部分。此外，还有三本专著：J. Beaujeu-Garnier, *Paris, hasard ou prédestination? Une géographie de Paris* (1993); R. Héron de Villefosse, *Solennités, fêtes et réjouissances parisiennes* (1980); P. Lavedan, Histoire de l'urbanisme à Paris (2nd edn, 1993)。Michel Fleury，*Si le roi m'avait donné Paris, sa grande ville ...* (1994) 这部论文集非常有用，作者是值得尊敬的老巴黎捍卫者，也是这座城市的考古学和早期历史专家。关于巴黎的前现代神话，见 M. Barroux, *Les Origines légendaires de Paris* (1955)；C. Beaune, *The Birth of an Ideology: Myths and Symbols in Late-Medieval France* (Oxford, 1991)。R. W. Berger, *In Old Paris: An Anthology of Source Descriptions, 1323–1790* (New York, 2002) 是一部简短的文献入门。也见 A. Le Roux & L. M. Tisserand (eds.), *Paris et ses historiens aux XIVe. et XVe. siècles* (1867)。现代早期的古物研究仍然有用。最值得一提的是 Henri Sauval, *Histoire et recherches des antiquités de la ville de Paris* (2 vols., 1724)；Nicolas de La Mare, *Traité de la police* (4 vols., 1705–1738)；Germain Brice, *Description de la ville de Paris* (1685)。

大量关于巴黎历史的一般作品都聚焦于近代而非古代。其中最好的是 P. Higonnet, *Paris, Capital of the World* (2000)，这是与有影响力的马克思主义批评家 Walter Benjamin 的一种延伸对话：见后者的 *The Arcades Project* (Cambridge, MA, 1999)。A. Sutcliffe, *The Autumn of Central Paris. The Defeat of Town Planning, 1850–1970* (1970) 和 N. Evenson, *Paris: A Century of Change, 1878–1978* (1979) 这两部经典对现代巴黎进行了广泛的阐释。也可参见 B. Marchand, *Paris, histoire d'une ville (XIXe.–XXe. siècles)* (1993); D. Harvey, *Consciousness and the Urban Experience* (Oxford, 1985)；id., *Paris, Capital of Modernity* (2003)。关于巴黎作为现代性城市的神话，可参见 P. Citron, *La Poésie de Paris dans la littérature française de Rousseau à Baudelaire* (2 vols., 1961) 以及 K. H. Stierle, *La Capitale des signes. Paris et son discours* (2001)。同样值得一读的还有 C. Charle & D. Roche (eds.), *Capitales culturelles, capitales symboliques. Paris et ses expériences européennes, XVIIIe.–XXe. siècles* (2002)；R. Burton, *Blood in the City. Violence and Revolutions in Paris, 1789–1945* (Ithaca, NY, 2001)。

对于从最早的时代到罗马的卢特西亚时期，P. Velay, *From Lutetia to Paris. The Island and the Two Banks* (1992) 是仅有的几本英文专业著作之一。NHP 的这一卷是很好的：P. M. Duval, *De Lutèce oppidum à Paris capitale de la France* (1993)。考古学方面的资料还有：D. Busson, *Carte archéologique de la Gaule, Paris* (1998); id., *Paris ville antique* (2001); M. Fleury, *Naissance de Paris* (1997)。主要资料来源有 Julius Caesar, *Gallic Wars*；Julian the Apostate, *Works*。

关于墨洛温王朝和加洛林王朝时期直到 1225 年腓力・奥古斯都的死亡，见 J.Boussard，*Paris de la fin du siège de 885–886 à la mort de Philippe-Auguste*（NHP：1976）。在主要资料中，我特别参考了 Gregory of Tours, *History of the Franks* (numerous edns)；Abbon, *Le Siège de Paris par les Normands. Poème du IXe. siècle*, ed. H. Waquet

(1942); *Letters of John of Salisbury*, et al. (2 vols., Oxford, 1979–1986); *Oeuvres de Rigord et de Guillaume Le Breton, historiens de Philippe-Auguste*, ed. F. Delaborde (2 vols., 1882–1885); Suger, *Oeuvres*, ed. F. Gasparri (1996)。R. H. Bautier，“Quand et comment Paris devint capitale”，*BPIF*，105（1978）提供了一个有用的综合概述。A. Lombard-Jourdan, *Paris, genèse de la ville. La rive droite de la Seine des origines à 1223* (new edn, 1985) 得到了 F. Lehoux, *Le Bourg Saint-Germain-des-Prés depuis ses origines jusqu'à la fin de la Guerre de Cent Ans* (1951) 的很好补充。W. H. Newman, *Le Domaine royal sous les premiers Capétiens (987–1180)* (1937) 仍然很有参考价值，而 J. W. Baldwin, *The Government of Philip Augustus* (Berkeley, CA, 1986) 对一个高度巴黎化的君主进行了描述。V. Egbert, *On the Bridges of Mediaeval Paris* (Princeton, NJ, 1974) 使用视觉资料取得了良好效果。该时期经济史的重要方面在 R. de Lespinasse & F. Bonnardot, *Les Métiers et corporations de la ville de Paris. XIIe. siècle. Le Livre des métiers d'Étienne Boileau* (1879) 和 T. Kleinsdienst, 'La Topographie et l'exploitation des' 'marais' de Paris du XIIe. au XVIIIe. siècle', *MPIF*, 14 (1963) 之中得到体现。关于巴黎知识分子和文化生活的写作很广泛。英文著作有 J. W. Baldwin, *Masters, Princes and Merchants. The Social Views of Peter the Chanter and his Circle* (2 vols., Princeton, NJ, 1970); S. C. Ferruolo, *The Origins of the University. The Schools of Paris and their Critics, 1100–1215* (Stanford, CA, 1985)；P. Kibre, *The Nations in the Medieval Universities* (Cambridge, MA, 1948); M. & R. Rouse, *Manuscripts and their Makers. Books and Book-Producers in Paris, 1200–1500* (London, 2000)。法语

著作有 J. Le Goff, *Les Intellectuels au moyen âge* (1985); J. Verger, *Les Universités françaises au moyen âge* (Leiden, 1985); id. (ed.), *Histoire des universités en France* (Toulouse, 1986)。

对于从 13 世纪初到 1500 年左右这段时间，可以从 NHP 开始：Boussard（上引书）；R. Cazelles，*Paris de la fin du règne de Philippe-Auguste à la mort de Charles V, 1223–1380* (2nd edn, 1994)； 以及 J. Favier，*Paris au XVe. siècle, 1380–1500* (2nd edn, 1996)。在这一时期，原始文献开始变得越来越多。除了注释中引用的回忆录，我还参考了 Jacques de Vitry, *Histoire occidentale. Historia occidentalis (Tableau de l'Occident au XIIIe siècle)*, ed. J. Longère (1997) 对这一时间段的较早时期进行的研究，对较晚时期则参考了 *Journal d'un Bourgeois de Paris de 1405 à 1449*, ed. C. Beaune (1990)。也可参见 'Chronique parisienne anonyme de 1316 à 1399', *MPIF*, 11 (1884)。J. R. Strayer, *The Reign of Philip the Fair* (Princeton, NJ, 1980) 是一部经典之作，还可参考 J. Favier, *Philippe le Bel* (1978) 和 R. Cazelles, *La Société politique et la crise de la royauté sous Philippe de Valois* (1958)。关于百年战争，R. Cazelles, *Étienne Marcel* (1984) 是一部有用的传记。高级政治是 R. C. Famiglietti, *Royal Intrigue: Crisis at the Court of Charles VI (1392–1420)* (New York, 1986) 的重点，但 B. Guénée, *Un Meurtre, une société: l'assassinat du duc d'Oréléans, 23 novembre 1407* (1992) 和卓越的 G. L. Thompson, *The Anglo-Burgundian Regime in Paris, 1420–1436* (1984) 以及 *Paris and its People under English Rule: The Anglo-Burgundian Regime (1420–1436)* (Oxford, 1991) 则体现了更广泛的社会视角。关于仪式和典礼，见 B. Guénée & F. Lehoux, *Les Entrées royales françaises de 1328 à 1515*

(1968), 以及 C. Couderc, ‘L’entrée solennelle de Louis XI à Paris (31 août 1461)’, *MPIF*, 23 (1896)。关于大学，见 S. Lusignan, *‘Vérité garde le Roy ...’ La construction d’une identité universitaire en France (XIIIe–XVe. siècles)* (1999)；G. Leff, *Paris and Oxford Universities in the Thirteenth and Fourteenth Centuries* (New York, 1968。Guy Fourquin 的作品是对这一时期经济史的最佳研究。英文著作参见他的 *The Anatomy of Popular Rebellion in the Middle Ages* (New York, 1978)，法文参见 ‘La Population de la région parisienne’, *Moyen Âge*, 52 (1956); ‘Paris, capitale économique à la fin du moyen âge’, *BPIF* (1960–1961); *Les Campagnes de la région parisienne à la fin du Moyen Âge* (1964)。对于贫穷的世界，B. Geremek, *The Margins of Society in Late Medieval Paris* (1987) 可以和 S. Farmer, *Surviving Poverty in Medieval Paris: Gender, Ideology and the Daily Lives of the Poor* (Ithaca, NY, 2002) 一起阅读。

对于十六世纪，J. P. Babelon, *Paris au XVIe. siècle* (NHP: 1986) 是一部出色的综述作品。一个关键的文献来源是 A. Tuetey (ed.), *Registres des délibérations du Bureau de la Ville de Paris* (numerous volumes, 1886–)。除了在注释中引用的作品外，本书参考的主要作品包括：F. Bournon (ed.), ‘Chronique parisienne de Pierre Driart, chambrier de Saint-Victor (1522–1555)’, *MPIF*, 22 (1895); G. Fagniez (ed.), ‘Livre de raison de Me. Nicolas Versoris, avocat au Parlement de Paris (1519–1530)’, *MPIF*, 12 (1886); E. Knobelsdorf, *Lutetiae descriptio* (1543), ed. O. Sauvage (1978); L. Lalanne (ed.), *Journal d’un bourgeois de Paris sous le règne de François I (1515–1536)* (1854)。关于宗教战争，另见 A. Dufour (ed.), ‘Relation du siège de Paris par Henri IV’, *MPIF*, 2 (1876);

G. Fagniez (ed.), 'Mémorial juridique et historique du Maître. Guillaume Aubert, avocat au Parlement de Paris (deuxième moitié du XVIe siècle)' (1560–1589)', *MPIF*, 36 (1909); A. Franklin (ed.), *Journal du siège de Paris en 1590 rédigé par un des assiégés* (1876); *Mémoires de Luc Geitzkofler tyrolien (1550–1620)* (Geneva, 1892)；A. Vidier, 'Description de Paris par Arnold van Buchel d'Utrecht (1585–1586)', *MPIF*, 26 (1899)。

英语中具有核心意义的间接文献有 D. Thomson, *Renaissance Paris, Architecture and Growth, 1475–1600* (London, 1984) 以及 B. B. Diefendorf, *Paris City Councillors in the Sixteenth Century* (Princeton, NJ, 1983)。王家仪式方面已经得到了很好的研究，特别是 R. E. Giesey, *The Royal Funeral Ceremony in Renaissance France* (Geneva, 1960); L. Bryant, *The King and the City in the Parisian Royal Entry Ceremony: Politics, Ritual and Art in the Renaissance* (Geneva, 1986); *Les Entrées. Gloire et déclin d'un cérémonial* (Pau, 1996); *Les Fêtes de la Renaissance* (3 vols., 1956–1975); V. E. Graham & W. McAllister Johnson, *The Paris Entrées of Charles IX and Elizabeth of Austria* (Toronto, 1974)。有几本王室人物传记值得注意：J. Jacquart, *François I* (1981); R. Knecht, *Renaissance Warrior and Patron: The Reign of Francis I* (Cambridge, 1994); P. Chevallier, *Henri III* (1994)。关于印刷品的历史及其与（特别是宗教）思想史的关系，见 L. Febvre & H. J. Martin, *L'Apparition du livre* (1958) 和 D. Crouzet, *La Genèse de la Réforme française, 1520–1560* (1996)。关于宗教战争的主要著作有 E. Barnavi, *Le Parti de Dieu. Étude sociale et politique des chefs de la Ligue parisienne* (Paris-Louvain, 1980); id. & R. Descimon, *La Sainte Ligue, le juge et la potence* (1985); D.

Crouzet, *La Nuit de la Saint-Barthélemy. Un rêve perdu de la Renaissance* (1994); R. Descimon, 'Qui étaient les Seize? Étude sociale de 225 cadres laïcs de la Ligue radicale parisienne (1585–1594)', *MPIF*, 34 (1983); M. Yardeni, 'Le mythe de Paris comme élément de propagande à l'époque de la Ligue', *MPIF*, 20 (1969); F. A. Yates, 'Dramatic religious processions in the late sixteenth century', *Annales musicologues*, 2 (1954)。关于这一时期的社会和经济历史的各个方面，请参见 Cherrière, 'L'eau à Paris au XVIe siècle', *La Cité*, 11 (1912); E. Coyèque, 'L'assistance publique à Paris au XVIe siècle', *BPIF*, 15 (1888); J. Jacquart, 'Le poids démographique de Paris et de l'Île de France au XVIe siècle', *ADH*, 1960。

关于"漫长的十七世纪"，即从亨利四世的统治到路易十四的死亡，可参考两卷 NHP 作品：Pillorget, *Paris sous les premiers Bourbons, 1594–1661* (1988)；G. Dethan, *Paris au temps de Louis XIV* (1990)。另可见 O. Ranum, *Paris in the Age of Absolutism* (new edn, Philadelphia, 2002)；L. Bernard, *The Emerging City. Paris in the Age of Louis XIV* (Durham, NC, 1970); A. Trout, *City on the Seine: Paris in the Time of Richelieu and Louis XIV* (new edn, 1996); R. Mousnier, *Paris capitale au temps de Richelieu et de Mazarin* (1978)。主要的原始文献包括塞维涅夫人和科尔贝的通信，以及塔勒芒·德·雷兹红衣主教、莫特维尔夫人、圣西蒙和许多其他人的回忆录。另见 A. M. de Boislisle (ed.), *Mémoires des Intendants sur l'état des généralités dressé pour l'instruction duc de Bourgogne. Tome 1. Mémoire sur la généralité de Paris* (1881); Marquis d'Argenson, *Notes intéressantes sur l'histoire des moeurs et la police de Paris à la fin du règne de Louis XIV* (1891); Vauban,

De l'important dont Paris est à la France (reprint, 1821)。在古代著作中，除了 Sauval 之外，还可参考 P. Bonfons, *Les Antiquitez et choses les plus remarquables de Paris* (1608); F. Colletet, *Abrégé des antiquitez de la ville de Paris* (1664); J. Du Breul, *Le Théâtre des antiquitez de Paris* (1612)。我在很大程度上借鉴了游记类作品。除了注释中所引用的，还可参见 T. Coryate, *Voyage à Paris* (1608), ed. R. Lasteyrie (1880); P. Fréart de Chantelou (ed.), *Journal de voyage du cavalier Bernin en France* (Aix-en-Provence, 1981); P. Lacombe, 'Antoine de Rombise: voyage à Paris, 1634–1645', *MPIF*, 13 (1886); G. Raynaud (ed.), 'Paris en 1596 vu par un italien (Récit de F. G. d'Ierni)', *BPIF*, 12 (1885)。John Lough 编辑了洛克的 *Travels in France, 1675–1679* (Cambridge, 1953)，并汇编了一本非常有用的文集 *France Observed in the Seventeenth Century by British Travellers* (Stocksfield, Northumberland, 1985)。

有几部非常有价值的统治者传记，特别是 J. P. Babelon, *Henri IV* (1982); M. Greengrass, *France in the Age of Henri IV* (1984); F. Bluche, *Louis XIV* (1990)。另见 M. Wolfe，*The Conversion of Henry IV. Politics, Power and Religious Belief in Early Modern France* (Cambridge, MA, 1993); R. Mousnier, *L'Assassinat d'Henri IV* (1964); id., ed., *Un Nouveau Colbert* (1985); M. Laurain-Portemer, *Études mazarines* (2 vols., 1981)。关于城市的管理和治安，见 A. Miron, *François Miron et l'administration municipale de Paris sous Henri IV de 1604 à 1606* (1885); A. Lebigre, *Les Dangers de Paris au XVIIe. Siècle. L'assassinat de Jacques Tardieu, lieutenant criminel au Châtelet et de sa femme* (1991); M. Chassagne, *La Lieutenance general de police à Paris* (1906)。关于

投石党运动及其后果，见 J. L. Bourgeon, ‘L’Île de la Cité pendant la Fronde: structure sociale’, *MPIF*, 13 (1962); R. M. Golden, *The Godly Rebellion*: *Parisian Curés and the Religious Fronde, 1652–1662* (1981); A. Hamscher, *The Parlement of Paris after the Fronde* (1976)。关于城市化有很好的材料，首先是 H. Ballon, *The Paris of Henri IV*: *Architecture and Urbanism* (1991)。P. Francastel, *L’Urbanisme de Paris et de l’Europe, 1600–1680* (1969) 提供了更广泛的视角，另可参考 J. P. Babelon, *Demeures parisiennes sous Henri IV et Louis XIII* (1991); F. de Catheu, ‘Le développement du faubourg Saint-Germain du XVIe. au XVIIIe. siècle’, *BPIF*, 85 (1958)；R. Pillorget & J. de Viguerie, ‘Les quartiers de Paris aux XVIIe. et XVIIIe. siècles’, *RHMC* (1970)。P. Breillat, *Versailles nouvelle, capitale moderne* (1986) 提供了有用的比较研究。更加专注于这一时期社会历史的是 B. Causse, *Les Fiacres de Paris aux XVIIe. et XVIIIe. siècles* (1972); J. Jacquart, *La Crise rurale en Île-de-France, 1550–1670* (1974); J. P. Labatut, ‘Situation sociale du quartier du Marais pendant la Fronde’, *XVIIe. siècle*, 58 (1958) ; R. Mousnier, ‘Recherches sur les structures sociales parisiennes en 1634, 1635, 1636’, *RH* (1973) ; id, *Recherches sur la stratification à Paris aux XVIIe. et XVIIIe. siècles* (1976)。P Chaunu, *La Mort à Paris, XVIe.–XVIIe.–XVIIIe. siècles* (1978) 为这一时期的宗教历史提供了很好的介绍，另可见 J. Depauw, *Spiritualité et pauvreté à Paris au XVIIe. siècle* (1999)；J. Ferté, *La Vie religieuse dans les campagnes parisiennes (1622–1695)* (1962) 。M. Ultee, *The Abbey of Saint-Germain-des-Prés in the Seventeenth Century* (New Haven, CT, 1981) 以及 O. Krakovitch, ‘Le Couvent des Minimes de la Place Royale’, *MPIF*, 30 (1979) 是很好的案例研究。另见 C. Jourdain, *Histoire de l’Université de Paris aux XVIIe. et XVIIIe. Siècles* (1888)。

关于十八世纪，D. Garrioch, *The Making of Revolutionary Paris* (2002) 是对 NHP 分卷 J. Chagniot，*Paris au XVIIIe. siècle*（1988）的精彩补充。P. Gaxotte, *Paris au XVIIIe. siècle* (1982) 在很大程度上是衍生作品。我特别受到了两个极好的原始资料的影响：J. L. Ménétra, *Journal of My Life, ed. D. Roche*（New York，1986）；以及 L. S. Mercier, 他的 12 卷本 *Tableau de Paris* (Amsterdam, 1782–1788) 被 J. Pop-kin 改编为 *The Panorama of Paris* (Philadelphia, 1999)。不太知名的资料包括 R. C. Alexander (ed.), *The Diary of David Garrick, being a record of his memorable trip to Paris in 1751* (New York, rev. edn, 1971)；J. Lelage (ed.), *Mémoires du chevalier de Mannlich (1740–1812)* (1949)。在年鉴和指南书中，主要有 [Nemeitz], *Séjour de Paris, c’est à dire Instructions fidèles pour les Voyageurs de condition* (2 vols., Leiden, 1725); Peyssonel, *Les Numéros* (1782); Piganiol de La Force, *Description historique de la ville de Paris et de ses environs* (1765 edn); Watin Fils, *Le provincial à Paris ou État actuel de Paris* (4 vols., 1787).

关于城市环境，特别参见 M. Le Moel (ed.), *L’Urbanisme parisien au siècle des lumières* (no date) 以及 J. L. Harouel, *L’Embellissement des villes: l’urbanisme français au XVIIIe. siècle* (1993)。同样有价值的是 A. Chastel, ‘L’Îlot de la rue du Roule et ses abords’, *MPIF*, 16–17 (1965–1966); B．Fortier, *La Politique de l’espace parisien à la fin de l’Ancien Régime* (1975); J. Pronteau, ‘Le Lotissement de la “couture” extérieure du Temple à Paris et la formation de la nouvelle ville d'Angoulême', *BPIF*, 108 (1981); D. Rabreau, *Les Dessins d'architecture au XVIIIe. siècle* (2001); O. Zunz, 'Étude d'un processus d'urbanisation: le quartier Gros- Caillou à Paris', *AESC*, 25 (1970)。关于城市的管理和治安，在 A.Williams, *The Police of Paris, 1718–1789* (1979) 之后，还有 J. Chagniot, *Paris et l'Armée au XVIIIe. siècle, étude sociale et politique* (1985); R. Descimon & J. Nagle, 'Les Quartiers de Paris du Moyen Âge au XVIIIe siècle: évolution d'un espace plurifonctionnel', *AESC*, (1979); J. L. Gay, 'L'Administration de la capitale entre 1770 et 1789: la tutelle de la royauté et ses limites', *MPIF*, 8–11 (1956–1960); *Les Institutions parisiennes à la fin de l'Ancien Régime et sous la Révolution française* (no date) 以及 S. Kaplan 的许多作品，最值得一提的是他的 *Provisioning Paris: Merchants and Millers in the Grain and Flour Trade during the Eighteenth Century* (Ithaca, NY, 1984); *The Bakers of Paris and the Bread Question, 1700–1775* (Durham, NC, 1996); *La Fin des corporations* (2001)。

Daniel Roche 的作品重塑了我们对 18 世纪巴黎的理解。见他的 *France in the Enlightenment* (Cambridge, MA, 1998); *Ménétra's memoirs*; *The People of Paris: An Essay in Popular Culture in the Eighteenth Century* (Leamington Spa, 1987); *The Culture of Clothing: Dress and Fashion in the 'Ancien Régime'* (Cambridge, 1994); *A History of Everyday Things: The Birth of Consumption in France, 1600–1800* (Cambridge, 2000)。此外，见他编辑的 *La Ville promise. Mobilité et accueil à Paris (fin XVIIe. siècle-début XIXe. siècle)* (2000)。对比鲜明的城市形象可见 S. Davies, *Paris and the Provinces in Eighteenth-Century Prose Fiction*

(Oxford, 1982) 以及 V. Milliot, *Paris en bleu. Images de la ville dans la littérature de colportage (XVIe.–XVIIIe. siècles)* (1996)。对于各个层次的思想世界，可见 D. Goodman, *The Republic of Letters: A Cultural History of the French Enlightenment* (Ithaca, NY, 1994)；A. Farge, *Subversive Words: Public Opinion in Eighteenth-Century France* (Cambridge, 1994); R. Isherwood, *Farce and Fantasy: Popular Entertainment in Eighteenth-Century Paris* (New York, 1986); C. Jones, 'Pulling Teeth in Eighteenth-Century Paris', *Past & Present*, 166 (2000); R. A. Etlin, *The Architecture of Death: The Transformation of the Cemetery in Eighteenth-Century Paris* (Cambridge, MA, 1984)。关于法律和政治精英，见 R. M. Andrews, *Law, Magistracy and Crime in Old Régime Paris, 1735–1789* (Cambridge, 1994)；D. Bell, *Lawyers and Citizens. The Making of a Political Elite in Old Régime France* (Oxford, 1994)。

关于社会结构，见 A. Daumard & F. Furet, *Structures et relations sociales à Paris au milieu du XVIIIe. Siècle* (1961)。关于城市精英，见 F. Bluche, *Les Magistrats du parlement de Paris au XVIIIe. Siècle* (1960); Y. Durand, *Les Fermiers Généraux au XVIIIe. siècle* (1971); M. Marraud, *La Noblesse de Paris au XVIIIe. siècle* (2000)。他们奢侈的生活方式见 N. Coquéry, *L'Hôtel aristocratique. Le marché du luxe à Paris au XVIIIe. siècle* (1998); M. Gallet, *Les Demeures parisiennes: l'époque de Louis XV* (1964); *La Maison parisienne au Siècle des Lumières* (1985); A. Pardailhé-Galabrun, *The Birth of Intimacy: Privacy and Domestic Life in Early Modern Paris* (Cambridge, 1991); R. Fox & A. Turner (eds.), *Luxury Trades and Consumerism in Ancien Régime Paris* (Aldershot, 1998); K.

Scott, *The Rococo Interior* (1995)。关于贫困人口，见 J. Kaplow，*The Names of Kings. The Parisian Laboring Poor in the Eighteenth Century* (New York, 1971) 仍然很有参考价值，D. Garrioch, *Neighbourhood and Community in Eighteenth-Century Paris* (Cambridge, 1986) 也是如此。另见 C. Crowston, *Fabricating Women: The Seamstresses of Old Régime France, 1675–1791* (Durham, NC, 2001); A. Farge, *Fragile Lives: Violence, Power and Solidarity in Eighteenth-Century Paris* (1993); R. Darnton, *The Great Cat Massacre and Other Episodes in French Cultural History* (New York, 1984). 讨论犯罪和公共秩序问题的有 S. Barles, *La Ville délétère: médecins et ingénieurs dans l'espace urbain (XVIIIe.–XIXe. siècles)* (1999); E. Barles, *La Ville délétère. M. Bénabou, La Prostitution et la police des moeurs au XVIIIe. siècle* (1987); P. Petrovitch, 'Recherches sur la criminalité à Paris dans la seconde moitié du XVIIIe. siècle', in *Crimes et criminalité en France, XVIIe.–XVIIIe. siècles* (1971); P. Piasenza, 'Juges, Lieutenants de police et bourgeois à Paris aux XVIIe. et XVIIIe. siècles', *AESC*, 45 (1990); T. Brennan, *Public Drinking and Popular Culture in Eighteenth-Century Paris* (Princeton, NJ, 1988)。另可参见 E. Frémy，"L'Enceinte de Paris construite par les fermiers généraux et la perception des droits d'octroi de la ville (1784–1791)"，*BPIF*, 39 (1912)；J. M. Peysson, "Le Mur d'enceinte des fermiers généraux et la fraude à la fin de l'Ancien Régime"，*BPIF*, 109 (1982)。

关于大革命的十年（1789—1799 年）而言，专门介绍巴黎这座城市（而不是将其视为政治行动的场所）的作品并不像人们想象的多，而关于行政官和帝国的作品则相当罕见。NHP 中的大革命卷，M.

Reinhard，*La Révolution*（1971）已由 J. Tulard，*La Révolution*（1989）更新。同样非常有用的是 E. Ducoudray et al., *Atlas de la Révolution française*. 11. Paris (2000)。原始资料浩如烟海。在回忆录和通信中，我特别喜欢 L. S. Mercier, *Le Nouveau Paris*（1799）和 N. Ruault, *Gazette d'un Parisien sous la Révolution* (1975)。文献集有 Buchez & Roux, *Histoire parlementaire de la Révolution française* (40 vols, 1834–1838); A．Aulard, *La Société des Jacobins. Recueil de documents* (6 vols, 1889–1897); P. Caron et al (eds.), *Paris pendant la Terreur. Rapports des agents secrets du ministère de l'Intérieur*, 6 vols. (1910–1964); C. L. Chassin, *Les Élections et les cahiers de Paris en 1789*, 4 vols. (1888–1889); B. Gille, *Documents sur l'état de l'industrie et du commerce de Paris (1778– 1810)* (1963); W. Markov & A. Soboul, *Die Sansculotten von Paris. Dokumente zur Geschichte der Volksbewegung* (1957); W. A. Schmidt, *Paris pendant la Révolution d'après les rapports de la police secrète, 1789–1800* (4 vols., 1880–1894)。

Paris et la Révolution（1989）是一部有价值的、内容广泛的论文集，涵盖了巴黎革命经历的所有方面。关于革命的起源，见 R. Chartier, *Cultural Origins of the French Revolution* (Durham, NC, 1991); T. Crow, *Painters and Public Life in Eighteenth-Century Paris* (1985); R. Darnton, *Mesmerism and the End of the Enlightenment in France* (Cambridge, MA, 1968); S. Maza, *Private Lives and Public Affairs. The Causes Célèbres of Pre-Revolutionary France* (Berkeley, CA, 1993)。关于革命时期的关键事件，见 J. Godechot, *The Taking of the Bastille, 14 July 1789* (1970); T. Tackett, *The King Takes Flight* (2003); M. Reinhard,

Le 10 août: la chute de la monarchie (1969); R. Bienvenu (ed.), *The Ninth of Thermidor: The Fall of Robespierre* (Oxford, 1968)。关于巴黎人民运动的出现和发展的资料有：R. B. Rose, *The Making of the Sans-Culottes* (Manchester, 1983); G. Rudé, *The Crowd in the French Revolution* (Oxford, 1959); A. Soboul, *Les Sans-culottes parisiens en l'an II* (1958); R. Cobb, *The Police and the People: French Popular Protest, 1789–1820* (Oxford, 1970); id., *Paris and its Provinces, 1792–1802* (1975); H. Burstin, *Le Faubourg Saint-Marcel à l'époque révolutionnaire* (1983); R. Monnier, *Le Faubourg Saint-Antoine, 1789–1815* (1981)。D. Godineau, *The Women of Paris and their Revolution* (Berkeley, CA, 1998) 和 O. Hufton, *Women and the Limits of Citizenship in the French Revolution* (Toronto, 1982) 研究了女性问题。关于热月党人和督政府，见 F. Gendron, *La Jeunesse dorée sous Thermidor* (1983) 和 I. Woloch, *The Jacobin Legacy. The Democratic Movement under the Directory*（1970）。

大多数对巴黎革命的最具启发性的分析都将 1790 年代置于一个更广泛的时间框架内。例如，见 C. Backouche, *La Trace du fleuve: la Seine et Paris, 1750–1850* (2000); A. de Baecque, *The Body Politic: A. de Baecque, The Body Politic: Corporeal Metaphor in Revolutionary France, 1770–1800*（Stanford, CA, 1997）；A. Corbin, *The Foul and the Fragrant. Odor and the French Social Imagination* (Cambridge, MA, 1986); M. Fitzsimmons, *The Parisian Order of Barristers and the French Revolution* (Cambridge, MA, 1987); D. Garrioch, *The Formation of the Parisian Bourgeoisie, 1690–1830* (Cambridge, MA, 1996); C. Hesse, *Publishing and Cultural Politics in Revolutionary Paris, 1789–1810*

(Berkeley, CA, 1991); J. Johnson, *Listening in Paris. A Cultural History* (Berkeley, CA, 1995); P. Metzner, *Crescendo of the Virtuoso: Spectacle, Skill and Self-Promotion in Paris during the Age of Revolution* (Berkeley, CA, 1998); W. Scott Haine, *The World of the Paris Café. Sociability among the French Working Class, 1789–1914* (1996); R. Spang, *The Invention of the Restaurant: Paris and Gastronomic Culture* (2001)。

拿破仑时期的具体内容不多。NHP 的 J. Tulard, *Le Consulat et l'Empire* (2nd edn, 1983) 因其卓越的分析脱颖而出。Tulard 也是 *Paris et son administration, 1800–1830* (1976) 的作者。除了大量的纪念性文献外，主要资料还有 A. Aulard, *Paris sous le Consulat. Recueil de documents* (4 vols., 1903–1909)；id., *Paris sous le Premier Empire. Recueil de documents* (3 vols., 1912–1923)。另见 G. Poisson, *Napoléon et Paris* (1964); M. D. Sibalis, *The Workers of Napoleonic Paris, 1800–1815* (1979); J. Bertaut, *La Vie à Paris sous le Premier Empire* (1943)。

关于从波旁王朝复辟到第二共和国这段时期的 NHP 卷是 G. de Bertier de Sauvigny, *La Restauration* (1977); P. Vigier, *La Monarchie de Juillet* (1991); L. Girard, *La Deuxième République et le Second Empire* (1981)。巴尔扎克、雨果和苏提供了充满真实细节的虚构作品。在其他同时代作品中，我参考了 A. Bazin, *L'Époque sans nom: esquisses de Paris, 1830–1833* (1833); G. Claudin, *Mes Souvenirs: les boulevards de 1840 à 1870* (1884); C. Lachaise, *Topographie médicale de Paris* (1822); H. Meynadier, *Paris sous le point de vue pittoresque et monumental* (1843); L. Montigny, *Le Provincial à Paris: L. Montigny, Le Provincial à Paris: Esquisse des moeurs parisiennes* (1825); A. Parent-Duchâtelet, *De la Prostitution dans la ville de Paris* (1836)。在外来者的描述中，特别有用的是 F. Trollope, *Paris and the Parisians in 1835* (1985)。研究这一类型的间接文献包括 G. Bertier de Sauvigny, *La France et les Français vus par les voyageurs américains, 1814–1848* (2 vols., 1982) 和 L. S. Kramer, *Threshold of a New World. Intellectuals and the French Exile Experience (1830–1848)* (Ithaca, NY, 1988)。

Louis Chevalier，*Laboring Classes and Dangerous Classes in Paris during the First Half of the Nineteenth Century* (1973) 可能是近几十年来关于这一时期最有影响力的单一作品。然而，Chevalier 也被批评为言过其实：见 B. M. Ratcliffe 的评论："Classes laborieuses et classes dangereuses à Paris pendant la première moitié du XIXe. siècle? The Chevalier Thesis Reexamined', *FHS*, 17 (1991)。大量借鉴小说和诗歌的论述，但更注意神话化的作品，包括上文引用的 P. Citron 和 K. Stierle。在这方面出色的还有 C. Prendergast, *Paris and the Nineteenth Century* (Oxford, 1992) 和 P. Parkhurst Ferguson, *Paris as Revolution: Writing the Nineteenth-Century City* (Berkeley, CA, 1994)。

现在有关于这一时期政治导向的英文作品：P. Mansel, *Paris between Empires, 1814–1852* (London, 2001), 这本书可以和宝贵的论文集 K. Bowie (ed.), *La Modernité avant Haussmann: formes de l'espace urbain à Paris, 1801–1856* (2001) 一起阅读，后者对奥斯曼之前的城市变化有很强的论述。关于这一点，也见 J. C. Delorme & A.M. Dubois, *Passages couverts parisiens* (1997); S. Marcus, *Apartment Stories. S. Marcus, Apartment Stories. City and Home in Nineteenth-century Paris and London* (Berkeley, CA, 1999); P. de Moncan & C. Mahout,

Les Passages de Paris (1990); D. Morel, *La Nouvelle Athènes* (1984); J. Pronteau, *Construction et aménagement des nouveaux quartiers de Paris (1820–1828)* (1958)。A. Daumard, *La Bourgeoisie parisienne de 1815 à 1848* (1963) 对最大的社会群体进行了统计。另见 A. M. Fugier, *La Vie élégante ou la Formation du Tout-Paris, 1815–1848* (1991)。波希米亚人的世界是 J. Seigel, *Bohemian Paris. Culture, Politics, and the Boundaries of Bourgeois Life, 1830–1930* (1999) 和 J. Richardson, *The Bohemians, 1830–1914* (1969) 的研究重点。其他受到关注的社会团体包括 B. H. Moss, *The Origins of the French Labor Movement: The Socialism of Skilled Workers, 1830–1914* (1976); M. Caron, *Générations romantiques: Les Étudiants de Paris et le Quartier latin (1814–1851)* (1991); N. Papayanis, *The Coachmen of Nineteenth-Century Paris* (1993); D. Reid, *Paris Sewers and Sewermen: Realities and Representations* (1991)。关于巴黎在 1848 年革命中的作用，见 P. Amann, *Revolution and Mass Democracy: The Paris Club Movement in 1848* (Princeton, NJ, 1975)；M. Traugott, *Armies of the Poor. Determinants of Working-Class Participation in the Parisian Insurrection of June 1848* (Princeton, NJ, 1985)。也见 J. Harsin, *Barricades: The War of the Streets in Revolutionary Paris, 1830–1848* (2001)。关于城市病理学，见 F. Delaporte, *Le Savoir de la maladie: essai sur le choléra de 1832 à Paris* (1990); R. Fuchs, *Poor and Pregnant in Paris. Strategies for Survival in the Nineteenth Century* (New Brunswick, NJ, 1992); C. Kudlick, *Cholera in Post-Revolutionary Paris: A Cultural History* (Berkeley, CA, 1996)。

从第二帝国到约 1890 年这一时期，包括奥斯曼及其合作者和继任者的工作，G. Haussmann, *Mémoires*, rev. edn F. Choay (2000) 在这里提供了一个很好的研究起点，另见 A. Alphand, *Les Promenades de Paris* (2 vols., 1867–1873) 和 E. Belgrand, *La Seine* (3 vols., 1869–1883)。也可参见 P. Cassell 的重要研究，'Les Travaux de la Commission des Embellissements de Paris en 1853: pouvait-on transformer la capitale sans Haussmann?', *Bibliothèque de l'École des Chartes*, 155 (1997)。关于豪斯曼的同时代人对其工作的看法，见 M. Du Camp, *Paris. Ses organes, ses fonctions et sa vie dans la seconde moitié du XIXe. siècle* (6 vols., 1869–1875); V. Fournel, *Ce qu'on voit dans les rues de Paris* (1858); id., *Paris nouveau et Paris futur* (1868); J. K. *Huysmans, Croquis parisiens* (1880); L. Lazare, *Les Quartiers de l'est de Paris et les communes suburbaines* (1870); id., *Les Quartiers pauvres de Paris*: *le XXe. arrondissement* (1870)。埃米尔·左拉的《卢贡 - 马卡尔家族》系列小说是引人注目的读物。除了上面提到的 L.Girard 的 NHP 卷，最好的一般性作品是那些强调建筑和规划变化的研究，见 J. Des Cars & P. Pinon, *Paris-Haussmann* (1991); N. Chaudun, *Haussmann au crible* (2000); F. Loyer, *Paris Nineteenth Century*: *Architecture and Urbanism* (1988); J. Gaillard, *Paris, la ville, 1852–70*: *l'urbanisme parisien à l'heure de Haussmann* (1976); P. Chemetov & B. Marrey, *Architectures*: *Paris 1848–1914* (1983); D. Van Zanten, *Building Paris. Architectural Institutions and the Transformation of the French Capital* (Cambridge, 1994).。关于街道设施的历史，见 M.de Thézy, *Paris, la rue. Le mobilier parisien du Second Empire à nos jours* (1976); C. Maillard, *Les Précieux ridicules. Les vespasiennes de Paris* (1967)。D. Jordan, *Transforming*

Paris: D. *Jordan, Transforming Paris*: *The Life and Labors of Baron Haussmann* (1995) 和 D. H. Pinkney, *Napoleon III and the Rebuilding of Paris* (1958) 是对变革的主角非常可靠的描述。D. J. Olsen, *The City as a Work of Art*: *London*, *Paris*, *Vienna* (1986) 提供了一个宝贵的更广泛的地理视角。上文提到的 A. Sutcliffe 和 N. Evenson 的经典作品提供了一个更广泛的时间框架。

新巴黎的艺术和文化影响见 T. J. Clark, *The Painting of Modern Life. Paris in the Art of Manet and His Followers* (revised edn, Princeton, NJ, 1999); R. L. Herbert, *Impressionism*: *Art*, *Leisure and Parisian Society* (1988); A. Boime, *Art and the French Commune*: *Imagining Paris after War and Revolution* (Princeton, NJ, 1995); P. Mainardi, *Art and Politics of the Second Empire*: *The Universal Expositions of 1855 and 1867* (1989); id., *The End of the Salon. Art and the State in the Early Third Republic* (Cambridge, 1993); P. Nord, *Impressionists and Politics. Art and Democracy in the Nineteenth Century* (2000); id., *The Republican Moment. Struggles for Democracy in Nineteenth-Century France* (Cambridge, MA, 1995); T. J. Walsh, *Second Empire Opera*: *The Théâtre Lyrique*: *Paris 1851–1870* (1981)。摄影艺术方面，可见 S. Rice, *Parisian Views* (1997)。另见 C. Condemi, *Les Café-Concerts*: *Histoire d'un divertissement (1848–1914)* (1992)。

关于社会紧张局势和阶级冲突，见 L. Berlanstein, *The Working People of Paris*, *1871–1914* (1984)；L. M. Greenberg, *Sisters of Liberty*: *Marseille*, *Lyon*, *Paris and the Reaction to a Centralized State*, *1868–1871* (1971)；A. L. Schapiro, *Housing the Poor of Paris*, *1850–1902* (Madison,

WI, 1985)。具体到巴黎公社，除了注释中引用的作品外，还可参见 NHP 卷，S. Rials，*De Trochu à Thiers*，*1870–1873*（1985）；R. Christiansen，*Paris Babylon*。*The Story of the Paris Commune* (1996); R. V. Gould, *Insurgent Identities*: *Class*, *Community and Protest in Paris from 1848 to the Commune* (Chicago, 1995); G. L. Gullickson, *Unruly Women of Paris*: *Images of the Commune* (1996)。E. de Goncourt, *Paris under Siege*, *1870–1871*: *From the Goncourt Journal* (1969) 是一名公社反对者的叙述，他在这一时期撰写了最引人注目的日记。另见 J. Milner, *Art*, *War and Revolution in France 1870–1871*, *Myth*, *Reportage and Reality* (2000)。关于郊区的出现，可见 J. Bastié, *La Croissance de la banlieue parisienne* (1964)；N. Green, *The Spectacle of Nature. Landscape and Bourgeois Culture in Nineteenth-Century France* (Manchester, 1990)。

关于世纪末和 1914 年之前，前面几段中的大部分书目都是相关的。这一时期特有的享乐主义和焦虑的混合在下列作品中得到了生动的体现：E. Weber, *France Fin de Siècle* (Cambridge, MA, 1986); C. Charle, *Paris fin-de-siècle* (1998); C. Prochasson, *Paris 1900*: *essai d'histoire culturelle* (1999); C. Rearick, *Pleasures of the Belle Époque. Entertainment and Festivity in Turn-of-the-Century France* (1985)。R. Shattuck, *The Banquet Years* (1968) 仍然是一本好书——没有什么比普鲁斯特更能让人感受到那个时代了。D. Silverman, *Art Nouveau in Fin-de-Siècle France. Politics*, *Psychology and Style* (1989) 是关博览会的书，关于这一点，还可以参见 J. P. Rioux, *Chronique d'une fin de siècle; France 1889–1900* (1991) 和 P. Ory, *Les Expositions universelles de Paris* (1982)。B. S. Shapiro, *Pleasures of Paris. Daumier to Picasso* (Boston,

MA, 1991); J. Kinsman, *Paris in the Late Nineteenth Century* (Canberra, Australia, 1997); *Post-Impressionism. Cross-currents in European Painting* (1979); P. D. Cate (ed.), *The Graphic Arts and French Society, 1871–1914* (New Brunswick, NJ, 1988); J. Milner, *The Studios of Paris. The Capital of Art in the Late Nineteenth Century* (1988); R. R. Brettell & J. Pissarro, *The Impressionist and the City. Pissarro's Series Paintings* (1993) 进一步探讨了艺术观点。关于更长期的情况，也可参见 J. Dethier & A. Guiheux (eds.), *La Ville, art et architecture en Europe, 1870–1933* (1994)。关于消费主义的兴起，见 M. Miller, *The Bon Marché: Bourgeois Culture and the Department Store, 1869–1920* (Princeton, NJ, 1981)；R. Williams, *Dream Worlds: Mass Consumption in Late Nineteenth-Century France* (Berkeley, CA, 1982)；V. Schwartz, *Spectacular Realities. Early Mass Culture in Fin de Siècle Paris* (Berkeley, CA, 1998)。工人阶级的经历可见 J. P. Brunet, *Saint-Denis, la ville rouge, 1890–1939* (1980); G. Jacquemet, *Belleville au XIXe. siècle: du faubourg à la ville* (1984); A. Fourcaut (ed.), *Un Siècle de banlieue parisienne (1859–1964)* (1988); A. Faure et al., *Les Premiers Banlieusards: aux origines de la banlieue de Paris, 1860–1940* (1991)。而性别观点可见 A. Martin-Fugier, *La place des bonnes. La domesticité feminine à Paris en 1900* (1979); M. L. Roberts, *Disruptive Acts. The New Woman in Fin-de-Siècle France* (2002)。

关于第一次世界大战（1914–1918），见 J. J. Becker, *The Great War and the French People* (Leamington Spa, 1985); J. L. Robert, *Les Ouvriers, la patrie et la Révolution: Paris, 1914–1919* (1985); 以及 J. Winter & J. L. Robert (eds.), *Capital Cities at War: Paris, London, Berlin, 1914–1919*

(Cambridge, 1997) 中的比较视角。另见 NHP 卷，J. Bastié & R. Pillorget, *Paris de 1914 à 1940*（1997）。

战争间期（1918–1939 年）可由 NHP 的 J. Bastié & R. Pillorget, *Paris de 1914 à 1940* (1997) 一书涵盖。这也是一个流行的研究主题，如 V. Cronin，*Paris, City of Light (1919–1939)* (1994)。D. & M. Johnson, *The Age of Illusion. Art and Politics in France, 1918–1940* (1987)；E. Cohen, *Paris dans l'imaginaire national de l'entre-deux-guerres* (1999)；以及 C. Rearick, *The French in Love and War: Popular Culture in the Era of the World Wars* (1997)，对文化生活进行了生动的描述。关于这一时期的后半段，也可参见 E. Weber, *The Hollow Years. France in the 1930s* (1995)。文化生活是 T. Gronberg, *Designs on Modernity: Exhibiting the City in 1920s Paris* (Manchester, 1998); V. Bougault, *Paris Montparnasse. À l'heure de l'art moderne, 1910–1940* (1997); *L'École de Paris, 1904–1929. La Part de l'autre* (2001); *L'Esprit nouveau: le Purisme à Paris, 1918–1925* (Grenoble, 2001); 以及 M. Sheringham (ed.), *Parisian Fields (19th Century to c. 1920)* (1996) 的研究重点。关于摄影，见 M. Nesbit, *Atget's Seven Albums* (1992)；关于电影，见 *Paris, grand-écran. Splendeur des salles obscures, 1895–1945*（1994）。外国人的贡献在 J. G. Kennedy, *Imagining Paris: Exile, Writing and American Identity* (1993); S. Ben-stock, *Women of the Left Bank: Paris, 1900–1940* (1987); 以及 T. Stovall, *Paris Noir. African-Americans in the City of Light* (Boston, MA, 1996) 中得到了探讨。

郊区的发展及其内部问题已经有了一些重要研究，见 T. Stovall, *The Rise of the Paris Red Belt* (Berkeley, CA, 1990); M. Carmona, *Le*

Grand Paris. L'évolution de l'idée d'aménagement de la région parisienne (1979); A. Fourcaud (ed.), *Banlieue rouge, 1920–1960* (1992); J. L. Cohen & A. Lortie, *Des Fortifs au périf* (1991); P. Fridenson, *Histoire des usines Renault: la naissance de la grande entreprise, 1898–1939* (1972)。关于城市化和城市规划，可见 K. Burlen (ed.), *La banlieue oasis: Henri Sellier et les cités-jardins 1900–1940* (Saint-Denis, 1987); P. Chemetov et al., *Paris-banlieue, 1919–1939. Architectures domestiques* (1982); D. Calabi, *Marcel Poëte et le Paris des années vingt: aux origines de l'histoire des villes* (1997); P. W. Wolf, *E. Hénard and the Beginnings of Urbanism in Paris, 1900–1914* (1968)。关于 20 世纪 30 年代末的社会、文化和政治危机，见 J. Jackson, *The Popular Front in France. Defending Democracy, 1934–1938* (Cambridge, 1988); H. Lebovics, *True France. The Wars over Cultural Identity 1900–1941* (Ithaca, NY, 1992); R. Schor, *L'Opinion française et les étrangers en France (1919–1939)* (1985)。

关于第二次世界大战以及德国占领时期，D. Pryce-Jones, *Paris in the Third Reich. A History of the German Occupation, 1940–1944* (1981) 是一部图文并茂的指南。也可参见 H. Michel, *Paris allemand, Paris résistant* (2 vols., 1982) 以及 G. Perrault and P. Azéma, *Paris under the Occupation* (New York, 1989)。关于犹太人的经历，见 J. Adler, *The Jews of Paris and the Final Solution (1940–1944)* (Oxford, 1997) 以及注释中引用的作品。A. Horne, *To Lose a Battle: 1940* (1969) 对可怕的一年进行了扣人心弦的描述，Marc Bloch，*Strange Defeat* (1968, 成书于 1940) 是同时代的重要分析。关于维希政府统治下的巴黎有大量的原始资料（de Beauvoir, Brasillach, Cocteau, Colette, Galtier-Boissière, Morand

等等）。A. Beevor & A. Cooper, *Paris after the Liberation: 1944–1949* (1994) 以及 A. Kaplan, *The Collaborator: The Trial and Execution of Robert Brasillach* (2000) 是关于巴黎解放及其后困境的主要作品。

关于第二次大战之后和当代的巴黎，NHP 分卷是 J. Bastié, *Paris de 1945 à 2000* (2003)。关于解放后的情绪，上引 Beevor & Cooper 的作品提供了有趣的研究起点，de Beauvoir, Sartre 和其他存在主义者的著作也是如此。也见 S. Barber, *Weapons of Liberation* (1961); T. Judt, *Past Imperfect: French Intellectuals, 1944–1956* (Oxford, 1992); H. Lottman, *The Left Bank: Writers, Artists and Politics from the Popular Front to the Cold War* (Boston, MA, 1982); F. Morris (ed.), *Paris Post-War. Art and Existentialism, 1945–1955* (1993); J. P. Bernard, *Paris rouge (1944–1964)* (1991)。关于文化的生动描述有 R. F. Kuisel, *Seducing the French: The Dilemma of Americanisation* (Berkeley, CA, 1993) 和 K. Ross, *Fast Cars, Clean Bodies. Decolonization and the Reordering of French Culture* (Cambridge, MA, 1995)。P. Nivert & Y. Combeau, *Histoire politique de Paris au XXe. siècle* (2000) 对这一时期的研究特别有价值。L. Chevalier, *The Assassination of Paris* (Chicago, 1994) 是对 1950 年以来快速城市化的平民视角描述。也见 C. Eveno et al., *Paris perdu: 40 ans de bouleversements* (1992); J. F. Gravier, *Paris et le désert français en 1972* (1972); L. Réau, *Histoire du vandalisme* (new edn, 1994); *Les Plans Le Corbusier de Paris, 1956–1962* (1956)。Richard Cobb 的著作将 Chevalier 的分析与他自己的强烈怀旧情感结合在一起：*A Second Identity* (1969), *Tour de France* (1976), *The Streets of Paris* (1980); *Promenades* (1980), *People and Places* (Oxford, 1985)。J. Bastié

& J. Beaujeu-Garnier, *Atlas de Paris et la région parisienne* (1967) 是一份历史文献，也是一份分析。F. Boudon et al., *Système de l'architecture urbaine. Le quartier des Halles* (1977) 是一份重要的说明。关于伟大工程和它们的背景，见 A. Fierro, *The Glass State. The Technology of the Spectacle, 1981–1998* (Cambridge, MA, 1983)，以及 B. Marrey & J. Ferrier, *Paris sous verre*: *La ville et ses reflets* (1997)。另可参见 J. L. Cohen & B. Fortier (eds.), *La Ville et ses projets. A City in the Making* (1988). F. Chaslin, *Les Paris de François Mitterrand* (1986); E. Biasini, *Grands Travaux* (1995)。F. Maspéro, *Roissy Express*: *A Journey through the Paris Suburbs* (1994) 是对巴黎郊区的生动描写。另见 J. Lucan (ed.), *Paris des faubourgs. Formation. Transformation* (1996)。关于巴黎最近的"绿化"，见 S. Texier, *Les Parcs et jardins dans l'urbanisme parisien (XIXe.–XXe. siècles)* (2001)。F. Loyer (ed.), *Ville d'hier, ville d'aujourd'hui en Europe* (2001) 是基于历史的未来学研究。

致 谢

在他写于法国大革命前夕的伟大著作《巴黎图景》中，路易-塞巴斯蒂安·梅西耶声称，他不仅写作了这本书，而且还走遍了它。我想我现在明白他的意思了。20 世纪 60 年代末以来，我定期去访问、去了解巴黎，这使我在写作这本关于巴黎的书时更加愉快。我在 1969—1970 年作为大学生在那里生活了两年，2001—2002 年又在那里生活了两年，这给我留下了特别美好的回忆。除了梳理城市，我还在法国的图书馆和档案馆工作了很长时间。感谢多年来众多档案员和图书管理员的帮助——尤其是国家图书馆（无论是新馆还是老馆）和巴黎历史图书馆的同事们。对于任何研究巴黎的历史学家来说，世界上不可能有比巴黎历史图书馆更好的工作场所了。

在写作这本书时，我从两位伟大的、完全不可模仿的历史学家的著作和我的记忆中获得了特别的灵感：我以前的导师理查德·科布，巴黎所有事物的爱好者，以及罗伊·波特，他笔下生动的伦敦历史给了我启发。我很遗憾他们已经过世，无法再读到我的成果。在研究巴黎历史的学者中，我从丹尼尔·罗奇那里获得了对这个城市最深入的了解。我关于 18 世纪晚期巴黎的一些想法在法兰西学院的讲座中得到了尝试，他善意地邀请我在2003年去讲课。

2001—2002年，我有幸成为哥伦比亚大学巴黎里德·霍尔研究所的访问学者。我感谢该研究所所长丹妮尔·哈斯-杜波斯克和米哈伊拉·巴库、马内沙·拉尔的支持。他们和研究所的其他学者，特别是菲利斯·伯恩鲍姆、格雷格·布朗、桑德拉·伯曼、吉恩·勒波维奇、凯西·施耐德和史蒂夫·昂格尔，是最令人愉快的工作团体。我也真诚地感谢那些阅读过我的手稿或部分手稿的朋友和同事：尼格尔·阿斯顿、格德-莱纳·霍恩、彼得·琼斯、尼尔·麦克威廉、罗杰·马格罗、帕特里克·梅约、佩妮·罗伯茨和克里斯·维克汉姆。他们不应对本书的任何缺点负责；如果没有他们的善意帮助，这些缺点会更加明显。本书没有足够的篇幅来列举所有我尝试过的想法或向其寻求帮助和指导的人。有关人员会知道他们是谁，我向他们所有人致敬。我的父母劳伦斯和乔伊斯·琼斯通过收集21世纪初的报纸剪报帮助了我。我的经纪人费利西蒂·布莱恩提供了不断的鼓励。在整个过程中，企鹅出版公司的西蒙·温德对这个项目的热情和编辑技巧都是至关重要的。我还感谢企鹅出版公司的伊莎贝尔·德·卡特和马修·博蒙对图片的帮助；感谢马特·米尔纳的研究协助；感谢凯文·古尔德的技术帮助；感谢蒂姆·莱克-威廉姆斯在索引上花费的时间；感谢莫里·罗杰斯的摄影技巧。

最后，我是在我的妻子约瑟芬·麦克多纳的陪伴下思考、生活、担忧、写作这本书的，她也阅读了手稿并提供了许多宝贵的见解。以我所有的爱、感谢和亲情把这本书献给她。

科林·琼斯

2004年8月

人名对照表

A

Abbo 阿博
Abbott, Berenice 贝雷尼丝·阿博特
Abelard, Peter 彼得·阿伯拉尔
Acarie, Barbe 巴布·阿卡里
Adamov, Arthur 亚瑟·阿达莫夫
Aegidius 埃伊杜斯
Aetius 埃提乌斯
Agathius of Mirina 米里纳的阿加修斯
Alexandre Dumas 小仲马
Alfieri, Vittorio 维多里奥·阿尔费耶里
Ali, Mohammad 穆罕默德·阿里
Alphand, Jean-Charles-Adolphe 让-夏尔-阿道夫·阿尔方
Alphonse de Poitiers 普瓦捷的阿方斯
Amicis, Edmondo de 爱德蒙多·德·亚米契斯
Anastasius Ⅰ 阿纳斯塔修斯一世
Anaxogeoras 阿纳克索杰拉斯
Anjou 安茹
Anne of Austria 奥地利的安娜
Anouilh 阿努伊
Apollinaire, Guillaume 纪尧姆·阿波利奈尔
Arago, Étienne 埃蒂安·阿拉戈
Aragon, Louis 路易·阿拉贡
Argenson 阿尔让松
Armstrong, Louis 路易·阿姆斯特朗
Arnauld, Angelique 昂热利克·阿诺尔德
Arno 阿尔诺
Arnold, Matthew 马修·阿诺德
Arras 阿拉斯
Atget, Eugéne 欧仁·阿热特
Attila 阿提拉
Augé, Marc 马克·奥热
Augereau, Antoine 安托万·奥热罗
Autant-Lara 奥唐·拉扎

B

Babeuf 巴贝夫
Bailly 巴伊
Baker, Josephine 约瑟芬·贝克
Balafré, Henry 亨利·巴拉弗雷
Baldwin of Flanders 佛兰德的鲍德温国王

Baldwin, James 詹姆斯・鲍德温
Ballu, Théodore 泰奥多尔・巴卢
Balmain, Pierre 皮埃尔・巴尔曼
Baltard, Louis-Pierre 路易・皮埃尔・巴尔塔德
Balzac 巴尔扎克
Barbès-Rochechouart 巴尔贝斯・罗什乔拉瓦
Barbette, Étiennee 埃蒂安・巴尔贝特
Barbie, Klaus 克劳斯・巴比
Barillet-Dechamps 巴里耶-德尚
Barilot, Philibert Claude 克洛德・菲利贝尔・巴尔特洛
Baris, Roland 罗兰・巴特
Baron d'Holbach 奥尔巴克男爵
Baron d'Oberkirch 奥伯克男爵
Baron de Pöllnitz 普尔尼茨男爵
Baron Haussmann 奥斯曼男爵
Barthélemy 巴泰勒米
Basin, Thomas 托马斯・巴赞
Baudelaire, Charles 夏尔・波德莱尔
Bazin, Auguste 奥古斯特・巴赞
Beaumarchais 博马舍
Beaurepaire, Edmond 埃德蒙・博勒佩尔
Beauvoir, Simone de 西蒙娜・德・波伏瓦
Bechet, Sidney 西德尼・贝彻
Becker 贝克尔
Beckett, Samuel 萨缪尔・贝克特
Belgrand, Eugéne 欧仁・贝尔格朗
Benjamin, Walter 瓦尔特・本雅明
Berger, Jean-Jacques 让-雅克・贝尔热
Bergerac, de Cyrano 西哈诺・德・贝热哈克
Bernard, Claude 克洛德・贝尔纳
Bernardin 贝尔纳丹
Bernhardt, Sarah 莎拉・伯恩哈特
Bernini, Lorenzo 洛伦佐・贝尼尼
Berquin, Louis de 路易・德・贝尔甘
Bertin, Marie-Jeanne 玛利-珍妮・贝尔坦
Bertin, Rose 罗丝・贝尔坦
Bismarck 俾斯麦
Blaikie, Thomas 托马斯・布雷克
Blanc, Louis 路易・勃朗
Blanche of Castille 卡斯蒂利亚的布兰卡
Blanqui 布朗基
Blum, Léon 莱昂・布鲁姆
Boccador 博卡多尔
Bofil, Ricardo 里卡尔多・鲍费尔
Boileau, Étienne 埃蒂安・布瓦洛
Bonaparte, Napoleon 拿破仑・波拿巴
Bonaventura 波拿文德拉
Bonnard 博纳尔
Bonnier, Louis 路易・博尼耶
Borde, Jean-Joseph de la 让・约瑟夫・德・拉博尔德
Borotra 勃鲁特拉
Bouchardon, Edmè 埃德梅・布沙东
Boulanger 布朗热
Bourbon, Antoine de 安托万・德・波旁
Bourbon, Charles de 查理・德・波旁
Bousquet, René 勒内・布斯凯
Boyer, Lucier no 吕西安娜・布瓦耶
Brancusi 布朗库西
Braque 布拉克
Brasillach, Robert 罗贝尔・布拉希拉克
Brassaï 布拉萨伊
Breton, André 安德烈・布雷东

Brice, Germain 热尔曼·布里斯
Briçonnet, Guillaume 纪尧姆·布里松内
Brienne, Loménie de 洛梅尼·德·布里安
Bruant, Aristide 阿里斯蒂德·布朗特
Bruant, Libéral 利贝拉尔·布律昂
Buffalo Bill "水牛" 比尔
Bugeaud 比若
Burke, Edmund 埃德蒙·伯克
Butor, Michel 米歇尔·比托尔

C

Caboche, Claude 克洛德·卡博什
Cacillebotte 卡耶博特
Caesar, Julius 尤利乌斯·恺撒
Cain, Georges 乔治·卡安
Calder 卡德
Calonne 卡隆
Calvin, Jean 让·加尔文
Calvino, Italo 伊塔罗·卡尔维诺
Camondo, Nissim 尼西姆·卡蒙多
Camp, Maxime du 马克西姆·迪·坎普
Camulogenus 卡穆罗格努斯
Camus, Albert 阿尔贝·加缪
Capeluche 卡普吕什
Capet, Hugh 于格·卡佩
Capitan 卡皮坦
Capote, Truman 杜鲁门·卡波特
Carax, Leos 莱昂·卡拉克斯特
Carco, Francis 弗朗索瓦·卡尔科
Cardin, Pierre 皮埃尔·卡丹
Cardinal de Guise 枢机主教吉斯
Cardinal de Retz 枢机主教莱兹
Cardinal-Lemoine 枢机主教勒穆瓦纳
Carné, Marcel 马塞尔·卡尔内
Carnot, Sadi 萨蒂·卡尔诺
Cartier-Bresson, Henri 亨利·卡蒂埃·布莱松
Catelle, la Marie 玛丽·拉卡泰勒
Céline 塞利纳
Cellini, Benvenuto 本维努托·切利尼
Cendrars, Blaise 布莱兹·桑德拉尔
Certeau, de Michel 米歇尔·塞尔迪厄
Cézanne 塞尚
Chabrol, Claude 克洛德·夏布罗尔
Chagall 夏加尔
Chambaud, de Menuret 梅努雷·尚博尔
Chanel 香奈儿
Charlemagne 查理曼
Charles "the Bad" 恶人查理
Charles Ⅴ 查理五世
Charles Ⅵ 查理六世
Charles Ⅶ 查理七世
Charles Ⅷ 查理八世
Charles Ⅹ 查理十世
Charles the Bald 秃头查理
Charles the Fat 胖子查理
Charonne 沙罗纳
Charpentier, Georges 乔治·夏庞蒂埃
Chaumette 肖美特
Chemetov, Paul 保罗·谢梅托夫
Chéret 谢雷
Chevalier, Louis 路易·谢瓦利埃
Chevalier, Maurice 莫里斯·谢瓦利埃
Chevallier, Gabriel 加布里埃尔·谢瓦利埃
Childebert 希尔德贝特
Childeric 希尔德里克
Chilperic 希尔佩里克

Chilperic Ⅱ 希尔佩里克二世
Chirac, Jacques 雅克・希拉克
Chopin 肖邦
Christo 克里斯托
Citroën, André 安德烈・雪铁龙
Cixous, Héléne 埃莱纳・西克苏
Clair, René 勒内・克莱尔
Clamamus, Jean-Marie 让・马里阿・卡拉马米
Claudius-Petit 克劳迪尤斯・珀蒂
Clebert, Jean-Paul 让-保罗・克莱贝尔
Clemenceau, Georges 乔治・克列孟梭
Clement, Jacques 雅克・克莱芒
Clisson, Olivier de 奥利维耶・德・克利松
Clotilda 克洛蒂尔德
Clouet, Jean 让・克卢埃
Clouzot 克卢佐
Clovis 克洛维
Cluniacs 克卢尼亚克
Cobb, Richard 理查德・科布
Cochet 科歇
Cocteau 谷克多
Cognacq-Jay 科纳克・雅伊
Colbert, Jean-Baptiste 让-巴蒂斯・科尔贝
Coleridge 柯尔律治
Colette 考莱特
Coligny, Gaspard de 加斯帕尔・德・科利尼
Colletet, François 弗朗索瓦・考勒泰
Coltelli, Procopio dei Francesco 弗朗西斯科・普罗可布・卡尔特里
comte d'Artois 阿图瓦伯爵
comte de Chambonl 尚博尔伯爵
comte de Meulan 默兰伯爵
comte de Paris 巴黎伯爵
comte de Provence 普罗旺斯伯爵
Concini 孔西尼
Condorcet 孔多塞
Considérant, Victor 维克多・孔西德朗
Constant, de Charles 夏尔・德・贡斯当
Constantine 康斯坦丁
Conti 孔代
Cooper, Duff 杜夫・库珀
Cop, Nicolas 尼古拉・科普
Corday, Charlotte 夏洛特・科黛
Corneille 高乃依
Corrozet, Gilles 吉勒・科罗泽
Coste 科斯特
count of Alençon 阿朗松伯爵
count of Évreux 埃夫勒伯爵
count of Paris 巴黎伯爵
count of Pèrigord 佩里戈尔伯爵
Count Rambuteau 朗比托伯爵
Courbet, Gustave 古斯塔夫・库尔贝
Cousin,Victor 维克多・库赞
Cradock 克拉多克
Cross 克罗斯

D

d'Alembert 达朗贝尔
d'Éon, Chevalier 谢瓦利埃・埃翁
d'Estaing, Giscard Valéry 瓦莱里・吉斯卡尔・德斯坦
d'Étaples, Lefévre 勒费弗尔・戴塔普勒
d'lvry, Constant 贡斯当・伊乌里
Dagobert Ⅰ 达戈贝尔特一世
Daguerre, Louis 路易・达盖尔

Daladier, Édouard 爱德华·达拉第
Dallington, Robert 罗伯特·达林顿
Damiens, Jean-Louis 让-路易·达米安
Danton 丹东
Darboy, Monseigneur 达尔博伊主教
Daumier, Honoré 奥诺雷·杜米埃
dauphin Charles 查理王储
Davioud, Gabriel 加布里埃尔·达维乌
de Gaulle 戴高乐
De Gouges 德古吉
de La Mare, Nicolas 尼古拉·德·拉马雷
de La Reynie, Nicolas 尼古拉·德·拉雷尼
de Lamballe 德朗巴尔公主
de Montcorbier, François 弗朗索瓦·蒙科比耶
Decius 德西乌斯
Degas 德加
Delanoë, Bertrand 贝特朗·德拉诺埃
Delaunay 德罗内
Delaunay, Robert 罗贝尔·德洛内
Delessert, Benjamin 本杰明·德莱塞
Delouvrier, Paul 保罗·德洛瓦
Derain 德兰
Derrida 德里达
Derrida, Jacques 雅克·德里达
Descartes 笛卡儿
Deschamps, Eustache 厄斯塔什·德尚
Desmoulins, Camille 卡米耶·德穆兰
Dickens, Charles 查尔斯·狄更斯
Diderot 狄德罗
Dior, Christian 克里斯蒂安·迪奥尔
Doisneau, Robert 罗贝尔·杜瓦诺
Dongen, van 范唐恩
Dorglés, Roland 罗兰·道格莱思
Doriot, Jacques 雅克·多里约
Doumer, Paul 保罗·杜梅
Dreyfus, Alfred 阿尔弗雷德·德雷福斯
Dubuffer, Jean 让·迪比费
duc d'Orleans 奥尔良公爵
duc de Berry 贝里公爵
duc de Chartres 沙特尔公爵
duc de Choiseul 舒瓦瑟尔公爵
duc de La Feuillade 弗亚德公爵
duc de Mayenne 马耶纳公爵
Duchamp, Marcel 马塞尔·杜尚
Duchamp-Villon, Raymond 雷蒙·杜尚-维永
duchess de Chartres 沙特尔女公爵
duchess de Montpensier 蒙庞西埃女公爵
duchess de Nemours 内穆尔女公爵
Duclos, Jacques 雅克·杜克洛
Dufy 杜菲
Duke Ellington 埃灵顿公爵
duke of Anjou 安茹公爵
duke of Bourbon 波旁公爵
duke of Burgundy 勃艮第公爵
duke of Parma 帕尔马公爵
Dulaure 杜洛尔
Durand, Marguerite 玛格丽特·迪朗
Duras, Marguerite 玛格丽特·杜拉斯
Duret 迪雷

E

Edison, Thomas 托马斯·爱迪生
Edward Ⅲ 爱德华三世
Eiffel, Gustave 古斯塔夫·埃菲尔

Einaudi, Jean-Luc 让-吕克·艾诺迪
Einhard 艾因哈德
Eisenhower 艾森豪威尔
Éluard 艾吕雅
Emerson, Waldo Ralph 拉尔夫·沃尔多·爱默生
Engels, Friedrich 弗里德里希·恩格斯
Erasmus 伊拉斯谟
Ésculapius 埃斯屈拉皮尤斯
Estienne, Robert 罗贝尔·埃蒂安
Evans, Walker 沃尔克·埃文斯
Evelyn, John 约翰·埃弗兰
Éveno, Bertrand 贝尔特朗·埃维昂诺

F

Falstaff, John 约翰·法斯塔夫
Faure, Félix 费利克斯·富尔
Ferrulo 费吕罗
Ferry, Jules 儒勒·费里
Fitzgerald, Scott 斯科特·菲茨杰拉德
Flanner, Janet 珍妮特·福兰纳
Flaubert, Gustave 古斯塔夫·福楼拜
Flesseles 弗莱塞勒
Fleuriot-Lescot 弗勒里奥·莱斯科
Foucault 福柯
Fouquet, Nicolas 尼古拉·富凯
Fourier 傅立叶
Fournel, Victor 维克多·富尔内尔
Foutunée 富蒂尼
Francis Ⅰ 弗朗索瓦一世
Frankowski 弗兰科夫斯基
Frégier 弗雷吉埃
Frochot 弗罗绍
Frodeau, Julien 朱利安·费罗多

G

Gabin, Jean 让·加潘
Galliano 加利亚诺
Gallieni 加列尼
Gallimard 伽里玛
Gambetta, Léon Michel 莱昂·米歇尔·甘必大
Gardes-Françaises 加尔德-弗朗索瓦
Garnier, Charles 夏尔·加尼叶
Gaspard, Joseph Giber 吉贝尔·约瑟夫·加斯帕尔
Gassendi 伽桑迪
Gassini, Giovanni 乔瓦尼·加西尼
Gauguin 高更
Gautier, Théophile 泰奥菲勒·戈蒂埃
Gènet, Jean 让·热内
Gerson, Jean 让·热尔松
Gialometti, Alberto 阿尔贝奥·贾科梅蒂
Gide, André 安德烈·纪德
Giocondo, Fra 弗拉·乔康多
Giraudoux 吉罗杜
Givenchy, Hubert 于贝尔·吉旺希
Gobel 戈贝尔
Gobelin, Jean 让·戈布兰
Godard, Jean-Luc 让-吕克·戈达尔
Goldoni 哥尔多尼
Goncourt, Edmond de 埃德蒙·德·龚古尔
Gondouis, Jacques 雅克·高迪斯
Gouges, Olympe de 奥里姆·德·古斯
Goujon, Jean 让·古戎
Gounod 古诺

Gozlin 戈兹兰
Gracchus 格拉古
Gradock 格拉多克
Gravier, Jean-François 让-弗朗索瓦·格拉维耶
Gréco, Juliette 朱丽叶特·格雷科
Gregory 格列高利
Gregory Ⅸ 格列高利九世
Grimm 格里姆
Gris 格里
Guilaume de Champeaux 尚波的纪尧姆
Guillaute 吉约特
Guillebert de Metz 梅斯的吉耶贝尔
Guimard, Hector 埃克托尔·吉马尔
Guise 吉斯
Guitry 吉特里
Guizot 基佐
Gutenberg, Johann 约翰·古登堡
Guy de Bazoches 巴佐什的居伊

H

Halbwachs, Maurice 莫里斯·阿尔布瓦克斯
Halèvy, Daniel 达尼埃尔·阿莱维
Haudri, Étienne 埃蒂安·奥德里
Hèbert, Jacques 雅克·埃贝尔
Heidegger 海德格尔
Heine, Heinrich 亨利希·海涅
Hemingway, Ernest 埃内斯特·海明威
Henry Ⅰ 亨利一世
Henry Ⅱ 亨利二世
Henry Ⅲ 亨利三世
Henry Ⅳ 亨利四世
Henry of Navarre 纳瓦拉的亨利
Herod 希律王
Himes, Chester 谢斯特·希姆斯
Hitler 希特勒
Hittorff, Jean-Jacques 让-雅克·伊托夫
Honorius Ⅲ 洪诺留三世
Horace 奥拉斯
Hugh the Great 伟大的于格
Hugo, Victor 维克多·雨果
Husserl 于塞尔
Huxley, Aldous 阿尔道斯·赫胥黎

I

I. M. Pei 贝聿铭
Ionesco, Eugène 欧仁·尤奈斯库
Isabeau of Baravia 巴伐利亚的伊萨博

J

J. K. Huymans 于斯曼
Jacob, Max 马克斯·雅各布
Jacquemart-André 雅克马特·安德烈
Jacques de Vitry 维特里的雅克
Jacques-Denis 雅克·德尼
James, Henry 亨利·詹姆斯
Janin, Jules 儒勒·雅南
Japhet 雅费
Jaurès, Jean 让·饶勒斯
Jean de Venette 韦内特的让
Jeanneret, Charles-Edouard 夏尔·爱德华·让内特
Jefferson 杰斐逊
Joan of Arc 贞德
Joffre 霞飞
John Ⅱ 约翰二世

John of Salsbury 索尔兹伯里的约翰
John the Fearless 无畏者约翰
Joliot-Curie, Frédéric 弗里德里克·约里奥-居里
Jones, Colin 科兰·琼斯
Jouvenel, Jean 让·茹弗内尔
Joyce, James 詹姆斯·乔埃斯
Julian 尤利安

K

Kafka 卡夫卡
Kant 康德
Karamzin, Nikolai 尼古拉·卡拉姆津
Kerouac 凯鲁亚克
Kertesz, André 安德烈·凯特兹
Kessel, Joseph 约瑟夫·凯塞尔
Kisling 基斯林
Koechlin 凯什兰
Kristeva, Julia 朱丽娅·科里斯蒂娃
Krull, Germaine 热尔梅娜·克鲁尔

L

l'Estoile, Pierre de 皮埃尔·德·埃图瓦尔
l'Hôpital, Michel de 米歇尔·德·洛皮塔尔
l'Orme, Philibert de 菲利贝尔·德·奥姆
La Bruyère 拉布吕耶尔
La Fontine 拉封丹
La Force, Piganiol de 皮加尼奥尔·德·拉福斯
La Hyre 拉伊尔
La Reine Margot 玛戈皇后
La Reynie 拉雷尼
La Rochefoucauld 拉罗什福科
La Rochelle, Drieu 德里厄·拉罗谢尔
La Roquette 拉罗凯特
Labadie, Paul 保罗·拉巴迪
Labenius 拉贝努斯
Labrouste, Henri 亨利·拉布鲁斯特
Lacan, Jacques 雅克·拉康
Lacenaire 拉森纳尔
Lacob, Max 麦克斯·雅各布
Lacombe, Claire 克莱尔·拉孔布
Lacoste 拉克斯特
Lafayette 拉法耶特
Laffitte, Jacques 雅克·拉菲特
Lamoignon 拉穆瓦尼翁
Landowski, Paul 保罗·兰多夫斯基
Laroche, Guy 居伊·拉罗什
Lartigue, Jacques-Henri 雅克·亨利·拉蒂克
Las Cases 拉斯卡斯
Lavedan, Pierre 皮埃尔·拉夫当
Law, John 约翰·劳
Lazare, Louis 路易·拉扎尔
Le Barbier 勒巴尔比耶
Le Breton 勒布雷东
Le Brun, Charles 夏尔·勒布朗
Le Corbusier 科比西埃
Le Nôtre, André 安德烈·勒诺特尔
Le Sueur, Eustache 厄斯塔什·勒叙尔
Le Vau, Louis 路易·勒沃
Leclerc 勒克莱尔
Ledoux, Nicolas 尼古拉·勒杜
Lefebvre, Henri 亨利·列斐伏尔
Léger, Fernand 费尔南·莱热
Lejeues, Adrien 阿德里安·勒热纳
Lenclos, de Ninon 尼农·德朗克洛

Lenoir, Alexandre 亚历山大·勒努瓦
Lèon, Pauline 波利娜·莱昂
Lépine, Louis 路易·莱皮纳
Leroy-Beaulieu 勒鲁瓦·博利厄
Lescot, Pierre 皮埃尔·莱斯科
Lespinasse, Julie de 朱丽·德·莱斯皮纳斯
Leucoia 琉科忒亚
Lévi-Strauss, Claude 克洛德·列维-斯特劳斯
Lipchitz 利普希茨
Lisle, Leconte de 勒贡特·德·列尔
Lister, Martin 马丁·利斯特
Livres, Henri de 亨利·德·利弗尔
Lockroy, Édouard 爱德华·洛克鲁瓦
Lord-Byron 拜伦勋爵
Lothair 洛泰尔一世
Louis Ⅵ 路易六世
Louis Ⅶ 路易七世
Louis Ⅸ 路易九世
Louis Ⅹ 路易十世
Louis Ⅺ 路易十一
Louis ⅩⅢ 路易十三
Louis ⅩⅤ 路易十五
Louis ⅩⅣ 路易十四
Louis ⅩⅣ 路易十六
Louis d'Outre-Mer "海外归来者" 路易
Louis of Orléans 奥尔良的路易
Louis the German 日耳曼人路易
Louis the Pious 虔诚者路易
Louise of Savoy 萨伏伊的路易丝
Lourdes 卢尔德
Louvel, Louis 路易·卢韦尔
Louvet 卢韦
Loyer, François 弗朗索瓦·卢瓦耶
Luir, Martin 马丁·路德
Lully 吕里
Lumiére 吕米埃

M

MacOrlan, Pierre 皮埃尔·马科奥尔朗
Madame de Lafayette 拉法耶特夫人
Madame de Maintenon 德曼特农夫人
Madame de Pompadour 蓬帕杜夫人
Madame de Rambouillet 朗布耶夫人
Madame de Sévigné 塞维涅夫人
Madame du Deffand 迪德方夫人
Madame du Tencin 唐森夫人
Madame Geoffrin 若弗兰夫人
Madame Necker 芮克夫人
Madame Tussaud 图索德夫人
Mademoiselle de Scudery 德斯屈代里小姐
Madison 麦迪逊
Maigret 麦格雷
Maine 迈内
Malle, Louis 路易·马勒
Malraux, André 安德烈·马尔罗
Manet 马奈
Mansart, François 弗朗索瓦·芒萨尔
Marat 马拉
Marcel, Étienne 埃蒂安·马塞尔
Mare, de la 德·拉马雷
Marguerite of Angouléme 昂古莱姆的玛格丽特
Marie, Christophe 克里斯托弗·玛丽
Marie-Antoinetre 玛丽-安托瓦内特
Marigny 马里尼
Marivaux 马里沃

Marmontel 马蒙泰尔
Marot, Clément 克莱芒·马罗
Marquis de Bombelle 邦贝尔侯爵
Marquis de Maring 马林侯爵
Marquis of Neustria 纽斯特里亚侯爵
marshal of Champagne 香槟元帅
marshal of Normandy 诺曼底元帅
Marville, Charles 夏尔·马维尔
Marx, Karl 卡尔·马克思
Mauliac, François 弗朗索瓦·莫里亚克
Maupassant, de Guy 居伊·德·莫泊桑
Mauriac 莫里亚克
Maurras, Charles 夏尔·莫拉斯
Mayenne 马耶纳
Mazarin 马扎然
Medici, Catherine de 凯瑟琳·德·美第奇
Medici, Marie de 玛丽·德·美第奇
Melville, Jean-Pierre 让-皮埃尔·梅尔维尔
Ménage 梅内热
Mercier, Louis-Sébastien 路易-塞巴斯蒂安·梅西耶
Merimée, Prosper 普罗斯普尔·梅里美
Merowech 墨洛温
Mersenne 梅森
Michaux, Henri 亨利·米肖
Miller, Henry 亨利·米勒
Minelli, Vincente 文森特·米纳里
Mirbeau, Octave 奥克塔夫·米尔博
Miron, François 弗朗索瓦·米龙
Mirô 米罗
Mitterrand, François 弗朗索瓦·密特朗
Modigliane 莫迪利亚尼
Moliére 莫里哀
Monet 莫奈
Monirlant 蒙泰朗
Monnier, Adrienne 阿德里安娜·莫尼尔
Monseigneur Darboy 巴黎大主教达尔布瓦
Montaigne, Michel de 米歇尔·德·蒙田
Montalembert 蒙塔朗贝尔
Montand, Yves 伊夫·蒙唐
Montaux, Chambon de 尚邦·德·蒙托
Montesquieu 孟德斯鸠
Montfaucon 蒙福孔
Montgolfier 蒙戈尔费埃
Montmorencies 蒙莫朗西
Mont-Royal, Antoine de 安托万·德·蒙罗亚尔
Moreau, Gustave 古斯塔夫·莫罗
Morgan, J. P. 摩根
Morisot 莫里索
Mormet, Jean 让·莫尔梅特
Moulin, Jean 让·穆兰
Mounier, Emmanuel 埃马纽埃夫·穆尼耶
Mucha 米加
Murger, Henri 亨利·米尔热
Musset, Alfred de 阿尔弗雷德·德·缪塞
Mussolini 墨索里尼

N

Nadar 纳达尔
Nadaud, Martin 马丁·纳多
Necker, Jacques 雅克·内克
Nemeitz 内梅兹
Nesbit, Molly 莫里·内斯比
Neufchâtean, François de 弗朗索瓦·德·纳沙托

Nin, Anaïs 阿娜伊斯・尼恩
Noah 诺亚
Nora, Pierre 皮埃尔・诺拉
Nouguier 努吉耶
Nouvel, Jean 让・诺瓦尔

O

Odo 厄德
Orwell, George 乔治・奥威尔
Ott, Carlos 卡洛斯・奥特
Otto Ⅱ 奥托二世
Ovid 奥维德

P

Papon, Maurice 莫里斯・帕蓬
Pappin 帕潘
Paris 帕里斯
Parmentier 帕芒蒂埃
Pascal 帕斯卡
Pasteur, Louis 路易・巴斯德
Pathè 帕泰
Patin, Guy 居伊・帕坦
Patte, Pierre 皮埃尔・帕特
Paul, Elliot 埃利奥特・保罗
Pausovsky, Konstantin 康斯坦丁・波索夫斯基
Pèpin Ⅱ 丕平二世
Perec, George 乔治・珀雷克
Pereire, Émile 埃米尔・佩雷
Pèrier, Casimir 卡西米尔・佩雷尔
Perrault, Charles 夏尔・佩罗
Perrault, Dominique 多米尼克・佩罗
Pétain, Philippe 菲利普・贝当
Peter of Celles 塞勒的彼得
Petit, Claude le 克洛德・勒・珀蒂
Peyssonel, Charles de 夏尔・德・佩索维尔
Philip Ⅰ 腓力一世
Philip Ⅱ Augustus 腓力二世（奥古斯都）
Philip Ⅳ the Fair 腓力四世（美男子）
Philip Ⅴ 腓力五世
Philip Ⅵ 腓力六世
Philip de Valois 瓦卢瓦的腓力
Philippe, Gérard 热拉尔・腓力
Philippe-Égalité，duc d'Orléans 菲利普–平等奥尔良公爵
Piaf, Edith 艾迪特・皮雅芙
Piano, Renzo 伦佐・皮亚诺
Picasso 毕加索
Pisan, Christine de 克里斯蒂娜・德・皮桑
Pissarro 毕沙罗
Platter, Thomas 托马斯・普拉特
Poe, Allan Edgar 埃德加・爱伦・坡
Poëte, Marcel 马塞尔・朴尼
Pompadour, Marquis de 德・蓬巴杜侯爵
Pompidou 蓬皮杜
Poncher, Etienne 埃蒂安・蓬歇
Portzamparc, Christian de 克里斯蒂安・德・波尔藏帕克
Portzamport, Christian de 克里斯蒂安・波特赞波尔
Poulenc 普朗克
Pound, Ezra 埃兹拉・庞德
Priam 普里阿摩斯
Priestley 普里斯特利
Prince de Condè 孔代亲王

Prince of Wales 威尔士王子
Proudhon 蒲鲁东
Proust 普鲁斯特

Q

Queneau, Raymond 雷蒙·格诺

R

Rabelais, François 弗朗索瓦·拉伯雷
Rabutin-Chantal, Marie de 玛丽·德·拉比坦·尚塔尔
Racine 拉辛
Rastignac, Eugéne de 欧仁·拉斯蒂尼亚克
Ravaillac, Jean-François 让-弗朗索瓦·拉瓦亚克
Ray, Man 曼·雷
Remi 雷米
Renan, Ernest 埃内斯特·勒南
Renaudot, Théophraste 泰奥弗拉斯特·勒诺多
Renoir, Jean 让·雷诺阿
Réveillon 雷韦永
Rhys, Jean 让·里斯
Richelieu 黎塞留
Robbé-Grillet, Alain 阿兰·罗贝·格里耶
Robert Ⅱ the Pious 虔诚者罗贝尔二世
Robert of Courson 库尔松的罗贝尔
Robert the Strong 强者罗贝尔
Robespierre 罗伯斯庇尔
Roche, Daniel 达尼埃尔·洛希
Rockefeller 洛克菲勒
Rodin 罗丹
Rogers, Richard 理查德·罗歇
Rohmer, Éric 埃里克·罗默尔
Romains, Jules 儒勒·罗曼
Ronsard 龙沙
Rostand, Edmond 埃德蒙·罗斯唐
Rothschild, James de 詹姆斯·德·罗斯柴尔德
Rousseau 卢梭
Roussel, Gérard 热拉尔·鲁塞尔
Roux, Jacques 雅克·鲁
Roye, Jean de 让·德·卢瓦耶
Rubempré, Lucien de 吕西安·德鲁贝普雷
Ruggieri 吕吉里

S

Saffar, Mohammad A. 穆罕默德·阿·沙法尔
Saint Bernard of Clairvaux 克莱尔沃的圣贝尔纳
Saint Denis 圣德尼
Saint Étienne 圣埃蒂安
Saint Geneviéve 圣热纳维耶芙
Saint Louise de Marillac 圣马里亚克的路易斯
Saint Paul 圣保罗
Saint-Amant 圣阿芒
Saint-Honoré 圣奥诺雷
Saint-Laurent 圣洛朗
Saint-Martin 圣马丁
Saint-Saëns 圣桑
Saint-Simon 圣西门
Saint-Yenne, La Font de 拉封·德·圣耶恩
Salis, Rodolphe 鲁道夫·萨利斯
Sand, George 乔治·桑

Sanguin, François 弗朗索瓦・桑甘
Sardou, Victorien 维克托里安・萨尔杜
Sartre, Jean-Paul 让-保罗・萨特
Satie, Erik 埃里克・克萨蒂
Sauval, Henri 亨利・索瓦尔
Scarron 斯卡龙
Scheffer, Ary 阿里・谢弗尔
Schiaparelli 斯基雅帕雷利
Schiller 席勒
Scott, Sir Walter 沃尔特・司各特
Senancour 塞南库尔
Serreau, Geneviéve 热纳维耶芙・塞罗
Sérvres-Babylone 塞夫尔・巴比伦
Seurat 修拉
Signac 希涅克
Signoret, Simone 西蒙娜・西尼奥雷
Simenon, George 乔治・西默农
Simon, Jules 儒勒・西蒙
Sisley 西斯莱
Sorbon, Robert de 罗贝尔・德・索邦
Soufflot, Germain Jacques 雅克・热尔曼・苏夫洛
Soutine 苏丁
Spengler, Oswald 奥斯瓦德・斯宾格勒
Stalin 斯大林
Standonck, Jan 让・斯坦东克
Stavisky 斯塔维斯基
Stein, Gertrude 热特吕德・斯坦因
Stendhal 司汤达
Sterne, Laurence 劳伦斯・斯特恩
Sue, Eugène 欧仁・苏
Suger 絮热
Sully 苏利
Syagrius 西阿卢斯

T

Talma 塔尔马
Tardieu, Jacques 雅克・塔迪厄
Tati, Jacques 雅克・塔蒂
Thackeray, Makepeaçe William 威廉・梅克皮斯・萨克雷
Thiers, Adolphe 阿道夫・梯也尔
Thomas Aquinas 托马斯・阿奎那
Thorez, Maurice 莫里斯・多列士
Thury, Hériart de 埃里亚尔・德・蒂里
Tibéri, Jean 让・蒂贝里
Tiberius 提比略
Tocqueville, Alexis de 亚历克西・德・托克维尔
Torré 托利
Tortoni 托尔托尼
Toulouse-lautrec，Henri de 土鲁斯-劳特累克
Toulouzé, Eugène 欧仁・图卢兹
Trollope, Fanny 范尼・特罗洛普
Truffaut, François 弗朗索瓦・特吕福
Turenne 蒂雷纳

U

Urasanius 乌萨纽斯
Utrillo 郁特里罗

V

Vacquer, Théodore 泰奥多尔・瓦奎尔
Valadon, Suzanne 苏珊・瓦拉东
Valentinian Ⅰ 瓦仑提尼安一世

Valerian 瓦勒良
Valéry 瓦莱里
Valjean, Jean 让·瓦尔金
Vauban, Sébastien Le Prestre de 塞巴斯蒂安·勒普雷斯特·德·沃邦
Vaudremer, Joseph-August 约瑟夫·奥古斯特·沃德勒默
Vèfour, Jean 让·韦富尔
Vega, de Gaspar 加斯帕·德·维加
Vercingetorix 维钦托利
Vercors 韦科尔
Verlaine 魏尔伦
Verne, Jules 儒勒·凡尔纳
Vespasian 韦斯巴芗
Veuillot, Louis 路易·弗约
Vian, Boris 鲍里斯·维昂
Vignon 维尼翁
Villermé 维勒尔梅
Villon, François 弗朗索瓦·维庸
Vinci, Leonardo da 列奥纳多·达·芬奇
Viollet-le-Duc, Emmanuel Eugene 欧仁·埃马纽埃尔·维奥莱-勒-杜克
Vlaminck 弗拉曼克
Voiture 瓦图
Voltaire 伏尔泰
Volvic, Chabrol de 沙布罗尔·德·沃威克
Vuillard 维亚尔

W

Wallace, Richard 理查德·华莱士
Washington 华盛顿
Weidmann 魏德迈
Weidmann, Eugène 欧仁·韦德曼
Weil, Simone 西蒙娜·韦伊
Wharton, Edith 埃迪特·华顿
Whitney 惠特尼
Willette 维莱特
William Ⅱ 威廉二世
William the Breton 威廉·布雷东
Wordsworth 华兹华斯
Wordsworth, William 威廉·华兹华斯
Worth 沃斯
Wright, Richard 理查德·赖特

Z

Zola 左拉
Zola, Émile 埃米尔·左拉

地名对照表

A

abbey of Carmes 加尔默罗修道院
abbey of Port-Royal 王港修道院
abbey of Saint-Anstoine-des-Champs 田野圣安托万修道院
abbey of Saint-Germain-de-Près 圣日耳曼德普雷修道院
Abbey of Saint-Martin 圣马丁修道院
abbey of Saint-Martin-des-Champs 田野圣马丁修道院
abbey of Saint-Antoine-des-Champs 田野圣安托万女修道院
abbey of Saint-Victor 圣维克多修道院
Abbey-church of Saint-Denis 圣德尼修道院教堂
Abbey-church of Saint-Nicolas-des-Champs 圣尼古拉修道院教堂
Aix-en-Provence 艾克斯–普罗旺斯
Aix-la-Chapelle 亚琛–拉夏佩尔
Albbeville 阿尔布维里
Alesia 阿莱西亚
Aligre market place 阿利格尔集市
Alma bridge 阿尔马大桥
Alma-Marceau 阿尔马 · 马尔索站
Alsace 阿尔萨斯
Alsace-Lorraine 阿尔萨斯–洛林
Alsatian brasserie 阿尔萨斯餐厅
Anenue du Président-Wilson 威尔逊总统大道
Angoulème 安古莱姆
Apport Paris 巴黎集市
Aquitaine 阿基坦
Arc de Triomphe 凯旋门
Arc de Tromphe du Carrousel 小凯旋门
Arcades 拱廊
Argenteuil 阿让特伊
Argenteuil La Villette 阿让特伊 · 拉维莱特
Arles 阿尔勒
Arpajon 阿尔帕金
Asnieres 阿斯涅尔
Aube 奥伯河
Aubervilliers 奥布维尔
Auschwitz 奥斯维辛
Austerlitz 奥斯特里茨
Austrasia 奥斯特拉西亚

Auteuil 奥特尤尔
Autun 欧坦
Avenue Daumesnil 多梅尼勒大道
Avenue de Breteuil 布罗特伊尔大道
Avenue de Clichy 克里希大道
Avenue de Gobelins 戈布兰大道
Avenue de la République 共和国大道
Avenue de l'Impératrice 皇后大道
Avenue des Amandiers 阿芒迪尔大道
Avenue des Italie 意大利大道
Avenue Foch 福熙大道
Avenue Montaigne 蒙田大道
Avignon 阿维尼翁

B

Bagatelle 巴加特尔
Bagnolet 巴格诺里特
Basilica of the Holy Apostles 圣徒大教堂
Basse-Voirie 巴斯管理站
Bastille 巴士底狱
Batignolles area 巴提格诺尔地区
Beauce 博斯
Beaujon gardens 博戎公园
Beaune 博纳
Beauvais 博韦
Belgrand 贝尔格朗
Belleville 贝尔维尔
Bellevue 贝尔维尤
Bercy 贝尔西
Bercy bridge 贝尔西桥
Berlin 柏林
Biblothèque historique de la Ville de Paris 巴黎历史图书馆
Bicêtre 毕塞特尔
Bièvre river 海狸河
Biliothèque de France François Mitterrand 弗朗索瓦·密特朗图书馆
Bobigny 博比尼
Bois de Boulogne 布洛涅森林
Bois de Vincennes 万塞讷森林
Bon Marché department-store 乐蓬马歇百货公司
Bordeaux 波尔多
Bougival 布吉瓦
Boulevard Auguste Blanqui 奥古斯特·布朗基大道
Boulevard Coupole 库帕拉大道
Boulevard de Clichy 克利希大道
Boulevard de Grenelle 格勒奈尔大道
Boulevard de Rochechouart 罗切奥特大道
Boulevard de Sébastopol-Rive-Gouche 塞瓦斯托波尔-里韦-古什大道
Boulevard des Capucines 修女大道
Boulevard des Italiens 意大利大道
Boulevard du Montparnasse 蒙帕纳斯大道
Boulevard du Port-Royal 王家港口大道
Boulevard du Temple 圣殿大道
Boulevard Haussmann 奥斯曼大道
Boulevard Henri- Ⅳ 亨利四世大道
Boulevard Montmartre 蒙马特大道
Boulevard Morland 莫兰大道
Boulevard Périphérique 环城大道
Boulevard Poissonnière 普瓦索尼尔大道
Boulevard Prince-Eugène 欧仁亲王大道
Boulevard Raspail 拉斯帕伊大道
Boulevard Richard-Lenoir 里夏尔-勒努瓦大道

boulevard Rotonde 洛同德大道
Boulevard Saint-Germain 圣日耳曼大道
Boulevard Saint-Michel 圣米歇尔大道
Boulevard Sébastopol 塞瓦斯托波尔大道
boulevard Select 塞莱克特大道
Boulevard Strasbourg 斯特拉斯堡大道
Boulevard Vincent Auriol 樊尚·奥里奥尔大道
Boulevard Voltaire 伏尔泰大道
Boulevard Malesherbes 马勒塞尔布大道
Boulevards des Maréchaux 元帅大道
Boulogne 布洛涅
Boulogne-Billancourt 布洛涅-比扬古
Bourse 证券交易市场
Bouvines 布汶
Brémoule 布莱莫尔
Brest-Litovsk 布列斯特-立陶夫斯克
Brie 布里
Britain's Fouth Bridge 不列颠桥
Brittany 布列塔尼
Bruges 布鲁日
Buttes-aux-Cailles 鹌鹑岗
Buttes-Chaumont 肖蒙山丘
Buttes-Chaumont park 肖蒙山丘公园

C

Caen 卡昂
Caesar's Tower 恺撒塔
Café Anglais 英格兰咖啡馆
Café de Flore 花神咖啡馆
Café de la Régence 摄政咖啡馆
Café de Paris 巴黎咖啡馆
Café Procope 普罗科佩咖啡馆
Cambrésis 康布雷
Canal d'Ourcq 乌尔克运河
Canal Saint-Denis 圣德尼运河
Canal Saint-Martin 圣马丁运河
Carmes 卡尔米斯
Carreau du Temple 圣殿区的估衣市场
Castiglione 卡斯蒂廖内
Castle 卡斯特尔
Cathedral of Saint-Etienne 圣埃蒂安教堂
Cemetery of the Innocents 无辜者墓地
Centre Beaubourg 博堡中心
Centre Pompidou 蓬皮杜中心
Cergy-Pontoise 塞尔居蓬图瓦兹
Chaillot 沙约
Chalons 夏龙
Champ de Mars 战神广场
Champagne 香槟
Champs-Élysées 香榭丽舍大街
Channel Islands 海峡群岛
chapter of Saint-Opportune 圣奥普蒂恩神父会礼堂
Charenton 沙朗东
Charles the Bald's old barrage bridge 秃头查理老堰桥
Charonne 沙罗纳
chateau of la Muette 猎舍城堡
Château-Landon 朗东堡
Château-Thierry 蒂耶里堡
Châtelet 沙特莱
Châtelet prison 沙特莱监狱
Chatou 沙图
Chaussee d'Antin 昂坦马路
Cherbourg 瑟堡
church of Auteuil 奥特尤尔教堂

church of Madeleine 玛德莱娜教堂
church of Notre-Dame-de-Bonne-Nouvelle 圣母领报教堂
church of Notre-Dame-de-la-Pitié 圣母院慈善教堂
church of Notre-Dame-de-Lorette 洛雷特圣母教堂
church of Saint Séverin 圣塞味利教堂
church of Saint-Ambroise 圣昂布瓦斯教堂
church of Saint-André-des-Arts 圣亚特斯安德烈教堂
church of Saint-Cermain-l'Auxerrois 圣日耳曼欧塞尔教堂
church of Saint-Christophe 圣克里斯托夫教堂
church of Saint-Côme 圣科姆教堂
church of Saint-Étienne-du-Mont 圣埃蒂安教堂
church of Saint-Eustache 圣厄斯塔什教堂
church of Saint-Front 圣弗龙教堂
church of Saint-Gervais 圣热尔韦教堂
church of Saint-Hilaire 圣伊莱尔教堂
church of Saint-Hippolyte 圣伊波利特教堂
church of Saint-Jacques-de-la-Boucherie 屠宰场圣雅克教堂
church of Saint-Julien-Le-Pauvre 穷人圣尤利安教堂
church of Saint-Landry 圣兰德里教堂
church of Saint-Laurent 圣洛朗教堂
church of Saint-Leu-Saint-Gilles 圣留圣吉尔教堂
church of Saint-Louis-en-l'Île 圣路易岛教堂
church of Saint-Médard 圣梅达尔教堂
church of Saint-Merri 圣梅里教堂
church of Saint-Paul 圣保罗教堂
church of Saint-Roch 圣罗克教堂
church of Saint-Vincent-de-Paul 圣樊尚·德·保罗教堂
church Saint-Clotilde 圣克洛蒂尔德教堂
Cité des Science 科学城
Cité palace 内城宫
Clamart 克拉马尔
Clichy 克利希
Cliganlart 克利甘拉
Clignancourt 克利尼昂库尔
Cluny Museum 克吕尼博物馆
Collége de France 法兰西学院
Collége des Quatre Nations 四国学院
Collége du Roi 国王学院
Comèdie-Française 法兰西喜剧院
Compiégne 贡比涅
Conciergtrie 巴黎裁判所附属监狱
Conservatoire des Arts et Métiers 巴黎国立工艺学院
Constantinople 君士坦丁堡
convent of Saint-Pierre 圣皮埃尔修道院
Corbie 科尔比
Cour des Miracles 圣迹区
Cour du Carrousel 骑兵竞技场庭院
Cours-la-Reine 王后水道
Crécy 克雷西
Créteil Université 克雷泰伊大学地铁站
Crimean 克里米亚
Crystal Palace 水晶宫

D

Danube 多瑙河

Deauville 多维尔
Denfert-Rochereau 德费尔·罗谢热地铁站
Deux Magots 双偶咖啡馆
Drancy 德兰西
Dresden 德累斯顿

E
École de Santé 巴黎卫生学校
École des Mines 矿冶学院
École des Ponts et Chaussées 巴黎路桥高等学院
École militaire 军事学院
École Normale 巴黎高等师范学院
École Polytechnique 国立综合理工学院
Eiffel tower 埃菲尔铁塔
Elephant 埃里芬特
Élysée palace 爱丽舍宫
Essonne 埃索涅河
Etampes 埃唐普
Étoile station 星形广场站
Étoile-Charles-de-Gaulle station 星形广场–夏尔·戴高乐站
Évian 埃维昂
Évry 埃夫里
ex-Quai de la Monnaie 老钱币河堤车站

F
Farmers-General Wall 总包税所城墙
Faubourg du Temple 圣殿区
Faubourg Poissonniére 普瓦索尼尔区
Faubourg Saint-Antoine 圣安托万区
Faubourg Saint-Germain 圣日耳曼区
Faubourg Saint-Honoré 圣奥诺雷区
Faubourg Saint-Marcel 圣马塞尔区
Faubourgs Saint-Vitor 圣维克多区
Ferriéres 费里埃拉
Feuillants 斐扬
Filles-Dieu convent 女修道院
Flanders 佛兰德
Florence 佛罗伦萨
Folies-Bergére 女神游乐厅
Fontaine Saint-Michel 圣米歇尔喷泉
Fontainebleau 枫丹白露
Fontarabie 丰塔拉比村
Fosses Jaunes 黄色壕沟
Françous de Neufchâteau 法兰西新城堡
Franklin-D-Roosevelt station 富兰克林·罗斯福地铁站

G
Galeries Colbert 科尔柏陈列馆
Gallia Belgica 比利时高卢
Gallia Narbonensis 纳尔邦高卢
gardens of the Clestins monastery 老修士修道院花园
gardens of the Tuileries 杜伊勒里花园
Gare d'Austerlitz 奥斯特里茨火车站
Gare d'Est 巴黎东站
Gare d'Orsay 奥塞火车站
Gare de Lyon 里昂火车站
Gare du Nord 巴黎北站
Gare Montparnasse 巴黎蒙帕纳斯火车站
Gare Saint-Lazare 圣拉扎尔火车站
Gascony 加斯科涅
Geneva 日内瓦
Genevilliers 杰尼维尔
Gentilly 让蒂伊

Gironde 吉伦特
Glaciére area 冰川地区
Gobelins 戈布兰
Goutte d'Or 古特奥尔
Grand Cours 大水道
Grand Guignol 大木偶剧场
Grand Palais 大艺术宫
Grand Véfour 大韦富尔餐厅
Greece 希腊
Grenada 格林纳达
Grenelle 格勒纳勒
Grenoble 格勒诺布尔
Gréve port 沙滩码头

H

Halles 巴黎中央市场
Hamburg 汉堡
Hauts-de-Seine 上塞纳省
Herstal 埃斯塔勒
Hôpital de la Trinité 圣三一会济贫院
Hôpital Sainte-Catherine 圣凯瑟琳济贫院
Hôpital Saint-Lazare 圣拉扎尔济贫院
Hôspital Général 巴黎总医院
hospital of La Salpêtriére 硝石场医院
hospital of the Saint-Esprit 圣灵医院
Hôspital Saint-Louis 圣路易医院
Hôtel Carnavalet 卡纳瓦雷公馆
Hôtel d'Artois 阿图瓦公馆
Hôtel d'Aumont 奥蒙公馆
Hôtel d'Évreux 埃夫里克斯公馆
Hôtel de Bourgogne 勃艮第公馆
Hôtel de Clisson 克利松公馆
Hôtel de Flandre 佛兰德公馆
Hôtel de Lamoignon 拉莫瓦农公馆
Hôtel de Ligneris 利格奈里公馆
Hôtel de Neuville 纳维尔宫
Hôtel de Porc-Epic 波克埃皮克公馆
Hôtel de Saint Aignan 圣埃格南公馆
Hôtel de Sens 桑斯公馆
Hôtel de Sévigné 塞维涅公馆
Hôtel de Soissons 苏瓦松宫
Hôtel Dieu 主宫医院
Hôtel de Ville 市政厅
Hôtel des Monnaies 铸币厂
Hôtel des Tournelle 托内尔公馆
Hôtel Donon 多农公馆
Hôtel Lambert de Thorigny 兰柏德托里尼公馆
Hôtel Lutètia 卢特提亚宾馆
Hôtel Meurice 莫里斯公馆
Hôtel Saint-Pol 圣波尔公馆
Hôtel Salé 萨莱公馆
Hôte l'Armagnac 阿马尼亚克公馆

I

Île de la Cité 西岱岛
Île des Cygnes 天鹅岛
Île des Vaches 奶牛岛
Île Louviers 卢维耶岛
Île Notre-Dame 圣母岛
Île Saint-Louis 圣路易岛
Île-de-France 法兰西岛
Institut du Monde arabe 阿拉伯世界文化中心
Institut 法兰西研究院
Invalides 荣军院
island Javel 加维尔岛

island of Elba 厄尔巴岛
Italo-Byzantine church of Saint-Augustin 圣奥古斯丁意大利拜占庭教堂
Ivry 伊夫里

J

Jacques Gondouis College of Surgery 雅克·高迪斯外科学院
Jardin de l'Atlantigue 大西洋花园
Jardin de Picpus 皮克普斯公园
Jardin des Plantes 植物园
Jardin du Roi 国王花园
Javel 贾维尔
Joinville 茹安维尔
Jussieu Faculty of Sciences 朱西厄科学学院

L

la Chapelle 拉夏佩尔
La Defénse 拉德芳斯广场
La Grarge-Bateliere 谷仓渡
La Motte-Picquet 拉莫泰·皮克特站
La Villette basin 拉维莱特低地
la Villette market 拉维莱特市场
Laon 拉昂
Lapin Agile 狡兔咖啡馆
Latin Quarter 拉丁区
Le Bourget airport 勒布尔热机场
Le Havre 勒阿弗尔
Lendit 朗迪特
Limousins 利穆赞
Loing 卢万河
Loire 卢瓦尔河
Longchamp 隆尚
Longuedoc 朗格多克
Lorraine 洛林
Lotharingia 洛萨林加地区
Louvre 卢浮宫
Louvre-Étoile 卢浮宫–星型广场轴心大道
Luxembourg garden 卢森堡公园
Luxembourg palace 卢森堡宫
Luxor column 卢克索石柱
Lycée Charlemagne 查里曼中学
Lyon 里昂

M

Maine-Montparnasse tower 曼恩·蒙帕纳斯塔楼
Mairie de Clichy 克利希区政府地铁站
Maison de la Radio 广播大楼
Maison des Piliers 皮里尔广播大楼
Malraux 马尔罗
Manhattan 曼哈顿
Mantes 芒特
Marais 马莱
Marbeuf-Rond-Point-des-Champs-Élysées 马尔伯夫·圆点·香榭丽舍站
Marché des Carmes 加尔默罗市场
Marché Saint-Germain 圣日耳曼市场
Marché Saint-Martin 圣马丁市场
Marne 马恩河
Marne-La-Vallée 马恩河谷
Marx-Dormoy 马克思·多尔莫耶站
Massif Central 中央高原
Meaux 莫城
Mecca 麦加
Melun 默伦

Melun-Sénart 默伦–塞纳尔
Ménilmontant 梅尼蒙当
Metz 梅斯
Meudon 默东
Meulan 默朗
Meung-sur-Loire 默恩–卢瓦
Meuse 默兹河
Midi 米迪
Milan 米兰
Mirliton 密林敦酒店
Missouri 密苏里
monastery of Missions Étrangéres 外国传教士修道院
monastery-cum-leperhouse of Saint-Lazare 圣拉扎尔修道院兼麻风病院
Mons Martyrum 蒙马特山
Mons Mercurii 墨丘利山
Montagne Saint-Geneviéve 圣热纳维耶芙山
Montebello 蒙特贝罗
Montfaucon 蒙福孔
Montmartre 蒙马特
Montparnasse 蒙帕纳斯
Montreuil 蒙特勒伊
Montrouge 红山
Mont-Saint-Michel 圣米歇尔山
Moscow 莫斯科
Mur des Fédérés 巴黎公社社员墙
Musée Carnavalet 卡纳瓦雷博物馆
Musée Congacq-Jay 寇尼亚克伊博物馆
Musée d'Art 艺术馆
Musée d'art et d'histoire du judaïsme 犹太教历史艺术博物馆
Musée d'Orsay 奥塞现代艺术馆
Musée de l'Histoire de Paris 巴黎历史博物馆
Musée de l'Homme 人类博物馆
Musée de la République 共和国博物馆
Musée de la Vie romantique 浪漫生活博物馆
Musée du Louvre 卢浮宫博物馆
Musée du Quai Branly 布朗利堤岸艺术馆
Musée Marmottan 马蒙丹巴黎市立博物馆
Musée Picasso 毕加索艺术馆
Museum of Aeronautics 航空博物馆
Museum of Arts and Métiers 艺术和工艺品博物馆
Museum of Assistance publique 公共援助博物馆
Museum of French Monuments 法兰西纪念碑博物馆
Museum of Police 警察博物馆
Museum of Jacquemart-André 加科马特–安德烈博物馆
Museum of Légion d'honneur 荣誉勋章博物馆
Museum of Natural History 自然历史博物馆
Museum of Nissim Camondo 尼斯姆–卡蒙多博物馆
Museum of the Marine 海洋博物馆
Museum of postal services 邮政博物馆
Museum of Oceanic Art 海洋博物馆

N

Nanterre 南泰尔
Narbonne 纳尔邦
Neuilly 纳伊
Neustria 纽斯特里亚
New Caledonia 新卡尔多尼亚

Nimes 尼姆
Normandy 诺曼底
Notre-Dame carthedral 巴黎圣母院
Nouveau Village d'Orlèans 奥尔良新村
Noyon 努瓦永

O

Odéon 奥德翁剧场
Oise river 瓦兹河
Old Petits-Augustins 小奥古斯丁修道院
old Pré-aux-Clercs 牧师草地
Opéra Bastille 巴士底剧院
Opéra-Garnier 加尼叶歌剧院
Oradour-sur-Glance（Haute-Vienne）格拉讷河畔奥拉杜尔（上维埃纳）
Order of Malta 马耳他修道院
Orléans 奥尔良
Ostend 奥斯坦德
Ourcq 乌尔克河

P

Palace du lourre 鲁尔宫
Palais d'Orsay 奥塞宫
Palais de Chaillot 夏乐宫
Palais de Justice 法院宫
Palais de Justice 司法宫
Palais de la Dècouverte 发明宫
Palais de Tokyo 东京当代艺术馆
Palais des Irmes 泰尔默宫
Palais-Bourbon 波旁宫
Palais-Caardinal 枢机主教宫
Palais-National 国民宫
Palais-Omnisports de Bercy 奥姆尼斯波特·贝尔西宫
Palais-Royal 罗亚尔宫
Palais-Royal station 王宫站
Palavas-Les-Flots 帕拉瓦斯·弗罗特
Panthéon 先贤祠
Pantin 帕丁
Parc André-Citroën 安德烈·雪铁龙公园
Parc des Princes 王子运动场
Parc Georges-Brassens 乔治·布拉森公园
Parc Monceau 蒙梭公园
Parc Montsouris 蒙苏里公园
Parc Rene-Le-Gall 勒内加尔公园
Paris-Lutetia 巴黎–卢特提亚
Parvis of Notre-Dame 巴黎圣母院广场
Passage Choiseul 乔伊索尔廊街
Passage de l'Opèra 歌剧院廊街
Passage des Princes 王子廊街
Passy 帕西
Pavillon du Roi 国王竞技场
Pére-Lachaise 拉雪兹神父公墓
Périgueux 佩里格
Péronne 佩罗讷
Persigny 佩尔西尼
Petit Pont Ile de la Cité 西岱岛小桥
Philip Augustus Wall 腓力·奥古斯都城墙
Picardy 皮卡迪
Picpus 匹克普斯
Pigalle 毕加尔
Pitti palace 小王宫
Place Baudoyer 博多耶广场
Place Charles-de-Gaulle 夏尔·戴高乐广场
Place d'Italie 意大利广场
Place Dauphine 太子广场

Rue de l'École de Médecine 医学院街
Rue de l'École-de-Santè 卫生学校街
Rue de l'Hôtel-Colbert 科尔贝宫街
Rue de l'Université 大学街
Rue de la Cité 内城街
Rue de la Concorde 协和街
Rue de la Convention 国民公会街
Rue de la Gaieté 快乐街
Rue de la Goutte d'Or 金滴街
Rue de la Grande Truanderie 无赖街
Rue de la Harpe 阿尔普街
Rue de la Heaumerie 头盔制造街
Rue de la Huchette 赫切特街
Rue de la Juiverie 朱瓦韦瓦街
Rue de la Montagne 蒙田街
Rue de la Paix 和平街
Rue de la Pelleterie 皮货街
Rue de la Saveterie 补鞋街
Rue de la Sorbon 索邦街
Rue de la Tissanderie 布业街
Rue de la Tixanderie 泰格扎德里街
Rue de Lille 里尔街
Rue de Luréce 卢雷斯街
Rue de Mageuta 马真塔街
Rue de Normandie 诺曼底街
Rue de Poitou 普瓦图街
Rue de Renne 雷内街
Rue de Richelieu 黎塞留街
Rue de Rivole 里沃尔街
Rue de Rouen 鲁恩街
Rue de Saintonge 圣东基街
Rue de Saules 柳树街
Rue de Sévigné 塞维涅街
Rue de Thionville 蒂永维尔街
Rue de Turbigo 图比哥街
Rue de Turenne 蒂雷纳街
Rue de Vaugirard 沃吉拉尔街
Rue de-la Tonnellerie 托内勒尔街
Rue des Cordeliers 科尔迪埃街
Rue des Droits-de-l'Homme 人权街
Rue des Étuves 浴室街
Rue des Forges 铁匠铺街
Rue des Fossées-Saint-Germain 圣日耳曼排水沟街
Rue des Fossés de Nesle 内斯勒排水沟街
Rue des Fossés Saint Bernard 圣贝尔纳排水沟街
Rue des Fossés Saint-Jacques 圣雅克排水沟街
Rue des Fossés Saint-Victor 圣维克多排水沟街
Rue des Francs-Bourgeois 法兰克·波兹瓦兹街
Rue des Hautes-Formes 奥特·福尔梅街
Rue des Jardian-Saint-Paul 圣保罗花园街
Rue des Juifs 犹太街
Rue des Lavandières 洗衣妇街
Rue des Petits-Champs 小田野街
Rue des Pont-aux-Choux 蔬菜桥街
Rue des Poulies 普利斯街
Rue des Prouvaires 普罗维尔斯街
Rue des Pyrénées 比利牛斯街
Rue des Rats 老鼠街
Rue des Rosiers 罗西尔街
Rue des Tournelles 托内尔街
Rue Descartes 笛卡儿街
Rue du 31-Mai 1793 1793 年 5 月 31 日街
Rue du Cardinal-Lemoine 勒穆瓦纳红衣主教街

Rue du Commerce 商业街
Rue du Dix-Décembre 12 月 10 日街
Rue du Fouarre, “Straw Street”秸秆街
Rue du Grenier Saint-Lazare 格兰尼尔・圣拉扎尔街
Rue du Michel-le-Comte 米歇尔伯爵街
Rue du Quatre-Septembre 9 月 4 日街
Rue du Regard 里加德街
Rue du Roi de Sicile 西西里国王街
Rue du Temple 圣殿街
Rue du Vieille-du-Temple 老圣殿街
Rue Etienne-Marcel 埃蒂安・马塞尔街
Rue Ferdinand-Duval 费迪南・杜瓦尔街
Rue Four-de-la-Couture-l'Évéque 富尔・德拉库图主教街
Rue Franciade 弗朗西德街
Rue Galande 加兰德街
Rue Geoffroy-l'Asnier 杰弗里阿斯尼尔街
Rue Henri-Heine 亨利・海涅街
Rue J. S. Bach J. S. 巴赫街
Rue Jacob 雅各布街
Rue Jean-Jacques Rousseau 让-雅克・卢梭街
Rue la Bruyére 拉布吕耶尔街
Rue la Chaptal 夏普托街
Rue la Malesherbes 马勒塞尔布街
Rue la Pigalle 皮加尔街
Rue la Trudaine 特吕戴纳街
Rue Lafayette 拉法耶特街
Rue Lagrane 拉格兰街
Rue Le Peletier 勒佩尔蒂埃街
Rue Lobau 洛博街
Rue Mondétour 蒙德托街
Rue Monge 蒙日街
Rue Montgolfier 蒙蒂戈菲尔街
Rue Montorgeuil 蒙奥吉尔街
Rue Mouffetard 穆夫塔街
Rue Neuve-Saint-Louis 纳维圣路易街
Rue Pavée 方石街
Rue Pierre-Nicole 皮埃尔-尼科莱街
Rue Purigneaux 妓女街
Rue Pute-y-Muse 妓女缪斯街
Rue Quincampoix 坎康普瓦街
Rue Rambuteau 朗比托街
Rue Ravignan 拉维格纳街
Rue Raymond Losserand 莱蒙德・卢塞朗德街
Rue Réaumur 列奥米尔街
Rue Renè Boulanger 勒内・布朗热街
Rue Rivoli 里沃利街
Rue Royale 王家街
Rue Saint-André-des-Arts 圣安德烈艺术馆街
Rue Saint-Anne 圣安尼街
Rue Saint-Benoît 圣伯努瓦街
Rue Saint-Denis 圣德尼街
Rue Saint-Dominique 圣多米尼克街
Rue Saint-Honorè 圣奥诺雷街
Rue Saint-Jacques 圣雅克街
Rue Saint-Martin 圣马丁街
Rue Saint-Sulpice 圣叙尔皮斯街
Rue Saint-Victor 圣维克多街
Rue Sévigné 塞维尼街
Rue Soufflot 苏福洛街
Rue Transnonain 特朗斯诺南街
Rue Turenne 蒂雷纳街
Rue Vaucanson 沃康松街
Rue Vavin 瓦文街

Rue Verneuil 凡尔纽街
Rue Victor-Massé 维克多·麦塞街
Rueil 吕埃
Rungis 兰吉
Russian Orthodox caidral of Alexandre-Nevski 亚历山大–内斯基俄国东正教教堂

S

Sacré-Coeur 圣心教堂
Saint Charles Borromeno 圣查尔斯博罗美
Saint Helena 圣赫勒拿岛
Saint Vincent de Paul 圣樊尚·德·保罗
Saint-Cloud 圣克卢
Saint-Denys-du-Saint-Sacrement 圣礼圣德尼
Sainte-Chapelle 圣礼拜堂
Saint-Eustache 圣厄斯塔什
Saint-Georges 圣乔治
Saint-Germain l'Auerriois 圣日耳曼欧塞尔
Saint-Germain port 圣日耳曼码头
Saint-Germain-des-Prés 圣日耳曼德普雷
Saint-Germain-en-Laye 圣日耳曼昂莱
Saint-Gervais 圣热尔韦
Saint-Jacques-du-Haut-Pas 圣雅克高地
Saint-Jean-le-Rond 圣让·隆德洗礼堂
Saint-Lazare monasery 圣拉扎尔修道院
Saint-Lô 圣洛
Saint-Louis-et-Saint-Paul 圣路易与圣保罗教堂
Saint-Marcel 圣马塞尔
Saint-Mèdard 圣梅达尔
Saint-Michel Mètro station 圣米歇尔地铁站
Saint-Opportune 圣奥普图
Saint-Ouen 圣乌昂
Saint-Paul station 圣保罗站
Saint-Paul-Le-Marais station 圣保罗·沼泽站
Saint-Pierre-de-Montrouge 圣皮埃尔·德蒙特罗哥
Saint-Pol 圣波尔
Saint-Quentin 圣康坦
Saint-Severin church 圣塞味利教堂
Saint-Sulpice 圣叙尔皮斯
Samaritaine 撒马利亚
Sanré prison 桑热监狱
Saragossa 萨拉戈萨
Sceaux 斯西克斯
Seine 塞纳河
Seine-et-Marne 塞纳–马恩省
Seine-et-Oise 塞纳–瓦兹省
Seine-Saint-Denis 塞纳–圣德尼省
Senlis 桑利斯
Sens 桑斯
Sévres 塞夫尔
Site Richelieu of Bibliothéque Nationale 国家图书馆黎塞留分馆
Sodom and Gomorrah 所多玛与蛾摩拉
Soissons 苏瓦松
Somme 索姆河
Sorbonne 索邦神学院
Sorbonne chapel 索邦小礼拜堂
Square d'Orlèans 奥尔良广场
Square de Saint-Jacques-de-la-Boucherie 屠宰场圣雅克广场
Square du Temple 圣殿广场
St. Louis 圣路易
St. Mark's Caidral in Venice 威尼斯圣马可教堂

St. Maur 圣莫尔
Stade Charléty 夏勒蒂体育场
Stade Colombes 和平鸽体育场
Stade de France 法兰西体育场
Suresnes 絮伦

T
Tahiti 塔希提岛
Templar 泰普拉尔地区
Théâtre de La Cité 内城剧院
Théâtre Sarah-Bernhardt 萨拉·伯恩哈特剧院
Théâtre-Français 法兰西剧院
Thiers Wall 梯也尔防御城墙
Tibourg 蒂堡
Toisè 图瓦塞
Tolbiac-Masséna 托尔比瓦克·马斯埃纳
Tombe-Issoire 伊索尔墓地
Toulouse 图卢泽
Tour de Nesle 内斯勒塔楼
Tournelles palace 托内尔公馆
Tours 图尔
Tower of John the Feareless 无畏者约翰塔楼
Trajan Column 图拉真石柱
Tribunal de Commerce 商业法庭
Trier 特里尔
Trinité hospital 圣三一会济贫院
Trocadéro palace 特罗卡德罗宫
Troyes 特鲁瓦
Tuileries 杜伊勒里宫
Tuileries garden 杜伊勒里花园
Turin 土伦
Tuscany 托斯卡纳

U
Ulm 乌尔姆
Uriage 于里阿热
Ursulines 乌尔苏林

V
Val-d'Oise 瓦兹河谷省
Val-de-Marne 马恩河谷省
Vanves 旺热
Vaugirard 沃吉拉尔
Velodrome d'Hiver 冬季赛车场
Vendée 旺代
Verneuil 韦尔讷伊
Versailles 凡尔赛
Villejuif 犹太市
Ville-l'Eveque 主教城
Villeneuve Saint-René 圣热内新城
Villeneuve-des-Gravois 格拉瓦新城
Villeneuve-du-Temple 圣殿新城
Vincennes 万塞讷
Vincennes zoo 万塞讷动物园
Visitandines 威斯坦丁
Vouille 沃乌尔

W
Wall of Charles V 查理五世城墙
Waterloo 滑铁卢
Wassy 瓦西

Y
Yvelines 伊夫林

附录

国王、皇帝与巴黎

作为“法兰西的缩影”，巴黎长期处在法国政治、经济、文化活动的中心，法国历史上诸多著名的统治者也都在这里留下了自己的身影，我们整理了其中 14 位君主的小传，以便读者进一步了解巴黎在法国历史上重要且独特的地位。

1. 尤利安二世（361—363 年在位）

罗马帝国君士坦丁王朝末代皇帝，罗马最后一位信仰多神教的统治者。公元 4 世纪中叶，尤利安受当时的皇帝君士坦提乌斯委派，前往高卢镇压日耳曼人起义，先后征服阿拉曼人、法兰克人。360 年，支持尤利安的部队哗变，在巴黎拥立其为罗马皇帝。三年后，尤利安在远征波斯的过程中伤重身亡。

2. 克洛维一世（481—511 年在位）

法兰克国王，墨洛温王朝的奠基者。493 年与勃艮第公主克洛

蒂尔德成婚，后皈依基督教并率三千法兰克战士在兰斯受洗。克洛维先后击败高卢地区的多支蛮族力量，于508年被当时的东罗马帝国皇帝阿纳斯塔修斯一世授予“执政官”称号。在占领巴黎后，他将这里作为法兰克王国的首都，并确立了对主保圣人热纳维耶芙的崇拜，使巴黎同时成为高卢地区的政治与宗教中心。511年去世后，他被安葬于巴黎的圣热纳维耶芙教堂。

3. 丕平三世（751—768年在位）

法兰克国王，加洛林王朝的建立者，因身材矮小又被称为“矮子丕平”。墨洛温王朝后期，国王不理政事，导致作为其助手的“宫相”的权势不断扩大。751年，丕平废黜墨洛温王朝末代国王，建立加洛林王朝，同样将巴黎作为其首都。754年，教皇来到巴黎，在圣德尼教堂为丕平加冕，确立了加洛林王朝的合法地位，但这种以教权确认王权的方式也为以后的“政教之争”埋下了伏笔。丕平死后就葬在圣德尼教堂，那里由此开始成为历代法国国王的埋骨之地。

4. 厄德（888—898年在位）

巴黎伯爵、西法兰克国王。加洛林王朝分裂后，作为法国前身的

西法兰克王国频繁遭到诺曼人的入侵，西法兰克早期诸王软弱无力，连巴黎都多次遭到围攻。884 年，“天真汉查理”即位，由于年幼，国政由当时的东法兰克国王“胖子查理”兼理。886 年，诺曼人再次大举进攻巴黎，时任巴黎伯爵的厄德带领巴黎人民奋起抵抗，经过 11 个月的艰苦抵抗，最终击退诺曼人，获得了巨大的声望，而“胖子查理”则因胆怯不敢与诺曼人交战而人心尽失。888 年，厄德被拥立为西法兰克国王，并继续领导对抗诺曼人的战争，直到 898 年去世。其孙子于格·卡佩后来成为卡佩王朝的开创者。

5. 腓力二世（1180—1223 年在位）

卡佩王朝国王，因其强大的统治而被称为“腓力·奥古斯都”。腓力二世是路易七世之子，他继承了其父的政策，继续打击英格兰的金雀花王朝，将其势力范围赶回英吉利海峡对岸。在 1214 年的布汶战役中，腓力二世领导法军击败英格兰和神圣罗马帝国联军，极大地提高了法国的国际地位，此战因此被誉为“法兰西的诞生之战”，腓力二世也成为第一位正式使用“法兰西国王”头衔的君主。

在腓力二世统治期间，法国王权日趋强大，他在巴黎大兴土木，修建了完善的防御体系以保护首都安全，这就是著名的“腓力·奥古斯都城墙”，其遗迹至今可见。他还在西岱

岛西北的塞纳河沿岸修建了一座城堡，用来防御外敌、储备武器和关押犯人，该城堡即是今天卢浮宫的前身。通过这些大型工程，以及积极参加在巴黎举行的各类仪式、活动，腓力二世强化了巴黎作为王国首都的地位，并将其与自身统治的合法性紧密结合在一起。

6. 路易九世（1226—1270 年在位）

卡佩王朝国王，因信仰虔诚，于 1297 年被天主教会封为圣徒，史称“圣路易”。在位期间，路易九世在法国进行了大刀阔斧的改革，推动了行政、司法、财政等领域的进步。他颁布了“国王四十日”法令，规定当有武装冲突发生时，国王有权命令双方休战四十天，缓和了当时紧张的国内形势。他还进行了货币改革，在巴黎铸造新的货币，禁止使用英镑，促进了法国经济的发展。上述这些措施也都进一步强化了王权，提高了国王对于整个法国的掌控能力。在对外政策上，路易九世结束了与英格兰金雀花王朝的漫长冲突，并积极参加十字军东征，虽然后者大幅提高了法国的国际地位，但也消耗了大量的人力、物力、财力，路易九世本人也在第二次东征途中去世。

经济的发展和王权的巩固使路易九世得以继续在巴黎大兴土木，由于信仰的虔诚，宗教建筑自然成为其关注的重点。在路易九世统治期间，巴黎的建筑艺术蓬勃发展，1248 年，用于保存圣物的圣礼拜堂落成；1250 年，巴黎圣母院落成。路易九世还在巴黎斥巨资资助大学建设，于 1253 年支持创办了索邦神学院。在其努力下，巴黎逐渐成为法国乃至欧洲的文化和宗教首都。

7. 腓力四世（1285—1314 年在位）

卡佩王朝国王，因相貌英俊被称为“美男子腓力”。腓力四世在位期间频繁对外征战，为筹集军费，他向法国境内的天主教会征税，因此与时任教皇卜尼法斯八世发生了激烈的冲突。为团结力量对抗教皇，他于 1302 年在巴黎圣母院召开了法国历史上首次三级会议，取得了与会的教士、贵族和市民等级的支持。次年，腓力四世派兵囚禁了教皇，在后者因惊惧与愤怒而很快去世后，拥立一位法国大主教为教皇，即克莱芒五世。几年后，在腓力四世的授意下，克莱芒五世将教廷迁往法国的阿维尼翁，在此后的几十年时间里，教廷都处在法国的控制之下，史称“阿维尼翁之囚”。

腓力四世还在克莱芒五世的配合下消灭了著名的圣殿骑士团。圣殿骑士团是欧洲中世纪三大骑士团之一，主要由信奉天主教的法国骑士组成，其欧洲总部即位于巴黎的圣殿塔。圣殿骑士团在十字军东征中发挥过巨大的作用，同时涉足银行、地产等行业，积聚了大量财富，是法国国王的大债主。1307 年，腓力四世突然发难，以“异端”的罪名逮捕骑士团成员，没收其财产，随后克莱芒五世宣布解散骑士团，以骑士团大团长雅克 · 德 · 莫莱为首的大批骑士团成员在巴黎被处以火刑。莫莱在上火刑架前曾诅咒腓力四世会在一年内遭受“永恒的审判”，令人惊奇的是，后者真的在半年后的一次狩猎中因中风突然离世。

8. 弗朗索瓦一世（1515—1547 年在位）

瓦卢瓦王朝国王，法国第一位文艺复兴式的君主。弗朗索瓦一世是法国历史上最受爱戴的国王之一，他热心支持文艺复兴的各项事业，在其统治期间，法国的文化艺术空前繁荣。受文艺复兴思潮的影响，弗朗索瓦一世即位后在巴黎进行了大规模的建设工作：1528 年，他下令拆除原有的卢浮宫城堡，代之以一座文艺复兴风格的豪华宫殿，作为自己的王宫，卢浮宫也由此开始了从军事要塞向艺术博物馆的转型。1529 年，他又下令为巴黎修建一座新的市政厅，以取代之前的“柱厅”，这也成为王权与首都友好关系的重要体现。在之后的岁月里，这座市政厅见证了巴黎历史上的诸多重大事件，直到 1871 年在巴黎公社革命中被焚毁前，一直是巴黎市政府的所在地。

在弗朗索瓦一世以前，瓦卢瓦王朝的国王们大多居住在卢瓦尔河谷的城堡中，他将统治中心迁回巴黎，拉近了国王与首都的距离，真正在首都建立起了国王的权威。

9. 亨利四世（1589—1610 年在位）

波旁王朝的开创者，因其功绩被尊称为“亨利大帝”。在成为法国国王以前，亨利是纳瓦拉国王，当时法国的天主教徒与新教徒之间正在进行着激烈的宗教冲突。1572 年，时任法国摄政王太后的凯瑟琳·德·美第奇安排自己的女儿玛格丽特与亨利成婚，利用在巴黎举行婚礼的机会，发动了耸人听闻的“圣巴托罗缪大屠杀”，屠杀了三千多位前来参加婚礼的新教徒，亨利在其新婚妻子的保护下才得以保全性命，但被迫改宗天主教，被软禁在巴黎。1576 年，亨利借狩猎之机逃回纳瓦拉，恢复自己的新教信仰，与天主教势力开始了漫长的战争。1589 年，亨利即位成为法国国王，建立了波旁王朝。在随后率军围攻巴黎期间，他宣称“巴黎值得一场弥撒”，再度改宗天主教，由此得到了信仰天主教的巴黎市民的支持，成功进入首都，确立了新王朝的合法性。

面对宗教战争后社会撕裂、满目疮痍的法国，亨利四世采取了一系列措施来恢复国家的元气。1598 年，他颁布《南特敕令》，给予新教徒信仰自由，提倡宗教宽容。他还大力发展工商业，恢复被战争破坏的经济，因“我要让每个农民家庭在星期天都能吃上一只鸡”的许诺而备受拥戴。

亨利四世是一位个性十分鲜明的统治者，一方面，他风流成性、嗜赌如命，因此饱受诟病；但另一方面，他为人宽容、随和，在进入巴黎以后，对曾经抵抗他的首都既往不咎，获得了极高的评价。亨利四世是巴黎恶劣交通环境的受害者：1610 年，他乘坐的马车被堵塞在巴黎狭窄的街道上，刺客正是借此机会将其刺杀。

10. 路易十四（1643—1715 年在位）

波旁王朝国王，自称为“太阳王”，1672 年被巴黎市议会授予“路易大帝”尊号，在位长达 72 年，是历史上在位时间最久的君主之一。路易十四即位时年仅四岁，当时巴黎爆发了反对红衣主教马扎然的投石党运动，面对气势汹汹的巴黎暴民，路易十四在 1648 至 1653

年间被迫两次逃离首都，这给他幼小的心灵造成了极大的创伤，使他对巴黎产生了深深的不信任感，为他日后将统治中心迁往凡尔赛埋下了伏笔。

1661年亲政后，路易十四励精图治，大力宣扬“君权神授”和“朕即国家”，在法国建立起强大的绝对君主制。在其统治的前半期，在财政总监科尔贝的辅佐下，路易十四进行了一系列卓有成效的内政改革，包括整顿官僚机构、推行重商主义、建立国家工厂、革新军队武备……法国经济由此得到快速发展，一度成为欧洲最强大的国家。随着国家实力的增长，法国的文化影响力在路易十四时代也达到了一个巅峰，成为欧洲的文化中心，法语成为欧洲上流社会和外交领域的通用语言。

在路易十四统治期间，法国对外战争十分频繁，规模较大的有法荷战争、奥格斯堡同盟战争、西班牙王位继承战争等。战争扩大了法国的疆域，提高了法国的国际地位，但也耗资巨大，使法国的工商业遭受了惨重的损失。加上修建凡尔赛宫和维持宫中奢华生活的开销，到路易十四去世时，法国的经济已陷入严重的困境。

虽然因“童年阴影”而将统治中心迁离了巴黎，但对这座首都城市路易十四还是给予了相当程度的重视，斥巨资进行了一系列规模浩大的城市建设工程。他下令修建了荣军院、天文台等众多宏伟的纪念性建筑，将旧有的防御城墙拆除，代之以怡人的林荫大道，巴黎的各类医疗、社会福利机构也得到了长足的发展。他设立了巴黎警察总监一职，对巴黎的交通、照明、治安等进行了全方位的整顿。路易十四使巴黎的城市面貌发生了巨大的变化，但自始至终，他与首都的关系都并不融洽。

11. 路易十六（1774—1792 年在位）

波旁王朝国王。路易十六即位时，法国的财政困境日益严重，政治冲突也愈演愈烈，性格优柔寡断的他虽然也曾采取了一些改革措施，试图挽救波旁王朝，但法国大革命最终还是在 1789 年爆发。

1789 年法国三级会议在凡尔赛召开，第三等级提出制宪要求，路易十六被迫签署了《人权宣言》，“旧制度”宣告终结。但冲突并未就此结束，当年 10 月，以下层妇女为主的巴黎民众游行至凡尔赛，要求王室迁回巴黎，路易十六被迫应允。回到巴黎后，路易十六居住在杜伊勒里宫，处在巴黎革命者的监视之下。1791 年 6 月，他与家人乔装出逃，但在瓦雷讷被发现，后被押送回巴黎，因此进一步受到首都民众的敌视。随着法国大革命的日趋激进，路易十六作为国王遭到了审判，于 1793 年 1 月 21 日在巴黎革命广场（今协和广场）被送上断头台，成为了法国历史上唯一一位被处决的国王。

12. 拿破仑一世（1804—1815 年在位）

法兰西第一帝国皇帝。拿破仑生于科西嘉，年轻时曾在巴黎军校就读，1785 年毕业后被授予少尉军衔，成为一名炮兵军官。法国大革命爆发后，拿破仑加入雅各宾派，在 1793 年的土伦港保卫战中崭露

头角，年仅 24 岁便获准将军衔。热月政变后，拿破仑因与罗伯斯庇尔关系密切一度遭到排挤。1795 年“葡月事变”中，拿破仑临危受命，在巴黎街头以大炮击退叛乱的保王党人，升任巴黎卫戍司令，一跃成为法国军政两界的重要人物。在随后对抗反法联盟的战争中，拿破仑的军事才华得到尽情施展，他也一步步进入法国权力的核心。1799 年 11 月 9 日，拿破仑发动“雾月政变”，建立执政府，由他本人担任第一执政，1802 年通过修改宪法，他成为终身执政，最终在 1804 年，拿破仑在巴黎圣母院加冕为法兰西帝国皇帝。

建立帝国以后，拿破仑继续与欧洲各君主国组成的反法联盟进行了一系列战争。在 1813 年莱比锡战役中失败后，拿破仑一度被流放至厄尔巴岛，后又卷土重来，回到巴黎建立起“百日统治”。1815 年，拿破仑在滑铁卢战役中被反法联军击败，不得已退位，被流放至圣赫勒拿岛，于 1821 年在岛上去世。1840 年，其遗体被迎回巴黎，安葬在荣军院。

在位期间，拿破仑的大部分时间都在外征战，但他并未因此忽视帝国的首都，恰恰相反，拿破仑对巴黎的城市建设极为重视，热心于通过修建和改造街道、桥梁、广场来完善巴黎的交通体系。拿破仑也意识到巴黎民众的支持对维系帝国统治的重要性，他在巴黎开凿运河、增加饮水喷泉、新建市场和屠宰场，以保证首都的饮水和食物供应。此外，他还以众多自己取胜的战役为巴黎的街道命名（如奥斯特里茨街），在这座城市留下了自己的痕迹。1806 年，他下令修建了法国历史上最大的凯旋门——星形广场凯旋门。该工程直到 1836 年方才完工，1840 年装载其遗体的灵车正是通过凯旋门前往荣军院。

13. 路易十八（1814—1824 年在位）

波旁复辟王朝国王。路易十八是路易十六的弟弟，在 1795 年路易十七去世后成为波旁家族的王位继承人。1814 年拿破仑在莱比锡战役中战败后，反法联军占领巴黎，路易十八得以回到首都，建立起波旁复辟王朝。在“百日统治”期间，路易十八再度出逃，直到拿破仑被流放至圣赫勒拿岛后才返回巴黎复位。由于统治较为开明，法国的经济和国家实力在其统治期间得到了一定程度的恢复。

在位期间，路易十八将波旁王朝的统治中心由凡尔赛迁回巴黎，他本人就居住在杜伊勒里宫中。路易十八力图使巴黎重新成为王室的首都，他在巴黎兴建了一些教堂和纪念碑，以悼念在法国大革命中的死难者。他还重建了亨利四世、路易十四等国王的雕像，将在法国大革命期间被更名的街道、广场改回更具王室特征的名字。但其并未采取更多更激进的举措。1824 年路易十八因病去世，因为无嗣，王位由其弟弟阿图瓦伯爵继承，即查理十世。

14. 拿破仑三世（1852—1870 年在位）

法兰西第二帝国皇帝，法国历史上第一位民选总统和最后一位君主。拿破仑三世是拿破仑一世的侄子和继承人，在法兰西第一帝国灭亡后长期流亡国外。1836 年，拿破仑三世试图发动政变夺权，失败后

被当时统治法国的七月王朝流放。1840 年他秘密潜回法国，试图再次发动政变，失败后被捕下狱，后乔装出逃，前往英国避难。1848 年，“二月革命”爆发，法兰西第二共和国取代了七月王朝。在当时法国动荡的政局中，凭借其叔父的声望，拿破仑三世在当年的总统选举中取得了压倒性优势，当选为共和国总统。1851 年 12 月 2 日，拿破仑三世发动政变，并在次年加冕称帝，建立起法兰西第二帝国。

在位期间，拿破仑三世推行积极的外交政策，逐步建立起世界范围内的法兰西殖民帝国，在一定程度上恢复了法国因拿破仑战争失败而严重受损的国际地位。在国内，他进行了自由化改革，鼓励自由贸易，积极推动经济发展，促进产业的现代化，法国的工业革命即完成于其统治期间。

拿破仑三世与巴黎有着密不可分的关系，在其主导和支持下，奥斯曼男爵进行了著名的“巴黎大改造”，工程几乎贯穿法兰西第二帝国的始终，宽敞笔直的街道、优雅迷人的绿地公园、整洁高效的下水道系统……彻底革新了巴黎的城市风貌。

1870 年法国与普鲁士之间爆发战争，9 月，拿破仑三世在色当战役中战败被俘，退位后流亡英国，法兰西第二帝国灭亡。1873 年，饱受内心煎熬和病痛折磨的拿破仑三世于英国去世。

译后记

英国伦敦大学历史学教授科林·琼斯撰写的《巴黎传》是众多巴黎史著作中很有特色的一本。本书涉猎的巴黎历史范围相当广博，从总统到乞丐，从新兴大都市区到红灯区，从起源到当今，从日常生活中的咖啡店到国家大事中的市政厅，从巴黎人的外表装束到内心世界等，无所不包。当你通读本书之后，整个巴黎乃至整个法国都映入了你的眼帘。

我认为，本书具有诸多优点和特征，大体总结如下。

第一，本书既是对巴黎城市历史的回顾和描述，也是对法国历史的揭示和阐明。本书从巴黎最早的卢特提亚写起，一直到21世纪初期，对巴黎的历史变迁进行了全面而又细致的描写和论述。同时，在巴黎历史的写作过程中，作者还把法国历史融入其中。从巴黎和法国的政治变迁到生活变化，从城市建筑的改造到艺术地位的确立，从巴黎和法国对外交往与交流到巴黎和法国在国际世界中地位的改变，都描绘得淋漓尽致。同时，作者在论述过程中还表述了自己对这些变化的定位和看法。可以看出，作者的政治观点并不偏激，他站在比较客观的角度评价了巴黎历史。例如，作者在书中认为：“巴黎成为民众暴力、血腥屠杀和政治恐怖之都。”“作为文明和启蒙观念的源泉，巴黎现在变成了一个蕴藏着政治恐怖的潘多拉魔盒。”法国1789年资产阶级大革命“是一段既伟大又残酷、既英勇又卑鄙的历史”。这些看法丝毫没有政治偏见。

第二，本书既有对法国历史上精英人物的阐释，也有对法国历史中黎民百姓的描写。在以往的历史著作中，多数作者要么仅描写上层精英人物，要么仅论及下层平民百姓。本书的一个重要特点是既有对统治者的描写和评价，也有对被统治者的同情和不满。例如，书中有这样的描写：“王家的那些机构不是简单地不关心巴黎人民的安危，实际上是在给巴黎人民造孽，这种思想在1789年大革命前的几十年中甚嚣尘上，这使得旧王朝忐忑不安。”“平民阶层日益壮大，更加开放的思想倾向，以及巴黎城市平等主义的思潮，其中越来越多的是反抗。”“然而，圣迹区的所有故事基本上都是虚构的，没有事实依据的，当然，那些故事也很难达到使有产阶级得到心理安慰的作用。不论警察和司法记录还是当时的城市地图，都无法证实在乞讨、卖淫和犯罪的世界里有如此规模的组织。因此，有关圣迹区的故事本身就是对正统文化的思想反叛。”“但是这种反正统文化的思想鼓励巴黎人在对穷人施仁慈的时候要小心谨慎，因为很可能会帮助了坏人和罪犯。”“巴黎公社社员不仅进行放火和其他各种破坏活动，还枪杀了一些人质，包括巴黎大主教达布瓦殿下。由此可以看出，政府和巴黎公社双方均有许多暴行，但从死伤人数上看，政府军更为残酷，他们杀死了两万人。”从上述描写和评价可以看出作者的政治观点和阶级立场。

第三，本书涉及巴黎历史上政治、经济、社会文化等众多方面。作为一本巴黎城市史著作，自然会涉及巴黎历史上发生的方方面面的事件，这给写作带来了很大难度。特别是书中出现的数百名历史人物，有政治家、哲学家、画家、音乐家、建筑师，还有许多不知名的小人物，这是需要一定功底才能办到的事情。在书中，作者多次引用著名历史人物的原话来表述自己的观点。例如，他引用卢梭的说法：“像巴黎这样的城市，与其说是文明的灯塔，不如说是人间地狱，不满和不幸由此而生。”同时，他还比较恰当地说明了法国历史上发生的重大事件。他指出：“启蒙运动时代的巴黎也不都是光明。”“该城市曾经发生过的最致命的危机似乎已经都结束，如1652年的鼠疫、1709年至1710年的大饥荒等，但是，贫困和失业尚在，巴黎这个消费城市消费的是穷人的生命。”这些带有结论性的话语使人们对巴黎乃至法国历史有了全新的认识。

第四，本书既是历史回顾，也是现实描写。本书是一部巴黎史，但事实上有许多内容是对现代法国的形象而又深刻的描述，其中有些内容和段落带有明显的结论性说明。例如，书中指出：“以1789年大革命为开端的18世纪最后十几年中在巴黎发生的事件，对法国乃至对世界历史都产生了极大的影响。”“巴黎既是革命的发动机，又是最突出的革命圣地。在某种意义上来说，巴黎和革命是同义词。”当然，这些说法主要表现了作者对巴黎的情感。尽管作者不是法国人，更不是巴黎人，但是可以看得出来，作者对法国和巴黎有着深厚的感情。

第五，本书既有对巴黎历史的微观视角探究，也有宏观角度的分析。一般来说，历史著作的一个最大难点是如何把握取舍的问题。对一部数十万言的著作来说，写哪些而不写哪些，其中的选择是很有学问的。本书作者对巴黎历史的描写十分到位，既有微观小事的叙述，也有宏观问题的分析，都给读者带来了一种享受。

第六，本书作者知识丰富，视野广泛而又独特。作者在书中涉猎的内容十分广博而又宽泛，既有政治历史知识，也有经济领域的分析；既有文学色彩的润色，也有艺术角度的拓展，令人读起来爱不释手。

第七，本书作者文学功底深厚，用词讲究，不仅使用现代英语和法语，还使用了一些古英语，大量的成语和俗语，使我们在翻译过程中感到难度很大，唯恐所用中文词汇无法表达作者的原意，又担心曲解了作者的初衷。尽管我们尽量使用中文中最能表现作者原意的词汇，我们还是没有把握能够完全做到这一点。

总之，我们翻译此书的过程可以说既是一个翻译工作的过程，也是一个学习和探讨的过程。读此书绝不会浪费时间，这是我们最后的结论。

在本书翻译完成的时候，我首先要感谢远在法国的于硕教授在我翻译过程中给予的大力帮助；对于张强教授给予的指导表示感谢；同时，对于参与本书部分内容翻译的我的博士生宋银秋等人致以谢意。

董小川